U0470867

曹兴·著

全球伦理学导论

Global Ethics

时事出版社
北京

图书在版编目（CIP）数据

全球伦理学导论/曹兴著．—北京：时事出版社，2018.2
ISBN 978-7-5195-0145-7

Ⅰ．①全… Ⅱ．①曹… Ⅲ．①伦理学—研究 Ⅳ．①B82

中国版本图书馆 CIP 数据核字（2017）第 262332 号

出 版 发 行：时事出版社
地　　　　址：北京市海淀区万寿寺甲 2 号
邮　　　编：100081
发 行 热 线：（010）88547590　88547591
读者服务部：（010）88547595
传　　　真：（010）88547592
电 子 邮 箱：shishichubanshe@sina.com
网　　　址：www.shishishe.com
印　　　刷：北京朝阳印刷厂有限责任公司

开本：787×1092　1/16　印张：30.5　字数：550 千字
2018 年 2 月第 1 版　2018 年 2 月第 1 次印刷
定价：168.00 元

（如有印装质量问题，请与本社发行部联系调换）

中国政法大学校级科学研究项目资助（17ZFG81004）

目录

导论：全球伦理学的研究价值　001
002　一、全球伦理的兴起和全球伦理学的研究对象
012　二、全球伦理学的学科性质
016　三、本书构建全球伦理学的特殊研究方法
019　四、全球伦理的研究现状
021　五、本书内在结构、基本内容

上篇　前全球伦理

第一章　氏族伦理　035
035　第一节　从石器文化到早期伦理文明
036　一、人类迈入文明门槛的经济模式
039　二、文明源头
042　三、文明发生的内涵

045　四、氏族伦理轴心：缘起宗教
048　第二节　氏族伦理的产生及其发展
048　一、氏族伦理的产生
050　二、氏族伦理的初步发展
052　三、氏族伦理的两种功能
053　第三节　氏族社会的族际伦理
054　一、氏族社会和"自然状态"的伦理
058　二、初民伦理的困惑
059　三、远古上古时代的族际伦理
064　四、氏族伦理的转折

第二章　王族贵族伦理　066

067　第一节　轴心文明时代
067　一、轴心时代
068　二、中国王族伦理与古希腊自然法伦理
071　三、中西古典伦理核心：忠孝与正义
075　第二节　中国的王族伦理
076　一、从图腾崇拜到颛顼"绝地天通"
079　二、从颛顼"绝地天通"到尧舜"天与之、民受之"
080　三、从"家天下"到"宾于帝""敬天保民"
087　四、夏商两代王权伦理的奠基
089　五、西周伦理：中国古典伦理定型
091　六、从奴隶制伦理到封建伦理
094　第三节　古希腊古罗马的贵族伦理
094　一、古希腊从氏族伦理走向奴隶制伦理
097　二、希腊前期正义伦理观路线图：从神灵降到自然
099　三、古希腊正义二度转向：从自然正义到人性至善
103　四、古希腊晚期的衰落与正义观的缺陷
107　五、古希腊到古罗马的正义提升
110　第四节　古典时代的中西国际伦理
110　一、中国古典族际伦理观
113　二、修昔底德斯笔下的伯罗奔尼撒战争伦理
117　三、希波战争伦理

- 119 第五节　其他古代伦理文明
- 120 　一、古埃及伦理文明
- 121 　二、古巴比伦伦理文明
- 122 　三、古印度伦理文明
- 126 　四、古犹太人伦理文明

第三章　国族伦理或国家伦理　132
- 132 第一节　从古代伦理到近代国家伦理
- 133 　一、文艺复兴使人从神学伦理枷锁中解放出来
- 136 　二、西欧"民族国家"伦理的诞生
- 139 　三、民族国家与民族主义
- 143 第二节　民族主义伦理与国家主义伦理的悖论
- 144 　一、貌似合理实则荒谬的"一族一国论"
- 146 　二、民族与国家永远不能对位
- 151 　三、以组建国家为标准划分民族的危害性
- 153 　四、民族主义与国家主义的理论识别
- 160 第三节　国家时代的人性伦理学说
- 161 　一、中国历史上的人性伦理问题
- 165 　二、西方历史上的人性伦理问题
- 172 　三、国际关系两大学派人性观的互补
- 175 　四、从善恶论到义利论的提升
- 178 第四节　国家伦理的内涵、价值及局限
- 179 　一、国家伦理的内涵及其分类
- 183 　二、近代国家伦理的合理性与局限性
- 188 　三、国家伦理与市民社会伦理
- 191 第五节　近代国际伦理
- 192 　一、近代国际伦理的野蛮性
- 194 　二、质疑"国际伦理是国内伦理扩展"
- 197 　三、三种国际伦理模式
- 199 　四、国际伦理状态的转折
- 201 　五、双边国际伦理
- 202 　六、多边国际伦理
- 204 　七、全球领导权与国际影响力的伦理问题

第四章　宗教伦理对人类伦理的影响　207

- 207　第一节　世界宗教伦理的分布及其对世界文明的影响
- 207　一、佛教伦理信众圈及其对世界文明的影响
- 213　二、基督教伦理信众圈及其对世界文明的影响
- 218　三、伊斯兰教伦理信众圈及其对世界文明的影响
- 222　第二节　宗教激发的正负能量
- 223　一、宗教伦理行为模式
- 227　二、宗教正负能量的来源及其适用范围
- 231　三、宗教有益的合理性
- 236　四、宗教有害的合理性
- 241　五、宗教的双重功能
- 246　六、宗教对人类伦理的两极贡献

第五章　中国古典伦理　249

- 249　第一节　中国儒法墨道伦理之精华
- 250　一、诸子百家主力的标准
- 252　二、儒家君子仁学：面子伦理
- 254　三、法家利益之学：里子伦理
- 259　四、道教神仙道学：修行伦理
- 263　五、墨家的兼爱、非攻、尚贤
- 267　第二节　中国历史缘何无宗教战争
- 267　一、中国历史无宗教战争的原因
- 269　二、"三武一宗"
- 271　三、"礼仪之争"

下篇　全球伦理（球族伦理）

第六章　全球伦理的兴起及其影响　279

- 279　第一节　全球伦理的兴起
- 280　一、全球伦理范畴的产生
- 283　二、全球化、全球伦理的发展

288 　三、现代人类伦理阶梯横剖面
292 　第二节　全球伦理的贡献份额
293 　　一、联合国对全球伦理的贡献
296 　　二、非政府组织对全球伦理的贡献
299 　　三、人权原则对全球伦理的贡献
305 　第三节　全球伦理的影响
305 　　一、全球伦理改变了人类伦理的核心价值
307 　　二、全球伦理有助于全球问题的解决
308 　　三、全球伦理提升了当代国际关系伦理
312 　　四、全球伦理对森林法则的挑战
313 　第四节　全球共同体及其全球伦理
313 　　一、但丁的世界帝国之梦
315 　　二、康德的全球秩序和世界永久和平
317 　　三、国际组织的实践
321 　　四、摩根索对联合国的质疑
324 　第五节　世界无政府的三种形态
325 　　一、温特三种无政府文化理论精华
330 　　二、温特三种无政府文化理论缺陷
335 　　三、伦理类型论：一种新的国际关系理论

第七章　全球伦理的内涵及结构　339

339 　第一节　从普适伦理到全球伦理
340 　　一、全球伦理与普适伦理的区别
345 　　二、从普适伦理发展到全球伦理的必然
346 　　三、全球伦理的可行性、阻力与界限
350 　第二节　全球伦理的内涵
350 　　一、全球伦理内涵的争议
355 　　二、全球伦理的下限与上限
357 　第三节　全球伦理的结构
358 　　一、全球伦理二象性结构
360 　　二、全球伦理二象性结构的价值

第八章　全球伦理与全球利益的共振　363

363　第一节　基于全球利益的全球伦理
364　一、经济形态的发展决定了利益形态的提升
368　二、全球利益的诞生
371　三、全球利益的内涵
374　四、全球利益的产生及其深远影响
379　五、全球伦理是全球利益的伦理保障
380　第二节　非传统代际伦理问题
381　一、全球问题引发的代际伦理问题
384　二、非传统代际伦理意识及其内涵
385　三、解决非传统代际伦理问题的出路

第九章　全球伦理与全球公民社会的匹配　391

392　第一节　"全球公民社会"缘何成为可能
393　一、全球公民社会：学界争议很大的"社会存在"
397　二、从哲学的"世界公民"到全球学的"全球公民"
402　三、全球公民社会研究的困惑与盲点
406　四、全球公民素质问题
407　第二节　当今全球公民社会发展到什么阶段
408　一、全球公民社会的前提
409　二、从"庶民""奴隶"提升为"公民"
410　三、从"准/少数全球公民"走向"完全/多数全球公民"
416　四、全球公民社会"火种"的启蒙力量

第十章　全球伦理与全球法治的共治　420

420　第一节　全球法治何以成为可能
421　一、法学界有关"法律全球化"争论反思
424　二、法律全球化范畴的深入
428　三、全球法及全球法治的提出
431　四、全球法治的层次性
434　第二节　全球法治的焦点问题
434　一、国家意志还是人类意志
436　二、法律全球化与经济全球化的关系问题

437　三、法律全球化的东西方合力
438　四、欧盟法律不可能是全球法治的唯一路径
440　第三节　全球法治与全球伦理关系
441　一、全球伦理与全球法治的界限
442　二、谁为全球气候变暖买单
445　三、全球法治和全球伦理的共管部分

结语：全球伦理引导人类文明良性发展　447

参考文献　453

后记：本书研究全球伦理的几个时间窗　472

导论：全球伦理学的研究价值

全球伦理的诞生和发展将唤醒一个新的时代。人类已经发展到全球问题严重威胁人类生存而不得不回头构建全球伦理的时代。

全球伦理学是一门新兴学科，是一门继伦理学、国际关系伦理学之后更加高级的伦理学。诚然，一门新兴学科的诞生，需要阐释建学的必要性，确定自己学科的研究对象、学科性质、研究方法等基本问题，但由于全球伦理学的范围太过宽泛，本书仅重点研究全球伦理学的核心伦理问题，即全球政治伦理学，主要研究人类发展各大时代执政伦理的合理性、合法性与有效性。但是，本书构建全球伦理学并非出于理论兴趣，而是发现现代人困于全球问题而不能自拔。本书著者发现全球伦理是解决全球问题的最有效手段之一（此外还有全球法治、非政府组织善治行为等，它们共同构成全球治理的体系）。基于寻找和发现解决全球问题出路的需求，全球伦理研究一跃成为具有重大现实意义的课题。

尽管伦理与道德、法律密切相关，但伦理和道德不同，伦理和法律也不同。道德是虚的，伦理则是实的；道德是个体的、主观的，从属于主观良知的，伦理则是群体的、客观的，从属于社会规范的，是人们行动中必须如此的规范。文明社会调节人们行为最广泛的两种手段就是伦理和法律。不同的是，法律只调节人们的某些行为或伦理底线以下的行为，而伦理则调整人们的所有行为。此外，法律条文通过立法固化为文本形式，便于执法、守法和司法，而伦理多数则表现为无文字的行为习惯，甚至让一些人误解伦理是没有规定的。其实，伦理规范的核心或中轴就是公正、公平、正义。人们的行为，无论轻重，不论贵贱，都要遵循这个伦理中轴。不同的是，法律只调整"重度行为"，不调整"轻度行为"；而伦理则既调整人的"重度行为"，又调整人的"轻度行为"。基于这个道理，在全球化深度发展的时代，全球伦理则是调整世界公民一切行动的行为规范。因此，全球伦理绝不是一个无关紧要的学术问题，而是涉及到人类生存与发展的大问题。这自然就成为本书所要阐明的主题。

"全球伦理学"是一门博大精深的学问，需要诸多学术同仁的共同努力，需要更多人的参与，并具有实现全球伦理行为的自觉；全球伦理行为不仅仅是一种国家伦理行为，更重要的是要落实到公民的个人伦理行为。它不仅是一种政治伦理行为，更是文化行为的规范。其实，伦理行为包括了人的所有方面，只要有人的行为，就存在相应的伦理问题。

鉴于本书只是对"全球伦理研究"的一个初步尝试，因此只能命名为《全球伦理学导论》，又由于本书只侧重研究动态和静态的各种人们共同体[①]（从氏族共同体经过古代国家政治共同体、近现代国家政治共同体发展到人类共同体的所有环节）的重大政治伦理行为，因此肯定会挂一漏万，只能留待以后不断完善。

一、全球伦理的兴起和全球伦理学的研究对象

社会上已经产生的全球伦理意识及其实践行动是建立全球伦理学的客观基础。全球社会滋养全球伦理，才有可能产生全球伦理学，所以全球伦理学的产生一定滞后于全球伦理的产生。全球伦理之所以能够诞生，就是因为全球问题已经严重到必须构建全球伦理来解决全球问题的阶段，因而也就迎来了研究全球伦理学的时代。

全球伦理是人类群体在全球化深度发展时代规范人类共同体行为的必需。人类行为不是一成不变的，而是随着人类群体的不断提升而向上提升的。人类从类人猿、智人时代发展为氏族社会群体的过程是人类伦理诞生的时间节点，也是人类伦理从无到有的过程。类人猿、智人时代是没有社会伦理规范的。类人猿和智人是野蛮状态的人类，很多契约论哲学家称之为"自然状态"的人类，人类基于伦理规范才把野蛮人提升为文明人。氏族社会产生了最初的社会伦理，告别了类人猿的野蛮状态。氏族社会之后，人类发展的每一次主体性提升都引发新一轮伦理的提升。从氏族社会发展到古代国家社会，氏族伦理提升为古代国家伦理；近代民族国家的兴起，结束了古代伦理，催生了近代国家伦理；全球化时代则把全球伦理推向人类伦理的前台。因此，人类伦理经历了从无到有、从氏族伦理发展到古代国家伦理，再发展到近代国家伦理，最后发展为全球伦理与现代国家伦理并存的过程。全球伦理开启了

[①] 人类学的范畴。

地球人的"类伦理"。全球伦理是一个伴随人类群体性向上攀升和伦理规范向前发展的过程。

全球伦理不是国家伦理的简单向外扩展、拓展，必须经过国际关系伦理的充分发展。没有国际关系伦理，就不会产生全球伦理。当然，全球伦理也不是国际关系伦理的简单相加或集合，而同时也必须包括国内伦理的提升。全球伦理也不是国际关系伦理的简单提升，理由在于：其一，从两者内容、内涵的性质或向度上看，国际关系伦理只是国家间的国际伦理，并不包括国内伦理，而全球伦理既包括国际关系伦理，又包括国内伦理。国内伦理只是国家伦理的一个方面，因为国家伦理包括国内伦理和国际关系伦理，因此从这个角度看，全球伦理是远比国际关系伦理更为广阔、更加宽泛的一种更高级的伦理。其二，国际关系伦理学和全球伦理学的研究主体或对象是不同的。国际关系伦理学研究的主体对象主要是国家间的关系，属于国际伦理的范畴。全球伦理学研究的主体对象则是人类共同体，不仅包括国家政治共同体，还包括非政府组织、不同层次的国际性组织，如联合国以及欧盟、东盟那样的不同地区共同体。此外，全球伦理学研究的主体还包括个人，包括杰出人物和普通民众，尤其包括全球公民。全球伦理学不仅关注国际关系伦理问题，还关注国家伦理问题、民族伦理问题、非政府组织伦理问题，尤其关注从国家伦理提升为全球伦理的过程，即研究从国家行为提升为人类共同行为的相应伦理发展过程。

全球伦理学是 21 世纪人类解决全球问题的必需。虽然包含国际关系伦理学的国际关系学形成于 20 世纪，但是国际关系伦理的思想却萌芽于古代。

人类从类人猿、智人的野蛮人时代发展到氏族社会，才开始脱离野蛮状态而逐渐进入到文明状态，因此氏族社会是文明社会的初民时代。在文明社会的初民时代，不同氏族部落被牢牢地束缚在自己所属的狭窄地缘中，其族际伦理也必然是狭隘的地缘关系。那个时代，还没有产生国家，因此"国际关系"不过是族际关系而已。氏族意识和氏族伦理铸就了"群体化人格"，因此才有了胞族、氏族和氏族联盟的人们共同体。所以，没有氏族伦理，就不会产生氏族社会。或者说，氏族伦理是结成氏族社会的文化行为纽带。氏族社会解体后，早期的国家形式掩盖在王族伦理或贵族伦理形式之中，国家间的政治关系与伦理关系主要是王族之间或贵族之间的国际关系。然而，以往的中西古典文化，向人们阐释更多的是那些光鲜亮丽的一面，只有马克思主义学派才挖掘了阶级社会极其悲惨与阶级压迫的一面。本人写就的《中西元点政法比较：三王主义与三民主义》一书的问世，则向人们展示了古代伦理的重心在于对王族利益和贵族利益的维护。

在古代中国，国际关系伦理实际上主要是中原农业王族与周边游牧部落王族之间的关系。古代中国的族际伦理邦交精神是"和合中庸"与"兼容共存"，还有"崇德尚用"与"协和万邦"共有的天下精神。① 很显然，这主要是中央帝国与周边诸侯"共享天下"的过程。中国古代的国际关系到了周代则是周王与诸侯的关系。为了行文方便起见，不妨称之为"小国际关系"，随之产生的国际关系伦理或族际伦理是"小族际伦理"。这个"小国际关系"和"小族际伦理"远远不能代表古代的世界国际关系。中国古代，对于外族的态度虽然也是"非我族类，其心必异"，但还是主张建立相安无事、各行其事但最好是臣服的朝贡关系。前者是相同中原文明圈内的国际关系，后者则是中原人与周边民族的国际关系。如果说前者是"小国际关系"和"小族际伦理"，那么后者才能称为"大国际关系"和"大族际伦理"，但还够不上是全球国际关系，因为在古代，人类还没有能力把同类整合为全球国际关系。地球的另一边是古希腊世界，在"大国际关系"和"大族际伦理"角度上，古代中国的国际伦理精神远比古希腊要文明得多。

在古希腊世界，国际关系也表现为两个方面。一方面，在小国际关系和小国际伦理内，展现的是相同文明圈内的国际关系，即古希腊城邦国家间的"国际交往关系"是在相同文明圈范围内的国际关系，因此表现为合作、冲突、对抗、扩张等复杂的国际关系，形成"未经正式宣战不能开战，通过外交谈判和仲裁解决争端"等外交惯例与"近邻同盟"式的区域性国际制度。另一方面，在大国际关系和大国际伦理方面，即对于截然不同的族群，比如希腊世界与波斯人世界，则根本不存在睦邻友好的关系，有的要么是老死不相往来，要么就是通过残忍的战争来解决问题。很显然，前者之间的战争和后者之间的战争是不能同日而语的。前者是兄弟相残，后者是敌对相持；前者相互之间更多时候被视为文明伙伴关系，后者则被视为文明人与野蛮人之间的敌对关系。因为古希腊人把希腊之外的人都称为野蛮人，正如当时中原人把外族称为"蛮人"一样。修昔底德斯的《伯罗奔尼撒战争》阐述的希腊世界内部斯巴达人和雅典人之间的战争，显然属于小国际关系和小国际关系伦理的范畴，其国家关系也是希腊世界文明圈内各个城邦之间的国际伦理。因此他认为，国家间关系存在正义与利益两个方面，虽然利益是主流的、本质的，正义是软弱无力的，但毕竟还存在睦邻友好和正义的元素。后来希腊

---

① 余潇枫：《国际关系伦理学》，长征出版社2002年版，第41页。

人和外族（如波斯人）之间的战争则是文明系统完全不同的世界之间展开的战争，因此丝毫不讲究文明，族际关系伦理表现出来更多的是野蛮性的一面。不难看出，古希腊"大国际关系伦理"的文明性远远不如中原人那种朝贡观念的文明性。

在西方中世纪时代，神学伦理成为社会伦理的中心，只是到了近代，西方人才用人本主义伦理替代了神学伦理。西方人通过工业革命实现了物质文明的强大，通过文艺复兴、民主政治实现了制度文明和精神文明的强大。这两个强大足以征服全世界，于是殖民主义时代开始了。因此，近代世界史成为西方人主宰人类或世界历史发展的时代。无论如何，在族内伦理的范围内，西方学者构建了近代西方伦理学，不仅超越了西方古代伦理学的水平，而且成为那个时代伦理学发展的世界重心。甚至在小国际关系和小国际伦理方面，即在西方基督教文明系统内部不同国家之间，也基本上建立了较为文明的伦理方式。然而，西方大国际伦理，即在处理西方世界与东方世界的伦理关系时，西方人不仅没有进步，反而在某种意义上充分展现了一种历史的倒退。西方列强发起的殖民主义运动，上演了一幕又一幕极其惨烈的血泪史，凸显了西方族际伦理理念的重大缺陷。

第二次世界大战之后建立了联合国，其成为开启全球价值理念的萌芽。之后，西方的思想家开始逐渐反省西方族际伦理的缺陷。但是，那个时代还没有诞生全球伦理的意识。全球伦理意识的觉醒是20世纪六七十年代以后的事情，主要是在全球问题日益严重到极大地威胁人类生存与发展的时候，全球伦理意识才开始觉醒。具体请见第六章"全球伦理的产生"。

诚然，全球伦理学是从国际伦理学发展而来的，但全球伦理学并不是国际关系伦理学的升级版，理由有三。

第一，全球伦理学与国际关系伦理学的内容与研究对象并不相同。国际关系伦理学研究国际行为体的伦理问题。国际行为体包括国家行为体与非国家行为体，后者又包括政府间的国际组织、非政府间的国际组织、跨国公司和具有国际法人格意义的个人。无论如何，国际关系伦理学并不研究国家（内部）伦理，而是研究国家关系的伦理。然而，全球伦理学既研究国际伦理，还研究国家伦理，而且重点研究国家伦理与国际伦理的共通性伦理。

第二，国际关系伦理学的对象是政治伦理，全球伦理学的对象还包括文化伦理、生态伦理等非政治伦理。

第三，国际关系伦理学与全球伦理学的研究主流方法论是不同的。其一，以往的国际伦理学的主流研究方法论是现实主义的，即从国际关系行为的种种事实中去研究国际关系伦理现象，是一种"实然"或"实有"的现实，包括社会负能量的元素。全球伦理学的主流方法论则是理想主义的，侧重研究如何克服全球问题的行为规范，更多的是"应然"或"应有"的理想状态，主要是一种实现美好社会的正能量元素。有学者认为，政治不仅不是"道德"，而且是"不道德"，甚至是"罪恶"！路易斯博洛尔在《政治的罪恶》中解释，政治统治的欲望和权力使政客们变得卑鄙、龌龊、血腥与残暴；政治手段对政治目的的顺从使一切责任、义务、道德、理性都变成空话；政治平等的无政府主义使得一切卓越超群的智力、高尚品性、渊博知识，甚至生理优势，都引起人们的嫉妒乃至迫害；政治仇恨的实施使得暴力盛行、迫害成风、人类相互残杀，连狼都不如；……① 所有这些都是人性丑恶的一面，即"恶治"的方面。但是，全球伦理学研究的则是相反的方面，即"善治"的方面。其二，国际关系伦理学更多借用的是技术性、局部性的方法论，很少使用整体性、全局性的方法论。

很显然，全球伦理非但在古代社会没有产生，在近代也没有产生。古代和近代虽然产生了普世伦理，但那个时代的普世伦理并不是全球伦理。真正的全球伦理只能发生在"后现代"，是现代人克服全球问题，进行全球治理，构建人类共同体的需要；是现代人构建"类伦理"的行为规范体系。

本书著者赞同余潇枫这是一个"类伦理"的看法，但并不简单地把全球伦理归于"国际关系伦理"，因为具有"类价值"的"类伦理学"不是一般的国际关系伦理学的研究对象，而属于全球伦理学的范畴。余潇枫认为，"国际关系伦理学的哲学性质就是一种'类伦理学'，它以人对自身价值的重新确立、人对超越国家的人类价值的重新确立即'类价值'的弘扬来实现对人类现代化困境的全新理解"。② 很显然，他忽视了全球伦理应当包括国家伦理的重要内涵，也忽视了国家伦理所包含的国内伦理的合理性内容也是"类伦理"的重要内容。全球伦理绝不可能置身于国家伦理之外而仅仅停留在国际关系伦理层面，因为全球伦理不仅包括国际关系伦理，更重要的是还要包括国家伦理的所有合理性，即全球伦理必须吸收国家伦理与全球伦理相一致的部分。当然，全球伦理也包括克服国家伦理与全球伦理相违背的部分。

其实，从古代到近代的国际关系伦理学根本就不具有"类伦理学"的"类价值"，即便是现代社会的国际关系伦理学也不全具有这种"类伦理"性

---

① 余潇枫：《国际关系伦理学》，长征出版社2002年版，第33—34页。
② 余潇枫：《国际关系伦理学》，长征出版社2002年版，第67页。

质，只有"全球伦理学"才是真正的"类伦理"，才真正具有"类价值"。这种属性也完全符合余潇枫的下述分析，"'类伦理'是对传统'国家伦理'的进一步超越，也是在更高层次上对个体伦理与国家伦理的进一步整合。……如果说以往的伦理学理论是按照'种观念'去理解人和人的世界，'类观念'在那时尚处自发形态，人类发展到今天已开始进入自觉的'类存在'阶段。伦理学的理论探索也就应从自发的'生物意义上的类观念'走向自觉的'社会意义上的类观念'。在新的世纪里，人们越来越认识到国际秩序的建立有赖于人类'类意识'的确立与发展，相对于国家来说有赖于国家的'国际意识'或'星球意识'的确立与发展"。① "类伦理作为人类共同体的价值尺度，是依照人的类本性、类生活、类活动的要求所确立的人类活动的终极准则。类伦理在人、国家、世界的类活动上形成各种政治形式的合理性创造；在人、国家、世界的类生活上达成跨国界、超种族的丰富性和谐。"② 本书著者认为，社会的存在与发展不仅包括和谐、均衡的一面，还包括冲突、制衡、不均的一面。从国际关系伦理学到全球伦理学都必须研究这两个方面，不能只研究其中的一方面。

"类时代""类价值"和"类伦理"是全球化深度发展的时代产物。全球化时代初期只是"类时代"到来、"类价值"和"类伦理"意识产生的先声与标志。对于这个时代，巴尔尼博士在《重访地球2000：文明应该怎么办？》一书中考察了对现代民族国家的超越，认为现代民族国家的"主权"观念是虚伪的，人类需要的是一种互相依存、彼此连接的思想。"各族各国并不是一些不受制于地球上其他力量的独立实体。他们全部互相依赖，而且大大受制于地球上整个生态体系的健康和良好状态，他们只不过是这个生态体系的小小组成部分。"③

余潇枫提出，"'类时代'是自觉以'类'为本位的时代，其实质就是，人们将以类的价值坐标审视一切，以类的价值标准评判一切。伦理问题的探讨在当今时代可以说具有全球性的意义。伦理问题不但是发展中国家所面临的迫切问题，更是发达国家面临的迫切问题。本世纪以来，西方社会在政治、经济、文化诸多方面发生了重大变化，现实社会中伦理道德的冲突、价值观念的对立、全球性问题的困惑等，使得西方社会危机四伏，并进入了被麦金泰尔称之为一个充满了无法解决争执和无法摆脱困境的'德性之后'的时代。

---

① 余潇枫：《国际关系伦理学》，长征出版社2002年版，第15页。
② 余潇枫：《国际关系伦理学》，长征出版社2002年版，第63页。
③ 巴尔尼：《重访地球2000：文明应该怎么办？》，阿林斯顿1993年版，第64页。

在社会走向现代的历史背景下，伦理学必须走向'普世化'，从而为人们在现实社会中的道德行为选择和人类的进一步健康发展提供全新的价值坐标，'类价值'便是国际关系伦理应建构的新价值坐标"。① 这种看法具有一定合理性，但余潇枫把问题想得太简单了。其实，"类时代"的价值系统并不单纯追求普世价值，还有个性价值、特殊价值，是哲学所说的一般、特殊、个别三个层次的统一体，其实际状态远比这三个层次更为复杂。全球伦理也不仅仅是全球普世价值，而是全球普世价值、国家地区价值、个人价值等多层次价值的复杂统一体。

伦理学是从哲学一个分支发展出来的一个独立学科，国际关系伦理学则是伦理学的一个分支，全球伦理学是对一般伦理学和国际关系伦理学的重要提升，因此全球伦理学的研究成为伦理学研究的一个重要学术生长点。

当今全球化的深度发展，暴露出全球问题已经对人类生存与发展构成严重威胁的状态。解除全球问题的威胁，需要加大力度进行全球治理，其中重要的全球治理手段就是构建全球伦理。不难断定，全球问题已严重到必须构建全球伦理的程度。本课题是对全球伦理的系统研究，其研究价值不单纯在于构建开创一个新学科——"全球伦理学"，而在于把国际关系学、伦理学提升到全球伦理的研究高度，为解决日益严重的威胁人类生存与发展的全球问题提供全球伦理方案，因此不仅具有重要的理论价值，而且具有重大现实意义。

构建全球伦理学的前提是把全球伦理学的研究对象、学科性质，以及构建全球伦理学的必要性和重要性（这在稍后的部分再进行论述）等问题研究统一在一个学科体系内，所以全球伦理学的研究对象虽只是其中的一个问题，但却是其中的核心问题。

基于任何一个学科特殊的研究对象都是该学科成立的首要条件，全球伦理学成立与否的首要问题便是全球伦理学是否有自己特殊的研究对象。对于什么是伦理学的研究对象，目前尚未形成定论，虽有一定的探讨，但依然保留着广阔的探讨空间。可以说，这仍然是一个需要深入探讨的问题。

从词源上看，在不同国家文化中，虽然"伦理"的本质大致相同，但各国尤其是中西方对伦理的理解并不相同。中国古代并没有伦理一词，而是分别说明伦与理，而且其内涵十分丰富。礼记中有"乐者，通伦理者也"。朱子语录有"读史当观大伦理大机会大治乱之得失"。"伦"的意义经常被解释为道，"伦，

---

① 余潇枫：《国际关系伦理学》，长征出版社2002年版，第65页。

常也，君臣、父子、夫妇、兄弟、朋友为五伦也"。其实质是指本民族文明体系中的人际关系，并不是指不同族体之间的国际关系。关于"理"的意义，许慎说文诠释，"理，治玉也"。这是因为，玉的纹理最为细密，所以治玉需要精细琢磨的功夫。因此，合起来看，"伦理"的意思就是"人伦之理"。

西方与中国不同，早在古代就在社会人际关系中展示出不同的伦理价值取向。"伦理"这个合成词是从英文 Ethics 转译过来的，其基本含义包括道德哲学、适合于特定生活领域的行为准则。Ethic 从拉丁文 Ethos、希腊文 ethica 引申而来，亚里士多德多指美德（virtues）。古希腊古罗马时期，伦理学是一门关于德行的学说，其围绕的核心问题是如何成为一个肉体与心灵和谐统一的道德完善的人。柏拉图在《理想国》中探讨了诸多伦理复杂问题，如优生学问题、节育问题、家庭解体问题、婚姻自主问题、赌神问题、专政问题、独裁问题、民主问题、宗教问题、道德问题、教育问题、瘟疫问题等，可以说社会上有多少种行为，相应地也就有多少种伦理规范。柏拉图提出并论证了古希腊四种主德，即"智慧、公正、节制、勇敢"。这是四种正能量的德行素质，不单纯是一些道德良知之类的东西。不难发现，古希腊人把伦理与道德混同了。

比较成熟的国际关系伦理学产生于两次世界大战之间，因为国际关系伦理学建立的前提是国际关系学或国际政治学的成熟发展。据余潇枫考证，"国际政治学产生于两次世界大战之间，为了医治战争创伤，人们开始关注国际问题，研究国际现象，寻求国家联盟等和平方案，并创办国际事务杂志，建立专门机构，开设国际政治课程，出版国际关系方面的书籍。理想主义是国际政治学早期发展阶段的理论特征，因而国际政治学理论一开始就有着'超国家'的伦理趋向。第二次世界大战使得国际政治学的理想主义派别的'道义'与'民主'彻底破产，代之而起的是现实主义派别。现实主义确立的是'国家中心''理论预设''权力基础'的国际政治模式，它设定：现代国家是世界政治体系的基本政治单位，国家从根本上追求的是权力与利益，因此我们有可能主要根据国家间关系分析世界政治。事实是，当国家利益公然成为国际关系的聚焦点时，国家间的关系就成了赤裸裸的'权力关系'"。[1]

国际关系伦理学的相关思想散见于不同国际关系理论流派之中。国际关系学有三种伦理趋向，即强道德主义、弱道德主义、新道德主义。对此，余潇枫做出如下总结："国际关系的种种理论按伦理取向分为三大类型：第一种

---

[1] 余潇枫：《国际关系伦理学》，长征出版社2002年版，第9页

类型是'强道德主义类型',这一类型的理论以道德追求为第一目标,利益、权力让位于道德目标实现,或者利益和权力的追求只有在道德约束许可的前提下才有其意义。第二种类型是'弱道德主义类型',这一类型的理论以利益、权力的追求为第一目标,道德让位于利益、权力的实现,或者道德只有在其服务于利益、权力的实现时才被强调。第三种类型是'新道德主义类型',这一类型的理论超越了传统道德主义对人性假定的局限,正视人类超越民族主义、国家主义与地区主义过程中道德诉求的历史发展过程,对道德、利益、权力等进行全新的反思与建构。"①

这三种伦理趋向都有自己的著名代表。"强道德主义"包括道德浪漫主义、道德理想主义。莫尔的乌托邦、罗尔斯的现实乌托邦就是"强道德主义"的代表。罗尔斯由于强调正义,所以属于强道德主义者,主张用人民代替公民概念。"道德理想主义"的代表观点有康德的永久和评论、威尔逊的"国家道德说"、全球人道主义的理想主义。"弱道德主义"包括道德虚无主义和道德现实主义。前者包括马基雅维利的权力至上说、霍布斯的自然状态说、弗洛伊德的无意识说、行为主义的数理计量说;后者包括黑格尔的国家利益说、摩根索的国家权力说。新道德主义包括道德自由主义、道德建构主义。

本书著者反对用道德来诠释伦理,主要基于下述两个方面的理由。一方面,本书著者并不赞同把伦理学构建在道德学的基础上,认为伦理和道德具有根本的区别。这是因为,伦理是客观的,而道德却是主观的;伦理是一种不能选择的、不得不的必须、应该以及不应的行为,而道德则是一种主观上的选择,从属于"可以"的范畴,而不是"必须""应该"和"不应"的范畴。伦理是社会不得不遵循的行为底线,道德是社会行为追求的理想品格,或者说伦理是行为下限而道德是行为上限。

鉴于上述理由,本书著者并不同意余潇枫"国际关系伦理学的研究必须以道德为其核心对象"② 的看法。因为伦理与道德两个概念虽然经常混用和连用,但其内涵并不完全相同。道德的英文 Mofal 出自拉丁文复数词 Mores,是指公众的习俗;而单数词 Mos 追求的是个人的品格。伦理是道德的复数,是公众的道德,而不是追求个人品格的单数。

本书著者同样反对把国际道德作为国际关系伦理学的研究对象。余潇枫提出,"国际关系伦理研究以国际社会发展规律为对象,着重探索国际道德与

---

① 余潇枫:《国际关系伦理学》,长征出版社2002年版,第75页。
② 余潇枫:《国际关系伦理学》,长征出版社2002年版,第75页。

政治、国际道德与利益、国际道德与和平、国际道德与发展等重大关系的合理性基础与合法性途径，因此国际关系伦理学是一门在本体论基础上建构起来的探求国际社会价值秩序的综合性学科。从传统的学科细分逻辑看，可以把国际关系伦理学理解为国际政治伦理学，那么它作为政治学、国际政治学、国际政治伦理学的逻辑树的终点是政治学的分支学科；也可以把国际关系伦理学理解为伦理学的边缘化发展，那么它作为伦理学、应用伦理学、国际关系伦理学的逻辑树的终点是伦理学的分支学科。然而，从当代的学科发展角度看，学科在分化的同时又体现着种种交叉与整合，因而国际关系伦理学的建构除了形成新兴分支学科的意义外，更有着整合各学科的意义，即国际关系伦理学可以是统摄政治学、伦理学、历史学、社会学、经济学、文化学以及与国际问题相关学科的边缘性综合学科"。①

本书著者反对把国际道德作为国际关系伦理学的研究对象有两个理由。一方面，国际关系伦理研究的不仅仅是国际道德，还包括不同的国内道德在国际社会中的信任度。首先，国际关系伦理学的研究对象是国家间通常履行的行为规范，而不是学者或政治家的善良的道德理念。其次，国际关系伦理学重点研究国际关系伦理而不是国内伦理，但全球伦理学则把国内伦理与国际伦理综合起来研究。

另一方面，本书著者提出一个新的观点，即人类伦理不同发展阶段的标志是基于人类群体及其行为的提升。不同社会发展阶段承载了不同质量和发展水平的伦理内涵，社会伦理发展水平承载了人类主体状态或族体的发展阶段。社会承载主体的价值随着族体的变化而变化，族体提升到什么程度，社会伦理价值观也随之变到什么程度。人类社会主体的变化是族体的不断升级或提升的过程。人类族体提升的发展规律是由半人半兽的类人猿、智人发展提升为氏族社会，再发展为古代国家社会、近代国家社会，最后发展为全球社会，因此相应地从类人猿、智人的无伦理状态发展到有伦理状态，伦理状态则从氏族伦理发展到古代国家伦理、近代国家伦理，最后发展到全球伦理。可见，不同时代的伦理内涵是随着人类主体伦理的发展而发展的，全球伦理是人类伦理发展的最高阶段和最高位阶，全球伦理学的研究对象就是处在最高发展阶段的全球伦理，因此全球伦理的研究对象不是一般意义上的国际关系伦理。

全球伦理是从氏族伦理、国家伦理发展而来的，因此全球伦理学还必须

---

① 余潇枫：《国际关系伦理学》，长征出版社2002年版，第19页。

研究从氏族伦理发展到国家伦理,再发展到全球伦理的规律性。虽然时代变了,伦理价值观也将随之变化,但伦理的本质是不变的,始终是以善恶、义利取舍、效忠价值取向为价值中枢的。时代变化的轴心是社会主体核心价值的变化,虽然时代不同,其伦理价值核心及其时代主题是不断变化的,但所有时代的伦理都将围绕善恶、义利取舍、效忠价值等核心伦理范畴来发挥作用。

氏族社会承载的氏族伦理是氏族社会的利益与正义的关系,由此决定了社会成员的效忠价值观。在宗教主宰人们一切思想意识形态的氏族时代,善恶成为处理利益与正义关系的主要表述理念,而且善恶观念是倒装的世界观。本来人是宗教及其神灵的创造者,宗教神灵本应为人服务,但结果却是每个膜拜者认为人必须为神灵服务,自己才有可能得到神灵的保佑。说到底,人们之所以膜拜神灵,就是因为他们认为能够得到神灵的保佑。这种现象虽然荒谬,但却是事实。

此外,本书著者在伦理学研究对象上同以往的学者还有一个不同点。以往的理论把伦理学与国际关系伦理学区分开来对待。一方面,以往的伦理学主要研究国内社会的内部伦理现象,较少研究国际社会的外部伦理即国际关系伦理现象。另一方面,国际伦理学偏重研究国际社会的伦理关系,不研究国内社会的伦理现象,全球伦理学则从国内伦理和国际伦理两个层面研究人类最高的伦理问题。克服以往伦理学的缺陷,是建构全球伦理学的关键。

基于上述看法,不难断定,全球伦理学是一门新兴学科,是继伦理学、国际关系伦理学之后更加高级的伦理学。全球伦理学是以全球伦理为研究对象,以人类如何解决日益严重威胁人类生存与发展的全球问题为己任,充实全球公民素质的必要伦理内涵,探索从氏族伦理提升为国家伦理,再提升为全球伦理的发展规律的学科。

二、全球伦理学的学科性质

全球伦理学特殊的研究对象决定了其特殊的学科性质。总的来说,全球伦理学的学科性质或属性是多重的,主要体现在下述几个方面:

首先,全球伦理学是伦理学的一个分支学科,伦理学是全球伦理学的母学科。

人类对伦理现象的研究经过了伦理学、国际关系伦理学、全球伦理学的发展过程。伦理学派生了国际关系伦理学、全球伦理学，国际关系伦理学、全球伦理学都是伦理学的分支学科。但是，我们没有理由把全球伦理学理解为国际关系伦理学的一个分支，因为全球伦理学不仅是伦理学的一个分支，而且是伦理学最高位阶的学科。国际关系伦理学只研究国际伦理，不研究国家内部伦理问题，对此，前面已经有较为清晰的说明，故在此不再赘述。我们更没有理由把全球伦理学简单地当做伦理学的分支。全球伦理学不仅充实了以往的伦理学，而且是对以往伦理学的提升，只有把伦理发展水平提升到全球伦理的高度，人类伦理才是完整的。因此，现代伦理学不能离开全球伦理问题，从这个意义上讲，全球伦理学是伦理学的有机组成部分，而绝不是国际关系伦理学的"升级版"。

其次，全球伦理学是一门高级应用学科，伦理学是一门基础应用学科。

这是因为，伦理学是一门以人的道德行为为对象的实践性学科，从其产生的那一天起，它就是一门应用性的学科。① 全球伦理学的现实价值远远大于或高于其理论价值。全球伦理学是为了研究人类如何解决日益严重的全球问题而建立的一门学科。任何伦理的存在和发展都是为了解决社会问题而对人的行为进行规范的结果。全球伦理是人类为解决全球问题而走向自觉的结果。全球社会不像国家社会那样有国家军队、公安机关、检察院和法院等国家机器的充分保障，全球伦理规范的实践更多地是靠自觉，所以全球伦理学是一门伦理最高位阶的应用学科。

再次，全球伦理学是一门综合性与创新性兼备的学科。

伦理学的学科性质随着伦理学研究对象的发展而发展。20世纪，伦理问题的研究已经分为三条理路展开。首先是解决伦理道德判断的语言性质，形成元伦理学理论；第二是解决伦理道德问题的"应当性规范"，形成规范伦理学理论；第三是解决伦理道德具体显示问题，形成应用伦理学理论。② 很显然，全球伦理学兼具三者的属性，同时还要克服这三种局限性。

英国开创了元伦理学，但最终陷入形式主义，被悬置起来。规范伦理学在20世纪六七十年代重新恢复了它的主导地位。"但随着社会生活日新月异，诸多新兴社会科学对伦理问题研究的介入，规范伦理学越来越转向应用研究。"③ 20世纪70年代以后，应用伦理学异军突起，人们比以往任何时候都更为关注人与自然、人与社会、人与他人、人与自身之间的现实道德问题，

---

① 余潇枫：《国际关系伦理学》，长征出版社2002年版，第25页。
② 具体情形请参见余潇枫：《国际关系伦理学》，长征出版社2002年版，第25页。
③ 余潇枫：《国际关系伦理学》，长征出版社2002年版，第26页。

所以西方伦理学研究在研究对象、任务与研究方法上，都随着社会的发展而发生了重大变化。一些元伦理学家和规范伦理学家"都一致认为，理论伦理学再也不能无视那些实际的社会道德问题和应用伦理学问题了，因为这既关系着人类社会的前途与命运，也关系着伦理学的前途与发展"。[1] 因此，这两种伦理学的理路研究逐渐成为伦理学发展的主流，其一是应用伦理学的研究，其二是应用伦理问题的研究和理论伦理学的互补。[2]

应用伦理学最为积极的是直接探索人们生存环境中面对的各种难题，形成诸多分支学科，如国际关系伦理学、生态伦理学（环境伦理学）、医学伦理学、经济伦理学、军事伦理学、教育伦理学、工程伦理学、企业伦理学、商业伦理学等等。还有与人们的社会职业、行业直接相关的按照领域或职业划分的诸多伦理学应用分支学科，如教师伦理学、艺术伦理学、工程师伦理学、医生伦理学、新闻工作者伦理学、艺术家伦理学、警察伦理学、律师伦理学（现在在法学界通常以"律师的职业道德"命名，还未达成"律师伦理学"的高度）、服务行业伦理学、运动伦理学等。可以说，应用伦理学具有广泛的发展前景，人类行为被分为多少种类，应用伦理学就必将发展出多少种类。无疑，全球伦理学是其中最为璀璨的一个应用伦理学种类。

全球伦理学的应用性质，在于它以解决威胁人类生存与发展的全球问题，引导人类走出绝境为己任，以追求全球利益、伸张全球正义、构建全球秩序为基本文化诉求，以人们的自觉行动为准则，促使人类走向美好的大同社会。只有上述伦理行为变现为人类社会成员自觉的整体性行为时，全球伦理实践才具有普遍的实然意义，而不只是驻留在一个"应当"而实际做不到的乌托邦的虚幻境地或窘境。

全球伦理学作为一门最高级别的伦理学，具有最高级别的应用学科，其主要使命就是要揭示全球社会的道德伦理的"实然性"和"应然性"，而不单纯是"实然性"。因为从现实角度看，全球伦理的实然性是最小的，"实然性"伦理最大的比例部分是个人利益与国家利益，而绝不是全球利益。全球利益是全球伦理的利益基础。全球伦理的建构是人类避免灾难的希望，是人类发展的重要伦理底线。全球伦理的重心并不在于伦理问题的逻辑语言建构，而是全球问题的现实解决；虽然也注重伦理规范的建立，但远不止于伦理问题的道德原则和伦理规范的制定与论证，从而必须关注伦理问题的实用性道

---

[1] 余潇枫：《国际关系伦理学》，长征出版社2002年版，第26页。
[2] 余潇枫：《国际关系伦理学》，长征出版社2002年版，第26页。

德规范的实际运用。

从上述意义上讲,全球伦理学是一门直接考察、辨析、梳理全球社会伦理道德难题,并判断抉择行为的价值依据的最高级边缘综合性应用性学科,用余潇枫的价值判断,应当"是一种力求达到'类共同体'价值目标的新兴理论"。[①] 当然,实现这种"类共同体"的类伦理不是一般意义上的"国际伦理",而是从根本上解决全球问题的全球伦理。

全球伦理是否行得通、在多大程度上行得通,这是全球伦理的"适然性"。全球伦理的"适然性"既不是伦理问题的"实然性"或者"实有性",也不是伦理问题的"应然性"或者"应有性",而是介于两者之间的"可普适性"。这种可普适性必须解决快乐主义和禁欲主义的两难问题。

一方面,全球伦理必须剔除种种快乐主义伦理的不合理性。全球问题威胁人类发展和生存的严重性,使得人类不得不启动全球伦理、全球法治等手段来进行全球治理,这是人类发展和生存的"底线伦理",必须克服个人自私的自然本性。快乐主义伦理学说提倡的是以快乐为道德行为的至上原则,强调伦理利己主义的合理性,快乐主义伦理学原则上已经不再适用全球化时代。地球只有一个,地球资源是有限的,但享受地球资源的快乐欲望却是无限的。如果人类继续适用快乐主义伦理原则,那么日益严重的全球问题就会更加深重,最终必然把人类推向快速灭亡的深渊。

另一方面,全球伦理还必须剔除禁欲主义伦理的不合理性。传统禁欲主义伦理学说提倡以假大空的道德理想为至上原则,强调伦理的利他主义。利他主义的实质还是一个利益问题,只不过是把自己与他人的利益进行倒置。

总之,"享乐至上"和"禁欲主义"都不合理,只有"适当享乐主义"才是合理的。它要求把物质享受降到最低,尽量提升精神享受,把精神享受放到物质享受之上的伦理原则才是人类的出路。

从上述意义上讲,不仅客观上不断发展的全球伦理预示着人类发展的希望,而且以此构建的全球伦理学将成为引领一切学科向前发展的感召性学科,可以说,全球伦理学是未来所有学科的引领者学科。正如余潇枫所言,"在未来一切学科的综合与发展都将被融入于伦理学","国际关系伦理学也将是融通各种国际关系理论的新兴边缘性综合学科"。[②] 他还认为,"不仅伦理学的

---

① 余潇枫:《国际关系伦理学》,长征出版社2002年版,第28页。
② 余潇枫:《国际关系伦理学》,长征出版社2002年版,第50页。

发展必将统合人文社会科学,而且在人文社会科学的发展史上各学科都渗入伦理学之内容"。① 其实,全球伦理学对其他学科的引领作用并不是最重要的,对此,本书著者提出,构建全球伦理学绝不是几个文化人所能够完成的,甚至也不能依靠所有文化人的整体觉悟,最重要的如何变成更多的地球人的行为规范,在于通过以全球伦理素质充实的全球公民来建立全球公民社会。其内在的逻辑是,没有全球伦理为行为涵养,就不会有全球公民;没有全球公民,就不能构建全球公民社会。

如果说伦理发展水平是一个民族文化的最后保证,那么构建和完善全球伦理学则是全人类走向幸福大道的根本保证。蔡元培早就强调,"哲学、心理学,本与伦理有密切之关系……其他曰为政以德,曰孝治天下,是政治学范围于伦理学也;曰国民修其孝悌忠信,可使制梃以挞坚甲利兵,是军学范围于伦理也;攻击异教,恒以无父无君为辞,是宗教学范围于伦理也;评定诗古文辞,恒以载道述德眷怀君父为优点,是美学范围于伦理也。我国伦理学之范围,其广如此,则伦理学宜若为我国惟一发达之学术矣"。②

本书著者认为,"伦理学"与"所有学科"的真正关系是,全球伦理学将成为各学科的一个统帅和渗透,一切科学问题、哲学问题、宗教问题本质上都存在伦理问题,人类将应用全球伦理的标准推动一切学术的发展。所以,从终极意义上看,全球伦理学的应用价值不单纯是为了完善这个学科,而是通过推行科学的全球伦理观,变现为每一个人的行为规范,以解决形形色色的全球问题,走出"为富不贵"的全球化陷阱。

三、本书构建全球伦理学的特殊研究方法

在政治学和伦理学的研究(包括国际关系学和国际关系伦理学的研究)中存在一个重大缺陷,那就是把研究注意力的重心过多地放到国内政治、国内伦理(视为国家伦理的国内层面),极大地忽视了国际政治、国际关系伦理的研究,尤其缺乏对全球伦理的研究。难怪美国著名国际关系学家肯尼思·华尔兹发现了政治学研究的一个现象,即学者多把注意力焦点放在国内政治的研究上,因而忽视了国际政治或国际关系的研究。"传统的政治哲学……把

---

① 余潇枫:《国际关系伦理学》,长征出版社2002年版,第71页。
② 蔡元培:《中国伦理学史》,商务印书馆1990年版,第2页。

注意力集中于国内政治"，① 这种研究传统严重导致了政治学的畸形发展。其实，伦理学界同样存在把研究注意力放在国内伦理，从而极大地忽视了国际伦理研究的现象。

因为全球伦理学具有特殊的研究对象，加之本书著者有较为深厚的哲学和人类学的学术功底，因此在建构全球伦理学时，除了运用一般的研究方法之外，还启用了如下较有创新性的研究方法：

首先，族体高级进化论或伦理进化解析法：启用"族体伦理属性进化论"，认为人类伦理是一种高级进化过程，人类群体或族体的提升在于伦理水平的提升。这是本书最重要的伦理进化解析法，也是全书的主导方法论。族体或群体的变迁引起了社会伦理的变迁，伦理的演变规律是基于伦理主体及其行为演变的规律而产生的。如果认为人类历史是一部进化史，从伦理发展过程上看，人类伦理就是从氏族伦理进化到民族伦理、国家伦理，最后提升到全球伦理的过程。社会伦理是随着社会群体的变化而变化的，不仅包括群体数量的增多而产生质的飞跃，而且族内伦理、族际伦理的内容也发生相应的变化。然而，族内伦理的提升远远高于族际伦理的发展水平。基于这种方法论，本书各章内容的顺序呈现规律性的安排：氏族伦理（第一章）——王族贵族伦理（第二章）——国家伦理（第三章）——全球伦理……

其次，文化人类学比较的方法成为建构全球伦理学的重要方法。伦理本身就是文化的灵魂，是决定社会发展的软文化，是做人的根本。民族文化展现两种伦理精神。一方面，不同民族文明含有不同的伦理个性。比如，古代中国的伦理轴心是以王权为核心的"忠孝"伦理体制，古希腊古罗马的伦理轴心是以正义为核心的"自然法则"。另一方面，不同民族伦理含有一定成分的伦理共性。"戒杀生""戒妄取""戒淫欲""戒妄语"等"非暴力"伦理规范，早已成为各民族国家伦理的共性或普适伦理。

再次，对立统一的哲学方法、多元共有共享的方法论。虽然全球伦理具有共性，但全球伦理不是世界伦理的一致化、趋同化、一元化，也不是世界各民族国家伦理的机械总和，而是各民族国家伦理（包括领袖人物、非政府组织等非国家行为体伦理规范）的对立统一。"对立统一"是指个性伦理之间的互动，造成的不是一加一等于二，而是"一荣俱荣、一损俱损"，以及同居"地球村"的共同共有、共荣共损的关系。

---

① ［美］肯尼思·华尔兹，倪世雄等译：《人、国家与战争——一种理论分析》，上海译文出版社1991年版，第10页。

最后，本书著者并不赞同"国际政治问题是国内政治问题的自然延伸"。其一，本书著者基于国内伦理和国际伦理配套变迁的理念，提出国内伦理和国际伦理的配套是时代的产物，但二者之间不是必然延伸的联系，不过二者与文明发展时代有必然关系。国际关系伦理是不是国内伦理的向外延伸？全球伦理是不是国际关系伦理的升级？这个问题很复杂，主要有两方面原因。一方面，一国与周边国家之间的国际地缘政治伦理关系问题。这又分为两种情形。一种是周边国家与某国的文明是否属于一个系统，如果属于一个文化系统，如欧盟成员国的伦理精神是基于基督教文明系统，大致是相通的，因此相互之间的信任比较大。此种情形容易从国家伦理提升为地区性国际伦理，再提升为全球伦理。另一种属于不同文明系统，有的甚至很接近，如中国、韩国和日本之间，但互相之间没有很好的信任。后者文明圈呈现越近越不信任的态势。另一方面，人类伦理阶梯是不断提升的，是从民族国家伦理提升为地缘性国际伦理，再提升为全球性国际伦理即全球伦理。

其二，国家伦理和国际伦理往往发生冲突。比如，美国的国内公民伦理素质和国际伦理要求并不一致，是两套标准，其国内公民伦理素质远远高于其国际伦理。其实，不仅各国国内伦理与国际关系伦理不尽一致，就是国内群体伦理与个体道德也往往发生冲突。因此，尼布尔在《道德的人与不道德的社会》中提出，"用个体道德去要求群体行为，或反过来仅用群体道德去要求个体，都可能造成道德的沦丧，不利于解决社会问题和消除社会的不公正"。[①] 同理，用各国国内伦理的延伸推断其国际关系伦理，反之用各国的国际关系伦理推断其国内伦理的做法都是极其荒谬的。

不同国家国内伦理的尺度并不相同。发展水平越低的国家，个人权利被剥夺得越加严重，强加给个体国民的义务也就越多。国际伦理则不然，首先国际伦理承认相关国家的权利，然后根据权利配置义务。"霍夫曼指出，由于各国的社会制度与意识形态不同，国际社会根本不存在共同的单一的国际道德准则，也不存在与此相关的有效替代物，相反，'民族利己主义'倒是到处可见。一国政治家和领导人的责任是维护国家的总体利益，为此，行为手段可以是不道义的，撒谎、欺骗、诡计、离间等手段都可视为国家利益所必需。"[②]

[①] 转引自余潇枫、张彦：《人格之境：类伦理学引论》，浙江大学出版社2006年版，第185页。
[②] 余潇枫、张彦：《人格之境：类伦理学引论》，浙江大学出版社2006年版，第184页。

四、全球伦理的研究现状

伦理学研究历史与逻辑的内在发展规律是从一般的伦理学到国际关系伦理学，再到全球伦理三个发展阶段。

在中国的伦理学研究中，较早而且有分量的研究成果是蔡元培的《中国伦理学史》。可以说，中国近代以降，在西学东渐、中西文化交流的大潮中，蔡元培审时度势，积极主动地翻译、传播西方伦理学说，同时注重中西伦理学说的比较、融合，力求建构具有新时代、新特点、新方法的中国伦理学，在伦理学方法、伦理学原理、伦理学史等诸多方面为中国近代伦理学的建构做出了重要贡献。他的《中国伦理学史》研究了先秦时代、汉唐继承时代、宋明理学时代的伦理发展，系统地介绍了中国古代伦理学界重要的流派及主要代表人物，阐述了从孔子到王阳明28位思想家的伦理思想要点、源流及发展，堪称第一部系统整理和研究中国古代伦理思想发生、发展及其变迁的学术著作。

中国学者对于国际关系伦理和全球伦理的研究也诞生了一批可喜的代表作，做出了重要贡献。首先，关于国际关系伦理的研究，有三部代表作不可忽视：余潇枫的《国际关系伦理学》（2002）、韦正翔的《国际政治的全球化与国际道德危机》（2006）和何怀宏的《底线伦理》（1998）。余潇枫的《国际关系伦理学》系统地研究了国际关系伦理，包括国际关系伦理学的价值基础、国际关系理论的伦理向度、国际关系伦理的历史跃进等。韦正翔的《国际政治的全球化与国际道德危机》运用唯物辩证法全景式的写作模式，对国际经济、国际政治和国际伦理进行了全方位的综合分析，提出了"全球伦理的圆桌模式的构想"，说明的是经济全球化、政治全球化、伦理全球化及其相互之间的关系，注意到了国际政治的全球化、国际道德的危机与全球伦理的兴起。何怀宏的《底线伦理》则研究了人类底线伦理。

其次，21世纪关于全球伦理的间接和直接研究成果的主要代表作有：万俊人的《寻求普世伦理》（2001），深入研究了普世伦理的集中形态；张彦的《人格之境：类伦理学引论》（2006），以"类伦理"的表现形式间接地接触到了"全球伦理"的范畴；蔡拓等人所著的《全球学导论》（2015），设定专章研究了全球伦理，是全球伦理研究的一次突破。

此外，国人对于全球伦理或普世伦理的研究推出了一大批有分量的学术论文成果，包括李德顺的《普遍伦理及其客观基础》（《中国社会科学》1998

年第 6 期)、翟振明的《为何全球伦理不是普遍伦理》(《世界哲学》2003 年第 3 期)、马佩英的《构建"全球伦理"之我见》(《首都师范大学学报》2009 年第 5 期)、漆玲和赵欣的《建立全球伦理的可能性》(《道德与文明》2000 年第 6 期)、卢风的《普遍伦理的三重障碍》(《求索》1999 年第 6 期)、崔建霞与孙美堂的《全球伦理的两难》(《宗教学研究》2007 年第 1 期)、曲红梅的《儒家的世界主义与斯多葛学派的世界公民主义》(《吉林大学社会科学》2014 年第 3 期)、万俊人的《普世伦理及其方法问题》(《哲学研究》1998 年第 10 期)、余晓菊的《全球伦理不等同于底线伦理》(《道德与文明》2003 年第 3 期)、王倩的《代际伦理：一个现代性的问题研究》(《辽宁行政学院学报》2009 年第 12 期)、汪堂家的《代际伦理的两个维度》(《中州学刊》2006 年第 3 期)、乌晓晔的《代际伦理：可持续发展伦理的新维度》(《内蒙古社会科学》2008 年第 1 期)和廖小平的《代际伦理：一个新的伦理维度》(《伦理学研究》2003 年第 3 期)等。

在西方发达国家，伦理学研究的代表人物及其代表作有：(1) 美国罗尔斯的《正义论》(1988)，对伦理学的轴心范畴进行了解析，正义是官方统治的合理性基础。(2) 德国孔汉思、库舍尔的《全球伦理：世界宗教议会宣言》(1997)，从宗教学视角对全球伦理的必要性进行了呼吁。(3) 对中国国际政治伦理研究产生深远影响的是美国亨廷顿著的《文明的冲突与世界秩序的重建》(2010)，该著作突出了国际伦理关系的张力和冲突。(4) 美国亚历山大·温特的《国际政治的社会理论》(2001)，浓缩并提炼了三种国际关系伦理模式，即霍布斯的"敌人"模式、洛克的"对手"模式和康德的"朋友"模式，展示了国际关系的敌人、对手和朋友的三种伦理模式。(5) 1993 年发布的《全球伦理大会宣言》，是对伦理研究的一个转折点，伦理研究由此进入一个新时代，即全球伦理范畴的催生时代，此后出现了全球伦理研究的"春天"，是对从一般伦理学深入到国际关系伦理再到全球伦理研究的重大提升。

可以说，中外关于普世伦理、全球伦理的研究，已经展示了从伦理学提升到国际关系伦理再向全球伦理研究的某种突破。全球伦理研究是从全球伦理现象研究到规律性研究的深入发展过程，"全球伦理学"是寻求全球伦理发展规律的一个学科研究深入的体现。本书是在承继前人研究成果的基础上，重点开发性研究全球伦理的专著，而且是以建构"全球伦理学"为目标的导论性著作。

五、本书内在结构、基本内容

本书的大框架结构是上下两篇（即上篇前全球伦理、下篇全球伦理），共十章。

上篇"前全球伦理"主要研究氏族伦理、古代国家伦理和近代民族国家伦理。本篇不仅旨在研究全球伦理的产生萌芽，而且从人类伦理的宏观视野透视全球伦理产生的根源，侧重研究了人类伦理从无到有、不断提升的过程。最早的伦理形态是氏族伦理，此后人类伦理从氏族伦理发展到古代国家伦理、近代民族国家伦理，最后发展到全球伦理。所谓前全球伦理，是指全球伦理产生之前人类所处的伦理形态。从全球伦理立场看，人类伦理发展分为前全球伦理和全球伦理两个阶段。伦理主要发生在群体之间。从人类群体伦理角度看，人类伦理经历了从氏族伦理时代发展到王族或贵族伦理时代，再发展到国家伦理时代，最后才发展到全球伦理时代的过程。

因此，氏族伦理是人类伦理发展史上的第一个伦理形态。人类最早产生的伦理年代大约是氏族社会。伦理发展的历史长度大约与人类文明史一样长，甚至可以判定伦理是文明产生的前提之一。没有伦理就没有文明，伦理是人之所以为人的根本条件。然而，我们没有理由认定伦理的历史与人类发展的历史一样长，因为据人类学家考证，人类少说有几百万年的历史，有的说有上千万年的历史。① 那么，人类文明发展大约经历了多长时间呢？中国人通常说"中华民族有五千年的文明史"。根据人类学、社会学、宗教学等的研究成果，人类伦理始于氏族社会，氏族伦理发展的历史只有1万多年。其实，人类文明史源于氏族社会伦理的发生，因此研究氏族伦理的产生成为本书研究伦理发展的历史起点。人类文明史前的4万—6万年是人类真正形成的阶段，人类学称之为智人阶段。进入文明的时代大约只有1万年。研究氏族伦理包括族内伦理和族际伦理两个方面的产生、特点及对后世的影响，这成为本书第一章的研究任务。

人类伦理的发展首先是一个从无到有的发展过程。伦理产生于从石器文化到早期文明的发展阶段。氏族社会开启了人类文明发展的历史，其中氏族伦理是氏族文明的必要条件之一，而宗教禁忌则是氏族伦理的重要内容。人

---

① 据考古学考证，人类祖先是森林古猿。森林古猿最早繁荣于欧、亚、非洲大陆，是后来各种猿类的祖先。腊玛古猿是人类学公认的森林古猿。关于腊玛古猿生活的时间有多长，有的人类学家认为有450万年，后来新的考古研究又提前到距今1500万—800万年前。

类文明发展史上，人类主体发展经历了多次质的飞跃，人类宗教和伦理的发展形态也相应地发生大的飞跃。人类社会规模是从小到大发展的。人类社会在从猿人到直立人再到智人的发展过程中，逐渐增强自己的群体性，终于发展到部落氏族，实现了质的飞跃，产生了部落宗教，有了族群意识，无意识中构建了伦理，于是迎来了人类文明的曙光。从发生学意义上讲，宗教伦理成为人类伦理的来源。初民时代，人类存在的社会形式是氏族社会，不同氏族部落束缚在狭窄的地缘关系之中，氏族意识所铸就的"群化人格"是胞族、氏族和氏族联盟。氏族社会还没有产生国家，因此那个时代还没有国际关系伦理，或者说那个时代所谓的国际伦理就是不同氏族之间的伦理。

中华文明主要是两河文明。中华民族的主体早在远古时代就生活在黄河和长江流域，大约在6000年前，其逐渐摆脱采集和狩猎经济，进入到以种植为主的原始农耕经济。公元前5000年左右，中国人从母系氏族社会进入到父系氏族社会。①中国远古文化的最大特点就是在从母系氏族向父系氏族的转化中，缔造了父权家长制，进而塑造了宗法制伦理。在西方社会从血缘社会到国家社会的转型中，血缘关系逐渐被地缘关系所代替。在中国则相反，从三皇到五帝，再到夏商周，不断强化血缘关系，因此从宗法制伦理走向家国一体的社会体制。对此，有的学者明确提出，"无论是从母系氏族向父系氏族过渡所形成的父权家长制，还是此后逐步联结各氏族、部落、部落联盟以至形成国家，人们的血缘关系不但没有松动、解体，而且恰恰相反，逐渐被打上阶级烙印，越来越牢固"。② 其实，在本书著者看来，两者具有某种因果关系。宗法制伦理塑造了家国一体的社会伦理体制，是造就家国一体社会体制的原因，家国一体的社会体制是宗法制伦理的必然结果。从三皇五帝到夏商周的伦理发展轨迹是从"天下为公"或"公天下"的"公伦理"发展到"天下为私"（这个私实际上就是王族一家之私，天下人重点保全王族利益）或"家天下"的"私伦理"；从"天下为公"的民主议事方式转化为"天下为私"的家天下的专制。其中的重要桥梁就是宗法制伦理和家国一体的社会伦理核心。这里的"私伦理"是帝王"家天下"的伦理体制。不过，各个帝王道德品行并不相同。据考证，"舜以禹为继承人，《史记》只说'帝舜荐禹于天'，并未提他与四岳商议过。可见，舜虽无私利之念，却不如尧那么'民主'了"。③ 这是第一章研究的一个重点。

---

① 叶孝信主编：《中国法制史》，北京大学出版社2000年版，第10页。
② 叶孝信主编：《中国法制史》，北京大学出版社2000年版，第10页。
③ 叶孝信主编：《中国法制史》，北京大学出版社2000年版，第10页。

继氏族伦理之后，是古代国家伦理，它成为人类伦理发展的第二个阶段。古代国家社会还不是近现代意义上的国家社会，近现代意义上的国家社会的根本是公民社会，摆脱了王权贵族对平民的奴役，只有进入公民社会才会产生公民权利平等的伦理规范。在古代，执政者要么是王族政治集团，要么是贵族寡头政治集团，平民集团根本不可能登上执政者地位。因此，在古代社会，王族和贵族的利益必然成为社会伦理保护的重心，不可能有国家伦理，有的只是王族伦理和贵族伦理。或者确切地说，国家伦理直接表现为王族伦理或贵族伦理，古代王族伦理、贵族伦理与近代国家伦理是相悖的，其神权伦理重心自然有了王权伦理（古代中国）和贵族伦理（古希腊）的色彩。因此，第二章以"王族贵族伦理"为轴心，分析了氏族伦理之后的古代文明时代的伦理。由于中国古代社会是王族伦理的代表，古希腊古罗马是贵族伦理的代表，加之世界各民族伦理存在差异性和复杂性，因此本章研究重点是中国古代伦理和古希腊古罗马伦理，并对二者进行对比，在此基础上，对古埃及伦理、古巴比伦伦理、古印度伦理和古希伯来伦理进行简要概括。本书著者深信，民族伦理是一种民族行为规范，它是客观的，不像道德良知那样仅仅是主观的，因此对一个民族的影响是非常久远的。人类从氏族社会进入王权或贵族社会，不同民族文明确定了自己不同的轴心伦理。学者一般把轴心时代的文明称为古典文明。中国初民的轴心伦理本质上与古希腊伦理是不同的，表现为两个方面：一方面，中国人构建的是以保护王族利益为轴心的社会伦理体系，古希腊人构建的是以追求社会正义（局限于贵族领域）为轴心的自然法伦理；另一方面，中国人追求的社会核心价值是忠孝体制，古希腊则是正义体制。

第三章研究了近代民族国家伦理，它是继氏族伦理、古代国家伦理之后的第三种伦理发展形态。古代国家不是纯粹的国家，而是假想的国家。因为社会权力和利益的重心要么集中在王族，要么集中在贵族，而绝不再下降到公民身上；因为那个时代，人类社会并不是公民社会，并不存在真正的公民。[1] 因此，古代国家伦理实际上是王族伦理和贵族伦理，不是国家伦理。真正的国家伦理是在西方近代以后才产生的，[2] 它率先产生于欧美社会，后来才向全世界普及。从族体角度看，国家伦理其实就是国族伦理。追求并打造国

---

[1] 古希腊虽然有公民，但古希腊公民局限于10%的（成年男性）贵族，因此古希腊社会也绝不是地道的公民社会。

[2] 在中国，"公民"的概念进入宪法是现代以后的事情。民国年间还在法律文件中使用"国民"而不是"公民"的概念。

族的运动是要克服狭隘的民族主义伦理，只有国族伦理意识才能真正克服狭隘的民族主义。从古代伦理发展到近代国家伦理是人类发展史的一次飞跃，在经济上是从农业社会到工业革命的飞跃，政治上是从神权和君主专制向人民主权和民主的飞跃，意识形态上是从王族贵族伦理向国家公民伦理的飞跃。

　　从古代国家伦理发展到近代国家伦理，人类伦理才实现了惠及全民的飞跃，其实质是从王族伦理或者贵族伦理发展为公民伦理。古代社会，只有古希腊古罗马社会才有公民的概念，但公民只是圈定在贵族范围内，并未能惠及社会全体成员。近代西方社会则首次把公民权利赋予国内的所有国民，其中最大的贡献就是文艺复兴运动，它把人从神学伦理的枷锁中解放出来，确立了人本主义伦理规范。第三章第一节研究了近代民族国家伦理的产生，着重研究民族伦理与国家伦理的冲突与整合。从文艺复兴后的民族国家运动到20世纪三次民族主义浪潮，彰显了民族国家运动的生命力，同时也暴露出一个严重的问题：民族与国家、民族主义与国家主义总是裹挟在一起，让人分不清民族主义和国家主义的分界线，以至于让人误解民族与国家的关系可能是对位的。这是一种极其有害的理念，由此产生民族伦理与国家伦理的正当性与合理性问题，所以本章重点研究了国家伦理的合理性与局限性。国家伦理体现为基于国家利益的国内伦理与国际伦理两个方面。在人类共同体还未成为时代主流之前，国家利益和国家伦理成为社会利益和人类伦理的轴心。当以解决全球问题为己任的全球利益、全球价值、全球伦理登上历史舞台之后，国家利益、国家伦理将不断与全球利益、全球伦理交织在一起，时而联合，时而冲突，共同主宰人类的发展。这是一个漫长的历史发展过程。

　　第三章还从人性的角度挖掘了国家伦理的内涵，同时研究了全球伦理产生之前的国际伦理。从古代国家到近代国家的发展历史中，中西方国际关系伦理学对人性伦理的探讨经过了一个从"善与恶问题"到"利益与正义问题"的发展过程。早期伦理学更多地把伦理的核心问题归结于善恶问题。后来，越来越多的伦理学家，尤其是国际关系伦理学家，很少使用善恶概念，更多地使用利益与正义的范畴来论述或解析人性、伦理的实质问题。确切地说，人类国际关系理念是从善恶走向义利，或"从虚向实"的伦理发展过程。国际关系伦理最难解的问题就是如何走出国际无政府主义状态，如何破解弱肉强食的森林法则。如果说，在国家内部，依靠国家法律和国家伦理是能够破除弱肉强食的森林法则的，只有在"改朝换代"才可能出现"成者王侯败者寇"的局面；那么，在国际社会，国与国之间，却很难破解弱肉强食的森林法则，这一历史重任只有全球伦理才能胜任。伦理问题是一个如何处理人际关系的人性问题，不同的人性内涵决定了不同的解决方式。中西方对人性伦理问题的理解并不相同，中西方人性伦理问题的探讨成为前全球伦理时代的重要渊源。近代是全球性尚未产生的时代，西方近代是工业革命时代；现代是全球性产生并发展较为充分的时代，并非以信息社会为标准，而是全球问题严重到必须启动全球治理的时代。全球治理是指必须启动或适用行政手段、法律手段、伦理手段等多种手段的一种综合治理，其中全球伦理是全球治理的伦理作为。基于上述背景，可以判断，近代是无政府状态、无文明国际伦理的时代，现代则是全球伦理诞生并发展的时代。

近代民族国家伦理和现代国家伦理的根本区别在于全球伦理参与了现代人类伦理建设，全球伦理的产生改变了人类伦理发展进程，加大了人类伦理的厚度和深度。

第四章主要研究宗教伦理。本书著者研究发现一个规律性的东西，那就是"凡是宗教的都是伦理的，凡是伦理的未必都是宗教的"。也就是说，所有的宗教都是一种规范信众行为的伦理。有学者提出，"各种宗教都可以被看做是一种特殊的伦理"，[1] 从而证明了"凡是宗教的都是伦理的"这一道理。如果反过来说，"所有伦理都是宗教"，无疑是一个错误的命题。因为伦理虽来源于宗教，但后来却从宗教文化体系中提升出来，还产生了很多与宗教伦理不同的社会伦理。但很多伦理底线问题依然不能脱离开宗教，因为伦理底线不是科学和哲学所能解决的问题，必须求助于宗教。总之，宗教是人类伦理文化的发源地，也是伦理发展的最深层动能，并永远构筑着伦理的底线长堤。本书著者还发现一个规律性的东西，即宗教伦理尤其是世界三大宗教伦理虽然产生于全球伦理之前，但对人类的影响是深刻而广泛的；世界三大宗教对人类的影响更多是以普世伦理的面目出现的，而不是以全球伦理的身份出现。包括世界三大宗教、儒教和道教等宗教虽然产生于全球伦理之前，但对全球伦理的推动和影响是十分巨大的。1993年的"全球伦理大会"成为现代宗教对全球伦理贡献的一个重要的时间之窗。

第五章研究了中国古典伦理的功效。中国古典伦理虽然包括诸子百家，但主要是儒家、法家、道家，这三家伦理不仅对中国历史产生了重大影响，而且对现代中国也产生了深远影响。本章的核心任务是揭秘中国古典伦理的内涵，对中国传统伦理的特殊性进行特别的关注，反思汉族缘何产生多元宗教信仰、中国历史上为何从未产生过重大的宗教战争等重大问题。中国古典

---

[1] 万俊人：《寻求普世伦理》，商务印书馆2001年版，第72页。

伦理素有诸子百家之称，实际上不过十几家而已，而真正对中国产生过重大影响的只有法家、儒家、道家、墨家四家。此外，以孙子兵法为代表的兵家也产生过重大影响。与外国激烈的宗教冲突引发的大规模宗教战争相比，中国历史上从未发生过任何一次因宗教原因导致的大规模战争，虽然也曾产生过严重的"三武一宗"和"礼仪之争"等宗教受难的案例，但是中国历史上的宗教冲突是官方伦理与宗教伦理冲突的结果，而不是不同国家宗教伦理之间的冲突。

下篇以"全球伦理"为轴心，不仅研究了全球伦理的兴起及影响（第六章），重点剖析了全球伦理的内涵及结构（第七章），而且研究了全球伦理与全球利益的共振（第八章）、全球伦理与全球公民社会的匹配（第九章）、全球伦理与全球法治的共治（第十章）。人类伦理文明的发展过程，实现了从氏族伦理、王族贵族伦理、国家伦理、全球伦理的逐级提升，每一次提升都是一次质的飞跃，但最大的飞跃是从国家伦理到全球伦理的提升。每一次伦理的飞跃都把人类共同体提升到新的更大的规模水平，依次实现了从类人猿无伦理状态发展到氏族伦理社会，再到王族和贵族轴心伦理社会，再到近现代意义上的国家时代的公民伦理社会，最后基于全球伦理才能把人类社会提升为人类共同体。在以往任何发展阶段都不可能实现人类共同体的理想，全球伦理的兴起正是这个伟大变革的根本性枢纽。

第六章研究了全球伦理的兴起及其影响。如果从伦理学角度审视，人类共同体社会的提升是基于全球伦理才可能实现的，或者说只有人类文明发展到全球伦理时代，才会实现"人类共同体"的梦想。以前在人类生活中并没有全球伦理这个理念，在学界也没有全球伦理这个范畴，全球伦理只是20世纪90年代后才开始流行的一个崭新概念。全球伦理是在全球问题严重到必须解决的时代才提出的，全球问题凸显时代才是全球伦理软着陆和诞生的时代。因为全球问题先行，政治经济军事也先行，全球伦理却远远滞后，全球伦理恰恰是以解决日益严重的全球问题为己任的伦理方案。全球伦理将随着全球化的发展而发展，因此全球化和全球伦理都必然是一个动态发展的过程。该章还研究了不同行为体对全球伦理的贡献份额，以及全球伦理对当代人类发展产生的深远影响。从全球伦理的主体根源看，联合国和非政府组织对全球伦理的贡献份额是巨大的；从内容根源看，人权保护原则和环境保护等对全球伦理的贡献是不可或缺的。当今世界，国家权力正在受到来自两方面的非国家行为体，即超国家行为体和非政府组织行为体的"侵蚀"。人类历史发展过程中，只有发展到了全球伦理、全球利益、全球价值的时代，弱肉强食的森林法则才会受到最严厉的挑战，人权原则才会登上国际社会的历史舞台，以人权原则为轴心的善恶法则才开始制约强弱法则。这是人类伦理发展史上最大的一次飞跃，所有这一切都是以联合国和非政府组织的诞生为契机的。全球伦理对当代人类发展产生了深远的影响，不仅把人类文明引向良性发展的轨道，改变了人类伦理的核心价值，有助于解决威胁人类生存与发展的全球问题，而且把当代国际行为体的追求目标从单纯的利益驱动引向在维护全球正义之伦理基础上追求合理利益的正确方向。

第六章还分析了世界政府的可能性问题，以及世界无政府的诸多形态问题。建构全球共同体至今仍然是个梦。其实，13世纪的但丁，甚至是古希腊的斯多葛学派和中世纪的奥古斯丁就已经开始这样梦想了。继但丁《世界帝国》之后，康德在《永久和平论》中设想在地球上建立一个所有民族加盟的世界联盟或世界联邦，但反对建立一个多民族的世界政府或世界国家。现代国际关系学界出现一个近似规律性的现象，即主张建立世界政府的往往是一些（不是全部）自由主义学者，而反对和否定的却往往是现实主义学者。其中最著名的代表人物就是摩根索。摩根索并不反对建构世界国家的美好愿望，但却认为建立世界国家是不可能的事情。迄今为止，对不同类型无政府状态研究得最好的当属建构主义者温特的三种文化的理论。但温特未能深入挖掘三种文化的根源，笔者从伦理视阈分析了国际政治三种无政府状态的伦理根源，是对世界无政府文化一种新的尝试，而且以伦理透析为方法论，从文化进化的角度，笔者发现从霍布斯战争伦理转向洛克竞争伦理再转向康德合作伦理成为国际关系的发展规律。这只是国际政治发展的一种可能进化的路径，不是必然的过程，因为还有由康德文化倒退为洛克文化，再倒退为霍布斯战争伦理的危险可能性。

第七章研究了全球伦理的内涵及结构。全球伦理的内涵和结构都是非常复杂的，不能把全球伦理简单地等同于普世伦理，更不能认为只要产生全球伦理意识就意味着产生了全球伦理。其实，真正的全球伦理不仅仅是一种意识，更重要的是一种实践行动。伦理的本质是对行为的规范，只有把全球伦理意识付诸于行动，才意味着真正产生了全球伦理。全球伦理的内涵是非常丰富的，有多少种全球问题，就会产生多少种全球伦理。任何一种理论都是为了解决重大现实问题而产生的，全球问题的严重性已经极大地危及到人类的生存与发展，为了解决全球问题而避免人类危机，全球治理和全球伦理也随之产生，因此有关全球治理和全球伦理的相关理论自然就跟进了。本书著者把全球伦理定义为：全球伦理是以解决全球问题、化解全球危机为己任的伦理；是以解决人类基本生存发展问题为底线或下限，而以建立更高级和谐社会（包括国内社会和全球社会）、更好地生存与发展平衡等为上限，从伦理最低主义形态发展为最高主义形态，从全球伦理意识发展为全球伦理行为的总和。全球伦理高于国家伦理，是人类的最高级伦理，需要从追求国家秩序、国家正义和国家利益提升为追求全球秩序、全球正义、全球利益，从着眼于短期利益到着眼于长远利益，从不可持续发展类型转变到可持续发展类型，从零和博弈方式转为互利共赢方式，从国家公民提升为世界公民。

那么到底有多少种全球问题呢？可以说，有多少种全球问题，就有多少种相应解决全球问题的全球伦理规范。全球伦理的诸多内涵构筑了一个以解决全球问题为使命的伦理网络，这个伦理网络经历了从无到有、从小到大、从弱到强的发展过程。具体来讲，全球问题包括生态恶化问题、全球气候变暖问题、淡水石油等资源短缺问题、跨国犯罪问题、网络犯罪问题、贩毒吸毒问题、艾滋病传播问题、核武扩散问题、贫富两极分化问题、人口激增问题、难民问题、移民问题、国际人权问题、金融危机问题、恐怖活动问题、跨界民族宗教问题、走私问题、海盗问题等等，由此形成生态政治、气候政治、毒品政治、核武政治、民族政治、宗教政治、资源政治、地缘政治、跨国政治、人口政治、人道主义政治等[①]全球政治问题，进而产生的相应全球伦理是全球生态伦理、全球气候伦理、全球安全伦理、全球核武伦理、全球反恐伦理、全球资源伦理、全球人口伦理、全球人道主义伦理等等。这些全球性伦理有的还处在萌芽状态。

第八章研究了全球伦理与全球利益的关系。全球伦理是为保证实现全球利益和全球正义而萌生的一种必须的伦理手段。一方面，全球伦理和全球法治是保证实现全球利益和全球正义的左右手，也是全球治理必须采用的两种强有力的手段，两者缺一不可。另一方面，全球利益、全球正义与全球伦理、全球法治组成共振的全球同态文明系统。全球伦理、全球法治都是基于全球利益、全球正义产生的两种必要的手段，全球利益和全球正义则是全球伦理、全球法治要实现的目的。从这种意义上讲，全球伦理与全球利益的共振是实现全球治理美好目标的必经之路。从经济类型上看，人类经济发展经历了采集狩猎经济、农牧商业经济、重工业经济、后工业信息经济等发展阶段。因此，人类政治群体也相应地经历了采集狩猎群体政治、王族政治（东方某些

[①] 李东燕在《全球政治与全球问题研究的兴起》（载于《教学与研究》2001年第9期）中已经提出相关问题，但忽视了民族宗教问题。

古老民族）和贵族政治（如古希腊）、近现代民族国家政治、后现代网络政治等发展阶段。其背后隐含的利益机制是，采集狩猎经济和政治保护的是氏族利益，农牧商业经济和政治保护的是王族利益和贵族利益，重工业经济和政治保护的是民族国家利益，只有后现代网络经济和后工业政治才诞生了全球利益，因此全球利益是人类政治经济发展到最高位阶的群体利益。

　　第九章从全球伦理的角度诠释了全球公民社会的奥秘。要想构建完整的"全球公民社会"，必须完善全球伦理、全球法治等全球治理方式。或者说，全球伦理是构建全球公民社会必须具有的条件和全球公民必备的素质。未来真正的全球社会是由具有全球伦理素质、遵守全球法治的社会成员组成的。全球伦理和全球法治是全球治理的两种重要手段，如果说全球法治是全球治理的硬件，那么全球伦理就是全球治理的软件；如果说全球法治是全球公民不得不遵守的行为规范，那么全球伦理则是全球公民自觉遵守的行为规范。一个不能用全球伦理和全球法治规范的社会称不上是全球公民社会，从这个角度看，全球伦理、全球法治与全球公民社会是配套的或匹配的。

　　"全球公民社会缘何成为可能"这一问题其实就是一个构建"全球公民社会"必备何种条件的问题。现代社会只是萌生"全球公民社会"的时代，是人类社会发展过程中启动"全球公民社会"的初始阶段，可以叫做"全球公民社会"的"星星之火"时代。而"星星之火蔚然燎原"的时代才是"全球公民社会"发展完整的时代。诚然，从"全球公民社会"的萌芽"火种"发展到完整的"全球公民社会"可能还要经过很漫长的过程，然而"全球公民社会"已经来临，而且以一种锐不可当的势头演变为现代人类社会发展的大趋势。但是，我们不可以把这种趋势简单地理解为一种"必然"和"线性"的发展趋势，因为它本身就是人类历史发展过程的一种"或然性"或"可能性"的选择。如果国际性宗教极端活动、国际恐怖主义活动、国际金融跨国诈骗活动、全球性贩毒、艾滋病传播等人类恶势力占据上风，人类将面临（其实现在已经正在面临）严峻的考验和灭顶之灾。

　　我们没有理由想当然地认为"全球社会"当然就是"全球公民社会"。因为当今世界的"全球社会"不是"全球公民社会"的简称，不仅包括全球化时代塑造出来的少部分人（非政府组织成员和具有全球伦理素质的人们）在某种意义上成为"全球公民"，而多数人还停滞在国家时代而仅仅是"国家公民"；不仅包括善良的人们尤其是非政府组织的多数成员形成善良的社会氛围，而且还包括国际性宗教极端活动、国际恐怖主义活动、国际金融跨国诈骗活动、全球性贩毒、艾滋病传播等人类恶势力的方面，更多的人们介于两者之间。总之，现代的所谓全球社会是良莠不齐、鱼目混杂的社会。人类社会的全球公民社会阶段意味着全球公民队伍从少数人发展为多数人的阶段。可以说，全球公民社会的前提是全球公民的产生，而绝不是仅仅由国家公民组成的社会。一个社会成员并不具备全球公民素质的社会并不会是全球公民社会，或者说，一个没有全球伦理素养的公民构成的社会也不配成为全球公民社会。全球公民需要全球伦理的素养来充实，从这种意义上讲，全球伦理是全球公民社会之所以成为可能的一个先决条件。

第十章深入研究了全球伦理与全球法治的共治。全球伦理和全球法治是全球治理的两种重要手段，[①] 这两种手段遥相呼应、一软一硬、相互弥补，共同维护着全球社会的基本安全、世界和平、社会稳定、生存与发展的需要。如果说全球法治是全球治理的硬件，那么全球伦理就是全球治理的软件。如果说全球伦理涉及到关乎解决一切全球问题的行为规范，那么全球法治则关乎到解决比较严重的全球问题的行为规范，因此全球伦理适用的范围远远大于和宽于全球法治的能力范围。当伦理问题严重到必须用法律来解决时，才会进入到法治的范畴，也就意味着进入到伦理与法律共治或共管的范围。本章研究法律全球化、全球法治的内涵及其发展变化；研究法律全球化与全球法治的关系等几个焦点问题。无论表述为全球法，还是全球法治，抑或是法律全球化，都不能逃避如下一些焦点问题：全球性的法治代表的是国家意志，还是人类意志？法律全球化与经济全球化的关系是必然的还是或然的？欧盟法律是地区性的还是全球性的，其能否代表全球法的发展方向？全球法如何解决发展中国家的发展权问题？法律如何解决跨国人权的保护问题和侵权问题？第三节研究全球法治与全球伦理的关系构成问题，在此基础上还研究了全球伦理与全球法治的界限、障碍与前景。全球伦理与全球法治的关系结构有如两个交叉的圆，是由三个部分组成的：前两个部分分别是全球伦理与全球法治各司其职的部分，在一定的时代和一定的范围内，这两个部分互不干涉、相对稳定。当然，随着时代的发展和变换，以及适用范围的改变，两者各司其职的部分会发生变化。第三个部分则是全球伦理与全球法治的交叉、共治和共管部分，这个共管的范围也随着时代和具体情况的变化而变化，因此两者的界限也是相对静态、随着时代和具体情形而发生变化的。全球法治与全球伦理的关系问题不能孤立地看待，必须找到二者的共同目标，这个共

[①] 当然，全球治理远不止全球法治和全球伦理两种手段，还包括国家治理、非政府组织等全球性手段。

同目标就是解决全球问题，从属于全球治理的范畴，是全球治理的两个主要手段。

全球法治、全球法、法律全球化是相互关联且含义大致相同的概念。它们所指向的对象或社会现象非常复杂，都是以若隐若现的表现形态显示给人们的。它们从不同学科开发出来，因此体现出不同学科的立场。法学是比较古老的学科，在古代就已经很发达。全球学则是一个极其年轻的学科，是一个萌芽或刚产生的学科。法律全球化是法学界的一个概念，是先于国际关系学、全球学的概念。全球法治是一个国际关系学、全球学的概念。国际关系学、政治学的全球法治与法学界的法律全球化两个概念的内涵是基本一致的。学界对这方面的研究尚处于初步探索阶段。

结语部分展示了全球伦理引导人类文明良性发展的问题。全球伦理对现代人类文明发展产生决定性的影响，确定了人类文明沿着良性方向发展。人类文明并不必然沿着良性方向向前发展，存在向多种方向发展的可能。当代人类文明的发展面临重大分叉问题。其中，只有追求全球利益、构建全球伦理、进行全球治理等一系列全球良性行为，才能确保人类文明走向良性发展方向。

| 上篇 |
前全球伦理

所谓前全球伦理，是指全球伦理产生之前人类所处的伦理形态。从全球伦理立场看，人类伦理发展分为前全球伦理和全球伦理两个发展阶段。伦理主要发生在群体之间，从人类群体伦理角度看，人类伦理从氏族伦理时代发展到王族和贵族伦理时代，再发展到国家伦理时代，最后才发展到全球伦理时代。

伦理是主体的行为规范，考察伦理学的重点是研究伦理的主体及其伦理行为规范发展过程的规律。虽然世界是一个普遍联系、永恒发展的系统，但在国家形成以前，社会群体的伦理适用范围是很狭窄的，氏族、胞族、部落、部落联盟只是人类文明初始时代的族群社会单元。有的学者把人类群体社会发展趋向归结为从族群共同体发展到国家共同体，再发展为类共同体，[①] 这种概括是正确的。所以，从历史动态考察伦理学的发生发展规律，最先显现出来的伦理发展形态是氏族伦理。

---

① 余潇枫：《国际关系伦理学》，长征出版社2002年版，第5页。

第一章　氏族伦理

人类最早产生的伦理社会大约是氏族社会。伦理发展的历史长度大约与人类文明史一样长，甚至可以判定伦理是文明产生的逻辑前提之一，因为没有伦理就没有文明，伦理是人之所以为人的根本条件。人类文明发展大约经历了多长时间呢？中国人通常说"中华民族有五千年的文明史"。根据人类学、社会学、宗教学等的研究成果，人类伦理始于氏族社会，氏族伦理发展的历史最多只有1万年的时间。研究氏族伦理的产生及其特点，成为本书第一章的研究任务，研究起点是早期伦理文明的产生问题。

第一节
从石器文化到早期伦理文明

文明并不是人类最初就有的现象，人类经过几百万年甚至上千万年的时间才终于跨入文明的门槛。因为从人类早期发展到文明早期经历了几百万年的历史，有的说有上千万年的历史。人类从动物王国提升到氏族王国经历了漫长的历史。人类历史虽然经历过几百万年，但酝酿文明、人类进入宗教文明曙光的时间只有4万—6万年。[①] 文明史前的4万—6万年是人类真正形成的阶段。学者通常认为，进入文明的时代只有1万多年，作为社会文化系统只有2万—3万年。拉兹洛提出，"尽管社会达到了超生物组织层次，但是在结构复杂性方面它却远逊于它的个别成员（单是人的大脑就要比当代世界现有社会的总和复杂几个数量级）。一个新组织层次总是使系统的功能简化，而不是复杂化。把社会历史所占时间跨度同生物时间尺度相比较，便很容易理解社会文化系统的相对简单性。人类起源已经几百万年了，而作为社会文化

[①] 吕大吉：《宗教学通论新编》，中国社会科学出版社1998年版，第464页。

系统（而不是种族繁殖单位）的人类社会才起源短短两三万年"。①

一、人类迈入文明门槛的经济模式

如果以文明为标尺，人类发展可以分为文明前的人类和文明后的人类。从原始野蛮人到文明人的发展过程大约经过了几百万年。经过 200 多万年，人类才实现从类人猿到直立人的转变，约 1 万年前实现了从野蛮人到文明人的转变，标志是农业文明的出现，人由食物采集者向食物生产者转变。考古学显示："370 万到 100 万年前的南方古猿已经开始了从猿到人的过渡，猿人开始使用工具，体质逐渐变化。到 170 万年（或 150 万年）前，直立人出现于地球……约亿万年前，人类进入新石器时代，出现了原始农耕和畜牧，人类由食物采集者变成为食物的生产者……"②

从经济角度看，文明前的人类还没有能力生产食物，只好从自然界中提取现成的食物来确保自己的生存，因此还不是食物生产者，只是食物采集者。农业革命是人类迈进文明门槛的重要环节，经过农业革命，人类从食物采集者变成食物生产者。"农业革命是人类成为真正的人之后取得的第一个重大成就。"③

旧石器时代的人为进入文明门槛已经做好了三方面的充分准备：学会了说话、制造并使用工具、使用火。人类从发现天然火到人工取火，把人类的祖先从本身能量局限于发源地的束缚中解放了出来，原来不能食用的植物和动物，经过火的使用变成熟食，从而极大地扩大了人的食物的范围。

旧石器时代经历了 2 万—3 万年。当时，自然环境的大转变成为人类进化的关键。"最后一个冰期逐渐结束，转入冰期后几千年的气候变暖使欧亚大陆出现大片苔原和无树草原，出现一个个湖泊和沼泽。夏季的冻土带还生长出各种植物，养育了各种各样大大小小的动物。于是，这里成了猎人的天堂。"④旧石器时代晚期以石具占据首要地位，人工取火的技术已经很普遍，甚至出现用煤和烧窑。旧石器时代的人类多居于洞穴或石岩下。⑤

---

① ［匈牙利］E. 拉兹洛，闵家胤译：《进化：广义综合理论》，社会科学文献出版社 1988 年版，第 92 页。
② 李默主编：《话说中华文明》，广东旅行出版社 2006 年版，第 19 页。
③ ［美］斯塔夫里阿诺斯著，梁赤民译：《全球通史：1500 年以前的世界》，上海社会科学出版社 1999 年版，第 102 页。
④ 杨共乐、彭小瑜主编：《世界史·古代卷》，高等教育出版社 2012 年版，第 15 页。
⑤ 杨共乐、彭小瑜主编：《世界史·古代卷》，高等教育出版社 2012 年版，第 15 页。

新石器是走向文明的前夜。"新石器时代大概开始于近 1 万年，在此之前都是旧石器时代。"① 至于早期人类或者史前文明的人类社会是不是平等的状况，还是一个很难断定的问题。在考古学和人类学还不很发达的时代，近代哲学家们仅仅依靠猜测，把社会原始人称为"自然状态"。有的学者认为"自然状态"是平等状态，有的说是不平等状态。② 如果根据进化论和动物学的研究成果，不难断定，动物世界是一个并不平等的世界。人类最早还停留在动物的不平等发展阶段，我们没有理由认定，人类早期是一种平等状态。其实，人类是从动物界的不平等发展到新石器时代的平等状态，再发展到阶级社会的不平等状态。较新的人类学、考古学研究成果已经发现，人类从旧石器末期发展到新石器时代，平等已经成为较为普遍的社会状况。据考古学者和史学家研究，"经济平等和社会地位相同，是新石器时代的村社的明显特征"。③

在人类文明诞生之前的黎明阶段，人类发展大约经历过四次革命性的飞跃和转变。第一次革命是从猿进化为类人猿，标志是直立行走，时间是大约 250 万年前。第二次革命是类人猿进化为近代人类，标志是人能够制造工具、协作劳动，有了群体交流，时间约为 20 万年前。第三次革命是从采集狩猎经济转向农业经济，标志是村落产生、人类进入到氏族社会、宗教有了长足的发展等，时间大约在 1 万年前。第四次革命是"大约 6000 年前，土地开垦和集约农业的新技术，使一些处于丰饶地域的群体，通过锄耕向犁耕的转化，得以显著地提高了产出"。④

农业革命促使人类后来的发展产生了根本性的转变。

首先，人类分布产生了从无中心的自然分布到有文明中心的向外扩散的转变。据人类学家考证，人类在旧石器时代只有 30 人至 100 人。⑤ 由于氏族社会是人类社会初具规模的社会，因此最初的社会群体规模都是很小的。据吕大吉看到的一些人类学资料显示，"一个氏族集团的成员不会很多，一般不

---

① 范文澜：《中国通史（第一册）》，人民出版社 2008 年，第 6 页。
② 对此，霍布斯、洛克、卢梭、马克思都有不同的设想。由于缺少考古学和人类学的证实，思想家们只能停留在猜想阶段。
③ ［美］斯塔夫里阿诺斯著，梁赤民译：《全球通史：1500 年以前的世界》，上海社会科学出版社 1999 年版，第 95 页。
④ ［英］尼尔·福克纳，张勇译：《世界简史：从人类起源到 21 世纪》，新华出版社 2014 年版。
⑤ Christopher R. Decorse, Anthropology: a Global Perspective, Third Edition, Printed in the United States of American, 1998. p. 118.

超过一百余人"。① 氏族时代的人类是以零散的集体形式散落在世界各个角落，那时还没有形成世界性的社会文明发展中心，甚至连地区性文明中心都未能形成，基本上是氏族部落社会各自为政的"国际"② 无中心状态。因此，氏族时代不仅不可能形成一个世界文明中心，甚至不可能形成帝国文明中心。氏族宗教在氏族社会发挥了核心的作用，不仅主宰了人们的精神生活，而且决定着氏族社会的政治生活、经济生活、军事生活。更重要的是，氏族宗教的"图腾崇拜"成为不同氏族部落相互识别的重要标识。著名哲学家拉兹洛明确提出，"在公元前最后一千年这段时间内，社会变化的速度急剧地加快了。快速的运输和通信工具扩大了技术革新的效果，居支配地位的经济强国及其远征再把这种效果输送出去。在良好的自然环境条件下——主要是在像尼罗河、恒河、幼发拉底河和黄河这样的大河流域——古代的帝国能自我维持许多世纪（这些已有数千年）。然而，这些帝国不仅发明了生产食物的手段和对遥远疆域施行行政管理的手段，而且发明了占领和征服的技术，发明了用长矛、弓箭、刀枪增强人体肌肉攻击力的技术。这些帝国把他们的统治扩展到空前广阔的地域并控制了前所未有的巨大数量的臣民，亚历山大的，波斯人和罗马人的，以及后来蒙古人和土耳其人的征服活动，都可看做是许多次巨大的涨落，他们促使传统的社会结构失稳，并把他们自己的技术、信仰体系和社会制度强加给被征服者"。③

其次，人类从食物采集者演变为食物生产者，极大地扩大了人的活动范围。"食物采集者的活动范围仅限于他们的狩猎场地，新石器时代农人们的活动范围仅限于他们的村落附近，而文明人的活动范围则必须扩大到远离家乡的地方。……古代文明与史前时期原始公社的情况不同，其活动范围并不限于发源地附近，而是不断地向外扩展，直到最后把整片的大河流域，甚至流域周围出产种种原料的地区，也都包括进去。"④

再次，农业革命还导致了人类人口的暴增。据史学家考证，从旧石器时代约12.5万人发展到距今1万年旧石器末期即农业革命前夕的532万人，人

---

① 吕大吉：《宗教学通论新编》，中国社会科学出版社1998年版，第768页。
② 那个时代还没有产生国家，实际上只有族称，因此国际用双引号引上。
③ [匈牙利]拉兹洛、闵家胤译：《进化：广义综合理论》，社科文献出版社1988年版，第96—97页。
④ [美]斯塔夫里阿诺斯著，梁赤民等译：《全球通史：1500年以前的世界》，上海社会科学出版社1999年版，第103页。

口增长了 42 倍以上。①

此外，农业革命把人类从平等状态转变为不平等状态。史前人类的社会地位是平等的，平等是农业革命前人类的伦理规范。因为史前人类是食物采集者，而不是食物生产者，食物采集者们的伦理是平等。农业革命使得人们变成食物生产者，从而打破了往日里平等的伦理规范。史学家认定，"农业革命引起都市化、阶级分化和社会分裂的连锁反应，从而从根本上破坏了原始社会引人注目的平等"。② 私有制、阶级的产生造就了人们社会地位的不平等，③ 从而开启了人类不平等状态的发展历史。

人类早期农业文明的分布是不平衡的，是多元中心组成的，农业文明发展是自中心向外扩展的过程。最早的农业中心至少有三个，中东、中美洲、中国北部，这三个农业文明的中心造就了古代中东文明、玛雅文明和中国上古文明。

私有制、阶级、农业革命打破了人类原有的平等主义社会风尚，人们之间社会内部的平等伦理关系演变为不平等关系。首先，原来的生产只是为了生活，够生活就不再多生产，工作或劳动的时间很有限。因此，"没有要求生产剩余产品的动力"，"劳动只是生活中的一个插曲，其内容多样，时间却相当有限。……一个典型的部落成员，每年的工作时间比现代人要少"。④ 自从有了私有制、追求产品剩余之后，劳动者的工作时间就大大增加了。其次，原来的劳动是很愉快的事情，后来劳动演变成一种谋生之道。再次，私有制、阶级把人类的劳动从平等转化为不平等，把人人都把劳动视为对等的权利和义务，转化为劳动者履行主要劳动义务却享受很少的权利，管理者享受劳动成果的多数权利而不必履行劳动义务。

二、文明源头

那么，文明始于什么时代？文明社会起源于人类社会发展的什么阶段？

---

① 参见 [美] 斯塔夫里阿诺斯著，梁赤民等译：《全球通史：1500 年以前的世界》，上海社会科学出版社 1999 年版，第 76 页。

② [美] 斯塔夫里阿诺斯著，梁赤民译：《全球通史：1500 年以前的世界》，上海社会科学出版社 1999 年版，第 76 页。

③ 卢梭在其《论人类不平等的起源与基础》中，恩格斯在其《家庭、私有制、国家的起源》中，都充分论述了人类进入私有制社会的那种不平等状态。

④ [美] 斯塔夫里阿诺斯著，梁赤民译：《全球通史：1500 年以前的世界》，上海社会科学出版社 1999 年版，第 96 页。

文明的产生是否与伦理有关？文明是否在于伦理行为的崛起？这些问题还是有争议的问题，甚至还是未能探明的问题，却是本书重点研究的问题之一。

史学家一般认为，人类文明发展的时间范围只有五六千年的时间。人类群体是从部落文化的农业公社向文明转化的，发生的时间大约在公元前3500年。① 不过，史学家研究后认为，"人类进入文明的时间有先后之差。埃及和两河流域大约在公元前3500年即跨入文明，中国、印度和欧洲的爱琴地区稍晚一些，在公元前2500—前2000年进入文明，中南美洲则更晚一些，在公元前1000年左右进入文明"。②

人类学家和宗教学家认为文明起源于宗教，离开宗教很难说明文明的起源。从人类学的角度看，文明的人和类人猿的根本区别有三个标志，即劳动、语言、宗教。据人类学家克拉克洪的观点，人与其他生物的根本区别点在于人能够系统地制造工具、运用抽象思维的语言和宗教信仰。③ 人猿揖别的根本区别离不开宗教信仰。所以，不难推论，在从动物提升为人类的过程中，宗教信仰发挥了不可替代的作用，没有宗教很难有人类文明（而不仅仅是文化，文明高于文化）。宗教是原始社会包括万象的文化母体。

据考古学、史学公认的常识，旧石器时代的历史多说有250万年，少说有30万年。杨共乐、彭小瑜认为，"根据旧石器文化特征和人类社会发展特点，旧石器时代又可分为早、中、晚三期。早期相当于人类发展过程中的直立人阶段（距今250万—30万年），中期相当于早期智人阶段（距今30万—3万或5万年），晚期相当于晚期智人阶段（距今4万或5万—1万年）"。④ 不难断定，人类的远古时代是从旧石器文化发展到新石器文化。远古时代以前的人类还处在半人半兽时代，甚至可以称为文化史前时代。文化史前时代经历了几百万年。⑤ 文化从石器文化时代开始起算才有意义。正是基于石器文化和火的使用，人类才逐渐告别动物界。人类从直立行走、手的解放、火的使用才开始真正告别了类人猿，然而那时还不是真正的人类；人类从直立行走、手的解放到宗教产生之前，是人类早期发展阶段。

文明和文化是两个概念，文化的起源早于文明，文化的历史远比文明的

---

① ［美］斯塔夫里阿诺斯著，梁赤民译：《全球通史：1500年以前的世界》，上海社会科学出版社1999年版，第105页。
② 杨共乐、彭小瑜主编：《世界史·古代卷》，高等教育出版社2012年版，第20页。
③ 庄孔韶主编：《人类学通论》，山西教育出版社2002年版，第389页。
④ 杨共乐、彭小瑜主编：《世界史·古代卷》，高等教育出版社2012年版，第11页。
⑤ 以前的考古成果只认定人类有350万年的历史，但根据较新的考古资料来定位，则把人类历史向前推进了100万年。

历史要久远得多。如果说文化的历史至少有 250 万年，那么文明的历史至多只有 1 万年。早期人类确切地说是从动物界向人类的过渡阶段，是人类早期发展的半人半兽的阶段，人类创造了宗教后才成为真正意义或完整意义上的人类，才真正地告别了动物界。当然仅有宗教还不够，还必然有劳动和文字。直立行走和手的解放为人类具有劳动能力提供了根本性的（实质）逻辑前提，人类只有在实现了直立行走和手的解放之后，才可能具有劳动能力；只有具备劳动能力，人类才会使用火，才会打造石器，发展生产力，进而才能创造宗教和文字等区别于自然动物界的社会文化现象。

宗教历史和文明历史的长短相差不多，因为宗教是文明的条件之一。根据中国周口店"山顶洞人"的宗教葬礼遗迹来测算，宗教只有 2.5 万—5 万年的历史，根据对德国及法国"尼人"的考察，则把宗教产生的时间延长到 4 万—10 万年。① 这就是说，虽然人从动物界中提升出来的历史是漫长的，但占据这漫长历史的绝大多数时间是没有宗教的。宗教不仅是解读人类，而且是解读民族的重要连结点，也是解读族际关系的一把钥匙。甚至可以说，民族与宗教的密切联系具有某种生死存亡的关系：无论是原生性民族宗教问题，还是衍生性民族宗教问题，民族与宗教关系都存在着某种内在的必然联系。

宗教的历史和氏族的历史大致相当。据史学成果表明，氏族萌芽于旧石器中期，形成于旧石器晚期，"一般认为氏族的萌芽就是在旧石器时代中期，而到旧石器时代晚期氏族就完全形成了"。② 旧石器晚期有两三万年。考古学则细分为几个文化期。"目前通行的是按照欧洲的石器文化系统分为五期（都以法国遗址命名）：佩里戈尔期（3.5 万—3.2 万年前），奥瑞纳期（3.2 万—2.7 万年前），格拉维特期（2.7 万—1.9 万年前），梭卢特期（1.9 万—1.7 万年前），马格德林期（1.7 万—1.2 万年前）。"③

问题是文化和文明的联系与区别何在？从伦理学角度看，伦理的本质在于正义、利他原则。早期处于类人猿发展阶段时，人类是没有丝毫伦理可言的。因为在那个时代，人类个体大都是自私的，是出于本能的。人类一旦有了伦理规范，也就意味着进入到文明发展时代。

如果吸收史学、宗教学和考古学的成果，可以认为人类文明的历史只有两三万年。宗教禁忌把人类推向文明的门槛，血缘禁忌使人类进入氏族社会，

---

① 陈麟书、陈霞主编：《宗教学原理》，宗教文化出版社 1999 年版，第 153 页。
② 杨共乐、彭小瑜主编：《世界史·古代卷》，高等教育出版社 2012 年版，第 14 页。
③ 杨共乐、彭小瑜主编：《世界史·古代卷》，高等教育出版社 2012 年版，第 14 页。

宗教与血缘禁忌造就了远古人类的伦理规范。人类绝大多数的时间是处于采集和狩猎时代，后来的游牧经济和农业经济造就了文明，文明的历史是文化历史的1%，非文明的历史却占文化历史的99%。这个判断是基于史学成果认定的，"能够制造工具的原始人类诞生后，约99%以上的时间处于旧石器时代，从事采集、狩猎经济"。①

总之，对于文明发生的确切年代，出于不同文化立场会得出不同的结论，重要的问题不是文明发生的时间，而是文明发生的内容。

三、文明发生的内涵

西方学者认为，人类社会从氏族社会发展到奴隶社会后，才迎来了文明的曙光。这种看法被很多中国学者所接受。但在本书著者看来，这种观点未必就是真理。在笔者看来，从历史文明发展形态看，文明的本质在于"吃人现象"和"杀人现象"的消失，文明本质的焦点体现在国际关系上是对待外族人俘虏的态度。

众所周知，在原始社会，社会成员较少，领地很小，在这种"小国寡民"社会里实施的是完全民主制的形式，因此社会的重大问题完全可以通过人民大会来解决。很多学者认为，原始社会是自由、平等的美好社会。然而，在本书著者看来，原始社会有平等但无自由。这是因为，一方面，原始社会发展到氏族社会，政法的运行形式是完全的民主，内部社会成员的关系是平等主体关系。民众大会形成的决定，每个社会成员必须服从。可以说，在民众大会的决议面前，氏族成员是毫无自由可言的。另一方面，氏族宗教信仰成为社会成员与生俱来必须服从的宗教伦理法则，因此社会成员没有脱离社会的种种自由权利。第三方面，由于在原始社会，生产力低下，社会财富匮乏，人们不可能获得自由。可以说，人类在氏族时代是最没有自由的，绝大多数驻留在自己的部落中，走出本部落就面临着死亡的威胁。

在教科书中，有一个不能自圆其说的二律背反。一方面认为，奴隶社会是非常残忍的，而原始社会则是自由、平等和美好的。另一方面认为，文明社会始于奴隶社会，原始社会根本无文明可言。这种二律背反的合题就能得出这样一个荒谬的结论：原始社会虽是野蛮时代，但却是自由、平等、美好的；奴隶社会虽然极其残忍，但却是文明的开端。如何解决这个二律背反的

---

① 杨共乐、彭小瑜主编：《世界史·古代卷》，高等教育出版社2012年版，第16页。

问题，成为我们揭开人类文明曙光的关键。

其实，这里存在着一个人类根本性的忌讳：人类不能普遍接受这样的事实，即在人类当初（原始社会早期或前氏族时代），吃人的现象是很普遍的；结束了普遍吃人的现象后，紧接着是杀人变成很普遍的社会现象；当普遍的吃人和杀人现象消失后，人类才进入奴隶社会。吃人和杀人的普遍性是极其残忍的历史一页，人类不愿意认定这是真实的，但这却是真理，而这真理往往不被教科书所采纳，因为这是出于人类的根本忌讳。

人类早期还停留在半人半兽的时代，生产力低下导致生活资料的高度缺乏，许多部落为了生存，往往把战争中的俘虏给吃掉。这种现象并不是罕见的现象。有一点必须强调的是，吃人和杀人的主要对象不是本氏族部落成员，而是战争捕获的俘虏。

人类缘何从普遍吃人（俘虏）转向普遍杀人（俘虏）现象？这种转变意味着什么？原始社会早期存在着从吃人发展到杀人的演进规律。当到了生活资料远远不够养活自己时，吃人（俘虏）现象是普遍的；当到了生活资料较为丰富，仅仅能够满足自己生存的时代，人类就结束了吃俘虏的现象，改为杀俘虏。那个时代杀死俘虏是很普遍的现象。可以说，吃人和杀人的现象很普遍的时候，我们没有理由说原始社会是文明的社会，不得不认定原始社会是极其残忍的野蛮"社会"。正是因为吃人、杀人现象普遍消失（并不排除个别现象），把战争俘虏沦落为奴隶，人类社会才从野蛮的原始社会走向文明的奴隶社会。奴隶恰恰就是把原来要吃的俘虏、要杀的俘虏转变后的产物，所以沦落为奴隶，才能从根本上消灭吃人和杀人的普遍现象。当然，其根本的答案是经济学的，"产品剩余"是人类一切文明的根源。这是历史教科书讲述的常识。

原始社会的正义状态是怎样的？这个问题无法获得文字的考证，史学家也鲜有论述。因此，根据本书著者掌握的知识，运用理论的整合，进行如下描述：由于生产力发展水平低下，因此不可能有产品剩余，为此原始社会成员不得不采用民主议事的形式来解决社会重大问题，对生活资料不得不采取平均分配的形式，由此导致了社会内部近似绝对的民主与平等状态，但这并不是自由，而且是全体社会成员的不自由。尤其是在宗教信仰上，个人根本没有信仰自由，社会成员必须整体性地信奉氏族神灵。谁若是亵渎或者背叛了氏族神灵，一定会受到极其严重的惩罚。所以，笔者对原始社会的结论是：在原始社会，虽然平等但不自由；虽然民主但无法治；虽然无哲学但有宗教；虽然有正义但很低下；产品有限，因此平均分配；社会是整体的贫穷，并无一个富人。那是个社会成员整体贫穷的时代。

何为文明的发生？文明发生的时代都具备哪些元素？其实，文明是多种社会特征或元素的综合，其中主要的元素是，"城市中心，由制度确立的国家的政治权力，纳贡或税收，文字，社会分工为阶级或等级，巨大的建筑物，各种专门的艺术和科学，等等"。① 不难认定，这些文明的元素都是在经济上基于农业文明的发生而发生的。

然而，由于人文地理环境不同，各民族文明的发生是多元的，并非所有的民族文明都具有这些特征，有的文明甚至缺乏重要的元素，但却并不影响这些文明个体的发生和发展，说明各古老民族文明具有文明发生发展的多样性。文字与城市是文明的重要特征，但在各文明发生之际，未必就具备城市与文字这两大元素。如中国古代文明发生之际，是从三皇到五帝再到第一个朝代夏代，都还没有发明文字。商代才有了甲骨文，但这并不影响中国古代文明的发生。再如，南美安第斯山脉文明也是在没有文字的情况下发展起来的。又如，非洲埃及文明和中美洲玛雅人文明发生时，还没有城市。②

在初民文明的多样性中，中华文明的特殊性是引人注目的。因为在初民时代，各大文明之间总是相互影响的，唯独中华文明地处世界文明体系的边缘。因为"中国与中东之间相隔一片辽阔的、荒漠的地区，并有大山作屏障，因此从古代最早时候起直至今天，中国文明一直与欧亚大陆的其他文明彼此相异"。③

人类进入文明时代，人们从类人猿发展为初民。初民的文明把人类从平等状态演变为不平等的状态，政治从民主发展到专制。这种转变的原始基因是种植经济的转变和私有制的产生，使得奴隶派上了大用场。"早先用'刀耕火种'的方法经营农业时，奴隶派不上什么用场，但是现在，可以把奴隶派到田里，让他们一年到头地劳动。早先的民主也由新发展起来的社会取代了。在这新社会的顶端是专制国王，国王的下面是贵族，他们拥有国王分给他们的土地，然后是占人口大多数的平民，社会最底层是奴隶，由战俘和他们的后代组成。……当一步一步地追溯塔纳拉人整个转变的来龙去脉时，我们可

---

① ［美］斯塔夫里阿诺斯著，梁赤民译：《全球通史：1500年以前的世界》，上海社会科学出版社1999年版，第105—106页。
② 参见［美］斯塔夫里阿诺斯著，梁赤民译：《全球通史：1500年以前的世界》，上海社会科学出版社1999年版，第106页。
③ ［美］斯塔夫里阿诺斯著，梁赤民译：《全球通史：1500年以前的世界》，上海社会科学出版社1999年版，第106页。

以发现，转变的每一步都是由种植水稻引起的。"①

初民的产生就是人类文明产生的主体标志。把初民凝聚在一起的文明纽带和伦理规范是什么？考古成果惊异地告诉我们是宗教。

四、氏族伦理轴心：缘起宗教

氏族社会开启了人类文明发展的历史，其中氏族伦理是氏族文明的必要条件之一，而宗教禁忌则是氏族伦理的重要内容。人类文明发展史上，人类主体发展经历了多次质的飞跃，人类宗教和伦理的发展形态也相应地发生大的飞跃。

把初民凝聚在一起的文明纽带是多种标识的，在物质文明形态上是城市，甚至包括文字，而在精神文明标识上则是宗教。

古代文明发生以前，人类有没有伦理规范？是否可以认定，古代文明发生时，自然也就产生了伦理现象？深入地追问，伦理与古代文明是什么关系？其文化承载的形式是什么？是不是宗教？为什么是宗教？各种文明的发生能否离开宗教？所有这些问题，都可以归结为一个问题，文明的初民社会伦理是否起源于宗教？这是一个非常值得探讨的问题。

宗教不是与人类相伴而生的，在人类早期漫长的历史长河中是没有任何宗教活动的。难怪宗教学家吕大吉提出，"人类产生之处不可能有任何宗教观念的"。② 旧石器文化之前的类人猿只是半人半兽，因此这段历史再长，也是没有文化意义的。在那漫长的历史长河中，人类是没有宗教文化的，因此也就没有伦理，因为最早产生伦理的是宗教。

人类前期进化大约经历过猿人（55万—100万年）、直立人（300万—30万年）和智人（30万年以后）三个阶段。③ 当然，据人类学家考证，人类少说有几百万年的历史，多说有上千万年的历史。但是这么久远的历史对于研究宗教、伦理的产生没有多大意义，由于"宗教观念是一种相当复杂而高级的思维活动"，④ 宗教和伦理观念不可能产生于更为久远的历史，也不可能产

---

① R. 林顿：《人类研究》，阿普尔顿—森图赖—克罗夫茨出版社1936年版，第353页。转引自[美]斯塔夫里阿诺斯著，梁赤民译：《全球通史：1500年以前的世界》，上海社会科学出版社1999年版，第107页。
② 吕大吉：《宗教学通论新编》，中国社会科学出版社1998年版，第461页。
③ 林耀华主编：《原始社会史》，中华书局1984年版，第24—25页。
④ 吕大吉：《宗教学通论新编》，中国社会科学出版社1998年版，第461页。

生于猿人阶段。最早的宗教遗迹产生于智人阶段。据宗教学家吕大吉研究，"智人的智力水平已能进行抽象思维，有稳定的想象和联想。在他们的幻想世界里，形成某种灵魂之类宗教观念已成为可能发生的事情。事实上，这已不是单纯的推测之词，而是有考古事实可证"。① 据考古证明，最早的人类文化是尼安德特人创造的文化，属于智人阶段。考古学家在法国南部圣沙拜尔附近的山洞遗址中，发现一具男性尸骨旁放着燧石、石英块、野生牛骨和驯鹿的尸骨，说明当时可能有丧葬的礼仪。这个"圣沙拜尔遗址距今有4万余年"。中国的宗教痕迹发现于1万—8万年前的山顶洞人。② "人类最早的宗教观念和宗教信仰活动产生于原始社会的旧石器时代中期和晚期，当时的原始人已形成某种与死后生活相联系的灵魂观念，并产生了氏族成员埋葬死者尸体的仪式活动。原始人已开始建构集体从事宗教仪式活动的中心场所，为此而雕塑了'维纳斯''女神'之类崇拜对象的艺术作品。"③

人类最早的宗教形态是图腾崇拜，最早的图腾崇拜是动植物崇拜。这种崇拜最初在原始绘画中可以看出端倪。"旧石器时代的绘画绝大多数是关于动物的。……这种绘画与当时人类的狩猎活动有关，表现了狩猎经济中人与兽的关系。"④

宗教和伦理意识是一种社会群体意识，而不是人的个体意识。离开社会群体，个人不可能产生宗教观念和伦理意识。宗教是社会群体对主宰集体命运的神灵的崇拜，伦理是二人以上的社会群体之间的行为规范。

宗教的产生和人类社会的群体飞跃性有关。当人类有了明显群体性意识的时候，宗教就产生了。人类群体飞跃是氏族社会的产生，因此宗教最早萌芽于智人时代，但最早成熟于氏族社会，也可以说较成熟的宗教是与氏族同时产生的，具体的年代可能是旧石器时代中后期和新石器时代早期，主要表现形态是墓葬。宗教学家吕大吉综合研究后得出结论，"宗教是一种社会意识，而不是个人意识；宗教崇拜活动是一种集体性的社会现象，而不是个人自发进行的，它的产生必有其社会基础"。⑤ "宗教发端于原始时代的氏族制社会，是随着氏族制的形成而产生的；人类最早的宗教是原始氏族的伴生物，是作为氏族制的上层建筑出现的。" "宗教遗迹与氏族形成遗迹同期出现"，

---

① 吕大吉：《宗教学通论新编》，中国社会科学出版社1998年版，第463页。
② 吕大吉：《宗教学通论新编》，中国社会科学出版社1998年版，第464页。
③ 吕大吉：《宗教学通论新编》，中国社会科学出版社1998年版，第468—469页。
④ 吕大吉：《宗教学通论新编》，中国社会科学出版社1998年版，第465—466页。
⑤ 吕大吉：《宗教学通论新编》，中国社会科学出版社1998年版，第469页。

"迄今发现的人类最早的宗教遗迹是反映灵魂观念和亡灵崇拜活动的原始墓葬。墓葬开始于旧石器时代中期，普遍化于旧石器时代晚期和新石器时代。"[1]

从上述分析可以得出以下两个结论：第一，在宗教和伦理的关系上，从发生学意义上讲，宗教伦理滋养了早期人类伦理，或者确切地说，早期人类伦理是从宗教伦理发源的。从这种意义上讲，伦理与宗教是共生的。第二，在国家伦理产生之前，支撑人类精神文明的是氏族宗教，早期宗教成为早期人类一切文化的母体或文化起源。从伦理发生学意义上讲，没有早期人类的宗教禁忌，就不会产生前国家伦理和后来的国家伦理。早期人类的宗教戒条远比国家伦理的产生要早得多。

很多宗教伦理的合理成分成为人类伦理必需的内容，二者具有很多共性。如中国传统宗法制宗教的忠孝，佛教的不杀生、不偷盗、不邪淫，摩西十戒中的后六条即当孝敬父母、不可杀人、不可奸淫、不可偷盗、不可做假见证陷害人和不可贪恋人的房屋妻子，以及基督教和伊斯兰教等各大宗教中都含有的大爱精神，包容了世界各族伦理的最大共性，都是人类伦理的来源。

伦理出于宗教不仅是人类历史发展的规律，而且是不同学科发展的规律，这两个规律从不同角度证明了伦理出于宗教的本质。从文化学原理以及哲学史原理来看，人类早期文化形态是宗教，成为人类所有文化的母体；最先从宗教母体中派生出来的是哲学，哲学成为理性学术的母体，只是把不可理喻的问题留给宗教，于是开启了宗教与哲学并存发展的时代；1543年哥白尼《天体运行说》的问世，标志着自然科学的独立宣言，后来科学逐渐从哲学母体中纷纷独立出来，把可理喻但不可实证或不能证伪的学问留给哲学，同样还把不可理喻的问题留给宗教，于是开启了宗教、哲学和科学并存发展的时代，确切地说是宗教、哲学、文学艺术等人文学科、社会科学、自然科学等多学科并存发展的时代。其中，在第二个发展阶段，伦理学脱离宗教而进入了哲学的母体。最后一个时代，伦理学进一步从哲学母体中游离出来，成为一门独立的学科。

可以说，宗教对于人类伦理的最大贡献之一，就是从发生学意义上讲，宗教伦理成为人类伦理的来源和根源，这种认识已经成为宗教学界的常识。不难断定，氏族伦理的建立成为人类文明发展的重要因素之一。

---

[1] 吕大吉：《宗教学通论新编》，中国社会科学出版社1998年版，第469页。

第二节
氏族伦理的产生及其发展

伦理的历史和人类历史的时间为什么不一样长？如果不一样长，那么伦理起源于人类历史的什么发展阶段？人类和野兽到底有什么区别？人类是如何实现人猿揖别的？人类是靠什么实现了半人半兽的终结而进入文明社会的？从伦理学理论角度看，真实的答案只有一个，那就是人类历史经历了几百万年的漫长时间，从旧石器时代发展到新石器时代，进入到氏族社会阶段，依靠人的伦理实现了人猿揖别、终结野蛮而进入文明时代。

只要有文明，就必须有调节文明人行为的伦理规范。从时间上看，伦理是与文明同时诞生的，伦理是文明的必需品。从逻辑上看，伦理与文明是因果关系，伦理是文明的原因，文明是伦理的结果。伦理是人之所以为人的根本，是人类从野蛮人提升为文明人的根本。因此，伦理缘何产生于氏族社会而不是奴隶社会，就成为这里研究的首要问题。

一、氏族伦理的产生

研究氏族伦理不仅对于氏族社会具有重要文化意义，而且对于人类缘何游离动物世界而成为文明人具有重要意义。

氏族共同体是人类原始社会发展的高级状态，国家是躁动于氏族共同体之母腹的婴儿，学者笼统称之为"初民时代"。其实，学者常说的初民时代不是猿人时代，而是氏族时代。

需要探明的一个问题是，文明的历史长一些，还是国家的历史长一些，或者二者的时间一样长？这既是一个人类历史发展的事实问题，更是一个高级学术问题。其实，史学、人类学、社会学等学科研究已经证明，文明的历史要比国家发展的历史长一些。中国有5000年文明史，这是从五帝算起，而不是三皇算起。从公元前3000多年的炎黄时代算起，中华文明经历了5000年文明史。根据《夏商周年表》确定夏代始年约为公元前2070年，中国的国家历史是4200多年。很显然，中华文明的历史远比中华民族的国家历史要久远得多。

中华文明源于中华初民的伦理文明。中华伦理发展的历史不可能在国家之后，一定在国家产生之前。国家产生之前，有两个大事变：一是氏族社会产生在国家社会之前，另一个则是宗教产生于氏族社会之前。由于那些年代人类还没有创造文字，对这些历史大事变并没有文字记载，所以具体的时间考察是一件很难的事情，史学家不敢轻言氏族社会的历史。宗教学家吕大吉对以往考古人类学进行考察后认定，最早的宗教历史可能有4万—6万年，[①]但却未能确定氏族社会的历史时间。从体质人类学角度看，与现代人接近的是一种"新人"或"智人"。"距今四五万年前，人类的体质结构已发展到与现代人没有什么差别，称为新人或智人。"[②] 旧石器中晚期，智人进入母系氏族社会。

原始社会末期才产生了伦理。虽然伦理是基于人的群体性产生的，有群体性才有伦理，但人类的群体性是从自然或天然本能的群体性提升为社会群体性的。氏族社会之前的原始人所结成的"群体是靠单纯的本能聚合起来的群体，共同狩猎、共同捕鱼、共同采集、共同抵御毒虫猛兽的侵袭等等几乎仍然靠的是动物的合群本能。这种本能，我们从许多社会化程度较高的动物那里可以发现其中有惊人相似之处"。[③]

在人类早期的几百万年中间，人们所过的男女生活，性交无度，群婚而居，没有家庭，毫无伦理可言，因此中国古人说，"古者未有夫妇匹配之合，野处群居"，[④] "男女杂游，不媒不聘"。[⑤] 那个时代还没有产生乱伦的禁忌，因此马克思说，"在原始时代，姊妹曾经是妻子，而这是合乎道德的"。[⑥]

血缘铸就氏族，但没有婚姻禁令的伦理就不会有家庭，没有伦理、没有家庭便不会产生氏族社会。因为"氏族诞生于血缘家庭，是一个有明确血缘关系的、内部成员之间不得通婚的集团"。[⑦] 性的禁忌成为伦理产生的一个关键。"氏族内部禁止通婚是人类自我约束和自我协调的规范，它具有加强内部团结、巩固外部关系、约束个人行为的功能。在这个意义上可以说，氏族内部禁止通婚，是人类最早的道德规范之一。"[⑧]

最初的社会群体性是基于宗教观念产生的。氏族产生的时间一定在宗教

[①] 吕大吉：《宗教学通论新编》，中国社会科学出版社1998年版，第464页。
[②] 周一良等主编：《世界通史·上古部分》，人民出版社1962年版，第18页。
[③] 罗国杰主编：《伦理学》，人民出版社1989年版，第38页。
[④] 《管子》。
[⑤] 《列子》。
[⑥] 《马克思恩格斯选集》第4卷，人民出版社1975年版，第32页，注①。
[⑦] 罗国杰主编：《伦理学》，人民出版社1989年版，第38页。
[⑧] 罗国杰主编：《伦理学》，人民出版社1989年版，第43页。

产生之后，因为有了宗教才会产生群体意识，进而人类才会走向氏族社会。可以断定，宗教是人们结成氏族社会必要的群体纽带。另一方面，人类有了宗教才会产生伦理规范。伦理是规范人们行为的主要准则，而宗教伦理是人类伦理的最初表现形态。

二、氏族伦理的初步发展

母系氏族伦理是人类最早的伦理发展形态。最初，从1万多年前，人类进入了母系氏族社会，因此产生以女性为主导或重心的社会伦理。母系氏族时代，妇女在社会生活中居于中心地位，在生育、繁衍种族过程中占据主要地位，女性被尊为氏族群体的祖先。女性祖先崇拜有两种形式，"一是女始祖崇拜，二是女性祖先崇拜"。① 妇女的中心地位体现在很多方面。其一，体现在血缘关系纽带上，女性是血缘关系的重要纽带。其二，女性是氏族繁衍的决定性力量。其三，女性在社会经济生活中也占有主导地位。总之，"妇女普遍享有比男人更高的地位。特别是女氏族长和生育了众多子孙的女性祖先，生前受到爱戴和尊敬，死后的灵魂则成了整个氏族祈求福佑、禳祛灾祸的对象"。②

在中华文明地带，5500年至4000年前，母系氏族社会为父系氏族社会所取代。之后，男女社会地位发生了逆转，男子不仅在生前占据社会中心地位，死后也同样居于中心地位。如山东大汶口墓地（公元前3500—前2500年）的男女合葬，按照男左女右的位置排列，随葬器物更多靠近男性。再如，甘肃武威皇娘娘台齐家文化遗址（公元前2000左右）中的24号墓为一男两女，男性仰卧居中，左右两侧为女性，均为侧卧屈肢、面向正中。③ 中国远古五帝时代就已经进入父系氏族社会，于是开启了中国男权伦理时代。后期仰韶文化、黄河下游的大汶口文化、山东的龙山文化、长江中游的大溪文化和下游的良渚文化等均属于父系氏族社会文化的代表。

人类社会从母系社会发展到父系社会，社会被尊重的伦理中心也从女子转向男子。再后来，氏族社会从父系氏族制社会发展到部落联盟制社会，社会伦理重心便从父系转向王系，氏族的祖先崇拜逐渐发展提升为部落英雄崇拜。这是初民伦理最初发展的规律。

---

① 吕大吉：《宗教学通论新编》，中国社会科学出版社1998年版，第475页。
② 吕大吉：《宗教学通论新编》，中国社会科学出版社1998年版，第498页。
③ 吕大吉：《宗教学通论新编》，中国社会科学出版社1998年版，第502页。

最初的宗教观念是"万物有灵论",进而发展为自然力崇拜。即便到了母系氏族制时代,人们还是把氏族的祖先与自然物混为一谈,产生了最早的图腾崇拜遗迹,有半人半图腾的女始祖崇拜,表现为女阴崇拜和早期自然崇拜。随着生产力的提高和社会财富的增多,父权制氏族代替了母权制氏族,祖先崇拜也就从女性祖先发展为男性祖先。① 到了部落联盟制时代,男性祖先崇拜和自然崇拜自然而然地进行了整合,于是提升出来"天神崇拜"。其实,"天神崇拜"兼具自然崇拜和祖先崇拜的双重神性。②

总之,氏族伦理的重心是神灵崇拜,解决的是人与神的关系,追求人祭拜神灵而神灵保佑它的祭拜者。那个年代,全民都是神灵崇拜者,无一例外。氏族社会的神灵崇拜形式最终凝聚为图腾崇拜。图腾崇拜最初表现为自然崇拜,后是祖先崇拜,最后是族群图腾神灵崇拜。族群图腾崇拜虽然都是神灵崇拜,但信奉的神灵各有特色,总的来讲,抑或是不同动植物,抑或是一座山或一条河,后来创造出一种自然界并不存在但却分别存在的综合性神物,如华夏民族的龙凤崇拜。闻一多在其名篇《伏羲考》中说:龙这种图腾,"是只存在于图腾中而不存在于生物界中的一种虚拟的生物,因为它是由许多不同的图腾糅合成的一种综合体"。

社会最早的伦理规范来源于宗教禁忌。宗教禁忌都是禁止性行为规范。宗教伦理首先是对神灵不能做的行为规范,如不可对神灵不敬、不可亵渎神灵动物等等,用伦理学的术语就叫做禁止性行为规范。图腾崇拜首先令人对神灵产生敬畏之情,"随之而来的就是有关氏族成员在图腾物面前的一些限制性规定,此即宗教学者所谓的禁忌规定。被禁忌规定的对象因此而成了'神圣',人们对之自然不能为所欲为,只能限制自己的言行以示尊敬。图腾禁忌的事项不止一端,但主要的是不许杀害、不许食用图腾物种,更重要者不许图腾族内发生性关系"。③

氏族宗教伦理中仅次于禁忌伦理的是遵守神灵的旨意,是命令性行为规范。这两种行为规范简称为令行禁止规范。这些都是对神灵履行的义务,所以也叫做义务性宗教伦理规范。

由于听从了神灵的话,哪些事情不能做,哪些事情应该做,然后才可能得到神灵的恩赐,这是神灵对人的奖励或恩赐,可称为授权性宗教伦理规范,也叫做权利性宗教伦理规范。

---

① 吕大吉:《宗教学通论新编》,中国社会科学出版社 1998 年版,第 498 页。
② 吕大吉:《宗教学通论新编》,中国社会科学出版社 1998 年版,第 476 页。
③ 吕大吉:《宗教学通论新编》,中国社会科学出版社 1998 年版,第 489—490 页。

本书的著者通过上述研究发现一个伦理规范发展规律性的结构：从动态看，初民伦理的发生往往是禁止性行为规范先发生，然后才是命令性行为规范，最后才是授权性行为规范。从静态看，初民的伦理规范就是由禁止性行为规范、命令性行为规范和授权性行为规范构成的。这种伦理构成的顺序是有道理的。在氏族社会生产力发展水平极其低下的情况下，基本上没有剩余产品，因此调整社会成员的伦理首先必须考虑的是令行禁止的义务性伦理规范，然后才可能有权利规范的容身之地。

可以说，在氏族社会的时代，没有阶级、国家、法律，但必须要有社会伦理来制约人们的行为规范；伦理是氏族社会的文化纽带和调节器。到了氏族社会晚期，社会伦理开始从氏族伦理向古代国家伦理转变。

三、氏族伦理的两种功能

如果从氏族内部关系和外部关系角度看，氏族伦理可分为对内伦理规范和对外伦理规范两种，其社会功能是不同的。

氏族伦理一旦产生，就具备了对内聚凝族群和对外识别族群两种社会功能。氏族宗教是氏族伦理的文化象征。部落神是氏族宗教的核心理念。一方面，部落神成为号召和凝聚族群意识的纽带；另一方面，部落神也是识别不同族群的文化标识。所以，部落神具有对内凝聚族群和对外区别异族两种社会功能。

氏族社会晚期的两种伦理是极端不同的。对内充满了平等、博爱和友谊，可以说，族群同胞的疾苦就是自己的疾苦，爱其所爱、恨其所恨、同仇敌忾成为族群伦理的重要内容。然而，对外部落的伦理则是相反景象，不仅部落之间的爱恨情仇截然不同，而且一旦发生战争沦落为俘，则完全丧失了人的尊严，那种来自同胞的平等、博爱和友谊丧失殆尽。

氏族社会的两种伦理恰恰是后来产生国家之后的两种政治伦理，对族内伦理发生了质变，社会成员从平等型伦理发展到不平等型伦理，成为古代国家伦理。对外政治伦理也发生了质的变化，氏族社会早期，吃人（异族战俘）、杀人（异族战俘）的存在是以产品根本没有剩余为前提的；一旦产品有了剩余，吃战俘、杀战俘的现象就消失了，战俘变成了奴隶。吃人和杀人的兽性野蛮行为消失后，代之以比较文明的奴役奴隶的伦理行为，于是人类从野蛮迈进了文明的门槛。

氏族社会晚期出现了等级分化。这种等级分化是从氏族伦理到古代国家伦理转变的根本原因之所在。这种等级分化首先是个人财产的分化与等级化，其次是崇拜的神灵的等级化。

经济上的不平等是等级分化的原因，是不平等伦理产生的经济基础。一方面，在氏族社会末期，产品有了剩余，导致个人财产的私有，从而造成了父系氏族公社的解体或分裂，于是以父系为家长的个体家庭逐渐成了氏族社会的基本单元。① 另一方面，社会生活领域不断扩大，从狩猎经济、采集经济向农业经济转型，极大地扩大了氏族成员的活动空间，人们可以离开森林和草原，依靠农业建立一个又一个村落。哪里有水源，哪里就可以建立村落，于是大河流域成为村落遍布的好去处。

由于经济实力的不平衡，家族人口的多寡，富有而人口众多的家族在氏族社会联盟中占据支配和主导地位；战争中的俘虏变成奴隶，贫穷而人数很少的家族慢慢也沦落为奴隶。于是，氏族社会逐渐走向阶级社会，社会平等的伦理也随之被打破。

第三节
氏族社会的族际伦理

伦理是人之所以为人的根本性元素，因而伦理成为人类文明的逻辑起点。那么，伦理诞生于人类历史发展的哪个时代？笔者认为人类伦理诞生于氏族时代。人类文明之所以产生于氏族社会，是因为氏族社会的伦理使人类获得了告别野人的文化属性。人类社会的发展规模是从小到大不断扩展的。人类社会在从猿人到直立人再到智人的发展过程中，逐渐增强了自己的群体性，发展到部落氏族，终于实现了人类发展史上的第一次质的飞跃，产生了氏族文明，具有了族群意识，构建了伦理，于是迎来了人类文明的曙光。因此，氏族伦理（包括氏族社会的族际伦理）的研究具有非常重大的价值和意义，氏族伦理是人类伦理发展史上的重要形态，堪称人类伦理诞生的一个里程碑。然而，目前各类伦理学教科书却忽视了氏族伦理的研究，很少把氏族伦理作为人类伦理的独立形态来研究，只有一些零星而含糊的研究，主要散见于各类伦理学、史学、宗教学、人类学的书籍中，而关于氏族社会的"国际关系"

---

① 吕大吉：《宗教学通论新编》，中国社会科学出版社1998年版，第525页。

伦理①研究更是一片空白。学者普遍认同国际伦理遵循弱为强食的森林法则，却忽视了其历史根源。其实，弱为强食的森林法则来源于人类早期氏族社会的伦理法则，是人类从动物界提升为真正人的过渡性伦理法则。因此，本书对氏族伦理的研究对于完善伦理学，尤其是对于国际关系伦理研究具有十分重要的理论意义。

一、氏族社会和"自然状态"的伦理

如果说人类经历了几百万年的历史，文明史最多也只是经历了一万多年的历史，而人类文明又起源于伦理等文明元素，那么就不难断定，人类伦理经历了一个从无到有、从弱到强的发展过程。那么，人类发展到什么时代产生了伦理，人类缘何产生伦理？如果说人类历史发展到原始社会末期的氏族时代才产生伦理，那么氏族社会的族内伦理和族际伦理有何区别？原始社会末期氏族社会的族际关系和族际伦理到底是怎样的？其常态是战争还是和平？和平时代如何处理族际关系，战时又如何处理族际关系？两者区别的标志是什么？那个时代还没有发明文字，对于上述系列问题并没有文字记载，因此人们无从知晓。因此，西方近代一些思想家把初民的族际关系想象成为一种"一切人反对一切人"，即"人对人是狼"的"自然状态"。②

人类主体发展的第一次飞跃把类人猿群落提升为氏族社会，从而实现了从无政治社会发展到有政治社会发展的历史。以往的中国教科书认为，政治起始于国家社会或者奴隶社会。其实，政治起源于宗教意识形态构建的伦理塑造的社会。宗教的产生虽然很早，但宗教具有对内凝聚社会共同体、对外识别不同社会的功能，是在氏族时代完成的，因此人类最早的政治社会形态起始于氏族社会。否则，氏族大会及其议事规则、部落神灵主宰社会生活的现象便无从解释。基于这样的认识，足以发现，在类人猿时代，人类还没有产生政治现象，只有从类人猿社会发展到氏族社会的时代才开始产生政治的萌芽。据人类学家考证，人类早期多数是以4—5人为一个小群体、几个小群体为一组群落的"微型共同体"方式生活着，③那个时代的人类社会最少单

---

① 氏族社会还没有产生国家，因此国际关系伦理确切地说是族际伦理。
② [英]霍布斯，黎思复、黎廷弼译：《利维坦》，商务印书馆1985年版，第109页。
③ Gerard Elfstrom, International ethnics: A Reference Handbook, Santa Barbara: ABC-CLIO, Inc., 1998, p. ix.

位的数量只有30人至100人。①

氏族伦理的产生是以族群共同体意识为前提的。有的学者认为，"'族群共同体'是人的'类存在'的始源状态"。② 在本书著者看来，人类产生宗教后，有了群体意识，才会结成族群共同体。确切地说，最早的图腾崇拜宗教意识是人们最早的族群纽带，显然那个时代应当始于氏族社会。宗教意识使得氏族意识成为可能。氏族是以部落神灵为纽带的社会群体。人类的群体意识只有到了产生宗教文化的时代，才有了族群的自我意识，再往前则是潜意识。

在氏族时代，人类是以零散的集体形式散落在世界各个角落，那时还没有形成世界性的社会文明发展中心，甚至连地区性文明中心都未能形成，基本上是氏族部落社会各自为政，还未产生"国际"社会的中心。因此，氏族时代不仅不可能形成一个世界文明中心，甚至不可能形成帝国文明中心。氏族宗教在氏族社会发挥核心的作用，不仅主宰了人们的精神生活，而且决定着氏族社会的政治生活、经济生活、军事生活。重要的是，氏族宗教的"图腾崇拜"成为不同氏族部落相互识别的重要标识。

人类从动物的野蛮状态走向属人的文明状态，从类人猿经过智人进化为氏族人。其中，伦理的光明照亮了人类，使人成为人，而不再是野兽。虽然氏族伦理在族际伦理上还充满了血腥和野蛮，但"族内伦理"则充满了一片光明。

由于那个年代没有文字，没有文献记载，考古学家的成果不足以构建那个世界的社会情景，于是学者尤其是哲学家把那个时代的人类称为"自然状态"，并对"自然状态"充满了种种幻想。总体上分为两种构想：一种把自然状态理解为"人对人都是狼"的邪恶时代和战争状态；一种是相反的人文景观，不仅没有战争，而且人对人充满友爱、平等、自由、悲天悯人、助人为乐。英国哲学家霍布斯是前者的代表，英国哲学家洛克、法国哲学家卢梭、德国哲学家康德和启蒙家马克思等人则是后者的代表。

霍布斯的战争状态构成了"敌人"的伦理模式。他在其名著《利维坦》（全称为《利维坦：教会和公民联邦的内容、形式和权力》）中引入了道德和政治责任的世俗理论，用以替代神权理论。他认为，人类最初的生活状态是，每个人都要按照自己的本性生活，即所谓"自然状态"。在"自然状态"下，

---

① Christopher R. Decorse, Anthropology: a Global Perspective, Third Edition, Printed in the United States of American, 1998. p. 118.

② 余潇枫、张彦：《人格之境：类伦理学引论》，浙江大学出版社2006年版，第180页。

每个人都对一切事物拥有权力，即所谓"自然权力"。人出于自己的本性，要实现自己占有一切的欲望，以维护自己的利益，这就必然要侵害别人的利益而导致相互侵害，从而挑起"一切人反对一切人的战争"。① 霍布斯首先将人性归结为"两条最为确切的人性公理"。第一条公理便是"自然欲望"或"自然权力"，"渴望攫取占用他人皆有共同兴趣之物"。② 因此，在自然状态下，人人自卫，互相残杀，人对人都是狼。怎样克服这种状态呢？霍布斯提出，人们逐渐发现，自然状态违背了人的本性，对人的自我保有构成了极大威胁，这样，为了保存自己、摆脱死亡的恐惧，人们便产生了求取和平，摆脱战争状态的愿望。于是，理性出来教导人们，不能光凭自己的情欲去生活，只有接受那些大家必须遵守的公共的生活规则，即"自然法"，才能避免战争，使每个人都能达到保存自己的目的。在霍布斯那里，"自然权力"和"自然法"一开始就是矛盾的，自然权力要求无限制的自由，要求占有一切，而自然法规却具有束缚性。为了大家都能生存下来，过和平的生活，只好用"自然法"来束缚自然权力，否则人们之间就会处于无休止的战争状态。这种矛盾就决定了自然法不是在一切时候都起作用的，只有当人们完全自觉地按照理性行事时，"自然法"才具有束缚力。但是人的本性是偏私的、不自觉的，总是企图无限制地占有"自然权力"，如果最终没有一个强有力的公共权力，"自然法"也就无法维持。由于人性恶（人对人是狼），战争成为人类社会自然状态的常态。结束战争的唯一途径是相信人的理性，并通过理性建立国家。如何建立公共权力呢？人们认识到，为了超出"自然状态"，摆脱战争的威胁，使安全得以保证，就必须彻底放弃企图占有一切事物的"自然权力"，通过相互订立契约，把大家的权力转让给一个人或由一些人组成的议会，从而使大家的意志变成一个意志，而被人们授予最高权力的这个人或会议就叫做国家。这样一来，每个人之上都有一个超越一切的权力，即国家政权，于是所谓"自然法"契约就可以在国家的保证下获得有效性了。

与霍布斯的"自然状态说"不同，洛克构建的是相对美好的自然状态，但依然把那时的社会理解为"对手"的模式。洛克的自然法把自然状态看成一种互助以及保存的完全自由的平等状态。理由是，人都受到理性的约束和限制，因此和睦地生活在一起，在追求正义的自然法的统治下，享受着自然的平等与自由，生活在和平和善良的氛围之中。他认为，这种自然状态存在

---

① ［英］霍布斯，黎思复、黎廷弼译：《利维坦》，商务印书馆1985年版，第109页。
② ［英］霍布斯，应星、冯克利译：《论公民》，贵州人民出版社2003年版，"献辞"。

于公民社会之前，处于人类最初的几个世纪。当然，自然状态也有缺陷，如缺乏组织、法庭、法官以及成文法。洛克在理论方面吸取了霍布斯的观点，同意霍布斯把人类进程描写成从自然状态到订立契约再过渡到国家这个看法，但在对社会契约的具体描述上，洛克并不同意霍布斯的说法。洛克批判霍布斯混淆了自然状态与战争状态。霍布斯认为人类从战争状态走向社会契约状态，战争状态是人类的常态。洛克则认为，人类从自然状态（非战争状态）走向契约状态（包括正义战争和非正义战争，以及和平状态）。显然，洛克的自然状态和契约论比霍布斯的理论更为合理。

洛克构建了与霍布斯不同的自然状态和契约论。首先，洛克认为，自然状态下的人不像霍布斯所说的人对人都是狼的残酷厮杀状态，而是和平、自由、平等的状态。其次，在契约状态下，国家元首也是订约的一方，也要受到契约的限制，当他不履行契约，不能保护人们天赋的自由、平等和私有财产的权利时，人们就可以通过起义的方式收回其权力。因为人们把自然权力交给政府的目的是为了更好地保护自己，政府的目的只能是为了大家的安全和利益。一旦政府破坏了这种权力，它也就与人民处于战争状态，这时人们收回权力是正当的。

没有洛克，就没有卢梭的革命思想。卢梭把自然状态构想为美好的"平等状态"。卢梭在《论人类不平等起源和基础》和《社会契约论》中，论述了人类不平等的起源，探索了人类平等的路径。卢梭批判了其前人对自然状态的论述，"对社会的基础进行过研究的哲学家，都觉得必要上溯到自然状态，但没有一人得以实现"。[①] 卢梭所追求的平等以及他思想中所蕴含的从不平等中寻找公平的道路，形成了人民主权学说和社会契约论。卢梭认为平等分为自然或生理上的平等以及精神或政治上的平等两类，存在于不同的时期，但是他认为最纯正的平等在于"自然状态"。卢梭认为自然状态是平等状态，因为他认为自然人的本性是源自爱心和怜悯心，自然人心中是没有道德观念的，因此也感觉不到不平等。在自然状态下的自然人是平等和自由的，他们不知道什么是恶，他们不受法律的约束，尊崇的是情感的平静以及最原始的生理需求，过着孤独但是幸福的生活。后来社会是建立在奴役和强权的人类不平等现象基础上的，这在原始人看来是不可思议和颇有困难的事。因为自然状态下人类对于自我保存的关心并不妨碍他人的自我保存，是一种平和的

---

① [法]卢梭，高煜译：《论人类不平等的起源和基础》，广西师范大学出版社2009年版，第83页。

状态。自然状态下如果有人要从一棵树上把我赶走,我可以离开这棵树到另一棵树上去,谁会阻止我去别处呢?自然状态下,不存在一个人限于不能脱离另一个人而生活的情况,因此不存在奴役,每个人都是不受任何束缚的,每个人都处于平等的状态下。他把私有财产归为公民社会建成的真正原因,进而得出私有制也就是不平等产生并得以合法化的真正根源。

康德的自然状态说近似于霍布斯的恶性自然状态,呈现出一片野蛮、混乱、普遍敌对的状态。一个人与别人相处必然会滥用他的自由权,因此变成战争状态。在战争状态,人的自然权利受到普遍的威胁,人的生命、自由、财产缺乏法律保障。但他不同于霍布斯之处在于,并不假设人性恶是唯一的人性,而是假设善恶的双重人性,尤其是对人性至善的正价值假定,即任何对和平的追求都具有进步主义的色彩。人们为保障自由权利和安全而有意识地结合为政治共同体,通过订立契约进入法治社会,避免战争。理性使人类整体而不是个别人使用历史中的规律和目的来进行实践活动。理性需要世代的努力才能发展到永久的和平阶段。为什么经过两次世界大战,第三次世界大战发生的可能性越来越小,这就从根本上证实了康德原理。

马克思把自然状态理解为"原始共产主义"社会,虽然相对吸收了洛克、卢梭、康德的合理思想,但主要继承的是空想社会主义思想,提出了更为合理的原始社会说。在马克思眼里,在原始社会,生产力极度落后,人们靠打猎为生。那时候没有剩余产品,人们打来猎物都要平分,因此没有私有制,没有阶级。随着农耕社会的发展,人们逐渐改进了捕猎工具,种植农作物,出现了吃不完的剩余产品,那时候的剩余产品是归部落共同占有的。后来,管理者逐渐把自己管理的剩余产品据为己有,尤其是到了原始社会晚期,部落的长老通过权力,霸占部落共有财产为私有,于是私有制产生了。部落长老的掠夺,激起了部落其他人的不满,于是部落长老通过蓄养武士来保护自己的私有财产,因此军队出现了。奴隶社会早期,各个部落联合形成了奴隶制国家,部落长老演变为奴隶主,通过军队来巩固奴隶主阶级的经济基础。

二、初民伦理的困惑

初民社会状态究竟是充满敌意的战争状态,还是充满友善的和平状态?学界出现了两种不同的看法,尚未达成共识,持截然相反观点的双方谁也未能说服对方。对此,本书的著者做出如下评价:上述思想家的明显不足就是没有自觉区分族内伦理与族际伦理,有时自觉不自觉地把二者混淆起来。仔细分析，根据研究对象所指和语境分析，洛克、卢梭、马克思等思想家的美好状态说主要是描述社会内部的伦理，因此主要适用范围是"族内伦理"。霍布斯模式主要是在描述不同社会之间的伦理，因此主要适用于"族际伦理"。

其实，族内伦理和族际伦理是两个完全不同的人际关系。族内伦理维系的是社会内部成员的关系。为了更好地维系社会共同体（包括早期的氏族、部落和后来的国家），族内伦理成为最重要的社会文化。从氏族社会到世界大战之前的人类，不同社会之间的"族际伦理"基本上停留在野蛮的发展状态之中。可以说，人类文明史，从氏族社会到世界大战之前的历史上演的是一部"族内文明"与"族际野蛮"并存发展的伦理景观。两者是那么地不和谐，那么地相互矛盾：一个文明，一个野蛮；族际伦理文明的发展远远落后于族内伦理。氏族社会的族际伦理发展水平是最低的，然后依次提升为古代国家伦理或王族贵族伦理、近代国家伦理、现代全球伦理。

由于氏族社会还没有发明文字，人们并不知晓氏族社会（包括氏族社会晚期）的伦理发展状态，更多的只是哲学家对早期人类的种种猜测，但是很多猜测并不相同，甚至有些猜想理论是相互矛盾的，有的是幼稚可笑的，为此提出了种种"自然状态"学说。各类伦理学著作也很少论及氏族社会的伦理情形，有的只是一笔带过，也未能超出猜想的范畴。如果说还可能有一种对氏族社会发展状态切实可信的学术研究，那就应当是人类学尤其是考古学对人类早期的考古研究了。但是考古学研究也不能清晰地再现氏族社会的伦理状态，大多数也只是零零总总的猜测。当然，考古学家的猜测远远比哲学家和伦理学家的猜测更切实可靠一些。

基于上述基本判断，本书对氏族社会族际伦理的研究，不能建立在哲学家对氏族社会"自然状态"的种种猜想上，需要对各种学说关于氏族社会的研究成果进行局部性的研究，这些学术成果总好过哲学家的虚假猜测。

三、远古上古时代的族际伦理

远古时代初民的族际伦理是很难研究的，主要原因是远古时代没有文字记载，伦理学界很少研究那个时代的伦理，更不用说是远古时代的族际伦理，因此本书关于远古时代的伦理只是根据零散的远古时代的粗糙记述进行一些间接性的猜测。

初民时代，人类存在的社会形式是氏族社会，不同氏族部落束缚在狭窄的地缘关系之中，氏族意识所铸就的"群化人格"是胞族、氏族和氏族联盟。氏族社会还没有产生国家，因此那个时代还没有国际关系伦理；由于产生了氏族，那个时代所谓的"国际伦理"就是不同氏族之间的伦理。

氏族伦理的特点主要有两个：第一，族际社会之间的常态为保持"井水不犯河水""老死不相往来""互不侵犯"、画地为牢、各自为政的状态。第二，一旦发生战事，不同社会之间适用"同态复仇"来处理国际关系。"血亲复仇"就是以同等伤害程度，即"以牙还牙、以眼还眼"地进行报复。族际之间的战争从偶尔出现小规模的血亲复仇发展到掠夺财富的大规模的战争。

那么，在远古时代，不同氏族之间的族际关系是怎样的呢？和平状态是常态，还是战争状态是常态？如果根据近代契约论的自然状态说，则是两种相反的猜测。根据霍布斯的自然状态说，显然战争是常态，和平是非常态。这种猜测并不符合历史的真实状态，因为在霍布斯年代，人类学还不是很发达，许多关于远古时代和上古时代社会状态的研究都是一片空白。为此，本书著者不得不抛弃近代哲学家自然状态的猜想，转而求助于史学、考古学的研究成果。

后来史学和考古学的研究，证实的却是相反的画面。史学和考古学的研究成果证明，在人类旧石器和新石器早期，由于人口少而土地多，族际之间很少发动战争。战争大多是人口与土地的矛盾造成的，那是新石器时代的事情。根据英国史学家尼尔·福克纳的研究，"起初，世界上并没有战争。在整个旧石器时代的250万年里，小群的原始人在大陆上游荡，通过捕猎、采集和清除来寻找食物。不同的群落很少相遇，任何形式的冲突就更加罕见。只是到了后期，随着地球上人数的增加，出现了争夺资源的偶然冲突。……战争是对立的群体之间大规模的、持久的、有组织的暴力冲突。在公元前7500年左右开始的农业革命之前，没有发生战争的证据"。① "早期的农业是浪费的，土地被清理、耕作、耗尽，然后放弃。使土地保持'好的质量'的休耕和施肥在当时还不是普遍做法。而当人口膨胀之时，土地的易接近性和可耕作性都开始耗尽。早期新石器时代经济的这些矛盾，促发了战争。"② 有一个考古证实了普遍的战争促发于新石器时代。德国西南塔尔海姆死亡坑揭露了公元前5000年新石器早期的战争痕迹："34具尸体，其中一半为孩子，被倾倒在一条3米的深坑里。两个成年人被箭射中头部。其他20个人，包括孩

---

① [英]尼尔·福克纳著，张勇译：《世界简史》，新华出版社2014年版，第15页。
② [英]尼尔·福克纳著，张勇译：《世界简史》，新华出版社2014年版，第14页。

子，是被棒子打死的。人类学家丝毫不怀疑，这是一个屠杀的地点。……人类已经开始从事战争"。① 随着人口增多和土地的冲突，战争不断升级。据考证，"在公元前3700到前3400年，一种基于土地控制、部落联盟、大规模祭礼和战争的新秩序，在不列颠建立起来了"。②

战争是从无到有的过程。战争从旧石器时代偶尔发生的非常态发展到新石器时代时常发生的常态。由于生产力的提高，财富的积累，劳动力价值的提高，"战争中的俘虏从原先被杀害而变为奴隶，因此使部落之间的战争由血亲复仇变为掠夺财富的战争。……以掠夺财产和奴隶为目的的战争经常发生"。③ 族际之间的战争把俘虏沦为奴隶，因此族际之间的伦理演变为社会内部伦理。

从上述考证事例，可以得出这样一个结论：从人口数量与土地森林等资源的比例看，人类从少到多，资源从多到少，转折点是旧石器晚期向新石器时代的过渡时代，之前族际之间很少发动战争，在那之后族际之间开始通过战争来解决资源问题。起初战争只是发生在族际之间，而不是族内。因此，战争伦理发生在新石器时代，发展于其后来的社会。

由于远古和上古时代的人类单元为几十个人结成一个社会，数量之多，数不胜数，因此世界发展史中呈现的氏族文明伦理众多，数不胜数，本书只能侧重以中国远古和上古时代伦理为例来印证初民族际伦理的机理，更多情况下，是根据中国三皇五帝神话般的记述来完成的。中华文明和中华民族伦理可以追溯到三皇五帝时代。夏商周三代是中国的上古时代，中国远古时代是"三皇五帝"时代。三皇太过久远了，留下的更多的是神话传说，无从考证三皇时代的伦理情形。据零星的历史记载，中华民族的初民伦理只是到了五帝时代才比较清晰起来。

三皇五帝时代已经有了礼和兵的行为规范，但还没有国家法律。然而，礼和兵却是法律的前身，后来发展到夏商周，把礼和兵转化为法。三皇五帝时代的礼和兵就是那个时代的伦理。礼是对内伦理，兵则是族际伦理。

中华文明主要是两河文明。中华民族的主体早在远古时代就生活在黄河和长江流域，约在6000年前，逐渐摆脱采集和狩猎经济，进入到以种植为主的原始农耕经济；公元前5000年左右，中国人从母系氏族社会进入到父系氏

---

① [英]尼尔·福克纳著，张勇译：《世界简史》，新华出版社2014年版，第15页。
② [英]尼尔·福克纳著，张勇译：《世界简史》，新华出版社2014年版，第18页。
③ 杨共乐、彭小瑜主编：《世界史·古代卷》，高等教育出版社2012年版，第19页。

族社会。① 中国远古文化的最大特点就是在从母系氏族向父系氏族的转化中缔造了父权家长制，进而塑造了宗法制伦理。在西方社会从血缘社会到国家社会的转型中，血缘关系逐渐被地缘关系所代替。在中国则相反，从三皇到五帝，再到夏商周，不断强化血缘关系，因此从宗法制伦理走向家国一体的社会体制。对此，有的学者明确提出，"无论是从母系氏族向父系氏族过渡所形成的父权家长制，还是此后逐步联结各氏族、部落、部落联盟以至形成国家，人们的血缘关系不但没有松动、解体，而且恰恰相反，逐渐被打上阶级烙印，越来越牢固"。② 其实，在本书著者看来，两者具有某种因果关系，宗法制伦理塑造了家国一体的社会体制，是造就家国一体社会体制的原因，家国一体的社会体制则是宗法制伦理的必然结果。

从三皇五帝到夏商周的伦理发展轨迹是从"天下为公"或"公天下"的"公伦理"发展到"天下为私"（天下人重点保全王族利益）或"家天下"的"私伦理"；从天下为公的民主议事方式转化为天下为私的家天下的专制，其中的重要桥梁就是宗法制伦理和家国一体的社会伦理核心。这里的"私伦理"是帝王"家天下"的伦理体制。不过，各个帝王的道德品行并不相同。据考证，"舜以禹为继承人，《史记》只说'帝舜荐禹于天'，并未提他与四岳商议过。可见，舜虽无私利之念，却不如尧那么'民主'了"。③

历史记述的三皇五帝显然处于原始社会，三皇更早。三皇时代虽然已经有了最初的伦理，但却没有法律和行政。"我国的原始社会是传说的神农氏时代。据说，当时的神农氏和普通的众人一样，'身自耕，妻亲织'，却享有着'不是用强迫手段获得的，无可争辩的尊敬'（恩格斯语）。"④ 那个时代，还没有法律，没有行政，却有伦理。据古籍记载，"神农无制令而民从"，⑤"刑政不用而治，甲兵不起而王"。⑥ 那个时代，尊敬和被尊敬已经被纳入伦理系统。

五帝时代虽然还是原始社会，但已经进入晚期，甚至敲响了原始社会的钟声。原始社会末期的伦理道德是极其特殊的。从伦理正价值看，人们的伦理道德"淳朴而高尚"，五帝的后三帝尧舜禹居于原始社会末期，道德水平很

---

① 叶孝信主编：《中国法制史》，北京大学出版社2000年版，第10页。
② 叶孝信主编：《中国法制史》，北京大学出版社2000年版，第10页。
③ 叶孝信主编：《中国法制史》，北京大学出版社2000年版，第10页。
④ 陈瑛主编：《中国伦理思想史》，湖南教育出版社2004年版，第22页。
⑤ 《淮南子·礼运》。
⑥ 《商君书·画策》。

高尚，"千百年来，一直是人们崇敬的道德模范"。① 古籍这样记述尧的道德水准，"尧之王天下也，茅茨不翦，橡不斫，粝粢之食，藜藿之羹，冬日麑裘，夏日葛衣，虽监门之服养，不亏於此矣。禹之王天下也，身执耒臿以为民先，股无胈，胫不生毛，虽臣虏之劳不苦於此矣"。②《尚书》赞誉舜说，"瞽子，父顽、母嚚、象傲；克谐，以孝丞丞，又不格奸"。③《史记》赞誉禹说，为了治水，居外十三年，三过家门而不入。"敏给克济，其德不回，其仁可亲，其言可信；声为律，身为度，称以上士；亹亹穆穆，为纲为纪。"④ 尧舜禹三位帝王能有如此高的伦理道德水准，一方面对于全社会成员起到了向上引领的作用，另一方面说明当时民众的伦理水准也低不到哪里去。

在中国远古时代，"礼"是约束本族人的行为规范，是对内伦理；"兵"发生于不同部落之间，成为族际之间相互惩罚的行为规范，是族际伦理。中国三皇五帝时代，战事之多，世间罕见，因此兵的规则很发达。有的法学者评论说，"传说中国史前史上战争之多，战况之惨烈，足以使古希腊的战神位置咋舌"。⑤ 究其原因，主要在于特殊的人文地理，天然屏障少，农业条件好，人口众多，需要争夺生存地盘。

正是基于上述原因，三皇五帝战事繁多，兵戎相见，不同部落之间形成的族际伦理极其野蛮，不把他族人当人看。据说蚩尤战神创造了极其残忍的死刑种类，以至于后来中国夏商周的死刑制度达到世界之首或世界之最。"刑起于兵"是在远古战时处理族际关系时形成的，后来进而把族际伦理转化为族内伦理。据中国法制史专家考察，所谓"夏刑三千条"，包括大辟（死刑）、髌（剔除膝盖骨，后又称刖即断足）、宫（毁坏生殖器）、劓（割去鼻子）、墨（刀划面额或额并涂墨）五个刑种。⑥ 后来"五刑之属三千，罪莫大于不孝"。⑦ 从夏商周三代的死刑制度足以窥见三皇五帝时代族际兵戎相见的残忍程度。其后，这种族际之间的残忍转而变成族内统治工具，用来维护王权统治。

不同民族走的是不同伦理类型的发展道路。中华民族走上的是一条"'人

---

① 陈瑛主编：《中国伦理思想史》，湖南教育出版社2004年版，第25—26页。
② 《韩非子·五蠹》。
③ 《尚书·尧典》。
④ 《史记·五帝本纪》。
⑤ 叶孝信主编：《中国法制史》，北京大学出版社2000年版，第12页。
⑥ 《周礼·秋官·司刑》、《隋书·经籍志》。参见叶孝信主编：《中国法制史》，北京大学出版社2000年版，第14页。
⑦ 《孝经·五刑》。

本'而非'神本'、以家庭为核心而非以个人为核心的伦理型文化发展道路"。① 笔者沿着这种思路进行对比研究后发现，古犹太人和古印度人走的才是"神本主义"道路；古希腊人走的是神本主义与人本主义，或天上主义与天下主义二合一的伦理文化发展道路。

四、氏族伦理的转折

从血缘管辖到领地管辖成为氏族伦理的转折点，主要体现在从部落保护神向土地神的转折。人们社会地位的不平等不仅体现在经济地位上，还体现在精神地位上，这就是宗教伦理观念。吕大吉研究了氏族宗教演变的三个方面："原始社会晚期（部落联盟时期）氏族部落宗教的演变表现在三个方面：一、神灵的等级化；二、地狱保护神的出现；三、宗教专职者和特权等级的形成。"②

众神的地位是一个不断变化的过程。众神只有相遇，才会存在哪路神仙更有能力，更能保佑自己等问题。原始神话的演变规律不是天上神仙的地位决定了地上人们的尊卑，而是地上人们的强弱高低决定了天上相应信奉的神灵地位的高低，这是一个饶有趣味的怪诞现象。

由于部落联盟是不同氏族或部落的联合体，部落联盟就被称为不同部落神的联合体，所以才产生不同部落神的关系问题。究竟哪个部落神更加神通广大？神和神的位阶如何？什么神是最高神，能够统领众神？表面上是不同神灵之间的关系，实际上是人间现实社会不同首领必须要解决的关系问题。其实，不是天上的神灵地位决定了天下人们的地位，而是天上部落神的地位高度取决于地上不同部落的强弱。"强大富有的家族和氏族的祖先必然是更强大、更崇高，也更为神圣。"③ 相反，贫穷弱小的家族和氏族的祖先必然逐渐走弱，在中国中原地区，这些部落神逐渐演变为百家姓。姓氏是原始部落神的演变和见证。

由于不同部落神地位的高低取决于家族首领本领的高低，因此越是远祖，地位越高。当时，近祖由于对本家族或氏族的贡献而地位得到了极大的提升。其结果演变成，越是能够光宗耀（远）祖的近祖，其地位自然也就越高。于是，"氏族部落共同崇奉的遥远过去的始祖虽然仍然受到崇拜，但社会分化之

---

① 赵庆杰：《中国伦理精神的探源》，中国政法大学出版社2015年版，内容摘要第2页。
② 吕大吉：《宗教学通论新编》，中国社会科学出版社1998年版，第526页。
③ 吕大吉：《宗教学通论新编》，中国社会科学出版社1998年版，第526页。

际那些氏族贵族的近祖神便受到更多的礼赞和推崇。近祖崇拜较之昔日的始祖崇拜和远祖崇拜得到更大的发展"。①

原始人生前的伦理观念和死后的生活伦理是一样的。由于原始人分不清生前死后的区别，认定生前如何生活，死后也同样生活；生前是贵族或首领，死后依然是贵族或首领。因此，对于死后的贵族或首领，"平民和奴隶之亡灵仍得尊重他们的权威，服从他们的命令，侍候他们的生活"。②

原来部落神是各自为政，互不相干，并不发生关系，但从部落或氏族走向部落联盟后，所有的部落神都发生了关系。部落神发生关系后，一方面依照人间的法则而适者生存，部落神随着人间部落或家族的强盛而强盛，随之衰落而衰落。另一方面，还要遵循天上的法则，随着自然界的高低法则而排位。人间高于地界，天界高于人间，因此强大的家族或部落神将不断由地上自然物种升腾为天神。一切神灵不过是人间信奉者地位的显现，因此这种神灵的变化显示着人间相应的家族部落地位的提升。一部家族史渗透着家族神灵的发展史，同时记录了这个家族社会地位的变迁史。

土地神是有管辖范围的，其最原始的意义是出自部落保护神或村社保护神，其社会意义是出自对村社成员的保护，因此一旦走出其管辖范围，就不再有效。"随着地缘村社和部落的建立，出现了村社和部落的地域保护神。在我国各民族中，这种地域保护神的常见形式就是所谓的'社神'，即土地神。这个'社'，乃是社区之社。故作为土地神的社神，它所主管的土地，便不是与天对应的大地，而是村社或部落管辖之下的地域。"③

土地神只是一种外在的保护，内在的保护是来自"王权"的保护。部落首领其实就是国家产生之前氏族社会时代的"国王"。部落首领是最强大的家族，首领家族要想得到整个部落联盟的尊重，就必须承担起保护本部落联盟的整个利益的责任，和平年代能领导本社会成员猎取或生产最大的猎物或产品，战争年代能够领兵打胜仗。君权或王权的合理性源于神权，因此萌芽了"君权神授"。在全民信教的时代，"君权神授"很容易成为"王权执政"的合理性。

君权神授、私有制、阶级的产生，把人类推向了国家社会的门槛，迎来了王族伦理和贵族伦理发展的时代。

---

① 吕大吉：《宗教学通论新编》，中国社会科学出版社1998年版，第526页。
② 吕大吉：《宗教学通论新编》，中国社会科学出版社1998年版，第526页。
③ 吕大吉：《宗教学通论新编》，中国社会科学出版社1998年版，第528页。

第二章 王族贵族伦理

古代国家社会还不是近现代意义上的国家社会，近现代意义上的国家社会是公民社会，摆脱了以往王权和贵族对平民的奴役，公民在政治上获得了权利，在政治人格、选举权等方面获得了平等。只有进入公民社会才产生公民权利平等的伦理规范。在古代文明时代，执政者要么是王族集团，要么是贵族集团，平民往往不能结成集团，根本不可能登上执政者地位。因此，在古代社会，王族和贵族的利益必然成为社会伦理保护的重心，那时没有国家伦理，有的只是王族伦理和贵族伦理。或者确切地说，国家伦理直接表现为王族伦理或贵族伦理，或以王族伦理或贵族伦理为轴心。从本质上讲，王贵族伦理与国家伦理是相悖的。进入古代国家社会，神权伦理为重心自然打上了王权伦理为轴心的色彩。

伦理和抽象的道德不一样，社会伦理是有阶级性的，而抽象的道德是理想主义的，因而并不具有阶级性。说到底，在阶级社会，社会伦理是保护统治阶级利益的社会制度，通过国家机器，以及政治制度和法律制度来保证伦理的实施，维护统治阶级的利益。

在文明早期时代或古代文明的发展初期，人类还处于一个全民信教的时代，加之处于人类文明初期，宗教文化包容一切文化，因此宗教伦理成为那个时代社会伦理的主宰力量。那是一个非常迷信而愚昧的时代，因此人们很少反思和责问王族或贵族执政的合理性，更多人轻易相信或很容易被"君权神授"的荒谬理论所欺骗。

因为中国是古代社会王族伦理的代表，古希腊古罗马是贵族伦理的代表，加之世界各民族伦理具有差异性和复杂性，因此本章研究的重点是中国古代伦理和古希腊古罗马伦理，以及对二者进行的对比。在此基础上，对古埃及伦理、古巴比伦伦理、古印度伦理和古希伯来伦理进行简要概括。

本书著者深信，民族伦理是一种民族行为规范，是客观的，不像道德良知那样仅仅是主观的，因此民族伦理对一个民族的影响是非常久远的。

伦理内容是一个关于人类行为规范的大全，包括社会生产和社会生活的一切方面，本书无暇顾及如此丰富的内容，因此侧重研究执政的政治伦理，探寻各族执政的合理性，挖掘执政伦理的共性，展示民族政治伦理的个性。所有这一切都要从轴心文明时代的研究开始。

第一节
轴心文明时代

人类在从氏族社会进入王权社会或贵族社会的过程中，虽然各种民族文明显现出一定的普适性伦理价值，但不同民族都开发出了属于自己的轴心伦理。学者一般把轴心时代的文明称为古典文明。

中国初民的轴心伦理本质上和古希腊伦理是不同的，其不同表现在两个方面。一方面，中国人构建的是以保护王族利益为轴心的社会伦理体系，古希腊人构建的是以追求社会正义（局限于贵族领域）为轴心的自然法伦理；另一方面，中国人追求的社会核心价值是忠孝体制，古希腊则是正义体制。

一、轴心时代

中国伦理轴心是忠孝，古希腊古罗马轮理轴心是正义。轴心伦理包含了轴心哲学。轴心文明成为人类各大文明步入觉醒时代的驱动力。不同的思想家把人类文明轴心理解为不同的文化节点。雅斯贝尔斯把人类文明的觉醒文化节点归结为哲学的觉醒，阿姆斯特朗则把人类文明的觉醒文化节点归结为宗教的觉醒。

雅斯贝尔斯在1949年出版的《历史的起源与目标》[①]中提出了轴心时代的范畴。他认为，公元前800年至前200年之间，尤其是公元前600年至前300年间，是人类文明的"轴心时代"，"轴心时代"发生的地区是在北纬30度上下，就是北纬25度至35度区间。这段时期是人类文明精神的重大突破时期。在轴心时代里，各个文明都出现了伟大的精神导师———古希腊有苏格拉底、柏拉图、亚里士多德，以色列有犹太教的先知们，古印度有释迦牟

---

① 参见［德］雅斯贝尔斯1949年出版的《历史的起源与目标》一书（魏楚雄、俞新天译本，华夏出版社1989年版）。

尼，中国有孔子、老子……他们提出的思想原则塑造了不同的文化传统，也一直影响着人类的生活。而且更重要的是，虽然中国、印度、中东和希腊之间有千山万水的阻隔，但它们在轴心时代的文化却有很多相通的地方。在那个时代，古希腊、以色列、中国和印度的古代文化都发生了"终极关怀的觉醒"。换句话说，这几个地方的人们开始用理智的方法、道德的方式来面对这个世界，同时也产生了宗教。它们是对原始文化的超越和突破，而超越和突破的不同类型决定了今天西方、印度、中国、伊斯兰不同的文化形态。

英国著名宗教学家凯伦·阿姆斯特朗写罢一部名著《轴心时代：人类伟大宗教传统的开端》，① 以豁达恢宏的气度、悲天悯人的情怀，向读者展开一幅人类文明最辉煌的时代画卷；同时以凝练优美的笔触，着力阐述古代中国、印度、中东和希腊这四个高度文明的地区是如何哺育出人类宗教和哲学传统的，以便读者清楚地了解到中国的儒道思想，印度的耆那教、印度教和佛教，以色列一神教以及希腊哲学理性主义的形成过程及其当时错综复杂的社会背景。该书内容丰富、涵盖面广，颇具思想深度，作者旁征博引、文笔优美、深入浅出，将宏观理论的阐释与微观事物的细腻描述巧妙结合，因而具有很强的可读性。阅读《轴心时代：人类伟大宗教传统的开端》，不仅能深入了解人类古代宗教、哲学思想的发展脉络，还可认识到中国传统文化在世界历史长河中的重要地位。

宗教是前轴心时代的曙光。如果说公元前800年至前200年之间是轴心文明，是古典文明时代，那么前轴心时代则是宗教时代。模糊地说，宗教有5万年左右的历史；确切地说，只有5000年左右的历史。埃及法老文明已经失传，犹太教和婆罗门教有4000多年的历史，佛教只有2700多年的历史。

二、中国王族伦理与古希腊自然法伦理

中国上古神话创世说的不足影响了中国人对上帝如何全能的逻辑想象，经由孔子"未知生，焉知死？""未能事人，焉能事鬼？"② 的启迪，许多中国人放弃了对生死问题、神鬼问题的深入思考，所以，无论在天上，还是在天下的正义法则（自然法）就必然是苍白无力的。

可以说，早在初民时代，中西的政法理性就有了重大区别，其根本区别

---

① 参见［英］凯伦·阿姆斯特朗：《轴心时代：人类伟大宗教传统的开端》一书（孙艳燕、白彦兵译本，海南出版社2010年版）。
② 《论语·先进第十一》。

是关注的伦理和法律重心不同。古代中华关注的重心是王道，解决的是帝王与臣民的关系问题，因此伦理和法律的重心是人定法而不是自然法，塑造出来的是"王法"和"公法"，而不是"民法"和"私法"。古希腊关注的重心是人道从属于自然法则，解决的重心问题是人与自然的源流关系，因此法律的重心是自然法而不是人定法。王法促使中国公法系统走向发达，自然法则推动了西方的私法系统走向发达。

春秋战国之前的王道、王法思想主要是"命运之天"或"主宰之天"，从颛顼的"绝地天通"到尧舜的"天与之，民受之"① 成为主流思想。虽然人间的"王法"应服从"天命"的天法，但中国先民的"天"的内涵是非常丰富的，有"天命""天则""天道""天理""天罚"等含义，但春秋战国之前中国的天道观主要是宗教意义上的主宰人们命运的"主宰之天"，还没有哲学和伦理学意义上的"义理之天"和法家意义上的"自然之天"。春秋战国时代，已经发展为四种"天"的内涵，"一是自然之天，一是义理之天，一是主宰之天，一是命运之天"。② 孔子在《论语》中对这几种"天"的含义都有涉及。"获罪于天，无所祷也"③ 说的是义理之天。论及命运之天、主宰之天的有多处，如"死生有命，富贵在天"；④ "巍巍乎，唯天为大"；⑤ "天之将丧斯文也，后死者不得与于斯文也；天之未丧斯文也，匡人其如予何？"；⑥ "不怨天，不尤人。下学而上达，知我者，其天乎！"；⑦ "天生德于予，桓魋其如予何？"⑧《孟子》涉及的只有自然之天、义理之天和命运之天，没有主宰之天。涉及义理之天的有，"仰不愧于天，俯不怍于人"；⑨ "知其性，则知天矣。存其心，养其性，所以事天也"。⑩ 命运之天的，"若夫成功，则天也"；⑪ "行，或使之；止，或尼之。行止，非人所能也。吾之不遇鲁侯，天也。臧氏之子焉能使予不遇哉？"梁惠王下；"天与之"；⑫ "莫之为而为者，

---

① 孟子在《孟子·万章上》对尧舜的赞扬。
② 《孟子译注》。
③ 《论语·八佾篇》。
④ 《论语·颜渊篇》。
⑤ 《论语·泰伯篇》。
⑥ 《论语·子罕篇》。
⑦ 《论语·宪问篇》。
⑧ 《论语·述而篇》。
⑨ 《孟子·尽心上》。
⑩ 《孟子·尽心上》。
⑪ 《孟子·梁惠王下》。
⑫ 《孟子·万章上》。

天也；莫之致而至者，命也"。① 冯友兰将春秋战国之前的"天"概括为五种含义，"在中国文字中，所谓天有五义：曰物质之天，即与地相对之天。曰主宰之天，即所谓皇天上帝，有人格的天、帝。曰运命之天，乃指人生中吾人所无可奈何者，如孟子所谓'若夫成功则天也'之天是也。曰自然之天，乃指自然之运行，如《荀子·天论篇》所说之天是也。曰义理之天，乃谓宇宙之最高原理，如《中庸》所说'天命之谓性'之天是也。《诗》、《书》、《左传》、《国语》中所谓之天，除指物质之天外，似皆指主宰之天。《论语》中孔子所说之天，亦皆主宰之天也"。②

古老中国是以自然经济为主的农业社会，因此探讨各种学术最高的三个概念就是天、地、人，最根本的问题就是天地人三者的关系问题。天地人的关系问题是古往今来永恒的主题，至今还是一个未完全解开的谜。中国先民发现，自然界既是变化的，又是有规律的，既有神奇之奥妙，又有主宰人类社会之功用。

春秋战国后，中国先民的王法思想与夏商（西）周的思想有很大区别。中国发展到春秋战国时代，虽然"天法"应是中国法理学的重要内容，但并非天上的"主宰之天"，而是人间的"义理之天"和大自然的"自然之天"，这显然是对"王权王法"合理性的提升。王权王法不能仅仅建立在宗教意义的"主宰之天"上，还应建立在社会公平正义的"义理之天"和大自然的"自然之天"之上。然而，这虽是对"王权王法"合理性的提升，但"法自君出"的最高原则非但没有相应地受到影响，反倒得到不断的强化。不难断定，"法自君出"是中国从夏商周到明清时代构建王法的根本。

由上可见，中西方初民政法理念的根本不同就是中国把法律关注的重心倾注在忠孝于君王的"王法"（人定法）上，而"法自君出"则决定了君王是法律的最终决定者。古希腊关注的却是"自然法"，而不是人定法。自然法的本质是"法出自然"，而王法之法则要"法自君出"。自然法服从理性，以正义公平为标准，追求的是公民权利；而王法服从君王的意志，主要是感性的而更多不是理性的，追求的主要是君王利益，而根本没有保护民利的意识。

中国先民对人定法的强化源于对"王法"的情有独钟。古希腊由君主政体向民主政体的成功转向，在于自然法的滋养。后来中国的法律沿着王法（忠孝为主线）不断完善的路线发展，而古希腊古罗马的法律沿着自然法（正

---

① 《孟子·万章上》。
② 冯友兰：《中国哲学史》第三章《孔子以前及其同时之宗教的哲学的思想》第三节《天》。

义为价值理性）不断加强的路线发展。这个政法源头的价值定势，对以后的各自发展方向起到了决定性作用。

古希腊自然法的产生有其重要的地理环境及历史和文化原因。

地理的原因是应首先考虑的因素。希腊有极佳的地理条件，生活在海中之海，爱琴海位于地中海之中，岛屿星罗棋布地分散在爱琴海中，不仅有利于农业和渔业、盐业，而且拥有了发达的商业、航海业，在世界文明史中培育了移民性强和商业性强两大特点。地中海地理环境优越、气候温和，很适合人的生存发展，人们与自然很和谐，从而产生了对大自然的景仰，这是造成希腊人与自然亲和力的直接原因。

古希腊自然法的政治原因是民主。希腊人总是强调与自然相一致的生活。希腊特殊的地理环境使他们必须组成大小不等的城邦，公民之间的自由、平等思想培育出非常发达的政治民主制。虽然古希腊也有过僭主政治，有过斯巴达那样特殊类型的尚武集权国家，但从未建成东方式的绝对专制主义国家。

自然法观念是古希腊民族自发的历史产物。希腊国家是在内外皆无压力的情况下完全自我发展的结果。希腊半岛上每个城邦的成员都确信本城邦是从远古的共同始祖一代代地繁衍而形成的，事实上每个城邦都是在确定的民族组织的基础上演变而来的。原始时期的习俗和制度直接转化为人民主权和法治，因此即便是到了奴隶社会时代，古希腊人还认为国家、法律源于自然的进化。

三、中西古典伦理核心：忠孝与正义

中西古典伦理的根本区别就在于价值取向是聚焦于忠孝还是正义。中国古代伦理的核心是让人们追求忠孝而不是正义，古希腊伦理的重心则是让人们追求正义而不是忠孝。

在研究伦理问题时，有两个问题需要事先特别说明一下。其一，关于人类伦理道德的根源是什么的问题，在学界还是争论不休的主题。很多学者，尤其是西方学者认为社会伦理起源于宗教，而有的学者不赞同这种看法，认为这种观点太绝对化了。其实，不管这种观点是否具有普遍性，但从其历史起源上来讲，这种观点包括的真理性是毋庸置疑的。其二，伦理和道德并不属于同等程度的范畴，道德属于精神文明的范畴，而伦理则属于制度文明的范畴。因为社会伦理是客观的，社会制度对人的伦理进行了政治和法律的规定。比如，在古代中国，伦理纲常本身就是政治法律的重要内涵。相反，道德主要是主观的范畴，是由内在的良知和外在的社会舆论构成的。在道德领域，主观内在的良知成为主宰道德发挥作用的核心部分。基于这种看法，本书把古典伦理归于制度文明领域，而不单纯地划归精神文明的范畴。

本书的著者并不把古典伦理简单地认定从属于精神文明，也不简单地认定从属于制度文明，而是要完整地认定古典伦理是横跨精神文明和制度文明两大领域的"两栖物种"。一方面，古典伦理的"一脚"踏在精神文明的领域，不仅包含古典道德的思想、精神、观点、情感，更重要的是还包括民族文明的原始神话、元初宗教信仰等等一系列的精神元素。另一方面，古典伦理的另外"一只脚"又踏在制度文明领域。伦理和道德并不完全一样，道德的价值中枢是个人内在的良知或良心，而外在的社会舆论只有转化为内在良知的部分，才能真正地从属于道德的部分。道德是否完全属于精神文明？这个问题更加复杂，本书在此不论，但有两点可以基本肯定。一点就是，道德主要是自律的，而伦理主要是他律的。第一点中包含了第二点，就是道德的更多部分属于精神文明，伦理更多的部分属于制度文明的范畴，其分水岭就是"内在良知"。凡是能够出于自我意识的自律部分就可以认定完全属于内在良知，就属于精神文明的范畴；凡是出自外在的他律，出于害怕、恐惧而不是出于自觉、自愿，出于社会舆论的谴责，甚至是法律的惩罚的部分，就该认定属于制度文明的范畴。

但是，在人类文明发展的古典时代或元初时代，道德和伦理并没有分离或分化，或者说二者是合一的。后来，古典伦理和古典道德才从合一状态走向分离状态，这是文明的进步。这种原初状态不妨称为人类文明的原初状态或古典状态。这种元初状态有两大基因在起作用，第一个基因是人类文明的原初状态更多地受到古典地理环境、古典经济发展状态的影响，第二个基因就是宗教的影响。在古代文明中，原始神话、宗教信仰成为人类早期文化的主宰和包容一切文化的"知识百汇"，当然也包括道德和伦理，包括前哲学、前医学[①]等等。可以说，宗教戒条就是道德律令，就是伦理规范，因此道德律令也自然就是伦理规范。甚至可以说，宗教命令是那个时代每个人必须遵守的"规则"（类似于后来的法律）。这并不是什么好事，而是文明度低下的表现，甚至可以说是一种野蛮状态。然而，人类的发展就是从野蛮发展为文明，从不太文明发展到更加文明，或从文明度低下走向文明度较高再走向更高的

---

① 那个时代的医生就是巫师。那个时代的酋长既是精神领袖，又是部落之间发生战争时的军事统帅，还是处理部落内部纠纷的长老，当然也是祭祀吊唁的统领。

过程，而法律、道德、伦理不断从宗教母体中分化、分离、独立出来，则是这种发展过程的巨大进步。但这只是第一步，在这第一步，道德和伦理、法律和伦理、法律和道德并没有完全分离。第二步就是法律和道德开始分离，但法律还没有从伦理体制中分离出来，法律和伦理的关系是法律包括伦理，但伦理不能简单地等同于法律，因为法律还包括非伦理的部分，如关于违法、犯罪及其处罚的规定。人类文明发展第二步的进步部分，就是道德的部分内容开始从伦理、法律、宗教的体系中游离出来，成为引领人类提升道德情操的灯塔，开发出来人类精神文明的"上限"。人的精神品质是上不封顶的，其根本动能就是道德在起作用。与道德引领精神文明的上限相对应的是，伦理和法律则恪守着文明的底线或下限。这上限和下限的共同努力，圈定了文明世界的边界。

不过，古典地理环境、元初经济类型的不同，造就了古典政法文明的不同。简单地说，中国古典政法更多地包容了伦理甚至是道德，西方古典政法则少了中国的包容度。甚至到明清时代，中国的古典政法不仅包容了伦理，还更多地包容了道德。对皇帝不尊者，可以当斩不赦。因此，中国道德从法律、伦理世界游离出来的部分远远少于西方。

古典伦理奠定了不同民族的先民做人的根本原则，是古典文明硬件的基石，也是开启不同民族人文关怀的核心。一个民族的精神底蕴和价值中枢取决于民族的价值趋向和精神品质，进而决定了民族文明的全部发展过程。民族的价值取向取决于民族伦理，从这个角度看，中西方文明发展的根本不同取决于中西方伦理精神的不同。

中西方文明起源的不同是全方位的，其古典伦理成为营造中西方文明的根本不同。这个圆心决定了两个文明圆圈的内涵的根本不同，仁礼型伦理与正义型伦理构成中西方最初的不同伦理起点，因此这个不同伦理把中西方推向了不同的文化发展路径。

中国古典伦理有内外两种要求。"外礼内仁"构成了中华古典伦理的大厦。其外在伦理要求文明人要懂得礼貌，礼貌是处理一切社会关系的基本尺度，因此有了君臣之礼、父子之礼、夫妻之礼，中国人靠此伦理精神把中华民族铸就为礼仪之邦。当然，这只是外在的中华伦理要求，中国传统真正的内在伦理是"仁"，仁的内涵太丰富了，是仁爱，是仁慈，是忠孝，是和谐，是中庸，是均势，是平衡，是一切社会稳定的法则。五常"仁义礼智信"中，"仁"字排第一，"仁"成为中华古典伦理的核心或价值中枢。

汉代以后，中华民族把外礼内仁的伦理发展为"三纲五常"的伦理体系。

"三纲"和"五常"哪一个更重要呢？当然是"三纲"，"三纲"是"五常"的统帅。"仁"的核心内容提升为三纲。三纲中，是"君为臣纲"而决不会是"臣为君纲"，是"父为子纲"而决不会是"子为父纲"，是"夫为妻纲"而决不会是"妻为夫刚"。其方向是既定的，不能改变。这种三纲伦理的方向进一步铸就了"忠孝"的伦理内涵。忠孝之间发生冲突，以忠为大。仁礼忠孝、三纲五常的精神本质就是追求不平等、不自由、不民主和非法治，这种精神本质决定了君臣之间不可能追求平等。没有平等，哪来自由？没有自由平等，哪来民主与法治？正因为如此，仁礼忠孝和三纲五常才决定了古老中国的专制与人治的政治结构。中国传统文化的根本特征是伦理政治型，以宗法为核心，以保证统治稳定为目的，突出表现为丧失自我以达到全社会的和谐统一，以求得社会的平衡与稳定。

中华民族伦理精神不仅决定了民族专制的政治风格，还决定了民族"重农抑商"的经济发展路径。中华民族忠孝仁礼的元点伦理精神决定了"重农抑商"或"抑商主义"中华民族传统元点经济的价值取向，从而决定了中华民族后来发展的整个命运，由此使中华民族在几千年发展过程中为商品经济的发展设置了重重障碍，使中华民族始终恪守着农业文明，不可能靠自己的力量走向工业文明，也因此决定了后来在鸦片战争和甲午战争中，中国人败给了西洋人和东洋人。后来中国的工业文明是学习西方的结果。

中华民族伦理精神是对血缘关系的一种强化，从而塑造出血缘与地缘相统一的社会结构，这种社会结构本能地具有反工商性。几千年来，中国农民附着在小片土地上周而复始地精耕细作，崇尚农业生产直接制约了工商业的发展，导致了中国后来经济发展总体水平的落后。可以说，中国古典宗法伦理精神决定了中国小农经济或自然经济的固有轨道，小农经济反过来又强化了宗法政治文化。

与古老中华民族不同，古希腊民族的核心伦理价值中枢是追求"正义"和"公正"而不是仁礼纲常。古希腊伦理精神决定了古希腊的政治制度形态。正是因为追求正义和公正，因此才追求自由、平等、民主、法治等内涵。正是因为追求正义、公正、自由、平等、民主、法治这种伦理精神和政治精神，古希腊在经济上采用了"重商主义"的政策，由此决定了古希腊商品经济的发达。不仅如此，古希腊的奥林匹克圣火体育精神也源于追求正义、公正的伦理精神。

中西古典伦理价值中枢是"忠孝与正义"。中国从夏商周发展到明清，全部伦理甚至政法作为都围绕着"忠孝"这个价值中枢展开（近似于全程判断）。西方从古希腊古罗马到近现代的发展过程，伦理追求和政法作为的主要基点或重心是围绕"正义"这个价值中枢的（仅仅是特称判断，不可能是全程判断，因为古希腊社会经历过克里特王权时代，古罗马经历过王政时代）。但是，西方正义论的适用范围有两点必须说明。其一，西方的正义论与其民主制的适用范围是大体一致的。在西方社会，只把正义给公民，西方社会的公民范围是不断放大的。在古希腊，公民只适用大约10%的男性，并不包括妇女、外邦人和奴隶。古罗马社会，公民的适用范围扩大了。然而，在基督教至尊的封建时代，正义的适用范围受到了极大的限制。近代西方资本主义社会从形式上把公民的适用范围扩大到国内的全体社会成员。其二，西方社会的主流，甚至是迄今为止的西方社会的主流，只把正义给予本国公民，并不给别国的人民。因此，西方在国际社会更多适用的是军事侵略与变相的经济掠夺，把正义紧紧地锁定在国内社会。准确地说，"正义"只适用于西方社会的国内政治，并不适用于国际社会。当然，1648年后建立的威斯特伐利亚国际体系，标志着对国际霸权的制约和对国家主权的承认，在均势国际体系中认可了"正义"的国际适用度。可是，德国希特勒、苏东解体后的美国霸权，依然是威斯特伐利亚国际体系的挑战者，在国际社会起主导作用的依然是弱肉强食的森林法则，正义法则所能发挥的作用还是相当有限的。

中国传统政法"忠孝"精神将随着时代的变化而变化。在王族利益为大的时代（夏商周至明清的历史长河中），忠孝的主体是以王族利益为最高利益的金字塔。辛亥革命结束帝制以后，忠孝的主体从王族转化为国家，即忠孝的重心从效忠于王族利益提升为效忠于国家利益。

因此，无论是中国的忠孝仁礼价值中枢，还是西方的正义价值中枢，可以说是各有千秋、可以互补的。中西元点政治的不同决定了中西元点法律的不同。

第二节
中国的王族伦理

在世界古代发展史上，有些国家，如从古希腊到古罗马，都有过自己的王政时代，但其政治发展主流是民主制或混合民主制，因此民主制政治伦理便成为古希腊古罗马社会伦理发展的主流，而王政伦理只是其中很次要的环节。然而，王族伦理却是中国古代社会的全部，在中国历史上，从夏代第一个国家时代到晚清，政治生活中从未实行过民主制度，王政王权成为中国历史政治伦理的唯一成分。

在中国古代，政教关系不是政教合一，而是政教主从关系，神学从来就是辅佐政权的工具，因此王族伦理主宰国家伦理，不像西方的中世纪和西亚的伊斯兰教社会那样是宗教权力派生帝王权力，而是帝王权力管控宗教权力。

中国的伦理最初产生于宗教意识，因此蔡元培认为，"伦理思想之基本是，我国人文之根根据于心理者，为祭天之故习。而伦理思想，则由家长制度而发展，一以贯之。而敬天畏命之观念，由是立焉"。①

一、从图腾崇拜到颛顼"绝地天通"

中国的王道伦理并非源于夏代，而是夏朝以前的五帝时代。夏朝是中国第一个国家时代，在此之前属于三皇五帝时代。三皇五帝时代是从族人的图腾崇拜向颛顼"绝地天通"和尧舜"天与之、民受之"发展的过程，其间的执政合理性或执政伦理自然是从三皇时代的原始氏族伦理发展为五帝时代的王道。其间，王道伦理经历了从酝酿到成熟的发展过程，转折过程是从三皇时代到五帝时代。

按照人类学的观点，人类文明起源于氏族社会。在氏族社会，政治组织和社会组织还未曾分立，而是合为一体的；政治领导者和宗教领导者往往是一体的，所以原始社会处于"政教合一"的状态，法律思想也被包含在宗教母体中。宗教不仅是那个时代的文化母体，而且是那个时代氏族组织的唯一意识形态。最先把氏族成员凝聚为一体的意识形式是祖先崇拜和图腾崇拜。

祖先崇拜是通过祭祀有功远祖和血缘关系密切的近代祖先，把祖先当做保护本族或本家族的神秘力量而加以崇拜。祖先崇拜意在通过纪念祖先的功绩，加强共同血缘观念，明确人们之间的辈分关系，感恩祖先赐给后人生命与财产。祖先崇拜是中国人解决天人关系的初始点，家庭父子关系成为中国先民解决天人关系的轴心："万物本乎天，人本乎祖"，② 这是中国先民对生命本原的基本看法。有经典证明，"有天地然后有万物，有万物然后有男女，

---

① 蔡元培：《中国伦理学史》，东方出版社 2012 年版，第 9 页。
② 《礼记·郊特性》。

有男女然后有夫妇，有夫妇然后有父子，有父子然后有君臣，有君臣然后有上下，有上下然后礼义有所措"。① 这里把社会归结为家庭，把家庭归结为两性，把两性归结为自然，从而把一切轴心归结为家庭父子关系。

祖先崇拜与图腾崇拜是凝聚氏族的精神纽带，因为图腾是氏族的保护神，常以动植物为膜拜对象，意在膜拜本氏族的祖先。图腾崇拜和祖先崇拜的对内社会功能是巩固族群的团结，确立氏族意识，实现氏族认同；对外社会功能意在和平年代用以与外族相区别，在战时则成为发动战争的氏族标识。

中国先民的姓氏与图腾有内在的源流关系，如羊图腾演变过程中，到了炎帝之后演变为姜姓。中国人有大量以动植物为姓氏的，如牛、马、羊、龙、虎、熊、杨、李、梅、花、叶。从这个角度看，中国的百家姓至少隐含了一百个氏族的图腾标识，其实不止百家。把百家进一步凝聚为一体的是龙凤图腾。龙凤图腾本身就是多种动物的精华综合，也从另外的角度说明了中华民族（包括华夏民族）的多元一体性。

古籍记载的英雄祖先的故事大都是一些感生的神话故事，如附体看见大电光感生而生下了皇帝，② 女登感神龙而生炎帝。③ 这也是祖先崇拜与图腾崇拜的结果。此外，图腾崇拜还有利地巩固了原始社会的"族外婚制"。同姓不婚的制度禁止同一图腾内的人群结婚，符合优生学的原则。

族体④的发展规模与原始宗教的发展深度是同步深入的。随着生产力的提高，人们的视野也随之扩大，抽象思维不断提升，因此族体宗教也就从图腾祖先崇拜发展为天神崇拜。祖先图腾崇拜局限于氏族的范围，只有发展为天神崇拜，人类才能从氏族发展为古老民族。在氏族社会，氏族成员只能提炼出氏族保护神，大都表现为图腾崇拜和祖先崇拜。这些祖先崇拜、图腾崇拜是氏族保护神，表现为不同的形态。在未深层交往之时，这些不同的氏族保护神还没能一较高低，在本氏族中都是最高的。

先民的抽象能力是通过不同氏族保护神的对比得以不断升华的。随着临近氏族走向联合，几个氏族组成一个部落联盟。部落联盟既然是由不同氏族组成的，那么就必然存在不同氏族保护神的关系问题，因此产生了一系列问题需要解决：其一，部落联盟的保护神不再是一个，而是多个。其二，随之

---

① 《易传·序卦》。
② 《太平御览》。
③ 《史记·补三皇本纪》。
④ 这里使用"族体"而不用"民族"，是因为在民族学界有争议，西方学者认为古代没有民族，民族是近代资本主义社会的产物，国内多数学者也这样认为，因此使用更大的一个概念，即"族体"。

需要解决的核心问题就是哪个氏族保护神更高的问题。其三，进而需要解决的问题就是，哪个氏族保护神能够上升为部落联盟保护神，这就必须通过比较、较量来一决高下。最后，是天上各路神灵如何排序的问题。

在氏族社会阶段，有的氏族部落也有天神，但那时天神与地神、日神、月神、酒神等其他自然神灵并列在一起，还未曾分出高下。一旦不同氏族交往在一起，不同氏族保护神就发生了交往的关系，其间就展开了一较高低的漫长过程。随着人们视野的不断扩大以及人们抽象思维的不断提高，神灵不断从动植物神上升为天神，天神逐渐从各路神仙凸显出来，成为统帅百神的首领。

如何给各路神灵排序是个复杂的过程，最起码有两个要素不容忽视。首先是随着视野的不断扩大，神灵的发展也就由近及远，由小到大，由动植物神灵发展到天神。其次，人们是根据天下人间权力的排序给天上神灵进行排序的。正如恩格斯所言，"没有统一的君主就决不会出现统一的神……神的统一性不过是同一的东方专制君主的反映，无非是哪个支配着形形色色的自然现象，联合着各种互相对抗的自然力，而这个君主在表面上或实际上联合着利益冲突、彼此敌对的人"。[①] 中国宗教研究学者吕大吉、牟钟鉴概括了其中的神灵发展进程说，由于"天在人上，高远广大，笼罩大地，容纳日月星辰。当人们视野逐渐扩大，思维有能力把各种自然神灵按照人间社会秩序的模式整理成一个系统的时候，很容易把天神作为统帅百神的首领，并用以支撑和说明地上部族首领的主导地位和权力"。[②]

从这种历史发展的意义上看，没有不同氏族的联合，就没有不同氏族保护神的联合，也就没有原始神话宗教的深入发展，祖先图腾崇拜就不会升华为天神崇拜。当然，这个联合的过程是一个不断融合的过程，甚至也是一个充满战争的过程。

五帝时代是中国氏族伦理大发展的时代，其中颛顼和尧舜三个帝王给后来的中国伦理立下了最初的规矩，那就是颛顼的"绝地天通"和尧舜的"天与之、民受之"。

---

① 《马克思恩格斯全集》第 27 卷，人民出版社 1995 年版，第 65—66 页。
② 吕大吉、牟种鉴：《概说中国传统与传统宗教》，国家社科基金成果文库，中国社会科学出版社 2005 年版，第 118 页。

二、从颛顼"绝地天通"到尧舜"天与之、民受之"

对中华民族伦理发展产生奠基性影响的就是颛顼的"绝地天通"和尧舜的"天与之、民受之"。

许多学者研究中国传统文化，大都追溯到夏商周三代，其实中国传统文化的真正起始点是三皇五帝时代。公元前6000多年，中华先民开始定居下来，从事种植养殖，是在传说的三皇①时代，当时的中国社会面临着从母系社会向父系社会的转变。到了公元前3000年，确立了父权中心的家族制度，是在五帝②时代。在本书著者看来，其中为中国传统文明奠定基业的是颛顼和尧舜三个时代。

中国传统宗教文化的真正转折是处在部落联盟的颛顼所进行的"绝地天通"的宗教改革。颛顼的"绝地天通"的宗教改革改变了平民百姓皆可祭天降神的原始巫术之风。颛顼之前，"民神杂糅，不可方物，夫人（即人人）作享，家为巫史"，③即民神同位，神人之间没有一定界限，神与神之间也无一定秩序，人人都可以祭祀天神。颛顼是部落联盟的首领，他命南正负责整理天上诸神的秩序，使黎为火负责管理地上（天下）人民，断绝氏族成员任意与天神交接的通路，把宗教事务完全垄断在王权手中。

总之，颛顼"绝地天通"宗教改革的宗旨就是剥夺百姓祭天的权力，把祭祀天神的特权收归王权所有，使祭天成为只有王权才能拥有的文化霸权。颛顼的"绝地天通"确定了天神崇拜的文化理念。

颛顼改革的文化逻辑是这样来解决天道、王道和民道关系的：天道体现为王道，天法通过王法而起作用；民道归顺于王道，通过王权和王法来管理。王是上天的代表，因此民不能直接祭祀上天，祭天只能归属于王。王把上天

---

① 关于三皇的说法，中国最权威的辞书《辞源》有六种说法：（1）"伏羲、神农、黄帝"的说法出自《世本》《尚书·序》《帝王世纪》；（2）"天皇、地皇、泰皇"的说法出自《史记·秦始皇记》；（3）"伏羲、神农、祝融"的说法出自《白虎通·号》；（4）"伏羲、女娲、神农"的说法出自《风俗通·皇霸》《史记·三皇记》；（5）"天皇、地皇、人皇"的说法出自《艺文类聚》；（6）"伏羲、女娲、燧人"的说法出自《白虎通·号》。

② （1）"黄帝、颛顼、帝喾、尧、舜"的说法出自《大戴礼记》；（2）"庖牺、神农、黄帝、尧、舜"的说法出自《战国策》；（3）"太昊、炎帝、黄帝、少昊、颛顼"的说法出自《吕氏春秋》；（4）"黄帝、少昊、颛顼、帝喾、尧"的说法出自《资治通鉴外纪》；（5）"少昊、颛顼、帝喾、尧、舜"的说法出自《尚书序》。

③ 《国语·楚语下》。

的意志表现为王法，以此来治理庶民。

尧舜时代的最大特点是王权承继的禅让（让贤）制而不是世袭制，王位不是传给子嗣，而是让贤于能者，这种贤能者是"天与之"和"民受之"。①

虽然关于"民族"源于何时还是一个学界争论不休的问题，但广义的民族源于氏族社会走向部落联盟时代则得到多数学者的认同，有的学者干脆把氏族视为民族发展的早期形态。② 民族的产生经历了一个漫长的过程。根据宗教学研究的思路，中国的华夏民族不是源于汉代，而是形成于尧舜到三代时期，因为这个时期是天神观念的成熟期。在早期中华民族融合过程中，作为百神之长的天神，"起于何时，难以细考，不过据传说和文献记载，大致可以推断发生在原始社会后期的尧舜时代"。③

尧舜时代追求的是天下为公的"公天下"，而不是"家天下"，因此天神是天上的真正贤能者，尧舜是天下的真正贤能者，这就是当时中国社会和谐的根源。如果天上与天下的权力归于真正的贤能者掌管，社会的和谐也必将维持下去。然而，夏朝放弃了"公天下"而选择了"家天下"。

中国先民执政伦理是前国家伦理或中国氏族执政的根本。最初颠覆性的发展关节点是从"公天下"到"家天下"的环节。中国从夏代，经历商代，发展到周代，是在解决天神、王权、民众的关系中，逐渐完成了中国先民统治者治理社会的法律思想的，其中脉络是从"公天下"到"家天下"。

三、从"家天下"到"宾于帝""敬天保民"

中国自夏之后，夏禹传子不传贤，打破了能者居之的"公天下"的和谐时代，开启了父传子的"家天下"的历史。夏代"家天下"是对尧舜"公天下"的辩证否定。首先，夏代继承了以往君权神授"天与之"的神学思想，确立了君权至高无上的合法地位。其次，由于不再理会社会最高权力是否"民受之"，因此社会不和谐、君权神授的不合法因素也就为日后夏朝灭亡埋下了"伏笔"。

夏禹传子不传贤，而大禹之子启废除了传统部落的"禅让"制，杀死益而称王，建立了中国历史上第一个国家夏朝，其中心区域在今天的河南西部和山西南部一带。据说启死后，太康即位，出现了一时的政权更迭，即所谓

---

① 《孟子·万章》，上。
② 参见王希恩：《民族过程与国家》，甘肃人民出版社1998年版，第17页。
③ 吕大吉、牟钟鉴：《概说中国传统与传统宗教》，中国社会科学出版社2005年版，第118页。

的"失国"。再经少康中兴,重建夏朝。到孔甲统治时,夏朝走向衰落。此后,三传至桀,夏朝灭亡。据中国古籍记载,自启至桀凡共传14世、17王、471年。① 公元前16世纪,夏朝最后一个王夏桀暴虐无道,奴隶们不断反抗他的统治。居住在黄河下游的商部落,在首领汤的率领下乘机起兵,向夏进攻,打败了桀,夏朝灭亡了。

夏朝的灭亡是历史事实,但关于夏朝灭亡的原因并未形成定论,所以后人仍然可以见仁见智。笔者认为,夏朝灭亡的根本原因在于王道违背了尧舜时代王权"民受之"的根本,违背民意的王权,民必推翻之。

中国先民从三皇到尧舜时代,就已经形成了完善的王权传统,当一个好皇帝的合法性有两个标准:一是"天与之",即君权神授;二是"民受之",即得到百姓的普遍接受和爱戴。夏代只继承了其一半,所以夏代的王权统治仅有一半的合法性,因此夏代灭亡揭开了中国几千年王朝更替的一个规律,即仅有"天与之"而缺少"民受之"的王权不具有完全的合法性,迟早是要被推翻的。相反,历史上那些既拥有"天与之",又不乏"民受之"的王权统治,才具有完全的合法性,才更能营造太平盛世。正是因为先祖开发了王权统治合法性的内外两大标准,所以才有可能为后人所继承。后来周代恰恰继承了这两项标准,并创造性地把两项标准综合为一个"敬天保民"的完整标准。

当然,夏朝还有两大不足,一是没有文字,二是铁器(青铜器)不发达。夏朝虽然已经使用铜器,但因当时铜器很珍贵,所以没有用于农业生产。夏朝人用木制的耒耜等种地翻土,用石刀、蚌镰收割庄稼。那时,已经有原始的水利灌溉技术。然而,这两大不足并不是夏朝灭亡的原因。

夏朝把中国核心地带从氏族社会推向(王族)国家社会,社会共同体从氏族、部落联盟发展为古代民族国家。确切地说,由于王道主义、王权主义和王法主义,这样的国家不是人民的国家,而是王族的国家,简称为"王族国家"。因此,王族国家形式是从夏商周发展到晚清的基本政治形式,直到民国时代和中华人民共和国时代,王族的国家才演变为人民的国家。

夏朝由于落实了王道主义,组建了王权主义和王法主义的王族国家,因此在王族社会中,中国有了共同地理环境、共同生活方式和共同宗教心理。尽管学界对华夏民族源于何时还有争论,但不能否定夏朝的人已经超越氏族

---

① 《史记集解》。这17王分别是:(1)启;(2)太康;(3)仲康;(4)相;(5)少康;(6)予;(7)槐(芬);(8)芒(荒);(9)泄(世);(10)不降;(11)扃(局、禺);(12)胤甲;(13)孔甲;(14)皋(吴、皋苟);(15)发(发惠);(16)履;(17)桀凡。

阶段，进入到王族发展阶段。

夏朝替换为商朝，以及后来商朝再替换为周朝，王权主义和王法主义并没有发生任何变化，相反，变化的只是王道主义。或者换句话说，在构建中国早期政法的过程中，不变的是王权主义和王法主义，变化的只是王道主义和天道主义的组合关系，完善着帝王与上天的关系，政权的合法性、合理性沿着如何完善政权的宗教理念的路径发展着。

尽管夏朝王权统治缺乏"民受之"的合法性，但夏朝前期的统治者励精图治，保证着政权的合法性与合理性。然而，夏朝末年，王权统治者奢侈无度，完全失去了其存在的合法性与合理性，所以夏被商所灭。

当夏朝桀王在位时，夏朝国势渐衰。汤乘机起兵，首先攻灭葛及十多个小国，然后又攻克韦、顾、昆吾等小国，经过11次战争，利用娀氏反叛，起兵打败夏桀王，一举灭夏。由于商汤以武力灭夏，打破国王永定的说法，从此中国历代王朝皆如此更迭。

商朝（公元前1600—前1045年）是中国有文字可考的第一个王朝。商王朝建立了一套比较完整的国家机构，包括中央分设管理政务的卿事寮和主持祭祀的太史寮两大机构；用侯、邦伯加强各地的统治；建立了宫廷侍卫和由商朝王室直接掌握的国家军队为标志的国家武装力量；设立了刑法和监狱。

汤灭夏后建立了商朝。商朝势力最大的时候，东到大海，西达陕西西部，东北到辽宁，南到长江流域，是当时中国这片土地上的一个大国。商朝前期，屡次迁都，公元前14世纪，商王盘庚把都城迁到殷，从此稳定下来，因此商朝又被称为殷朝。后来，殷都成为废墟，人们称之为"殷墟"。

商朝和谐发达的原因是多重的，主要是生产力的发展和王权统治的合理合法性的确立，因此带来了商朝所拥有的辽阔疆域在当时世界独一无二的局面。生产力的发达表现在物质生产力和精神生产力两个方面。商朝物质生产力的发达主要是指农业和青铜手工制造业的发展。农业是商朝生产的主要部门，种植的作物有黍、稷、麦、稻、桑、麻等。商朝的手工业也很发达，青铜器制造是手工业的重要部门。商朝的青铜器制造和青铜器艺术具有独特的风格，铸造技术达到当时世界的先进水平，把铜、锡、铅放在一起，用高温冶炼出青铜器溶液，再铸出青铜器。商朝后期制造的司母戊大方鼎，是现今世界上发现的最大的青铜器。语言文字是社会发展的重要因素，构成精神生产力的主要部分。商朝的文字在当时的世界是进步的，后来发展成为世界上使用时间最长和空间最广的一种文字。19世纪末，在殷墟发现了刻有文字的龟甲和兽骨，这些刻在龟甲和兽骨上的文字叫做"甲骨文"。甲骨文是一种比较成熟的文字，今天的汉字就是从甲骨文发展而来的。

商朝王权统治还未能在"民受之""保民"方面确保王权统治的合法性，而是在继续开发"天与之"方面大做文章，于是提出了先祖"宾于帝"的统治思想。"宾于帝"是说殷人祖先死后升天客居在上帝那里，殷人祖先与上帝有直接联系。殷墟卜辞中有殷人死去的祖先"宾于帝"的记载："咸不宾于帝，下乙宾于［帝］"，"下乙不宾于帝，大甲宾于［帝］"。①

从民族学的研究角度看，"宾于帝"现象具有重大的民族意义：殷人"宾于帝"思想的出现，反映了殷族战胜其他民族，兼并、统治其他民族的社会现实，为殷族统治多民族国家提供了合法性。可以说，殷族创造"宾于帝"的思想是为确定殷族统治多民族提供合法性服务的统治工具。

然而，这里存在三重困惑问题需要解决：其一，只有商王的先帝才能成为上帝的贵宾吗？如果上帝还有其他贵宾，上帝保护不保护？其二，凭什么说商王的先帝是上帝的贵宾？其三，上帝的贵宾重要，还是上帝的儿子重要？在贵宾和儿子中间，上帝应该保护哪一个？仅仅是上帝的贵宾显然还不足够，为解决这三重困惑问题，商朝的王道主义思想发展为周朝的王道主义，于是商朝的"宾于帝"发展为周朝的"天子"理念。

从夏、商到周，发生了神权思想或王道思想的根本转变。夏、商的神权法思想主要体现在奴隶主阶级的"天命""天罚"思想上，西周的神权法思想出现了一次重大转变，即为了适应新的统治形势，周公提出了"以德配天"之说。

商朝最后一个王纣的统治非常残暴，因此公元前11世纪中期，生活在泾水、渭水流域的商朝属国首领周武王继承了父亲周文王的事业，发动了讨伐商纣的战争。周武王带领一些部落向商都进军，双方在商都郊外的牧野展开激战。

值得注意的是，商纣临时武装了大批奴隶进行抵抗，结果阵前奴隶倒戈，引导周军攻入商都，成为灭商的根本原因之一。其间，民族矛盾与阶级矛盾交织在一起，王权的更替可以借用阶级矛盾为自己服务。商朝灭亡的根本原因是其违背了王权统治合理性，即合法政权的根本在于"保民"而使"民受之"。如果王权统治不能做到保民，就无法出现"民受之"的社会和谐局面。这不仅是夏朝灭亡的原因，也是商朝灭亡的根本。

---

① 从甲骨文来看，殷人以为先王死后，可以配帝。如武丁时卜"'辞挽：342. 真咸宾于帝。343. 真咸不宾于帝。344. 真大口宾于帝。345. 真大甲不宾于帝。346. 真下乙口于帝。347. 真乍乙不宾于帝。宾之义为配"。

公元前1046年，武王灭商，定都镐京，到幽王亡国，共历300多年，史称西周，共传12王。公元前770年，周平王被迫迁都洛邑（即洛阳），史称东周。东周王室衰微，政权名存实亡，至公元前256年被强秦所灭。

周朝灭亡的根本原因在于春秋战国礼崩乐坏，五霸迭起，七雄并立。在这个剧烈变革、诸侯逐鹿问鼎中原的时代，产生了罕见的百家争鸣、诸子比肩、创新繁荣的人文景观。

周人本是小民族，起初只是活动于甘肃及陕西一代。① 征服商王族后，因面对数倍于周的商族民众（后简称商民），周王要给自己灭商提供一个合理合法的根据，让商民心服口服地接受周王的统治，因而必须建立一套完整的执政理念或统治思想。因此，"如何解释西周统治的合理性是摆在西周统治者面前的一个难题"。② 西周统治者已经深刻体会到，天命是会转移的，因此有"天命靡常"③ 之说。周灭商是凭借商朝王权违背"保民"而"民受之"的合理性，促使民众反商王倒戈于周人的结果。可见，统治的合理性成为至关重要的问题。商王把统治的合法性建立在"宾于帝"之上，误以为其祖先"宾于帝"，上帝就会永远保佑他。殊不知，商王祖先"宾于帝"只是其统治的外在合法性，其真正内在的合理性在于统治者的"保民"而使"民受之"。

周公改革，制定周礼，开宗庙祭祀之风，解决了周王统治合理合法性的两大根本问题：

其一，商王祖先"宾于帝"，周王不能也把合法性的基础放在"宾于帝"上。于是，周公经过改革，把其统治建立在更加合理合法的基础之上，即用"天子"的理念超越"宾于帝"的理念。"宾于帝"的理念，充其量不过是商王祖先是上帝的贵宾而已，商王与上帝并没有血缘关系。而"天子"的理念，则建立了周王与上帝的血缘关系，周王是上帝的儿子，所以成为当然的统治者。中国的真龙天子理念始于周朝，真龙天子一直成为从周朝到清朝统治的（外在）合法性的基础。中国历史上之所以发展到西周才建立起"天子"的理念系统，就是因为西周以后，各类有关"天"的概念才异常发达，才有了皇天、上天、曼天、昊天、苍天等概念。因此，《诗经》上便有了"燕及皇

---

① 杨鸿烈：《中国法律发达史》，中国政法大学出版社2009年版，第22页。
② 王立民：《中国法制史》，北京大学出版社2008年版，第20页。
③ 《诗经·大雅·文王》。

天"①、"上天之载"②、"曼天疾威"③、"浩浩昊天"④、"苍天苍天，视彼骄人"⑤ 等诸多提法。

其二，周公建立了统治的内在合理性，那就是把统治的真正内在合法性建立在统治者"保民"而使"民受之"的合理性基础上。"保民"是"民受之"的前提条件。一个"天子"的理念不足以建立完善的王权统治的合法性，"保民"是当时王权统治，乃至现代国家统治的最后合理性根据。一个不能保民的皇帝不是一个好皇帝，好皇帝的保民则集中体现于"德行"，有德行的皇帝才有保民的意识。周公充分吸取夏、商王国灭亡的根本原因在于缺乏保民德行的教训，清醒地意识到保民德行的重要性，为此告诫自己的子侄，王权的承继"惟命不于常"，⑥ 上帝只保佑那些拥有保民德行的皇帝，所以提出"皇天无亲，惟德是辅"⑦ 的思想。周代统治者把德纳入上帝信仰中，是为了强调上帝的神性和天意是"惟德是辅"，君王"必须明德""崇德""敬德"，才能保持统治权的最大合法性，才能更好地驯服万民："天佑下民，作之君，作之师，惟其克相上帝，宠绥四方，有罪无罪，予昌敢有越厥志。"⑧ 意思是说，君不敢超越上帝的意志而行事，判民有罪或无罪是按上帝的意志办理的，因此周朝进而建立了"明德慎罚"的法制思想。穆王时，命吕侯按"明德慎罚"的原则重修刑书，史称《吕刑》。史书说，"吕命穆王，训夏赎刑，作吕刑"。⑨

可以说，只有阐释了王权保民德行的内在合理性标准，才能充分展示国家统治的真正合法性，进而才能营造和谐的社会。只有"有德行"才能"保民"，只有保民才能得到人民的拥护与爱戴；只有使人民安居乐业，天下才能真正太平，才能真正建立和谐的社会。历史上的昏君都不能做到这一点，所以终究被人民所推翻。在中国封建社会的条件下，凡是真正有保民德行的皇帝，在没有外族侵扰的前提下，一般都能实现人民安居乐业、社会和谐、天下太平的基本目标。

---

① 《诗经·雒》。
② 《诗经·文王》。
③ 《诗经·召旻》。
④ 《诗经·雨无正》。
⑤ 《诗经·巷伯》。
⑥ 《尚书·召诰》。
⑦ 《尚书·蔡仲之命》。
⑧ 《书·泰誓》。
⑨ 《尚书·序》。

要想保证国家统治的合理合法性，不能仅仅把上述两种标准作为两张皮来处理，必须把"天与之"与"民受之"有机地结合起来。周公改革，通过"敬天保民"和"以德配天"完成了这一伟大使命。"敬天保民"和"以德配天"合理地解决了（上帝）天、（皇）帝、民三者的关系，人间的皇帝能够在"保民"的基础上"敬天"，才能既处理好最高统治者与人民的关系，同时处理好最高统治者与上帝的关系。从这个意义上看，只有处理好这两种关系，才能建立和谐的社会。

正是因为周朝建立了上述完善的合法统治制度，周朝的统治才得以空前巩固，其疆域才达到空前广大。如果周朝历代皇帝都能坚持"敬天保民""明德慎罚"的内在合法性统治原则，周朝的历史不会那么短暂。

细思量，西周灭亡的原因主要有三个：

一是西周统治者放弃了敬天保民的原则，王权统治失去了合法性。西周后期，周厉王贪财好利，霸占山林川泽，不准平民上山砍柴打猎，下河捕鱼，还派人监视平民的言论和行动，终于在公元前841年爆发了"国人暴动"，镐京的平民和奴隶举起武器攻进王宫，赶走周厉王。

二是西周分封制导致诸侯群起，进而为西周灭亡埋下了种子。周初统治者为了巩固奴隶制国家政权，把王族、功臣和先代贵族分封到各地做诸侯，建立诸侯国，以蕃屏周，营建东都洛邑，监临东方诸侯。诸侯要服从周王的命令，要向周王贡献财物，要派兵随从周王作战。周朝先后分封的重要诸侯国有鲁、齐、燕、卫、宋、晋等。诸侯强盛后，纷纷进入祭天的行列，最后导致春秋的礼崩乐坏，旧秩序大乱。

三是外族的干扰与入侵。西周末年，穆王以后，周朝逐渐衰微，社会动荡不安，诸候常常不来朝贡，西北方少数民族戎狄攻入镐京。王朝陷入长期的战争之中，国力消耗很大，不得不加重对民众的剥削，国内矛盾日益尖锐。有的贵族也开始破产，从而表现出对现实的愤懑。这种内忧外患终于导致周平王时代只得将都城迁到洛邑，史称"平王东迁"，东周开始。

上述三条，第一条是根本。西周末年统治者放弃"敬天保民""明德慎罚"的统治原则，王权统治失去了合法性，进而才会使得诸侯破坏社会秩序，导致国家社会的礼崩乐坏。也正是因为放弃统治的内在合法性，王朝腐败，朝廷衰微，战事频繁，这种种的内忧才会为外敌即戎狄留下可乘之机。

总之，遵循还是放弃"敬天保民""明德慎罚"的内在合理性原则，是周人成败的关键。遵循了这个内在合法原则，周人灭殷商之后，小"国民"（周人）能够合法统治大"国民"（殷商）。打江山不易，守江山更难。周人遵循其内在统治合理原则，不仅坐稳了江山，而且扩大了江山社稷。然而，周人放弃这个内在统治合理原则之时，就是其失去江山之际。

四、夏商两代王权伦理的奠基

如果说中国的国家历史始于夏朝，那么夏朝就是中国王法的奠基时代。然而，夏朝不能不接受两大政治传统：一是颛顼的"绝地天通"确定了王权祭天的王权规则，二是尧舜"天与之、民受之"的王道原则。

中国自从夏朝破坏尧舜的"禅让制"后，经过商朝到周朝（包括西周和东周），王法治国的方针不断走强。只不过这种王法治国的方针从周天子（周王）的高度"下野"到诸侯国王，再把诸侯王的地位提升到天子的地位。这是一个艰难的历史过程，是从春秋战国到秦汉的数个朝代才完成的政治使命。

中国历史久远，文字产生于商朝，对夏朝法制的文献资料十分有限，因此我们对夏朝法制的了解也十分有限。对此，即便是生活在春秋战国的孔子也发出无可奈何的感叹，"夏礼，吾能言之，杞不足征也；殷礼，吾能言之，宋不能征也。文献不足故也，足，则吾能征之矣"。①

夏商两代的伦理文化被王权贵族所垄断，素有"学在官府"之称，因此有的学者认为，"此时的伦理道德思想也只是局限在'学在官府'的范围之内，即只是由于少数贵族垄断，尚未普及、深入到民间"。②

夏朝法制的指导思想是"天命天罚"或"奉天罚罪"的天道或天命原则。夏朝把政权统治的合理性、合法性依据归于"天命"。古书有证，"有夏服天命"。③ 足见，授权于君王是王道的天命，夏朝政权的合理性源于天命，天道是统治的根本。《甘誓》记载了这种根据："左不攻于左，汝不恭命；右不攻于右，汝不恭命；御非其马之正，汝不恭命。用命，赏于祖；弗用命，戮于社，予则孥戮汝。"④《甘誓》被不少学者认定为中国的第一部军法。军法《甘誓》对士兵努力作战的要求很高，如不努力作战，不仅要把当事人放到社神面前进行杀戮，而且还株连其妻与子。

---

① 《论语·八佾》。
② 陈瑛主编：《中国伦理思想史》，湖南教育出版社2004年版，第25页。
③ 《尚书·召诰》。
④ 《尚书·甘誓》。

夏朝的法律数量及其刑罚内容极其丰富，素有"夏刑三千条"[1]之说。由于社会动荡，产生了著名的《禹刑》，古书记载"夏有乱政，而作禹刑"。学者把《禹刑》称为夏朝法律的总称。夏朝的刑罚由轻到重的排列顺序是墨刑、劓刑、膑刑、宫刑、大辟五种。最轻者为墨刑，是用刀先在面颊或额头刺字，再涂上墨，终身不能销毁。劓刑比墨刑重，即割去鼻子。再重之，则剔除膝盖骨，是为膑刑。再重之，毁坏生殖器，是为宫刑。最重之，是死刑，为大辟。

商朝的法制远比夏朝更加成熟。一方面，商朝法制继承了夏朝"奉天罚罪"的原则，并把氏族图腾提升为上帝的思想，把上帝崇拜与祖先崇拜结合起来，因此王权的统治更加合理。人们基于对上帝的崇拜，在人间就必须敬畏商王，因为商王是受命于上帝的。殷人在氏族时代的图腾是"玄鸟"，把政权统治的合理性与合法性归于神鸟的降生。"天命玄鸟，降而生商。"[2]商人建立商朝后，为了提升自己的统治地位，把掌管天上的神称为"上帝"，把掌管天下的商王称为"下帝"。上帝与下帝的关系是授命与被授权的关系，是为"有殷受天命"。[3]有的学者认为，商王自称是上帝的儿子，[4]这种看法是没有根据的。其实，"天子"的概念是到了西周才产生的统治理念，商朝只是把政权合理性归于商王先祖是上帝"贵宾"，于是有了"宾于帝"的说法。关于其中的奥妙，本书将在第五章第二节进行详细分析。

另一方面，商朝的法律体制更加健全。因为"刑名从商"，夏有《禹刑》，商有《汤刑》，故有"商有乱政，而作汤刑"之说。《汤刑》还处于秘密法状态，不对老百姓颁布，目的是"刑不可知，则威不可测"，因此统治者和法律的威力才是无穷的。商朝为了巩固商王统治，建立了非常繁杂、极其残酷的死刑制度，不仅有活埋、沉水、火焚，还有炮烙、剖心、醢（把人剁成肉酱）、脯（晒成肉干）。[5]可见，为了巩固商王统治，死刑之惨烈，真是无所不用其极。更有甚者，商朝还盛行"人祭"和"人殉"制度，从几人到几百人不等，多时能达几千人。殉葬者多是战俘，也有家奴为主人陪葬的。战俘殉葬是当时生产力低下、产品剩余不够而采用的最有效的方法，因为养活战俘需要足够的粮食，而当时却没有足够的口粮。

---

[1] 《唐律疏议·名例律》。
[2] 《诗经·商颂·玄鸟》。
[3] 参见王立民：《中国法制史》，北京大学出版社2008年版，第14页。
[4] 《尚书·召诰》。
[5] 参见王立民：《中国法制史》，北京大学出版社2008年版，第15—16页。

商朝的土地法、民事法律和行政法已经初露端倪。商朝已经开始奉行"普天之下，莫非王土"的土地王有制度。在婚姻制度方面，一般平民只能一夫一妻，王族男性则可以纳妾。在商朝，王公贵族纳妾成风。商朝的行政统治已经有了"内服"和"外服"之分。"内服"属于京城及其管辖范围，由商王直接管辖；"外服"为诸侯王、卿大夫和士的封地，是有一定的自主权的。商朝也有了管理官吏的《官刑》。

在商朝，从刑法到土地法，再到婚姻法和行政法，都围绕一个核心，即用"王权政治"制定的"王法"而确保商王的"王族利益"，"王族利益"是第一位的政治利益，成为社会利益金字塔的最高利益。

五、西周伦理：中国古典伦理定型

中国上古伦理，经过夏商两代，到西周日趋完善。

首先，西周不仅面临着政权是否合理的问题，还面临着必须解决政权合法性的问题。因为周人原本是小民族，被统治的商人则是大民族，因此小民族统治大小民族要想取得成功，就必须对政权合法性有个更加合理的解释。寻求这个解释，于是诞生了"周天子"的体系。

西周基于"天子"应当遵循"以德配天"和"敬天保民"的指导思想，构建了"明德慎罚"的法律体系。一方面，周天子的统治理念高于"宾于帝"。商王只以自己的祖先"宾于帝"为政权的合理性，而周王则以天子直接就是上帝的儿子为政权合理性。于是，在周朝，上帝与下帝之间有了"血缘关系"。在宗法制为大的周朝社会里，这种"血缘关系"是非常重要的。另一方面，仅仅建立上帝与下帝的"血缘关系"还是远远不够的，作为周王必须做到"敬天保民"。由此可见，西周把尧舜时代"民受之"的内在合理性再度继承下来，而这是夏商两代中断了的内在合理性。"敬天保民"的法律指导思想在最高统治者与最下层的百姓之间搭建起一座桥梁，使得周王的统治拥有了更大的合理性。就是说，不能够"保民"的王是不合格（合理性）的王；同时也说明，王权的合理性基石是"保民"，不能保民的王权是不合理的。第三方面，与商朝相比，商朝是重刑主义，西周则相对是轻刑主义。商朝靠严刑酷法治理社会，西周统治者目睹商朝的灭亡，知道重刑主义是导致商朝灭亡的根本原因，因此提倡"明德慎罚"原则。所谓"明德"，就是提倡尚德、敬德，它是慎罚的指导思想和保证。所谓"慎罚"，就是刑罚适中，不乱罚无罪，不乱杀无辜。西周的这种"明德慎罚"法律制度，与商朝滥用酷刑相比，无疑具有巨大的历史进步性。

西周帝王的执政合理性远远高于夏商两代君王。夏商两代君王把自己执政的合理性建立在君权神授的天命上，为此殷纣王提出"我生不有命在天"。①"在司马迁看来，殷纣王自持王权乃天所授予，所以别人对他是无可奈何的。"②

西周"天子""以德配天"和"敬天保民"是对天命的淡化，对德行的强化。周人不断感悟到"天难谌""天不可信"，人的命运应当更多掌握在自己手里，人的命运更重要的取决于自己的德行，因此西周帝王才提出"皇天无亲，惟德是辅"。③

其次，西周在解决王法合理性的基础上，开始用礼治构建王法的礼制法律体系。西周继承了夏商两代"礼制"，形成了周礼体制。周礼体制的核心是臣民对王、子女对父的忠孝体制。忠孝既是理论指导原则，也是政法制度的根本与核心，所有政治法律的具体内容都必须围绕这个根本核心展开。其实，忠孝的政治需要落实到法律制度上就是周礼体制的"亲亲尊尊"。"亲亲"要求亲其所亲，对自己的亲属要有不同的规则，表现为父慈、子孝、兄友、弟恭，其核心是对父亲的"孝"所形成的孝道。"至亲莫如父"，孝道的核心是对父亲的孝。如果说"亲亲"文化体制构建的是家庭伦理，那么"尊尊"构建的则是君臣之间、贵族之间、夫妻之间的忠诚之道。臣对君、妻对夫要忠。"至尊莫如君"，对帝王的忠是最大的社会规则。忠孝是一致的，有孝才有忠。表面上看忠是孝的延伸，其实孝是忠的手段或工具，忠才是孝的目的或价值。如果忠与孝发生了冲突，忠孝不能两全，则以忠为大。忠于君是孝于亲的目的。总之，忠与孝是中国古代社会最核心的价值观。

在西周的法律体系中，周礼为本，刑罚为表，刑法为周礼服务。礼治是对人们的道德化的积极治理，刑罚是对人们的消极制裁。礼与刑在适用对象上是有分别的，所以有了"礼不下庶民，刑不上大夫"④的制度。这一法律规定在政治上为王权王法服务，在经济上则为农业生产服务。不要曲解为礼的规范对庶民不起作用，大夫以上的贵族犯法不用刑。"礼不下庶民"是说，百姓忙于生产劳动，并不具备贵族的身份，不具有行礼的物质条件，因此可以不必完全按照贵族的礼仪行事。"刑不上大夫"是说，大夫以上的贵族获得

---

① 《尚书·西伯戡黎》。
② 何发甦：《尚书·西伯戡黎"我生不有命在天"说辨析》，《史学史研究》2008 年第 2 期。
③ 《尚书·蔡仲之命》。
④ 《礼记·曲礼上》。

两种法律特权：一种特权是为了保证贵族的尊严，不让其带有受刑辱的标记，对他们能不用肉刑就不用；另一种特权是对大夫以上的贵族执行死刑的场所不可在闹市，而应在郊外。可见，周礼刑罚体制是对从大夫至王权利益的最大保护。

西周行政是一个分封的社会体系。王权社会把宗法制落实到行政体制上，建立了分封制的社会体系。周王是这个社会体系最大的族长，天子之位传给嫡长子，天子之弟和庶子（天子与妾生的儿子）被封为"诸侯"。天子把某一地区的土地连同土地上的人们一同封给"诸侯"，诸侯把被其管辖的部分土地再分封给"卿大夫"，同样，卿大夫再分封给"士"。从士到卿大夫，再到诸侯，再到周王，形成等级结构的金字塔社会。周王掌握最高权力，既是最高的立法者，又是最高的执法者和司法者。立法、行政和司法是三位一体的，由此形成的权力体制是中央集权制，而不是分权体制。

六、从奴隶制伦理到封建伦理

中国的史学教科书以及很多相关的中国历史研究都公认中国曾经有过从奴隶社会向封建社会发展的过程。这是基于马克思主义认为人类社会从原始社会发展到阶级社会再到未来共产主义社会的发展过程，阶级社会则从奴隶社会演变为封建社会再发展到资本主义社会。相关的伦理学也发生了相应的伦理变化。其实，马克思主义社会形态发展的原理只是一个普遍规律，而且这个普遍规律更多地适用于西方社会，并不完全适用于东方社会，包括中国社会及其伦理的转型问题。

中国学者普遍认为中国的春秋战国时代"实现了由奴隶制到封建制的转变。这一转变始于春秋中后期，基本完成于春秋战国之交"。[1] 这是机械地沿用了马克思主义社会形态发展规律。

对此，笔者请教了中国哲学家牟钟鉴先生，他提出了如下一系列高见，令笔者耳目一新。第一，对三皇时代的传说虽无文字记载，但这些传说的内容相当部分是真实的和具有历史意义的。三皇时代的传说分别记录了"人工取火""游牧文明""农耕文明"三个划时代的历史标志，有重大的历史内涵。显然，马克思主义五种社会形态的说法不完全适合古代中国，中国没有典型的奴隶社会、封建社会和资本主义社会。三皇时代的文明成就很高，水

---

[1] 沈善洪、王凤贤：《中国伦理思想史》（上），人民出版社2005年版，第70页。

平也不同。西方文明可能起源于青铜时代，而中国文明则起源于前青铜时代。中国的玉石文化（石器文化）应当重新认识，西方人认定中国"西周之前无历史"的这种说法是根本错误的。中国的一些学者东施效颦，一定要用实证主义来说事，否定传说的文化意义。第二，如果说三皇时代的文明还是传说，那么认为"五帝"时代还没有文明，显然是荒谬的。五帝时代，甲骨文对其历史文献的记述是非常完整的。第三，张光志先生提出"抽国"的概念，牟先生则认为，把"抽国"改为"古邦国"才更为科学，符合前民族国家特点，但仅仅追溯到部落联盟不足以反映中国古代社会的文明特点。第四，夏商周三代文化的核心是"礼文化"，到孔子提升为"仁文化"。第五，对中国古典文明的看法要采用中国的学术立场，西方文化对中国的影响不能完全西化。第六，西方两次破坏和冲击血缘文化，古希腊古罗马的城邦是一次，近现代的市场经济是第二次。中国则相反，血缘关系和血缘文化异常发达，不但没有被切断，而且承继下来并源远流长。从这种意义上讲，中国才是真正意义上的"文化联合国"，印度则不是。婆罗门教不是印度原始宗教，印度是一元多神，外部排他性很强，自己的佛教也排除在外了。中国则相反，不仅能将外来文明吸收为自己所用，还能保持自己的文明特色。外国是断裂式、否定性的发展，中国则不搞切断，是加厚式的。中国古典本色文明的核心观念"敬天法组"，一直延续到现在。牟先生正在研究宗教生态论，主张宗教生态平衡，反对宗教垄断，这是一种对人类的终极关怀。宗教垄断和宗教的排他性是导致文明冲突的祸根，因此在印度导致了国家的分裂。中国血缘文化至今还有巨大的生命力，如中国农民工到现在还保留中国传统文化，过年"回家团圆"。第七，中国文化具有解决世界矛盾的文化基因，而西方基督教世界和伊斯兰教世界更多的是激化矛盾。中国文化主张"君子和而不同，小人同而不和"，西方崇尚的则是"世界一荣俱荣，一损俱损"。现代西方的"四权"精神搞得整个世界不得安宁，他们主张的是资本控权、政治霸权、军事强权、文化危权。自己的危机都解决不了，还要霸权世界。西方文明的排他性太强了，对世界的不安宁应当负有主要责任。第八，解决基穆冲突必须是中国文化模式才是世界出路，但现在中国的声音太弱了，西方霸权的声音太强了。中国对叙利亚问题投否决票，结果西方人愤怒了。西方文化基因里有一个根本性的不足，那就是要用"解放全人类"的方式处理世界问题，就是要用自己的文明方式取代异族文化。这是一种强迫性的思维，是野蛮行为，不是文明行为。

笔者还请教了中国国学研究专家、好友张践先生，他提出了四点宝贵意见。第一，无论是马克思主义，还是雅斯贝尔斯的轴心论，都是基于欧洲文明的，恐怕不完全适合于中国。中国文明比欧洲文明要早七八百年，雅斯贝尔斯和马克思忽视了中国前轴心的 1000 年，所以他们错误地认为，在全人类范围内，奴隶社会以前没有文明。其实，这只适合欧洲社会，并不适合中国。第二，仅仅把中国轴心时代归结为先秦是不太合适的。中国学者普遍认同诸子百家出于"周官"，这是中国历史的常识。西方学者显然对中国的早期文明认识不足。邹昌林在其大作《中国古代国家宗教研究》中认为，中国文明源于三皇五帝。中国文明早于青铜时代，是石器时代，玉石、石器文化已经造就了中国文明。我同意并坚持，中国的轴心文明早于先秦，可追溯于公元前 11 世纪的西周时代。第三，但我认为，轴心不可拉得太长，太长就成为车或前车了，不再是轴心了。

在此，本书著者提出自己的观点：三皇时代是中国古典文明的萌芽时代，是中国文明的起源时代。五帝时代是中国古典文明脱颖而出的时代，其中颛顼"绝地天通"的文化改革对中国文化的影响是深远的，不仅决定了中国原初宗教，决定了西周的礼仪文化体制，而且决定了中国古典政法文明，甚至决定了后来北京天坛的祭天韵味。继五帝之后，中国古典文明掀起了两次发展高潮，第一次是西周开创了礼乐文明，第二次是先秦诸子百家开拓了百家争鸣的局面。本书著者赞同中国学界的这样一种看法，三皇五帝时代是中国历史的远古时代，夏商周是中国历史的上古时代，也赞同三皇五帝是氏族社会的时代，但并不赞同把夏商西周称为奴隶社会。原因很简单，夏商周并未把人民沦落为奴隶，而是下民。到了西周时代，皇帝必须"敬天保民"，并把"敬天保民"作为"天子"执政的合理性与合法性基础。这与古希腊古罗马不同，其把人民沦落为奴隶，而奴隶不过是如同财富一般可以任意宰割、转让、买卖的对象，不过是政治法律关系的客体，而不是主体。因此，从这种意义上讲，中国上古时代的伦理水平比古希腊甚至古罗马要高得多，因为中国根本就没有制造残忍的奴隶社会。西周社会是分封社会，不是封建社会。说得确切点，中国从夏商周一直发展到晚清社会，都是以保护王族利益为轴心的王权社会，无论是上古时代的贵族，还是东周以后的地主阶级，都必须为王族利益让路，以王族利益为核心，哪里是什么封建社会。西方的封建社会，在本质上是以地主阶级的利益为核心的，王族利益不能和地主阶级的利益相抗衡。西方和中国的历史发展是很不相同的。

第三节
古希腊古罗马的贵族伦理

与中国古代伦理保护的重心是王族伦理不同，古希腊开辟的社会伦理保护重心是贵族利益，却不是王族利益，因此建立的是贵族伦理体制而不是王族伦理体制。这是古希腊从氏族伦理向奴隶制伦理发展的奥妙。可以说，无论是古代中国社会，还是古希腊社会，在氏族时代都是"公天下"，氏族社会内部氏族成员之间充满平等与公正。但进入阶级社会，两者的政治伦理走向并不相同，中国开辟了王族伦理体制，古希腊开辟了贵族伦理体制。古希腊从氏族血缘社会走向服务于贵族利益的奴隶制国家，中国从氏族血缘社会走向服务于王族利益的宗法制社会。因此，两者的伦理价值取向有着重大不同。

一、古希腊从氏族伦理走向奴隶制伦理

在欧洲，古希腊是最早进入阶级社会的国家，也是第一个建立奴隶阶级专政的国家，成为西方文明的源头。

古希腊文明最早可以追溯到克里特岛文明。希腊半岛附近的克里特岛曾出现过西方最早的奴隶制国家。据考古学者推测，最初出现的奴隶制国家可能是一些各自独立的小国，一座王宫就是一个小国的统治中心。各国之间发生激烈战争，也有过内部起义和各种骚乱。

克里特文明的确切时间很难断定，但在此发掘出公元前10000至前3300年的新石器文化遗迹，可以确定从公元前2600至前1125年，岛上涌现了著名的米诺斯文化，建立了统一的米诺斯王朝。克里特地区此时出现了欧洲地区最早的文字。据史学家考证，最早的原住民已经无法考证，可能是来自西亚的卡里亚人，其后裔史学上称之为"佩拉司吉人"。最早进入克里特岛的欧洲南下移民，民族学称之为"阿该亚人"。阿该亚人约在公元前15世纪创立了迈锡尼文明，建立了迈锡尼王朝。另一批阿该亚人于公元前1450年左右在该岛的克诺索斯城市确定了统治地位，可惜的是这个文明大约于公元前14世纪被毁于地震等自然灾害。迈锡尼文明大约处于青铜时代晚期文化时代，主要分布于希腊大陆，延伸到爱琴海诸岛（包括克里特岛），并因当时希腊最强

的王国及其首都迈锡尼而得名。公元前2000年左右，希腊人就开始在巴尔干半岛南端定居。

在古希腊氏族时代，复杂的地理环境培育了不同部落民，历史文献称之为多利亚人、阿开亚人和达那俄斯人，希腊人不过是这些部落民的总称。① 古希腊人虽是迟到的民族，但却创造了发达的文明，难怪黑格尔把古希腊文明比喻为智慧的猫头鹰。"密涅瓦"是古希腊罗马神话中的智慧女神雅典娜，栖落在她身边的猫头鹰则是思想和理性的象征。诚然，黑格尔实际上是将哲学比喻为密涅瓦的猫头鹰。黑格尔说，哲学就像密涅瓦的猫头鹰一样，不是在旭日东升的时候翱翔在蓝天里，而是在薄暮降临时才悄然起飞。

由于特殊地理环境的培育，古希腊人很快就超越了古老民族的特征，母系制很快让位于父系制，群婚痕迹开始消失。"希腊人，当他们出现在历史舞台上的时候，已经站在文明时代的门槛上了。"② 私有制的产生和父系制的确立摧毁了氏族法权体制和氏族伦理体系。

可惜的是，克里特岛文明和迈锡尼文明都相继夭折了，在公元前12世纪至11世纪之间出现了中断，残留下来的只有两部著名史诗《伊利亚特》和《奥德赛》，还有赫西俄德的长诗《母系》的残篇。此后的古希腊进入了"黑暗时期"，数百年遭受多里安人的入侵。古希腊人经过不屈不挠的努力，终于公元前9世纪后进入一个新的繁荣时期。

10世纪左右，希腊雅典氏族已经建立了维护氏族社会内部秩序、抵御外来侵略的武装力量，从而形成对内对外的氏族公共权力。原始民主、原始平等理念仍然占据统治地位。

古希腊社会的文化中心在雅典。雅典有4个希腊人部落，部落内部已经形成一整套公共权力体制，包括议事会、人民大会和巴塞勒斯。

其中议事会是常设权力机关，最初由氏族首领集团组成，后来由氏族成员选举出代表组成。再后来发展到阶级社会，议事会成员演变为贵族，议事会则演变为元老院。

虽然议事会是常设权力机关，但人民大会才是拥有最高权力的机关。人民大会一般采取两种形式。一种是自下而上的开会方式，当议事会开会时，氏族成年男女自发聚集，用欢呼和叫喊影响议事会的决定。另一种是自上而下的形式，一旦遇到大事发生时，便召集开会讨论和解决有关重大问题。同

---

① 马啸原：《西方政治制度史》，高等教育出版社2006年版，第2页。
② 恩格斯：《家庭、私有制和国家的起源》，《马克思恩格斯选集》第4卷，人民出版社1995年版，第97页。

样，自上而下的开会方式，形成的决定也是由举手或欢呼来通过的。

如果说人民大会解决的是社会内部重大问题，那么解决对外重大问题则依靠巴塞勒斯。巴塞勒斯只是军事首领，还不是君主。马克思批判欧洲有的学者把巴塞勒斯看做君主的观点，"欧洲的学者们大都是天生的宫廷奴才，他们把巴塞勒斯看成是现代意义上的君主。共和党人美国佬摩尔根是反对这一点的"。① 军事首领不是世袭制，而是由氏族成员选举产生。巴塞勒斯是战争的统帅，同时拥有祭祀、审判、行政权力。

可以说，由于产品剩余和私有制的出现，古希腊从氏族社会转向阶级社会。在社会转轨过程中，旧的秩序遭到破坏，新的秩序尚未建立。但是，"氏族制度已经走到了尽头。社会一天天成长，越来越超出氏族制度的范围；即使是最严重的坏事在它前头发生，它也不能组织，又不能铲除了。但在这时，国家已经不知不觉地发展起来"。②

新的社会形式正是国家，从而替代了旧的氏族形式，于是古希腊从氏族社会发展到奴隶国家社会。

古希腊文明的发展重心是"正义与公平"的理念，其主要原因是他们推崇自然法。古希腊思想家把自然法的本质称为"正义""理性""人性"或"神意"等等，人们认定法是"自然"的东西，必须服从它，不能改变它。在西方法律思想史上，古希腊思想家最早使用"自然法"这个术语，并确定了自然法方法论。在古希腊思想家看来，万事万物都是有规则和秩序的，不仅自然界存在着规则，社会之间、民族之间、个人之间的关系也都在先前已经确立好了秩序，这个秩序就叫做"自然法"。

古希腊伦理思想是西方伦理思想与政治伦理制度的源头，也是西方文化最为重要的理论渊薮。古希腊的自然法思想也是影响近现代西方政治法律思想的一个重要思想源流。古希腊政治法律是西方政治法律文明的发源地，也是西方伦理思想的摇篮。

古希腊自然法的基本内容有三方面：其一，自然法的本质是正确的理性。人与其他动物的区别在于人具有理性，理性使人结合为社会，因此理性法就是自然法。理性的力量在于它规定了是非、善恶标准，人类遵循理性的命令，制定了具体的法律，法的根据是自然的最高理性，它规定哪些事应该做，哪些事不应该做，人类思维把这种最高理性的内涵确立下来就成为法律。其二，

---

① 《马克思恩格斯选集》第 4 卷，人民出版社 1995 年版，第 104 页。
② 恩格斯：《家庭、私有制和国家的起源》，《马克思恩格斯选集》第 4 卷，人民出版社 1995 年版，第 97 页。

只有自然法才是正义的基础。凡是正义的，才是理性的，才是真理，才是善的，正确的理性指明了真与假、善与恶，规定了正当的行为与非正当的原则界限，为正义奠定了基础。其三，并非任何人定法都是有效的，不符合自然法的人定法是无效的，非正义的法律是无效的，只有正义的法才是有效的。自然法是唯一绝对有效的法，任何人定法都不可能使自然法失效。违反了自然法，即使具有法律形式，也是无效的。

古希腊历史起源于前城邦。主宰这个时代的文明核心文化形态是神话和哲学。前城邦时代（公元前12—前8世纪）是希腊部落时代，史称希腊历史上的"黑暗时代"。主宰古希腊的核心思想是神话，典型代表是《荷马史诗》以及赫西俄德的《神谱》。早在神话时代，古希腊文化就已经孕育了自然法思想的萌芽。

西方伦理的核心是正义。在古希腊神话时代（前城邦时代），自然法核心思想是正义和惯例法的互动。在城邦政治出现之前，古希腊人已经通过神话的形式区分了自然普遍之法和人间之法，模糊地表达了自然法思想。在《荷马史诗》中，正义女神"狄凯"是正义的象征，而惩罚女神"忒弥斯"则是惯例法的象征。《荷马史诗》通过描述正义女神"狄凯"与惩罚女神"忒弥斯"之间的关系，表述了正义和习惯法之间的主从关系。其中，正义是神人共守的秩序，是习惯法的基础；习惯法是人间的秩序，是正义的体现和化身。后来神界的正义下降到人间。在《神谱》中，宙斯之女"狄凯"变成正义的化身，她主张的正义不仅是神界所必须遵循的规则，也是人类制定良法的基础。

古希腊正义伦理观是一个动态的发展过程。古希腊最早的正义观是神灵正义观。神灵正义观不能满足古希腊文明发展的需要，因此需要降到自然正义观。

二、希腊前期正义伦理观路线图：从神灵降到自然

古希腊前期伦理发展是从神灵正义向自然正义转向发展的过程，其历史发展包括古希腊原始神话阶段和自然哲学阶段。古希腊原始神话的文本主要是《荷马史诗》。古希腊的自然哲学则始于西方第一个哲学家泰勒斯探讨自然本原，经过很多自然哲学家，发展到赫拉克利特、德谟克里特，深入探究自然的逻各斯和原子结构等一系列观念。

古希腊政法观的发展有个焦点思想，那就是自然法。自然法是西方政法

精神的底蕴，也是西方政法精神中最原始，也是最有生命力的文化底蕴，其根本原因就在于自然法精神里包含的追求正义与公平的政法精神。

西方古典文明的发展规律是从原始神话到自然哲学的提升。古希腊原始神话精神的核心元点是超人精神。超人是神与美女结合的作品，由于继承了神的力量，从而成为人间一切文化的创造者。神创造自然世界，超人创造人类文化。这种神话体系有很多不能自圆其说的成分，为了自圆其说，超越原始神话的不足，实现逻辑解释的合理性，古希腊诞生了一批自然（法）哲学家。

古希腊自然法的大发展时期是希腊城邦时期。古希腊文明发展到希腊城邦时期，一大批自然哲学家，如泰勒斯、阿那克西曼德、阿那克西美尼、安提芬、赫拉克利特、塞诺芬尼、恩培多克勒、阿那克萨戈拉、留基波和德谟克利特等，在探索宇宙本原的过程中摆脱了神话的束缚，把对自然本原的探索从天上降到人间，从世俗角度阐发自然法的理念，使之成为人类政治生活的规则。在自然哲学家看来，由于人类是自然界的一部分，因此自然界的秩序也应是人类最高的法则。

古希腊哲学家安提芬明确了自然法高于人定法的思想：人定法不能代表正义，只有自然法才是公正的。因为法律是根据"意见"或"习惯"制定的，所以不是真理。违背自然，毫无用处。他还明确提出，希腊法把外来人视为"野蛮人"是毫无道理的偏见，外来人和希腊人都具有人类特性。人定法之所以不公正，是因为它是根据少数人制定的，是种暴力。

后来，这种自然法则被赫拉克利特称为主宰人世间的"逻各斯"。"逻各斯"既是自然的最高法则和普遍规律，是万物运行的普遍尺度，因此也是衡量城邦政治生活的终极标准。

从这里可以看出，赫拉克利特的"逻各斯"是西方后来自然法概念的前身。自然哲学家的合理性在于，他们看到了自然是立法的标准，法律应体现自然的规则。

古希腊前期政法观从自然哲学流派的自然正义观发展到斯多葛学派的世界主义思想。自然政治观是古代希腊的基本政治观。从一开始，希腊就形成人神分治的二元格局，人按照人类世界的结构创造出一个神的世界，神界与人间各自独立存在，互不干扰。思想家探索宇宙本原和规律，进而探索社会、国家的本原和规律，探索政治秩序建立的原因。他们的基本答案大体都认为政治秩序是社会发展的必然要求，是自然而然形成的。罗马是个讲求实际的民族，在政治理论上基本接受了古希腊的思想，主要是柏拉图主义和斯多葛派的思想。古希腊古罗马政法思想的轴心就是自然正义论，其私法思想之所以极其发达，就是因为自然正义论的缘故。古希腊用自然的眼光观察世界，自然正义成为第一要领。

三、古希腊正义二度转向：从自然正义到人性至善

实现古希腊正义观的第二次转向肇始于智者派，完成于苏格拉底、柏拉图和亚里士多德。或者说，从智者学派普罗泰戈拉"人是万物的尺度"发展到苏格拉底、柏拉图、亚里士多德的"正义是社会的尺度"，标志着古希腊思想重心的再次转向。

古希腊政法正义观的第三个发展阶段是人本伦理自然正义观。基于城邦集体主义和爱国主义精神的丧失，人们开始追求个人伦理生活的真谛，于是自由民的生活重心开始从原来的政治生活退居到个人伦理生活。人们关注的生活重心是个人精神世界的完善和健康，于是诞生了从苏格拉底经过柏拉图再到亚里士多德的正义观。

随着古希腊文明尤其是城邦政治的发展，古希腊哲学诞生了一个智者学派，其对自然法和人定法做出了明确的区分。智者学派的思维方法是怀疑。

公元前5世纪后半叶，希腊城邦涌现出一批智者的职业教师，传授辩论、诉讼、演说、修辞、参政技巧，收取学费。智者学派最大的贡献就是把目光从自然和"神"转向了人与"社会"。古希腊最著名的怀疑论者就是普罗泰戈拉，他最著名的论断就是众所周知的"人是万物的尺度"，这种伟大的论断是古希腊人步入伟大时代的产物。智者学派对自然与社会及自然的公正和社会的公正进行区分，他们从人性出发，对"自然"和"约定"的关系进行了激烈的争论，提出了对自然与人间约定相区分的一系列法律概念，如"合乎自然的法律""未成文的法律""到处都遵守一致的法律"。

智者派的诞生是古希腊社会转折的必然结果。公元前5世纪，古希腊社会迅速繁荣，从而使古希腊人骄傲地耸立在周围国家和民族之上，雅典成为全希腊的中心和霸主，造就了雅典帝国的空前繁荣。这时的古希腊为智者的出现提供了直接社会土壤——雅典还有6000人组成的"陪审法庭"，处理公民的诉讼案件。在公民会议和陪审法庭上，人们常常要发表自己的独特见解，要与自己的对手直接辩论。而且，雅典法庭规定每个公民必须替自己辩护，不许旁人代辩。于是，古希腊最早的一批职业教育家和专业哲学家——智者——就破土而生了。只有到了普罗泰戈拉才突破了用自然看人类的狭隘范

围,而且翻转过来看世界,即用人去看自然,提出一条千古名言:"人是万物的尺度,是存在者存在的尺度,也是不存在者不存在的尺度。"① 以前人类的智慧也十分关注"一个事物是否存在、怎样存在,衡量的标准是什么"的问题,但只是以自然本身作为标准去衡量自然事物的存在,没有以人为标准,普罗泰戈拉则把评判事物存在和不存在的标准颠倒过来,以人为标准。我们凭什么来肯定事物的存在和不存在?靠我们自己的感觉。评判事物存在和不存在的中心是人,认识事物以人的感觉为轴心,不研究人的感觉、认识,其他问题就无法解决。于是,智慧的注意焦点就由自然转向了人。

然而,智者派的政治哲学思想隐含着一种毒害希腊社会的毒素。因为在古希腊社会发展到晚期,智者派相对性、不确定性以及宣扬一切以我为准的利己主义、享乐至上的价值观念,日益成为导致古希腊社会政治和思想道德混乱的理论根源,从而成为否定客观规律、为所欲为、飘忽不定的观念;朴素的社会进化观念成为对外征服、谋求霸权的强权政治观念;尊重个人价值变成追求个人现世享乐、奢靡、不关心城邦政治生活的利己主义。古希腊历史发展到那个时代,需要诞生思想家精英,苏格拉底就是引导古希腊正义走向正确发展方向的思想家。

古希腊自然哲学家通过对自然本原的探索扬弃了古希腊原始神话的神灵正义,但古希腊自然哲学思想也存在着很多局限性。自然哲学家天真地认为,凡是主宰自然的法则也必定是主宰人间的人定法则,其历史局限性就是不能区分自然与人类社会,误以为自然法就是人定法。表现在正义观上则是,古希腊前期只是侧重发展了自然法的自然正义的原则,认定自然与人类一样,都具有追求正义的本性,追求正义的本性都是基于理性,认为自然理性与人的理性并无区别。其实,自然本身无所谓正义与非正义的区分问题,正义问题只有对人类才有意义。自然遵循的只是自然规律,而支配自然规律起作用的只是"物竞天择,适者生存"的森林法则,绝无惩恶扬善的正义法则。

为了再次扬弃古希腊自然哲学家们自然正义的局限性,古希腊诞生了人本主义思想家,他们用人本主义的正义观代替了自然哲学家的自然正义观,或者确切地说,古希腊人本主义思想家把自然哲学家的自然正义观提升为人

---

① 北京大学哲学系外国哲学史教研室编译:《西方哲学原著选读》,上卷,商务印书馆1961年版,第54页。

本（至善）正义观，因此实现了古希腊正义观的第二次转向。①

苏格拉底把自然法和人定法区分开来。他认为，无论是不成文的神法或自然法，还是成文的人定法，都必须考虑到正义，正义性是立法的共同本质，因此应是立法的标准。苏格拉底时代的雅典民主制是希腊史发展的顶点。

苏格拉底超越了普罗泰戈拉。他认为，普罗泰戈拉并没有认识到人自己，却用人去作为万物的尺度。普罗泰戈拉只抓住人的表层——感觉，苏格拉底则深入人的底层挖掘人的灵魂、人的至善，勇敢地提出人对自己是无知的，要认识人的内心至善灵魂，这才是智慧的最高使命。

苏格拉底是一位有伟大人格力量、实现自己理想、兑现自我诺言的人。他在三十多岁时参加了伯罗奔尼撒战争。战争中，他亲眼目睹了雅典帝国崩溃和覆灭的全过程，经受了战后的动荡和耻辱。在这场战争中，他参加过三次战役，曾冒着生命危险在战场上抢救过自己的同伴，显示了英勇的爱国精神。

苏格拉底有一个庞大的人生计划：诱导人们追求和认识道德的善，以至善的原则批判一切不仁不义的事，从中改造和拯救人的灵魂，最后达到拯救国家的目的。苏格拉底的理想不是为个人，而是为了古希腊民族，甚至是为了人类。而古希腊人在一定的历史阶段总是被束缚在专制的铁蹄下受苦受难，因此他便要树起自己的牛虻精神，刺激这种国家，使之改正错误。他把国家比做一匹骏马，由于肥胖懒惰变得迟钝昏睡，因而需要一只牛虻紧紧叮它、责备它，使它能从昏睡中惊醒而焕发出精神。苏格拉底喊出了自己的最强声："公民们！我现在并不是像你们所想的那样，要为自己辩护，而是为了你们，不让你们由于我的罪而放弃神赐给你们的恩典。你们如果杀了我，是不容易找到另外一个人继承我的事业的。我这个人，打个不恰当的比喻说，是一只牛虻，是神赐给这个国家的；这个国家好比一匹硕大的骏马，可是由于太大，行动迂缓不灵，需要一只牛虻叮叮它，使它的精神焕发起来。我就是神赐给这个国家的牛虻，随时随地紧跟着你们，鼓励你们，说服你们，责备你们。"这种牛虻精神是需要有胆魄的，甚至是需要冒生命危险的。可是，这种牛虻精神却能为人类酿福造蜜，为拯救人类提供良丹妙计，这是一种牺牲精神。苏格拉底意识到了这样做可能要遇难："很可能你们很恼火，就像一个人正在打盹，被人叫醒了一样，宁愿听安虞铎的话，把这只牛虻踩死。"② 苏格拉底

---

① 第一次转向是从古希腊原始神话的神灵正义到古希腊自然哲学家群体的自然正义的转变，第二次才是从自然正义到人本主义思想家群体的人本正义的转变。

② 这是苏格拉底在法庭上的申辩词。

真的实践了自己的这个使命和诺言，后来果然遭到了这种命运。

苏格拉底的人格力量还表现在其正义精神之中。他在政治事件中显示了刚直不阿的品德，这表现在两个事件中。第一个是公元前406年发生的要处死海军十大将军的重大事件。这一年雅典海军在海战中取得了很大胜利，只因风暴未能收回阵亡士兵的尸体，雅典人民就大怒而控告了这十大将军。法庭上争议不休，便由五百人议事会来审议。正好苏格拉底轮任五百人议事会的主席，面对着狂怒喧哗的群众和许多威胁恐吓，他全然不顾，成为唯一坚持要依法办事、反对把不合法的提案付诸表决的人。可是他只值班一天，第二天另外一人当主席，提案就表决通过，结果海军将领含屈而死。第二个事件是苏格拉底拒绝不合理抓人而几乎遭到一场横祸。公元前404年，雅典贵族在斯巴达支持下建立了三十僭主的寡头专制有8个月之久。在这三十僭主当政期间，他们到处抓捕镇压民主派政敌，进行暴虐统治。有一次，他们约集苏格拉底参与抓人事件，苏格拉底无畏威胁，加以拒绝，结果导致三十僭主对他的仇视——他们便勒令他不得继续讲学，并且还要加害于他。万幸的是，不久三十僭主被推翻，他才避免了一场灾祸。

苏格拉底时代的雅典民主制是希腊史发展的顶点。雅典的民主制在希腊历史的发展中也起过巨大的进步作用，它是希腊历史发展的核心推动力量，把希腊推向了全盛发展的顶峰。历史形态往往是物极必反，随着希腊历史的转折，雅典的民主制也就走向了反面。希腊的民主制潜藏着内在危机。希腊民主制是一种帝国制度，在其内部潜藏着矛盾，即希腊雅典城邦内部、雅典公民内部、奴隶主自由人各阶层及相互之间争权夺利、瓜分剥削果实的矛盾。为了缓和这种矛盾，只有加大剥削，可以说，希腊雅典民主制是靠雅典帝国的扩张和对外族人的剥削来实现的。因此，在把雅典人推向历史的高峰时，其他城邦也就落到了历史的低谷；最大限度地实现了雅典人的民主与自由的同时，也就最大限度地扼杀了其他城邦和人民的自主与自由。这里，历史的进步裹挟着奴役和罪恶的深渊，当这种奴役使其他城邦人民无法忍受时，他们就要起来反抗，并寻求新的力量来推翻希腊雅典政权。

苏格拉底批判了智者派"强权即正义"的观念，正义成为苏格拉底政治思想的核心。苏格拉底首先区分了两种知识：一种是与人身体有关的知识，包括体育和医学等；另一种是关于人的灵魂的知识。前者追求身体健康，后者追求灵魂康健，灵魂健康的关键就是追求社会正义。苏格拉底认为，"正义就是平等地分配而不过分","真正的正义就是平等地分享"。①

四、古希腊晚期的衰落与正义观的缺陷

雅典政权的倒台是斯巴达人的杰作。正当雅典文明衰落时，斯巴达文明崛起了。从直接原因看，斯巴达人之所以能够战胜雅典人，主要是因为斯巴达社会组织的向心力大于雅典。从某种意义上讲，斯巴达人战胜雅典人是集体主义战胜个人主义的一个历史典型。

斯巴达人是雅典人的天敌，在雅典人刚刚得势的时候，斯巴达人的陆战力量就比雅典人强大。斯巴达人始终在窥视着雅典人，他们在等待时机，也不断地向雅典人发动战争。在雅典人哀歌四起之际，斯巴达人便利用希腊其他各邦人民对雅典人的不满与反抗，终于在公元前404年推翻了雅典帝国。希腊各邦人并没有看透斯巴达人比雅典人更残忍，他们总以为雅典人对他们的剥削压迫是最令人无法忍受的、最可恶的，他们非常希望斯巴达人打败雅典人来解救他们。因此，在这种背景下，斯巴达人反而能以一种公正的姿态出现，且给自己的贵族制度涂上一层令人尊敬的色彩，于是人们误以为斯巴达人比雅典人好些。

雅典人对希腊各邦的压迫为雅典帝国埋下了灭亡的种子，斯巴达人的力量为其提供了现实的动力，由此造成了希腊人的转折，苏格拉底就是这个历史转折所造就的人物。

然而，当雅典人感到心满意足的时候，突然被斯巴达人和内部的希腊人给彻底推翻了。到了这个时代，希腊人才不得不刻骨铭心地进行悔恨和反省，苏格拉底正是这种自我反省的领头人。只有这时，他们才突然意识到，他们亲手创造的世界突然颠覆了自己，往日那种豪迈正义的事业现在显得使自己难堪万分，他们被自己的产物给毁灭了。

在这种反省过程中，希腊人丧失了昔日的自信。以往他们一直认为正义是好事，当下则认为正义毫无意义。在历史的转折中，希腊人走进了死谷。在历史的巨痛中，雅典人中产生了普遍的道德危机。如在大瘟疫的年代里，这个最有法制的雅典开始出现空前的违法乱纪之事。在这法律遭到践踏的时代，雅典人的价值观念开始发生本末倒置的变化。亲身经历了这场灾祸的修昔底德这样记述道，一般人都承认，光荣的和有价值的东西只是那些暂时的

---

① 在柏拉图的很多著作中，都提到了苏格拉底对正义问题的阐述，如《高尔吉亚篇》。

快乐和一切使人能够得到这种快乐的东西，他们对神的畏惧和人为的法律都没有拘束的力量了。至于神祇，他们认为敬神和不敬神是一样的，因为他们看见好人和坏人毫无区别地死亡。至于违反人为的法律，没有一个人预料他能活到受审判和处罚的时候，每个人都感觉到他已经得到了更为沉重的判决，但他想在这个判决执行之前得到一点人生的乐趣，这是很自然的。

古希腊文明发展到这个时代，终于爆发了"幸福"与"德行"（或德性）的激烈论争。

古希腊文明最昌盛的时代也正是开始衰微的时代。古希腊晚期的思想臻于成熟，终于爆发了幸福与德行之争，为人类后来留下了人生到底是追求幸福好还是德行好的重大社会问题。这是西方早期人类在追求正义的道路中必然产生的重大结果。

古希腊人与波斯人发生了一场重大的民族冲突。古希腊国王亚历山大东侵征服波斯以后，建立了一个地跨欧、亚、非三洲的邦联式的大帝国。基于古希腊人邦联制的传统政治习惯，这个帝国并没有统一或集权的政治基础，只是一个暂时的军事联盟。在亚历山大死后，帝国这种形式上的联盟也取消了，再度分裂为几个王国。统治希腊（本土）地区的是马其顿本部，古希腊晚期（公元前4世纪后期—前2世纪初期）就是历史上所说的马其顿统治希腊的时期。

这一时期，古希腊民族矛盾消除后，各城邦内部的矛盾开始激化，城邦奴隶制危机不断加深，使希腊帝国趋于解体。这一时期古希腊奴隶主面临的主要问题是如何平息奴隶及贫民斗争，怎样摆脱城邦危机。由于贵族大奴隶主感觉到自身力量不足，于是便把希望寄托在马共顿人身上——希望能用马其顿的武力来维持自己即将灭亡的统治，还幻想借助亚历山大东侵的东风，把带有反抗情绪的贫民和奴隶编入军队，送到东方，以此来挽救自己的命运。为此，他们组成了亲马其顿党。然而，东侵的结果并没给他们带来预期的好处，加上希腊大量人力物力流入东方，希腊城邦的经济被削弱了，马其顿人不仅未能平息人民的反抗，反而激起了人民更大的反抗。一些中小奴隶主纷纷组成反马其顿党，希望用城邦联合来反对马其顿的统治。因此，爆发过几次希腊城邦联合反对马其顿的战争（公元前4世纪—3世纪），结果马其顿人获胜，由此加速了希腊城邦衰微的进程。没多久，公元前2世纪中期，整个希腊便被罗马人征服，并入罗马的版图，成为它的一个省。

古希腊晚期，由于战争迭起、民不聊生，宿命论、怀疑主义、神秘主义等思潮开始盛行。古希腊文明昌盛的时代虽然衰微了，但古希腊关于社会正义的问题没有停止发展。在此期间，有两大重要的学派仍然沿着古希腊文明继续发展。一是沿着原子唯物主义哲学的发展，诞生了追求幸福的学派。他们反对外族压迫，反对贵族大奴隶主的专权，要求恢复民主制度。最著名的代表是伊壁鸠鲁。二是沿着苏格拉底和柏拉图路线继续发展，以斯多葛派影响最大，也最具代表性。

伊壁鸠鲁（公元前341—前270年）是晚期希腊著名的原子论者和唯物主义者，他的一生充满流离与坎坷。他父亲是雅典的一个乡村教师，由于家境贫寒，他父亲带着全家随着一个移民团体来到萨摩斯岛，他的幼年只能在萨摩斯度过。在萨摩斯的时光里，他对德谟克里特原子唯物主义产生了兴趣，18岁回到雅典后对德谟克里特原子论做了深入研究。在雅典时，萨摩斯发生了驱逐雅典移民的事件，他的全家逃到了小亚细亚，后来他也到了小亚细亚。30岁时，他开始在小亚细亚各城邦教授哲学。36岁时，他回到雅典，创办了一所学校。这所学校由于开设在花园内，由此被称为"花园"学校，他把自己后来人生的全部精力与时间都奉献给了这所学校。他组织学术活动，参加反对马其顿的斗争，论证外来政治压迫的不合理和自由的必要性，展开对宗教、迷信的批判，揭露其对人的危害。他的学校成为一个宣传民主政治、唯物主义和无神论的哲学团体。非常难得的是，这所学校在他死后还存在了很长时间。伊壁鸠鲁遭到了其论敌的诽谤和诬蔑。伊壁鸠鲁勤笔耕耘，据说写了300多卷的著作，可惜大都没能保存下来，只留下三封信和一些作品的片断。

伊壁鸠鲁哲学最著名的理论是其幸福论。他把幸福看做人生追求的最高目的，认为幸福就是快乐，就是"我们天生的最高的善"。然而，他并不是庸俗的享乐主义者，他反对恣情纵欲，一味追求肉体的享乐。他提出了著名的幸福论，"所谓的快乐，是指身体的无痛苦和灵魂的无纷扰"。[①] 他认定，人的灵魂快乐高于身体快乐。人需要德性，因为有德性必然有快乐，有了快乐必然有德性，快乐和德性是不可分割的。人类文明发展几千年过去了，但他的幸福观依然没有过时。幸福无非两大标准：一是身体上的幸福，我们现代人称之为"生理健康"；另一个就是灵魂上的无烦恼，现代人称之为"心理健康"。伊壁鸠鲁因为把精神的宁静看做人的最高幸福，因此特别强调个人的独立和自由，他用约定说来对抗贵族奴隶主宣扬的统治是神意安排的永恒秩序的说法。

[①] 邓晓芒、赵林：《西方哲学史》，高等教育出版社2005年版，第72页。

伊壁鸠鲁认为，国家正义或公正是相对于契约而言的，如果没有契约，也就没有正义或公正可言。他说："公正没有独立的存在，而是由互相约定而来，在任何地点，任何时间，只要有一个防范彼此伤害的互相约定，公正就成立了。"① 他的这种思想蕴含了"社会契约论"。马克思说："国家起源于人们相互间的契约……这一观点就是伊壁鸠鲁最先提出来的。"②

伊壁鸠鲁思想中的一个最大特色是把宗教看成是妨碍人们获得幸福的最大障碍。在他看来，宗教是对命运的服从，对神和死亡的恐惧，使人经常处于战栗不安的境地。他反对这种宿命论和目的论。他认为世界万物并不体现什么神的目的，我们身体上的任何器官都不是因为要用它才产生出来，而是长了它以后才有它的用处的。他也反对灵魂不死的说法，认为灵魂必须依附于身体才能存在，一旦身体毁灭了，灵魂失去了依附，也就随着消散了。他由此而消除人们对死亡的恐惧，"一切恶中最可怕的——死亡——对于我们是无足轻重的，因为当我们存在时，死亡对于我们还没有来，而当死亡时，我们已经不存在了"。③

伊壁鸠鲁对宗教的这些批判受到马克思的重视，认为伊壁鸠鲁"是古代真正激进的启蒙者，他公开地攻击古代的宗教，如果说罗马人有过无神论，那么这种无神论就是由伊壁鸠鲁奠定的"。④ 伊壁鸠鲁并不是彻底的无神论者，他承认神的存在，但反对神对自然人生的干预。他认为，神根本不存在于任何一个世界上，而是存在于各个世界之间，神是不愿干预世界生活的，因为这样就会扰乱了他们平静的生活，破坏了他们自己的幸福。

伊壁鸠鲁认为要把人从宗教迷信中解放出来，就必须研究自然规律，认清它的真相，因此他进一步研究并发展了德谟克里特的原子唯物主义。伊壁鸠鲁认为，宇宙是由许多物体和虚空所构成的，物体的存在为人的感觉所证明，虚空则是物体存在和运动的必要条件。他认为，宇宙间的一切物体都是由最微小的不能再分解的物质粒子（原子）所组成，这些物质粒子是万物的始因。

与伊壁鸠鲁看法相反的是斯多葛主义。斯多葛学派主要有两大思想内核，

---

① 北京大学哲学系外国哲学教研室编译：《古希腊罗马哲学》，商务印书馆1982年版，第347页。
② 《马克思恩格斯全集》，第3卷，人民出版社1995年版，第147页。
③ 北京大学哲学系外国哲学教研室编译：《古希腊罗马哲学》，商务印书馆1982年版，第366页。
④ 马克思、恩格斯：《德意志意识形态（1845—1846年）》，《马克思恩格斯全集》，第3卷，人民出版社1995年版，第147页。

即德行主义和世界主义。

斯多葛学派幸福论的核心观点与伊壁鸠鲁的看法相反，认为人的幸福和快乐在于德行，而不在于纵欲。欲望使人堕落，德行使人高尚。

其实，斯多葛学派的德行主义是一种禁欲主义学说。斯多葛学派哲学家们对于享乐的态度主要有三个理论支点。其一，人的快乐从属于自然。人的追求是对神和自然规律的认识和服从，而不是对物质快乐的追求。其二，美德即幸福，只有顺应自然、服从命运，才是道德的、幸福的。因此，人的幸福关键在于通过理性摆脱一切快乐、欲望、恐惧和悲哀的纷扰，所以要在现实世界采取一种清心寡欲、无动于衷的生活态度。斯多葛主义对神的崇拜导致他们认为，人性归属于神，作为神的子民，必须节制欲望、砥砺苦行。其三，斯多葛禁欲主义伦理思想号召人们积极参与社会生活和政治，这与伊壁鸠鲁号召人们"放弃社会生活，走向隐居"去享受幸福生活的思想大相径庭。

斯多葛主义的这种禁欲主义和德行主义成为后来基督教在西方发展的源头之一。可以说，斯多葛主义崇尚的自然规律、对欲望的节制、刻苦的修行等禁欲主义精神，与基督教的禁欲主义是不谋而合的，甚至可以说，基督教传统中的禁欲主义正是从斯多葛禁欲主义中而来的。

五、古希腊到古罗马的正义提升

西方元点政法的提升是通过古希腊人到古罗马人的接力棒实现的，其中有一条看不见但能提炼出来的内在轨迹。这条看不见的发展主线就是以正义观为目的或价值理性，以自然法提升为基本主线，以罗马法为结晶的发展历程。

从古希腊时代走向古罗马时代的社会发展合理性在于，古希腊人把正义交给了不足10%的公民，[①]而罗马人则把正义给了更多的人，因此西方历史从古希腊发展到古罗马的合理性的根本就在于放大正义的适用范围。古罗马人是从古希腊人手中接过正义接力棒的接力者，这对于西方文明发展的厚重性很重要。

如果以罗马帝国分裂为标准，罗马帝国的存在时期是公元前27—公元395年，其实只是古罗马文明的一个阶段。罗马曾经有数百年的共和制历史，但自从斯巴达克斯起义以后，罗马进入了军人执掌政权的时代，进而通过两

---

① 具体分析参见第三章第一节"中西元点政治：王权专制与民权民主"。

次"三巨头执政"后,屋大维被封为"奥古斯都",成为罗马的独裁者,从此罗马进入了"罗马帝国"时代。罗马的扩张使罗马超出了一个城邦的概念,扩展为一个帝国。罗马疆域的全盛期是图拉真统治时期,罗马帝国在其鼎盛时期控制着大约 590 万平方公里的土地,人口有 5500 万到 1.2 亿,成为世界古代史上最大的国家之一。

如果以西罗马帝国的灭亡为限,可把罗马帝国划分为前期帝国(公元前 27 年—公元 192 年)和后期帝国(公元 193—476 年)两个阶段。前期帝国经朱里亚克劳狄王朝、弗拉维王朝,至安敦尼王朝(五贤帝时代)达到全盛,当时罗马帝国社会稳定繁荣,被称为罗马的黄金时期。后期帝国从 3 世纪起,经过伊利里亚诸帝、戴克里等帝王的共治,君士坦丁大帝的帝国,至狄奥多西一世死后将帝国正式分为两部分(公元 395 年)。西罗马帝国在内忧外患中衰落,476 年奥多亚克废黜最后一个西罗马帝国皇帝罗慕路·奥古斯都路斯后,西罗马帝国灭亡。东罗马帝国直到 1453 年才被奥斯曼帝国灭亡,史学家也将之称为拜占廷帝国。

西罗马帝国灭亡后,许多蛮族王国侵入,将罗马版图渐渐分裂成十个王国,即东哥特王国(意大利东北部)、法兰克王国(后分裂成法兰西、意大利、德意志)、布根地王国(瑞士)、西哥特王国(西班牙)、苏维王国(葡萄牙)、汪达尔王国(非洲北部突尼斯、阿尔及利亚附近)、伦巴地王国(奥地利、意大利北部)、盎格鲁撒克森王国(即英国)、黑如莱王国和阿勒曼尼王国。

在西方发展史中,罗马帝国在两个方面都起到了承前启后的作用。一方面,罗马人继承并放大了古希腊的正义原则。另一方面,基督教在罗马人手中获得一定的合法地位,后来确定为"国教"。然而,基督教在罗马帝国时代还未能获得中世纪时代那种至高无上的地位,罗马人构建罗马帝国的根本力量不是基督教而是罗马法,因此罗马人对基督教的发展所起的作用是值得研究的。

从希腊城邦到罗马帝国,希腊化成为可能。如果没有罗马人的努力,希腊文明是不可能世界化的。其政法核心思想发展的重心就是罗马人把希腊人的正义理念提到新的高度。

希腊城邦是小国寡民的社会。在希腊城邦时代,人们是通过公民共同体与国家的同一,实现公民对公共生活的广泛参与的。希腊公民对政治的广泛参与是以小国寡民为根本前提的。因为在希腊时代,国家的兴旺与个人荣辱是息息相关的,公民把政治事务视为自己的事务,参与公共生活的积极性必然很高。然而,马其顿帝国和罗马帝国都有广阔的领土,内部成分非常庞杂,个人在庞大的国家内变得微不足道，于是个人与国家的关系也开始渐渐疏远了。

在那个时代，由于交通工具和信息传播十分落后，庞大的帝国内部无法形成联系密切的整体，维系这个政治实体的主要手段是人为的政治与军事上的强权，官僚和军队成为维系帝国专制独裁的主要手段。因此，国家政府与社会的结合方式便从黏合同一走向了分离甚至对立。

这种国与民的疏远与对立对社会发展产生了深远的影响。首先，自由民的身份发生了根本性变化。随着国家从小国寡民的希腊社会提升为大国多民的罗马帝国社会，人们的身份则从公民沦落为臣民。希腊时代的公民是国家政权的主人，到罗马帝国时代则沦落为臣民而不再是社会主人的公民。这种政治制度的转变是有道理的，因为西方社会从希腊城邦社会发展到罗马帝国时代，往日城邦时代的民主制已经不可能承载帝国的政治生活了。由于国家社会与市民民社会的分离与对立，公民已经不再可能成为社会的主人，只能沦落为被国家政权掌控的臣民，因此昔日里的公民身份也必然失去了政治意义。在帝国社会中，人们面对着凌驾于"城邦"之上的帝国权力，在政治领域的权力和影响力已经趋向于零。因此，在希腊时代，社会矛盾是公民与非公民的对立，这时便转化为专制君主及其官僚集团与广大臣民的对立。当然，奴隶依然被排斥在"民"的范畴之外。但是，除了奴隶之外，所有的自由民都获得了臣民的平等地位。

其次，这种分离与对立，导致了人们对政治热情的锐减，也导致了学者对政治学的疏远。在学术领域里，政治学研究也开始走向萧条和沉寂的状态。为此，人们的热情和注意力转向个人的生活，学者关心个人生活问题远甚于政治问题。因此，伦理学获得了比政治学更加重要的地位，乃至于政治问题成为伦理问题的一部分。

再次，政治学的重心也发生了漂移，从公民政治学转化为自由民政治学。其社会后果是，"它打破了原来公民与非公民之间的深沟壁垒，站在一般自由民的立场上研究政治问题，以所有自由民为对象。有的甚至超越民族和阶级的界限，主张人类的平等"。[1]

这种自由民适用范围的扩大造成了正负两方面的政治后果。一方面，从公民到自由民的扩大，是对"民"（不包括奴隶）的一种解放。另一方面，从公民到臣民的转变中，降低了自由民的政治权力，国家的膨胀使得城邦团体内原有的亲密联系土崩瓦解了。城邦时代，公民的集体主义和爱国主义是

---

[1] 徐大同主编：《西方政治思想史》，天津教育出版社2000年版，第48页。

一种非常自然的感情，因为民与国的政治权力是同一的，爱国就是爱自己，保护国家利益就意味着保护公民自己的利益。帝国时代，国家社会远比城邦要大得多，国家权力与自由民权利分离并对立起来，城邦集体主义和爱国主义精神开始丧失。

第四节
古典时代的中西国际伦理

氏族社会解体后，早期的国家伦理形式掩盖在王族伦理或贵族伦理形式之中，国家间的政治关系与伦理关系主要是王族之间或贵族之间的关系。

以适用范围的不同为标准，伦理分为族内伦理和族际伦理两种。族内伦理是调整族体内部伦理行为关系的文化体制，族际伦理则是调整不同族体之间的国际关系的伦理方式。族际伦理从氏族时代的老死不相往来和同态复仇的阶段发展到古典时代的文明体系内部与外部族际伦理关系阶段。族内伦理是对待同胞的方式，而族际伦理则是对待外人的方式。本书在此重点比较中国古典时代和古希腊族际伦理观。

一、中国古典族际伦理观

中国先秦时代形成了比较成熟的国际关系伦理理念和国际政治观，可以视为中国古典时代国际政治伦理的代表。概括地说，中国古典国际政治伦理观是一种天命观或天下观，这种天命观其实是一种神命观，因此有了"天行有常，不为尧存，不为桀亡"[1] 的说法。

俞正樑先生认为，中国古代的这种"天下观"追求的是"天下为公""世界大同"以及"四海之内皆兄弟"的伦理，与今天的"全球化""地球村"或全球公民的观念与认同在本质上是相通的。[2] 俞正樑先生还认为，中华民族的先哲们对"和谐"进行了不懈探索与实践，给世人以极大启迪。"兼相爱，交相利"的思想，是以互爱互利的原则来处理国际关系以及一切国际事务，以便兴天下之利，除天下之害，实现天下太平与和谐。他还认为，"礼

---

[1]《荀子·天论》。
[2] 俞正樑：《国际关系与全球政治》，复旦大学出版社2007年版，第46页。

乐""仁义"及"忠恕"之道,用以规范国家行为与其他一切过激行为,是国家间关系以及一切跨国关系做到"近者悦,远者来",实现融洽与和谐;人类应崇"天志",顺"天意",恢复对自然的敬畏,以节用贵俭来恢复人与自然的和谐,以"厚德载物"兼容并蓄的宽容大度精神达到"天人合一""民胞物与",实现人类与环境的统一与和谐,这对后来全球社会达到全面和谐是不可或缺的,也是人类为之努力实现的社会目标或至上境界,实现的是一种生生不已、无所滞碍、万物并育而不相害的和谐世界。他还认为,"四海之内,皆兄弟也"倡导全人类的友爱与和谐,以创造世界范围的"人和"氛围,为建立全球和谐社会奠定最广泛、最坚实的基础。他还提出,"礼之用,和为贵"是全球秩序的基本原则。[①]

笔者觉得,他的上述看法仅仅适用于一个文明体制内的关系,而不适用于不同文明体制之间的国际关系。

俞正樑先生概括的"和而不同"的"贵和"国际政治伦理有两方面是合理的。一方面,这种"和而不同"的"贵和国际政治观"的确是产生于中国古典国际政治伦理。俞正樑先生引述世界著名历史学家汤因比盛赞中国这个东方大国从来没有对其疆域之外表示过帝国主义野心,是一个"大而不霸"的大国。[②] 另一方面,中国古典国际政治伦理中的"和而不同"是创造多样化而和谐的全球氛围。不承认、不尊重世界的多样性,企图建立自以为是的清一色的一统天下,其结果必定是纷乱的无序世界。[③]

然而,按照孔子所言,"和而不同"的适用范围是君子之间,而小人之间决不可能实现"和而不同"的政治伦理,相反,即便是观念相同,也是"同而不和"。为此,孔子才提出,"君子和而不同,小人同而不和"。[④] 我们既不能"以小人之心,度君子之腹",更不能"以君子之德,度小人之心"。"和而不同"是人类未来国际政治文明的理想,但必须是在人类实现大同社会的进行时态和完成时态才能兑现的美好社会。不难断定,儒家"和而不同"的君子风范是一种理想主义国际政治伦理,而在以往历史发展中从来就没有奏效过。

俞正樑这种中华天下观有待细化分析,在此,本书著者提出如下两点看法。

---

① 俞正樑:《国际关系与全球政治》,复旦大学出版社2007年版,第47页。
② 转引自俞正樑:《国际关系与全球政治》,复旦大学出版社2007年版,第48页。
③ 俞正樑:《国际关系与全球政治》,复旦大学出版社2007年版,第48页。
④ 《论语·子路第十三》。

第一，按照先秦时代的国际政治伦理或天下观，国家间的战争是同一文明系统社会单元之间的战争，并不是不同文明之间的国家间的战争。在古代文明水平下，不同文明国家间充满战争，根本谈不上追求"天下为公""世界大同"以及"四海之内皆兄弟"。西周时代，周王把周边领土分封给诸侯王，形成中央周王与周边诸侯的"父子关系"。东周时代，诸侯强大，中央集权为大的周王朝不复存在，结果是礼崩乐坏。因此，战国时代诸国之间的战争，看似是不同国家之间的战争，其实是一个西周文明内部的战争或内乱。"礼乐文化"只适用于周文明内部。中国战国时代在一个"礼乐文化"中进行中原逐鹿，目的是为了恢复西周的统一。结果经过长期战争，秦始皇才实现了这一宏伟目标。如果是不同民族文明之间展开战争，到了宋朝，还有岳飞诗词所说的"壮志饥餐胡虏肉，笑谈渴饮匈奴血"，这决不适用于文明体制内的"天下为公""世界大同"以及"四海之内皆兄弟"。

俞正樑先生的这些和谐天下观，只是诸子百家向往的那种和谐国际关系的美好愿望。从不同民族古典政法精神，以及历史的眼光来看，"礼乐""仁义""忠恕"，以及崇"天志"，顺"天意"，"礼之用，和为贵""四海之内皆兄弟也"，这些文明内涵仅仅适用于"周礼"体制内的社会单元，并不适用于体制外的社会单元。也就是说，这种和谐的天下观仅适用于华夏文明系统内部的国际关系，并不适用于华夏文明与其他文明系统之间的国际关系。

那么，中华古典国际伦理观念是什么呢？华夏民族自古就有自我中心主义的狭隘思想，误以为"我族"就是天下文明的中心，华夏民族是礼仪之邦，其他民族都是蛮族。此外，华夏民族自古还有一种"非我族类，其心必异"[①]的说法。正如列宁所说，真理向外跨出一步，就会变成谬论。[②] 因为中西方从古代到现代21世纪的几千年文明史，从未能实现"礼乐"、"仁义"、"忠恕"、崇"天志"顺"天意"、"礼之用，和为贵"、"四海之内皆兄弟也"的和谐境界，至今依然挣扎于"弱肉强食"的森林法则之中。

足见，不同民族文明社会之间的文明整合还有很长的历史。如果中国足够强大，对国际社会能有足够的影响，在推广"礼乐""仁义""忠恕""礼之用，和为贵""四海之内皆兄弟也"的过程中，能够为世界各国所接受的话，那么才有可能实现"世界大同"的和谐局面，而在此之前则只是美好的

---

① 《左传·成公四年》："史佚之《志》有之，曰：'非我族类，其心必异。'楚虽大，非吾族也，其肯字我乎？"

② 原话是"只要再多走一小步，哪怕是向同一方向迈的一小步，真理便会变成谬误"。《列宁全集》，第31卷，第85页。

梦想。

第二，中国战国时代的战争，有如修昔底德笔下雅典与斯巴达之间的战争，是一种特殊的同一个政法文明体制内的"国家间"战争，这种战争的性质与不同文明之间的战争并不能同日而语。

先秦诸子百家大都有自己的国际政治观，但其视野都限定在周天下的范围内，即原来诸国都是西周统一范围内的，并不包括更远的社会。"六合之外，存而不论"，就是说"六合之外"的国际社会关系是另外一种景象。其实，上述族际伦理观是局限在同一个文明体系即周文明体系或华夏文明内各国遵守的兄弟天下观，然而，对于文明体系之外的民族，则是"非我族类，其心必异"。把体系内的民族称为文明的民族，视为文明的代表；把体系外的民族称为蛮族，视为野蛮的代表。那个时代，中国人认为，只有我中华之邦才是"礼仪之邦"，之外的异族都是野蛮的"蛮夷"。只有在华夏之地，才形成了高尚完整的礼仪规范和优秀的传统美德，所以被世人称为"文明古国，礼仪之邦""衣冠上国，礼仪之邦"。①

何为蛮夷？在古代泛指华夏民族以外的民族。古代居住于中原地区的汉民族自称华夏，把华夏周围四方的族人分别称为东夷、南蛮、西戎、北狄，以区别华夏。"东曰夷、西曰戎、南曰蛮、北曰狄"，"中国戎夷，五方之民，皆有性也，不可推移。东方曰夷，被发文身。南方曰蛮，雕题交趾。西方曰戎，被发衣皮。北方曰狄，衣羽穴居。"②

从夏商周到隋唐时代，中国在调整中原人与周边异族关系时，构建了"朝贡"体制的国际政治伦理观。

相对于古典中国族内"忠孝"和"内圣外王"的宗法制伦理体系，族际之间奉行"和而不同""内文外蛮""非我族类，其心必异"等伦理观念，希望构建内外和睦的"朝贡"体系。相对而言，古典中国的国际族际伦理远比古希腊要文明得多。

二、修昔底德斯笔下的伯罗奔尼撒战争伦理

古希腊世界的族际伦理与古代中国的族际伦理并不相同，两者的根本区别是王族还是贵族与外邦的国际关系。在古代中国，国际关系和国际伦理实

---

① 典籍依据：《诗》序："变风发乎情，止乎礼义。发乎情，民之性也；止乎礼义，先王之泽也。"《礼记》："凡人之所以为人者，礼义也。"

② 《礼记·王制》。

际上是中原华夏民族与周边部落王族之间的关系，简称为王族与蛮族的关系。在古希腊世界，国际关系一则是希腊各邦之间的关系，二则是希腊贵族联邦与外邦的国际关系，简称为贵族与外邦的关系。

修昔底德斯的《伯罗奔尼撒战争》阐述了希腊世界内部斯巴达人和雅典人之间的战争。国家关系显然是希腊世界文明圈内的国际伦理，因此他认为，国家间关系存在正义与利益两个方面，虽然利益是主流的、本质的，正义是软弱无力的，但毕竟还存在睦邻友好和正义的元素。后来希腊人和波斯人之间的战争则是文明系统内完全不同世界之间的战争。

古希腊国际政治观主要出自修昔底德的观点。2000多年前，古希腊城邦斯巴达和雅典之间发生了一场旷日持久的战争，长达27年。伯罗奔尼撒战争是以雅典为首的提洛同盟与以斯巴达为首的伯罗奔尼撒联盟之间的一场战争，几乎涉及了当时整个希腊世界，在现代研究中也有人称之为"古代世界大战"。

正是在古希腊成熟时期的雅典文化和这场战争才培育出一位著名史学、政治学、国际关系学的思想家修昔底德。修昔底德（希腊文 Θουκυδίδης，英文 Thucydides，公元前460年或455年—前400年或395年）出身于希腊贵族，他的家族在色雷斯沿海地区拥有金矿开采权。他在雅典长大，自幼受到良好的教育。他生活在雅典的极盛时期，也是整个古希腊文化的全盛时期。成年后，他也像大多数贵族子弟一样，凭借家族的门第和个人的才干步入仕途。伯罗奔尼撒战争爆发时，他已到而立之年，于是投身军旅。军旅生涯为他积累了丰富的军事经验，他有幸于公元前424年被推选为雅典的"十将军"之一。他率领一支由7艘战舰组成的舰队驻扎在色雷斯附近的塔索斯岛。当斯巴达的军队围攻安菲波里斯的时候，他接到该城守将攸克利的求援后立刻率军增援，但在他到达之前城池已被攻破。政治当局却认为他贻误战机且有通敌之嫌，因此将他革职，放逐到色雷斯。此后的20年间，他虽然居住在色雷斯，但始终关注着伯罗奔尼撒战争的进展情况，随时记下具体过程。他经常到各地战场去进行实地考察，甚至还去过伯罗奔尼撒同盟军队的阵地和西西里岛。公元前404年，战争结束以后，他才获得特赦，得以重返故乡雅典。

修昔底德与马基雅维利一同被视为叙事主义、现实主义的奠基者，其实，马基雅维利受修昔底德的影响，所以只有修昔底德才是现实主义的先驱。人们更多地把修昔底德视为古希腊历史学家，后来因为马基雅维利等人的宣传，他被提升为政治思想家。

《伯罗奔尼撒战争史》是修昔底德在自己亲身感受的基础上，依靠敏锐的观察力，发挥卓越的写作才能之后才完成的。这部著作博大精深、前后连贯，是预先订好写作计划之后一气呵成的一部杰作，因此各个部分上下衔接、首尾相连，逻辑性之严密，在古代作品中实属罕见。它原先并没有分卷，后来的校注者们把它分成8卷，每卷又分为若干章，但是各家在分章分段时却有很大不同。《伯罗奔尼撒战争史》问世之后，引起了极大的反响，成为欧洲古典史学及首部世界军事历史的名著。修昔底德写作《伯罗奔尼撒战争史》的目的，是想通过叙述这场战争给希腊世界造成的影响，以及雅典等城邦在战争前后的成败兴衰过程来垂训后世。此书不仅力求真实记载历史，而且力图站在哲学高度上去理解和概括历史，并把这种概括之后的历史事实传达给后人。

　　修昔底德开创了"范例历史学"的先河，追求史学垂训功能。修昔底德公平地、全面地叙述了史实，又以一般原则为标准进行了评判，因而使得其著作赢得了很高的声誉，几乎没有人对他的记载表示过疑义。有人赞誉，"《伯罗奔尼撒战争史》是人类最早从政治伦理角度论述和分析国家间战争的巨著"。[①] 更有甚者认为"《伯罗奔尼撒战争史》被视为国际关系学科中唯一得到认可的古典文本，修昔底德也因对国家间政治的科学分析而得到赞许"。[②]

　　不过赞誉修昔底德的这些学者忽视了一个问题，即修昔底德笔下的雅典与斯巴达之间的战争是一种特殊的国家间战争。固然，雅典与斯巴达是两个古代国家，但从文明圈视角看，雅典与斯巴达都是古希腊城邦，两者之间的战争是古希腊"城邦内部"或城邦之间的战争，这种战争与不同文明之间的希波战争并不能同日而语。在笔者看来，至少有两个缘由不可忽视。

　　其一，修昔底德用正义的观点来论述城邦之间的战争。在古代文明的水平下，不同文明国家间的战争，如希波战争、十字军东侵，根本不讲什么正义问题。或者说，不同文明国家间的战争根本就是野蛮的，不可能讲究什么正义问题。正义问题只适用于同一种文明不同社会单元之间的战争，更多地适用于国内政治而不是国际政治。

　　其二，雅典与斯巴达之间的战争，有点类似于东周列国时代的国家间战

[①] ［挪威］托布约尔·克努成（余万里等译）：《国际关系理论史导论》，天津人民出版社2004年版，第50页。

[②] David Boucher, Political Theories of International Relations: from Thucydides to the Present, Oxford: Oxford University Press, 1998. p. 66.

争。东周列国时代的国家其实属于同一传统文明即西周文明,原来属于西周的分封属国,战国时代各国之间的战争就属于这种性质。因此,战国之乱从某种意义上讲是内乱,是西周文明的礼崩乐坏。当然,雅典与斯巴达之间的战争,同中国战国之乱也有很大的不同。

正因为修昔底德从战争之初就有这样的认识,所以他从一开始就十分用心地关注着战局的变化,注意收集和整理资料,并拟订了写作计划。等到战争结束、回到雅典、重新过上安定的生活之后,他就开始实施自己的写作计划。从这部著作的结构安排来看,修昔底德是想把那场延续了27年之久的伯罗奔尼撒战争当做一个完整的过程,严格地按照年代顺序加以叙述的。从内容看,修昔底德并没有最终完成自己的全部写作计划,他的叙述止于公元前411年,而且他叙述的最后一个句子是不完整的。人们由此判断,修昔底德可能是在著述的过程中猝然而逝的。有关伯罗奔尼撒战争最后7年(公元前411—前404年)的史事,修昔底德虽然没有来得及叙述,但他完成叙述的部分已经占了战争全过程的4/5。

修昔底德的国际政治观包括人性正义论和利益论两个方面。修昔底德的名著《伯罗奔尼撒战争史》虽然是论述战争历史,但不是单纯地理解事件,而是试图确立人类行为的人性特点。修昔底德受古希腊正义哲学影响较深,试图用抽象的和永恒的"人性"来解释和理解历史发展。他认为,古往今来,人就是人,有不变的人性,因此过去发生过的事情,在未来会以十分相似的方式重复出现。这容易陷入历史循环论。

修昔底斯的正义论是强势正义论。他继承柏拉图"正义就是强者的利益"的思想,提升了柏拉图的强者正义论,提出的著名论断是:"正义的标准是以同等的强迫力量为基础的;强者能够做他们有权力做的一切,弱者只能接受他们必须接受的一切。"① 这是理想主义和现实主义的一种巧妙结合,其积极成果在于剔除一些乌托邦成分。

修昔底斯的利益论更适用于国家间的国际关系。他认为,城邦国家行为一般并不源于正义(批判自由主义观点),而是源于利益。他明确指出,"无论国家还是个人之间,利益的一致才是最可靠的结合"。② 因此,他的观点是城邦国家利益并不完全等同于现代民族国家的利益观,因为"国家利益的术

---

① 白云真、李开盛:《国际关系理论流派概论》,浙江人民出版社2009年版,第113页。
② 白云真、李开盛:《国际关系理论流派概论》,浙江人民出版社2009年版,第114页。

语是在 18 世纪末才成为一个较通用的概念"。① 不过，他的这种观点成为现实主义国际关系理论的理论来源是不可否认的，因此他的这种观点不会因为他把利益概念置于历史分析，而否认其政治学或国际关系的理论性。

与古典自由主义不同的是，修昔底斯认为，在国际关系领域，人性的特点同样适用于国家，传统美德（正义）不符合人对安全、荣誉和利益的无法克制的自然欲望。国家间并不存在纯粹自然的秩序与和谐，现存的秩序是由强国所造就和维系的，强国总是通过其强大力量在其影响范围内运用国家权力。其实，权力的目的是为了利益的最大化。

人们通常认为修昔底德是现实主义者，他的观点是与追求正义的自由主义观点相反的，殊不知他的思想根本上就是柏拉图"强者正义论"（正义是什么，就是强者的利益）的翻版。就是说，现实主义是从自由主义思想中比较现实的思想中产生出来的。柏拉图是个理想主义者，但也不乏现实主义思想要素，强者正义论就是其著名代表性观点。正义与利益的关系问题是哲学学术最高级的难题。

其实，从伦理角度看，在伯罗奔尼撒战争中，交战的双方都是非正义的，但这场战争的成败取决于双方对内统治伦理的合理性的不同。战争的性质是争霸，斯巴达之所以能够获胜，是因为其内部矛盾比之雅典相对小一些，雅典人对自己的同盟者压榨过大，因此为自己的失败埋下了祸根。相反，斯巴达人用解放他们的口号，轻而易举地就争得了许多支持者。其中隐含了两方面的伦理真理，一方面说明雅典人对内专制的残忍性暴露了对内伦理的巨大缺陷，另一方面说明斯巴达对内统治的相对合理性。这场战争的胜负从更深层次说明了一个伦理真理，当战争双方都是非正义的，那么取胜或者失败的根本元素是双方对内统治伦理的合理性含量。

三、希波战争伦理

古希腊的国际关系表现为两个方面。一方面，在相同文明圈内，是城邦国家间的"国际交往"，表现为合作、冲突、对抗、扩张等复杂的国家关系，因此形成了"未经正式宣战不能开展，通过外交谈判和仲裁解决争端"等外交惯例与"近邻同盟"式的区域性国际制度。另一方面，对于文明体制截然

---

① Scott Burchill, The National Interest in International Religions Theory, New York: Palgrave Macmillan, 2005, p. 2.

不同的族群，比如希腊世界与波斯人世界，则根本不存在睦邻友好的关系，如果战争爆发了，国际关系表现为残忍与摧残，充满血腥。

古希腊世界发生过两场性质完全不同的战争，一场是希腊城邦之间的战争，即伯罗奔尼撒战争，这场战争发生在希腊文明内部不同国家之间。另一场是希腊城邦与波斯人之间的战争。这两场战争是不能同日而语的，前者是兄弟相残，后者是敌人相见；前者相互之间视为文明伙伴关系，后者则是文明人与野蛮人之间的敌对关系。

希腊与波斯之间的希波战争体现了古希腊另外一种不同的国际关系伦理。希波战争的侵略方是与希腊文明完全不同的波斯文明，希波战争是古代波斯帝国为了扩张版图而侵略希腊的战争。希波战争是世界历史上第一次欧亚两洲的大规模国际战争，前后持续了将近半个世纪，最后以希腊获胜、波斯战败告终。战争的后果是希腊城邦的国家和制度幸存下来，波斯帝国却一蹶不振。这次战争对东西方经济与文化的影响远大于战争本身。

波斯是古代西亚地区的一个奴隶制国家，通过征服发展成为大帝国。大流士统治时期（公元前522—前486年），波斯就已经发展成为世界古代史上第一个横跨欧、亚、非三洲的大帝国。在扩张中，希腊自然成为波斯的侵略对象。公元前546年，波斯人消灭吕底亚之后，开始了向希腊的进攻。希腊地区的经济特别发达，政治实行先进的民主制。波斯国王向各希腊城邦提出把民主制改为君主制的政治要求，作为向希腊宣战的借口。不难看出，不同文明系统之间政治伦理的不同成为发动战争的口实。

希波战争的影响是巨大的。在这场战争中，希腊世界文明的摇篮米利都城邦率先被毁，许多优秀人物逃到希腊的其他地方，同时也把米利都文明传播到希腊世界的其他地方。

希波文明促成了东西方文明的大融合。希波战争是人类历史文化的一次前所未有的大融合，其影响远远超出波斯、希腊的范围。它打破东西方几乎完全隔绝的局面，大大加强了东西方文化交流，促进了东西方文化发展，促进了科学、艺术的进步，从而推动了人类社会的发展。这是希波战争最重要的影响。

希波战争确立了西方文明的重心地位，使得世界史发展重心从东方向西方转移。希腊在希波战争中取胜，使得西方世界的历史重心由两河流域向地中海地区转移，希腊文明得以保存并发扬光大，成为日后西方文明的基础。

希波战争为希腊诸城邦赢得了独立及安全，使希腊能够在地中海继续称霸数百年。雅典海战的胜利，削弱了贵族所依赖的陆军的社会作用，提高了在海军中服役的低等级公民的政治地位和经济地位,使民主力量得以壮大。战后雅典霸权的建立及奴隶制经济的发展保障了民主制度的有效实施。希波战争中希腊方面的胜利,为雅典民族政治的繁荣营造了十分有利的客观条件。此后,雅典一跃上升为爱琴海地区的霸主,控制了通往黑海的要道,夺取了爱琴海沿岸包括拜占庭在内的大量战略要地。英国军事理论家富勒说:"随着这一战,我们也就站在了西方世界的门坎上面,在这个世界之内,希腊人的智慧为后来的诸国奠定了立国的基础。在历史上,再没有比这两个会战更伟大,它们好像是两根擎天柱,负起支持整个西方历史的责任。"[1]

希波战争在国际伦理上具有的重大历史意义在于弘扬了国际正义、战争的正义性。希腊人在希波战争中胜利的根本原因是希腊人迎战的正义性。这场战争的胜利极大地激发了希腊人的爱国热情,还促使各邦内部和各邦之间紧密团结。希腊人维护了国家的独立,并为经济、政治、社会和文化的进一步发展创造了条件。战争进程和结局对雅典城邦民主制度的发展和雅典的对外扩张产生深远影响。这场战争对于波斯来讲则是毁灭性的,启示着发动侵略非正义性战争走向失败的"必然性"。波斯在这场战争中战败并逐渐走向衰落,最后被马其顿所灭。

第五节
其他古代伦理文明

世界上比较著名的文明类型,除了古代中国文明和古希腊古罗马文明外,恐怕就是古埃及文明、古巴比伦文明、古印度文明和古希伯来文明了。古代文明无不打上民族的烙印,古埃及文明、古巴比伦文明和古代中国文明一样,重点保护王族的利益;不同的是,古埃及人的政治伦理在神权与王权合一的背景下,用神权保护王权,用王权代表神权。古巴比伦文明上演的是周边游牧民征服两河流域的定居民,变成新的定居民后再被另一个游牧民征服的一连串历史故事。诚然,古印度文明也是对贵族利益的保护,但表现特点是建立种姓制度而保护雅利安人的利益。古代印度社会伦理的主流是种姓制度,是缔造种族压迫伦理的范例。犹太人的伦理作为不是保护王族和贵族利益,而是如何在周围强大民族压迫中实现犹太人小民族逃亡而自强不息,成为小

---

[1] 富勒著,钮先钟译:《西洋世界军事史》,广西师范大学出版社2012年版,第189页。

民族成功抗争大民族的伦理范例。相反，世界民族发展史告诉我们，很多甚至是无数个小民族被大民族或强势民族同化或者消灭，缺乏犹太人那样自强不息的精神，是因为缺乏类似犹太教那种自强民族宗教伦理的滋养，因此犹太教伦理成为本书必须研究的对象之一。

一、古埃及伦理文明

古埃及人的政治伦理是神权与君权二合一的伦理体制，在这个二合一伦理体制中，王室用神权保护王权，用王权代表神权。不过这种王权伦理是从古埃及的原始宗教发展而来的。

埃及人的宗教是不断变化的。古代埃及人信仰原始宗教，曾经两度发生巨大变化。"古代埃及人的宗教传统后来相继被雅利安人的基督教[①]和阿拉伯人的伊斯兰教所取代。"[②] 现代埃及人主要信奉伊斯兰教。但是，在奴隶社会，古埃及信奉的是较为发达的原始宗教，这成为本书研究的重点。

最早定居在尼罗河谷和尼罗河三角洲地区的古代埃及人创造了光辉灿烂的古埃及文明。古埃及从氏族社会走向国家化的历史大致经过氏族公社、农村公社、半统一的王国。这个过程与中国并不相同，中国经过的是从血缘社会走向拟制血缘社会而不断强化宗法制的社会发展过程，而埃及则是从血缘社会到地缘社会再到统一国家社会。这一点与古希腊社会是相似的。古埃及和中国相同的是建构并不断强化了世袭帝王制社会。因此，古埃及政治伦理也是王族伦理，不是贵族伦理，这一点与古希腊不同。

古埃及的图腾崇拜更多的是地方保护神，包括牛、羊、狮、虎、鳄鱼等动物。于是，古埃及各地存在禁止捕杀和捕食动物的伦理规范。

埃及王国南部各州以尼赫布特为重心形成埃及王国，国王信奉鹰为保护神。上下埃及统一后，不同时期政治重心并不相同，国家保护神也就不同。尽管有国家保护神，但仍然允许各地信奉自己的地方神。然而，作为生命之神的太阳神瑞和作为死亡之神的冥王神奥西里斯却高于众神，从而具有特殊的地位，受到埃及人的普遍崇拜。生命之神与死亡之神被国王视为与自己有血

[①] 原始基督教是犹太平民反叛正统犹太教，在犹太人地区得到巨大的压迫，因此传播到雅利安人地区。因此，原始基督教"从犹太人传到'异邦人'以后，它的教义才得到发展，才在世界范围内成为一个重要的宗教。它在开始时是闪米特人的宗教，后来变成雅利安人的主要宗教"。吕大吉：《宗教学通论新编》，中国社会科学出版社1998年版，第542页。

[②] 吕大吉：《宗教学通论新编》，中国社会科学出版社1998年版，第543页。

缘关系的保护神。由于太阳神代表生命的源泉，为人类生存所依托，因此上下埃及统一后，太阳神成为历代王朝的最高保护神。随着历史的变迁，由于各王国的分分合合，法老世系的不断更替，政治中心和保护神也随之发生变化，于是"太阳神瑞便从不同的时代和地区里取得了新的动物形象"。①

无论保护神如何变换，用国王的保护神来保护王权的属性是不变的。"神不过是国家和王权的象征，神的基本任务实际上是维护国家和王权的神圣不可侵犯性。……祭司神学逐渐把杂乱的神灵世界统一起来建立起一定的天国秩序。瑞神不仅被说成是世界的创造主，而且按照他的旨意建立起世界的秩序。……国王或法老是世界秩序的实现者。"② 古埃及人把王权神化了，所以"不仅国王或法老的王权来自于神，而且他们本人生前就被认定为神，各神庙都设有敬拜法老的圣所"。③ 其实，神化王权一方面是因为神灵崇拜，另一方面古代人分不清生与死的区别，认为死后灵魂不死，国王及其王权始终占据两个世界的最高地位。从这个角度看，王权中心和神权中心是合一的，这种政治伦理的目的就是要用神权保护王权，用王权代表神权。

由于宗教在古代埃及社会占据文化核心地位，因此祭司阶级成为社会的特权阶级，寺庙经济异常发达，成为信仰者祭祀的中心。所以，"在古代埃及宗教国家化的过程中，神庙经济和祭司贵族起了重要作用……据记载，拉美西斯末年，埃及寺庙拥有耕地三十万公顷，约占全国耕地七分之一，拥有奴隶十万三千余人，牲畜四十九万头之多。……法老既是一国之君，又是祭司之长，是神权与君权的统一，其权力超越二者之上"。④

从上述历史事实不难看出，宗教神权伦理成为古埃及统治社会的重要政治伦理。

二、古巴比伦伦理文明

西亚幼发拉底河和底格里斯河的两河流域也是古代文明的摇篮之一。据考古发现，苏美尔人约在公元前5000年就建造了最早的神庙，在公元前3000年就出现了一批早期城市国家，主要有埃利都、乌尔、乌鲁克等。令人惊异

---

① 其中有苍鹰、日轮，鹰是太阳的象征。参见吕大吉：《宗教学通论新编》，中国社会科学出版社1998年版，第547—548页。
② 吕大吉：《宗教学通论新编》，中国社会科学出版社1998年版，第549页。
③ 吕大吉：《宗教学通论新编》，中国社会科学出版社1998年版，第549页。
④ 吕大吉：《宗教学通论新编》，中国社会科学出版社1998年版，第550—551页。

的是,"这些早期城市大体上是以神庙为重心建设起来的,神庙的祭司实际上是城市国家的建立者和统治者"。①

两河流域不断上演四周游牧民征服两河流域定居民,变成新的定居民后,再被另一个游牧民征服的一连串历史故事。因此,历史文化一个接着一个沉淀在历史底层,原来的语言因不断更新征服者而不断消失,但巴比伦文化尤其是宗教文化却传承下来。因为"随着征服与被征服的历史过程,统治王朝可以兴替,但宗教作为巩固国王统治权的上层建筑不但不会消失,反而日益国家化,宗教作为国家宗教的特点和功能日益强化"。②

宗教学家吕大吉先生比较了古代巴比伦宗教在不同历史时期的不同特点,将其大致划分为三个阶段:③ 第一阶段,公元前4000年左右,宗教崇拜的神圣对象主要是与基本经济活动直接有关的大自然的异己力量,信奉的神主要是丰产神;第二阶段,公元前4000年至前2000年,宗教崇拜的对象发生了变化,众神有了人的形象,诸神组成的神灵世界开始组织起来,按照长老议事会塑造了天国结构,每一位神在天府中获得一定的官职和职能;第三阶段,约公元前2000年以后,征服者和统治者信奉具有族群性、地方性的神,扩大了自己的神圣地位和神圣权力。

据吕大吉先生研究,古代巴比伦宗教的演变过程生动而突出地体现了从氏族宗教演变为民族宗教或国家宗教的全过程,其中值得关注的方面有自然神演变为城市国家的保护神、神灵等级化、国家宗教直接神化人间统治者及其秩序、祭司贵族与祭司政体得到长足发展、国家宗教仪典功能齐全。④

总之,古巴比伦宗教伦理向世人展示了这样一个道理:在古代文明时代,虽然天上伦理是按照社会伦理来塑造的,但人们却误认为人间的伦理是由天上伦理决定的。宗教文化的悖论就是这样。

三、古印度伦理文明

缔造古印度伦理文化的是婆罗门教。古印度伦理的主流是种姓制度。可以说,种姓制度的伦理体制成为种族压迫的伦理范例。

创造婆罗门教的民族是雅利安人。雅利安人原居住在中亚细亚一带,约

---

① 吕大吉:《宗教学通论新编》,中国社会科学出版社1998年版,第552页。
② 吕大吉:《宗教学通论新编》,中国社会科学出版社1998年版,第552—553页。
③ 吕大吉:《宗教学通论新编》,中国社会科学出版社1998年版,第553页。
④ 吕大吉:《宗教学通论新编》,中国社会科学出版社1998年,第554—560页。

于公元前3000多年分为两支向外迁徙，一支向东南迁入亚洲，一支向西北进入欧洲。向东南迁徙的雅利安人又分为两支：一支迁入伊朗，创造了波斯文化和宗教；另一支迁入印度，征服了当地土著人达罗毗荼人，在南亚次大陆定居后建立了国家。雅利安人把当地土著人达罗毗荼人视为野蛮人，而把自己视为高贵者。其实，当地土著人达罗毗荼人的经济文明程度远远高于外来的雅利安人，他们已经进入阶级分化，建立了早期的国家机构，他们是农业民族。雅利安人迁入南亚次大陆时还处于游牧时代，社会结构处在氏族公社阶段，但由于征服者成为社会的统治者，被征服者自然成为奴隶。为了把统治合理化，雅利安人利用婆罗门教把古代印度社会建构为四种姓等级的社会。

后来的印度教源于古代婆罗门教或吠陀教。吠陀教是雅利安人大约于公元前2000年的中叶逐渐形成的"有圣典的宗教"，即《梨俱吠陀》。《梨俱吠陀》是雅利安人南下定居在印度河上游地区的作品，内容是宗教祭司在祭祀中对所敬仰的诸神唱的祭祀赞歌和祭祀祷文，一共1070首。[①]

到了公元1世纪前后，婆罗门教广泛传播到南亚次大陆，成为影响当时社会政治生活的巨大精神力量和社会伦理行为规范。

婆罗门教信奉梵天、毗湿奴和湿婆为三大主神，分别代表宇宙的"创造""护持"和"毁灭"，主张吠陀天启、祭祀万能、婆罗门民族国家至上三大纲领。婆罗门教不仅孕育了印度教，而且也派生出很多宗教"叛逆"——佛教、锡克教等。佛教是对婆罗门教种姓制度和祭司阶级的剥削的反叛，而印度教则是对婆罗门教种姓制度的极力维护与回归。佛教追求不分阶级、等级地普度众生，而印度教则要维护万古不变的种姓等级。

婆罗门教有其完整的信仰体系与庞杂的经典和祭礼，崇拜自然多神、祖先和英雄人物。婆罗门教之所以是多神，原因有很多，其中之一是最初雅利安人迁入印度的时间并不一致，占据的地盘也各不相同，使印度长期未能形成统一的王国，所以他们在不同地盘于不同时间各自选择了自己的崇拜对象。这样，《梨俱吠陀》中也就有了五种族之别。

《梨俱吠陀》之前的作品只是口头传诵的"吠陀"。

"吠陀"是关于印度—雅利安人最古老的文献材料。"吠陀"是婆罗门教最古老的经典。最早的"吠陀"文献是宗教诗歌和圣歌的汇编。这些诗歌是何人所作，何时所作，无人知晓。最早的部分可能问世于公元前3000年，但

---

① 吕大吉：《宗教学通论新编》，中国社会科学出版社1998年，第577页。

不是文字记录而是口头传诵，经过几个世纪后才收入汇编。所以，由于早期的雅利安人没有文字，他们的"吠陀"是"听来"的而不是从书里传来的。"吠陀"的主要内容反映的是印度河上游及两河之间的原始雅利安人诸集团的文化。"吠陀"的本义是"知识"和智慧，被视为先知受启于神明而不是人的创作。"吠陀"讲求韵律，富于想象，生动活泼。"吠陀"是一种泛神论多神教。众神具有十分浓厚的人性味道，不仅智慧卓越，富有力量，而且本性善良也多行善。雅利安人的神的发展越来越多。他们一有想象的机会，就能设计出一个新神，或者把一位旧神改变成一位新神。每一部"吠陀"都有一篇散文的注释，叫做《梵书》，这就是婆罗门书。

《梵书》和"吠陀"不一样，是为婆罗门提供的辅导材料，是婆罗门教发展到后期的作品。婆罗门教从原始形态发展到后来分为三个时期：第一，公元前700年以前是婆罗门教发展为后期吠陀和梵书时代；第二，公元前700—前500年是婆罗门教的奥义书时代；第三，公元前600—公元200年是婆罗门教的经书时代。

《梵书》是"吠陀"的最后一部分，是具有高度哲理的《奥义书》，它不仅从知识走向智慧，而且有了伦理的观念和灵魂的观念。其主要思想是：第一，物质虚幻而精神实在，即世界的灵魂是叫做"梵天"的绝对存在物，是最高的实在，而物质世界是虚幻的。第二，灵魂可以轮回转世。第三，人达到与绝对存在物合为一体即梵我同一的程度，才能解脱转世轮回。人间的邪恶和苦难附属于物质。第四，轮回的过程不是纯粹偶然的和不可控制的，在轮回中人可能下降到兽类或昆虫，也可能上升到贵人君王和圣人，这就是因果报应。它让人们相信，个人的灵魂实际上是宇宙灵魂（梵天）的一部分，虽然个人的灵魂离开了自己的本原，但仍可与其复归为一体，不过必须通过个人的努力，否则就不能复归为一体。

《奥义书》反对梵书时代婆罗门教的三大纲领：第一，反对吠陀天启。反对吠陀祭祀要靠祭司世家来继承。第二，反对祭祀万能。《奥义书》主要是哲人的反思的代表作，因为祭祀万能不合哲理。第三，反对婆罗门至上。按以往祭司的说法，人靠天活着，神则靠人的祭祀而存在，所以祭司便有了控制神的力量；所以祭祀越多，能量越大，一个国王如行一百次祭祀，就可以推翻因陀罗的王座，成为宇宙的主宰和众神之王。

《奥义书》否定了以往婆罗门教的三大纲领，开始了对宗教的哲学沉思，成为日后推动佛教等反婆罗门教产生的重要力量。

古代印度文明是一个相对独立的文明体系，是相对封闭的地理环境造成的。印度北面是喜马拉雅山，东西两面也有山脉同外界分隔。在古代，由于生产力发展水平低下，印度人不能克服自然地理环境的分隔，只从西北开伯尔、兴都库什山等山口经由阿富汗通往中亚。恰恰是这个通道，成为雅利安人入侵的入口，这是后话。复杂的地理环境，造成了复杂的居民状态。

"印度"得名于印度河。印度古代文明产生于公元前2500年前后的印度河流域，一直独自发展到公元前1500年，即古代印度文明大约只存在了1000年的历史就结束了。据有关资料研究，古代印度文明大约是印度河流域的当地人和外来人于新石器时代共同创造的。最初的外来人是公元前3000年初从俾路支山区向南迁移到印度河流域的，这些移民把苏美尔人的文明传播进来，促进了印度文明的出现。印度河文明主要是农业文明。

哈拉帕文化是雅利安人进入之前的古代印度文明。哈拉帕文化在历史上存在于公元前2500—前1500年，公元前2000年是其繁荣时期。创造哈拉帕文化的是哪种人呢？历史学家还不敢肯定，大多认为是达罗毗荼人所创。可以说，在雅利安人入侵印度之前，当地人达罗毗荼人独立地创造了一种叫做哈拉帕的文化。雅利安人入侵之前，印度当地的土著人创造出文字，但迄今没人能够释读，无法得知其中具体的内容。

虽然雅利安人征服了印度河流域的土著人，但由于他们文化发达先进，人数众多，所以雅利安人无法把他们灭绝和赶走，甚至不能把他们的文化进行同化。相反，当雅利安人进入到印度河流域定居下来后，不得不与他们生活在一起，与他们和平相处，向他们学习经营农业，甚至相互通婚达数世纪之久。

在古代，印度的民族情况就非常复杂。雅利安人入侵之后，西北部陆续侵入印度的外来人还有波斯人、希腊人、大月氏人等。后来的印度民族和印度文明的复杂性正是源于古代这种本地人与各种外来族人交织杂居和文化融合。

印度的种姓制度应该产生于雅利安人侵入之后，理由有两个。其一，雅利安人在侵入印度河流域之前，并没有社会等级的种姓限制。其二，雅利安人入侵印度之后，由于他们的皮肤白而其他人黑，他们的鼻子比当地人高，因此称当地人是"没有鼻子的"黑色敌人，自称是"高贵的人"（雅利安人的原义）。种族上的差别使雅利安人有了强烈的种族优越感，他们极力阻止与受自己歧视的臣民混合，这样就发展了其四大世袭种姓的制度。前三种等级属于雅利安人的，第一等级是祭司（婆罗门），第二等级是贵族和武士（刹帝利），第三等级是农民（吠舍），第四等级才留给非雅利安人的达塞人（称之为首陀罗）。后来婆罗门教把人分为四大种姓或四个等级——婆罗门（祭司）、刹帝利（贵族和武士）、吠舍（农民和工商业者）、首陀罗（无技术的劳动者和奴隶）。

婆罗门教认为种姓是职业世袭、只能内部通婚不准外人参加的社会等级集团，从属父母，永世不能改变。各个不同种姓都有各自的社会职责和义务，包括传统的职业、生活方式和习俗等。婆罗门教把前三种姓称为"再生族"，意为婆罗门教使他们获得第二次生命。第四个种姓首陀罗族是"一生族"和"贱民"，即"不可接触的人"（如今"不可接触的人"占印度人口的七分之一），处于社会的最底层。

种姓制度有四大特性：一是职业原则，强调种姓的职业差别，银行家和商人属于高贵的种姓，是吠舍种姓；二是世袭原则；三是食物限制原则，不同种姓对食物、水的接触要有种姓的讲究，认为只有高贵的人才讲究清洁卫生；四是道德原则。

这种古印度伦理规范的生命力很强，至今种姓制度对印度社会还存在重要影响，堪称不死的种姓制度，与中国宗法制对后世的影响同样久远。

四、古犹太人伦理文明

古代犹太人伦理沉淀在犹太教之中。由于犹太人是小民族，面临着四面八方袭来的大民族或强势民族的凌辱，因此如何从各大民族的挤压中求得生存，便成为这个民族的第一伦理追求。这是一种生存伦理。犹太教及犹太伦理文化就是在这种生存夹缝中诞生的。因此，建立逃亡而自强不息的伦理成为古代犹太人的伦理追求，不断遭受周边强势民族的蹂躏成为犹太人不断经历不幸的宿命。百折不挠成为犹太民族自强不息的历史写照。可以说，世界上没有任何一个民族能够像犹太民族那样，悲惨的民族宿命需要一种宗教的安慰和支撑，犹太民族的产生与发展同自己特有的犹太教的产生和发展息息相关。

犹太人的历史开始于4000多年前的美索不达米亚平原（现在的土耳其、伊拉克一带）。该地区是中东文明的摇篮与中心，许多民族就是从这里移民到中东各地的。[①]

从犹太民族的历史看，与犹太教相关的世界性纠纷是令人震撼的。在古代，从"出埃及"到"巴比伦之囚"的苦难中，谱写出斑斑血泪的犹太发展

[①] 黄陵渝：《当代犹太教》，东方出版社2004年版，第2页。

史。在两次世界大战期间，德国法西斯主义无比猖獗，希特勒分子对犹太人进行血腥屠杀。在美国，犹太人在很大程度上主宰着美国的新闻、金融和好莱坞等行业，通过对美国政治文化某种程度上的控制进而影响全球的政治和文化，由此也引起了同阿拉伯民族的矛盾。犹太教"复乐园"的教义和信念产生了犹太复国主义，在美国等国家的支持下，造就了以色列这个国家，并导致经久不绝的"阿以争端"，而其争端的一个焦点正是"耶路撒冷"宗教圣城之争。

犹太人的历史发展与犹太教的发展密切相关，这也是犹太民族形成的特点。摩西十诫对犹太教的创立，对犹太人伦理文化的塑造，对后来犹太民族的形成，都起到了关键的作用。

犹太人（主体）的历史命运经历了建国——流散——复国三个发展阶段，即《圣经》所描述的"得乐园——失乐园——复乐园"的历程。与此相对应，犹太教也经历了三个阶段的发展过程。在早期历史发展中，犹太人经历的三个阶段是游牧部落阶段、部落联盟阶段和王国阶段，而犹太教的形成是在游牧阶段。

与西亚的古老民族相比，犹太人是一个较晚形成的民族。犹太人的祖先是希伯来人，其历史大约可以追溯到5000年以前。公元前3000年至前2000年，犹太人的祖先被称为希伯来人或以色列人，曾经历过漫长的半游牧族长制氏族阶段。

据《圣经·旧约》记载，希伯来人的祖先是亚伯拉罕。亚伯拉罕被尊奉为"第一个犹太人"，其家庭生活在上帝"应许之地"迦南一带，其后代雅各与神跤力才改名为"以色列"（Israel）。

其实，希伯来人最初是闪米特人中的一种。他们最初生活在阿拉伯半岛的南部，后来迁徙到巴比伦的两河流域，在这里接受了美索不达米亚文化与埃及文化的熏陶和影响。

由于希伯来人受到巴比伦人多神教的歧视，他们不甘忍受民族压迫，反对被异族文化同化，于是选择向外迁徙，选定的目标是迦南地带（如今以色列和巴勒斯坦地带）。这一地带被《圣经》称为上帝赐给他们的"应许之地"。可见，他们最初就具有一种很强的被异族同化的反抗精神。

迁移到迦南地带后，他们同样面临被异族迦南人同化的危险。为了防止本族人被异族同化，族长亚伯拉罕以与上帝签约之名来强化本族人凝聚力，这就萌芽了犹太教的雏形。之后，犹太人依靠犹太教来凝聚本族人。为了避免被迦南人同化，他们选择了再次迁徙。亚伯拉罕带领本族人从迦南地带出发,穿越西边沙漠,迁移到埃及的歌珊地区。

犹太人在形成民族之前,就用"希伯来人"这一名词来表述自己,其原义还不是专指民族形成以前的以色列人,而是指"过河之人",[①] 意为亚伯拉罕生于伽勒底的乌尔,他带领全家渡过幼发拉底河到迦南。希伯来人"过河"的目的是为了摆脱巴比伦多神教的控制。亚伯拉罕之所以会从一个文化比较发达的地区迁出,起初是因为不满当时统治两河流域的混乱的多神思想,以及多神思想和犹太教的一神思想相矛盾。亚伯拉罕到迦南四处游牧,立志把氏族里的所有人联合为一体。可惜他生前未能如愿以偿。他死后,其子以撒则勇敢地担负起他的这个遗愿。为了完成父亲的遗愿,以撒付出了艰苦的努力。为了维持氏族的紧密联系,他要求自己的儿子雅各必须在亲戚的女子中娶妻生子。雅各娶了自己的两个表妹利亚和拉结,生有12个儿子。雅各这12个儿子的后代发展为以色列民族的十二个支派。

犹太人的最初发展是以以色列国家的建立为标志的,是处于特殊的历史条件下,即在埃及和美索不达米亚的衰落时期,所以"大卫的扩张企图恰好因近东缺少强国才得以实现。当时在那里没有一个国家能够制止以色列的扩张"。[②]

但是,从此以后,犹太人便开始了遭受他族奴役的历程。"出埃及"和"巴比伦之囚"是其著名的两大磨难。

开始的最大一场民族灾难,是希伯来人受到埃及人的统治。雅各和他的12个儿子带领自己的家族迁往尼罗河三角洲以东,即现在的苏伊士运河西面,在那里的歌珊定居下来,这就为日后犹太人遭受埃及人奴役埋下了"伏笔"。当时埃及人正遭受一支属西闪米特人的异族人喜克索斯人的统治,游移到此地的犹太人才可能过着平静的生活。然而,好景不长,后来埃及人恢复了本族人的统治,并把当地的犹太人沦落为奴,强迫他们从事苦役。

这种苦役整整经历了4个世纪。在犹太人看来,使自己的民族脱离受奴役的苦海,是神的力量和上帝的启迪。经过400年的奴役之后,犹太人中间培育出一位英雄——摩西。约在公元前13世纪上半叶,希伯来领袖摩西带领以色列的12支派逃出埃及,迁往他们的故土,即所谓上帝的允许之地迦南。《圣经》上记载了上帝赐地给亚伯拉罕的故事:"我要把你现在寄居的土地赐给你和你的后代。这迦南地要成为你子孙永远的产业。"

[①] 黄陵渝:《当代犹太教》,东方出版社2004年版,第3页。

[②] [以色列] 阿把·埃班著,阎瑞松译:《犹太历史》,中国社会科学出版社1986年版,第32页。

在长达40年的迁徙过程中，摩西特意向自己的族人强调了对上帝雅赫维的信仰，认为以色列人是上帝的"特选子民"。摩西在出埃及的途中，接受假托上帝授予的10条诫命的启示，将之变成族人遵守的十诫。摩西还确立了独一神的律法。至此，犹太教这一人类历史上最古老的一神教正式创立，摩西一般被认为是犹太教的创立者。

摩西十诫是犹太人在摩西时代感悟到的民族伦理。其中前4条是神学伦理，包括：（1）除耶和华之外，你不可有别的神；（2）不可为己雕刻偶像，不可偶像崇拜；（3）不可妄称耶和华的名，因为妄称耶和华名的，耶和华必不以他为无罪；（4）当纪念安息日，守为圣日。六日要劳碌做工，但第七日向耶和华守安息日。前4条是对天说、对神说，是犹太教与基督教、伊斯兰教的共同点。摩西十诫的后六条是对地说、对人说，具有人类伦理道德的共性，各大宗教都有类似内容。后6条包括：（5）当孝敬父母，使你的日子得以长久；（6）不可杀人；（7）不可奸淫；（8）不可偷盗；（9）不可做假见证陷害人；（10）不可贪恋人的房屋，也不可贪恋人的妻子、仆婢、牛驴，即不可贪念他人的所有。

摩西创立犹太教的意图和背景是把希伯来人从埃及人的奴役下拯救出来，并非想造就一个民族。然而，恰恰是对民族伦理行为的如此塑造，在客观效果上造就了一个民族——犹太人。因为当时在埃及，希伯来人的人数超过了埃及人，其人数之多，思想之复杂，使得摩西不得不借助一种超越万物和众人的神力来统一众多希伯来人的思想。于是，这样的一神教就诞生了——摩西要求同胞崇拜的神灵不再是泥塑木雕的众多诸神的偶像，而应是一个凌驾自然之上却没有形象的，无时不在、无处不在的，不受任何好恶制约和不能妄呼其名的神灵。当时摩西约定，这样的神并不属于全人类，而是专属于以色列人的，这就为后来犹太教局限于犹太民族奠定了基础。

犹太民族是在反抗异族奴役的斗争中形成和发展的。在"出埃及"之后的200年间，希伯来人征服了迦南的大部分地区。当时迦南的政治结构是由宗教联盟走向部落联盟，开始从游牧部落的生活方式逐渐走向农耕定居的生活方式，出现相对稳定的部落经济环境。战争使得这种生活方式不太稳定，出现一种被称做"士师"的领袖，他们在征服迦南过程中把整个部落团结并组织起来成为一个整体。由于当时统一的犹太民族尚未形成，"士师"还未成为全体以色列人的领袖。

为了抵御海上非利士人的威胁，以色列地区的各个部落支派需要由一个共同的宗教文化、共同的领袖来统一指挥，组成部落联盟以共同对敌。于是，犹太人经过较长的时期，逐渐形成了共同的地域、共同的语言、共同的经济生活和以犹太教为纽带的共同心理素质，从而由部落联盟发展为民族。第一步是把各个部落联合成部落联盟，第二步是把部落联盟组成一个完整的王国。以色列王国的建立标志着犹太民族的正式形成。而在犹太民族形成的过程中，犹太教的凝聚、整合作用是功不可没的。

第一位国王扫罗约于公元前1020年把各个部落初步联合起来，使以色列人从松散的部落发展为较为统一的完整王国。后来经过大卫和所罗门两个王国的统治，犹太民族和犹太教进一步发展。大卫的功绩是把首都定于耶路撒冷；而所罗门的功绩则是在耶路撒冷建造成犹太教的第一圣殿，并使其成为犹太民族的精神中心。

公元前11世纪后的5个世纪，犹太人组成了几个王国，并积极跻身于世界政治和军事的舞台。大卫、所罗门王统治的时期是犹太人历史发展中的黄金时代。经过士师时期，以色列人建立了统一的王国，但历史非常短暂，大约在公元前930年即分裂为南北两国。南方的两个支派组成犹大王国，北部的十个支派组成以色列王国。

关于统一王国分裂的原因，既有深刻的内因，又有适时的外因。其内因有三个：一是，所罗门①实行宗教信仰自由的政策，并对外族人开放，这对犹太教而言是一个严重的威胁。当时盛行信仰原迦南宗教的丰产神巴力，人们到处为巴力和其他诸神建造庙宇，引起了人民的不满。二是，所罗门向百姓征收沉重的捐税和徭役，以此来维持王宫奢侈糜烂的生活。三是，所罗门在政治上偏袒自己的南方支族，虐待北方支族，激起民愤。此时又正值周边大国埃及和亚述的再度强盛，在埃及和亚述的入侵下，加之以色列人内部南方人和北方人又存在纷争，统一的王国逐渐走向了分裂。

北方的以色列王国在公元前722年被亚述帝国所灭，南部的犹大王国至公元前581年被新巴比伦王国所灭，圣殿被毁，以色列人或遭杀掠，或遭驱散，其中有数万犹太人被掳往巴比伦，史称"巴比伦囚房"。

"巴比伦囚房"标志着犹太人散居生活的开始。此后，犹太人被分为两部分，一部分是留在犹大地区的贫民，另一部分是被俘虏到巴比伦的犹太人。

留在犹大的只有少数犹太人，他们多数是贫民。为了监视留在犹大的犹太人，尼布甲尼撒任命亚希甘的儿子基大理（Gedaliah）为统治者。但公元

---

① 所罗门是古代以色列王国第三任国王，大卫王朝的第二任国王，大卫王朝创始人大卫王的爱子，以及《圣经·旧约全书》中《箴言》《传道书》《雅歌》的作者。与其同名的还有画家所罗门、球员所罗门。

582 年，基大理被暗杀，导致犹太人被进一步放逐和迁徙，从而扼杀了以色列政治生命的最后一线希望。

留在犹大的犹太人并没有使犹太人的文化得以发扬光大，相反，沦落到巴比伦王国的犹太人才成为以色列传统文化得以延续不绝的主要桥梁，代表着犹太文化发展的主流。

沦落到巴比伦的犹太人的命运并非很悲惨。根据资料表明，"巴比伦并没有奴役他们，也未对他们施以严酷的体罚，在定居于组织严密的地方后，他们又成了农民、手工业者和商人，并承担为国家服役和缴纳税款的义务"。①

犹太人被放逐到巴比伦，并没有削弱他们对耶和华神的忠诚，相反，在他们的心目中，这种灾难正是上帝公正的预言性的警告，是对他们不执行人与上帝契约义务的一种惩罚。同时他们还相信，耶和华最终会把他们召回自己的家乡，而圣殿会重新竖立在锡安山（Mount Zoin）上。"巴比伦之囚"对犹太人的发展具有重要的历史作用。②

流放到巴比伦的犹太人，不仅没有丧失自己的民族性，反而更加增强了民族自我意识，并意识到一神教与多神教是多么地格格不入，因此他们用自己的一神教对当地的多神教进行改造。可以说，在当时以多神教为准绳的时代里，犹太人是第一个信奉一神教的民族，一神教是犹太人对西方文明的一大杰出贡献。他们深信，"真神即天、地的开辟者和历史的操纵者，最后所有的人类均将崇拜他"。③ 巴比伦王国被灭后，被奴役到那里的犹太人才得以解放。公元前 539 年，波斯结束了巴比伦王国，把近东历史上一个强大的帝国置于波斯人的统治之下。公元前 538 年，波斯人允许犹太流亡者返归耶路撒冷并重建耶和华圣殿。

---

① ［美］罗伯特·M. 赛尔茨著，赵立行、冯玮译：《犹太的思想》，三联书店上海分店 1994 年出版，第 26 页。
② 黄陵渝：《当代犹太教》，东方出版社 2004 年版，第 12 页。
③ ［美］罗伯特·M. 赛尔茨著，赵立行、冯玮译：《犹太的思想》，三联书店上海分店 1994 年出版，第 33 页。

第三章　国族伦理或国家伦理

本书著者认为，古代国家还称不上是纯粹的国家，充其量只是假想的国家，绝不是现代意义上的国家。因为在古代社会，权力和利益的重心要么集中在王族，要么集中在贵族，而绝不在公民。那个时代，人类社会绝大多数并不是公民社会，并不存在真正的社会公民。[①] 因此，古代的国家伦理实际上是王族伦理和贵族伦理，不是国家伦理。真正的国家伦理是公民社会的行为规范，是在西方近代以后才发生的，[②] 率先产生于欧美社会，后来才向全世界普及。

从族体角度看，国家伦理其实就是国族伦理。追求并打造国族运动的是要克服民族主义偏狭的主体建构运动，只有国族意识才能真正克服狭隘的民族主义。从古代伦理发展到近代国家伦理是人类伦理发展史的一次飞跃，经济上实现从农业社会到工业革命的飞跃，政治上实现从神权和君主专制向人权和民主的飞跃，意识形态上则实现了从王族贵族伦理向国家公民伦理的飞跃。

第一节
从古代伦理到近代国家伦理

在古代，社会伦理体系基于君权神授的理念，人民只是被奴役的对象，只是责任主体和义务主体，并不享有权利。因此，古代的政治伦理本质就是构建一个特权的社会。也就是说，在古代的伦理体制中，人民只是履行义务

[①] 古希腊虽然有公民，但古希腊公民局限于10%的（成年男性）贵族，因此古希腊社会也绝不是地道的公民社会。

[②] 在中国，"公民"的概念进入宪法是现代以后的事情。民国年间还在法律文件中使用"国民"而不是"公民"的概念。

而不享有权利，是受压迫的对象，还不是社会伦理保护的对象。从古代国家伦理发展到近代国家伦理，人类伦理才第一次实现了惠及全民的飞跃。其实质是，从保护王族利益和贵族利益的王族伦理或者贵族伦理发展为保护公民利益的公民伦理。在古代，虽然古希腊古罗马社会已经有了公民的概念，但却把公民圈定在贵族范围内，并未能惠及社会全体成员。近代西方社会则首次把公民权利给予国内的所有国民。其中，最大的贡献就是文艺复兴运动，其把人从神学伦理的枷锁中解放出来，确立了人本主义伦理规范。神学伦理社会体系实际上就是维护少数人的特权体制。因此，从神学体制解放出来就意味着人民从特权体制中解放出来，古代伦理到国家伦理的发展意味着社会从特权体制走向人权体制。所以，文艺复兴的社会伦理意义不可小视。

一、文艺复兴使人从神学伦理枷锁中解放出来

公元14—17世纪中叶是欧洲各国封建社会处于动荡和转变的伟大时代，在这期间，欧洲发生了人类历史上文化蓬勃发展的新运动——文艺复兴运动。这一运动在15—16世纪达到顶峰。文艺复兴运动是新兴资产阶级在意识形态领域中反封建、反神学统治的一场新文化运动，它与宗教改革、农民战争等一起向旧世界提出了宣战，揭开了资产阶级革命的序幕，掀起了近代民族国家运动，同时也揭开了近代国家伦理建构和发展的历史过程。文艺复兴运动始于意大利，后来遍及整个欧洲，再后来则遍及全世界。

文艺复兴的突出特点是以人文主义作为新文化革命的旗帜，把以"人"为伦理本位、反对以"神"为伦理中心的世界观提到首要地位，将人们的思想意识从神学的束缚中解放出来，以哲学上的革命为先导，使窒息的实验科学和自然科学从神学的教义中解放出来，开创了近代哲学和自然科学的新纪元。正如恩格斯所说："现代自然科学同古代人的天才的自然哲学的直观相反，同阿拉伯人的非常重要的、但是零散的并且大部分已经无结果地消失了的发现相反，它达到了科学的、系统的和全面的发展。"[1]

自然科学的新成就又反过来证明了新的哲学体系的正确性，从而在理论上沉重打击了教会宣传的经院哲学，使其遭到了破产。新的哲学思想以实验的自然科学成果为依据，说明物质世界有其固有的规律，并用实验的自然科学说明世界和认识世界，从而把古代古典朴素的唯物主义提高到形而上学唯

---

[1] 恩格斯：《自然辩证法》，人民出版社1971年版，第19页。

物主义阶段。

在封建社会的西欧，天主教会凌驾于一切科学之上，拥有至高无上的权威，一切文化思想意识都成了神学的奴婢，人一生下来就有罪，人生最终的目的是死后进入天堂以获得永生。任何一种公理凡是同基督教的信条，尤其是同尼西亚会议①的决议相违背，就被教会判定为理性的迷误。

学者胆敢出来证明"一乘以一等于一"，就会被定为离经叛道的异端，因为"一乘以一等于三"才符合神学所启示的圣父、圣子、圣灵三位一体的真理。在这种神学的控制下，根本就谈不上什么独立的教育。为此，文艺复兴运动首先打出了"人文主义"的旗帜，直接指向神学，与神学相对抗。人文主义者提出世俗教育的口号，力图摆脱神学的桎梏，走上独立发展的道路，争取一切意识形态上的独立，要在意识形态上确立人的统治，以代替神的统治。

人文主义者反对教会神学的目的之一，是弘扬人性的力量，追求人的个性自由。他们明确指出，在世俗世界里首要的是人而不是神，主宰世界的是人生，而不是虚幻的神灵。意大利人文学者波基奥·布拉肖里尼在15世纪所著的《论高贵》一书中，强烈地阐发了他称赞的人的高贵：人的高贵不在于出身，而在于他的成绩。这是对中古盛行的僧侣制度和神高于一切的等级制度的反抗。意大利文艺复兴的先驱提出，人的高贵，就其许许多多的成绩而言，超过了天使的高贵。人文主义者之父彼特拉克在一部假托他自己和奥古斯丁的对话的拉丁文作品《秘密》中，大声喊道："我不想变成上帝，或者居住在永恒中，或者把天地抱在怀里，属于人的那种光荣对于我就足够了，这是我所乞求的一切，我自己是凡人，我只要求凡人的幸福。"

人文主义者强调人的自由和个性解放，在政治上主要是反对君主专制主义。封建君主专制否定人的自由意志和个性发展，践踏人民的自由。当时著名的人文主义者布鲁尼、阿尔伯蒂、马基雅弗利等都强调指出，历史上和现实社会中很少有贤明君主，他们除了互相比赛奢侈、浪费、放纵无羁外，不干别的。库萨的尼古拉说，除了人类自己以外，没有什么东西限制人类的创造性活动。这些思想充分体现了人文主义者要求个性自由、个性解放的民主政治思想，沉重打击了封建贵族的统治，对人类社会的发展起到了推动作用。

人文主义者反对教会神学的目的之二，是肯定现世人生的意义，要求享

---

① 尼西亚宗教会议是罗马帝国晚期（公元325年），由罗马帝国皇帝君士坦丁一世召集，在小亚西亚的尼西亚城举行的一次基督教主教会议，会议上通过了基督教徒必须遵守的一些信条。

受人世的快乐。他们坚决反对天主教会所宣扬的禁欲主义和来世观念，揭露教会僧侣的伪善和腐化。

天主教会宣扬人生下来就有罪，现世人生只是一段旅程，人们必须面向彼岸世界，一心向往天堂的幸福。人文主义者首先揭露了天主教会禁欲主义说教的虚伪性。薄伽丘在其《十日谈》中指出，人的尘世生活是自然赋予的，不应过脱离现实的天堂生活。教会以伪善的笑容劝告人们要向往未来天上的生活，强烈追求未来世界的享乐，这纯系僧侣的欺骗。那些僧侣过着骄奢淫逸的生活，为什么却劝告别人去过无趣的禁欲主义生活呢？

伊拉斯莫在《愚人颂》中，以大量的事实和犀利的词句，对僧侣纵情淫逸的生活予以了无情的揭露："喝得痛快，活得长久，尽情寻欢，你们这一些出色的醉心于愚行的人们。"拉伯雷声称：要排斥这样的人，即"伪君子，假善人，老顽固，假正经……猴子的祖宗，看上去道貌岸然，而行为龌龊，千人指责，专好搬弄是非的奸诈的教徒"。[①]

同教会所宣扬的禁欲主义相反，人文主义者认为，人是自然的一部分，而且是万物之灵，因此人有权享受人生快乐。彼特拉克的代表作《歌集》就是一部赞美情人、歌咏爱情的作品，他热情地歌颂了青春和爱情，唤醒了被神学统治压抑的人们对美好爱情的追求。这部著作在当时起了非常重要的积极作用，同时也有着深远的历史影响。热爱生活，创造生活，享受生活，从此成为人世间的真正目的。

人文主义者反对教会神学的又一目的，是反对蒙昧、重视知识，为此揭开了反对中世纪蒙昧主义和经院哲学的序幕。人文主义者反对教会所宣扬的愚昧无知便是德行、科学不复存在的谬论，反对教会权威、神学思辩和烦琐哲学。他们推崇人的感性经验和理性思维，认为应该依靠人的能力来认识自然，造福人生。他们还竭力提倡学术的至高无上，呼吁必须恢复理性的尊严和思维的价值。尼德兰人文主义者爱拉斯谟（1466？—1536 年）在其著名讽刺作品《愚神颂》中无情地揭露说，教会僧侣和经院哲学家本来愚昧无知，不学无术，但是他们却搬弄一大堆神学虚构、烦琐论证、星相占卜等，借以炫耀自己，欺骗群众。

英国伟大的人文主义主义者、著名哲学家法兰西斯·培根指出"知识就是力量"，即只有认识自然才能支配自然，他们以此格言与教会提出的人的愚昧无知相抗衡。自然科学的实践和新的哲学证明，人的智慧可以改造大自然，

[①] ［法］拉伯雷著，成钰亭译：《巨人传》，人民文学出版社 2007 年版，第 164 页。

科学实验和经验是可靠的知识来源。布鲁诺的宇宙无限论、哥白尼的太阳中心说、伽利略对星空的发现，都给经院哲学以致命的打击。人文主义者把愚昧无知看做社会罪恶的根源，在他们看来，只要传播知识，推广教育，打倒"愚蠢女皇"的统治，就可以消除社会罪恶。

总之，西方文艺复兴是一种知识启蒙运动，也是打破神学统治的运动，更是一个解放旧的伦理体制、开创新的伦理体制的转向。一个神学占主导地位的社会体制就是保护特权和反对人权的社会体制，而民族国家社会在本质上有两个方面的要素。其一，是一个认识论和知识问题，就是要用科学和哲学真理打破宗教对人们的愚昧统治。其二，是一个社会地位重新建构的伦理问题，是一个公平正义的问题，其本质上是用人权替代特权。"君权神授"的神学体系保护的是特权阶段，民族国家构建的是一种人人平等的公民社会，用公民权体制替代特权体制才是人权伦理运动的根本。

古代伦理学沉浸在神学伦理的旋涡中，近代伦理学则舍弃了神学伦理学而转向人本伦理学，社会群体重心从王族、贵族转向公民社会，从而产生了国家伦理。从根本上看，国家伦理是近代基于民族国家运动才完成的时代伦理。

二、西欧"民族国家"伦理的诞生

虽然现代社会持有"民族国家"理念的国家远不止于西方国家，还有许多东方国家，但从"民族国家"理念的思想和社会源流关系上看，"民族国家"的理念源于欧美，而流转于亚洲、大洋洲和非洲等国家，因此近代国家伦理自然始于欧美。

西欧社会发展过程中，在其古代，基本上是城邦史，中世纪则是基督教普世统治的历史，近代才演绎为民族国家史。[①] 确切地说，西欧的民族国家起源于中世纪的末期。欧洲人通过一系列的战争，打造了一批近代意义上的民族国家，因此近代民族国家运动的政治合理性便成为近代社会最大的政治伦理作为。

众所周知，近代欧洲资产阶级发起的启蒙运动与革命运动所面对和反对的对象有两个，一个是中世纪以来的基督教神学，一个是封建势力。在中世纪，这是两个具有相向合力的政权力量：基督教梦想把欧洲建成一个统一的

---

① A. F. Bollad, Factor in Moderden History, Lodon, 1907, p. 3.

政治实体，封建的割据势力却想把欧洲分割成碎片。因此可以说，中世纪的欧洲是一个一方面由若干个封建割据的碎片组成的，另一方面由基督教黏合而成的政教合一的政治联合体。一旦打碎这个由两种力量黏合而成的政治联合体，中世纪的欧洲国家结构就被新型的民族国家形式取代了。

可以说，中世纪决定欧洲政权格局的两种力量把欧洲建成了两级怪兽，[①]一极是基督教，一极是封建割据。封建割据是一种实实在在的政权经济基础，而基督教则为欧洲政权提供最虚幻的上层建筑。这一合一分、一虚一实的两种力量虽然是矛盾的，但又是相互需要、相互支持的。

在中世纪，神权高于王权，还统帅王权。中世纪末期，王权为了争取独立，与基督教神权展开了血与火的争斗。王权利用民族的力量，在"一个民族建立一个国家"的理念指导下，把民族与国家结合起来，形成与基督教神权相对抗的王权统治下的民族国家。[②]

科学技术及生产力的长足发展、资产阶级政治革命、近代思想启蒙运动这三种合力在欧洲形成一种时代主流，既打碎了欧洲封建割据的（小）政治格局，也打碎了由基督教黏合的帝国类型的（大）政治格局。于是，资产阶级纷纷建立民族国家的时代开始了，新型的欧洲国家格局也就应运而生了。从这个意义上讲，民族国家是既反对政教合一的基督教政权形式，又反对封建割据的碎片政权形式而组建的新型国家形式。后来，民族国家成为那个时代的发展主流。

从政教合一到政教分离，是欧洲资产阶级在建立民族国家过程中政治分流的主要趋向。在中世纪，一方面，教权高于王权的政教合一结构是欧洲人组建欧洲政治格局的主导力量。在政教合一的形式下，基督教成为欧洲政权格局的统一力量。在中世纪，基督教神学借助信仰的精神力量虚拟并营造了欧洲基督教神权统治的帝国大厦，其要求是在基督教统治下，把欧洲建成一个完全统一的帝国。从这个意义上讲，基督教起到了把欧洲人大致凝聚为一体的黏合作用。可以说，基督教是中世纪条件下的政权组成的政治凝聚核心。然而，基督教内部教派的纷争把罗马帝国分为东西两半，这种凝聚力毕竟是有限的，一旦有了新的精神凝聚力就很快将其取而代之。另一方面，在中世纪，以自然经济为主导的地方封建经济组建了欧洲地方封建割据，从而极大地限制了欧洲的凝聚和"统一"。欧洲人从未能完全实现把欧洲建立为一个完

---

① 这是本书作者的观点，此前没人这样概括。世界各国的国家形式是不同的，中国不同于西欧国家。

② 钱乘旦：《欧洲文明：民族的融合与冲突》，贵州人民出版社1999年版，第10页。

全统一国家的目标,即便到了后来欧盟建立的 21 世纪初,也未能实现这一宏伟的目标。

近代欧洲社会激发了三股力量,打破了维系欧洲传统政权格局的两种力量(基督教和封建割据),在此过程中,民族国家也就应运而生。这三股力量分别是科学技术引起的产业革命和资本主义生产关系、文艺复兴运动与资产阶级革命。简言之是三个革命,即产业革命、思想革命和资产阶级革命锻造了欧洲新型的国家政权形式——民族国家。西方民族国家的诞生与资本主义的产生有直接关系。从 14 世纪到 17 世纪上半叶,地中海沿岸地区的手工工场、文艺复兴运动、地理大发现和早期的殖民扩张孕育了资本主义社会形态的基本要素,使世界朝着一体化方向迈出了关键一步。

其实,资本主义的萌芽很早。早在 10—13 世纪,在西方中世纪的中后期,就诞生了具有资本主义萌芽的法律,也就是学者所说的商法的兴起、罗马法的复兴和资本原始积累的法律悄然酝酿于封建社会中。[①] 西欧封建社会是酝酿或萌芽资本主义法律的地方,可谓"星星之火,可以燎原"。商法通常是指专门适用商人或商事活动的法律。最初商法起源于地中海、北海、波罗的海等沿海城市和其他城市的商业习惯与罗马法的有关规定。较早出现的商法是港口城市的海商法,著名的有 10 世纪在意大利阿马尔非城制定的《阿马尔非法》,12、13 世纪在比斯开湾奥莱龙岛制定的《奥莱龙法》和在波罗的海果特兰岛制定的《维斯比法》,15 世纪西班牙巴塞罗那城的《海事法汇编》等。[②]

16 世纪前后至 20 世纪初是资本主义社会形态酝酿、产生和大发展的历史阶段。在这一历史前期,世界各地处于前资本主义文明的相对孤立和相互隔绝状态。公元 14—17 世纪中叶是欧洲各国封建社会处于动荡和转变的伟大时代,是一个自然科学、社会科学开始战胜神学,推翻封建体制的时代。中世纪,西方人类从基督教神学中汲取力量。近代,西方人类从自然科学中吸收力量。自然科学为人类赢得了认识自然、征服自然、支配自然的能力。为此,"知识就是力量"成为西方人类摆脱愚昧无知、超越神学统治的格言。科学技术是第一生产力,极大地推动了资本主义生产关系的发展。17 世纪,欧洲资本主义生产方式在其原有封建社会内部体系中发展起来。近代欧洲科学技术和生产力的长足发展引发的产业革命为欧洲民族国家的建立提供了丰厚的经

[①] 沈宗灵主编:《法理学》,北京大学出版社 2001 年版,第 111—113 页。
[②] 参见沈宗灵主编:《法理学》,北京大学出版社 2000 年版,第 108 页。

济基础和物质条件，或为民族国家的建立提供了巨大的可能。

不过，仅有资本主义生产方式的萌芽，欧洲历史不会自动建立相应的资本主义国家形式，即缺少思想条件和政治条件，仅有经济条件，是不会造就资本主义社会和民族国家的。民族国家的建立只是思想里的一种虚假，但具有变为现实的可能性。基于资本主义经济关系的客观基础，资产阶级思想启蒙运动和资产阶级政治革命则把民族国家由可能性变成现实性。因为封建所有制、行政的专横、沉重的捐税限制了新型生产关系的发展，传统的基督教神学禁锢着人们的思想，而欧洲的一些思想家从宗教改革、文艺复兴、哲学革命等多方面解放了人们的思想。英国的培根、霍布斯、洛克，法国的孟德斯鸠、卢梭，德国的康德和黑格尔等一批哲学思想家，提出"自然状态""天赋人权""人民主权""三权分立""自由、平等、博爱"和"法治"等学说，为民族国家的建立提供了思想武器。文艺复兴通过智者对神学的怀疑与否定，砸碎了千百年来神学家在人们信仰王国里构筑的一切高楼大厦，建立了以人为核心、相信人的力量能征服世界的信念。这是一种思想的解放。在文艺复兴的旗帜下，人类产生了人本主义理性力量，以此反对基督教的神本主义。政治家顺应科技革命、产业革命的经济发展要求，借助这些思想家的新型思想，经过血与火的资产阶级革命，建立了新型资本主义国家即民族国家。

总之，民族国家在欧洲的建立，需要产业革命为经济条件、文艺复兴为思想条件、资产阶级革命为政治条件，这三个条件缺一不可。

资本主义民族国家的建立，一改历史上政教合一的政权组织形式，采取政教分离的现代方式。结果，效忠于民族国家的国家伦理取代了效忠于神学的基督教伦理和效忠于地主的封建伦理。但在民族国家的理念下，民族与国家、民族伦理与国家伦理的相互关系还存在着严重问题。这种问题的严重性不仅存在于现实社会中，而且从逻辑上存在着根本性的瑕疵，即民族的就是国家吗？民族与国家、民族伦理与国家伦理如何区别开来？这不仅是那个时代就留下的社会问题，而且是发展到 21 世纪甚至更遥远的未来仍然没有解决的社会大难题。其中最难解开的就是民族国家与民族主义相混的情结。

三、民族国家与民族主义

从文艺复兴之后到第一次世界大战以前，组建民族国家开始只是欧美社会的一种特有现象，远不是世界性的普遍现象。民族国家最初产生于西方而不是东方,是在西方人反对神权主义、反对封建主义的历史背景下诞生的。欧洲民族主义运动刚刚兴起就面临着是效忠于君主还是国家,是为王朝服务还是为国家服务的两难境地。正如安德森看到的那样,"欧洲内部民族主义运动的兴起——它们本身不仅是资本主义的产物,也是王朝国家所患的象皮病的产物——为很多君主制造了日益增加的文化上,因而也是政治上的困难"。① 它所反对的是欧洲封建主义的碎片割据和基督教神权主义的暴政。中世纪,欧洲人受到来自两方面的政治压迫,一方面是基督教神权主义的压迫,另一方面是封建割据势力的挤压。欧洲人依靠国王力量,人们依靠王权反对神权,把国家权力交付国王,认为国家是国王的领土,人民是国王的臣民,当时"人民认为国王是地球上的神,认为国王有理由说自己不管做什么都做得很好"。② 后来,西方人再用民族主义(大写的民族主义,即国族主义)和民主主义来反对君主制王权。

直到18世纪西方社会的资产阶级开始分享甚至获得全部国家权力时,民族国家运动才呈现近代的形式。③ 当资产阶级从分享到全部社会成果而获得国家权力后,国王失去了权威性,公民权赢得了民族国家的权威性。这个时代,国家不再是国王的领土,人们不再是国王的臣民。而是相反,国家是由公民组成的,国家是公民权利的保护者,国家领袖是公民选举出来的,必须向公民负责;国家权力是公民权利的代理,但不是公民权利的代表。④

现代民族国家运动兴起于17—18世纪的欧美。第一次民族国家运动(有的称为民族主义)浪潮催生了第一批资产阶级国家,奠定了现代国际关系的民族国家体制。最早的民族国家运动不是发生在欧洲而是发生在美国,掀起了美国革命,紧接着是法国大革命。这两场革命成为组建民族国家的向导。美国革命的成果促使美国从英国的殖民地中独立出来。美国革命成功后,部分美国革命精英(如托马斯·潘⑤)参加到法国革命中。法国革命的胜利成

---

① [美] 本尼迪克特·安德森著,吴叡人译:《想象的共同体:民族主义的起源与散布》,上海人民出版社2001年版,第81页。
② [美] 斯塔夫里阿诺斯著,梁赤民等译:《全球通史:1500年以前的世界》,上海社会科学院出版社1999年版,第354页。
③ [美] 斯塔夫里阿诺斯著,梁赤民等译:《全球通史:1500年以前的世界》,上海社会科学院出版社1999年版,第355页。
④ 代理与代表的根本区别是,代理只能在公民让渡出来的公权力之内行使,或者说官员只能在公民允许的范围内行使权力,不能超越公权力侵犯公民未曾让渡出来的私权利,而代表则不然。
⑤ 托马斯·潘恩是英裔美国思想家、作家、政治活动家、理论家、革命家、激进民主主义者,生于英国诺福克郡,曾继承父业做过裁缝,也做过教师、税务官员,后来投身美国革命和法国革命运动。1792年他被选入法国国民公会。1802年在杰斐逊总统的邀请下,潘恩返回美国。

果使得法国人获得公民权，脱离中世纪基督教体制，并使法国公民获得使用民族语言的权利，代表了法国中央或国家象征，废弃了拉丁语和地方方言。法国革命成果还包括创立了国旗、国歌和国家节日等民族主义的象征仪式。其实，表面上看这是民族主义成果，确切地说，这是一种国族主义或国家主义成果，而不是民族主义或族群主义的；是法兰西国家主义，而不是法兰西主体民族主义。同样，美国独立后，表面上是"WASP"（主导民族）的民族主义的胜利，实际上是美利坚国家主义的胜利。但是，当时的人们并没有对此进行严格的区分，没有意识到其中民族与国家或国族混淆的严重性，更不会预见到后来这种混淆会带来无穷的后患与危害。

继美国革命和法国革命之后，欧洲各地爆发了一系列民族国家运动，德意志人、意大利人、比利时人、挪威人等纷纷打着民族主义大旗，建立属于自己的民族国家。到了1871年，表面上的民族主义、实际上的国家主义原则在西欧大获全胜。[①]

在民族主义理念指导下，约在第一次世界大战、第二次世界大战、冷战三个时期，掀起了三次民族主义浪潮，相关各国在条件允许的情况下，纷纷建立了属于自己的民族国家。对此，有人说，"在历史上，民族主义的主要功能是强有力地促进创建现代国家"。[②] 但是，冷战的结束不仅没能完善国家的建构，世界没能得到普遍的和平，反倒使我们见识到国家之间、民族之间的剧烈冲突。[③] 当时，人们误以为民族即国家，国家即民族，民族与国家是对位的。这种错误为后来留下了巨大的祸害。

基于民族国家的理念自然形成一种"一族一国论"。这种理念在18、19世纪只是一种欧美范式，还不是世界性的普世性范式。但是，西方人在殖民主义运动中，为殖民地人民输入了民族主义原则，使得东方人成为西方人在殖民地的掘墓人。西方人的民族主义思潮，在20世纪中期尤其是第一次世界大战后，逐渐演变为殖民地人民反抗殖民统治者的民族解放（实际上是国家解放和独立）武器。民族主义连续出现在中东、南亚、东南亚和非洲，结果在二战后的20年内，就有50多个国家赢得了独立。因此，史学家断言，"20

[①] ［美］斯塔夫里阿诺斯著，梁赤民等译：《全球通史：1500年以前的世界》，上海社会科学院出版社1999年版，第357页。

[②] Kalevi J Holsti, Peace and War, Armed Conflict and International Order 1648-1989, Cambridge University Press, 1966, p. 161.

[③] Fred W Riggs: The Modernity of Ethnic Identity and Conflict, International Political Science Review, 1998, Vol. 19, No. 3, p. 288.

世纪是有史以来整个人类接受同一政治观念即民族主义观念的第一个时期"。①

欧洲民族国家经历了从帝国统治到民族解放与国家独立两个发展阶段。"中世纪的欧洲，既没有现代意义上的民族，更没有民族国家。已经形成的民族不仅在政治上处于某一帝国的统治之下，精神上处于国际性的罗马教廷的统治之下，民族也分裂成为大小不等的王国。"②"随着资本主义的发展，在建立统一国内市场的要求驱动下，在西欧形成了以建立民族国家为核心的民族主义的要求。在这里，民族国家被看做是单一民族建立的国家。在当时，'建立统一的民族国家'被欧洲各民族当做'至高无上的目标'来努力追求。"③

然而，民族主义原则在贯彻到各国时出现了不可逾越的障碍。20世纪80年代末90年代初，民族主义原则由西欧转向东欧，民族主义浪潮促使苏东解体，20多个新的民族国家又相继成立了。究其原因，冷战前后的东欧社会从西欧人手里继承过来"一族一国"或"族国对位"的理念，反对苏联帝国主义，组建自己的民族国家，结果苏东解体了。但解体后的苏东社会并没有缓解族与国的矛盾，不能解决民族与国家并不对位的严峻现实，依然还是多民族国家，民族与国家仍然无法对位。有的学者思考，世界上绝大多数国家都不能使民族与国家对位，民族与国家不能对位的情形成为世界各国普遍存在的现象，清一色的民族国家即"一族一国"在历史上从来就没有出现过。清一色的"民族共同体"只在氏族社会中存在过，在国家社会并未出现过，因为国家社会不是以血缘关系为纽带，而是以地域疆界为界限的。在现代社会，就更难存在清一色的民族国家了。

诚然，民族国家的理念也未必没有合理性。在笔者看来，其合理性在于"国族"（国家民族的简称，英文表述是"state-nation"④）层面的意义，或者说，民族国家理念的现代合理性在于国族范畴。国族是民族之上的一个更高的范畴，即把本国多民族融合为一个国家层面的共同体，如中华民族、美利坚人、马来西亚人等。我们说"中华民族"，不能否定56个民族。中国56个民族是强调文化历史纽带的文化实体，中华民族则是谋求国家政治统一的政治实体。如果把56个民族理解为政治实体，再按照西方一族一国的民族国家

---

① [美] H. 科恩：《民族主义：它的意义和历史》，普林斯顿1955年版，第89页。
② 蔡拓等著：《国际关系学》，南开大学出版社2005年版，第55页。
③ 蔡拓等著：《国际关系学》，南开大学出版社2005年版，第55—56页。
④ 参见埃里克·霍布斯保姆，李金梅译：《民族与民族主义》，上海人民出版社2000年版，第39页。

理念往下推理，就会得出56个民族应当建立56个国家，那显然是极其荒谬的。只有中华民族这个国族范畴才可以与主权国家联系在一起。

一些亚洲民族的极端者，主要在西亚和南亚国家或地区，根据自己的传统宗教理解，不仅接受了错误的"一族一国"的民族国家理念，而且把民族国家理念的理解更加错误地从"一国一族"发展到"一族一教"的场阈，从而造成一幕幕更加惨烈的民族冲突与宗教冲突交织在一起的历史悲剧，巴以冲突、印巴冲突、僧泰冲突、库尔德问题等只是其中的一部分而已。"一族一教"是西方民族国家"一国一族"理念在东方的错误翻版，理念的误区必然导致实践中的危害。

在以往的民族主义浪潮中，表征性或者是表面上运行的是民族主义，而实际上大都是国家主义，因此是把民族主义误认为国家主义了。然而，国家不是民族，民族不是国家，因此民族主义和国家主义也不是对等的概念，这说明了民族（主义）与国家（主义）之间的悖论。揭开其中的悖论之迷雾，需要揭示"一族一国"的荒谬性。这是因为，近代民族国家运动，在民族与国家的组合关系上产生了一种"一族一国"的观念上组合，构建了"一个民族应该建立一个国家"的政治理念。这种理念起初并未引起人们的质疑，还曾经被认为是一种正确的理念，其实，这是一种貌似合理的理念。随着民族主义浪潮一步一步推进，它的荒谬性逐渐暴露，这就需要揭示民族主义伦理与国家主义伦理的悖论与重大瑕疵。

第二节
民族主义伦理与国家主义伦理的悖论

近代民族主义运动是一个前仆后继的过程。初期欧美掀起组建民族国家运动，对反基督教神学、反封建主义发挥了颠覆性作用；后来亚非拉民族解放运动接过民族国家接力棒，对反殖民帝国主义、东方各国的国家独立起到了决定性作用。无疑，民族主义在人类历史上发挥了巨大的积极作用，但也暴露出严重的弊端，产生了民族主义与国家主义之间的悖论，民族与国家、民族主义与国家主义总是裹挟在一起，让人分不清民族主义和国家主义的分界线，也让人误解民族与国家的关系可能是对位的。"一族一国论"的幽灵怪胎在近现代文明社会的上空徘徊，导致了种种民族主义浪潮，不断撕裂着已有的国家体系；不仅促使民族主义成为分裂国家的元凶，而且对国家稳定、世界和平造成巨大危害。民族主义与国家主义的悖论根植于民族与国家的交叉与混淆，这是因为，发生在近现代的现实的民族国家运动误把民族与国家紧紧联系在一起的同时，把民族与国家混淆起来。其实，民族与国家、民族主义与国家主义虽然密切相关，但两者有本质区别。因为民族主义与国家主义有交叉，所以必然混淆；也因为是交叉关系，基于非交叉部分，二者有了根本性的区别。厘清民族与国家、民族主义与国家主义的关系，让族群主义代替民族主义，乃是当代人类必须完成的重要任务。

一、貌似合理实则荒谬的"一族一国论"

在民族与国家关系中，最核心的问题就是，民族和国家是不是对等的或对位的关系，能否提出"凡是民族的就是国家的""凡是国家的都是民族的"？其中包含的政治敏感问题则是，一个民族是否就应该构建一个国家？"一个民族应该构建一个国家"的理念是否是合理的？世界上爆发众多的民族冲突对社会造成的最大危害是什么？是否包含了基于"一族应该构建一国"理念的社会实践，造成了现实的国家分裂主义运动？如果说历史上构建国家的民族大都是一些强势民族，那么中小民族有没有理由也应构建属于自己的国家？虽然一些中小民族没有足够能量构建自己的国家，那么"它们想要组建自己的国家"的想法是不是合理的？这些问题成为民族国家伦理的根本问题。对此，本书著者思考如下：

首先，"一族一国论"宛如一个幽灵在近现代文明社会的上空徘徊，导致了一次次民族主义冲突，不断撕裂着已有的国家体系，给国家稳定甚至是统一带来严重威胁。民族自决思想是近代西方民族主义思潮的重要理论基石之一。"一个民族一个国家"是近代西方民族主义思潮的经典表述，民族自决的政治诉求就是要建立属于自己民族的国家政府，"相信每一个民族都有权建立一个独立的国家并决定自己的政府"。[①] 有的国际关系学者认为，民族主义的本质属性有三，"民族成员首先应忠诚于它们自己的民族共同体；这种民族共同体希望成为独立国家；这个国家只应由一个民族组成"。[②]

[①] [英] 莫迪默、法恩主编，刘泓、黄海慧译：《人民·民族·国家——族性与民族主义的含义》，中央民族大学出版社 2009 年版，第 105 页。

[②] 李少军：《国际政治学概论》，上海人民出版社 2002 年版，第 429 页。

当今世界约不足 200 个国家，有两三千个民族，① 根本无法实现每个民族都能组建自己民族国家的世界格局。事实上，"一族一国论"以前是、现在依然是、将来永远是无法实现的美梦，民族与国家的数量永远不可能对位。当今世界，绝大多数（约有90%的）国家是多民族国家，只有少数（10%的）国家是相对单一的民族国家。② 因此，未来民族国家格局的发展趋势，绝不像苏东解体时想构建自己的民族国家那么简单，而是如何实现多民族的和谐相处，构建多民族国家的和谐关系。

其次，民族分裂主义与宗教极端主义合力打造了一幕幕人间惨剧。民族分裂主义者一方面利用"一族一国论"的理论怪胎，借用民族主义资源，与国家利益抗争，实现自己的政治目的。另一方面，民族分裂主义借用宗教极端主义力量实现自己的政治目的。在当今世界上，基穆冲突（基督教世界与穆斯林世界的冲突）成为卷入人数最多、对人类文明危害最大、死伤人数最多、最难解决的冲突链条，"基地"组织利用恐怖主义手段展示了极端穆斯林主义，ISIS极端组织则发展到试图组建把伊斯兰世界统一起来的"伊斯兰国"，这些都彰显了极端民族宗教主义的祸端。从冲突的民族主体上看，有些极端民族分裂主义政治精英利用和借用民族利益，实现充任国家领导人的政治目的和政治企图。这种民族分裂主义运动极大地影响了国家主权的完整和国家统一的安全性。

再次，国家资源在不同民族中的分配不公，全球资源在不同宗教信众中的分配不公，是导致民族冲突、宗教冲突的根源之一。这个问题极其复杂，这里不多分析。

此外，在处理国内多民族关系时，在民族国家的理念指导下，西方人认为国家是一个均质化的民族集团，因此他们从思想上只认可一个主体民族，而不接受也不承认其他少数民族，在文化上对少数民族进行排斥，在民族政策上对少数民族采取"同化"政策。

最后，在许多存在大量外来移民的国家，尤其是基于叙利亚危机而产生的穆斯林难民问题，对欧洲相关国家产生了很多负面影响，究其根源，在于移民问题带来的相关民族宗教问题。

现实社会的民族与国家关系，不是"一族一国"状态，而是"多族一

---

① 网上查询是世界有2000个民族，但有的学者提出"世界上有3000个民族"，参见周平：《民族政治学导论》，中国社会科学出版社2001年版，第4页。

② 参见［英］安东尼·D. 史密斯著，龚维斌、良警宇译：《全球化时代的民族与民族主义》，中央编译出版社2002年版，第103页。

国"状态。由于移民和各族文明的互动关系,迄今为止包括日本在内的任何国家都未曾建立清一色的单一民族国家,任何国家都面临着如何认同非主体民族,以及处理多民族、外来合法移民的问题。可以说,西方人"一族一国"的理念与多民族国家的现实形成鲜明的反差。从某种意义上讲,旧日里贫困的民族国家理念是对现实社会多民族国家的反对,也是在理论提炼上的滞后。政治家运用贫困、偏颇和错误的民族与国家关系理念所建立的"同化"民族政策在实践中必然是失败的,在实践后果上,必然上演一幕幕形形色色的民族冲突、种族清洗和种族屠杀等系列悲剧,在现代世界历史上写下一段段残忍血腥的历史。[1]

综上所述,不难发现,"一族一国"的合理性仅限于"国族"的范围。一方面,超过国族范围,"一族一国"就丧失了其合理性。另一方面,如果说历史上的民族主义浪潮也具有一定的合理性,那只能圈定在近代欧洲的反神学、反封建,东方社会反殖民主义的民族解放运动中。在现代国家成为人类发展主流的时代,"一族一国"理念将丧失它的合理性。在未来人类社会发展中,随着移民的普遍化,多民族国家的国情将会不断升级,民族与国家更将永远无法对位。

民族国家理念的发展路线图是从西方掀起民族国家运动发展到东方接受"民族国家理念"而展开的民族解放运动。

二、民族与国家永远不能对位

真正的第一次民族主义浪潮是近代发生在欧美西方世界的民族国家运动。看似民族主义浪潮,实际上是国族主义或国家主义浪潮。民族主义与国家主义总是裹挟在一起,让人分不清民族主义和国家主义的分界线,因此笔者对历史上发生过的民族主义浪潮进行某种质疑和反思。

人类社会从古代国家社会发展到近、现代国家社会,古代国家社会是农业社会,近代国家社会发展为工业社会。近代社会产生了诸多民族国家,实现了一次主体革命。主体革命的宗旨是把人们共同体塑造为民族国家,[2] 于是人类政治从古代国家政治形态发展到近代国家政治形态。率先完成工业革命的荷兰、英国、法国、德国、西班牙、葡萄牙、美国、日本,先后跻身于世

---

[1] 王建娥:《现代世界体系中的族际政治》,王建娥、陈建樾著:《族际政治与现代民族国家》,社会科学文献出版社2004年版,第56—57页。

[2] 民族国家的英文是"nation-state"。

界强国之列，为此开启了一次又一次殖民主义运动浪潮，成为瓜分世界的政治动能，爆发了两次世界大战。其实，在那个时代，人类的主体究竟是民族还是国家，还是不是很清楚的。有的是一个强势民族组建了自己的国家，有的是几个强势民族组建了自己的国家。

无论如何，民族和国家怎样也无法对位。如今世界上约有 3000 个民族，①只有 194 个国家。其实，"大多数现代国家都是多元的，这不仅是一种事实，而且具有重要意义"。② 因此不是任何一个民族都能组建自己的民族国家。

民族与国家黏合的类型大致有三种，一种是"建立了国家政治体系的民族"，"第二种是与其他民族一起建立统一的国家政治体系的民族"，"第三种类型是尚处于初级形态的民族，英语中常常用'tribe'这一概念表明这种民族类型"。③ 在近代，"人们常常把民族建构等同于国家建构"。④ "民族国家"到底是民族，还是国家，抑或是两者的混合体？当时人们是不清楚的，或者模糊地认为民族就是国家，国家就是民族。英文"nation"既是民族又是国家。在两次世界大战和冷战期间，爆发了三次民族主义浪潮，对原有的民族国家构成产生了极大的冲击，⑤ 每次都诞生出许多新的民族国家。⑥ 有很多较大的民族还幻想在现代社会条件下构建属于自己民族的国家，认为自己是丧失"祖国"的民族。他们在历史上曾经有过建国的好时机，但是一旦错过了历史的机遇，可能就永远错过了。如库尔德人就属于这种情况。在 20 世纪 50 年代，库尔德人曾经有建立自己祖国的机会，但他们当时并没有民族国家意识。后来库尔德人产生了建国的意识，但却为时已晚，库尔德人早已被土耳其、叙利亚、伊朗和伊拉克分割为 4 个国家，库尔德人无力与这 4 个国家相抗衡，这个民族建国的大好时机可能就永远失去了。

在现代社会，不同民族极力主张建立属于自己民族的国家的政治伦理已经丧失了时代合理性。理由如下：

---

① 周平：《民族政治学导论》，中国社会科学出版社 2001 年版，第 4 页。
② [英] 安东尼·D. 史密斯，龚维斌、良警宇译：《全球化时代的民族与民族主义》，中央编译出版社 2002 年版，第 103 页。
③ 周平：《民族政治学导论》，中国社会科学出版社 2001 年版，第 5—6 页。
④ [英] 安东尼·D. 史密斯，龚维斌、良警宇译：《全球化时代的民族与民族主义》，中央编译出版社 2002 年版，第 43 页。
⑤ 郝时远：《20 世纪三次民族主义浪潮评析》，《世界民族》1996 年第 3 期。
⑥ 第一次世界大战诞生了第一个社会主义国家苏联，还诞生了冰岛、芬兰、爱沙尼亚、拉脱维亚、立陶宛、波兰、捷克斯洛伐克、南斯拉夫、奥地利、匈牙利等国家。受苏联影响，二战后世界上诞生了新的一批社会主义国家。冷战结束，苏东解体，苏联分为 15 个国家，南斯拉夫分为 5 个国家，捷克斯洛伐分为 3 个国家，诞生了更多新的民族国家。

第一，从人类群体发展规律上看，人类社会是从氏族社会发展到王族社会和贵族社会，再发展到国家社会而不是民族社会，民族社会包容在国家社会中，最后发展到全球社会。每一次经济革命都导致社会群体质的飞跃。从采集狩猎经济发展到游牧经济，人类从类人猿和智人发展为氏族社会。农业革命把人类从游牧经济发展为农业经济，社会单位实现了从氏族社会发展到表现为王族社会和贵族社会的古代国家社会。工业革命把近代人类从农业经济提升为工业社会，实现了人类社会从古代国家社会到近代国家社会的飞跃。全球化的深度发展，把人类社会从国家社会提升为全球社会。我们现在的社会正处于从国家社会向全球社会的过渡发展过程之中，民族国家的政治意识形态，即以民族为构建国家的意识形态，已经成为历史或过去。在现代社会，一方面，由于当代社会多数国家是多民族国家，很难实现纯粹的单一性民族国家，现代社会的正当性与时代合理性是通过国家来安定（本国的）多民族；另一方面，从国家社会向全球社会发展是现代社会的发展趋势，未来的社会发展合理性要求国家社会与全球社会并存，尽量用全球社会的正能量消弭国家社会的负能量。因此，把民族政治与国家政治相提并论，用民族的意识形态来构建国家的政治伦理已经完全丧失了时代的合理性。

第二，3000 个民族不可能建立 3000 个国家。约翰·纳斯比特在 20 世纪末预言，21 世纪人类将建立 1000 个国家，其根据是基于"全球性矛盾"和"苏东解体"。这种预言是极其错误的。[①] 因为大多数国家是多民族国家，经过所谓"民族清洗"后建立的国家依然是多民族国家，还是不可能实现清一色的民族国家。苏东解体之后的事实证明了这一点，当今东欧国家依然是多民族国家，并没有实现单一民族国家。因为"一族一国"理念在逻辑上是不成立的，在现实社会运动中碰得头破血流，最后的结果还是"多民族国家"。

第三，人类社会发展到现代社会的趋势是"合"而不是"分"。从国家走向地区联盟，再从地区联盟走向人类共同体。在这个过程中，国家主权不再是不可分割和不可让渡的，而是逐渐让渡的、可分割的。欧盟、东盟等地区联盟充分显示出这种发展态势。尽管 21 世纪的世界历史发展出现"回归国家"的态势，但那是历史发展的逆流而不是主流，是世界历史的曲折性，不能阻挡人类族体走向人类共同体的大趋势，因此全球化成为现代社会的发展趋势。当然，"国家"的社会平台依然是现代社会的发展主流。

---

① ［美］约翰·纳斯比特著，朱先鉴等译：《大挑战：21 世纪的指南针》，上海远东出版社 1999 年版，第 32—33 页。

第四，从微观主体看，现代社会成员群体认同的重心依然是国家认同，而不是民族认同。现代社会的群体认同包括家庭认同、社区认同、地区认同、民族认同、国家认同、全球认同。其中，国家认同是首要的、核心的社会认同，其次是家庭认同。在很多国家，尤其是中国的汉族，国家认同与家庭认同是统一的，中国汉族文化自古就有"家国一体"的社会认同传统。现代社会文明的发展方向是公民化而不是民族化，公民是国家化的政治产物。人类群体文明的现代发展规律是从国家公民到世界公民，这也是人类文明发展在族体或群体的标志。

不能否认，各民族组建国家的情形是复杂的，世界上的绝大多数国家都是主体民族或主导民族建立的；一些国家是几个大民族合力构建的；虽然个别小国是由小民族建立的，如马尔代夫等，但其在国际舞台上并未产生多大的国际影响力，绝大多数的小民族并未建立过纯粹属于自己民族的国家。所以，很多民族自认为是"丧失祖国"或者"不曾拥有祖国"的民族。其实，对于后者，他们不是丧失祖国，而是从来就没有自己民族的祖国，有些小民族恐怕是"永远没有自己（民族国家的）祖国的"民族。世界上有两三千个民族，却只有不到200个国家，不可能每个民族都建立属于自己民族的国家。因此，这就造成一种假象，似乎只有组建属于自己民族的国家，才能更好地保护自己的民族利益。

在欧洲历史上曾经出现过"一族一国"的民族国家发展模式，即马志尼思想模式，英文表述为"One Nation, One State"。基于这种模式，英国民族研究专家霍布斯保姆一针见血甚至有点嘲笑道，"它们不顾历史上毫无具体前例的事实，便一味想要重现马志尼模式，创造一种族群、语言与国家领土一致重合的民族国家（所有的民族都是国家，一个民族只有一个国家）。证诸以往历史，这种理想根本就行不通"。[①] "一族一国"的模式是一种根本行不通的模式，是一种只有野蛮人才会付诸实现的愚蠢理想，"要使民族疆界与国界合而为一的理想，恐怕只有野蛮人才做得到，或者说，只有靠野蛮人的做法才可能付诸实现"。[②] 无论是历史发展的规律，还是理论逻辑，都应当确定

---

① ［英］埃里克·霍布斯保姆，李金梅译：《民族与民族主义》，上海人民出版社2000年版，第203页。

② ［英］埃里克·霍布斯保姆，李金梅译：《民族与民族主义》，上海人民出版社2000年版，第161页。

"民族疆界与国家版图不可能完全契合"。①

世界历史的发展无法保证"一族一国"的民族国家的纯粹性,更无法保证民族国家追求纯粹性的合理性与合法性。可以说,在历史上从来就没有实现过民族与国家的一一对位,而都是多多少少地夹杂着其他民族的参与。在现代社会常态中,继续追求"一族一国"的纯粹性已经不合时宜,不但没有合法性与合理性,而且越来越暴露出其中的巨大危害性:

首先,民族与国家的数量永远不可能对位。当今世界,有90%的国家是多民族国家,只有不到10%的国家是相对单一的民族国家。未来民族国家的格局发展趋势,绝不是各民族千方百计地构建自己的民族国家,而是如何实现并构建多民族国家的和谐关系。

其次,极端民族主义者是在利用"一族一国论",借用民族主义资源,与国家利益抗争,从而实现自己的政治目的。有些民族政治精英为实现其充任国家领导人的政治企图,不惜营造民族分裂主义运动,极大地影响了国家领土主权的完整。比如,苏东解体后建立的依然是多民族国家,其中任何一个国家都没有办法保证其组成民族的纯粹性。欧洲人接受两次世界大战和苏东解体的经验教训,通过建立欧盟的方式,尽量消弭民族国家的纯粹性,想尽一切办法终结"民族国家运动"的脚步,不是强调国家主权的至高无上,而是追求国家让渡部分主权用以实现世界和平、发展与人权。

再次,不能用"是否组建属于自己民族的国家"为标准来判定民族文化的优劣,因为这种观点为危害人类的"一族一国论"提供理论依据和现实温床。

总之,无论是社会成员的主观认同感,还是社会群体发展的客观规律,都不允许把国家简单划归于民族,无法实现民族与国家的对位。那种试图把民族与国家进行对位的"一族一国"的行动纲领是错误的伦理意识,也彰显了民族国家伦理的巨大局限性。

民族主义与国家主义的悖论,其理论上或认识论上的根源在于民族与国家因交叉而混淆,或者说,民族主义伦理与国家主义伦理的悖论根植于民族与国家、民族伦理与国家伦理的交叉与混淆。这是因为,发生在近现代的现实的民族国家运动,把民族与国家紧紧联系在一起,同时也把民族与国家混淆起来,把民族伦理与国家伦理混淆起来。这种混淆是基于民族与国家的交

---

① [英]埃里克·霍布斯保姆,李金梅译:《民族与民族主义》,上海人民出版社2000年版,第161页。

叉关系。其实，民族与国家、民族伦理与国家伦理虽然是密切相关的，但是两者有本质的区别。因为民族与国家有交叉，所以必然混淆。也因为是交叉关系，基于非交叉部分，二者有了根本性的区别。

三、以组建国家为标准划分民族的危害性

在民族学界有一种民族划分方式，就是以组建民族国家的份额为标准，把民族分为组建自己国家的民族、合建或共建国家的较大民族、处于部族发展阶段的民族、被扩张而被动接受的民族和搭便车的人口较少的少数民族。①

根据这种划分方法，第一类民族是单独建立了自己的国家政治实体的民族，这种类型通常用"Nation"一词来表明这一类民族。它们是伴随西方资本主义发展而形成的民族，都建立了自己的国家政治体系。这类"民族的形成过程与国家的形成过程趋于同步，新形成的民族与新诞生的国家趋于同一。正因为如此，人们时常将这类民族等同于国家，甚至将二者混为一谈"。② 基于这类社会情形，德国思想家黑格尔认为国家创造了民族："只有形成了国家的民族才具有更高的品格。民族不是为了产生国家而存在，民族是由国家创造的。"③ 波兰学者毕苏斯基也认为，"是国家创造了民族，而不是民族创造了国家"。④

笔者认为，上述观点有三点是错误的。其一，从这些民族国家客观发展历史上看，欧洲人基于马志尼模式，想要组建的民族国家应该是"一族一国"，但他们后来建立的国家依然是多民族国家。正如英国民族研究专家霍布斯保姆所说，欧洲近代所建的国家，是"在旧帝国废墟上搭建起来的新兴民族国家，依然是由多民族所组成，跟它们所取代的所谓'民族囚牢'的古帝国并不相同。捷克斯洛伐克、波兰、罗马尼亚、南斯拉夫等，都是绝佳示例"。⑤ 诚然，欧洲一些主要国家的主体民族分别是德意志、法兰西、西班牙、英格兰等，但是这些国家从建立时候起，就是多民族国家。法国与西班牙跨界的地方有巴斯克人，英国还有苏格兰人、爱尔兰人，德国还有犹太人、丹

---

① 参见［英］埃里克·霍布斯保姆著，李金梅译：《民族与民族主义》，上海人民出版社2000年版，第158—191页；周平：《民族政治学导论》，中国社会科学出版社2001年版，第5—6页。
② 周平：《民族政治学导论》，中国社会科学出版社2001年版，第5页。
③ 转引自王缉思：《民族与民族主义》，《欧洲》1993年第5期，第16页。
④ H. Boos, A History of Modern Poland (London 1966), p. 48.
⑤ ［英］埃里克·霍布斯保姆著，李金梅译：《民族与民族主义》，上海人民出版社2000年版，第160页。

麦人、索布人等。其二，黑格尔认定国家创造民族。其实，基于人创造文化的文化学原理，是民族创造国家，而不是国家创造民族。其三，欧洲国家对待民族的政治态度是错误的，通常把自己国家的少数民族忽略不计。实际上，欧洲国家对少数民族采取"同化"政策，是在消灭少数民族，所以他们除了主体民族之外，根本不承认有（其他）民族。后来随着移民的普遍化，德国、法国有了更多的穆斯林移民，欧洲国家的多民族状况就更加明显、更加复杂。

笔者从人类群体或族体属性角度看，民族和国家是两种完全不同的社会实体。国家是社会单元的政治实体，民族是族群历史的文化实体。对此，英国学者休·塞顿-沃森把二者分别界定为政治实体和文化实体，"国家是基于官僚统治集团之上的法律组织，民族则是相信他们具有同种文化遗产的共同体"。[①] 其实，法律组织共同体就是一种政治实体，共同文化遗产共同体就是一种文化实体。

第二种类型是两个以上的民族共同建立统一的国家政治实体。这种类型通常用"Nationality""Ethnic Group"等词汇来表明这一类民族。这类民族在历史上曾经组建过自己的国家，在古代创造了辉煌的文明，在近现代，由于历史机遇、复杂的国内国际关系、各种相关政治力量的角逐，没有单独建立属于自己民族的国家政治实体，"而是与其他民族一起共同建立起统一的国家政治体系，在这种统一的国家政治体系的条件下来获得自身的发展。在当今世界上普遍存在的多民族国家中，都存在着这种类型的民族"。[②] 我国民族学者周平的上述分析很有道理，但并不完全正确。因为欧美国家组建国家时代，也存在多民族国家状态，基于现代移民的普遍化，没有哪一个欧美国家敢自称是清一色的民族国家，都演化为多民族国家。

还有两种类型的民族就是"被扩张而被动接受的民族"和"搭便车的小民族"。前者是一种强势民族强迫弱势民族接受的野蛮行为的社会后果，是弱肉强食的森林法则的动物性行径。由于这些民族大都是一些弱势民族，它们不得不沦落列宁所说的"大族沙文主义"的牺牲品，是在一种无奈的历史条件下被迫接受的国度。这种情形在当时的欧洲具有一定的普遍性。"无论是东欧或西欧，都还有一些弱小民族未能独立建国，比方说，马其顿人跟加泰罗

[①] 休·塞顿-沃森：《俄罗斯民族主义的历史透视》，参见［美］罗伯特·康奎斯特主编，刘婧北译：《最后的帝国——民族问题与苏联的前途》，华东师范大学出版社1993年版，第3页。

[②] 周平：《民族政治学导论》，中国社会科学出版社2001年版，第5—6页。

尼亚人。"① 于是，"他们发现官方支持者所塑造出来的'民族概念'，并不必然和人民心中所认定的民族关怀完全吻合"。② 这些民族如果足够强大并且民族自觉意识很强的话，就会在其所在国掀起民族主义浪潮；如果不够强大，就只好忍气吞声地生活在"被强迫的国度"里。弱势民族反抗强势民族强加的"国家"的民族主义运动是没有多大前途的。其结果是，"小民族运动，大多走不出'俗民传统主义'或地方世仇的小格局"。③ "搭便车的小民族"则是一种相反的情况。国家的建立对于"搭便车的小民族"来说是一种恩惠。

非洲的民族国家比较特殊，周平注意到其的几个特点：它们是"尚处于初级形态的民族"，"是一些大的部落或部落联盟"，"有的甚至是民族的'胚胎'"；"历史在非洲大部分地区的轨迹是国家共同体先于民族共同体而形成"；它们的"稳定性往往比较差，分解和聚合的过程都表现得很突出"。④ 可以说，周平对非洲民族国家的这些特点的概括是比较准确的，但他对非洲民族与国家的关系并没有深入分析。

毋庸置疑，民族国家的理念在三次民族主义浪潮中具有一定的合理性与合法性。欧洲人掀起第一次民族主义浪潮，在近代初的反封建、反基督教神学压迫中纷纷建立了民族国家。民族学界并不把这种民族主义运动视为第一次浪潮，笔者则认为这才是真正的第一次民族主义浪潮。第二次民族主义浪潮就是殖民地人民反抗帝国主义压迫，寻求民族解放运动。民族学界把一战、二战分别称为第一、第二次民族主义浪潮，其实，根据其性质，可以合称为第二次浪潮。第三次民族主义浪潮中，苏东解体，诞生了一批新兴的民族国家。然而，这是历史发展的非常时期，不是历史的常态。

四、民族主义与国家主义的理论识别

个人、族群、全球是国家及国家主义的三种重要参照物，因此个人主义、民族主义和全球主义也就成为国家主义的三种参照物。蔡拓先生率先注意到

---

① ［英］埃里克·霍布斯保姆著，李金梅译：《民族与民族主义》，上海人民出版社2000年版，第166页。
② ［英］埃里克·霍布斯保姆著，李金梅译：《民族与民族主义》，上海人民出版社2000年版，第161页。
③ ［英］埃里克·霍布斯保姆著，李金梅译：《民族与民族主义》，上海人民出版社2000年版，第169页。
④ 周平：《民族政治学导论》，中国社会科学出版社2001年版，第6页。

个人和全球是国家的两大参照物，① 在此基础上，笔者提出国家的第三个参照物，即以往的民族和民族主义，从而改用族群或族群主义。只有用三个参照物，而不是两个参照物，才能更好地诠释国家和国家主义。

以往的民族主义概念的内涵是异常丰富和复杂的，其社会功能至少是双面的，素有"民族主义是双刃剑"之说，因此给民族主义下定义是非常困难的。不同学者从不同角度给民族主义下了不同的定义，可谓见仁见智，看法各异，至今还没有一个能让学界同仁达成共识的定义。迄今为止，学者给民族主义下过的定义多达 200 多种，② 其中存在一个奇怪的现象，那就是很多人都把民族主义与国家主义混淆起来。埃内斯特·格尔纳的定义是，"民族主义是一种关于政治合法性的理论，它要求族体的疆界不得跨越政治的疆界，尤其在一个国度里，族体的疆界不得将掌权者与其他人分割开"。③ 有的学者认为，民族主义是坚持政治单位与民族单位相一致的一种政治原则。④ 有的认为，民族主义是政府唯一合法形态。⑤ 有的认为，民族主义是一种寻求和掌握国家权力的政党运动，是追求民族利益，为民族生存、平等、独立与发展服务的社会实践运动。⑥ 有的说，民族主义是个人情感上对祖国的归属，通过民族认同获得身份认同和自尊，具有爱国的内在动力。⑦ 有的说，民族主义是一种心理状态，是个人对民族国家的忠诚。⑧ 上述这些看法有两个错误：其一，上述各观点都把民族主义与国家主义混淆起来；其二，上述看法都把民族主义视为一种政治主张和政治实体。

在对民族内涵的争论中，还有一种合理的观点，即把民族视为文化实体，不赞同认定为政治实体，提出"民族主义是一个民族的文化同一性"。⑨

基于民族主义难以捕捉其确切含义的窘境，19 世纪英国政论家白哲特和

---

① 蔡拓：《全球主义与国家主义》，《中国社会科学》2000 年第 3 期。
② Louis Snyder, The Meaning of Nationalism, New Bruswick, N·J. Rutgers University Press, p. 14.
③ Ernet Gellner, Nations and Nationalism, Rasil Blackwell, Oxford, 1983, p. 1.
④ Ernest Gellner, Nations and Nationalism, Basil Blackwell Publisher Limited, 1923, p. 1.
⑤ Elie Kedouri, Nationalism, London, Huchinson and Co. Publishers Ltd., 1960, p. 9.
⑥ Louis Snyder, The Dynamics of Nationalism, Readings in Its Meaning and Development, New York, D. Van Nostrand Company, Inc., 1964, p. 23.
⑦ Daniel Druckman, Nationalism, Patriotism and Group Loyalty: A Social Psychological Perspective, Mershon International Studies Review, Supplement to International Studiers Quarterly, p. 48.
⑧ Hans Khon, The Idea of Nationalism, A Study of Its Origins and Background, New York, The Macmillan Company, 1946, pp. 10 – 11.
⑨ John Plamenatz, Two Types of Nationalism, In E Kamenka (ed.), Nationalism: The Nature and Evolution of an Idea, 1976, pp. 22 – 23.

民族研究学者史密斯都认为,"你若要不问什么是民族主义,我们都以为知道它是什么,但要马上对它做出解释或定义,却是不能"。① 以至于最后得出结论,"民族主义是只大象,每个研究者摸到的都只是它的一个部分,而不是全部"。② 这当然不是一种理论上不负责任的态度,而是一种理论上的无奈和无能。

其实,是民族内涵的丰富性、混乱性和复杂性,导致了民族主义内涵的混乱性。不仅民族学界,而且政治学界、国际关系学界,都借用斯大林的民族定义。有的国际关系学教科书直接借用了斯大林的概念,"民族是历史上形成的有共同语言、共同地域、共同经济生活以及表现共同文化心理素质的稳定的共同体"。③ 斯大林的这个民族定义显然不是指族群意义上的民族,而是国族(state-nation)的概念。因此,在这种意义上的民族主义,其实也就是国家主义。

那么学界是怎样界定国家主义概念的呢?于浩在总结历史上多种国家主义形态的基础上提出,"国家主义作为一种意识形态,关注国家起源、存续、地位等一系列问题,并在国家、社会、个人的关系问题上与自由主义等学说存在天然分歧。国家在位序上优越于社会及个人,但国家主义的这一地位最终也是要返归到社会与个人身上,即国家的根本目的还是在于人们的幸福生活,这便是国家主义的要义所在,亦即集体利益相较于个人利益处于高位,并最终指向个人利益的实现"。④ 政治学界所说的国家主义,其实就是民族学界所说的国族主义。

国家社会绝不是一成不变的,而是随着时代的变化而变化的。国家社会经历了古代以王权主义或贵族主义为核心的国家社会、近代以公民主义为核心的民族国家社会。古代并没有国家主义的理念,盛行的不是国家主义,而是王权主义或贵族主义,国家是王权或贵族统治下的社会单元。中国从夏商周到晚清,人民是"但知有朝廷,不知有国家"的皇朝子民,民国年间才开始把人民塑造为近代民族国家意识的"国民",只有发展到近代民族国家时代,才激发出国家主义的政治诉求。所以,国家主义(Statism or Nationalism)是近代兴起的关于国家主权、国家利益与国家安全问题的一种政治追求,其

---

① Walker Bagehot, Physics and Politics, London, 1887, p. 20.
② [英] 安东尼·D. 史密斯著,龚维斌、良警宇译:《全球化时代的民族与民族主义》,中央编译出版社2002年版,代序言,第2页。
③ 蔡拓等著:《国际关系学》,南开大学出版社2005年版,第55页。
④ 于浩:《国家主义源流考》,《浙江社会科学》2014年第10期。

价值归属是国家。

从集体主义和自由主义两种不同的政治立场，把国家塑造为两种截然不同的公权力机关，对国家主义进行两种完全不同的限定或界定。一种是集体主义的国家主义，主张以国家利益为神圣本位，倡导所有国民在国家至上的信念导引下，抑制和放弃自我本位，反对个人主义，共同追求为国家的独立、主权、繁荣和强盛而努力奋斗。从集体主义出发，国家是社会的中心，国家高于个人，个人因为国家而存在。国家中心主义的信奉者写道："国家已经满足了人类组织和秩序的至高要求，再建立超出国家体制以外的任何等级权力结构将是代价深重的，归根结底是违背自然的。"[①] 蔡拓对此总结道，"以个人为参照系的国家主义也可称为国内政治意义上的国家主义。这种国家主义推崇国家理性，认为国家有独自的利益，为了追求和维护国家的利益，国家（或国家的代表）可以采取任何手段、形式。国家的权威是毋庸置疑的，它拥有全面的、最高的权力。这种国家主义观点最早见诸马基雅维里、布丹、霍布斯等人的论著中，正是这些思想家奠定了近代主权国家观念的理论基础。以黑格尔为代表的绝对主义国家观以更理论化的言语表达了对国家的崇拜。在黑格尔看来，国家本身是目的，个人是为国家而存在的，所以个人的自由、权利、利益及一切，只有符合实现国家这一最高目的时才有地位和意义，成为国家成员的最高义务。显然，在黑格尔这里，国家已不仅是中心，而且是个人生命的本质与生存意义之所在。在近代资产阶级革命的历史进程中，建立一个有主权权威的新兴国家以取代封建王朝，始终是最基本也是最具号召力的目标。正是这种建立新兴资产阶级国家的需要，使得国家主义有了进一步的发展"。[②]

还有一种国家主义形态，那就是基于自由主义理念的国家形态。自由主义是一种个人主义，是集体主义的对立面，但却不是国家主义的对立面。从自由主义出发，国家主义是一种公民主义，国家是为公民服务的公共管理机关，主张不要把国家理解为个人的理想目标，而要把公民幸福看做国家的目的和任务，凡是为公民谋幸福、谋福利的国家就是好国家，反之只为官员谋福利不为公民谋福利的国家是坏国家。

近现代民族国家运动，是从集体主义范式的国家主义发展到自由主义范式的国家主义。西方社会最开始用君主权力超越基督教神权，采用的是一种

[①] ［美］阿里夫·德里克：《全球性的形成与激进政见》，转引自王宁、薛晓源：《全球化与后殖民批评》，中央编译出版社 1998 年版，第 18 页。

[②] 蔡拓：《全球主义与国家主义》，《中国社会科学》2000 年第 3 期。

集体主义范式的国家主义，后来把民族国家塑造为维护公民社会的公共权力机关。蔡拓反思历史的发展逻辑时提出，"随着资产阶级革命的胜利，国家政权的性质已发生了变化，于是在对抗和取代封建政权中起过重大历史作用的国家主义开始受到自由主义的挑战。自由主义并不想取消国家，它所关注的是界定个人与国家的关系。确切些讲，是通过机制、法律的建设，合理地划定个人自由与国家权力的界限，因此它并没有完全抛弃国家主义。它所主张的仅仅是有限但却有效的政府，以及严格遵守宪法进行统治的宪政。在经过古典自由主义的狂飙后，实际上新自由主义对国家做出了更多的让步"。①

全球化的发展未能打破国家在国内国际上的主导地位。一方面，随着全球化的不断深度发展，尽管国际社会产生了联合国以及像欧盟和东盟那样的地区性社会组织，但是依然没有打破国家占主导的社会状况，没有任何社会组织能够替代国家。正如保罗·肯尼迪所说："即使国家的自治和作用由于超国家的趋势而减弱，也没有出现一种足够的东西来替代它，并成为全球变化的关键单位。"② 为此，蔡拓先生依然坚持认为，"国家依旧是最基本的政治单元。……至今为止，这一变迁并未从根本上改变国家是国际社会的基本单元，国家担负着管理、保障人们社会生活的基本功能的状况。……当代所经历着的社会变迁，并不意味着全球性制度框架的作用已处于主导地位。作为最基本的政治单元，当代国家仍然是社会资源与价值的主要分配者，是社会生产与生活的主要管理者，是社会秩序的主要保障者。国家的基础作用并未丧失，其轴心地位仍是显而易见的"。③ 另一方面，国家依然是当今时代国际社会的主导力量。笔者赞同蔡拓的如下观点，"国家依旧是国际关系的主角和最基本的行为体。国家的不可或缺性不仅表现于国内事务，而且表现于国际事务。虽然非国家行为体在国际关系中异常活跃，作用呈扩大之势，但无可否认的是，主权国家仍然是国际关系中最基本的行为体，主导着国际事务的处理"。④

在不同学者眼里，国家的参照物是不同的。蔡拓把个人和全球视为国家的两个参照物，"国家主义是针对两个参照系而言的。其一，以个人为参照系，指的是在主权国家内个人与国家的关系要以国家为中轴；其二，以全球为参照系，强调的是在国际社会中主权国家与人类共同体的关系要以国家为

---

① 蔡拓：《全球主义与国家主义》，《中国社会科学》2000年第3期。
② [英] 保罗·肯尼迪：《为21世纪做准备》，新华出版社1994年版，第127页。
③ 蔡拓：《全球主义与国家主义》，《中国社会科学》2000年第3期。
④ 蔡拓：《全球主义与国家主义》，《中国社会科学》2000年第3期。

中心"。①

然而，无论如何，都不能离开民族去限定国家，因为离开民族主义就不能很好地理解国家主义。诚然，目前还没有任何学者在理论上直接把民族作为国家的参照物，可无论是在民族国家理论上，还是在社会现实的政治追求上，离开民族来限定国家的做法都是危害无穷的。理论上的危害表现在学界经常把民族和国家、民族主义和国家主义混淆起来，甚至提出"一族一国"的谬论。这种理论上的荒谬导致了社会实践的巨大危害，受"一族一国"理念的指导，民族主义屡屡演变成国家分裂主义。② 20 世纪三次民族主义浪潮，一方面其合理性是激发了民族解放运动，另一方面也暴露了民族主义的巨大缺陷——不仅影响了国家社会的稳定，严重的还导致国家的分裂、国际格局构成的转变，20 世纪末苏东解体就是最好的证明。

欧洲主流国家在建国过程及建国之后，对少数民族往往采取拒不承认的态度，在国族之外不认为有其他民族，从而否定了非主体民族存在的合理性。美国国家主义的发展从用主导民族对非主导民族的同化走向民族文化多元主义，也还继续在混淆着民族主义和国家主义。

走出混淆民族主义和国家主义困境的最好办法是：用族群主义替换以往模糊的民族主义，不要模糊地称为"民族主义"；用族群主义取代族裔民族主义，用国家主义取代公民民族主义，以此来与国家主义相区别。实际上，族群主义只应追求塑造一种文化共同体，不能把族群文化共同体发展为或替代为政治共同体，也就是不能把族群发展为独立、自立、自决的政治共同体。全球主义、国家主义和族群主义是人类群体的三种表现形态，随着经济全球化，人类已经发展为全球经济共同体，但至今还没有发展为完整的全球政治共同体，我们这个时代是全球主义、国家主义和族群主义三大主义并存的时代。全球主义展示的是人类群体的未来发展方向（未来形态），国家主义是现行人类群体发展的主流（现在时态），往日里基于公民的民族主义实际上就是国家主义的变体；企图把（族裔）民族主义打造为政治实体的做法是一种过时的历史形态，还没有完全成为一种过去时态，因为旧日的民族主义思潮、社会实践还在发挥作用。正如外国著名学者史密斯所说，"族裔民族主义仍然

---

① 蔡拓：《全球主义与国家主义》，《中国社会科学》2000 年第 3 期。
② 人们通常说的"民族分裂主义"其实质是说，"一族一国"的建国理念，构成了对国家统一的威胁。

是一股强大的力量"。① 族群是当今时代业已存在的不可忽视的一种社会群体，但族群主义只是一种文化共同体，不可塑造为一种政治实体。从以往民族主义走向国家主义，是历史的潮流，是社会进步，从国家主义返回民族主义则是历史的倒退。提倡文化传承的族群主义，反对塑造政治实体的民族主义，才是当今时代的正确诉求。

可以说，无论是民族学界基于斯大林民族定义的民族主义，还是政治学界所说的国家主义，其实都是国族主义，但绝不是族群主义。

必须放弃"民族主义就是族群主义""族群主义就是国家主义"的荒谬认识。因为民族主义是个大概念，包括国族主义和族群主义，或者说是国族主义和族群主义的对立统一。其实，国族主义和国家主义是同一个对象的不同表述，不同的是，国家主义是政治学的概念，国族主义是民族学的概念。由于民族主义的歧义性、复杂性和模糊性，本书著者主张放弃"民族主义"说法，改用国族主义、国家主义代替"公民民族主义"；用族群主义取代"族裔民族主义"。

笔者认为，我们这个时代是全球化、国家化和族群化（在此反对用"民族化"的字眼）并存的时代，全球化、国家化和族群化是人类群体的三种表现形态，全球主义、国家主义和族群主义则是基于人类群体"三化"基础之上的三大政治主张，因此三大主义的合理性取决于三化（民族化、国家化、全球化）的客观趋势与合理成分。一方面，随着经济全球化，人类已经发展为全球经济共同体，从而形成了全球命运共同体，但至今人类还没有发展为完整的全球政治共同体，还远未达到成立世界政府的时代。第二方面，全球化展示的是人类群体的发展方向，国家化是现行人类群体发展的主导。因此，下述两种极端都是错误的：过分强调全球化、全球主义的政治主张无疑是一种冒进或激进的政治行为；同样，过分强调和追求国家化和国家主义则是一种保守落后的政治行为。

必须谨慎而且限制使用"族群主义"的概念。因为人类群体发展的潮流告诉我们，在近代，人类反对封建神权统治而追求民族国家主义，这是当时历史的潮流和社会的进步。现代社会则从国家化时代发展为全球化与国家化并存的时代，因此从国家主义提升为全球主义，才是现代社会的发展趋势，如果在现代依然追求从国家主义返回族群主义则是历史的倒退。

---

① ［英］安东尼·D. 史密斯著，龚维斌、良警宇译：《全球化时代的民族与民族主义》，中央编译出版社2002年版，第50页。

在现代,"公民民族主义"的国家主义拥有极大的合理性,但如果提倡基于"族裔民族主义"的国家主义,不仅很有问题,而且具有极大的历史反动性和荒谬性。因为基于族群主义的国家主义就是"一族一国"的翻版,就是在主张"一族一国"。

总之,"一族一国"和政治族群主义的政治隧道是死胡同,理应受到必要的节制,国族主义或国家主义的政治诉求仍然具有相当的合理性。全球主义和国家主义并行发展才是现代人类发展的希望。打破族群主义谎言,进入全球主义关照下的合理国家主义,大力发展以公民社会为内核的国家主义,才是人类的出路。因为提倡文化传承的族群主义或文化意义上的族群主义,反对塑造政治实体的族群主义,坚持国家主义的正当性,追求全球主义的合理性,才是当今时代正确的政治诉求。

第三节
国家时代的人性伦理学说

从古代国家到近代国家的发展历史中,中西方国际关系伦理学对人性伦理的探讨经过了一个从人性起源于"善与恶的问题"到"利益与正义的问题"的发展过程。早期伦理学更多地把伦理的核心问题归结于善恶问题,后来,越来越多的伦理学家尤其是国际关系伦理学家很少使用善恶概念,更多地使用利益与正义的范畴来论述或解析人性、伦理的实质问题。确切地说,人类国际关系理念是从善恶走向义利,或"从虚向实"的伦理发展过程。国际关系伦理最难解的问题就是如何走出国际无政府主义状态,如何破解弱肉强食的森林法则。如果说,在国家内部,依靠国家法律和国家伦理,不仅能够而且已经破除了弱肉强食的森林法则,只有在"改朝换代"才可能出现"成者王侯败者寇"的局面;那么,在国际社会,国与国之间,迄今为止却很难破解弱肉强食的森林法则,而且在以后的很长时期内都很难摆脱这种窘境。可以说,古代和近代的国际关系伦理,没有办法依靠氏族伦理、王族伦理、贵族伦理去解决人际关系问题,始终陷在野蛮王国里不能自拔,要想从根本上解决国际关系伦理问题,只有全球伦理才能胜任。这是第六章以后的研究任务,本章的任务是中西方在人性原理上解决国内国际关系的伦理问题。

伦理问题是一个如何处理人际关系的人性问题,不同的人性内涵决定了不同的解决方式。中西方在人性伦理问题上的理解并不相同，中西方人性伦理问题的探讨成为前全球伦理时代的重要渊源。

一、中国历史上的人性伦理问题

中国关于人性伦理的观点既具有民族特色，也隐含着很大成分的普适伦理。中国关于人性伦理的问题，聚焦在"人之初性如何"的问题上，主要有"人之初，性本善"、"人之初，性本恶"、"人之初，性三品"和"人之初，性本无"四种观点，其中最主要的是前两种。性善论以人性本善为逻辑起点，注重道德修养的自觉性和重要性；性恶论以人性本恶为逻辑起点，强调道德教育的必要性和重要性。二者既相互对立，又相辅相成，对后世人性学说产生了重大影响。

"人之初，性本善"是《三字经》里的第一句话，大意是讲，善良是人生命里最原始的部分，人是带着善心来到世上的。其实，性善论最早源于儒家。孟子提出性善论，认为"人皆有不忍人之心。所以谓人皆有不忍人之心者，今人乍见孺子将入于井，皆有怵惕恻隐之心。非所以内交于孺子之父母也，非所以要誉于乡党朋友也，非恶其声而然也"。"人之所不学而能者，其良能也；所不虑而知者，其良知也。孩提之童无不知爱其亲者，及其长也，无不知敬其兄也。"[1] 孟子以性善论作为根据，一方面，在政治上主张实行仁政，即"不忍人之政"；另一方面，提出四端说，"恻隐之心，人皆有之；羞恶之心，人皆有之；恭敬之心，人皆有之；是非之心，人皆有之。恻隐之心，仁也；羞恶之心，义也；恭敬之心，礼也；是非之心，智也。仁义礼智非由外铄我也，我固有之也"。[2]

其实，孟子不知，中国在春秋战国之前，经过夏商周三代的礼教洗礼才培育出性善之"四端"，而决不可能是人先天就有的。

即便如此，性善论也还是存在重大缺陷，核心的问题就是不能解释人性恶的现象，由此为性恶论留出了广阔的发展空间。"人之初，性本恶"也是十分古老的看法。战国末期荀子倡导性恶论，"性恶论"是荀子思想中最著名的观点，也是其政治思想的基石。《性恶篇》是《荀子》一书的第二十三篇，阐述了荀子的伦理思想。这篇论述旨在批判孟子的性善论，阐明关于人性邪

---

[1] 《孟子·尽心上》。
[2] 《孟子·告子上》。

恶的社会观。荀子认为"人之性恶",其宗旨则在于以道德的、政治的手段去改恶为善。基于人性恶论,荀子从人的物质欲望和心理要求出发,论证了人性恶的道理。为了克服人性恶,他特别强调后天的教育和环境的影响,为此主张"求贤师""择良友";特别注重政治对人性的作用,从而提出"立君上之势以临之,明礼义以化之,起法正以治之,重刑罚以禁之"的政治主张。

荀子在《性恶篇》开篇中就提出,"人之性恶,其善者伪也。今人之性,生而有好利焉,顺是,故争夺生而辞让亡焉;生而有疾恶焉,顺是,故残贼生而忠信亡焉;生而有耳目之欲,有好声色焉,顺是,故淫乱生而礼义文理亡焉。然则从人之性,顺人之情,必出于争夺,合于犯分乱理,而归于暴。故必将有师法之化,礼义之道,然后出于辞让,合于文理,而归于治。用此观之,人之性恶明矣,其善者伪也"。[①] 大意是说,人的本性天生是邪恶的,他们那些善良的行为是后天人为的。因为人的本性,一生下来就有喜欢财利之心,依顺这种人性,所以争抢掠夺就产生而推辞谦让就消失了;一生下来就有妒忌憎恨的心理,依顺这种人性,所以残杀陷害就产生而忠诚守信就消失了;一生下来就有耳朵、眼睛的贪欲,有喜欢音乐、美色的本能,依顺这种人性,所以淫荡混乱就产生而礼义法度就消失了。这样看来,放纵人的本性,依顺人的情欲,就一定会出现争抢掠夺,一定会和违犯等级名分、扰乱礼义法度的行为合流,从而最终趋向于暴乱。所以一定要有师长和法度的教化、礼义的引导,然后人们才会从推辞谦让出发,遵守礼法,从而最终趋向于安定太平。由此看来,人的本性是邪恶的就很明显了,他们那些善良的行为则是人为的。

无论性善论,还是性恶论,都不能完整地诠释人性的复杂问题。为了更好地诠释人性问题,中国古人又提出了"性三品"的理论。

"人之初,性三品"是汉代董仲舒提出的更为精致的人性学说。董仲舒在继承孟子性善论和荀子性恶论的基础上,融合阴阳思想,提出"性善情恶"的命题。董仲舒把人性区分为三种天性,即"圣人之性""中民之性"和"斗筲之性"。"圣人之性"是天生的"过善"之性,是一般人先天不可能有,后天不可及的。"斗筲之性"是无"善质"的,生来就"恶"的,后天教化对于这类人是没用的,只能采用刑罚的手段来处置他们。"中民之性"是介于前两者之间的万民之性,是"有善质而未能善",必须通过王者的教化才能成善。不难看出,他的人性理论最终是为"王道教化"服务的。

---

① 《荀子·性恶篇》。

"性三品"的学说同样存在严重缺陷。人是"性善",还是"性恶",或者善恶居中,都是天生的,后天的教育不起作用。这种学说显然是荒谬的,无法解释好人变坏人,坏人变好人的社会现象,为此产生了后来的"人之初,性本无"的看法。

《新三字经》提出"人之初,性本无","人之初,如玉璞,性与情,俱可塑,若不教,行乃偏,教之道,德为先"。① 其大意是指,人刚出生后的行为无所谓善也无所谓恶,而是一种无任何人性内涵的状态。新生儿出生后的第一声哭啼无所谓善也无所谓恶,而是新生命开始的生理需要。这种学说与英国哲学家洛克的"白板说"如出一辙。

但是,"性本无"的说法同样有重大缺陷。一方面,人的先天本性或潜质不可能完全是一样的,抹杀人的先天潜质的不同,不是实事求是的做法,这一学说显然违背了"无中不能生有"古老的哲学道理。另一方面,后天是如何把人性演变或激化为不同的人性的,显然"性本无"在学理上也说不出什么科学道理来。

那么,如何克服上述四种人性论的缺陷呢?本书著者提出人性伦理的三个理论,即"潜在意义上,人性本全论""现实意义上,人之初性本无"(或"人之初性本无论")、"人生意义上,条件激发人性"(或"人性激发论")。

所谓"人性本全论"是在潜能或可能的意义上来看,人性是善恶混合体,甚至是真善美一切好的和假恶丑一切坏的混合体。任何一个人都有可能变成善人、恶人和介于前两者之间的人,任何民族国家都有可能行善事、做恶事或介于善恶之间。标榜最讲人权的美国做的坏事还少吗?推翻萨达姆是以大杀伤性生化武器和核武器制造为借口,结果事实证明美国错了。刚发生"9·11"事件后,费孝通认为,"这是对西方文化的一个严重警告。我在电视机前看完这场惨剧的经过后,心里想,西方国家特别是受难国一定会追寻事件发生的根源,进行深刻的反思,问一问这是不是西方文化发生了问题。……但是我的私愿落空了,事件发生后事态的发展使我很失望"。因为美国是以"以牙还牙"的报仇心理开始行动的。"接着却把事件当做刑事案件来对待,缉拿凶手成为主要对策。凶手找不到就泄愤于被指为嫌疑对象的东欧所在国家进行狂轰滥炸,以反对恐怖主义的正义名义进行的这场战争造成了大批无辜人民的死亡和遭殃。在我看来这是以恐怖手段反对恐怖主义的一个很明白的例

---

① 《新三字经》有不同版本。这句话出自的版本是文化部前常务副部长高占祥推出的弘扬传统文化、服务和谐社会建设的千字韵文。

子,是不是应了我们中国力戒'以暴易暴'的古训?"①

人性本全并不是均值的、完全一样的,不同人的潜质是不同的,因此孟子的四端说和董仲舒的性三品也都具有一定的合理性。

"性本全"理论最大的优势在于能够更加全面地解释社会现象。其合理性隐藏着最简单的哲学逻辑,就是"无中不能生有"——人性"先天"潜藏着一个巨大的"能量库",既有自私的一面,也有为公的一面;既有善端,也有恶端。为什么石头、植物不能产生人的丰富人性?为什么对猪狗进行如何精心的培育,也不会唤醒它们善恶的人性呢?就是因为"无中不能生有"。外因是条件,内因是根据,外因通过内因而起作用。原来并不潜藏的人性,社会环境(外因)怎样激发也是没有用的。② 只有这种理论才能克服西方国际关系学说史上关于人性善恶的缺陷。

"人性本全论"必须配合"人之初性本无论"和"人性激发论",才能完善。因为"人之初性本全"是在潜在意义上讲的,从现实性来讲,则是相反的状态,即"人之初性本无"。婴儿的第一声哭泣,不是在行善,更不是在作恶,而是新生命开始的需要,是一个人肺活量开始独立呼吸的标志,是一个人生命历程的生物开端。人性善恶则是人的社会文化属性,不是简单的生物特征。

那么,人之初性本无和性本全的矛盾如何统一呢?这需要用"人性激发论"进一步来完善。"人性激发论"实际上是一种条件论,是对先天人性本全论和后天人之初本性本无的综合。所谓"人性激发论"是指潜在人性异常丰富,到底何种人性内涵在后天得以表现,实际上是后天社会环境激发出来的结果。

不同国家的文化传统对世界的危险性及和平贡献是不同的。西方近代出于现实主义眼光,从荷兰到英国,再到西班牙、葡萄牙、法国、德国、意大利,再到美国,每个强国的崛起都伴随着对世界的极大威胁,上演了一幕幕对弱国进行殖民主义的运动,不断拉开新的瓜分世界的历史,无不显示着"西方追求国家利益大于国际正义"的真理。西方国家正是片面地基于现实主义眼光,把国家利益原则放到第一位,把国际正义原则放到第二位。基于西方强国崛起的逻辑,西方人认为中国的崛起也必然是威胁世界的。其实,中

---

① 费孝通:《文化论中人与自然关系的再认识》,出自费孝通、德里达等著:《中国文化与全球化》,江苏教育出版社 2003 年版,第 9 页。

② 人之初性本全和性本无,是笔者在 20 年前就萌发的一种哲学思考,参见曹兴、姜丽萍著:《青年人类学》,吉林人民出版社 1991 年版,第 19 页。

国的崛起决不意味着对世界的威胁，中国崇文、和谐、爱好和平的传统民族精神对当今世界和平的贡献是突出的。

此外，基于不同的人性、人权观念，相互之间产生了同类国际关系主体容易理解，不同文明模式容易产生误解的现象，比如西方对伊朗、对朝鲜充满不信任的态度。对此，有学者提出，"任何可能因素实现的概率取决于观念和观念建构的利益。500件英国核武器对美国的威胁还不如5件朝鲜核武器的威胁大，因为使这些武器产生意义的是共同的理解，使毁灭力量具有意义的是这种力量置身其中的'毁灭关系'，即构造国家间暴力的共有观念。这样的观念可以是合作性质的，也可以是冲突性质的"。[①]

二、西方历史上的人性伦理问题

西方国际关系理论学派众多，但主要可简化为三大学派，即自由主义学派、现实主义学派和建构主义学派。建构主义学派在人类政治最终形态上虽然超越了前两大学派，但未能从根本上克服和超越前两大学派的人性论，因此西方国际关系理论学派的发展主流还是自由主义学派和现实主义学派。因此，本书侧重分析前两大学派。

本书在研究这两大学派的缺陷时发现，国际关系自由主义学派或现实主义的人性观都各有一个共性，那就是两个阵营在人性论的观点上不仅是各执己见的，而且是针锋相对的。不同的是，自由主义观点大多都主张人性本善和追逐正义观的人性观，而现实主义学派绝大多数学者主张人性本恶和以追求利益为中心观的人性观，从而形成了在观点上性善和性恶、正义与利益的对峙与冲突。自由主义主张人性本善，追求正义；现实主义主张人性本恶，追求利益和权力。两者既有合理的方面，也有不合理的方面。下面重点分析两者的缺陷。

在西方国际关系理论学派中，最古老而常新的一个主流学派就是自由主义学派，有的学者也称之为理想主义学派。这一学派的特点即从理想主义出发，把人性本善、崇尚正义的观点推向了极致，为人类推行和平、友善的国际关系做出了应有的贡献。然而，本书著者研究后发现，自由主义国际关系理论者在人性论上存在下述缺陷：

---

① [美]亚历山大·温特著，秦亚青译：《国际政治的社会理论》，上海世纪出版社2001年版。转引自白云真、李开盛：《国际关系理论学派概论》，浙江人民出版社2009年版，第244页。

首先，自由主义学派片面地相信人性本善，过分推崇公平正义和人类理性，过于相信人类历史的进步性，认定从战争状态到和平状态是人类必然的进步过程。自由主义国际关系理论学派的多数学者相信人类的理性能力，崇尚个人理性。

其实，理性虽然远比感性可靠，但理性也并不是全然可靠的。人的理性并非当然合理，理性也有甚至经常有思考不合理的时候——西方社会正是在西方理性文明异常发达的时代爆发了两次世界大战。为此，哈贝马斯提出理性野蛮、理性局限[1]等一系列概念。有些自由主义者提出战争与冲突并非是必然的，可是人类历史上充满了战争与冲突的事实。自由主义的人性观受到了严重的挑战。

早期自由主义者更相信历史的进步性，如康德相信历史必然向前进步，战争最终也会有助于国际无政府状态的终结。康德的人性基础是先验论。他认为，人先验地就具有联合在一起的社会性，同时又具有追求个体欲望的非社会性，因此人性就是德行与幸福、社会性和自然性、为他至善与为我欲望的矛盾体。为此，他追求人类的永久和平。康德的这种理论只是一种理论上的假设，这种假设缺乏实证的支持。

大多数研究者认为自由主义虽然是西方新教政治文化的产物，源于自然权利的观念，但真正起源应是近代。霍布豪斯认为，"现代国家是从一种权力主义制度的基础开始的，对那种制度提出抗议，从宗教、政治、经济、社会以及伦理道德种种方面提出的抗议，这就是自由主义出现的历史性开端"。[2]约翰·格雷认为，"作为一种政治思潮，作为一个理论和实践上与众不同的思想学派，自由主义的出现不早于17世纪"。[3]

格老秀斯和洛克都是人性本善论者的著名代表。格老秀斯认为正义因素主要适合于和平年代，不包括战争定义之中，追求正义源于人的自保本性。对此他提出，"自保源自自然赋予每个有生命的生物以自我保存的法则，而非源自侵犯者的行为的非正义和不当性"。[4] 洛克的自然法基本上承袭了格老秀斯的观点，把自然状态看成是一种和平、美好意愿、互助以及保存的完全自由的平等状态。洛克把自由提到了极致的地步，"人的自然自由，就是不受任

---

[1] [德]哈贝马斯，曹卫东译：《后民族结构》，上海人民出版社2002年版。参见吕云峰的《哈贝马斯的辩证理性观》，《湖北社会科学》2012年第8期。
[2] [英]霍布豪斯著，朱曾汶译：《自由主义》，商务印书馆1996年版，第7页。
[3] [英]约翰·雷格著，曹海军等译：《自由主义》，吉林人民出版社2005年版，第1页。
[4] [荷]格老秀斯著，何勤华等译：《战争与和平法》，上海人民出版社2005年版，第110页。

何上级权力的约束，不处在人们的意志或立法权之下，只以自然法作为他的准绳"。① 很显然，这种看法不仅不现实，而且有些幼稚，因为人的自由不是绝对的而是相对的，自由不是自然的而是社会给予的。自由主义绝对自然自由的看法存在太多乌托邦的成分，他们认为人性天然能够改变世界。对此，迈克尔·霍华德总结道，自由主义国际关系理论者"相信人类理性与人类行动改变世界的能力，这有助于所有人类内在潜力的更充分的实现"。②

其次，自由主义国际关系理论者提出了片面的社会和谐论而忽视了国际社会的战争分析，片面地注意到了正义而忽视利益的分析。典型的代表是亚当·斯密和边沁。

亚当·斯密针对资本主义经济的内在发展规律，提出了自由主义经济理论，反对国家干预经济，这一理论促进了资本主义经济的发展。他在《道德情操论》中论述了其人性论。他相信人有广泛的同情心，也具有某种程度的公正性。因此，对于人的进步和经济发展来说，自然的智慧比政府驱使的公共行动更加有效。在此基础上，他提出了利益和谐说。他认为，人在追求私利的同时，也服务于公共利益。私人利益是社会经济进步的推动者，社会制度或许会引导人们趋向美德。对财富的追求不仅会满足人的物质需要，而且也有助于完善人的精神。同样，国家在追求国家利益的同时，也会促进全人类的利益，每个国家的最大经济利益与全世界的最大经济利益是一致的。因此，各国之间不是必然敌对的，国际关系的和谐是可能的。很显然，他的人性论是单面的，与人类发展历史现实是不相符的，这一理论无法解释历史上国家之间敌对的现象。究其根本在于，他忽视了人性自私与公共利益的矛盾，忽视了国家利益与人类利益的冲突。其实，未来国际关系的和谐只是一种可能性，但不是必然的。

再来看边沁的理论。初看起来，他似乎应该是现实主义而不是自由主义，因为他是功利主义的典型代表，现实主义大都注重利益，但是由于边沁主张最大限度地满足更多人的幸福，"幸福是使人类最大化、痛苦最小化习惯的结果"，③ 因此学界把他的思想划归为自由主义的而不是现实主义的，④ 也可把

---

① [英]洛克著，叶启芳、瞿菊农译：《政府论》，商务印书馆1964年版，第15页。
② Midhael Howard, War and the Liberal Conscience, London: Temple Smith, 1978, p. 11.
③ [英]边沁著，沈叔平等译：《政府片论》，商务印书馆1994年版，第116页。
④ Hoogensen Gunhidd, International Relations, Security and Jeremy Bentham, London and New York: routledge, 2005, pp. 1 – 2.

他归类为人性本善论者。① 边沁思想的合理性在于，从利益的视角而不是善恶的视角来解析社会现象，然而他的思想也存在严重不足——他更多考虑的是利益，而不是正义问题。只有从利益与正义相统一的视角分析才是更为合理、更为科学的。所以，他也难免流于片面。

再次，自由主义国际关系理论者在人性观上认定人性是善的或利他的，在认同个体的自立与竞争取向的同时，也强调个体之间的共同利益。因此，人们能够相互帮助与合作，战争与冲突并非是必然的，互助合作是人类本性。其实，互助合作不是所有人的本性，有很多人的本性是好战、竞争而不是互助合作，因此自由主义在人性是否是互助合作方面同样是片面的。

其实，自私与利他、战争与和平是人类社会发展中存在的两种表现形式，何者是常态取决于不同的社会背景以及主体的觉悟程度，人类社会的发展趋势从战争状态走向和平状态只是一种可能性而不是一种必然性。自由主义学派认定，战争必将从常态走向非常态，和平必然从局部不断扩展为人类整体，这种观点缺乏实证性。因此，自由主义的设想至少有"一半"是虚假的理论假设。

最后，自由主义学者把国际社会的国家与国内社会的个人进行类比，认为国家社会是个体人性的放大，国际社会是国内社会的延伸。

自由主义国际关系理论思想家大多是从个人主义和理性主义角度出发探讨一般的哲学问题，在此基础上深入思考战争、和平、世界秩序等问题。"作为启蒙运动的产儿，自由主义理论表达了相信人类能力的乐观主义，认为人类能够改善所处的道德和物质条件。"② 他们强调自然法的道德义务，也强调在限制权力方面的道德紧张与困境。因此，学界评价道："自由主义是一种涉及国家政府与善治的理论，自由主义者寻求在国际关系领域构建秩序、自由、正义与宽容的价值观，而不像现实主义者的国际关系为无政府状态的假定。"③

这种观点不仅是片面的，而且是错误的。西方国际关系理论流派在人性论上未能区分处理内部社会与外部社会的区别。其实，任何社会在处理内部

---

① 参见白云真、李开盛：《国际关系理论学派概论》，浙江人民出版社2009年版，第60页。
② Mark W. Zacher and Richard A. Matthew, "Liberal International Theory: Common Threads, Divergent Strands," in Charles W. Kegley eds., Controversies in International Relations Theory: Realism and the Neoliberal Challenge, New York: St. Martin's Press, p. 111.
③ John Baylis and Steve Smirh eds., The Globalization of World Politics: An Introduction to International Relations (Third Edition), Oxford: Oxford University Press, 2001, p. 88.

关系和外部关系时,人性的体现标准从来就是不同的。一般而言,处理社会内部关系时,远比处理社会外部关系时更加追求人道主义,而在处理外部社会关系上更加接近"兽道主义",因为在处理社会内部关系时更加文明而处理外部关系则更加野蛮。这几乎是迄今为止任何社会的通病,区别只是,有的国家处理内部关系的文明程度、处理外部关系的野蛮程度存在高低、深浅不同而已。如,美国在对待其国民时最讲求文明,而在"9·11"事件之后的战争中,在对待阿富汗人、伊拉克人的时候,追求的不是人道主义,而是彰显了更多的野蛮成分。这种状态在西方国际关系理论中没能加以说明。

此外,国家属性不是个人人性的简单延伸,国际社会更不是国家的简单延伸。国内政治和国际政治的对象、任务、规则、目的等都是不相同的。还因为,个人的本性有待在社会关系中才能得以实现,个人一旦结成了不同的共同体,将会产生新的不同于个人的一些社会属性。

几乎所有的自由主义学者都是人性本善论者、正义重心者;相反,几乎所有的现实主义学者都是人性本恶论者、利益重心者。运用这种思路,就能厘清容易混淆的学术现象:西方近代启蒙思想家都提出了"自然状态说",但人性解释大都是相反的。其焦点问题是霍布斯与洛克都提出了"自然状态学说",在哲学界都被认定为经验主义学派,但霍布斯与洛克对人性的理解截然不同,所以国际关系学界往往把他们二人认为是相反的学派,把霍布斯认定为现实主义者,而不是自由主义者,[1] 其原因是基于霍布斯把人性归于人性本恶而不是人性本善。此外,国际关系学界把格老秀斯和洛克等人归类为自由主义者而不是现实主义者,[2] 其根本原因在于他们的思想基于人性本善论。霍布斯主张人性本恶,所以自然状态是人对人是狼,社会关系和国际关系是敌人关系。他是从现实人性恶的表现认知的,因此是现实主义者。而洛克则不同,主张人性本善,因此社会关系或国际关系不是敌人关系,而是竞争对手的关系。同样,亚当·斯密的人性论是基于同情心和公正性,因而提出利益和谐论,因此学界也把他归类为自由主义者。[3] 此外,康德的理想主义成分更浓。康德虽然提出人性善恶对立的想法,[4] 但他把国际关系理解为朋友关

---

[1] 参见白云真、李开盛:《国际关系理论学派概论》,浙江人民出版社2009年版,第118页。
[2] 参见白云真、李开盛:《国际关系理论学派概论》,浙江人民出版社2009年版,第47、51页。
[3] 参见白云真、李开盛:《国际关系理论学派概论》,浙江人民出版社2009年版,第54页。
[4] See: Gallie, W. B (1978). Philosophers of Peace and War: Kant, Clausdwotz, Marx, Engels and Tolstory. Cambridge: Cambridge University Press.

系,① 从而主张永久和平论。② 因此,温特把康德的世界政治学说归结为自由主义的终极状态,其理想追求是世界最终会成为民主国家的和平联邦。③ 康德关于世界和平的理想无疑是非常美好的,但他忽视了国家间的冲突、国家利益之间的矛盾,难免有较多乌托邦的幻想成分。这是所有自由主义者的缺陷。

总之,自由主义国际关系理论者出于人性本善而不是人性本恶的视角,站在正义立场而不是利益的立场,对未来人类社会的发展充满乐观的看法,这是片面的和过于简单的,因此自由主义学者这种充满理想主义的乌托邦思想必然受到现实主义的严厉批判,自由主义的严重缺陷必将受到现实主义的抨击。自由主义人性论不能解释人类社会、国际关系的很多现象,于是现实主义走到国际舞台的前台,进而代替自由主义成为国际关系学的主流,而自由主义学派被排挤到国际关系学术界的边缘。

西方国际关系现实主义理论学派和自由主义相反,不是基于人性本善而是人性本恶,不是更多地基于正义的观念而是基于利益立场,对人类未来出路的预测是过于悲观的而不是过于乐观的。当然,现实主义对自由主义的批判包含了巨大的合理性。

现实主义理论从古希腊时代的修昔底德,到近代的马基雅维利、霍布斯、黑格尔、卢梭,构成了现实主义知识谱系的奠基者,再到卡尔、摩根索等继承者的古典现实主义,都继承了"自然状态"法则。现实主义者之所以对人类的道德进步和发展前景抱有根深蒂固的悲观态度,主要理由有两个方面:一方面,现实主义主张国际政治冲突的本质是基于人性自私的现实事实;另一方面,在国际关系和国家行为方面强调国际无政府状态、国家权力和国家利益等因素。这两个方面都是看得见并且能够论证的,因此更加令人信服。

不过,现实主义思想的完善经历了一个漫长的过程。最初的现实主义思想是很幼稚的。古代现实主义者用抽象的和永恒的"(自私的)人性"来解释和理解历史发展。修昔底德认为,"古往今来,人就是人,有不变的人性。因此,过去发生过的事情,在未来会以十分相似的方式重复出现"。他还提出,"战争不可避免的真正原因是雅典势力的增长和因而引起斯巴达的恐

---

① 参见白云真、李开盛:《国际关系理论学派概论》,浙江人民出版社2009年版,第247页。
② See: Gallie, W. B (1978). Philosophers of Peace and War: Kant, Clausdwotz, Marx, Engels and Tolstory. Cambridge: Cambridge University Press. 参见罗伯特·杰克逊、桥格·索伦森,吴勇、宋德星译:《国际关系理论与方法》,天津人民出版社2008年版,第137页。
③ 参见白云真、李开盛:《国际关系理论学派概论》,浙江人民出版社2009年版,第249页。

惧",① 这种观点不仅很容易陷入历史循环论,而且与人类不断发展变化的人性历史相违背。修昔底德在其名著《伯罗奔尼撒战争史》中的米罗斯岛对话中所表述的强者弱者原理成为"现实主义传统中重要的试金石",即强者能够做他们有权力要做的一切,而弱者只能接受他们必须接受的一切。② 依古希腊时代的发展水平,修昔底德拥有的只是历史学家的眼光,而不是国际关系的眼光。虽然他的学说被收录到国际关系学说史之内,但现实主义国际关系学说史也把他的学说收录为国际关系理论学派的必要环节。然而,现实主义思想需要从古代水平发展到近代水平,现实主义思想才会走向成熟,成熟的第一步就是把其提升为古典现实主义。

古典现实主义主要是人性现实主义,代表人物有马基雅维利、尼布尔、摩根索,其把人性深入到权力争斗的背景,认为人们为权力而斗争,由此决定了国家战略的决策者的选择。新现实主义(结构现实主义)者霍布斯、华尔兹、吉尔平等,把分析平台放大到国际体系,提出权力不是目的而是保证国家生存的手段,主张维持均势。

摩根索以抽象的人性论作为世界观的理论基础,演绎出权力政治学派的国际法观。他的人性观是权力欲、自利,由此决定了相应的政治状况即手段和处境是权力政治、政治权利、政治环境和政治技巧,相应的政治操守即目标和价值政治伦理、人类需要、国家利益和均势,其核心就是利益说。③ 他赞同马基雅维利的不安全感、战争是国际关系的永恒主题,这些问题根植于人性。国家受人性的支配,人生来就具有权力欲望。他假定所有国家的共同特点就是作为理性而行动,一个国家的外交政策是以国家利益的谨慎计算为基础的。

尽管现实主义对自由主义进行了无情的批判,并取得了长足的进展,但现实主义同样存在致命的缺陷。其根本缺陷就是,现实主义理论过多地强调了人性本恶的成分而忽视了人性本善的成分,过多地强调了人性追求利益的成分而忽视了人性追求正义的成分。其实,一方面,追求自由、平等乃是人类最为美好的东西,是引领人类脱离必然王国,走向自由王国的善良动能;另一方面,公平与正义是构建和谐社会、共同富裕的根本法则,离开了正义

---

① [古希腊]修昔底德著,谢德风译:《伯罗奔尼撒战争史》,商务印书馆1960年版,第19页。
② Jack Donnely, Realism and International Relations, Cambridge: Cambridge University Press, 2000, p. 24.
③ [加]罗伯特·杰克逊、[丹]乔格·索伦森,吴勇、宋德星译:《国际关系理论与方法》,天津人民出版社2008年版,第97—98页。

的利益是不合理的利益，只有把利益圈定在正义的范围内才是合理的。当然，走向相反的极端，离开利益的正义是虚幻的，只见人性善而否定人性恶的成分也是片面的和不合理的。相反，自由主义和理想主义国际关系学者过多地强调了人性本善的成分而忽视了人性本恶的成分，过多地强调了人性追求正义的成分而忽视了人性追求利益的成分。

总之，在人性方面，自由主义和理想主义者坚持人性本善或利他的人性观，因此相信人类通过接受教育而能够具有改变世界的能力；现实主义者却坚信人性本恶的观点，认为国际关系的斗争与冲突源于自私动机和天生的权力欲望。可以说，自由主义和现实主义在性善与性恶、正义与利益两者之间只选择一端的看法都是片面的，都是"只见树木不见森林"① 的形而上学思维的表现。克服这双重的片面性，需要构建一种新的更为完善的理论模式。在西方国际关系理论流派发展史中，除上述看法之外，温特将国际关系的伦理方式概括为霍布斯的"敌人"、洛克的"对手"和康德的"朋友"三种模式。

三、国际关系两大学派人性观的互补

西方国际关系理论流派在人性论上展示出不同的风采，暴露出不同的缺陷。他们克服反对派缺陷的方法和对待不同观点的姿态是采用不同的观点。为了克服现实主义和自由主义观点的不足，形成了建构主义理论流派。

（一）建构主义的尝试

在克服自由主义和现实主义缺陷的过程中，建构主义提出了积极的理论方法，但在人性论上未能超越自由主义和现实主义。

建构主义者温特把西方国际关系理论概括为三大模式，即敌人模式、对手模式和朋友模式，这三种模式充分展示了国际关系中的人性。温特在提炼西方国际关系理论最著名的三种人性论模式时，认为现实主义者霍布斯"人对人是狼"的"敌人"模式，自由主义者洛克的"对手"模式和理想主义者康德的"朋友"模式，都不是人类历史的实际情况，都是某种假想，都是理性的（不同）努力即理解。相比较而言，"敌人"和"朋友"的两端模式都不可行，唯有洛克"对手"的模式才是现实合理的。温特把国际关系发展规

---

① 毛泽东：《矛盾论·矛盾的特殊性》："这就叫做片面地看问题。或者叫做只看见局部，不看见全体，只看见树木，不看见森林。"《毛泽东选集》，人民出版社1969年版，第288页。

律理解为从霍布斯"敌人"文化模式的过去走向洛克"对手"文化模式的现在,再走向康德"朋友"文化模式的未来,无疑是从恶向善的进化发展。但本书著者认为,温特的这种理解缺陷是把国际关系人性简单地理解为单线性的。

温特总结了以往自由主义和现实主义理论两种终极状态,第一种是自由主义的终极状态,出于人性善的理论,世界最终的目标是促使人类组成民主国家的"和平联邦",理论的摹本是康德的世界政治学说。第二种是现实主义的终极状态,出于人性恶的理论,基于利益纷争,战争不会消失,世界最终的状态只能是民族国家构成的国际体系,理论摹本是黑格尔的普世国家学说。[1]

温特并不满足于上述两种状态的理论,提出了第三种状态的理论。他认为人类政治的最终状态是世界国家。他首先继承了康德与黑格尔的合理性,认为冲突是推向终极状态的根本动力。但他试图克服前两种理论的缺陷,他认为康德模式的不足是,康德认为冲突使世界走向民主国家联盟,但没有意识到冲突会导致集体身份的形成,黑格尔则看到了斗争的可贵性,但斗争导向国家的终结。温特认为人类的最终状态不是国家,而是世界国家。他认为,在全球化时代,全球性的世界国家才会形成。[2] 不过,后来温特第三状态的理论遭到了其他国际关系学者的批判,沃恩·尚侬发表文章《为什么世界国家不可避免》,对温特的《国际政治的社会理论》进行了批判。尚侬认为,一方面,世界国家的产生未必就是一种必然,只是一种可能;[3] 另一方面,温特的理论模式实际上把争取承认的斗争作为唯一的政治力量,其方法存在一种单一因果论的缺陷。"如果世界国家不可避免,有人为何要担心呢?"[4] 其实,人类是善恶双向发展的。中国的学者白云真也批判了温特:"温特所说的进化缺乏严密的逻辑支撑,仅仅体现为他个人的思想倾向。在结构文化的变迁过程中,仅靠文化竞争与路径是难以解释的。……温特在《国际政治的社会理论》一书中并未就文化进行问题给出系统的和具有说服力的回答。这种空白,

---

[1] 参见白云真、李开盛:《国际关系理论流派概论》,浙江人民出版社2009年版,第249页。其中,关于人性理论的结合是本书作者的提炼。

[2] 参见白云真、李开盛:《国际关系理论流派概论》,浙江人民出版社2009年版,第249—250页。

[3] Vaughn P. Shannon," Went's Violation of the Ccnstructivist Project:Agency and Why a Wofld State is Not Inevitable," European Journal of International Relations, 11:4 (2005), pp. 581-587.

[4] Vaughn P. Shannon," Went's Violation of the Ccnstructivist Project:Agency and Why a Wofld State is Not Inevitable," European Journal of International Relations, 11:4 (2005), p. 586.

驱使温特进一步思考与研究世界政府变迁的动力与逻辑，其成果是他对世界国家必然性的研究。"①

温特的缺陷一方面在于世界国家的形成未必，必然只是一种可能性；另一方面在于温特在人性论上没能解决自由主义和现实主义在人性困惑上提出的种种问题。

本书著者认为，克服自由主义和现实主义人性论缺陷的根本方法不能另辟蹊径，而只能运用两者互补的内在方法。

（二）自由主义与现实主义的互补

通过对比研究，本书著者发现，在人性论上，自由主义与现实主义是针锋相对的。自由主义的特点是人性本善、相信正义的力量，追求正义高于利益，简称为本善正义论者；现实主义相反，都相信人性本恶，追求利益大于正义，可简称为本恶利益论者。

其实，自由主义和现实主义的人性论都含有巨大的缺陷。对此有的学者提出，"乌托邦主义的典型缺陷是思想的幼稚，而现实主义的典型缺陷是思想的贫瘠"。② 然而，双方又都含有一定的合理性，也正是因为各自人性论的真理含量，所以双方谁也无法把对方完全驳倒，以至于后来国际关系的发展出现了介于自由主义与现实主义之间的中间道路的英国学派和温特建构主义，③出现了自由主义和现实主义互相靠拢的趋向。种种迹象表明，国际关系两大主流学派在试图克服自身不足的同时，开始不断吸取着对方的合理性。

通过上述分析不难看出，自由主义和现实主义的理论逻辑起点和思想进路恰恰是相反的：自由主义思想体系的逻辑起点是人性本善和抽象个体的人性，其理论推演的路径是由个体人性到国内社会再向国际社会的延伸的知识体系，简称为由小到大、由内而外和由正义而利益的思想路径；现实主义思想体系的逻辑起点是人性本恶和利益权力的驱动，其理论推演进路是由国际无政府状态向国内社会浓缩的知识体系，简称为由大到小、由外而内和由利益而正义的思想路径。顺着这两种路径展望未来，自由主义主张人性本善，从而对人类发展的未来必然持有乐观的态度；现实主义主张人性本恶，从而

---

① 白云真、李开盛：《国际关系理论流派概论》，浙江人民出版社2009年版，第248页。
② Edward H. Carr, The Twenty Years' Crisis, 1919-1939, New York: St. Martin's Press, 1946, p. 12. 中文版参见［英］爱德华·卡尔著，秦亚青译：《二十年危机1919—1939：国际关系研究导论》，世界知识出版社2005年版，第13页。
③ 参见白云真、李开盛：《国际关系理论学派概论》，浙江人民出版社2009年版，第418—420页。

对人类发展的未来一定持有悲观的态度。

如果深入分析，不难发现西方国际关系两大基本理论流派的思想隐含一种奇妙的现象：自由主义的缺陷正好是现实主义的优点，自由主义的优长之处恰恰是现实主义的缺陷，其规律性的东西就是现实主义和自由主义的优缺点正好能够互补，而这似乎是可以相生相克的。

四、从善恶论到义利论的提升

从古代政治学家到近代初的国际政治学家，学者更多地从善恶标准的视角来研究国际关系伦理。其实，评判人类社会好坏的标准是从初级到高级发展的过程，其中的善恶标准是低级的，而利益正义统一论才是更高级的。善恶观念是虚幻的范畴，而利益和正义才是实在的范畴。人类评判好坏的标准从善恶观念发展到义利统一论是国际关系人性理论发展的哥白尼式革命，在这场文化革命中，应从根本上把善恶观念提升为义利统一的观念。

把人性好坏的标准归结为善恶，具有很大的缺陷性：第一，相对于利益和正义的理念，善与恶的概念是含混不清的、抽象的和不可测的，具有虚幻性、乌托邦性或猜想性，因此可以确定，善恶是深层语法中实词里的虚词。相反，利益和正义的范畴则是实在确切的、具体可测量的，是深层语法中实词里的实词。第二，善恶概念只能定性分析，不可定量分析，也不好运用"度"来解析。相反，利益和正义的范畴不仅可以量化分析，更可以运用程度深浅来衡量。第三，善恶之间是根本对立的。很难想象善恶会有交叉点或共同点，因此善恶很难统一在一起。然而，利益与正义却一定有交叉点和共同点，在一定的范围内和一定的程度上二者是完全统一的。利益分为合法权益和非法权益，合法权益就是利益和正义的交叉点和共同点。善与恶却没有这样的重合部分。虽然善恶有相对的一面（对于有的人是善，对于不同的人可能是恶），但善恶本身却无法重合。

总之，善恶观念是评判人间好坏的初级标准，其根本性不足是两极性思维，包含了很大的虚幻性和不合理性；而义利统一论则是评判人间好坏的高级标准，能够从根本性克服两极性思维的不足，包含了更大的实在性与合理性，因此利益与正义问题的考量远比人性善、人性恶的考量更加科学。从两者的相对角度看，善恶论是个相对虚假的观念，只有义利论（利益与正义论）才是相对真实的，因此国际关系的善恶论应当为义利论所替代。

可以说，利益与正义是国际关系学的永恒主题。随着学术的发展，国际关系学者越来越少地运用善恶观念，而更多地采用利益和正义的理念来解析国际关系现象，这是国际关系学发展的巨大进步，符合社会好坏标准从初级到高级的发展规律。

从理论上走出困境，就必须扬弃人性的善恶说，开发义利统一论。所谓义利统一论是指利益与正义的界限是随着社会进步的提升而提升的，两者的交叉点或可融合性在不断扩大或拓宽。其发展趋向是，一方面，人类文明越是发展，越是在利益的驱动下更大限度地伸张正义，放弃虚无飘渺的正义和远离利益的正义；另一方面，人们尽量在正义的框架下更大限度地容纳利益，离开了正义的利益是不当利益，离开了利益的正义是虚幻的公正。两者相比较而言，正义是实现利益的正当手段，利益是正义追求的目的。另一方面，正义不仅仅是手段，而且是实现利益的合理性基础。人类社会的利益集团从小到大依次提升的是家庭、公司或其他单位、国家、地区共同体、人类共同体等层次。在这不同层次的共同体，凡是能够容纳多大正义度的利益共同体，其合理性也就有多大；反之，其不合理性也就有多大。

利益和正义相统一的国际体系不是一成不变的，而是发展变化的；其发展规律是从较为低级的保护国家利益的国际体系走向保护全球利益的国际体系。因此，在国际体系中，整合利益和正义关系的有两种情形：

一种是威斯特伐利亚国际体系，即在以国家利益为轴心的国际体系中，实现国家利益与社会正义的黏合。凡是更多地考量大众利益的国家社会，其合理性就越大，合法性也就越强；反之，凡是更多地考量政府官员的利益而不惜牺牲民众的利益的国家社会，其合理性就越少，合法性也就越弱。

另一种情形是全球利益的国际体系，这个体系不是以国家利益为轴心而是以全球利益为轴心。目前国际社会还远远未能发展到这种水平，全球利益萌芽不久，国家利益依然是国际社会的主要决定因素。人类发展的下一个阶段是全球利益逐渐走强，逐渐与国家利益并行发展，以实现全球利益和国家利益的互利共赢。人类发展再下一个目标才是全球利益高于国家利益，国家利益臣服于全球利益的发展阶段。

利益与正义的统一经历了从国家利益体系走向全球利益体系的发展过程。在这个发展过程中，学术家和政治家的考虑重心是不同的。起初，在学术家与政治家分治的时代，学术家更多地考虑正义问题，而利益永远是政治家考虑最多的核心要素；学术家侧重从善恶理想的视角来审视国际关系问题而很少问津现实的利益问题，相反政治统治者很少借用学术家的善恶理论。当生产力创造的财富扩大到能够在更大范围容纳正义的时候，正义问题也就更大限度地走进政治家的视野，因而学术家和政治家也就不断从分治走向合治。学者的价值取向不断深入社会，走出乌托邦的幻想，尽量对现实社会发生影响，国际关系学者的价值取向也就开始从理论型不断走向参政型。随着学术家追求对现实社会的影响而产生了更多的参政意识，近现代国际关系学的主流理论学派从自由主义向现实主义转移，而自由主义却不断被边缘化了，究其原因是学者的思想对国家利益的影响日益走强。不难发现，当学者从纯粹理论角度看问题时，正义就必定是思考国际关系问题的主要因素；而当学者站在国家利益立场上参与国家政治的时候，利益要素则远远大于正义要素。

正义和利益的黏合规律是，人类利益随着生产力的提高而增大，而对正义的容纳也就不断地得以提升，从而检验着正义的成色。真正的正义不是抽象的而是具体的，不是一成不变的而是随着时代利益和宽容度的不断扩大而扩大的。因为政治家追求正义的界限是利益允许的范围，超出利益范畴的正义，政治家一般是不考虑的。

利益与正义的关系，总的来讲是交叉关系。其交叉的发展呈现从小到大或从少到多的趋势，因此只有利益与正义交叉重合的部分才是人类文明发展的轴心或中轴线。从现实性角度，正义分为现实的正义和不现实的正义。现实的正义是指人们追求的正义是在其追求的利益范围内进行的，是对利益的公平分配，是公平追求利益社会制度框架；在国际关系领域，就是全球利益的公平分配、各国利益的公平配给。从这种意义上讲，利益就是正义永恒的现实界限，公民利益、国家利益在全球范围内的公平分配。当与利益相关时，正义才是实实在在的；当与利益无关时，正义则是虚设的。合理而现实的正义永远受限于利益允许的范围。政治家一般不会超出这个范围。只有理想主义的思想家或理论家才会更多地考虑虚设的正义，而忽视利益问题。然而，现实主义思想家或理论家则不然。

总之，纯粹的极端主义都不可取。纯粹现实主义让人变坏，纯粹自由主义使人变傻，纯粹建构主义把人变蒙。科学的方法就是把利益与正义结合并交叉起来，追求"正当得利"，这才是克服极端的现实主义和极端的自由主义的最好出路。以往西方早期现实主义和自由主义仅把注意力的焦点放到善恶评判上面，这是肤浅的，只有后来深入到利益与正义的交叉关系，才把握住了国际关系的真谛。"正当得利"乃是（国际）政治学的本质所在。

可以说，人的所有行为都是当事人认可的伦理规则指导下的行动结果，因此所有人的任何行为都离不开伦理。只不过有的人受到好的、善良的伦理规范指导，有的受到坏的、邪恶的伦理规则的指导，多数人则是好坏、善恶居中，有的只为求利，有的也兼求义。不要认为伦理只指导人们求义而不求利，真正好的伦理规则是"正当得利"，那是合理的利己；邪恶的伦理规则是"不当得利"，那是自私。有些大公无私的伦理规范、指导人们只是求义而不求利的伦理规范是虚假的、害人的伦理。其实，在某种特定的社会环境中，大公无私的伦理规范、让人只是求义而不求利的伦理规范大部分只是口头上的，是让别人做的，自己实际上并不那样做。

第四节
国家伦理的内涵、价值及局限

国家伦理不仅是伦理学的重要概念，还是政治学、全球学的重要范畴，更是现实全球问题如何得以解决的严峻问题，因此研究国家伦理具有重大的现实意义和理论意义。把国家伦理放到人类伦理发展的长河中去比较，才会发现两方面的价值。一方面，近代国家伦理超越古代王族伦理、贵族伦理的伟大价值，近代社会进步的根本原因是国家伦理用国家公民平等的人权超越了古代王族贵族社会时代不平等的特权。因此，人类社会发展到近代的意义在于把王权伦理、贵族伦理提升为国家伦理，确保国家公民权利能够顺利得以实现。另一方面，当人类文明发展到现代，出现了严重威胁人类生存与发展的全球问题时，全球伦理诞生了，从而才发现国家伦理的缺陷，努力争取更高的社会伦理目标就是要实现全球伦理的大发展，全球伦理带领国家伦理的发展是突破现代人类伦理发展瓶颈的节点。

研究国家伦理问题之所以具有重要的现实意义和理论价值，是因为在学界，"国家伦理"还不是一个很确定的概念，还存在着很大的争议。有的学者已经发现了这样的问题，"长期以来，学术界对于'国家伦理'一直有着不同的理解"。[①] 对于很多人来讲，"国家伦理"似乎还是一个很陌生的东西，不仅普通人和政治家不知其为何物，不同的学者对其也有着不同的理解甚至是很大的争议，就连"国家是否具有道德性""国家伦理是否成立"等问题都还存在着严重的争议。与此相关的现实意义也是很重要的，搞不清楚下述问题，也就找不到国家反腐败问题的根本、特权问题的来源：什么是国家伦理？

---

① 陆华：《国家伦理的内涵解读》，《东南大学学报》2009年第1期，第46—48页。

国家伦理是为王服务、为官服务，还是为民服务？如果包括为民服务，那么也为外国人服务吗？国家伦理都包括哪些内容？国家伦理仅仅是国内伦理吗？国家伦理是否包括国际伦理？国家伦理与国际伦理是什么关系？古代有没有国家伦理？古代的国家伦理和近现代的国家伦理有什么本质区别？古代中国的王权社会和古希腊古罗马的贵族社会有没有国家伦理？国家伦理与全球伦理是什么关系？上述这些问题是学界尚未完全探讨清楚的问题，都是有待深入研究的。

一、国家伦理的内涵及其分类

众所周知，国家是组织，不是自然人；自然人有道德属性，那么国家是否具有道德属性，国家是不是一个伦理主体？这个问题在学界并不是一个已经形成定论的问题。

有些学者确实对此提出否定的观点。著名德国社会学家韦伯认为，国家这类"集团并不能思想、感受、理解，只有人才能如此"。[1] 不难看出，韦伯认为，国家是一个没有思想、情感的组织实体。因此，按照他的逻辑推理，不难得出结论，国家伦理不应是一个科学的概念。按照这种观点推理，国家虽常常担任多种角色，充当不同性质的主体，在政治、经济、文化和军事领域中发挥重要作用，但是国家却不能是一个道德主体，因此国家的行为也不受道德规范的约束。[2]

很显然，上述观点并不正确，而且有点近似荒谬。其实，国家是一种特殊的伦理实体，国家以追求保卫国家利益、保护公民权利为价值目标，否则就意味着没有尽到国家义务，而没有尽到义务必须承担相应的国家责任。国家责任是国家伦理的另一种表述，国家伦理指的正是国家行为必须履行的义务和承担的责任。

诚然，国家不是自然人，而是由组织、制度及其运行等构成的复杂实体；自然人具有道德属性，但不意味着由自然人所组成的国家就不具有道德属性。因此，有的学者对国家伦理持肯定态度，提出"国家是一种特殊的伦理实体"，[3] "国家是一个具备道德属性的实体，要在人类社会中实现真正的伦理

---

[1] [德]马克斯·韦伯著，洪天富译：《儒教与道教》，江苏人民出版社1995年版，第4页。
[2] 田文利、李颖超、王鑫：《国家伦理的概念、分类及其意义研究》，《陕西行政学院学报》2011年第4期，第86—89页。
[3] 陆华：《国家伦理的内涵解读》，《东南大学学报》2009年第1期，第46—48页。

精神，必须借助国家这个组织实体去实现道德治理"。① 在历史和现实生活中，有很多杀人、奸淫和抢劫的行为，都是以国家的名义，甚至以国家行为做出的，所以，"在学术理论中，人们将国家的属性不是归为全然的恶，也是归为必要的恶"。② 有的学者认为，"国家是国家行为的发出者和国家责任的承担者。对外部而言，国家是各种政策、制度、规范的制定者、执行者，国家与国家间的政治、经济、军事交往，是通过国家谈判、缔约、战争等行为方式实现的。对内部而言，不论是作为'更夫'的守夜人角色，还是作为'生存照顾'的福利促进者，国家都要以它具体的国家行为来履行其不同的公共职能。正是由于国家要履行上述功能，国家才成为一个税收、征兵的有权主体"。③

有的学者，基于国家是一个道德实体，提出"宪法是国家伦理的制度保证"这一较为深刻的观点。李玉静提出，"国家和公民一样是道德主体"，④"国家伦理的目的在于使国家成为一个有德性的主体。……宪法是国家伦理的正式制度表达"。⑤ "国家伦理的内容是可以设定的……国家伦理对于国家的发展起着至关重要的作用。"⑥ 有的学者认为国家伦理是国家在国内国际社会中所应当承担的道德责任和伦理关怀。田文利对国家伦理具有较全面的认识，"国家伦理是指国家作为一个现实存在的实体所应当遵循的伦理规范。具体来说，国家伦理是国家作为一个主体对其全体国民及其他国家和整个国际社会所承担的道德责任和伦理关怀。……国家伦理是国家与国家及其公民发生相互关系时所应遵循的道德规范。对于他国而言，国家之间应当具有和平共处、不以武力相威胁、彼此尊重主权、承担共同责任等道德属性"。⑦

从本质上分析，国家伦理就是基于国家行为所应承担或担负的责任和义

---

① 田文利、李颖超、王鑫：《国家伦理的概念、分类及其意义研究》，《陕西行政学院学报》2011年第4期，第86—89页。

② 彭定光：《政治伦理的现代建构》，山东人民出版社2007年版，第6页。

③ 田文利、李颖超、王鑫：《国家伦理的概念、分类及其意义研究》，《陕西行政学院学报》2011年第4期，第86—89页。

④ 李玉静：《浅析国家伦理》，《长春理工大学学报（社会科学版）》2012年第12期，第17—18页。

⑤ 李玉静：《浅析国家伦理》，《长春理工大学学报（社会科学版）》2012年第12期，第17—18页。

⑥ 李玉静：《浅析国家伦理》，《长春理工大学学报（社会科学版）》2012年第12期，第17—18页。

⑦ 田文利、聂振华：《论国家伦理是警察伦理存在的正当性基础》，《中国人民公安大学学报》2008年第4期；田文利、李颖超：《全球变暖中的国家伦理》，2011年第2期，第24—26页。

务。国家行为包括适用于国内的各种政策、制度、规范的制定与执行，而国家的国际行为包括国家间的政治、经济、军事的交往，通过国家间的谈判、缔约、战争等国际行为得以实现。对国家内部而言，国家有责任保护其公民生命、财产，有义务保障和促进公民福利、待遇，提高其生活水平。国家不仅是一种社会主体，而且是世界上最重要、最有力量的社会主体。既然国家是一种社会主体，那么国家行为就必须拥有国家权力并承担国家责任，国家责任就是国家义务。既然有国家权力、国家责任和义务，那就当然有国家伦理。国家是一个拥有主权、享有权力的社会主体和政治实体，一方面国家"具有处理国内和国际事务的最高权力"，① 另一方面必须承担相应的义务和责任。

诚然，国家伦理的承担者不是抽象的国家，国家伦理是通过国家组织者、管理者来承担的。有学者认为，"国家管理者的道德诉求称为国家伦理"。② 其实，这种观点在美国学界也很流行，美国学者提出，行政伦理就是行政人员的伦理。

国家伦理的表现形态是多种多样的，主要表现在各种国家政策文献、法律文件之中。从伦理与价值观的关系上来说，国家伦理多以国家价值观的形式表现出来，尤其是世界上大多数国家通过宪法规范来表现，以提高国家伦理的认同程度。一般来讲，法律文件中最基本的法律原则都是国家伦理的具体体现。如《中华人民共和国民法通则》把诚实信用、公平正义规范为民法原则，但这些法律原则的适用范围仅限于民法和私法领域，不适用于刑法和公法。

国家伦理体现为基于实现国家利益的国内伦理与国际伦理两个方面。在人类共同体还未成为时代主流之前，国家利益和国家伦理成为社会利益和人类伦理的重心。当出现全球问题时，以解决全球问题为己任的全球利益、全球价值、全球伦理也就应运而生了。之后，国家利益、国家伦理将不断与全球利益、全球伦理交织在一起，时而联合，时而冲突，共同主宰人类伦理的发展。这是一个漫长的历史发展过程。

任何事物的分类都是相对的，都可以按照不同标准进行不同的分类，所以按照不同标准也可把国家伦理划分为不同类别。对国家伦理进行不同划分将具有不同的研究意义。

---

① 万俊人：《寻求普世伦理》，商务印书馆2001年版，第352页。
② 王田葵、何红斌：《国家伦理：从舜之所歌到民之所本》，《零陵学院学报》2004年第1期。

人类进入文明时代，文明早期的伦理规范（群）都是宗教伦理，或者说都是从宗教角度对人的行为进行规范的。无论是氏族社会还是奴隶社会，宗教伦理已成为社会伦理的主要内容。那个时代是全民信教的时代，宗教伦理成为很有效的社会伦理。哲学与科学发达之后，逐渐剔除了宗教某些愚昧的成分，人类开启了从宗教伦理走向世俗伦理的历程。那是个漫长的过程。因此，如果以国家伦理的渊源为标准，可将国家伦理划分为宗教伦理和世俗伦理。

与古代文明不同，在现代社会，宗教伦理是指国家伦理被赋予自己民族宗教的内容，规范国民伦理行为或多或少受到本民族宗教文化的影响，有的甚至是强制性的。凡是以宗教伦理为底蕴的国家伦理无不打上宗教的色彩，如基督教国家必然以基督教为国家伦理的文化背景，以伊斯兰教为背景的国家必定要以伊斯兰教伦理为国家伦理的底色。同样，信仰佛教的东南亚国家、信仰印度教的国家，自然以佛教和印度教作为国家伦理的宗教底色。宗教伦理就是各民族国家安抚本族人本国人精神与灵魂的行为规范。世界和平需要各民族宗教的和睦相处，但是自宗教产生以来，宗教之间的冲突从来就没有停止过。各民族国家伦理从来就有分歧，各民族国家在宗教文化上产生的冲突是阻碍世界和平最大的结点。为此，孔汉斯提出，"没有各宗教之间的和平就没有各国之间的和平，简言之，没有宗教之间的和平就没有世界和平"。[①]

国家伦理中的世俗伦理是国民伦理不受宗教影响或者不以某种宗教伦理为基础而塑造的伦理。对于基督教世界，经历了从政教合一到政教分离的发展，政教分离后，宗教成为个人的私事，留在公权领域的国家伦理不再受基督教的强制性制约。持有其他宗教信仰而向基督教国家的移民加重了基督教国家的世俗伦理成分。不受宗教影响的国家伦理只是相对的，不是绝对的。中国绝不是没有宗教伦理的国度。世上只可能有没有宗教信仰或无神论的个人，但并不存在没有宗教信仰的民族，任何民族都有属于自己民族的宗教情结。从夏商周到晚清，儒释道、宗法制、民间宗教与无神论混杂的多元宗教文化成为中国国家伦理的文化底色。儒家文化对中国人的伦理约束算不算脱离了宗教伦理的影响？这是一个有争议的问题。虽然儒家文化在哲学界、伦理学界并不被认为是宗教，但在宗教学界普遍被认定为儒教，儒教里的孝道、仁道、君子之道已经提升到宗教的高度，这是毫无疑义的。

[①] ［瑞］汉斯·昆，周艺译：《世界伦理构想》，生活·读书·新知三联书店2002年版，第98页。

如果以文明发展高度为标准,可以把国家伦理划分为发达的国家伦理、欠发达的国家伦理或发展中的国家伦理、不发达的国家伦理。这种划分是笔者首先提出的。国家伦理既是一种精神文明的范畴,更是一种制度文明,甚至是物质文明的范畴。发达国家对自己国家的经济生产具有极高要求,对假冒伪劣产品的惩罚极其严厉,因此才表现为发达的物质文明。发达国家在伦理上的高水准,决定了发达国家公民的高素质,如过马路遇见红灯时绝不通过,开车遇到"STOP"标志的地方一定要停下来而不是慢下来,人多一定要排队绝不加塞,在公共场合绝不大声喧哗,如此等等。

此外,还有一些其他的划分方法。如有的人提出,以国家伦理的社会领域为标准,"可将国家伦理划分为政治伦理、法律伦理、经济伦理、社会伦理、文化伦理、军事伦理等。这种分类方式的意义在于全面揭示国家伦理发挥作用的不同领域,有利于在不同领域当中具体地建构伦理规范体系,同时也有利于使伦理的精神弥漫于国家的不同'肢体',统一国家理念,凝聚民族精神"。[1] 其实,这种划分方法也很有问题。因为凡是能够称得上是国家伦理的,都必须对国民或该国公民有普遍性的伦理指导意义。职业性的法律伦理对于法官、检察官、公安机关、律师等具有特殊职业的人是一种职业伦理,军事伦理对于军事人员有约束力,对非军事人员不具有约束力。

二、近代国家伦理的合理性与局限性

近代国家伦理之所以能够超越古代国家伦理,其关键是因为能把古代中国社会的王权伦理和古希腊古罗马社会的贵族伦理提升为近代国家社会的公民伦理,把本地社会成员(不包括外邦人)的主体地位从古代中国任凭官员宰割的百姓、古希腊古罗马任凭奴隶主处置的奴隶提升为可以被国家保护的公民。

在奴隶社会的伦理规范中,奴隶没有任何社会地位,没有人格,没有财产,没有生命权,不受任何"国家"要素的保护,反倒是奴隶主可以任意宰割、出卖、赠送、奴役和劳作的对象。

古代中国的百姓虽然比古希腊古罗马的奴隶社会地位要高得多,但自己的生命权、财产权同样得不到国家的保护,素有"溥天之下,莫非王土;率

---

[1] 田文利、李颖超、王鑫:《国家伦理的概念、分类及其意义研究》,《陕西行政学院学报》2011年第4期,第86—89页。

土之滨,莫非王臣"之说,臣民的人身(包括生命)都是帝王的,下民不可能有平等与自由。下民就是贱民,没有人格,没有社会地位,不受尊重。

在近代国家社会,所有"下民"都摆脱了贱民的社会地位,演变为受国家保护的公民,拥有公民人格权、生命权、财产权,公民之间是平等的,从而极大地解除了下层国民,不仅解放了生产力,而且极大地解除了下层国民个性自由的禁锢。这是一幅社会伦理解放、人民进步的美好图画,足以见证从古代伦理发展到近代国家伦理的合理性。

近代国家伦理是基于国家利益基础上的社会伦理。在近代,还没有产生全球利益和全球伦理,只有国家利益和国家伦理,因此国家利益和国家伦理成为社会利益与社会伦理的合理性与合法性的主流标准。

正如前面所述,欧美率先建立了自己的民族国家,到了东方民族解放运动时代,东方人也效仿西方的民族国家运动而建立自己的民族国家。后者是西方构建民族国家运动的继续。东西方多数民族国家建立之后,世界各国都逐渐产生了国家利益,因此诞生了相应的国家伦理。国家伦理分为国内伦理与国际伦理两类。国内伦理是国内社会成员之间的伦理,国际伦理是不同国家之间以及不同国度的人们之间的伦理。在国家成为发展主流的时代,无论是国内伦理还是国际伦理,追逐的利益轴心都是国家利益,而不再是王族利益和贵族利益。

无论是从历史的发展顺序还是逻辑的先后顺序上,民族国家都是国家利益的"先行者"元素。在历史上,先产生民族国家,然后才缔造国家利益和国家伦理。在逻辑上,民族国家对于国家利益具有逻辑先在性,国家利益对于国家伦理具有逻辑先在性。因此,国家利益是解开国家伦理和国际关系伦理的一把钥匙。正如有的学者所说,"国家利益是随着民族国家的形成而出现的重要概念,也是国际关系伦理研究的核心范畴之一。……资本主义国家的国家利益由于国内不同利益集团的出现和国家体系的形成,从国家至上的政治利益拓展到包含经济利益在内的主权至上的国家综合利益,并由其统治集团利益所代表"。[①]

国家权力的合法性源于公民社会的公民利益。从近代国家政权的本质来看,近代国家伦理就是以确保公民权利为己任的社会规范,公民权利是国家利益的核心。但是,由于人民不能行使国家权力,只能转交给官员阶层来行使,这就形成无可奈何的"政权在民"与"治权在官"的悖论。由于政权与

---

① 余潇枫:《国际关系伦理学》,长征出版社2002年版,第143页。

治权分离，官员利益集团代表不了公民利益，只能代表其自己的利益，造成了官员行使的国家利益和真正的国家利益的分离。于是，国家利益成为国内不同政治力量利益集团形成的最终的合力。其中，由于阶级斗争、工人罢工与公会的努力，所谓的国家利益不断拉近真正的国家利益，即不断抬高公民权益的底线，使得近代国家伦理从最大限度倾斜于官员利益集团转向最大限度倾斜于公民权利。这是近代国家伦理的巨大进步。

可以说，近代国家伦理的背后隐含了国家利益。学者对国家利益进行了较为详细的研究，提出三种类型说。第一种类型说认为，国家利益就是国内利益的总和，或者说就是全体成员的利益。第二类种型说认为，国家利益由国内利益和国际利益两部分组成。国内利益包括根本利益、次要利益、长远利益、可变利益、一般利益、特殊利益；国际利益包括一致利益、协调利益、冲突利益、世界利益（生态环境保护等）。第三种类型说认为，国家利益可分为国家生存利益、国家直接利益、国家间接利益。约瑟夫·奈在《新的国家利益观》一文中认为，国家利益包括战略利益、地缘利益、经济利益、人道主义利益、民主利益等。有三类冲突，威胁国家生存利益的冲突、不威胁国家生存但有直接损害的利益冲突、不威胁国家生存但有间接影响的利益冲突。[①]

国家利益和国家伦理成为国家时代的主流，无论国家利益和国家伦理存在怎样的瑕疵，都比历史上封建社会的王族伦理、贵族伦理、神权政治伦理要合理得多。但是，国家伦理依然存在很大的局限性。这是因为，国家利益在其形成和发展过程中，与民族利益、国际利益交织在一起，从而成为民族利益与国际利益的整合器；也与公民利益、官员集团利益交织在一起。少数官员或经济大财团利益集团常常以国家利益"偷换"或"偷运"自己的特殊利益，以至于人民误认为偷运的官员利益或财团利益就是国家利益，其实不是。相关的"国家行为"不是保护公民利益的国家伦理规范，实际上保护的是贵族利益或权贵利益，"贩运"的是贵族伦理。为此，国内有的学者提出，"从国际关系伦理的角度看，国家利益是民族利益与国际利益的中介与整合。在国家利益的历史发展中，最早的君主利益、国王利益和国王代表国家利益，后来国家政府机构的利益取代君主和国王代表国家利益，在市民社会中，国民的利益、社会的公益是国家利益的主体内容。随着国际体系的形成，跨国利益、地区利益、国际利益乃至普适利益，越来越多地体现在国家利益中。

---

① 余潇枫：《国际关系伦理学》，长征出版社 2002 年版，第 145—148 页。

国家利益的道德悖论：一是少数人的局部利益常常被整体化为民族的整体利益；二是国家利益关系中的主体国家，在国际体系的'超国家利益'关系中却成了只有部分主体地位才能体现其国家利益"。① 日本学者星野昭吉认为，"真正的国家利益是在'国民利益'的基础上，最大限度地创造'国际利益'，并且在'国民利益'与'国际利益'相互融合的过程中求得的。从'国民利益'立场来看，如何防止少数利益集团以特殊利益'偷换'国家利益，以及如何不断扩大与'国际利益'之间的共存率是极为重要的。从'国际利益'的观点看，不使国家利益与别国的国家利益相对立，从而不断加强与'国民利益'之间相互重合的比率是十分重要的。相互之间的关系如同一枚硬币，国家利益的表里两面分别是'国内的公益'与'国际利益'。由此，'公益'越是重视'国际利益'，越是得到保持和扩大；'国际利益'越是兼顾'公益'，越是得到强化和扩大。这是理想化最大限度实现国家利益的保证"。②

人类社会从古代发展到近代，一方面充分显示出，社会发展轴心从王族利益和贵族利益的"权贵至上"发展到"国家至上"，因此国家伦理也就成为远比王族伦理、贵族伦理更加合理的社会伦理；另一方面，随着人类文明的进一步发展，尤其是在出现需要解决全球问题而显现全球伦理的价值时，国家伦理自然暴露出一定的局限性或缺陷。

在近代，表现出来的是"国家利益高于一切"，实际上在有些国家却是"官员利益高于一切"，因此造成国家利益不能完全代表公民利益，轻则用国家利益偷运官员利益，重则为了国家利益不惜牺牲、欺压或扼杀个人利益。保护所谓的国家利益就成为国家伦理的核心目标，在国家利益掩护下对个人利益的某些侵犯成为近代国家伦理的重大缺陷，这种缺陷在东西方社会的表现并不相同。

20世纪四五十年代之前，在东方社会，东方专制主义依然继承古代王权主义传统，用国家利益偷运王族利益和官宦利益，一切平民利益全部被踩在脚下。总体来讲，王族利益最高，为了王族利益不仅可以肆虐侵犯平民利益，甚至可以侵犯其他官员利益。世界大战之后，民族解放运动获得胜利，东方社会从西方列强的铁蹄下解放出来，虽然许多国家也并未完全从王权主义政治中解放出来，但毕竟开启了保护国家利益的国家伦理。

---

① 余潇枫:《国际关系伦理学》，长征出版社2002年版，第146页。
② [日]星野昭吉著，刘小林、王乐理译:《变动中的世界政治》，新华出版社1999年版，第41—42页。转引自余潇枫:《国际关系伦理学》，长征出版社2002年版，第146页。

西方社会，自文艺复兴以来，形式上实现了国家利益的核心就是公民利益，公民权利高于一切，公民权利成为官员权力执政的依据、基础和根源。但实际上，资本家利益和官员利益成为国家利益的实际体现。当然，随着工人阶级的努力和斗争，下层阶级的社会地位不断改善，公民利益或公民权利也不断得以改善。政治家不断用确保公民权利以提高公民生活水平的承诺来吸引选民的眼球，用兑现自己的政治承诺得到公民的信任，于是国家利益成为高于一切的原则。然而，这是对内的政治伦理，在国际社会上却展现了野蛮的对外政治伦理，为了确保自己的国家利益不惜损坏别国利益。迄今为止，用国家利益侵蚀和损害别国利益的案例比比皆是。无论是在西方社会还是东方社会，在各国的国家伦理理念中，国家利益都成为压倒人类公共利益的最高利益，国际社会依然处于受弱肉强食的森林法则支配的"国际无政府状态"。翻开人类文明史，近代两次世界大战把国际无政府状态发展到极致，人类公共利益不断受到各国的国家利益的蹂躏和践踏。

当人类进入全球化深度发展的时代，国家利益和国家伦理的自私部分成为阻碍全球利益和全球伦理发展的障碍。只有到了现代，这种缺陷才得以暴露出来，并逐渐得以克服，主要是通过"国家让渡部分主权"的方式实现的，由此开启了终结"国家主权至上"的历史。

在近代，人们不可能发现如此奇妙的现象，即国家利益和国家伦理的自私部分成为后来全球利益和全球伦理发展的局限性或缺陷发展。诚然，人类早在古代文明社会，就已经产生了普适文明和普适伦理，但只有到了20世纪60、70年代[①]之后才产生了威胁人类生存与发展的严重的全球问题，20世纪90年代才产生为解决全球问题而提出的全球伦理意识。[②] 在此之前，当普世伦理与国家伦理发生冲突时，人们当然首选的是国家伦理，而不是普世伦理。因此，在国际社会造成的国际无政府状态中上演了一幅幅不人道的悲惨景象。当产生全球伦理之后，全球伦理与国家伦理时而联合，时而抗衡，一方面不断暴露着国家伦理的局限性，另一方面不断在用全球伦理克服国家伦理的缺陷。

---

① 以诞生罗马俱乐部为标志。罗马俱乐部是未来学研究的国际性民间学术团体，也是一个研讨全球问题的全球智囊组织，成立于1968年4月，总部设在意大利罗马。

② 以1993年召开《全球伦理大会》为标志。

三、国家伦理与市民社会伦理

我们能否认为，凡是国家的（东西）都是社会的（东西），凡是社会的也必定是国家的？国家伦理就社会伦理，社会伦理就是国家伦理，即这两个范畴并没有区别？国家伦理是不是规定了公民所有的伦理内容，公民除了遵守国家伦理之外，是否就不应该再遵守其他什么伦理了？如果对这类问题给予肯定的答案，显然是错误的和荒谬的。因为国家伦理并不是社会伦理的全部。国家伦理只是社会伦理的公有部分，即"公权利"部分，国家伦理不能侵占公民的全部"私权利"，有些私权利必须归还个人才是合理的社会。正像父母都不能包办儿女的爱情问题、婚姻自由问题等一样，国家更不能管控个人的婚姻爱情自由，相反，国家应当保护个人合法的婚姻爱情等公民权益。越是把国家伦理与社会伦理合为一体或捆绑在一起，就越意味着把社会伦理锁定为国家伦理，就越是用公权利侵吞私权利，无端消灭私权利，并不节制地恶性放大公权利，这是极端错误的。当然，其中相关的情形是十分复杂的，很多问题还要具体问题具体分析。在此不论。

国家伦理问题中最难解的问题就是国家伦理与社会伦理的关系问题。其中，不仅包括重大的理论问题，还包含现实社会中很难解决的严峻问题：从理论上看，国家伦理和社会伦理是不是一回事？如果肯定两者有区别，那么国家伦理与社会伦理如何分离，或者说社会伦理怎样才能脱离国家伦理的管束？从历史上看，人们往往把王权伦理或贵族伦理当做国家伦理，甚至当做社会伦理，这种历史惯性极大地毒害着社会有机体。从现实上看，政治家往往把官员伦理当做国家伦理，往往用国家伦理偷运官员伦理，掩盖官员的责任。那么，如何使现实的国家伦理脱离开历史上王权利益、贵族利益演变为官员利益的窠臼？这是严峻的现实问题，也是非常重要的理论问题。

这个关系问题，在学界通常叫做国家（伦理）与市民社会（伦理）的关系问题。有的学者并未从国家伦理的历史发展形态中分析其中的原因，而是认为，"市民社会伦理与国家伦理的对立是人为的界划。市民社会伦理与国家伦理的关系，一是个人的眼前利益与其长远利益的关系，二是应然的道德要求与实然的道德现实的关系，而不是两种不同的道德规范体系之间的矛盾"。[①] 明理在《市民社会伦理与国家伦理何以分离》一文中，批判了张博颖《"市

---

① 明理：《市民社会伦理与国家伦理何以分离》，《西南民族大学学报》2005 年第 4 期，第 19—22 页。

民社会"视域中的公民道德建设》① 一文中的观点,认为"导致国家伦理虚幻性的一个重要原因是国家伦理高于社会伦理,并且由国家政治强求二者整齐划一"② 的看法,是过于强调国家伦理与市民社会伦理的分离与对立,并提出了很多疑点,"国家伦理代表的是谁的利益和意志?在我国当下难道存在一个凌驾于市民社会个人利益之上、并不代表市民社会个人利益且与其对抗的国家利益?如果不代表,那么,国家究竟是谁的国家?是否意味着现在已经形成了一个执掌国家权力的既得利益集团?……如果国家伦理代表市民社会广大民众的利益,就意味着国家伦理能够内化为民众的道德良知,市民社会伦理与国家具有内在的统一性,那么,强调二者的分离和对立又有何意义?强调尊重社会伦理、市民伦理,反对国家伦理对社会伦理的强制,道德教育还何以必要?"③

笔者认为,明理在批判张博颖的观点时并没有解决实质性的问题。为了更好地厘清国家伦理和市民社会伦理,解决国与民的关系问题,必须用宏观的视野和历史的眼光,分析国家伦理在不同历史时期的不同伦理状况。其实,人类伦理的发展规律是从氏族伦理发展到古代王权伦理(中国是典型)或贵族伦理(古希腊是典型),再发展到近代的国家伦理,到了现代全球社会必然要发展为全球伦理。所以,国家伦理经历了古代国家伦理发展到近代国家伦理,再发展到现代国家伦理三个阶段,其中这三个阶段的国家伦理是有本质区别的,因此要厘清王贵族伦理与国家伦理的区别,以及近代国家伦理与现代国家伦理的区别。当今世界,多数人受国家伦理与全球伦理的共同制约、共同规范,相当一部分人的行为还受到民族伦理规范的约束,只有极少数高人才超越了民族伦理和国家伦理的约束,成为自由于世界的全球公民。

其实,这个问题早在马克思时代就已经浮出水面。马克思在批判黑格尔的国家与市民社会的关系时,就已经从理论上解决了这一问题。黑格尔认为两者的决定关系是国家决定市民社会。马克思把被黑格尔颠倒了的东西再颠倒过来,认为不是国家决定市民社会,而是市民社会决定国家,市民社会是全部历史的真正发源地。"政治国家没有家庭的天然基础,市民社会的人为基

---

① 张博颖:《"市民社会"视域中的公民道德建设》,《道德与文明》2004 年第 2 期。
② 明理:《市民社会伦理与国家伦理何以分离》,《西南民族大学学报》2005 年第 4 期,第 19—22 页。
③ 明理:《市民社会伦理与国家伦理何以分离》,《西南民族大学学报》2005 年第 4 期,第 19—22 页。

础就不可能存在。"① 马克思还认为，对于市民社会的问题"不能用咒骂来回答，而只能通过对现代'政治经济学'的分析来回答"。②

这不单纯是个理论问题，而且是个严峻的历史问题和现实问题。西方人在中世纪时代和近代初期的君主制民族国家的国度，用名义上的国家伦理而实际上是君主制伦理侵吞了国民的大量权利。在中国，从夏商周到晚清的漫长历史时期，国民更多地履行义务而享有很少的权利，皇帝百官享受更多权利而很少尽义务。最好的见证就是"朕即国家，国家即朕"，以及"普天之下，莫非王土；率土之滨，莫非王臣"，不仅土地是"朕的"，而且连土地上的人都是"朕的"。在这样的社会中，皇帝或君主享有最大的权力和最好最多的权利而履行最少的义务，百官享有更多的权利而承担较少的义务，但百姓履行最多的义务和责任而享有最少的权利。多么可怕的社会现象啊！这是王权伦理、官宦伦理、贵族伦理，绝不是国家伦理。在这种社会中，社会的就是国家的，国家的就是朕的。实际上，皇帝的权利是侵吞了国家权力，国家权力侵吞了百姓的权利。总之，在古代国家社会，中国古代的王权伦理和官宦伦理成为社会伦理的轴心，王权伦理和官宦伦理就是国家伦理，也就是社会伦理，百姓不得不服从和遵守王权伦理。在古希腊社会，贵族伦理就是国家伦理，也就是社会伦理，奴隶不是社会伦理关系的主体，而是社会伦理关系的客体，奴隶是可以任凭奴隶主随便买卖、赠送、赌博的对象。可见，在王权伦理和贵族伦理时代，人民不能设定伦理规范，中国古代的王权伦理和古希腊的贵族伦理把国家伦理与社会伦理绑架在一起。所以，那个时代，国家伦理和社会伦理是统一的，都统一于王权伦理或贵族伦理，隐含了不对等的权利与义务的伦理关系，即官员享受更多权利而百姓履行更多义务。其实，这是通过不合理的伦理管束强加在人民身上的一种阶级压迫。

西方从中世纪社会发展到近代公民社会，从根本上改变了上述状态，从王族伦理、贵族伦理发展到国家伦理，而国家伦理的本质是国家必须尽到保护公民的义务，公民履行相应义务的同时享有相应的权利。因为国家（权力）和公民（权利）的关系是契约关系，而不是施舍、强迫、侵占的关系。公民把权力让渡给国家，国家在公民让渡的"公权利"范围内行使国家权力。究其实质，国家权力不能侵吞公民的私权利，必须保护好公民的权利。

然而，在近代社会，工人沦落为社会最底层，一方面，工人不是祖国的

---

① 《马克思恩格斯全集》（第一卷），人民出版社 1956 年版，第 252 页。
② 《马克思恩格斯全集》（第二卷），人民出版社 1995 年版，第 616 页。

（保护对象），即工人的权益不受祖国保护，因为工人的祖国并不保护他们的权益而只保护资本家集团的利益。马克思一针见血地指出"工人没有祖国"。[1] 另一方面，那个时代的工人不仅不是祖国的，更不是世界的，因为享乐世界的不是工人而是资产阶级，世界到处都是工人受苦受难的工厂炼狱。然而，与奴隶社会的奴隶、封建社会的农民相比，资本主义社会里的工人已经（在形式上）可以享有平等的公民权利了。当发展到垄断资本主义时，随着工人阶级各种形式的抗争，他们获得越来越多的实际利益；随着外来移民的进入，各国国内工人阶级的祖国情结也就自然越来越浓，有的演变为浓厚的国家保护主义，甚至是地方保护主义。

在现代社会，随着全球化的发展，国家及其国家伦理面临着全球问题的各种巨大挑战。有人发现，"一方面是如何在国际融合中进一步发挥自己的作用，促进人类的共同发展；另一方面是如何保持其特色，以保持全球的多元与共生"。[2] 国家主权及国家伦理面临的挑战是多方面的。有人提出，"民族国家的主权地位遭遇了前所未有的冲击，既有全球化理论对主权的挑战，又有'相互依存理念'对主权的拷问，还有科学决定论、国际法学的发展对国家主权地位的再质疑"。[3] 为此，有的学者高呼未来世界的主宰已不需要民族国家了。有的学者则批判这种不负责任的态度，"我们无意否认学者们在国家问题上进行的探讨研究及取得的成果，但如若忽视了国家、国家伦理功效的存在及发挥，那么在很多问题的解决上将会面临更多更大的困难"。[4]

总之，国家伦理只是人类伦理发展长河中的一个环节，因此它不可能成为社会伦理永远的存在形态。既然国家伦理只是人类伦理实体发展中的特殊阶段，那么下一个更高阶段诞生的伦理则是世界伦理[5]或全球伦理[6]。

第五节
近代国际伦理

由于国家社会经历了古代国家、近代国家和现代国家三个发展阶段，国

---

[1] 出自《共产党宣言》，《马克思和恩格斯选集》（第二卷），人民出版社1972年版，第270页。
[2] 陆华：《国家伦理的内涵解读》，《东南大学学报》2009年第1期，第46—48页。
[3] 肖佳灵：《国家主权论》，时事出版社2003年版，第160—166页。
[4] 陆华：《国家伦理的内涵解读》，《东南大学学报》2009年第1期，第46—48页。
[5] [德] 黑格尔著，范扬、张企泰译：《法哲学原理》，商务印书馆1982年版，第353页。
[6] 1993年召开全球伦理大会，会上公开提出"全球伦理"范畴。

际伦理问题也相应地经过三个发展阶段，并在这三个发展阶段展现出不同的特征，因此必须把近代国际伦理与古代国际伦理、现代国际伦理问题区分开来。近代国际关系伦理是无政府状态、国际伦理尚处在不文明发展时代的状态，现代社会则是全球伦理诞生和发展的时代，至此人类才启动了全球伦理、全球法治的全球性手段开始消弭弱肉强食森林法则的历史。尽管这个历史也将是十分漫长的，但毕竟启动了消弭野蛮走向文明的历程。国际关系伦理的发展规律是从世界地区性无政府状态到世界全球性无政府状态，再到全球治理下的全球秩序状态。

近代和现代是个相对的范畴，史学家一般把两次世界大战作为划分近代与现代的分水岭。其原因是多方面的，至少有两方面不可忽视。一方面，近现代之间并没有严格的分界线；另一方面，以不同的标准，可以找到区分近代和现代的不同界限。本书以全球问题、全球治理、全球伦理等全球性元素作为标准，使得对古代、近代与现代在国际伦理问题上的区别变成一件较容易的事情：古代社会是前工业文明时代，国际关系只是地区性国际地缘政治问题，还不存在全球问题，散落在全球各地的人们处于各自为政和相对封闭的状态。近代虽然已经潜在孕育了全球性世界（哥伦布发现新大陆被学者视为全球化的节点①），但全球性问题尚未到来。因为那个时代工业污染等全球问题还没有爆发出来，只是全球问题的潜伏阶段。现代是全球性产生并发展较为充分发展的时代，但不以信息社会为标准，而是以全球问题严重到必须启动全球治理的时代。全球治理是必须启动或适用行政手段、法律手段、伦理手段等多种手段的一种综合治理，基于这种基本判断，不难发现，国际伦理发展规律是从古代地区性国际伦理发展到近代潜在性国际伦理，再发展到以解决全球问题为重任的全球伦理时代。

全球治理是必须启动或适用行政手段、法律手段、伦理手段等多种手段的一种综合治理。其中，全球伦理是全球治理的伦理手段或者伦理作为。这里研究的是还没有发展到全球性元素的近代国家伦理中的国际伦理问题，而全球化时代的全球伦理问题的研究留到后面研究。

一、近代国际伦理的野蛮性

从野蛮到文明是人类伦理发展的趋势和规律。人类先是实现族内伦理或

---

① ［英］戴维·赫尔德等著，杨雪冬等译：《全球大变革：全球化时代的政治、经济与文化》，社会科学文献出版社2001年版，第547—602页。

国内伦理，族际之间、国际之间的伦理仍然滞留在野蛮的状况。在近代民族国家时代，国内伦理和国际伦理（族内伦理和族际伦理的近代表现形态）是两种截然不同的文化景象。近代国际伦理发展经历了从野蛮到文明的发展过程，这个过程也可以说是从自在的野蛮状态发展到比较文明的自为状态。西方列强的殖民主义与东方解放运动就属于这个自在状态。

工业文明极大地激发了工业强国的私欲，它们在营造国内伦理文明的同时，通过殖民、奴役外族人而横征暴敛，呈现了其国际伦理的野蛮性。欧美社会，其国内伦理追求自由、平等、民主、法治、人权等"文明"元素，而国际伦理则充满了战争的血腥、经济的盘剥、文化的清洗等"野蛮性"。可以说，近代初欧美社会和古代相比，国际无政府状态非但没有收敛，而且有所升级。西方在殖民主义时代，通过军事上的征服和侵略、政治上的欺压和管制、经济上的剥削和掠夺、文化上的同化和清洗，对殖民地人民施行极其野蛮的手段。只有在西方列强之间才遵守西方国际伦理规范，但西方人把东方人视为可以任意侵略践踏的对象，而不是"文明人"的范畴。

东方人在反抗殖民主义列强的过程中，开展了如火如荼的民族国家解放运动。一方面，同族人以及同一个国家内部的不同民族的团结力量远远超过了以往任何时代，因此把侵略者赶出国门，建立自己的民族国家的目标，极大地提升了国内人和不同民族之间的伦理水平。另一方面，东方社会不同民族产生了某种抗击西方列强的默契，激发了被殖民主义压迫的国际友谊和一致抗外的团结精神。这两个方面都使得东方伦理水平极大提升。然而，东方人对待西方侵略者的伦理水平同样降低到野蛮的战争伦理水平。战争伦理水平是人类伦理底线，或者说战争考验和见证了人类伦理的底线在哪里。东方民族国家解放运动中，对待西方列强也同样属于"野蛮"的国际伦理状态，也属于国际伦理的自在状态。

无论是西方对东方的殖民主义行为，还是东方抗击西方的列强行为，国际伦理水平与古代人类相比，并没有多大进步，在伦理规范属性上同属于野蛮行径。总之，无论是西方殖民主义国家，还是东方民族解放运动的国家，都存在一个国际之间的"异类野蛮"和国内同胞"同族文明"的两种伦理状态。

随着国际社会逐渐由列强利益走向全球公民社会的全球利益，全球利益的成分比例逐渐增大，公民利益逐渐提升为全球公民利益，因此基于全球利益的全球伦理成为新时代发展的方向，但国家利益和国家伦理依然在很长时间内还是时代的发展主体（不能简单视为主流），这是一个漫长的过程。

二、质疑"国际伦理是国内伦理扩展"

人类伦理发展呈现多种发展趋向。从伦理主体性视角看，或从伦理的适用空间范围大小看，是从家庭伦理扩展为民族伦理，再扩展为国家伦理，再扩展为国际伦理，最后扩展为全球伦理。相对而言，家庭伦理是民族伦理的浓缩，部分内容延伸为国家伦理。但是，扩展并不等于自然延伸，国家伦理并不会自动扩展为全球伦理。因为国家伦理与全球伦理的内涵并不相同，甚至两者之间还有相冲突的部分。诚然，也不能否定国家伦理与全球伦理相一致的部分。

在近代社会，国家伦理对内表现为国内伦理，对外表现为国际伦理，因此国内伦理和国际伦理是国家伦理的两个方面。这两个伦理不是自然延伸的关系，因为国际伦理和国内伦理展现出完全不同甚至有时相反的特征，国内伦理在国家机器、国家法律的关照下，呈现出一片井井有条的文明形态，然而国际伦理并未呈现文明的景象，而是比较野蛮的状态。究其原因，一方面，迄今为止还没有组建世界政府，国际关系伦理缺乏国家机器那样的有力保护，国际法只在很有限的范围内起作用，更多地被圈定在相同（宗教）文明范围内，不同文明系统的国家之间并未形成共同的国际伦理机制；另一方面，人类社会发展到近代，不同文明谱系之间的国际关系伦理依然滞留在古代野蛮的森林法则之中，甚至这种野蛮状态还有所升级，因此我们没有理由认定近代国际关系伦理的野蛮状态是国内伦理的文明性的自然延伸。对此，余潇枫提出，"国际政治伦理又有着国内政治伦理所不具有的特征。走向国际社会中，没有一个统一的具有执行力的政府，也缺乏建立在高度政治共识和文化认同之上的道德律令，这种被称为'无政府状态'的状态，导致许多人误认为国际关系里只有权力和利益之争，没有'伦理道德说教'的余地，甚至有的人误认为在连国际法都没有约束力的时代谈国际伦理是一种奢望。'9·11'恐怖事件以后，全人类开始不得不重新思考与认识国际政治的伦理问题"。[①]

这种复杂的国内伦理关系与国际伦理关系的不一致和落差，需要厘清三个政治问题，即国家政治、国内政治和国际政治。学术同仁对此看法不一，可谓见仁见智。

本书著者认为，国家政治不等于国内政治，国家政治表现为国内政治和

---

① 余潇枫、张彦：《人格之境：类伦理学引论》，浙江大学出版社2006年版，第184页。

国际政治两个方面。国家政治、国内政治、国际政治不是抽象的,而是具体的;必须认识到,国内政治和国际政治是国家政治的外在表现。国内政治和国际政治都是具体的,分属于不同国家的。没有抽象的国内政治和国际政治,只有某些国家的国内政治及其国际政治。国内政治是国家内部政治伦理关系的总和,国际政治则是国家对外政治关系的总和。在此,必须克服政治学界的三大不足:

首先,许多研究政治关系的学者尚未能把国家政治与国内政治区分开来,但这种区分非常重要。很多学者把国家政治与国内政治混淆起来。有学者提出国家政治就是国内政治,"国家政治是指一国之内的政治,它强调国家在其领土范围内的最高统治权、暴力的垄断性控制以及政治统治的合法性。国际政治就其传统的狭窄意义而言,则是在国家政治基础上的国与国之间的关系"。① 有的国外学者把国内政治伦理关系的范畴概括为国内政治,把国内政治与国际政治相对应起来进行研究。沃尔兹认为国际政治是唯一的真正"政治","国内政治体现的是行政和法律的权威领域,国际政治体现的是斗争和协调。国内领域更多地被描写为等级的、集权的、垂直的、异质的、直接的和设计的;而国际领域被描述为无政府的、水平的、分权的、同质的和共同适应的"。② 其实,国家政治是基于国家利益为轴心的国内政治和国际政治两方面的总和,国内政治是与国际政治相对应的政治。国际政治包括国家之间的政治,国家间政治是国家政治的一个对外表现。因此,我们不能在国家政治之外去寻找国际政治,但更不能把国家政治简单地等同于国内政治。

其次,随着全球化的深入,虽然国内政治与国际政治互相渗透、界限越来越模糊,但当今世界两者分立依然还是主导,国内政治和国际政治的互相渗透还未占据主流地位。诚然,随着全球化的深度发展,国内政治和国际政治的界限开始模糊甚至相互渗透,很难分清。余潇枫认为,"随着全球一体化,国内政治与国际政治的界限越来越模糊和难分,随着国内政治不断地向国际政治延伸和国际政治不断地向国内政治渗透,国内政治与国际政治的分立区别转向了相互缠绕交融的链接状态,它们之间越来越显示出一致性与不可分性"。③ 建构主义理论强调,在通过建构规范来建构利益方面,国内政治与国际政治是一致的。玛莎·费丽莫认为,国际社会的核心部分是原则性的

---

① 蔡拓:《全球政治的要义及其研究》,《世界经济与政治》2005年第4期,第31页。
② [美]大卫·A. 鲍德温主编,肖欢容译:《新现实主义和新自由主义》,浙江人民出版社2001年版,第155页。See: Helen Milner: The Assumption of Anarchy in International Relations Theory。
③ 余潇枫:《国际关系伦理学》,长征出版社2002年版,第126页。

规范、制度和价值，它们决定谁是国际社会的成员，以及它们的行为方式。也就是说，无论是国内政治还是国际政治，社会建构的规则、原则、行为规范和共同信仰，可以让国家、个人和其他行为体知道什么是主要的和有价值的，什么是获取这些规则的有效或合法的手段。过激行为规范和共同价值可以要求不同行为者采取同样的行为，国家可以通过国际组织接受新的规范、价值和利益观念而社会化。在建构主义者看来，"国际体系能够改变国家所需要的东西。国际体系是构成的、生成的，能力行为体肩负着新的利益和价值。它不是通过约束具有既定偏好的国家的行动，而是通过改变偏好来改变国家行为"。[1] 其实，这种模糊和渗透只是国内政治和国际政治关系演变的支流或边缘，国内政治和国际政治的关系多数情形或主体部分还是界线分明的。

再次，许多研究政治学的学者认为国际政治就是国内政治向外的必然延伸。这种观念基本上是错误的，只有在一种意义上是对的，即国内政治与国际政治是配套的，有什么样的国内政治，就会采用什么样相应配套的国际政治。但这并不等于国际政治是国内政治向外的必然延伸，无论是在内容还是手段上，国内政治和国际政治都是不同的。如，在中国古代社会，所谓的国家政治、国家伦理的向心力价值趋向是王族利益，相应的国际政治也是服务于国内的王族利益，而不是百姓利益。那个时代，中国的王族伦理是忠孝，而国际伦理是朝贡，两种的政治中心都是一个，即为王族利益服务。这是配套或匹配问题，不是政治伦理向外延伸的问题。再如，西方殖民主义时代，对外的国际伦理是分层的，对于周边国家的友好邦联讲求"兄弟"伦理，但对于遥远东方的他者，对于不同文明体系的民族，则统统认定为是野蛮人，可以毫不留情地杀戮，毫无道德底线。基于这种伦理观念，西方人对待远方不同文明系统的他者的国际伦理就是奴役，俘虏回去也要沦落为奴隶。这种国际伦理是一种或者还停留在"奴隶社会"的水平，近代美国黑奴制度已经充分见证了这种伦理观念的野蛮性。因此，国际政治是国内政治的向外延伸，只是在特定意义上是对的，多数情况下是错误的。

不难发现，国内政治与国际政治有一致的方面，还有不一致甚至冲突的方面。一致的方面，只是一个配套的问题，即都是为了国家主权利益集团服务的。也就是说，当服务于国家主权利益集团在国内政治和国际政治一致的方面，国际政治才是国内政治的延伸；体现在伦理上，国家主体伦理与其国

---

[1] [美]玛莎·费丽莫著，袁正清译：《国际社会中的国家利益》，浙江人民出版社2001年版，第7页。

际伦理是一致的。但是,国际关系是不同国家主体利益集团之间的利益,它们往往是矛盾的和冲突的,不同利益集团执政后会采取不同的对内政策和对外政策,释放出不同的国内政治战略和国际政治战略,因此不同执政集团相互之间的伦理规范、原则也都是不同的。如果把视野再放大,在不同文明体系之间的国际行为体的伦理规范就更不相同,有的甚至是相反的。比如,朝鲜与美国两个国家的国内政治伦理和国际政治伦理规范是截然相反的,以至于美国把朝鲜视为"无赖国家",朝鲜把美国视为"敌对国家""侵略国家"。因此,全球国际行为的后果是各个国家力量角力的复杂合力。

总之,不同国家基于不同的国家利益和管理阶级的特殊利益,必然会采纳不同的国际伦理规范体系。如果在相同文明体系内,如基督教文明系统,其国际伦理规范大致相同但风格各异,可以实现国内政治向国际政治的延伸。然而,不同文明体系之间,国内伦理向外延伸为国际伦理行为时,就会遇到巨大的阻隔,不同文明谱系之间的国家间及国际伦理规范将是国际交往主体间的磨合所致,呈现出不同的伦理交往模式。那么,到底有哪些不同的国际伦理模式呢?

三、三种国际伦理模式

在西方国际关系理论流派发展史上,最著名的国际关系理论模式就是建构主义学者温特有关国际关系的三种模式,即敌人、对手、朋友模式。其实,这三种模式揭示了三种典型的国际伦理模式,具体的伦理模式则是错综复杂的。

温特在《国际政治的社会理论》中概括了国际伦理的"三种无政府文化":霍布斯文化模式揭示了国际关系伦理"人对人是狼"的自然状态,所以概括为一种国际关系伦理的"敌人"模式,这种模式容易产生过激行为,发生战争。洛克文化是一种竞争状态,揭示了国家间是一种竞争关系的理论模式,认定国际关系伦理是一种对手关系,其典型的过激行为是有限的,是在理性状态下的主权维护。第三种和前两者不同,是康德文化的"朋友"模式。它认定国际关系伦理是国家间寻求集团安全的多元安全共同体,其典型的过激行为是国家间的相互认同。因此,温特提炼出国际关系伦理的"主体位置"学说,"霍布斯文化的主体位置是敌人,洛克文化的主体位置是对手,康德文化的主体位置是朋友。每个主体位置都在使用暴力方面涉及到一种独特的自我对他者的姿态或趋向。敌人的姿态是相互威胁,他们在使用暴力方面没有任何限制；对手的姿态是相互竞争，他们可以使用暴力实现自我利益，但是不会相互杀戮；朋友的姿态是相互结盟，他们之间不使用暴力解决争端，并协力抗击对他们的安全构成的威胁"。①

国际关系学界对这"三种无政府文化"或三种国际伦理模式的评价是不同的。余潇枫完全吸纳了这三种国际关系伦理模式，"从某种角度揭示出国际社会中国际道德的三个层次，以敌人为主体位置的是国际道德的自在状态，它所反映的本质是冲突；以对手为主体位置的是国际道德的自主状态，它所反映的本质是博弈和合作；以朋友为主体位置的是国际道德的自为状态，它所反映的本质是建构与共创"。②白云真批判了温特这种理论模式的不足："温特所说的进化缺乏严密的逻辑支撑，仅仅体现为他个人的思想倾向。在结构文化的变迁过程中，仅靠文化竞争与路径是难以解释的。……温特在《国际政治的社会理论》一书中并未就文化问题给出系统的和具有说服力的回答。这种空白，驱使温特进一步思考与研究世界政府变迁的动力与逻辑，其成果是他对世界国家必然性的研究。"③

本文著者对三种国际伦理模式进行下述三方面的反思：

一方面，敌人、对手、朋友"三种无政府文化"只是三种国际伦理的典型状态，是一种极致状态或非常态，并不是国际关系伦理的实际状态或常态，而这种典型状态的分析缺乏逻辑的严谨性。敌人、对手、朋友"三种无政府文化"一般不会完整独立地存在着，也就是说，任何一个国家，在实际的国际关系相处中，往往展现出和平状态和战争状态两种状态，不可能单纯采用敌人、对手、朋友的处理模式，往往是三种模式的混合使用，尽管有时表现为其中的主要一种状态。正如前英国首相丘吉尔所说，"没有永远的朋友，也没有永远的敌人，只有永远的利益"。

第二方面，温特把国际关系伦理发展状态的规律理解为从霍布斯敌人文化模式的"过去时态"，走向洛克对手文化模式的"现在时态"，再走向康德文化模式的"未来时态"，这是从恶向善的进化发展，把人类伦理状态理解为单线性的。其实，人类的发展不是单向度的，而是双向度的，是善恶同时向前发展的；是友情更深厚，敌意更深刻，竞争更激烈，合作更广泛；敌意与竞争中有合作，合作中还潜藏着敌意与竞争。

---

① ［美］亚历山大·温特，秦亚青译：《国际政治的社会理论》，上海世纪出版社2001年版，第26页。
② 余潇枫：《国际关系伦理学》，长征出版社2002年版，第128页。
③ 白云真、李开盛：《国际关系理论流派概论》，浙江人民出版社2009年版，第248页。

第三方面，敌人、对手、朋友"三种无政府文化"阐释了三种"当下的"国际伦理立场。国际关系相处中，分分合合，好好坏坏，经常由"朋友"变成"对手""敌人"，由"敌人"变成"朋友"，说明国际伦理行为背后隐藏的是国家利益的轴心。所以，敌人、对手、朋友不过是具体当事国之间"当下的"一种国际伦理行为表现而已。

无论如何，这三种国际关系处理方式，说到底是三种国际关系伦理模式。

人类文明发展已经过了几千年，但国际伦理至今还没有完全进入文明状态，还在很大程度上处于野蛮状态。可以说，世界大战之前基本上还处在比较野蛮的状态，世界大战把人类战争状态和野蛮状态发展、演绎到极致，人类战争伦理的野蛮性也发展到极致。恰恰是这个极致，才实现了国际伦理从野蛮状态到文明状态的转折。

四、国际伦理状态的转折

近代国际关系伦理是一个从野蛮到文明的发展过程。否极泰来，物极必反，正是国际关系伦理发展到最坏的程度，人类伦理才开始向着好的方向发展。其中最关键的环节是两次世界大战的洗礼，两次世界大战是国际伦理提升的转折点。联合国是实现这种转折的可喜产物。

两次世界大战开始是地区性的战争，后来演变为全球性的。第一次世界大战给人类的灾难是致命性的，见证了近代史上国际关系伦理的底线。第一次世界大战有30多个国家，13亿人卷入，死伤人数达3000余万，物质损失3000多亿，超过以往125年中发生的战争次数的总和。以往的学者认为，两次世界大战是国家道德和国际伦理的沦丧，本书著者则认为，两次世界大战不是国家道德和国际伦理的沦丧，而是当时人类"国际无政府状态"的表现，见证了当时国际关系伦理的低下和人类族际伦理的野蛮。

第二次世界大战给人类造成的损害以及对人类伦理的考验远远超过了第一次世界大战。第二次世界大战，从欧洲到亚洲，从大西洋到太平洋，先后有61个国家和地区、20亿以上人口卷入，作战区域达2200万平方千米。据不完全统计，战争中军民共伤亡9000余万人，4万多亿美元付诸流水。第二次世界大战最后以美国、苏联、中国、英国等反法西斯国家和世界人民战胜法西斯侵略者赢得世界和平与进步而告终。

世界大战的历史节点告诉我们，国际危险性源于大国或强国国家利益的自私性。第二次世界大战的欧洲战场，德国先是瓜分波兰，进而分别对丹麦和挪威、巴尔干半岛进行征服。起初，德国人认定真正的对手是法国人和英国人，并不包括苏联人和美国人。因为希特勒认为，"目前苏联并不危险"，所以德国人开始并不打算把苏联人当做敌人和对手，因此1939年与斯大林签订了互不侵犯条约。斯大林确定了"最后一个参战……在天平上放一个决定性的砝码"。① 结果，"事实正好相反，德国军队简直不费吹灰之力就征服所有的对手，使德国成为欧洲大陆的主人，使苏联孤立无援，处于危险的境地"。② 毫无疑问，在战争中，德国与苏联追求的利益不是人类利益，而是各自的国家利益，从而见证了上述所说"国际危险性源于大国利益的自私性"的理论思考。

两次世界大战是全球霸权与反全球霸权的斗争，最后以反全球霸权的胜利告终。第二次世界大战中，"德国人侵占了整个欧洲大陆，日本人则侵占了整个东亚和东南亚。但是，这两大帝国都是短命的"。③ 然而，结束了旧日里的大国争霸，又引来新的大国争霸，美苏两霸从此诞生。

可以说，近现代史上的事实证明，国际性和全球性的危险来自大国利益的不当性和霸权性。任何全球霸权都是将人类利益于不顾，牺牲全球利益而成全霸权国的国家利益。霸权不是国家伦理的沦丧，而是国家伦理投射在国际舞台上的野蛮象征，是国家利益主使或主宰自己的国家伦理负能量的一种体现。从近代的欧洲列强到现代的美国称霸世界，都证明了这个道理。

两次世界大战把国际无政府状态和传统国际伦理的野蛮性发挥到极致，战后人们开始反省建构理性的国际伦理的必要性和可行性。联合国就是在这种国际背景下诞生的。两次世界大战挑战了人类国际伦理的底线，联合国则成为确保人类国际伦理底线的全球性机构。然而，联合国的产生并不意味着全球伦理的产生，全球伦理的产生是联合国产生几十年后的事情。

综上所述，从伦理主体视角看，人类伦理是从家庭伦理扩展为民族伦理，再扩展为国家伦理，再扩展为国际伦理，最后扩展为全球伦理。其中国际关系伦理的发展规律是从世界地区性无政府状态到世界全球性无政府状态再到全球治理下的全球秩序状态。

---

① 转引自达林：《决定性的跳跃：第二次世界大战的序幕》，温伯格：《德国和苏联：1939—1941年》，纽约，1948年版，第40页。

② [美] 斯塔夫里阿诺斯著，梁赤民等译：《全球通史：1500年以前的世界》下，上海社会科学出版社1999年版，第759页。

③ [美] 斯塔夫里阿诺斯著，梁赤民等译：《全球通史：1500年以前的世界》下，上海社会科学出版社1999年版，第781页。

五、双边国际伦理

国际伦理的情形是异常复杂的，至少包括双边国际伦理、多边国际伦理和超国家伦理三种情形，这三种情形所包括的国际伦理是不同的。

双边国际伦理是指两个国家之间的国际伦理，在古代表现为双边族际伦理。在古代，相邻的双边族际伦理往往比远方的双边伦理关系要紧张得多。那是因为，由于争夺领地，越是近邻越是容易沦落为相互仇恨和仇杀的对象。相反，远方的双边、多边"关系"并不存在领地之争和利益之争，所以往往不发生关系。为了确保族际安全，古代双边族际，会想尽办法保持画地为牢、各自为政、老死不相往来的关系；一旦发生战事，往往采用同态复仇的方式。

诚然，古代近邻的紧张关系不是到了近代就会自然得以解决，近代双边国际伦理往往承袭了古代近邻的紧张关系。因此，近代初期，同样存在相邻争夺领地的利益冲突，在处理双边关系时和古代是一样野蛮的。近代殖民主义时代的双边国际伦理充分见证了国际伦理的野蛮性。但是，后来的近代双边国际伦理经历了一个从野蛮到文明的发展过程。

同古代一样，在近代初期，西方民族国家建立之后，越是近邻的双边关系越是紧张，距离越远的双边关系远没有相邻的双边关系紧张。文明的双边国际关系发生的条件是为了避免战事，必须划定国界得以"定份止争"，建立和睦的邻国关系，这是一种双边国际伦理的觉悟。在近代，英法之间曾经过世界最长的历经百年的残酷战争，[①] 德法之间也进行过严重的普法战争。[②] 后来，英法关系、德法关系为了获得长久的双边关系，逐渐达成了和睦相处的关系。

文明的双边国际伦理需要构建平等互助的国际伦理，平等互助的国际伦理包含双边国际伦理的平等性和互助性。余潇枫对此有过研究，提出下述看法："所有国家在法律上一律平等，这是主权和国际法的基本原则，对双边互动中的国家来说平等性是体现这种国际法原则的基本伦理精神。……地球上的不同国家在资源的分配上是不均等的，有的国家之间的差别大到了难以置信的地步。尽管如此，《联合国宪章》确立了'各会员国主权平等之原则'，

---

① 英法百年战争是指英国和法国以及后来加入的勃艮第于1337年至1453年间的战争，断断续续进行了长达116年。

② 由于德法之间长期争夺欧洲大陆霸权和德意志统一问题，19世纪两国之间长期处于紧张关系之中，于是1870—1871年爆发了普鲁士王国同法兰西第二帝国之间的普法战争。

联合国实行了'一国一票制'原则,凡取得联合国会员国资格,就如同获得了进入国际社会大剧场的'入场券',一券一座位,再小的国家在法律的地位上也是独立自主的'国际人格者',而不再是大国的附属国、殖民地或卫星国。当然,对于这种平等仍有着不少争议。互助性体现在国家之间有事相商、有难相帮、有急相救上,同时两个国家还应在互助中体现资源共享、信息共享、权利共享。但这种道德建构在纯粹的民族国家时期很难达到,在互助的过程中也要仔细区分不同的国家利益。"①

双边国际伦理分为共同文明②系统内部之间的双边关系和不同文明系统之间的双边关系。一方面,无论是在古代还是近代,不同文明系统内部之间的双边关系远比共同文明系统之间的双边关系更残酷一些、野蛮一些。其中的主要原因是,共同文明系统内的国家间战争,双方都把对方当做同类来看待,但是不同文明系统内的国家间战争,双方都并不把对方当做同类来看待,往往把对方当做动物一样可以随便宰割。

双边国际伦理首先从共同文明系统内部中产生。西方世界在获得相对均势的国际关系后,开始向非东方世界发起争夺财富的殖民主义战争,为了避免本文明系统内的国家冲突,同时盘剥东方世界的财富,争夺新的市场,瓜分世界的浪潮一浪比一浪高,这种不同文明之间的野蛮性彰显了国际伦理的缺失,也说明为了获得世界性的和平,必须建构文明的世界性国际伦理。1648年威斯特伐利亚国际体系的建立仅仅适用于欧洲而并不适用于欧美人对其他地区的殖民主义运动,就是最好的见证。近代殖民主义运动是人类历史上最野蛮的国际行径。殖民主义这种野蛮行径一直维持到两次世界大战的发生。

两次世界大战后,人类终于明白,要想获得和睦的双边关系,必须获得友善的多边关系,乃至全世界范围内友善的国际关系。因为人类在现代已经走向地球村发展的时代,双边国际伦理需要多边国际伦理背景的支持。

六、多边国际伦理

多边国际关系包含两方面的内容,一方面是区域性或地区性的相邻关系,另一方面是全球性的多边关系。

---

① 余潇枫:《国际关系伦理学》,长征出版社2002年版,第173—174页。
② 这里的文明系统主要是指文明类型,如西方文明系统主要是基于基督教文明、民主政治文明和市场经济文明。

多边国际关系与双边国际关系有些相似，是从地区性的对抗走向地区性的和解；从相同文明系统的合作而不同文明系统的抗争走向全球性的合作。

地区主义也是对多边主义的发展。据余潇枫描述，"20世纪五六十年代的旧地区主义，是一种在和平与安全的背景下寻求秩序的，限于主权框架内的地区主义。20世纪80年代后的新地区主义，其内容则大大拓展，在安全、经济目标之外关注政治、文化、环境、信息网络等，主要体现为采取超越主权框架的策略。在全球经济一体化的冲击下，各种跨国力量迅速发展，地区层次的合作与协调也随之大大加强，加上某些民族国家由于对经济的调控能力下降而难以有效地对付全球范围内跨国关系的新挑战，其结果也进一步促使一些国家积极寻求地区层次的跨国协调与合作，以增强与对外部世界抗衡的能力"。①

地区的理念是动态发展的。传统的地区概念是比较狭义的，主要是一个地理概念，是由地理关系导致的相互依赖而连在一起的一些国家组成的。后来新地区主义理念从地理概念发展为文化概念，地区不仅包括地理的，更包括经济的、政治的、文化的、安全的等界线。

瑞典哥德堡大学和平发展研究所的赫特教授和索德伯姆教授在《地区主义崛起的理论阐释》一文中，提出了地区性的五个层次。第一个层次是地理意义上的"地区区域层次：第一层次是地理意义"，这一层次与特定的疆域和领土相关。第二层次是安全意义上的"地区复合体"，它与"跨地区"的社会联系相关，表明地区化进入到一个新的阶段，地区复合体内各个部分就其安全而言，彼此依赖，同时它们也导致整个体系的稳定。第三层次是组织意义上的"地区社会"，这一层次与超越国家行为体的出现相关，这类行为体包括广泛的非国家行为体、跨国家行为体诸如跨国公司、跨国商务网络、非政府组织、社会运动及其他社会网络，这是一个多层面的地区化过程，它促成跨国家的地区经济和地区公民社会的形成。第四层次是文化意义上的"地区共同体"，这一层次与文化的价值认同、制度化的组织建设、合法化的决策机制的产生相关，这时的地区化已达到宏观的跨境关系确立的水平，地区内不同民族共同体的分界线渐渐消失，地区内与地区外的差异在增长，地区市民社会的特征也受到强化，如北欧国家集团，北美、南方共同市场，东盟等。第五层次是综合意义上的"地区国家"，这一层次与多元文化的亲和相融相关，这是一种"正式的"和"真正的"地区形成，一个地区国家从很多以前

---

① 余潇枫：《国际关系伦理学》，长征出版社2002年版，第175—176页。

主权民族共同体自然地演变成新型的政治实体，从而意味着世界地区从内部迅速扩大，且变得比"国际"政治实体更加民主，例如欧盟。纵观地区化的发展过程，赫特教授和索德伯姆教授得出的结论是，地区性的五个层次可能反映了一定的进化逻辑，代表了地区主义的"自然历史"，当然地区化进程不是依次超越的，而是在不同的起点上迎接全球化的挑战。①

冷战结束后，世界格局将转向何种秩序？亨廷顿认定世界将进入一种文明冲突的格局，从宗教文明的角度勾勒出新的"国际政治地图"，包括基督教文化、伊斯兰文化、儒家文化以及日本、印度、斯拉夫、拉丁美洲和非洲的不同文化。这些文明之间的关系主要是冲突，人民和国家将因不同的文化而分裂，文明的集团将代替冷战时的军事集团，不恰当的文明分界线将逐渐成为全球政治冲突的中心线。无疑，亨廷顿的这种文明冲突论是片面的，因为不同文明之间的关系，合作、和平是常态，冲突则是非常态。

多边地区主义国际关系导致很多国家建立国家联盟。结盟是古代就有的一种国家合作方式，在现代结盟则增添了战略意义。不同国际关系学者对同盟提出了不同的理解。

七、全球领导权与国际影响力的伦理问题

第二次世界大战以后，随着全球化向纵深发展，霸权问题、全球领导权和国际影响力问题浮出水面，全球领导权、国际影响力的伦理问题也自然成为值得研究的重要问题。国际冲突、国际合作成为国际关系两个最重要的表现形态。无论是国际冲突还是国际合作，霸权或全球领导权问题成为最为关键的问题。

全球霸权问题的实质不是简单的强权问题，而是全球性的国际影响力、领导权问题。从美国霸权的历史规律中人们看到，实现全球性霸权，获得全球性国际影响力和领导权，必须付出重大物质财富或资源。实现全球性霸权并不是一件容易的事情，不仅要主导制定规则，更重要的是要时刻追踪实施规则的全过程，并且随时准备接受其中将要遭受到的很多挫折。总之，要实现自己的领导权，必须付出更多的物质代价，还要付出极大的精力。

什么是国际影响力呢？主要是物质上的，还是精神上的？抑或还包含制度上的影响力？焦点问题是，国际影响力换来的是物质财富，还是精神财富？

---

① 参见余潇枫：《国际关系伦理学》，长征出版社2002年版，第176页。

实践证明是后者，而且是在牺牲和损失本国物质财富的前提下换来的精神上的领导权或软实力，这是否值得？

按照基欧汉的看法，国际领导权主要是实现意识形态上的领导权。"不能夸大美国制定和执行规则的容易程度。过分简单地将概念视为完全的统治或是实行无私的贡献，只会妨碍而非帮助我们理解历史。"①

其实，基欧汉的看法是片面的，不能以政治或宗教的意识形态作为领导权的目标。国际领导权主要是一种国际影响力，表现在国际合作规则的制定、实施和监督，以及犯规的有效惩罚等方面。

美国获得霸权的历史机遇是极佳的。两次世界大战后，西欧和日本等强国的国力消耗殆尽，唯独美国不仅保存实力，而且借助战争大发横财。主要原因是美国获得国际领导权，是通过对受损国家的巨大物质帮助，获得对这些国家的领导权。"美国领导人所建立的霸权机制，并非是仅仅通过指挥比它更弱小的伙伴按照规定的方式行动来实现的。相反，他们必须在双方之间寻求共同利益，而且在要求伙伴和他们保持一致时，他们本身也必须做一些调整来相互协调。"② 在美国获得国际领导权中，马歇尔计划成为重要的国际机制。马歇尔计划主要是通过援助欧洲，敦促欧洲建立欧洲支付联盟。"从长远来看，将欧洲对美国军事保护的需要与美元的短缺联系起来，使美国获得了对欧洲政策发展的巨大而持续的影响力。美国能从长远考虑是因为它具有影响未来发展的实力。因此可以说，美国的慷慨是建立在对自身霸权的认识之上的。"③

21世纪是从对立的国际战略格局走向半融合的国际战略格局的时代，或许将要到22世纪人类才能基本完成从半融合走向完全融合的时代。冷战后，全球化深度发展，苏东解体导致两大阵营对立体系消解。之后，对国际关系格局影响比较大的因素是中国的崛起、零和思维国际战略开始瓦解、和平与发展的时代主题、互利共赢新的思维、新的国际战略开始形成。这个时代，冷战思维及后冷战思维交织在一起，共同主宰国际政治的发展。

中国的崛起改写了世界历史领导权的原有轨迹或本质。中国崛起不称霸，

---

① [美] 罗伯特·基欧汉，苏长和等译：《霸权之后：世界政治经济中的合作与纷争》，上海世纪出版社2012年版，第138页。
② [美] 罗伯特·基欧汉，苏长和等译：《霸权之后：世界政治经济中的合作与纷争》，上海世纪出版社2012年版，第137—138页。
③ [美] 罗伯特·基欧汉，苏长和等译：《霸权之后：世界政治经济中的合作与纷争》，上海世纪出版社2012年版，第143页。

不做霸权国，但一定要实现国际影响力、取得或参与领导权的部分份额。中国只做自己该做的事情，通过"一带一路"、亚投行的国际机制，和平争取到属于自己的国际影响力，从而改写了国际领导权、国际影响力的历史。以往的国际领导权是通过军事和战争的形式取得的，中国崛起则使得国际领导权的主要表现形式不是战争而是和平，不是冲突而是合作。寻求、确立和发展共同利益是国际合作的根本前提。共同利益不是先在的，而是后在的；不是预设或预定的，而是当事国各方共同努力的结果。

西方列强走的是霸权的道路，中国发展走的是和平崛起的道路。中国不必回避，中国崛起必然要问鼎国际领导权，或者挑战全球领导权，但中华文明促使中国实现国际领导权的方式是文明的、和平的、合作共赢的。实现中国领导权的核心问题在于，中国很清楚，不必代替美国的领导权，积极争取国际领导权的份额才是硬道理。为此，产生一系列问题：中国崛起不必步西方列强崛起必称霸的后尘，因此说明国家崛起与霸权、强权并不是一种必然关系。中国不称霸并不等于中国并不问鼎国际领导权，中国问鼎国际领导权也并不意味着中国将要代替美国，成为全球唯一的领导权者。其实，未来跻身于全球领导权的不会是一个国家，将是数个强国的合力与合作。这是全球领导权的伦理问题。这个全球领导权的伦理核心在于从一国领导权走向数国集体领导。负责任的大国或对国际问题负责任的不会只有中国。德国对欧盟负责，俄罗斯对叙利亚承担更多责任，都属于"负责任大国"的范畴，都属于国际甚至全球领导权的责任问题，这当然是全球伦理问题。

解决全球问题主要是全球责任问题，实际上就是全球伦理问题。

第四章 宗教伦理对人类伦理的影响

宗教文化对人类伦理的影响是巨大的。最初的伦理全部源于宗教。至今世界上约 3000 个民族都有自己的传统宗教。对人类影响最大的是世界三大宗教。

第一节
世界宗教伦理的分布及其对世界文明的影响

宗教是一种能够主宰人们如何行为的伦理，因此一个人一旦信仰某种宗教就意味着该宗教成为支配自己的行为规范。就信仰的一般规律而言，人类的先民最初信仰的都是原始宗教，当世界宗教产生之后，与之有缘分的民族开始纷纷改信世界宗教。改信有两种境遇，一种是自愿的，一种是被迫的。基督教和伊斯兰教在早期传播、向外扩张的过程中往往通过强迫性选择，否则将面临整个民族的灭顶之灾，因此基督教和伊斯兰教地区的信众，就其文化原生态的意义而言，并非都是自愿选择而是被强迫的结果。佛教则不同，被移植地区的教徒不是被迫信奉而是自愿信仰的，因此佛教对世界的影响没有强迫的因素，信仰佛教地区的民族都是其先民自愿选择的结果。

一、佛教伦理信众圈及其对世界文明的影响

佛教是人类历史上产生最早的世界宗教，至今已有 2600 多年的历史，彰显了佛教伦理对人类文明发展产生的深远影响。在世界三大宗教的早期传播过程中，基督教和伊斯兰教充满了尚武、血腥与强迫的过程，唯有佛教的传播是崇文的、自愿的文明过程。但佛教影响的信众最少，占据的地盘也最小，其中的缘由是复杂的。

佛教起初并不是世界性的宗教，只是古印度北部释迦人这个民族创造的一种民族性宗教。后来，基于佛教那种普度众生的人文关怀以及救苦救难、悲天悯人的慈悲情怀，更多的民族信众选择了佛教，使其变成一种世界性宗教。不过，由于地理环境和人文环境等原因，佛教只是一种亚洲甚至主要是东亚、东南亚、南亚各族的宗教，其世界性远不及基督教和伊斯兰教。

佛教起源于公元前6—5世纪的古代印度，经过漫长的岁月，向北传到中亚地区、中国、蒙古国、朝鲜、日本、越南，形成北传佛教；向南传到斯里兰卡、泰国、缅甸、柬埔寨等国家，形成南传佛教。在世界各民族，如印度南部的僧伽罗人和北部汉人等民族的不懈努力下，加之佛教那博大精深的思想文化底蕴，其对世界文化产生了深远的影响，从而成为世界三大宗教之一。在当代，约有占世界人口6%的民族或人口信奉佛教。又由于信仰佛教的民族人数居于世界的第四位（其他三位是基督教、伊斯兰教及印度教），佛教成为当代世界信仰人数众多的宗教之一。

佛教不仅是一种信仰，而且是一种哲学意识形态，更是一种"拥有自己组织和信徒的社会力量"。佛教主要流传在东方，对许多民族的历史文化产生了深远的影响，并逐渐渗透到广大人民的生活习俗中，从而使佛教成为东方文明发展史上一个异常璀璨和十分重要的组成部分。

佛教的发展大致经历了四个阶段。第一阶段是原始佛教，公元前6世纪中叶至前4世纪中叶，是释迦牟尼创教及其弟子传承其教的阶段。佛教首先传入锡兰（现斯里兰卡）和印度西北部的边远地区。

佛教文化传播需要强大的国家作为后盾。印度孔雀王朝的第三代统治者阿育王既是一个伟大的统治者，又是一个伟大的文化征服者，他所依赖的正是佛教的魅力。起初他为了征服更广大的地区，不惜发动战争，后来他发现战争造成生灵涂炭。他曾留下一座石刻诏谕，记述了他征服羯陵伽的战争情况："十五万人被俘，十万人被杀，死亡者又超过此数的许多倍。"[①] 于是，他痛恨自己的行为，谴责杀戮圣灵的罪过，决定对所有的人广施仁爱。他皈依佛教，以弘扬佛法为己任，在全国修建了8.4万座佛舍利塔，把大量佛教人士派往周边各地，尤其是印度南面的楞伽岛（今斯里兰卡）。据巴利文史籍记载，阿育王的使者摩哂陀来到该岛，向狮子国国王提婆南毗耶帝沙宣传佛法，国王心悦诚服，成为该国第一位佛教信徒。国王皈依佛教，震动朝野上下，王室、百姓纷纷效仿。佛教很快普及全国，并进一步向外传播。不久，

---

① 转引自张英：《东南亚佛教与文化》，中央民族大学出版社1999年版，第27页。

南亚以斯里兰卡为主，东南亚以缅甸、泰国、老挝、柬埔寨等国家盛传上座部佛教文化（南传佛教文化圈）。

佛教发展的第二阶段是部派佛教时期。从公元前 4 世纪中叶起，佛教内部由于对教义和戒律产生了认识上的分歧，分裂为许多教团，主要分歧在戒律问题上。约在释迦牟尼逝世 100 年后到四次结集前后，佛教最初分裂为上座部和大众部。佛教的分歧是内在的分歧，是对"我"与"法"何者是"实有"觉悟的不同，或者是觉悟的角度不同，是对宇宙、人生感悟和领悟的不同。

佛教发展的第三阶段是大乘佛教的创立时期。大乘佛教是从原始佛教演化而来的，原因是原始佛教不能满足广大民众的需要，只能满足少数僧人的精神需要，俗人在日常生活中很难做到。为了满足更多人的需要，于是大乘佛教应运而生。大乘佛教中的"大"字，在于其兼容、蕴含了更多佛教以前的印度思想和传播中各民族自己的民族精神。为了俗人的更多需求，采用了一些比较容易领会、学习、奉行的训条。更有甚之，只要信仰，哪怕是只要有一个不动脑筋表示信仰的举动，如念叨佛陀的名字，他的灵魂就能够得到拯救。于是，涅槃的内涵也发生了改变，以往把涅槃理解为很难进入的天国，现在把涅槃理解为很容易进入的天国来世，只要乐善好施就可以了。

如果没有大乘佛教，佛教不可能流传得如此广泛。大乘佛教的简单易行，注重施舍行为、虔诚信仰和灵魂得救，改变了原来强调修道生活、苦行主义和默默祈祷的繁琐仪式，"所以，对于非印度民族来说，它比小乘佛教更合口味，尽管两者在国外都赢得了皈依者"。[①]

大乘佛教大约最早出现于公元 1 世纪，最初流行崇拜佛塔而组成菩萨众（即大乘教团），并在以后形成了大乘经。大乘佛教把原始佛教贬称为"小乘"，认为小乘佛教只追求个人的自我解脱，只征得阿罗汉果，而大乘佛教则要"普度众生"，修持成佛，并建立佛国静土。为了避免宗教文化的褒贬称谓，采用中性文化立场，本书把小乘佛教称为"南传佛教"（但与不加引号的南传佛教有区别，只是小乘佛教的特制）。

大乘佛教与"南传佛教"的主要区别有三点：

1. 世界观的差别。在世界观上，"南传佛教"主张众生和事物都是各种元素的因缘结合而成的，因此没有独立自存的本体（佛教称为"我"），但作

[①] ［美］斯塔夫里阿诺斯，梁赤民等译：《全球通史：1500 年以前的世界》（上卷），上海社会科学出版社 1999 年版，第 195 页。

为客观世界的法却是存在的，所以这种观点叫做"我空法有"。大乘佛教则主张"法我皆空"，其经典《般若经》提出著名论断："色即是空，空即是色，色不异空，空不异色。"

2. 佛陀观的差别。"南传佛教"有些部派保持原始佛教的特点，认为佛陀是历史人物，承继佛祖不可神化偶像的教义。然而，大乘佛教接受婆罗门教—印度教的影响，把佛陀偶像化，提出佛有法身、应身和化身的说法。

3. 修行目标和境界的差别。"南传佛教"一般主张个人解脱，目标是修得罗汉果；大乘佛教主张普度众生，目标是菩萨行。后者认为，菩萨高于罗汉，只有为了解脱众生之苦，才能自由往返于生死之中。

大乘佛教大约于公元前1世纪传入中亚和中国。最初的传道者是商人，后来才有了更多印度的传教士，再后来是中国的佛教徒。在大乘佛教的传播中，中国的皈依者做出了杰出的贡献，他们积极到印度研习佛教，回国后便积极说服国内同胞信奉佛教，结果取得了很大的成功。据说，到公元4世纪后期，中国西北部十分之九的居民都信奉佛教，到6世纪时，中国南部的居民也跟着信奉了。更大的成就是，通过中国人进一步传播到更多的国家，公元4世纪传播到朝鲜，公元6世纪传播到日本，后来传播到西藏和蒙古，甚至南下到越南等国。约700年时，大乘佛教在中国达到了鼎盛阶段。

当然，大乘佛教也发生了分歧。在万法之本是在于"空"还是"识"上也发生了巨大分野。大乘佛教又被分为中观派和瑜伽行派，前者把佛教万法之本归于"空"，后者则把万法归于"识"。中观派又称"大乘空宗"，产生于公元2世纪至3世纪，创始人是龙树和提婆，宣扬"诸法皆空"的道理，主要著述有《中观本颂》《百论》和《四百论》等。

瑜伽行派又称"大乘有宗"，创立于4世纪至5世纪，创始人是无著和世亲兄弟俩，宣扬"万法唯识"，主要著述有《瑜伽师地论》《摄大乘论》《唯识三十颂》等。

大乘佛教在中国从鼎盛走向衰弱的原因是引起统治阶级的恐惧和迫害。由于大乘佛教日益发达，兴建了大量的佛教寺院，僧人拥有了大量的土地和财富，使僧人可以脱离统治阶级，发展自己独特的经济，这对统治阶级无疑是一种巨大的威胁，必然招致统治阶级的极力迫害。据记载，"841年至855年期间，有寺院4600余所和寺庙40000余个给拆毁，有僧尼26万余人被勒令还俗，和寺院奴隶约15万人一起，重新成为纳税户。佛教经过这次打击后，再也没有复兴过"。①

在印度，佛教的命运更惨烈。不仅印度的佛教最终让位于再度兴盛的印度教，更为可怕的是，时至今日的印度实际上已经找不到有多少佛教徒，只占印度人的不足1%。②

不过，也不能否定佛教对后来印度的影响。首先，从历史上看，佛教在印度成为印度教的对手长达数世纪之久。只不过不幸的是，佛教在印度从未成为占据统治地位的宗教信仰，而且到了公元600年之后就开始走向衰弱。佛教在印度衰落的原因是，其未能形成一套应变生活危机的机制，未能为人的出生、去世、结婚，尤其是俗人生活提供种种的宗教仪式。相反，印度教则有着自己独特的种种宗教礼仪，因此在经历了伊斯兰教的"洗礼"之后，依然保留婆罗门的宗教信仰风范。其次，佛教虽然作为一个从事活动的宗教信仰集团在印度消失了，但佛教的基本信条已被印度教所吸收。

佛教发展的第四阶段是密教兴盛时期。密教兴起于7世纪，其兴起有两方面的原因：一方面，7世纪印度教的盛行，使得佛教在印度的发展受到了很大的抑制；另一方面，佛教为了发展，也吸收了印度教和地方民族的民间信仰，将大乘佛教中的中观派和瑜伽行派逐渐融合、统一。这两个因素使佛教发展进入到密教时期，到8世纪达到了鼎盛阶段。密教的最大特点是简化修行方法，提出"佛和众生体性相同"的观点，只要众生与佛三密相印，众生便可成佛。这三密是：口诵真言咒语为语密；手结印契为身密；心作观想为意密。

尽管密教意在抵制印度教而发展佛教，但在印度教和伊斯兰教这两股力量的内外因夹击下，佛教在印度逐渐失去统治地位。8世纪至9世纪，印度教的兴盛使佛教在印度渐渐衰落。后来伊斯兰教大规模地传入印度，加之基督教的东进，这三种宗教势力使佛教在印度本土趋于衰落。

近代以来，在印度，佛教也曾一度呈现复兴趋势，到20世纪50年代有50万贱民集体改宗佛教，举行各类佛教活动，积极参政，建立佛教政党共和党，在印度成立了摩诃菩提会、国际佛陀教育研究所、阿育王协会、佛教徒国际中心等各种佛教组织，使佛教在印度达到高潮，在世界佛教界也产生了深远的影响。

佛教虽然在印度衰落了，但在世界各地却得以发扬光大。自贵霜王朝后，

---

① [美]斯塔夫里阿诺斯，梁赤民等译：《全球通史：1500年以前的世界》（上卷），上海社会科学出版社1999年版，第196页。

② 当今印度佛教徒只有0.8%。

佛教的发展和传播就出现一个奇特有趣的此衰彼强的现象。一方面，佛教一再从印度走向世界。南传佛教和大乘佛教分两路向世界各地传播。前者向南传播到印度南方的斯里兰卡（原锡兰）、泰国、缅甸、爪哇、柬埔寨、老挝等地，后者从中亚越过葱岭进入中国大陆，传入朝鲜、日本和越南。另一方面，在印度，婆罗门教—印度教一再向佛教发出挑战，终于在10世纪战胜佛教而取得了优势。到了13世纪初，佛教在印度全面溃灭。于是，佛教如同基督教一样，两者都走向了世界。

由于佛教在世界范围内的传播，加之世界各民族尤其是亚洲各民族的努力，佛教不仅避免了像在印度那里衰亡的局面，而且得以发扬光大，与基督教、伊斯兰教齐名为世界三大宗教。

佛教成为世界性宗教的原因是非常复杂的，但主要原因是其超越阶级、超种族、超国家的属性，以及传播普度众生、众生平等的文化精神。

佛教传播的范围主要在亚洲，近现代在世界其他各洲也有一定的发展，但始终不能成为当地的宗教信仰主体。全球的佛教徒分布很不平衡，主要集中在南亚、东南亚和东亚地区。此外，佛教在欧美、非洲和大洋洲也有一定的传播和发展。因此，佛教在世界分布的特点是：佛教三大派系在亚洲分别成为南亚、东南亚和东北亚的主干，而在欧美近代则呈齐头并进结构状发展。全世界佛教徒总数占世界总人数的6%，其中有56%为大乘佛教徒，38%为南传佛教徒，6%为喇嘛佛教徒。佛教的核心区是斯里兰卡、东南亚、东北亚地区。西欧的佛教徒有数十万，集中在德国、法国和英国。此外，在俄罗斯、北美、拉美、大洋洲和非洲也有少量佛教徒。

在佛教的传播中，世界各民族将佛教与自己民族文化相互作用、相互熏染，一方面通过传播保留了佛教精神，用佛教文化充实了本民族文化；另一方面用本民族特有的文化精神对佛教进行民族加工，使佛教演变成具有民族特色的宗教文化，从而极大地发展了佛教文化。可以说，没有各民族对佛教的传播，并将之融入各自的民族文化，就不会有佛教的璀璨发展。

佛教比例最多的国家在东南亚和东北亚。在柬埔寨，佛教徒占总人口的比例高达99%。泰国佛教徒占全国人口的94%，信奉的民族主要有泰族、老挝族、汉族。老挝佛教徒约占全国人口的58%，主要的信奉者是佬族和泰族。越南佛教徒约占全国人口的51%。日本的佛教徒达到全国人口的74%，主要是大和民族。蒙古国的佛教徒占90%。韩国的佛教徒占37%。

二、基督教伦理信众圈及其对世界文明的影响[①]

基督教成为世界上最大的宗教，其占地之大、人数之众，以及对人类文明发展影响之深远，都是无与伦比的；之所以如此，不仅因为基督教伦理深刻而细腻，而且在于其能够以西方科技、市场经济和政治民主的力量作为后盾。此外，佛教和伊斯兰教是佛祖与穆罕默德的个人智慧结晶，而基督教则是集体智慧的产物，集体的智慧远比个人的智慧要高得多。当然，佛教和伊斯兰教虽然创始人是个人，但传播者则是广大信众。

截至2004年，全球基督徒人数达21亿，占世界人口的32.8%，其中天主教徒的人数为10.98亿。全球天主教徒人数从2003年的10.86亿增加到2004的10.98亿，总计增加了1200万人，增幅为1.1%。但同期世界人口总数从63.01亿增加到63.88亿，足见世界人口增长率比基督教徒增长率快。

天主教占主导的国家包括意大利、法国、比利时、卢森堡、奥地利、爱尔兰、波兰、捷克、匈牙利、斯洛伐克、立陶宛、克罗地亚、斯洛文尼亚、西班牙、葡萄牙、列支敦士登、摩纳哥、圣马力诺、马耳他和安道尔。其中，捷克和匈牙利两国国内基督教的影响也很大，捷克的基督教徒人口比例为30%，匈牙利为25%左右。

基督新教占主导的国家包括英国、美国、澳大利亚、新西兰、丹麦、挪威、瑞典、冰岛、芬兰、爱沙尼亚、拉脱维亚。其中，美国和澳大利亚两国国内天主教的影响也很大，美国的天主教徒人口比例为35%，澳大利亚为28%左右。新西兰（18%）和英国（10%）的比例也较高。

天主教和基督新教势力相当的国家主要有德国、荷兰、瑞士、加拿大。

东正教占主导的国家包括俄罗斯、乌克兰、白俄罗斯、罗马尼亚、摩尔多瓦、保加利亚、塞尔维亚、黑山、马其顿、希腊、亚美尼亚、格鲁吉亚。

基督教于公元1世纪中叶产生于罗马奴隶制帝国东部地区的巴勒斯坦，实际上是巴勒斯坦犹太人反抗罗马帝国统治的产物，是弱小民族反对罗马帝国压迫、争取民族解放斗争的产物。

最初的基督教并不是贵族的文化，而是从犹太教中分化出来的一个下层新教派的文化。罗马帝国自建立后，对被征服地区的人民实行政治上的残酷

[①] 本节主要参照了龚学增、曹兴：《世界民族（第三卷）宗教信仰》，中国社会科学出版社2013年版，第259—296页。

镇压和经济上的全面剥削，促使帝国境内的阶级矛盾和民族矛盾空前激化。于是，巴勒斯坦的犹太人不断举行起义，但均遭到统治者的血腥镇压。由于起义失败，犹太人转而期盼上帝派遣"救世主"降临，拯救他们于苦难。所以，基督教是罗马帝国境内的下层人民在现实斗争中绝望，从而向宗教寻求出路的结果。由于在罗马帝国中巴勒斯坦的犹太人被压迫、被剥削得最为残酷，因此犹太人的反抗斗争也最频繁。公元64—65年，罗马帝国7个省大饥荒，促使公元66年巴勒斯坦全境犹太民族大规模起义，沉重打击了罗马帝国的统治，但终因力量不足而失败。公元68年，罗马军队攻陷耶路撒冷，犹太奴隶"隶农"小生产者们英勇抵抗，坚持战斗达两年之久。耶路撒冷几乎每块土地都有死尸陈地，罗马军队纵火烧毁全城。起义失败的耶路撒冷居民被罗马征服者大批钉死在木架上。此外，被卖为奴的多达7万人。这次起义的失败使原本就灾难深重的犹太民族再次经受了巨大的打击，一向自称是"上帝的选民"的犹太人民族复兴的希望再次破灭。基督教就是在这样的社会历史条件下产生的。

罗马帝国的统治者们一贯把宗教作为巩固自己统治的一个精神支柱。罗马帝国征服地中海沿岸的欧亚非各国，在帝国内形成了各民族杂居的局面。罗马统治者对许多民族的居民信奉本民族的宗教既然不可能一律取缔，就采用利用的方针，把各被征服的民族的神都搬到罗马的神庙之中，从属于罗马大神，让各宗教都为巩固罗马帝国的统治服务。这些宗教同时并存，互相排斥，又互相渗透，但最终注定要趋于没落，罗马帝国需要一种适应新的罗马世界帝国条件的宗教。基督教正是在上述条件下，从犹太教中的下层教派分裂出来而形成的。

犹太教是产生于巴勒斯坦地区的犹太民族的宗教，到基督教诞生纪元的公元1世纪，犹太教已发展了近千年。千年之际，犹太教已分成几个重要的政治宗教派别，他们具有不同的社会阶级地位和政治倾向，反映在如何迎接弥赛亚来临这一点上，各派的主张就很不相同。当权的祭祀贵族（撒都该派）鼓吹奉行犹太教教规，政治上完全顺从罗马帝国的统治。下层民众中，一部分是狂热派，认为以色列人只能顺服一个神，建立神的统治就要推翻异族的统治，实际上这是在宗教形式下鼓动推翻罗马帝国的统治。另一部分是艾赛尼派，他们在现实政治中不主张斗争，而是等候弥赛亚降临，他们内部实行经济互助，过着严格的禁欲生活。在犹太教上层中还有一个反对派，被称为法利赛派。该派政治上主张同罗马帝国调和妥协，宗教生活严守犹太教规，在教义上吸收了希腊思想中关于灵魂不死的观念，宣扬今生受苦，等候弥赛亚降临时死人复活，将按生前的行为得到赏罚报应等。

在艾赛尼派中有一个分支拿撒勒派，大体上是基督教的雏形。该派的创始人据说是耶稣，当时他只是宣传以色列人历来所盼望的神的国即将实现，弥赛亚即将来临，现实世界的一切即将完结。这一主张虽然一定程度上反映了犹太人反抗罗马统治的要求，但更多地是反映犹太民族的下层群众在起义一再失败后的消极悲观情绪。这一教派在巴勒斯坦的加利利农村，随着破产农民、游民流入城镇，在城镇下层群众中又得到一些追随者，由于他们信奉救世主基督，后来被时人称做基督的门徒。

基督教在其萌芽的初创时期，就已打破了犹太人基督徒拥有优越地位的观念，宣称上帝并非只认犹太人为选民，而是对各民族信徒同等相待，毫无差别地对待一切民族；它还宣扬信徒因基督的牺牲而得救这样一种信仰；基督教还简化宗教仪式，摆脱繁重的饮食和洁净的清规戒律。上述特点正好适应了当时追求思想安慰的群众的精神需要，从而使基督教具有很大的吸引力，能在下层民众中很快发展，甚至不少失意的剥削阶级分子也很快参加了进去，这就使基督教在与其他宗教的斗争中终于取得了胜利。

初期基督教在城市传播很快还有一个重要因素，就是它还是一个以神秘宗教为思想基础的互助社团。随着一些富人加入基督教，初期基督教社团中出现了以保罗为代表的中产阶级的代言人。这一派的主张也是犹太教的一神论和死而复活的神秘教主耶稣基督，加上末世论，但末世论的内容已不再强调在地上建立神的统治，而变成信徒的个人得救。保罗派逐渐把初期基督教的这种弥赛亚运动改变成一种信仰。基督教的这种发展进一步推动了它与犹太教的分离。

还有一个使基督教同犹太教相分离的重要因素，就是犹太人民反抗罗马统治斗争的激化。在这一过程中，基督教已不再参与甚至同情犹太人民的起义，而是强调要温顺，强调"我的国不属于这世界"，实际上已站到了罗马帝国一边。它把犹太人的苦难看做是神的诅咒。这期间，基督教自己的经典《新约圣经》逐步形成，教会组织也逐步完备。这样，到1世纪末2世纪初，基督教就与犹太教彻底分离，成为一种独立的新宗教。

代表下层阶级的原始基督教经过大约300年的时间，由主要在奴隶和下层民众中发展逐步扩大到罗马帝国的富有阶层奴隶主和贵族中间，依附于剥削阶级取得发展，日益成为剥削阶级的工具。最后，基督教逐步依附于罗马帝国。

初期基督教本来是要宣传一个拯救教徒、伸张正义的救世主，它虽然消极地等待救世主从天降临,反对革命运动,但也还反映了被压迫人民对奴隶制罗马帝国的不满和要求摆脱阶级压迫剥削给劳动人民带来的苦难。而在建立起教会,剥削阶级在教会中占统治地位以后,那个拯救教徒脱离苦难的救世主耶稣,就演变成教导信徒忍受苦难的榜样。当时的罗马帝国正需要磨灭在其统治下各族人民的祖国和民族意识,基督教正迎合了这种需要。它宣扬"神的国不属于这世界",借以阻止教徒投入到反抗罗马帝国的斗争;另一方面它又宣传"凡掌权的都是神所命的",借以动员教徒支持罗马帝国,还训诲教徒,"你们为主的缘故,要顺从人的一切制度,或是在上的君王"。基督教宣扬对罗马统治者积极支持,也就必然要对罗马统治带来的苦难宣扬忍耐。基督已不再拯救教徒脱离苦难,而是被描绘为骂不还口、打不还手的忍辱负重的形象。

除了以自己的教义适应罗马帝国外,基督教会还积极开展了争取罗马统治集团的活动。当时基督教会的上层分子已经发展成为一个由主教组成的权势集团,他们与罗马帝国的官员们密切往来,有些基督徒甚至成为官员,从而逐步得到统治阶级的支持。

罗马帝国采用软硬两手政策,最后将基督教变为官方的政治工具。早期基督教的主张曾对罗马帝国不利,基督徒曾遭到罗马帝国的镇压。2世纪初叶,罗马统治者已了解到基督徒是顺民,开始把基督徒与富于反抗的犹太民众相区别,逐渐对基督教采取怀柔政策。4世纪初的罗马帝国,外有日耳曼族的侵扰,内有奴隶和城市无产者贫民不断起义,政治和经济上都陷入严重的危机,罗马统治者开始对基督教加以利用。公元311年和313年,罗马帝国皇帝先后颁布了著名的《宽容敕令》和《米兰敕令》,一方面稳定罗马国教的教徒,另一方面又要利用基督教。《敕令》宣称,为确保社会安宁,信奉各种宗教都享有同样自由,不受歧视。对基督教会的集会场所一律无偿发还,教会的其他财产也同样发还。这是在罗马法律上第一次承认基督教会可以拥有财产。君士坦丁皇帝在扶持基督教的同时,对教会也严加控制,使它成为国家机器的一部分。教会的教义、宗教活动、人事、经济都必须听命于皇帝。他还利用基督教支撑帝国内部对各民族的统治,要求各民族都要接受基督教。325年,罗马皇帝君士坦丁主持召开了尼西亚宗教会议,有300多名主教参加,这次会议将基督教定为罗马帝国的国教。

基督教成为罗马国教以后,不仅发还了以前被没收的基督教会的财产,而且还得到国家大批金钱的资助来修建教堂。除罗马帝国政府拨赠给教会大批的领地、房产、款项外,教会还拥有接受私人财产的权力。教会要求教徒把身后的遗产交给"最神圣的天主教会",以此作为教徒的一种宗教义务。因此,从皇族到贵族,都把金银珠宝赠给基督教会。4世纪末起,基督教会还与罗马皇帝联手,从事抢掠异教神庙财产的运动,历时多年。特别是教会承受了庞大的庄园领地,同时袭用了这些土地原有的管理制度。教会成为大土地领主,还依靠免税等项权利排挤小农,迫使小农向教会典卖土地,然后沦为教会的农奴。上述情况使教会为自己积累了大量的财富。

教会富有以后,进一步与统治集团结成一体。到5世纪时,基督教会的主教则成为统治集团的显要人物。主教拥有豪华的"主教宫",平日审理各种诉讼案件,涉及神职人员的诉讼案件,国家法庭不予审理,都由主教加以审理。任何人反对教会也都由主教加以审理。主教手下还有大批神职人员和非神职的办事人员、侍从和仆役,经营着城镇大量的房地产和农村的领地庄园。

教会的富有以及成为统治者,加剧了教会内部争夺权力的斗争。为了争夺主教职位,神职人员相互争斗。在争斗中,罗马主教逐渐取得了越来越高的地位。罗马主教本来并没有"教皇"的称呼,教皇一词源于希腊文(pappas),意为"爸爸",本来是对一般神职人员的尊称。在教会建立主教制以后,这一称呼可用于任何主教。随着教阶制的进一步发展,这一称谓逐渐限于罗马、亚历山大、安提阿、耶路撒冷和君士坦丁堡五大城市的大主教。罗马教会由于位处帝国首都,政治经济势力最大。它的主教一向声称,罗马教会是由传说中的耶稣使徒彼得、保罗两人创立,应拥有特殊地位,但遭到其他主教的反对,特别是遭到东部君士坦丁堡大主教的反对。直到后来11世纪时,罗马主教格列高里七世才垄断了"pappas"(即爸爸)这个称呼。这便是罗马教皇地位发展的由来。

1054年,以罗马教皇为代表的基督教西部教会同以君士坦丁堡大主教为代表的东部教会矛盾激化,各自把对方革除教籍,判处绝罚,由此东西部教会正式分裂。导致这一分裂的原因,既有文化传统方面的,又有历史、地理等方面的,但直接原因则是双方领导集团为争夺教会的最高统治权而不断发生冲突。东西方教会在文化传统上是很不相同的。东部教会是希腊文化传统,西部教会则是拉丁文化传统,由此形成了神学、教义、礼仪和习修等方面的差异。东部教会比西部教会更注重外在的礼仪,西部教会则更注重律法。自君士坦丁大帝4世纪迁都以后,东部教会始终处于罗马皇帝的严密控制之下,而西部罗马教会的主教则具有很大的世俗权力。他一贯自称罗马教会是耶稣门徒中居领袖地位的彼得创立的,因此继承彼得任罗马主教的人也应享有最优越的地位,而东部教会对此则坚决不予承认。为争夺教会的最高统治权,两派进行了残酷的斗争，终于决裂。决裂后，东部教会标榜自己的"正统性"，称为"正教"，因为是东部教会，所以又称东正教。西部教会则强调自己的"普世性"，称为"公教"，因为其领导中心在罗马，所以又称"罗马公教"，汉语译做"罗马天主教"。

东西方教会分裂以后，东派教会走上了独立发展的道路。在东派教会早期活动的地区（即地中海东部、小亚细亚、巴勒斯坦、阿拉伯半岛及东北非），由于受希腊文化的影响，在教会制度、礼仪、传统习惯、神学思想等方面保持了较浓厚的希腊风格，因而这一地区的东派教会习惯上被称为"希腊正教"。以后，东派教会通过中亚和巴尔干向东南欧发展，传入塞尔维亚、保加利亚、格鲁吉亚、亚美尼亚，并在俄罗斯取得了巨大的成功，俄罗斯东正教会进而成为这一地区势力最强的教会。东正教在这一地区的活动受到以俄罗斯为代表的斯拉夫文化的影响，逐步形成某些不同于希腊正教的新特点，习惯上把具有俄罗斯文化传统的东派教会称为"俄罗斯东正教"。除上述两大分支外，东派教会在其传播、发展过程中还逐步分化出一些独立教会和教派，其中有的在神学观点、教会制度、礼仪习惯上独具特色，在不同时代被认为是异端而不被东正教和罗马天主教所承认。

三、伊斯兰教伦理信众圈及其对世界文明的影响[①]

从穆罕默德开始传教之年算起，至今已有1400多年历史，全世界的伊斯兰教徒分布在90多个国家和地区，但不论在什么地方，穆斯林之间都互称兄弟，或叫"朵斯梯"，彼此见面称"色俩目"，或简称"色兰"，以示问候。伊斯兰教是世界性的宗教之一，与佛教、基督教并称为世界三大宗教，中国旧称大食法、大食教、天方教、清真教、回回教、回教、回回教门等。

伊斯兰教是最后产生的世界宗教，比佛教晚1300年，比基督教晚600多年，一旦产生就成为迅速发展的世界宗教。伊斯兰教伦理是多生主义，大有赶超基督教人数的趋势。当世界人口还是60亿的时候，基督教约占15亿万，占全世界人口的33%，伊斯兰教是13亿，约占22%。截至2009年底，世界约68亿人口中，穆斯林总人数是15.7亿，分布在204个国家和地区，占全世界的23%。据美国著名独立民调机构和智库——皮尤研究中心（Pew Research

---

[①] 本节主要参照了龚学增、曹兴：《世界民族（第三卷）宗教信仰》，中国社会科学出版社2013年版，第336—350页。

Center）在 2015 年发布的一份宗教调查报告显示，如果按照目前的发展势头保持不变，全球穆斯林人口将在 2050 年与基督徒相当，并在 2070 年超过基督徒人口。具体参见表 4—1。

表 4—1　2050 年基督教徒不再占人口多数的国家

	2010 年人数最多的宗教	占当年人口	2050 年人数最多/最大的宗教	占当年人口
澳大利亚	基督教	67.3%	基督教	47.0%
英国	基督教	64.3%	基督教	45.4%
贝宁	基督教	53.0%	基督教	48.5%
法国	基督教	63.0%	无教派	44.1%
马其顿	基督教	59.3%	伊斯兰教	56.2%
新西兰	基督教	57.0%	无教派	45.1%
波黑	基督教	52.3%	伊斯兰教	49.4%
荷兰	基督教	50.6%	无教派	49.1%

资料来源：皮尤调查《宗教的未来：2010—2050 人口增长预测》。

目前除了西亚国家，主要穆斯林所在地是俄罗斯、法国、德国、英国、波黑、阿尔巴尼亚、科索沃、意大利、荷兰和马其顿等国。

表 4—2　穆斯林在欧洲的分布

国家	总人口	穆斯林人口	穆斯林占百分比
俄罗斯	14000 万	2704 万	19%
法国	6386 万	642 万	10%
德国	8220 万	305 万	4%
英国	6226 万	280 万	5%
波黑	460 万	234 万	51%
阿尔巴尼亚	310 万	224 万	70%
科索沃	220 万	201 万	91%
意大利	6023 万	145 万	2%
荷兰	1640 万	89 万	5%
马其顿	201 万	67 万	30%

资料来源：皮尤调查《宗教的未来：2010—2050 人口增长预测》。

伊斯兰教是与佛教、基督教并称的世界三大宗教之一。伊斯兰（al-Islam）系阿拉伯语音译，原意为"顺从""和平"，指顺从和信仰宇宙独一的最高主宰安拉及其意志，以求得两世的和平和安宁。信奉伊斯兰教的人统称为"穆斯林"（Muslim，意为"顺从者"）。伊斯兰教于 7 世纪初兴起于阿拉伯半岛，由麦加人穆罕默德（570—632 年）所创传，主要传播于亚洲、非洲，以西亚、北非、中亚、南亚次大陆和东南亚地区最为盛行。20 世纪以来，在西欧、北美和南美一些地区也有不同程度的传播和发展。

伊斯兰教形成于 7 世纪的阿拉伯半岛，是由当时阿拉伯社会各方面的条件决定的。

首先，阿拉伯半岛的自然条件。阿拉伯半岛位于亚洲的西南部，处于欧亚大陆和非洲之间，以及地中海和印度及远东之间，在地理上占据着十分重要的战略地位。自然条件的差异在半岛造成了两个对比鲜明的经济区域：沿海，特别是西南部，主要是灌溉农业区及香料生产和贸易区；中部和北部地区，当地的居民主要是逐水草而居的贝杜因人，他们除迁徙游牧以外，还依靠劫掠、勒索绿洲和商队为生。总之，沙漠的游牧民和绿洲的定居民并存在阿拉伯人的氏族社会中，是这一地区最重要的历史特征。

其次，阿拉伯人的社会状况。伊斯兰教兴起前，阿拉伯社会在总体上属于以血缘关系为基础的氏族制社会。氏族组织是贝杜因人的社会基础。每个帐篷代表一个家庭，许多帐篷集结的地方构成了一个区域，同一区域的人们组成一个氏族，自认为有共同祖先的氏族组成部落。部落成员之间大体上保持着民主和平等的关系。部落首领谢赫（长老）由推选产生，必须是德高望重的人，其职责主要是维持部落的团结。而调整人们相互关系的社会规范，主要是世代因袭的习惯（逊奈）。在贝杜因人的氏族感情中，集体的荣誉和利益至高无上。部落成为基本的社会、军事组织，出于抵御敌对部落和克服艰苦的自然环境的需要，部落以尊奉共同的崇拜仪式和风俗习惯为基础，而维系部落团结的首要因素就是血缘关系，血统的纯洁和宗谱的高贵优于一切。在部落以外，不存在共同的利益和权力，人们可以不接受部落传统规范的约束。当时阿拉伯半岛的居民分为两个主要集团：游牧民和定居民。除外来的移民外，城镇居民大多是由游牧到定居不久的贝杜因人。但不管其社会组织和经济生活存在多大差异，他们仍被看做一个统一的民族——阿拉伯人。

穆罕默德大约出生于 571 年。在《古兰经》中，他的名字穆罕默德，意思是受到高度赞扬的人。父亲阿卜杜拉在他出生前就已去世，6 岁时，他母亲阿米那也死于从麦地那返回麦加的归途中。他后为其祖父和叔父所抚养。穆罕默德所属的哈希姆族是古来氏部落的核心氏族,但并不占统治地位。穆罕默德从小没有受过教育,要从事放羊等力所能及的劳动。12岁时,他随祖父前往叙利亚经商,归途中,在布斯拉遇见一位基督教隐士贝希拉。据说,这位基督教隐士预言了他的未来,必成为一神教徒承认的先知。这起码说明了穆罕默德曾受到过基督教的影响。

穆罕默德在25岁时受雇于诺法勒族的赫帝彻,替她经办商务。赫帝彻的两个前夫从事商业,家道小康,丈夫死后,她独自支撑门户。穆罕默德的才干和魅力给她留下了深刻的印象,后来她主动向穆罕默德求婚。穆罕默德与赫帝彻结婚后,摆脱了为人帮工以维持生计的贫寒处境,生活发生了重大改变。特别是妻子对他的支持,对他创立伊斯兰教具有决定性的影响。

穆罕默德在麦加有了一定的财产和地位后,可以有时间去思考感兴趣的问题。特别是他关于天启和先知的观念、宇宙一神和个人救赎的观点,死后复活和末日审判的教义,以及类似《圣经》中的某些传说,说明他受到犹太教和基督教的影响。

穆罕默德创立新宗教的活动受到了麦加贵族统治集团的反对和迫害。他们担心穆罕默德的活动会影响整个部落的统一和贸易的收益,至少会损害麦加作为朝觐和集市贸易的繁荣。在他们看来,穆罕默德宣传的一神教必然会损害古来氏部落最重要的经济利益,因为克尔白供奉着众多偶像,是全体阿拉伯人朝拜的中心,而古来氏人则是克尔白的管理者。对统治氏族的首领来说,他们预感到穆罕默德作为先知的政治含义。特别是社会地位低下的穆斯林们的社会活动,使他们感到是对自身利益的威胁。穆罕默德宣传的道德观念也与他们致富的手段和生活方式尖锐对立,教义上对安拉的崇拜与对多神的偶像崇拜也势不两立,这就使他们加剧了对穆罕默德的新宗教的迫害。

穆罕默德去世后,麦地那政权面临第一次政治危机——继任者的问题。穆罕默德作为最后一位先知的独特地位,使别人无法继任。他没有留下决定继任人的有关制度,也不存在可以行使有关职权的机构。当时,只有一个先例,就是以推选部落首领的类似方式产生一位领袖。在宣布穆罕默德死讯的当天晚上,麦地那的辅士们召开会议,准备单方面推举赛义德·欧拜德为公社的领袖。阿布·伯克尔、欧麦尔、阿布·欧拜德三人闻讯后,迅速采取果断行动,迫使参加会议的辅士们接受阿布·伯克尔为新领袖。第二天,甚至先知的葬礼还没有举行,穆斯林就聚集在清真寺向阿布·伯克尔效忠,承认他为继任者,即哈里发。拥立他的唯一条件,就是维护和巩固麦地那的统治,继续执行先知的神圣使命。阿布·伯克尔当选后,由于局势的需要,立即行使除接受天启以外的一切权力,即穆斯林国家的统治权。

穆罕默德于632年去世。他建立起了信仰安拉独一的伊斯兰教以及以伊斯兰教为基础的社会组织——穆斯林公社,奠定了统一的民族国家的基础。以后,从正统的四大哈里发国家时起,伊斯兰教伴随着和平与武力的手段逐步传播到世界各个民族当中。

第二节
宗教激发的正负能量

宗教对人类社会影响的深远程度远远不是我们以往所预料的那样,它不仅安抚了无数颗心灵和基于减轻人们的精神压力而使无数人避免沦落为精神病患者,而且因构筑人类道德伦理底线阻止无数人的作恶而为社会提供了基本秩序的伦理准则。但另一方面,自宗教产生以来,因盲目崇拜、愚昧无知,也给无数家庭带来无穷的灾难;因宗教偏见而对异教徒的迫害、宗教之间的冲突,给社会带来的灾难亦数不胜数。可以说,宗教通过伦理规范对人们的所有行为都能产生无孔不入的影响。简单地说,宗教对人类社会的影响主要有正能量、负能量以及介于两面之间中性行为的影响。值得探讨的问题是,宗教缘何成为救人的正能量之源,同样它又缘何成为招致人类冲突、害人的负能量之源?

自从人类产生宗教现象之后,人类的行为就在很大程度上受到宗教信仰的支配。不同的人群受不同宗教信仰的支配,因此有了"我们"和"他们"的主体识别和民族区别。可以说,"宗教是有害的还是有益的"这一问题是涉及到人类文明进步的根本性的现实问题。此为其一。其二,自从人类有了宗教学之后,"宗教到底有害还是有益"的问题也就自然成了宗教学理论探讨的根本性学理问题。所以,"宗教到底有害还是有益"的问题是具有现实价值和理论价值的根本性问题。

以往在对宗教的功能看法上,宗教信徒与学者形成了两军对垒。信徒一致认为,宗教有益于人类,有益于人的身心健康,人类如果没有宗教,精神幸福便无寄所,宗教为人们提供了弃恶扬善的最好的精神价值和标准。在产生宗教新范式(认为"宗教有益是理性的"观点)之前,中国学界基于马克思主义无神论认为宗教有害于人类,宗教是非理性的。对此,美国宗教社会学家罗德尼·斯达克、罗杰尔·芬克做了较为客观的概括:"虽然社会科学的奠基人在很多事情上观点不一，但是他们在有关宗教的关键问题上是非常一致的，只有亚当·斯密是个例外，马克斯·韦伯和厄恩斯特特洛尔奇也在一定程度上算是例外。"[1] 为此，他们提出了一整套相反的观点，即宗教有益于人类、宗教不是非理性的而是理性的。

可以说，上述问题尚未得到学界的足够重视。这是一个复杂的问题，这里仅从宗教伦理行为规范构成的视角来解剖这个问题。

一、宗教伦理行为模式

宗教伦理是人类伦理行为的一种基于信仰而发生的行为规范。宗教伦理行为当然也具有行为规范一般的内在结构，因此有必要从人的一般行为规范结构来阐释宗教伦理行为的结构。

人的行为规范主要分为权利规范和义务规范。权利规范给予人们的是自由和权利，要人们"可以这样行为"，是一种积极性的行为规范，常用的语词表述是"可以""有权"。义务规范可分为应当性规范和不应当性规范，义务性行为规范要人们"应当这样行为"或"得这样行为"和"不应当这样行为"或"得这样行为"，常用的语词表述是"应当""得"和"不应""不得"，综合为"令行禁止"。"令行"是一种应当行为规范，这种义务性规范是一种积极性行为规范；"禁止"是一种不应当的行为规范，这种义务性规范是一种消极性行为规范。

这里对伦理行为规范的三类划分是得益于法理学研究成果对法律行为模式的划分。沈宗灵主编的《法理学》对行为模式、法律规则进行了如下简单认知："行为模式是从大量实际行为中概括出来作为行为的理论抽象、基本框架或标准……行为模式大体上可以分为三类：可以这样行为；应该这样行为；不应该这样行为。这三种行为规范也就意味有三种相应法律规范：授权性法律规范；命令性法律规范；禁止性法律规范。后两类法律规范可合称为义务性规范，即通常所说的'令行禁止'。'令行'即应该这样行为，法律为人们设定了积极的行为的义务；'禁止'即不应该这样行为，法律设定了消极行为的义务。""按照行为模式的不同，分为授权性、命令性和禁止性三种法律规则，或者分为授权性与义务性（令行禁止）两种，这里讲的授权包括授予权

---

[1] ［美］罗德尼·斯达克、罗杰尔·芬克著，杨凤岗译：《信仰的法则》，中国人民大学出版社2004年版，第34页。

利或授予权力。"①

沈宗灵的认知存在明显不足，就是"授权""授权性"规范不是一个很明确的说法，实际上是指"权利规范"。"授权"必须有"授权者"和"被授权者"。在宗教伦理体系中，授权者是"神"；在法律规范中，授权者是"国家"或"主权者"；而在哲学所述的"人权""人道"体系中，则是"天赋人权"、人权本就应当有的内容。

后来的学者在某种意义上克服了这种不足。周旺生和郑成良对法律规则都做了比沈宗灵更为完善的论述。周旺生提出，按照法律规则所设定的行为模式的不同，可以将法律规则分为权利规则、义务规则和权义复合规则。② 郑成良提出，按照法律规则是授予权利还是设定义务，可以把法律规则分为权利规则、义务规则和复合规则。③ 周旺生认为，"权利规则又称授权性规则，是规定主体可以为一定行为或不为一定行为以及可以要求其他主体为一定行为或不为一定行为的法律规则。……权利规则通常采用'可以''有权''有……自由'这类句式表述"。④ 郑成良认为，"权利规则又称授权性规则，是规定人们可以为一定行为或不为一定行为以及可以要求他人为一定行为或不为一定行为的法律规则。在典型的意义上说，权利规则授予人们以某种权利，也就是在法律上确认了某种选择的自由，人们可以通过行使权利来维持或改变自己的法律地位，也可以不去行使权利甚至放弃权利"。⑤

何为义务规则呢？周旺生认为，"义务规则是明确规定主体应当为一定行为或不为一定行为的规则。义务规则是以法定义务形式为主体设定的社会责任。义务规则的主要特点在于具有强制性而不具有选择性，主体对自己的法定义务只能履行而不能拒绝。义务规则分为两类：一是命令性规则，即规定主体应当作为的义务，亦称积极义务。二是禁止性规则，即规定主体不得作为的义务，亦称消极义务。……义务规则通常以'应当''不得''禁止'等句式表述"。⑥ 郑成良认为，"义务规则是规定人们必须为一定行为或不为一定行为的法律规则。在典型的意义上说，义务规则与权利规则的显著区别在于它具有强制性而没有选择性，义务规则所规定的行为方式是不可以由一屋

---

① 沈宗灵主编：《法理学》，北京大学出版社1999年版，第37—38页。
② 周旺生主编：《法理学》，北京大学出版社2007年版，第100页。
③ 郑成良主编：《法理学》，高等教育出版社2009年版，第52页。
④ 周旺生主编：《法理学》，北京大学出版社2007年版，第100页。
⑤ 郑成良主编：《法理学》，高等教育出版社2009年版，第52页。
⑥ 周旺生主编：《法理学》，北京大学出版社2007年版，第100—101页。

人随意变更和选择的。……命令式规则是要求积极行为，也就是设定作为义务的规则；禁止式规则是要求消极行为，也就是设定不作为义务的规则"。①

那么什么又是复合规则呢？"复合规则又称权利义务复合规则，是兼具授予权利和设定义务的双重属性的法律规则。这种规则的特点是，在一定的角度或一定的条件下，它授予当事人某种权利，当事人可以根据此种权利去作为或不作为，其他人不得干涉，也可以根据此种权利要求他人作为或不作为，对于这种要求，他人必须服从；但是从另一种角度或条件下看，又会发现权利是不允许当事人选择或放弃的，因此它又具有义务的属性。"② 可以说，权利义务复合规则是把某种必须行使的权利视为一种义务。比如，国家工作人员必须行使的职权，既是一种权利，又是一种义务，不当行使这种权利有可能构成渎职。对于公民来讲，都有受教育权和劳动权，教育或受教育、劳动是权利与义务集为一身的行为规范。

以上所述虽然是出自"法理学"的研究认知，但其基本精神也可运用于伦理学、宗教学的研究。当然，法律行为模式、宗教伦理模式和一般的伦理模式既有相似之处，也有不同之处。

根据三者的相似之处，可以认定，所谓宗教伦理行为模式可分为"不应"禁止性行为规范、"应当"命令性行为规范和"可以"授权性行为规范三种。如果把"不应"禁止性行为规范、"应当"命令性行为规范归结于"义务性行为规范"，那么宗教伦理模式就分为义务性行为规范和权利性行为规范两种。

法律规范、宗教规范和一般伦理规范三者的区别主要包括以下几个方面：

首先，三者的行为主体不同。法律规则的主体是受到法律约束的所有人。不同国法约束不同国家公民，伦理规范的主体是具有相同伦理观念约束的人。华人散落在不同国家，归属于不同国法的管束，但却接受大致相同的华人伦理规范，如父母子女家庭伦理有很大的特殊性。法律规则和伦理规范有一个共同点，即针对的行为主体是不特定的人，但是法律奖励的主体是守法的人，惩罚的主体是违法者。宗教伦理的行为主体是信众，只对信众有约束力，对非信众或其他信众不具有约束力。

其次，三者的授权和义务设定主体不同。在法律规范中，授予权利和设定义务的主体是国家及其主权者。伦理道德规范是相同民族长期形成的，大

---

① 郑成良主编：《法理学》，高等教育出版社2009年版，第52页。
② 郑成良主编：《法理学》，高等教育出版社2009年版，第53页。

量的存在方式是习惯，少量属于伦理底线的被纳入法律规范。公平正义原则无论是对于法律规范还是伦理规范都是适用的。在宗教伦理中，授予权利和义务设定的主体，表面上是信仰者所理解的"神"，神是授权者，也是义务设定者，然而神对人行使权利的授权、履行义务的设定，人们的理解却是不同的。实际上，宗教权利与义务不是神来设定的，而是由宗教文化的构建者和信众共同来完成的。

再次，三者对行为要求的强度和奖惩的方式不同。一方面，惩罚的方式不同。法律惩罚与宗教惩罚的性质是不同的。一般而言，法律的惩罚是他律、被迫。宗教伦理则有自律和他律两种，出自宗教信条的受罚是自律，来自外在舆论宗教习俗甚至是宗教之间的强迫同样是他律。法律对违法者的惩罚方式是最严厉的，主要包括民事处罚、行政处罚和刑事处罚三种。行政处罚，一般是拘留、罚款和劳动教养。刑事处罚一般有期徒刑、拘役或者管制，直至无期徒刑、死缓、死刑。民事处罚最轻。中国法律规定，承担民事责任的方式包括停止侵害、排除妨碍、消除危险、返还财产、恢复原状、修理重做更换、赔偿损失、支付违约金、赔偿道歉等。[①] 一般的道德伦理的惩罚主要是社会舆论、冷漠的态度、歧视的目光等。此外，由信仰不同引发的政治经济上的惩罚也是很宽泛的。宗教惩罚的伦理方式由严厉走向温和。在中世纪，基督教惩罚异教徒的办法是烧死；现代基督教则从政教合一走向政教分离，宗教信仰成为私人的人权。另一方面，三者的奖励方式也不同。法律通过国家的力量保护守法者；一般的伦理道德通过同情、鼓励、怜悯、精神慰藉等方式奖励有德之人；宗教的奖励则是相同信仰者的赞许和自己内心的期许。

从行为模式的比例来研究法律规范和宗教规范的区别是一项有意义的工作。相比较而言，法律关系对行为主体做出的权利规范和义务规范基本上是成正比例的，有多少义务，就大致享有多少权利；享受一定的权利，就必须履行相应的义务，如买房者享受到房屋所有权，同时有义务交付房款，卖房者有接受房款的权利，同时必须履行交付房屋的义务。宗教伦理则不然，权力规范和义务规范不成比例，主要是义务规范，较少权利规范。不妨以摩西十诫为例。

首先，摩西十诫中的应当与不可的比例是 2∶8，说明宗教信条的禁止性规范远远超过了令行性规范，只有两条是应当性行为规范，即第四条和第五条。"4. 当记念安息日，守为圣日。六日要劳碌做工，但第七日向耶和华守

[①] 参见《中华人民共和国民法通则》第六章民事责任的第四节第134条。

安息日；5. 当孝敬父母，使你的日子得以长久。"① 摩西十诫中有八条禁止性行为规范：1. 除耶和华之外，你不可有别的神；2. 不可为己雕刻偶像，不可偶像崇拜；3. 不可妄称耶和华的名；因为妄称耶和华名的，耶和华必不以他为无罪；6. 不可杀人；7. 不可奸淫；8. 不可偷盗；9. 不可做假见证陷害人；10. 不可贪恋人的房屋；也不可贪恋人的妻子、仆婢、牛驴。②

其次，摩西十诫中，无论是"不可"，还是"应当"，都属于义务性行为规范，都不是授权性行为规范。这说明宗教伦理为信众设定了更多的义务，很少授予权利。然而，各大宗教虽然没有授予信众权利，但在授权范围为信众留下了广阔的发挥空间，尤其是对异教徒和非本教信仰者到底可以采取什么样的态度、行使什么权利，对待异教徒伤害程度的底线在哪里，有的有很残忍的规定，如中世纪基督教对布鲁诺这样宣扬科学，质疑基督教义，采用的是烧死的办法；更多的并没有规定。因此，一般来讲，教际或教缘关系的野蛮性远远大于教内伦理。

二、宗教正负能量的来源及其适用范围

搞清楚宗教缘何激发正能量而使得社会受益、缘何激发负能量而使社会受到危害的伦理机理，具有重要的现实意义。正如船能载舟，亦能覆舟，宗教作为一种信仰文化，对人类文明发展的影响也是双面的。宗教正、负能量的区分是相对的，不是绝对的；是具体的，不是抽象的，因此要具体问题具体分析。

从善良的角度看，宗教的本质是对人性的一种终极关怀，宗教为人设定的伦理规范就是要人们弃恶从善。但是，人类自从产生宗教以来，因为宗教引起的冲突从未停止过，其显示出来的巨大负能量远远超过了宗教善良的初衷。宗教害人凸显了宗教的负能量。从不同角度，都能挖掘出不同的宗教正负能量。其中的奥秘有很多。从行为规范不同类型的比较看，宗教正负能量的下述两大根源和适用范围不可忽视：

其一，相比较而言，宗教伦理给予相同宗教信仰的内部成员以正能量，而对不同信仰者则释放出更多的负能量。也就是说，宗教在教缘关系中发挥出来的负能量多一些，而宗教内部成员正能量多一些，即对待相同信仰者更

---

① 参见《圣经》，Exo 20：11 - 12。
② 参见《圣经》，Lev 19：3 - 4；Exo 20：3 - 17。

能散发出正能量。两者的伦理精神大有"博爱"与"残忍"的冰火两重天之别。一般来讲,宗教恩惠相同信众,其适用范围主要是教内成员(即对待信仰本教的成员);对待异教徒和非本教信奉者往往使用相反的伦理,从而产生各种处死或处罚的伦理规则。从这个角度上看,宗教的正能量主要适用于信仰本教的成员,宗教的负能量主要适用于教外成员,包括异教徒和无神论者。

不同宗教对待非本教成员的传教态度是不尽相同的。抽象地说,所有宗教的初衷都是好的,都是要把人从苦难中、从罪恶的深渊中解救出来,但是具体而言,宗教希望把人从苦难中、从罪恶的深渊中解救出来的适用对象只是信从它的信仰者,绝不包括不信者。对于不信者,多数宗教称之为异教徒或无神论者,对于异教徒或无神论者多数是诅咒、迫害。历史上基督教对待异教徒的手段是极其残忍的,最常见办法是烧死。10世纪末,罗马教廷附近一个叫维苏加德的人对教会的许多信条提出挑战,结果他的许多信徒被处决或烧死。1022年法国奥尔良地方宗教会议决定,烧死拒不放弃自己观点的10位异端领导人。意大利也在1039年根据阿里贝托主教的命令当众烧死异端领导人蒙费尔特及其许多支持者。哥白尼传播者布鲁诺就是被烧死的,这是基督教的耻辱,后来罗马教皇刻意为他平反。威克菲尔德与艾文斯曾描述了烧死异教徒的惨不忍睹的情景:"在主教指示下,地方贵族点燃起大火堆,旁边立起十字架,把所有异端分子带出去,让他们选择:如果他们放弃异端,敬拜十字架,承认全世界都信从的公教信仰,他们便能得救;否则,便把他们扔进火堆,活活烧死。结果,有几个人走向十字架,承认公教信仰,而其余的许多人却以手掩面,纵身投入火焰之中。"[1]

为了研究方便,主要分析两种传教方式,即"己之所爱,定施于人"[2]与"己之所爱,可施于人,但不必定施于人"。

"己之所爱,定施于人"远比"己之所爱,可施于人"的野蛮性和负能量要大一些。中国民间基督教传教方式倾向于"己之所爱,定施于人",其中的传教逻辑是,"我之最爱的,他人也应当爱";"我爱耶稣,他人也应该爱耶稣,因为耶稣是上帝降临人间救赎每一个人的基督";"除了耶稣之外,再无大爱",圣经已经穷尽真理。不难断定,"己之所爱,定施于人"是一种强迫于人的比较野蛮的传教方式。美国等西方国家的基督教传教方式比中国民间基督教传教的强迫性和野蛮性少了许多,那是因为西方政教关系从政教合一

---

[1] 董进泉:《黑暗与愚昧的守护神》,浙江人民出版社1988年版,第46页。
[2] 一般的基督教徒在传教过程中通常都采取"己之所爱,定施于人"的方式。

走向政教分离，把宗教信仰视为一种神圣不可侵犯的私人的事情。但这种伦理文明只是表面的，骨子里西方基督教世界认为非基督教世界都不如基督教更能救人，这无疑是一种宗教偏见。早期的伊斯兰教传教方式也倾向于"己之所爱，定施于人"，不仅强迫异教徒改信伊斯兰教，不信则全村的人都将被杀戮。所以，伊斯兰教征服之地一般全部皈依伊斯兰教。

不同的是，东方佛教、儒教和道教的传教伦理是一种"己之所爱，可施于人"，而并不采用"己之所爱，定施于人"。这两者有天壤之别。佛教的传教逻辑是"人人皆有佛性，人人皆可成佛"，"你若信佛，佛将度（救赎）你，你若不信佛，佛就与你无缘，佛就不会救你，但也不会加害于你"。佛教传教不是一种强迫，而是感召信众的自愿，不是野蛮传教，而是文明传教。道教和儒教的传教方式与佛教类似。

总之，两者相比较而言，"己之所爱，定施于人"的伦理无疑是一种野蛮的传教伦理，"己之所爱，可施于人，但不必定施于人"则是一种比较文明的传教伦理。前者是一种伦理负能量，负能量来自对他者信仰的排斥、对自己信仰的执著。世界民族宗教热点充分显示了宗教负能量的存在及其严重危害性。① 后者则包含了更多的传教伦理的正能量。

无论是"己之所爱，定施于人"，还是"己之所爱，可施于人"，都不如"己所不欲，勿施于人"更加文明。"己所不欲，勿施于人"恰恰是儒教为人类伦理贡献的一个底线伦理。但"己所不欲，勿施于人"和"己之所爱，定施于人""己之所爱，可施于人"的性质是不同的。前者是把自己所爱推销给他人，后者主张不要把自己的不爱推销给别人。

其二，就三种行为模式比较而言，相对于"应当"行为规范而言，"不应"的禁止性行为规范的正能量更多一些。虽然"不应"系列的宗教伦理也会产生巨大的负能量，但相比较而言，"应该"命令性行为规范比禁止性行为规范的负能量多一些；相比权利规范，义务规范的负能量更多一些。其根本原因是，禁止性行为规范是一种消极的不作为的伦理规范，是令行禁止类型的宗教伦理规范。宗教负能量多来源于"授权性行为规范"，即"可以"或"可"做的事情。还有相当部分源自"应当"的命令性行为规范，很少来自禁止性行为规范。因为禁止性行为伦理规范往往是不允许做的事情，是不会产生危险性的，这和"当为而不为"的不作为有天壤之别。

---

① 世界民族宗教冲突诸多热点问题，只有一个是与佛教有关的，即僧泰冲突，但僧泰冲突本身也是当时斯里兰卡政府推行"佛教唯一"的宗教排他政策，违背了佛教的基本精神。

三种行为规范相比较而言，宗教正能量绝大部分来自禁止性行为规范，而不是命令性义务规范，更不是权利行为规范。一般来讲，宗教正能量更多地源自义务中的"不应当"或"禁止性"的行为规范，体现在宗教的戒律或者戒条中。

　　虽然禁止性行为规范也有很多不同，但却有着很大的相通性，如"不许杀生""不许偷盗""不许淫荡""不许贪念他人的所有"，以及佛教"戒杀生""戒妄取""戒淫欲""戒妄语"等其他表述……许多个"不许"，都是"不可""不应"的禁止性行为规范，却是世界三大宗教的共同戒律，这些戒律为人类贡献了最大容量的正能量。

　　值得注意的是，摩西十诫的后世6条中有5条"不可"（后5条），只有1条即第五条是"应当"（孝敬父母①）。前4条中也是多数为"不可"，即不可杀人、不可奸淫、不可偷盗、不可作假见证陷害人和不可贪恋人的房屋、不可贪恋人的妻子等。② 前三条中只有1条是"应当"（纪念安息日③）。根据伦理学和法理学原理，"不可"（实为"不应"）属于禁止性行为规范，"应当"属于命令性行为规范。也就是说，摩西十诫只有2条（第4、5条）是命令性行为规范，其他8条都是"不可"的禁止性行为规范。无论是"不可"还是"应当"，都属于义务性行为规范，都不是授权性行为规范。

　　此外，宗教的极端就是宗教的偏执，有的甚至发展为邪教。基督教世界，有的信众火烧伊斯兰教的《古兰经》等圣典，无疑是一种宗教偏执狂的表现。种种暴恐事件说明，具有政治野心的人运用邪教来蛊惑容易走偏的人，尤其是易走偏锋的青年人。当然，暴恐的原因是极为复杂的，在此不论。

　　一些伊斯兰教学者认为在五功之外应再加一项"圣战"（为安拉之道而战），把"五功"扩大为"六功"，但并不为大多数伊斯兰教学者所认同。可以说，伊斯兰教的"圣战"精神并不具有普遍性，只是少数伊斯兰教学者的主张。无论如何，"圣战"精神的负能量比正能量要大。

　　宗教正负能量问题的另外一种表述就是宗教有益或宗教有害，这两种看法都有其深厚的合理性。

---

① 《圣经》，Exo 20：11 - 12。
② 《圣经》，Exo 20：13 - 17。
③ 《圣经》，Exo 20：11 - 11。

三、宗教有益的合理性

宗教作为一种文化现象，有如原子科学的运用，对人类既有害又有益。这本来是一件很合乎逻辑的事情，但由于宗教的特殊性，学界对此却经历了一个漫长的过程。早在古希腊时期，哲学家就开发了宗教有害于人类的那部分认识，他们试图用自然本身（泰勒斯的"水"、赫拉克利特的"火"等）的要素来理解万物的本原。伊壁鸠鲁否认了神灵的存在,[①] 从而超越了"神是万物的本原"的宗教命题。从古希腊至今 2500 多年过去了，但宗教有害的论点一直占据学界的主导地位，直到美国宗教社会学家罗德尼·斯达克与罗杰尔·芬克著述了《信仰的法则》之后，传统的看法似乎结束了。但果真能如此吗？

罗德尼·斯达克与罗杰尔·芬克在《信仰的法则》一书中，把宗教学界对宗教的传统看法概括为旧范式，并对学界旧范式中所达到的几个共识进行了简单而明了的概括。

第一个共识，因宗教是非理性的，它妨碍理性思维，宗教是谬论，是荒唐可笑的，因此宗教不仅伤害个人，而且伤害人类社会，"宗教是人民的鸦片"。

对于这第一个共识，罗德尼·斯达克与罗杰尔·芬克提出，"三个世纪以来，社会科学的标准智慧认为，宗教行为必然是非理性的"。[②] 据旧范式的观点，"当涉及宗教时，本来理性的人变得不理性——宗教根植于非理性"。[③]"社会科学作为'启蒙运动'的产儿，在开始时不仅断定宗教是荒谬的，而且最好是尽快根除之"。[④] 他们还对旧范式概括说，"宗教伤害个体，因为它妨碍理性思维；宗教伤害社会，因为它神化暴君"。[⑤] 对于宗教有害于个体、宗教不利于人的身体健康层面，学界提出了许多相关命题。许多人类学家认为，"宗教信仰是荒唐可笑的"。[⑥] 在宗教有害于社会的层面，马克思和恩格斯一

[①]《德意志意识形态》，《马克思恩格斯全集》第 3 卷，人民出版社 1995 年版，第 147 页。
[②]《信仰的法则》，第 53 页。
[③]《信仰的法则》，第 54 页。
[④]《信仰的法则》，第 1 页。
[⑤]《信仰的法则》，第 34 页。
[⑥] 埃文斯·普里查德的看法，参见 [美] 罗德尼·斯达克与罗杰尔·芬克著，杨凤岗译：《信仰的法则》，中国人民大学出版社 2004 年版，第 10 页。

致认为,"宗教是人民的鸦片",① 宗教"是个巨大的阻碍力量,是历史的绊脚石"、"牧师总是跟地主手牵手"。马克思主义等社会科学家的这些观点,就连美国的学者都承认,它已经"被广为接受"②

第二个共识,"宗教注定要衰亡"。

近代西方启蒙者本能地认为,既然宗教是谬论,那么宗教注定要衰亡,因为荒谬的东西一般都不会维持太久。学者之所以说"宗教是荒谬的",其根据是"宗教是非理性的"。许多社会科学家,如杜尔克姆的"真正目的是要把所有宗教都同原始的非理性联系起来,从而使得当代宗教名誉扫地"。③ 非理性的东西不能反映事物的真实本质,人类文化的发展规律就是逐渐剔除文化中非理性的成分,不断开发文化中理性的成分。

此外,宗教注定要消亡的另一个理论和逻辑就是,既然宗教是在人类历史上一定阶段上产生的,那么它在将来必然要消亡。这无疑是一种理论上的假设,是否能够在将来变成现实还有待未来的验证,但这也只是一种认识的逻辑。

还有另外一种逻辑:在历史上一旦产生了的东西,有的会消亡,有的则不会完全消亡,只能演变和发展,就像发明电脑之后一样,人们不会完全放弃使用电脑,只能逐渐使电脑升级。如果有一天人们不再需要宗教,那么宗教可能注定要消亡。但是,如果科学和哲学永远不能为人类解决一切问题,科学和哲学有永远发展的必要,人们永远需要心灵安慰等宗教信仰,那么宗教是否会消亡,还是一个应进一步深入探讨的问题。恩格斯为人们开出宗教消亡的条件是:"当谋事在人,成事也在人"的时候,就是宗教消亡的时代。那么什么时候才能达到"谋事在人,成事也在人"的时候呢?恩格斯并没进一步论述。

不管怎样,不仅马克思和恩格斯认为宗教注定要消亡,而且许多资产阶级理论家也同样这样认为,这是宗教旧范式中一个惊人一致的共识。

那么,宗教何时衰亡呢?许多学者早在几百年前就宣布,宗教很快就要消亡,甚至有的学者认为宗教马上就要衰亡。

然而,从古希腊哲学家伊壁鸠鲁宣布"神灵不存在"算起,两千多年过去了;从西方"文艺启蒙运动"中的无神论宣布"神灵已消失"算起,几百

---

① 马克思:《黑格尔法哲学批判》,《马克思恩格斯选集》,第1卷,人民出版社1972年版,第2页。
② 《信仰的法则》,第35页。
③ 《信仰的法则》,第10页。

多年过去了；从马克思宣布"宗教要消亡"算起，150多年过去了，但是"令早期社会学家特别烦恼的是，并不缺少可以研究的东西——宗教不仅没有消失，而且在很多方面更加强壮了"。① "150多年里，美国人的宗教性不仅没有下降，而且教会会员的比率实际上增加了一倍。"② "美国宗教不仅拒绝衰灭，而且好像因更受欢迎而增长。"③

不可忽视的事实是，"宗教注定要消亡"的观点不仅流行于东方社会主义国家，而且也流行于西方资本主义国家。一位著名人类学家安东尼·华莱士在一本本科生的教材中断言"宗教演变的未来就是绝灭"。④

第三个共识，宗教是不真实的，是文化的副现象，因此是有害的，即宗教只有负价值而没有正价值。

奠基者们坚持宣称宗教并不"真实"，只是虚幻的反映："一切宗教都不过是控制人们日常生活的外部力量在人们头脑中的幻想的反映，在这种反映中，人间的力量采取了超人间的力量的形式。"⑤

既然宗教是不真实的，它就必然是有害的；既然它是有害的，宗教就只有负面价值而不具有正价值。

第四个共识，更多地把宗教视为心理现象，"很少把宗教作为一种社会现象、作为团体或集体的属性来检查"。⑥ 为此认为宗教是病态的"神经病"。

马克思提出，"宗教是被压迫生灵的叹息""宗教是无情世界的感情"。⑦ 近三个世纪以来，心理学界把宗教的原因归结为反常心理。弗洛伊德把宗教理解为"幻象""神经病""麻醉剂""一种甜的毒药"和"需要克服的幼稚"。列宁提出，"宗教是一种精神上的劣质酒"。⑧

罗德尼·斯达克和罗杰尔·芬克在其《信仰的法则》一书中提出与上述系列看法相反的观点，并称为新范式。他们发现，"'事实'常常跟近三个世纪以来的'理论'完全不一样。结果，现在就不再可能仍然依靠过去的预设进行可靠的宗教社会科学研究，即假设宗教性是愚昧、神经病、贫穷、无知

---

① 《信仰的法则》，第19页。
② 《信仰的法则》，第76页。
③ 《信仰的法则》，第20页。
④ 转引自《信仰的法则》，第36页。
⑤ 马克思：《马克思恩格斯选集》第3卷，人民出版社1972年版，第354页。
⑥ 《信仰的法则》，第37页。
⑦ 马克思：《黑格尔法哲学批判》，《马克思恩格斯选集》第1卷，人民出版社1972年版，第2页。
⑧ 列宁：《社会主义与宗教》，《列宁全集》第10卷，人民出版社1988年版，第62页。

或错误意识的标志，或者代表了对现代性的逃避"。① 他们的观点在美国学界产生了很大反响。有的学者把《信仰的法则》一书视为宗教研究划时代的具有哥白尼式的革命的代表作，此书曾"获得国际性的'科学宗教学学会'2001 年度最佳著作奖，是科学宗教学新范式的第一次系统的理论阐述。罗德尼·斯达克和罗杰尔·芬克在孕育了几十年的宗教研究的范式革命中扮演了领衔角色。他们用清晰生动的语言，以 99 个可测试的命题为线索，从个体的宗教行为（微观）开始，到宗教组织的动力（中观），再到整个社会的宗教运行——宗教大市场（宏观），为宗教社会科学研究提供了一个全面的、系统的范式。在理论阐述的同时，也用实证材料和激情语言批驳了旧范式的方方面面"。②

因此，我们有必要对具有如此巨大影响的新范式的基本观点做一个较为完全的概述，然后再对其中所隐含的合理性及不合理性进行分析。

为了适应新的时代挑战，为了从新发现的事实中提炼出新的理论，罗德尼·斯达克和罗杰尔·芬克在他们的新范式中提出了如下一些命题：

命题一：在个体角度，宗教有益于人，而不是有害于人。

罗德尼·斯达克和罗杰尔·芬克明确提出，"关于宗教在个体上有害的观点，新范式引述了大量的而且仍不断增长的文献，证明宗教是精神健康甚至身体健康的一个可靠根源。……宗教参与对健康具有正面作用"。③ 他们为了证明自己的观点也引证了别人的研究成果，"有很多的研究表明，参与宗教的老年人比不参与宗教的老年人倾向于拥有更好的身体和精神健康"。④

命题二："宗教不是心理的疾病和原因或症状。"⑤

罗德尼·斯达克发现，"那些被诊断为神经疾病的人，远远不大可能参加或者有高的宗教正统性指数"。⑥ 罗德尼·斯达克和罗杰尔·芬克引述了别的学者的实证文献，证明了宗教具有的正面价值："克里斯托弗·埃里森集结了很多的实证文献，强力支持这个结论：宗教信仰的实践会很大很好地促进自尊、生活满足、应付主要社会压力的能力，甚至身体健康。……梅尔文·波尔纳发现，祈祷，特别是向一个'君王''法官'或'主人'的神灵的祈祷，

---

① 《信仰的法则》，第 24 页。
② 《信仰的法则》，扉页寄语。
③ 《信仰的法则》，第 39 页。
④ 尼德·克劳斯（Neal Krause）：Journal of Religious Gerontology，S291，1997.
⑤ 《信仰的法则》，第 39 页。
⑥ 《信仰的法则》，第 57 页。

会对于生活的满足、婚姻的幸福和整体的幸福有很强大的积极作用。"①

罗德尼·斯达克和罗杰尔·芬克认为，不仅更多的宗教信徒本人不是病人，而且宗教信徒还比非信徒更能主张救治病人。他们反复引证罗马时代基督徒救病人的实例："在罗马帝国时期常有大瘟疫流行。在瘟疫流行时，早期基督徒努力照顾病人，与此形成鲜明对照的是，非基督徒们大多回避和抛弃了染病的家庭成员。"② 在这个实例中，基督徒能够救治不是自己亲人的别人，而非基督徒不但远离染病的他人，甚至抛弃已染了病的自己的亲人。

命题三：宗教并不是非理性的，而是理性的。

理性和宗教信仰是人与其他生物的两个根本区别，绝大多数学者对这一点达成了共识。人类学家克拉克洪认为，有三种东西将人与其他生物区别开来，即系统地制造工具、运用抽象的语言和宗教信仰。抽象思维是理性所特有的，思维理性似乎与宗教信仰是矛盾的，因此人们把宗教信仰视为理性的例外。

罗德尼·斯达克和罗杰尔·芬克鲜明地提出旧范式的不足，"人类本质上是理性的动物，这个观念是主流现代社会科学的共同基础，只有当宗教作为研究对象时成为例外。有关宗教，很多社会科学家仍然固执坚持这个源于其学科奠基人的教条：因为'宗教头脑'根本上是非理性的，所以在宗教行为中没有'选择'的角色"。③

罗德尼·斯达克和罗杰尔·芬克最大限度地否证了"宗教是非理性"的旧范式，极力证明"宗教是理性的"的新范式，"我们根据理性设定提出一个宗教理论，尽力说明宗教行为跟人类其他行为一样，同样是理性的。……我们相信，我们已经汇集了足够的证据"。④ 对此，他们还引述了詹姆斯·科尔曼的看法来证明自己的观点，"很多平常被描述为非理性或反理性的东西不过是因为观察者还没有发现行为者的观点，从那种观点来看，其行为则是理性的"。⑤

---

① 《信仰的法则》，第 57 页。
② 《信仰的法则》，第 41—42 页。
③ 《信仰的法则》，第 52 页。
④ 《信仰的法则》，第 53—54 页。
⑤ 《信仰的法则》，第 46 页。

四、宗教有害的合理性

罗德尼·斯达克和罗杰尔·芬克采用大量的事实，从宗教社会学的角度，否证了"宗教是有害的、非理性的"等系列旧范式的观点，证明"宗教是有益的和理性的"等所谓新范式的理论观点。对此，我们不能否认，也不必否认，其中的论述是很有道理的，其中的验证也是比较充分的，但其中的论述和验证是否就一定否定了旧范式的理论呢？这还需要较为深入的分析。

旧范式的合理性是不容忽视和不容否定的。不仅有大量的历史事实，而且大量的现实事实也充分证明了宗教对人有害的那部分内容。由于篇幅所限，我们在此仅从两个方面来说明问题：一方面从中国的历史事实，另一方面从佛教发展的历史事实，雄辩地证明"宗教是有害的"的方面。

中国几千年的历史事实已经从某种角度上证明了马克思"宗教是人民的鸦片"、宗教在某种意义上有害于人民的论断的合理性。因为宗教在历史上往往是服务于或有利于统治阶级的统治工具。掌权的统治阶级利用宗教确立自己政权的合法性和合理性，未掌权但将要掌权的人利用宗教推翻前政权建立新政权的合法性与合理性。中国自三代（夏、商、周）以来，只许天子（皇帝）祭天，不许他人祭天，如果出现其他人祭天就是江山社稷的"礼崩乐坏"。这不仅是一种宗教的文化霸权，而且是社会与国家最高权力的政治霸权，并且用"只有天子才能祭天的权力"这一宗教理由解释君主掌握国家最高权力的合理性及合法性。贫民百姓既然不能祭天，就只好祭祖。因此，宗教祭祀成为中国历史上最高统治者的思想统治基础，宗教就成为庶民不得不服从的社会规范。根据这种宗教理念，上帝、上苍、老天等神灵只恩宠皇帝，并不恩宠百姓。

此外，大量事实也证实了佛教（宗教的一种）对社会消极影响的方面（并不因此而否认积极的方面）。其一，在原始佛教发达时期，佛教主张出世修行和布施，结果人口锐减，物质生产降低，因此人口生产和物质生产都受到严重的破坏。佛教主张出世修行，结果出家人多了，孤儿寡妇就增多了，人口产生也就大大减少了，同时劳动力也随之大大减少，使许多人放弃物质生产，从而导致生产力下降。此外，佛陀还主张依靠乞讨来谋生，还美其名曰"布施"，从而增加了当地人民的生活负担。据中国史学家范文澜考证，"释迦牟尼在世时，……收得不少徒弟。他住在摩羯陀国首府王舍城的竹林精舍传道，王舍城中归佛出家的人渐多，寡妇孤儿渐增，从事生产的人渐少。

由释迦牟尼领头，一群僧人按时向各家讨饭吃，王舍城中出现一大批寄生动物，当地居民对佛大为不满"。① 其二，佛教的因果报应学说也有利于统治阶级。佛教讲求"因果报应"，认为每个人今生今世的贫穷富贵是前世种下的因缘。无论是权势之人，还是富贵人家，都是前世修来的福份；相反，穷人的贫困是前世作孽的结果。为此，佛教大受统治阶级的欢迎，成为劳苦大众忍受苦难的"麻醉剂"。其三，原始佛陀虽然主张众生平等，反对等级，但佛教发展到后来，僧团内部也有高低之分，也承认了等级种姓，还不许下层人民加入僧团。史学家考证，在9世纪印度盛行佛教的时期，"佛教也承认印度教关于瓦尔那的划分，不许下层人民划入教团。佛教寺院的高级僧侣腐化贪利，对人民的影响已经远不如前"。② 佛教的等级与其修行也有一定的关联。佛教徒"为达到……精神灵修的层次和阶梯，要求修行者一级一级地向上攀登。同时，僧院的管理也必然产生对修行的僧众进行等级划分的要求。特别是当僧院有了财产和寺院之后，这种等级划分逐渐具有了阶级划分的意义"。③

对于上述所列举的这些事实，罗德尼·斯达克和罗杰尔·芬克未必不知，可能只是熟视无睹。为了证明自己的观点，罗德尼·斯达克和罗杰尔·芬克却列举了相反的事实，似乎是更加大量的事实。但这是两类根本性质的不同，甚至是截然相反的事实。用相反的事实并不能否证自己的论敌，也不能证明自己观点的客观性、公正性和全面性。

"宗教是有害的"观点是无可置疑的，那么"宗教是非理性的"观点是否成立呢？

宗教的非理性因素，在古希腊哲学对神学否定的历史中已经有了足够的验证。

古希腊哲学虽产生于古希腊原始宗教神话，但却高于古希腊原始宗教神话：古希腊原始宗教神话把万物的本原归结为拟人化的神，最初的希腊先哲则把万物的本原归结为某种特殊的自然物，如水、火等。古希腊哲学与古希腊原始神化的根本区别在于，哲学是理性的而宗教神话则是非理性的。用亚里士多德的话来说就是：宗教神话是一种愚昧，哲学则是超越原始神化的聪明与智慧之学；古希腊哲学就是在为了摆脱愚昧、追求智慧、使人变得聪明从而产生的理性之学术，而不再停留在愚蠢的境地。他说："古往今来人们开始哲理探索，都应起于对自然万物的惊异；他们先是惊异于种种迷惑的现象，

---

① 范文澜著：《中国通史简编》修订本第三编第二册，人民出版社1965年版，第562页。
② 周一良等主编：《世界通史·中古部分》，人民出版社1962年版，第103页。
③ 吕大吉著：《宗教学通论新编》，中国社会科学出版社1998年版，第642页。

逐渐积累一点一滴的解释，对一些较重大的问题，例如日月星辰的运行以及宇宙之创生做了说明。一个有所迷惑与惊异的人，每自愧愚蠢（因此神话所编录的全是怪异，凡爱好神话的人也是爱好智慧的人）；他们探索哲理只是为想脱出愚蠢，他们为求知而从事学术。"①

由于篇幅所限，我们只分析西方第一哲人泰勒斯对宗教神话的超越。

泰勒斯的最高哲学命题是"水是世界万物的本原"。首先，在泰勒斯眼里，作为万物的本原物，不是拟人化的海神，而是自然界本身的水。这表明人可以摆脱或者不再用人自身的形象（古希腊神的形象皆是人形）去解释万物产生变化的原因，而把万物的原因归于自然。这说明人类开始由野蛮的人变为文明的人。野蛮的人不能把自然和自我区别开来，完全用自我（人）去解释自然，神话就是这样产生的；文明的人开始把自我与自然区别开来，不再用人的自我形象去解释万物了。希腊神话中的本原物虽然是一（种事物）而不是多（种事物），但这种本原物是有形的，不是无形的，海神等神就是以人为其形象的。从有形（人的形象）去说明有形的万物，还不是一种智慧，只是一种神话，人类开始用无形之物去解释有形之万物的时候，才象征着智慧的开端。泰勒斯把水作为万物的本原，这本身说明已经开始试图用无形的"一"（本原）去解释有形的"多"（万物），这就预示了西方人哲学智慧的曙光。在无形的"一"中已经萌芽了某种简单的抽象，抽象是人类智慧产生的根本的思维武器，全部科学文化皆是人类抽象思维的产物。"本原是无形的"便是一种原始的抽象。抽象的实质和本性就在于它是无形的。泰勒斯用无形的水去揭示万物产生的原因，就是用抽象的本原解释具体的万物。

其次，泰勒斯不把自己的学说付诸于神话，而是建立在自己对自然的合乎理性逻辑的理解论证上，这已经是哲学而不再是宗教（神话），他由此而成为西方的第一哲人。一切科学皆从此而生，即都是用理性逻辑去理解对象（万物）的结果。泰勒斯用水的凝聚和稀薄的办法解释、论证了水是怎样变成万物的，这已经不是一种纯粹的宗教神话的猜测，而是一种哲学理论的论证了。他的论证虽然还是一种幼稚的、粗糙的和原始的论证，但也不失是一种理论论证。只要是合乎某种道理的论证就可称得上是一种智慧，不能再说它是一种简单的宗教（神话）武断。

泰勒斯不再相信拟人化的神，而把万物的产生付之于水，说明他已经超越、否定了原始希腊宗教。古希腊原始宗教把世界万物的本原付诸于拟人的

---

① ［古希腊］亚里斯多德著，贺麟、王太庆译：《形而上学》，商务印书馆1959年版，第5页。

"海神",这只是对世界本原的一种猜想,绝不是一种合乎理性的思考。为了更合乎理性或者更合理,哲学家泰勒斯才试图用"水是万物的本原,万物诞生于水,又复归于水"这一更合乎理性的哲学命题,来代替"海神是万物的本原或创生物"的神话命题。就这两个命题相比较而言,显然哲学命题高于神话命题,哲学命题更加合理、更符合理性原则,宗教命题则更加非理性。

当然,这只是相对的,或只是相对真理,还不是绝对真理,因此泰勒斯的哲学命题又被后来的哲学命题不断加以完善,直到永远。

泰勒斯的命题相对于后来阿那克西曼德的"世界万物的本原不是水,而是无限的混沌"则不能不说更显得粗俗和落后。因为阿那克西曼德把泰勒斯关于本原应是无形的思想直接提炼为一种思维原则。他认为万物真实的本原不是海神,也不是"水",而是"无限者"。阿那克西曼德的"无限"不是现代人所说的那种与有限物相对应的无限。阿那克西曼德的"无限"不仅是一种认识,更重要的是一种思维方法。其中"限"是指"限制、规定、内容"等意思,故"无限者"是指那种不确定的、无具体规定的、没有具体限制的东西。所以,阿那克西曼德的"无限者"真正要向人诉说的是能够成为世界本原、万物归属的东西,不能是有形的东西,而应是无形、没有具体限制的东西。这个思想无疑是深刻而合理的。同理,阿那克西曼德的哲学命题所含有的理性也是相对的,同样需要后来的哲学运动进一步发展完善。

可以说,整个哲学发展史就是一部哲学理性逐渐克服宗教非理性的历史,就是用后来更加合理的理性逐渐克服往日哲学理性不足的发展史。

那么,为什么罗德尼·斯达克与罗杰尔·芬克非要把宗教说成是理性的,而不是非理性的呢?其中显然存有致命的逻辑错误。

如果仔细分析不难发现,"旧范式"中所说的"宗教是非理性的"与"新范式"所说的"宗教是理性的"两个命题中所包含的"理性"的内涵是不同的,罗德尼·斯达克和罗杰尔·芬克在论述中偷换了"理性"的概念,在逻辑上犯了"四概念"的错误。

通常学者所说的"宗教是非理性的",是站在与哲学、科学相对应的角度上来讲的。也就是说,与宗教相比,哲学和科学是理性的,宗教是非理性的。从学术发展史来看,古希腊哲学超越宗教神话的原因就是放弃愚昧追求理性和智慧的结果。从宗教到哲学是发展理性的第一步,而科学则更进一步发展了理性。我们姑且不用其他人的具体论述,就罗德尼·斯达克和罗杰尔·芬克在《信仰的法则》一书中列举杰出的米尔福特·斯皮罗的陈述,就可说明问题:"在评估信仰的合理性时,不管它是否真实,都必须要同其所存在的社会当时的科学发展状况相应。隐含在我的这个论述中的一个论题就是,非理性是西方宗教信仰的特有特征。正是在西方文化中科学发现和科学世界观才很重要,因此,正是在西方文化中宗教信仰才常常是科学信仰的反面。"① 很显然,米尔福特·斯皮罗在这里所说的理性、非理性、合理性是就宗教与科学的关系而言的,那就是:与科学相比,宗教是非理性的,科学更加合理。

那么,罗德尼·斯达克和罗杰尔·芬克所说的理性的内涵是什么呢?罗德尼·斯达克和罗杰尔·芬克在《信仰的法则》一书的"论理性"中的相关论述是:"所有社会理论的主要进路都有一个共同的第一前提或设定。表述方式有很多,但都断言这个共同的洞见:在面对不同选择时,人们尝试做最理性的或合理的选择。有些'理性选择理论'的倡导者,特别是经济学家,把理性限定为一个简洁设定:人们试图最优化——以最小的代价取得最大的利益。"② 很显然,这里的理性是经济学上的概念,根本的意思是,人类与其他动物的根本区别在于人有理性。既然从经济学的角度看问题,那么就必然把经济学的价值观念,即"代价与回报""最优化"的经济理念放进对宗教的思考中。因此,他们大量引用了相关的经济理念:"更令人惊奇的是,社会科学家拒绝把理性公理应用于宗教,尽管事实上宗教教师总是强调最优化行为是信仰的理由——信仰是回报中最大的(因此是最合理的)选择";"主要的世界宗教不仅应许回报对上帝的虔诚信仰,而且应许回报施善予人的行为。"③他们还说:"我们承认人的推理常常有点非系统和'直觉'化,最佳化常常仅仅是部分的和半心半意的。"④

在这里,他们不得不承认有些推理的理性(正如宗教理性)是"非系统的""直觉的"和"部分的(理性)",因此不能不说是"半心半意的"。他们最后得出结论说:"我们要说的是,宗教行为,在它发生时,一般是建立在代价/利益计算的基础上的,因此是理性的行为,这就跟人的其他行为是理性

---

① [美]罗德尼·斯达克、罗杰尔·芬克著,杨凤岗译:《信仰的法则》,中国人民大学出版社2004年版,第52页。
② [美]罗德尼·斯达克、罗杰尔·芬克著,杨凤岗译:《信仰的法则》,中国人民大学出版社2004年版,第45页。
③ [美]罗德尼·斯达克、罗杰尔·芬克著,杨凤岗译:《信仰的法则》,中国人民大学出版社2004年版,第49页。
④ [美]罗德尼·斯达克、罗杰尔·芬克著,杨凤岗译:《信仰的法则》,中国人民大学出版社2004年版,第45页。

的完全一样。"①

不管怎样说，无论是旧范式所列举的"宗教有害"和"宗教是非理性的"事实，以及新范式所列举的有关"宗教是有益的"和"宗教是理性的"事实，都同样是真实的。正是这种真实，即新旧两种范式的双重合理性极大地把人类推向了宗教思维的分裂苦恼。到底哪种理论范式是对的，是真理呢？哪种理论观点是错的，是谬论呢？其中的症结何在？对于如此重大的问题，需要进一步分析。

五、宗教的双重功能

面对支持新旧范式两类铁的事实，诚实的学者都应当给予足够的承认和肯定。如果不放弃自己的偏见和立场，只认可有利于自己原有的观点与立场的那部分事实，而否定相反的事实，怎能说这样的学者是诚实的学者，又怎能说这种做学问的态度是忠诚（于学术）的呢？我们抛开学术研究是否价值中立不论，仅就学者对学术的忠诚性、全面性和客观性来讲，起码不能否认相反的事实，也不该否定相反理论观点的真理性，最重要的是要从更大范围全面地承认新旧范式的合理性。

问题的关键不在于新旧范式所列举的事实是否真实（其实是同样的事实，但却是不同的事实），而在于如何确定它们的真实，如何确定两者的真理性。

面对新旧范式，为了凝聚问题的焦点，笔者在新旧两种范式的基础上，提出如下一系列显而易见或容易产生共识的命题：

首先我们运用黑格尔的逻辑方法分析，即正题、反题与合题的分析方法，有关宗教的命题将分为三类：

命题一："宗教是有益的"和"宗教是理性的"命题是判定宗教功能的正题；"宗教是有害的"和"宗教是非理性的"命题是判定宗教功能的反题；而"宗教有害也有益"和"宗教既是理性的又是非理性的"命题则是前两个命题的合题。合题所包容的真理性是最大的。

如果按照康德的思路来分析，无论是"宗教是有益的"判断，还是"宗教是有害的"判断都是综合性判断，两个判断的好处就是都能找到和已经找到了大量的事实来证明。

---

① ［美］罗德尼·斯达克、罗杰尔·芬克著，杨凤岗译：《信仰的法则》，中国人民大学出版社2004年版，第69页。

这并不是问题的难点，问题的难点在于证明"宗教有害也有益"的判断是什么命题，其中问题的关键是怎样确定"宗教有害也有益"命题的真理性，所以有了命题二：

命题二：宗教有害也有益。只有这个命题才能最大限定地涵盖历史上和现实中的宗教现象。无论"宗教是有害的"命题，还是"宗教是有益的"命题，都不足以涵盖极其广泛的宗教现象。

宗教现象是十分复杂的，它无论是在社会发展史中，还是在每个人的人生成长中所发挥的作用都是十分广泛的，有时往往是相反的，因此上述命题符合十分复杂的宗教现象。这在前面论述得已经够多了。用康德的话语来说就是，"宗教有害也有益"的命题是分析综合判断，其既优于"宗教是有害的"的后天综合判断，也优于"宗教是有益的"后天综合判断。因为后两种判断都只能适用一部分宗教现象，不能最大限度地适用全部宗教现象。

宗教之所以有害也有益，是与下述命题相联系的。

命题三：宗教既是理性的又是非理性的。宗教的理性与非理性成分是相对的，相对于哲学和科学，宗教的非理性成分多一些，而哲学和科学的理性成分则比宗教要更多一些。

在这个命题中，宗教与哲学、科学相对的部分，前面已论述过，在此不再赘述。值此，需要深入思考和展开的还有另外三个命题，即：

命题四：面对宗教、哲学、科学三种学问时，人们该如何选择呢？首先，当科学和哲学能够为人们解决问题时，人们决不选择宗教；相反，人们之所以选择宗教，是因为科学与哲学不能也不可能为人解决全部问题。对于科学和哲学不能为人们解决的问题部分，人们就只好或就有可能选择宗教来解决问题，除非放弃相关问题的解决，或者拒不承认自己所面对的事实。

命题五：宗教、哲学与科学三种学问为人们解决问题拥有三种不同态度：科学命题是能够实证的（既能证实也能证伪）命题；宗教命题是既不能证实也不能证伪的命题；哲学命题则介于两者之间。

命题六：人类所面对的和所要解决的问题是个无限的大全，任何一个学科都不能满足这一大全中的系统问题。宗教、哲学、科学分别从不同角度为人类提供不同的解决方案。如果哲学与科学不能永远满足人类或为人类解决所有问题，就不能阻拦人们选择宗教的解决方案。如果从哲学与科学发展的永无止境的角度上看问题，哲学与科学发展的脚步永远不会停止。因此，宗教可能永远有其适用的范围，即永远有其存在的文化空间。

可以说，全部学术发展都在验证着这一命题：在人类古老的时代，科学和哲学还没有诞生，人们只好凭借宗教判断来解决问题。但哲学产生后，凡是哲学能够为人解决的问题，人们就付诸于哲学，而不再求助于宗教。但哲学不能为人解决全部问题，因此哲学的产生并没有导致宗教的消亡。后来，科学发达后，人们凡是能用科学来解决的问题，不再付诸于哲学，更不用说付诸于宗教了。

可是，科学也不能为人类解决面对的所有问题，因此科学的产生也不能导致哲学和宗教的消亡。

在学科发展史中，许多哲学家和科学家一再宣称自己已经超越并战胜了宗教，但更为奇怪的人文景观却不断发生着：哲学家与科学家还在继续批判宗教，继续在试图超越、战胜宗教。也就是说，宗教仍然是哲学和科学设法超越的对象，哲学和科学并没有完全战胜宗教。

这种现象如果按照列宁的批判思维来分析，那就是：哲学家和科学家 100 次宣布自己已经批倒战胜了宗教，但他们还在 101 次、102 次继续批判宗教。这说明，哲学家和科学家并没有彻底驳倒宗教。

站在不同的角度和立场，对这种人文景观会有三种不同的感觉。站在无神论的哲学家、科学家的立场上，会感觉到，尽管今天的科学是如此地发达，但可能在哲学与科学更发达的未来，宗教家也有其可"躲避"、可回旋的余地；宗教可"躲避"、可回旋的领域简直太大了，以至于是哲学与科学远远无法最终占领的。站在宗教家的立场上看，宗教是最有魅力的，宗教追求的对象是无限的；而哲学与科学追求的对象是有限的，哲学与科学能为人类解决的问题很有限，只有宗教才能为人类面对无限的问题，因此"以有限（的科学）克服无限（的宗教），殆也！"站在客观价值中立的立场上看，虽然科学与哲学逐渐侵蚀宗教已经占有的领域，即科学与哲学的地盘在逐渐扩大而宗教所占有的领域逐渐缩小，但是科学与哲学向人展示的"已知领域"永远是有限的，而人类还不知道的"未知领域"则是无限的，它将永远大于人类的"已知领域"。如果哲学家、科学家想要保持自己的真理性，就不能轻易宣布宗教的死亡。也就是说，不管哲学与科学怎样发达，宗教永远有其自己特有的地盘，尽管其地盘在不断缩小，但宗教似乎有着更长的生命力。

此外，我们应看到，既然"宗教的理性与非理性是相对的"，那么顺着其也可推出"宗教的有害与有益也是相对的"，因此有了命题七。

命题七：宗教对人的有害性和有益性也是相对的：相对统治阶级利用宗教统治人民，宗教对统治阶级是有益的，是统治阶级的统治工具，反之，宗教对人民是有害的，是人民的鸦片；在被压迫阶级利用宗教的力量反抗统治阶级的各种起义的场景中，宗教对被统治阶级是有益的，宗教是被统治阶级反抗统治阶级的起义工具，因此为被统治阶级借用的宗教对统治阶级就是有害的。

如果从辩证法的"矛盾论"思维方法上来分析，矛盾即事物，矛盾即运动，矛盾是事物存在和发展的根据和动力。事物往往有相反的两个方面，那么宗教有害也有益也就自然成立。

为了更客观地解决这个问题，更深层次的考虑则是："宗教是有益的"和"宗教是有害的"两个命题都有其片面性，都有各自的不足，虽然都含有各自的真理性，但必须把各自的真理性放到各自的适用范围内。这就是怎样确定新旧范式的不足及其适用范围的问题。

为了明确和简洁确定新旧范式的不足及其适用的范围，我们提出了下述命题：

命题八："宗教有害也有益"与"宗教是理性的也是非理性的"这两个命题不能在任何社会境遇中都适用，只能适用于各自的范围，即其中的"有害"和"有益"、"理性的"和"非理性的"各适用自己的真理范围。也就是说，宗教有害，宗教有益，宗教理性，宗教非理性，只有在其适用范围内才是真理，否则便成了谬论。这也就是列宁所说的，"真理向外迈出一步，哪怕是一小步，真理就变成了谬误"。

其实，新旧范式的理论核心命题主要有两个，即"宗教有害也有益"与"宗教是理性的也是非理性的"命题。只要我们证明了这两个命题，似乎一切问题就迎刃而解了。

关于"宗教是理性的也是非理性的"命题的合理性，我们在前面已经有所论及，这里只需要再进一步明确就可以了。"宗教是理性的也是非理性的"的真理适用范围有两个：

其一，在于其中的"理性"与"非理性"是针对宗教与哲学、科学的关系而言的，那就是：与哲学、科学相比，宗教是非理性的，哲学与科学是理性的，或者说哲学与科学远比宗教更加合理、更加理性。这里解决的问题是为什么说哲学、科学比宗教更理性的问题。问题还有另外一个方面，即为什么说宗教也是理性的，其中的理性是在什么含义上讲的。因此，有必要推导出第二个适用范围。

其二，"理性"一词是多义的或多方面的，而不是单义的或单方面的。"理性"本身也有不同层次。前面分析到，就学科关系或相比较而言，科学和哲学是理性的，宗教是非理性的。如果把"理性"放到更大的范围来看，即放大到"人类与动物相区别"的角度，放到人类的"经济学"角度来看，宗教信仰是人类与动物的根本区别点之一，是人们在重大行为上的一种选择，而重大行为的选择往往需要理性的参与。罗德尼·斯达克与罗杰尔·芬克的新范式所说的"理性"，正是从经济学的角度看问题，因此把经济学的价值观念，把"代价与回报""最优化"的经济理念放进对宗教现象的思考中。"理性"在这里至少有两种含义。

总之，"宗教既是理性的也是非理性的"的两个真理适用范围分别是"宗教与哲学、科学的关系"和"人类与动物的根本区别"。

关于"宗教有害也有益"命题的合理性，可以从以下几个方面来思考：

其一，宗教的有害与有益是相对不同人群的，是从某种特殊意义上来讲的。我们不能简单地说宗教有害还是有益，而应该说，从某种意义上讲，宗教对哪些人有害，对哪些人有益。

从"宗教有利于统治阶级的统治"的角度分析，宗教是被压迫生灵的叹息，是无情世界的感情，即有害于被统治阶级的。但是，我们不能说宗教对被统治阶级全有害，如果从对"许多农民起义利用宗教为自己服务"的角度来分析，宗教也有益于被统治阶级。

当然其中还有一层含义：问题的关键不是宗教有害还是有益，而是怎样利用宗教，利用宗教的主体是谁，某种社会主体是否利用宗教为自己服务。正如，原子科学本身无所谓有害还是有利，而是怎样利用原子科学。原子科学既可造福于人类，也可遗害于人类，这是已经被证明了的真理。原子科学与宗教同是文化，因此同样的道理，宗教既能造福又能遗害社会。

其二，世界上的任何宗教都不是尽善尽美的，也不都是一无是处，即都有自己合理之处的同时又有自身不合理的地方。其合理性是为人造福、使人受益的根源，其非合理性是遗害人类、使人受害的根源。因此，任何宗教都有必要不断克服自身的不足即不合理的地方，同时需要不断发扬光大其合理性。所以，在不同宗教之间发生关系时，需要真诚地对话。只有在不同宗教间展开真诚对话，才能充分地克服各自的不足，弘扬各自的合理性，从而减少众多的宗教冲突。

其三，一切都是以条件为转移的，即条件论。"宗教到底有害还是有益"问题的关键是注意阐发各自适用的条件：在不同历史条件下、社会环境中，相对于不同的人群，不同的宗教及其在不同宗教关系中发挥的作用是不同的，即宗教有害有益的正负价值是不同的，关键是要注意到其适用的条件（适用范围）。宗教既然是一种有限的文化现象，它的功能作用就不可能是无条件的，只能是有条件的。"宗教有害有益的条件论"是对"宗教有害有益适用范围"进一步的深入概括。

总而言之，"真理面前人人平等"是学术探讨的最高原则，宗教研究也不例外。真理的立场不仅高于阶级的立场，也高于学术派别的立场。如果把亚里士多德关于"我爱我师但我更爱真理"的名言运用到此，站在学者的立场看，那就应该是"我爱我理解到的宗教理论，但我更爱真理，因此也爱其他宗教理解中所包容的真理"。凡是真理的，都是应当采纳的，相反则是应当排斥的。当然，"宗教有害有益的适用范围和条件到底是什么"的问题还有待进一步深入探讨，但"宗教有益也有害"的总的理念是不容否定的。

既然宗教有害也有益，既然宗教既是理性的也是非理性的，那么不同的民族相遇时，便自然而然地利用、借用、开发宗教的不同功能，因此也就发生了形形色色的宗教关系和民族关系。如果充分利用和开发宗教有益与理性的正价值一面，就会带来民族关系和宗教关系的和睦；相反，如果借用宗教有害及非理性的负价值一面，则必然导致严重的民族冲突和宗教冲突。

六、宗教对人类伦理的两极贡献[①]

迄今为止，宗教对人类文明的发展产生了两个方面的重要贡献。一方面，人类文明的黎明和崛起象征是以构建伦理体系为标志的，而宗教对人类早期伦理的确立起到了决定性影响。另一方面，随着全球化的深度发展，现代全球危机和全球问题对人类发展产生了严重的威胁，为了避免全球危机，在宗教学者的感召下，率先提出了全球伦理。这两方面的伦理贡献主要是正能量、正价值的。

石器文化之前，类人猿只是半人半兽，因此这段历史再长，也是没有文化意义的。可以说，在国家伦理产生之前，支撑人类精神文明的是宗教，而且宗教文化成为早期人类一切其他文化的母体或文化起源。从伦理发生学意义上讲，没有早期人类的宗教禁忌，就不会产生后来的国家伦理，早期人类的宗教戒条远比国家伦理产生的要早得多。

从发生学意义上讲，宗教伦理滋养了早期人类伦理，或者确切地说，早期人类伦理是从宗教伦理发源的，很多宗教伦理成为人类伦理的共性。如佛教的不杀生、不偷盗、不邪淫，包容了世界各族伦理的最大共性。再如，摩

[①] 参见曹兴：《浅谈宗教对人类伦理的贡献》，《中国宗教》2013年第7期。

西十戒中的后六条，即当孝敬父母、不可杀人、不可奸淫、不可偷盗、不可做假见证陷害人和不可贪恋人的房屋和妻子，以及在基督教和伊斯兰教等各大宗教中都含有的大爱精神，都是人类伦理的来源。可以说，宗教对于人类伦理的最大贡献之一，就是从发生学意义上，宗教伦理成为人类伦理的来源。这种认识已经成为宗教学界的常识。

然而，鲜为人知的是，宗教不仅对人类早期文明做出重大贡献，而且对现代人类全球伦理的诞生也做出了不可磨灭的贡献。率先提出和倡导全球伦理的不是其他学术，而是宗教学界。

与古代文明的伦理受惠于宗教一样，现代全球伦理的明确提出也是受惠于"宗教"。20世纪最后一个10年，全球问题的严重程度已经到了危及人类生存与发展的地步，因此为了解决全球问题而进行全球治理和构建全球伦理的时代也就到来了。1993年8月28日至9月4日，在"芝加哥世界宗教会议"上，几乎来自全球每一种宗教的共6500人，通过了《走向全球伦理宣言》，这成为全球伦理建设进程中的里程碑；不仅认识到"没有宗教间的和平就没有世界和平"，而且认识到"没有全球伦理便没有更好的全球秩序"。此后，全球伦理的研究受到越来越多学者的关注，成为20世纪90年代伦理学领域的一个热点问题。

令人惊奇的是，率先提出全球伦理的，不是纯粹的学者，也不是纯粹的宗教神职人员，而是宗教学者，即宗教与学者兼而有之的一批仁人志士。还有一个奇怪现象，即《全球伦理宣言》问世后，对于全球伦理的研究，虽然在哲学界、宗教学界和伦理学界掀起了热潮，但是国际关系学界对"全球伦理"的研究在很大程度上保持沉默。为什么会发生这种现象？很简单，这是因为国际关系学界的主流学派是现实主义，现实主义更多推崇的是"实然"或"实有"范畴，而全球伦理更多关注的是"应然"或"应有"的范畴。

《全球伦理宣言》对现代全球伦理产生了哪些积极影响，本书在第五章第一节中已有详细论述，故在此不再赘述。

为什么宗教对人类伦理的诞生和现代全球伦理的倡导产生了如此重要的贡献？其中的原因有很多，最重要的是宗教对人类命运的终极关怀。人类关怀无非现实关怀和理想关怀两种，理想关怀中最深远的是对人类命运的终极关怀。人类已有的各种科学主要是现实关怀，大多研究人类现实社会需要解决的问题，唯有宗教、哲学、文学艺术等人文学科（学科包括科学，但远远大于科学领域）才有终极关怀，即关怀着人类从哪里来、最终到哪里去、如何解决人类的根本问题。在所有人文终极关怀中，宗教的终极关怀精神最为深远，宗教最大限度地承载着人类的终极关怀。因为哲学、文学艺术等还更多地关怀着人类的现实问题，而不单是人类的终极命运。

总之，宗教对人类伦理的贡献，不仅体现在孕育出早期人类伦理的曙光，而且在于为解决全球问题和摆脱全球危机而催生全球伦理做出了很大的贡献。

第五章　中国古典伦理

中国古典伦理虽然包括诸子百家，但主要是儒家、法家、道家，这三家伦理不仅对中国历史产生重大影响，而且对现代中国也产生了深远影响。本章的核心任务是揭秘中国古典伦理的内涵，对中国传统伦理的特殊性特别予以关注，反思汉族缘何产生多元宗教信仰，中国历史上为何从未产生过重大的宗教战争等重大问题。

本章所研究的中国古典伦理与第二章所研究的中国古代伦理既有相同点，更有不同点。相同点是研究对象相同，都是中国古代古典伦理文化，但研究的学科立场是不同的。第二章是从政治学和社会学的学科立场，解析中国古代的政治伦理是为利益服务的，本章所论中国古典伦理是从文化学、宗教学视角，以及诸子百家的伦理文化角度来诠释中国伦理的，尤其反思并诠释了作为中华民族的主体民族汉族的宗教伦理的特殊性，及其对中华文明的深远影响。

第一节
中国儒法墨道伦理之精华

中国古典文化素有诸子百家之称，实际上不过十几家而已，而真正对中国产生过重大影响的只有法家、儒家、道家三家。以孙子兵法为代表的兵家也产生过重大影响；墨家也曾产生过重要影响，但后来墨家由于与中国的王权主义政治传统相背离，被官场封杀而绝迹了。那么，为什么法家、儒家、道家成为中华文化源远流长的主流文化？成为诸子百家主力军的标准又是什么呢？

一、诸子百家主力的标准

成为诸子百家的主力军取决于春秋战国政治伦理的国情。当时,不同的学者对天下主义进行了不同的诠释,学者们秉承自己的学派周游列国,为诸侯出谋划策,到战国时代形成了"百家争鸣"的可喜局面,形成各种不同的学派。不同学派的创立者和代表人物被称为"诸子",所形成的学派林立局面被誉为"百家"。各学派的"诸子"针对当时的一系列时代主题纷纷著书立说,并到处游说,推行自己的政治主张。诸子都是文化高手,其文大都观点鲜明,针砭时弊,言辞犀利,感情充沛,表达方式灵活多样,具有很强的社会感染力。因此,诸子百家的文章成为中国的古代文化典范,不仅具有重要的理论价值,也具有重要的文学价值,而且对汉族的形成奠定了必需的文化元素。不难推论,如果没有古汉语,如今的汉族也许分立为许多个不同的民族。难怪西方民族学家安德森高度赞誉古汉语的作用,还挖掘了文人的宗教情怀对民族的伟大作用,"文人在一个以神为顶点的宇宙秩序中,构成一个具有战略性地位的阶层"。[①]

其实,"百家"并非百家,主要有十家左右。到底有多少家,人们的看法不尽相同。最早源于司马迁的父亲司马谈,[②] 他将百家首次划分为阴阳、儒、墨、名、法、道等六家。后来,刘歆在司马谈六家基础上,增加了"纵横、杂、农、小说"四家,合为十家。[③] 后来班固提出"诸子十家,其可观者九家而已"。[④] 因此,后来便把"小说家"去掉,将剩下的九家称为"九流"。吕思勉在《先秦学术概论》一书中再增"兵和医"两家,就增至为十二家。

但是,先秦最有影响以及对后世影响最大的主要有儒家、墨家、道家和法家四家。理由何在?笔者的理由有两个方面。一方面,只有与围绕时代主题并能解决时代主题相关的问题,才会具有强大的社会影响力。曾邦哲的《结构论》提出,儒家、法家、兵家、纵横家等偏向政治军事与伦理领域,墨

[①] [美] 本尼迪克特·安德森著,吴睿人译:《想象的共同体:民族主义的起源与散布》,上海世纪出版集团、上海人民出版社2005年版,第14页。

[②] 司马谈(?—公元前110年),西汉夏阳今陕西韩城人。父司马喜,在汉初为五大夫。子司马迁受他的影响最深,司马谈在汉武帝时任太史令。汉武帝元封元年(公元前110年),东巡至泰山,并在山上举行祭祀天地的典礼,这就是所谓的"封禅"大典。司马谈当时因病留在洛阳,未能从行,深感遗憾,抑郁愤恨而死。他所要论著历史的理想和计划,只得留给儿子司马迁去实现。

[③] 《七略》。

[④] 《汉书·艺文志》。

家、道家、名家、医家和农家等偏向自然工艺与逻辑等领域，杂家、书画家等则偏向人文艺术等领域，只有儒家、墨家、道家和法家才对当时社会的根本问题，主要是政治问题提出了自己的解决方案。另一方面，诸子学说本属于春秋后产生的"私学"，只有对"公学"产生巨大影响的，以及对社会政法制度能够产生深远影响的，才会成为流转社会的大学问。由此来看，只有儒家、墨家、道家和法家关怀社会公共问题，并提出了自圆其说的自家之言。总之，当时中国社会发展的政治向心力决定了"诸子百家"的流转命运。

表面上看，春秋战国时代的诸子"百家争鸣"，热闹非凡，学术自由，但是在本书著者看来，人们忽视了影响诸子学说流转后世的两大元素。其一，夏商周形成的历史传统或本书所称中华特色的"文明元点"，决定了后来诸子百家中到底哪家成为中国后来发展的主流或中流砥柱。后来中国发展的历史证明，儒家、墨家、道家和法家四家能够继承从尧舜到夏商周的元点传统，从而才能发扬光大，其他各家要么被后来的历史所淘汰，要么流转于中华文明的部分领域。儒家的礼制和法家法治继承并发展了治国的传统，因此成为后来中国发展的主流。墨家由于"尚贤政治"，必然成为后来历代统治阶级所厌恶、所不取甚至剿灭的对象，因此墨家便消失在中国的历史长河中。道家由于主张"小国寡民"，反对构建大一统的中国，加之遁世、出世等主张，被后来中国历代的统治阶级"治国"方略所抛弃。即便偶尔（如汉代初）启用道家（黄老之术），也终究沦落为被中国政治"爱情遗忘的角落"（董仲舒"罢黜百家，独尊儒术"）。其二，夏商周的帝王执政问题是当时社会最重要的问题，这是诸子学说都不能规避的重大问题。在当时中国社会的发展情况下，结束战国混乱局面，继承夏商周的国家"大一统帝王制"的文化传统而统一中国成为时代的主题。儒、法两家适合这个时代主题而成为后来中国的文化主流，而墨家的"尚贤政治"和道家的"小国寡民"则违背了当时以及后来中国发展的时代主题，其不可能入主主流政治伦理。不过，道家因是一流的**修身养性**的学术而流转于民间和官员的私密空间。道家的"修身养性"之术、人生精神修养的智慧成为中国人的重要养分。

战国之后的中国历史证明，中国需要的是统一，不会像古希腊那样分立为若干个邦联小国，也不会像欧洲那样分成多国而治理的"国际社会格局"，而是中原文明与周边各族文明不断互动为一个文明。其互动不是像欧洲那样选择并列发展，而是有向心力的发展，这个向心力就是中国周边民族文明不断向中原文明靠拢，以"中原逐鹿"或占据中原为最终使命，因此"需要统一""一统中原"自然成为中国先秦时代的社会第一需要。当时中国的这个第一需要，决定了中国传统政治的第一需要就是君主制，而不是民主制，因此当时中国不会像古希腊城邦社会那样最需要民主制。这是中国当时政治的大需要，一切都将围绕着这个时代主题而展开。

二、儒家君子仁学：面子伦理

儒家文化之所以成为中国古代政治文化的轴心，就是因为儒家文化的核心是伦理纲常，为中国王权政治文化提供了一个轴心。儒家的三纲是古代宗法制、王权主义的伦理核心。现代中国高级知识分子的价值取向出于平等精神，三纲是一个都不能要，但是仁义礼智信之五常是一个都不能少。①

中国最古老的有文字可考的典籍是《五经》，作为《五经》之首的《周易》是中国最古老的哲学著作。如果把《周易》作为中国古典哲学的曙光，那么《周易》中所包含的哲学精华就成为中国古典哲学曙光阶段的主题。《周易》的最大哲学价值在于阴阳世界观的建立和意义世界的领悟。《论语》是阳学，追求齐家治国平天下；《道德经》是阴学，追求人的修身养性之道。《周易》是阴阳学，其哲学观是阴阳合一的世界观。后来儒家和道家各执一端，"儒家崇阳，道家尚阴"。②

《论语》是儒家重要经典。"君子""仁"与"礼"是《伦语》中出现次数最多的三个范畴。"仁"出现过109次，居第一位；"君子"出现过108次，居第二位；"礼"则出现过75次，居第三位。从这个意义上讲，孔学就是要建立一种外礼内仁的君子之学，孔子构建的正是君子表现为"外礼内仁"的体系，无疑这是一个伦理教育体系。本来，君子和小人相对应，但孔子不齿论小人，因此"小人"在《论语》中只出现过24次。所以，儒家是圣人之学、君子之学、仁者之学。君子和仁者是儒家追求的价值理性，不像法家把"成功"作为追求者的价值理性。

《论语》给君子和小人划界。在儒家看来，不仁的人不是君子。仁者爱人、爱父母、爱己、爱众生。孔子说，"君子务本，本立而道生。孝悌也者，其为仁之本与？"仁者是大爱者，一个只爱自己的人，绝不是贵人。爱自己，也爱父母，能够尽孝道，是有小爱者，还不是君子，有博爱、大爱者才是君子。爱众生，不能停留在思想上，必须付诸于行动。不义的人不是君子，道

---

① 中国传统文化研究专家牟钟鉴在笔者就读博士期间在课堂上对学生的启示。
② 牟钟鉴：《儒学价值的新探索》，齐鲁书社2001年版，第226页。

义是君子的基本品德。贵人求义，小人求利。子曰："君子喻于义，小人喻于利。"① 此外，《论语》中论及君子和小人的著名论断有：

  君子和而不同；小人同而不和。②
  君子有三愆：言未及之而言谓之躁，言及之而不言谓之隐，未见颜色而言谓之瞽。③
  君子有三戒：少之时，血气未定，戒之在色；及其壮也，血气方刚，戒之在斗；及其老也，血气既衰，戒之在得。④
  君子有三畏：畏天命，畏大人，畏圣人之言。小人不知天命而不畏也，狎大人，侮圣人之言。⑤
  君子有九思：视思明，听思聪，色思温，貌思恭，言思忠，事思敬，疑思问，忿思难，见得思义；问一得三：闻诗，闻礼，又闻君子之远其子也。⑥
  君子坦荡荡，小人长戚戚。⑦
  君子成人之美，不成人之恶。⑧
  君子上达，小人下达。⑨
  君子固穷，小人穷斯滥矣。⑩
  君子求诸己，小人求诸人。⑪
  君子矜而不争，群而不党。⑫
  君子不以言举人，不以人废言。⑬
  君子不可小知，而可大受也。小人不可大受，而可小知也。⑭

---

① 《论语·里仁第四》。
② 《论语·子路第十三》。
③ 《论语·季氏第十六》。
④ 《论语·季氏第十六》。
⑤ 《论语·季氏第十六》。
⑥ 《论语·季氏第十六》。
⑦ 《论语·述而第七》。
⑧ 《论语·颜渊第十二》。
⑨ 《论语·宪问第十四》。
⑩ 《论语·卫灵公第十五》。
⑪ 《论语·卫灵公第十五》。
⑫ 《论语·卫灵公第十五》。
⑬ 《论语·卫灵公第十五》。
⑭ 《论语·卫灵公第十五》。

君子贞而不谅，小人常惊恐。①
君子学道则爱人，小人学道则易使也。②
君子文质彬彬，小人粗俗不堪。③

然而，君子的伦理道德风范非常崇高，普通人很难做到，即便是有些高尚的人也只能做到其中的很小部分，更多的人显然只是孔子眼里的"小人"；很多人把君子作为标榜自己的口头语，实际上根本做不到。诚然，孔子的君子风范是敬劝皇帝的学说，可是有几个皇帝做到了呢?! 原因是什么呢？在笔者看来，其中的谜底隐藏着这样一个中国文化的解构机理：儒家是面子，法家才是里子。很多人，尤其是官场上的人，即便做不到，也要拿儒家的"君子风范"来装点门面。法家是追求成功、追求利益之学，中国古代帝王多数追求的是成功，但也需要儒家来装点门面。

三、法家利益之学：里子伦理

无论是中国人还是外国人，无论是中国官方还是学界，都认为中国春秋战国时代诸子百家能够成为中国后来文化主流传统第一家的是儒家，都认定诸子百家中的第一家是儒家，绝不可能是法家。笔者则认定，法家才是中华文化传统的第一家，否则读不懂中国文化。因为法家伦理是中国人伦理的骨髓，即"里子"。"里子"比较隐蔽，中国最需要面子来遮盖着里子，儒家不过是面子而已。

与儒家追求君子和仁者的价值理性不同的是，法家追求利益与成功，只要追求到利益与权力就是成功的，其他都是次要的。

诸子百家可谓异中有同，同中有异。法家以向君主建议"以法治理天下"的独特视角，对神权、君权和民权、礼与法、德与刑等问题提出了自己的独到见解。法家思想吸收道家和儒家之精华，批判墨家之陋见，极力推崇"法治"，以恢复封建君主制。法家著名人物不仅擅长著书立说，更注重参政指点方舟，可谓开一代理论与实践双修之先河。为锐意改革，自管子、慎到到商鞅、申不害、吴起、韩非等人从儒道两家的理论中脱颖而出，对于驾驭臣民的君人统治术进行深入研究，法家不同发展时期的不同代表人物侧重点也有

---

① 《论语·卫灵公第十五》。
② 《论语·阳货第十七》。
③ 《论语·雍也第六》。

所不同。

法家思想可以说是源远流长，并非一人所能为。其开山鼻祖可以追溯到周朝的姜尚。然而，姜尚的著作遗留下来的很少，而史书对姜尚的记载也仅限于"武王伐纣"一段。后来法家人才辈出，先秦时期的法家主要人物就有管仲、子产、李悝、吴起、慎到、申不害、商鞅，以及法家集大成者韩非。

管仲是一位善于把法家思想付诸实践的政治家、思想家，公元前685年至前645年被齐桓公任命为卿，长达40年之久。管仲为齐国政治经济主持了一系列改革，他的主要思想是"仓廪实则知礼节"[1]和"修旧法""令顺民心"。在管子看来，礼义廉耻的作用是非常之大的，缺一维，国就会不安定；缺二维，国家就已处于危险之中；若缺三维，政权就会被颠覆；若四维都缺，势必导致国家灭亡。因此他说，"国有四维，一维绝则倾；二维绝则危；三维绝则覆；四维绝则灭。倾可正也，危可安也，覆可起也，灭不可复错也"[2]。因此必须保证有一维支撑其国。结果，业绩显赫，"任政于齐，齐桓公以霸，九合诸侯，一匡天下，管仲之谋也"[3]。

作为郑国大夫的子产在中国法律史上是一位开天辟地式的人物。他对中国法律发展史的最大贡献就是在改革田制和赋税的基础上，把自己制订的刑书铸在鼎上，这就是中国历史上著名的"铸刑书"，并颁布成文法。现在刑鼎内容已经失传，但子产的壮举对当时乃至后世都产生了莫大的震撼。

对中国法制史影响最大的成文法是李悝的《法经》。这部法典以"王者之政莫急于盗贼"作为指导思想，成为中国古代刑事法典的标准样本。李悝针砭时弊，主持魏国变法，对政治、经济、法律进行大胆改革，主要有"使民无伤而农亦劝""食有劳而禄有功，使有能而赏必行，罚必当"，[4]加强了国君的权力，削弱了贵族的势力，巩固了中央集权君主专制。

慎到早年曾学黄老之术，是从道家分化出来的法家。他的法律思想侧重论"势"，即权势、权力。其名言为"民一于君，事断于法，是国之大道也！"[5]他认为，权力是诸多政治因素的核心，"势"是君王立世之本，也是人立于社会之本，因为"有权者治人，无权者治于人"。君主专制的第一原则就是维护并巩固自己的权势。他提出，"尧为匹夫，不能治三人；而桀为天

---

[1] 《管子·牧民·国颂》。
[2] 《管子·牧民》。
[3] 《史记·管晏列传》。
[4] 《魏文侯问李克》，出自中国西汉时期刘向的《说苑·政理》。
[5] 《慎子》。

子，能乱天下"。因此，他反对儒家的"礼治"和"仁治"，而主张法治。笔者觉得，慎到最独到和最杰出的思想，是对治国、亡国责任的全面思考，不能归功于或归罪于君主一个，"亡国之君，非一人之罪也；治国之君，非一人之功也"。① 一个时代过去了，不能完全归罪于一国之君，因为"天下兴亡，匹夫有责"。②

法家经过申不害、商鞅和韩非而趋于完善。

对韩非影响很大的是申不害。他是从道家分化出来的法家，是郑国人，但在韩国任相达15年。他与慎到的观点不同，慎到主张"势"，他则力主"术"。申不害的理论精华为后来的韩非吸收并深化，所以后来史家把二人并称为"申韩"。由于申不害从道家分化而来，他的"术"便打上了道家"无为"的痕迹。这种"无为之术"并非真正主张"无为"，相反内心一刻也不闲着，而要积极运转"天地之网"以刺探臣下的一举一动，从而"三寸之机运而天下定，三寸之机正而天下治"。③ 只是不能表露于外，所以应"示天下无为"。有"术"之君，方能成功治理天下。

商鞅（约公元前390—约前330年），战国时的政治家、法家主要代表人物，魏国人，公孙氏，亦称卫鞅。初为魏相公公孙痤家臣，后入秦进说秦孝公，并于秦孝公六年、十二年进行变法。与管仲不同，商鞅认为，"前世不可教"，"不相復"，故而没什么法可依，没什么礼可循，并用黄帝尧舜文武"各当时而立法，因事而制礼"的史实来批驳"闻古无过，循礼无邪"④ 的法先王思想，从而主张变法、制令以富强国家。

商鞅最著名的是他的变法，提出"治世不一道，便国不法古"的主张。商鞅与慎到、申不害并称为前期法家三巨子。商鞅的突出贡献在于把国家的法律、法令彻底付诸实施，取得了巨大成功，结果"移风易俗，民以殷盛，国以富强，百姓乐用，诸侯亲服，获魏楚之师，举千里之地，而今治强"。

与儒家不同，商鞅主张以法令代替礼乐蠹官。他说："礼乐蠹官生必削"，"无礼乐蠹官必强"，"国有礼、有乐、有诗、有书、有善、有修、有孝、有悌、有廉、有辨。国有十者，上无使战，必削至亡"。⑤ 而"举荣任功曰强"，

---

① 《庄子·天下篇》。
② "天下兴亡，匹夫有责"，流行说法认为是顾炎武说的，但出自顾氏的哪一部书，却从未有人点明。为此，刘洁修经过查索，得出如下结论：按照语言发展运用的实际，"天下兴亡，匹夫有责"的语意出于顾氏《日知录·在始》，其实，此说法起源于《庄子·天下篇》。
③ 《申子》。
④ 《商君书·更法》。
⑤ 《商君书·去强》。

"国好力曰以难攻","国以难攻者,起一得十"。① 所以商鞅倡导"重罚轻赏","行刑重其轻者"。② 商鞅说:"重罚轻赏,则上爱民,民死上;重赏轻罚,则上不爱民,民不死上;兴国行罚,民利且罚,行赏,民利且爱。"

商鞅重罚轻赏之原因有二,其一,"怯民使以刑必勇,勇民使以赏则死。怯民勇,勇民死,国无敌者强。强必王"。③ 其二,"贫者使以刑则富,则国多力。多力者王"。故而他得出"王者刑九赏一,强国刑七赏三,削国刑五赏五"的结论。④ 商鞅主张"行刑重其轻者"的原因是:"轻者不生,重者不来",⑤ 认为犯轻罪的人多,而犯重罪的人寡,轻从重来,只要从轻抓起,使人人不敢犯轻罪,则犯重罪的人自然也就没有了。商鞅主张"能为威者王",主张为王者,必须"能生能杀",⑥ 只有罪诛,才能使法胜民。

申子只言"术",公孙鞅只重"法",慎子只任"势",只有韩非子才把法、术、势结合起来。韩非是法家的集大成者,他师承于荀子,以"性恶论"为理论基础,把法家各种"法、势、术"思想熔于一体,终于完备了法家严密而又逻辑的理论体系。他继承商、申、慎、荀的理论,对人际关系进行了冷静而理智的思考,指出了人际关系中极端残酷的利己主义方面。他精心提炼了封建专制理论,相当高超地发掘法家的学术思想,以至于后来者只能在技巧上和实践上加以发挥而从理论上无法突破。

法家之集大成者是韩非子,其著有很长的《韩非子》。《道德经》只有五千字,《论语》也只有两万多字,但《韩非子》却有十三万多字。这部书现存五十五篇,大部分为韩非自己的作品。《韩非子》一书重点宣扬了韩非法、术、势相结合的法治理论,达到了先秦法家理论的最高峰,为秦统一六国提供了理论武器,同时也为以后的封建专制制度提供了理论根据。

在中国古代著名法家思想家韩非子死后的两千多年中,帝王们虽然更多地宣称以儒治国,但实际上采用的主要是韩非子的权术思想。虽然没有一个人明言承认师从韩非子(第一个也是最后一个敢于公开赞扬韩非的帝王是秦始皇),但后来的很多政治家在公开场合讲《论语》、谈仁义,回到家中关上房门阅读的还是《韩非子》,这是追求权术、利益的需要。难怪中国古代帝王

---

① 《商君书·去强》。
② 《商君书·去强》。
③ 《商君书·去强》。
④ 《商君书·去强》。
⑤ 《商君书·去强》。
⑥ 《商君书·去强》。

向人推荐的是《论语》，而自己关起门来潜修的却是《韩非子》，还要把《韩非子》列为禁书。究其根本，是帝王害怕别人成功了，篡夺了自己的皇位。

法家主张依法治国，追求的政法理想不是构建平等的社会，而是维护以王权为首的金字塔等级结构。因为法家所要构建的法不是平等法，而是等级法。著名法家代表慎到从理论上认定，法的基本功能是区分贵贱等级，法律必须规定人人不平等。①

法家依法治国的社会使命主要是为王族利益服务的，是实现王权主义王法主义最大化的手段。法家主张以法规定"利出一孔"，②"利出一孔"的意义在于，用法的规定来维护王权利益，用法的形式把人们的一切重要行动都输送到有利于君主利益的轨道上。

在法家那里，不仅可以用法来控制社会资源，而且还可控制国计民生。

首先，法可以控制社会财富。说到底，法律的实质就是规定不同人对社会财富的不同享有。法家认定法律面前人人不平等，因此也就规定了不同社会贵贱等级拥有不同财富的合法性。控制财富的根本是控制土地。刘泽华提出，"战国时期，诸侯在一国之内拥有土地的最高所有权。战国后期虽然出现土地买卖，土地开始变为私有，但终战国之世，土地国有占主要地位。法家坚定地维护土地国有，主张用土地作为控制人民生计的调节器"。③

其次，法可以控制国计民生。法家人性哲学的基础是人性本私。法家管子说，"民利之则来，害之则去。民之从利也，如水之走下"。④ 韩非子把父母子女之间的关系也当做利益关系，认为父母子女之间"皆挟自为之心"，⑤父母之间"犹用计算之心以相待也，而况无父母之泽乎！"⑥

此外，在法家理论里，法还有控制社会分配、弱化人民力量、用重刑主义维护王权主义等功能。⑦

法家的法治并不追求民主，而是追求王权王法的至尊。刘泽华明言道出其中真谛，"法家所实行的法治（或法制）与民主和在法律面前人人平等毫不相干，法家的法治只是君主专制的手段"。⑧

---

① 刘泽华：《王权思想论》，天津人民出版社2006年版，第170页。
② 《管子·国蓄》。
③ 刘泽华：《王权思想论》，天津人民出版社2006年版，第171页。
④ 《管子·形势解》。
⑤ 《韩非子·外储说左上》。
⑥ 《韩非子·六反》。
⑦ 刘泽华：《王权思想论》，天津人民出版社2006年版，第175—176页。
⑧ 刘泽华：《王权思想论》，天津人民出版社2006年版，第177页。

四、道教神仙道学：修行伦理

《道德经》是第一部具有世界声誉的中国思想著作，从 16 世纪开始就被翻译成拉丁文、法文、德文、英文、日文等。据统计，到目前为止，可查到的各种外文版的《道德经》典籍已有 1000 多种。如今几乎每年都有一到两种新的译本问世。据联合国教科文组织统计，《道德经》是被译成外国文字发行量最多的文化名著。20 世纪 60 年代，著名的摇滚乐队披头士将《道德经》四十七章改编成歌曲《The Inner Light》。除了《圣经》以外就是《道德经》。《道德经》是世界第二大畅销书，第一是《圣经》。《圣经》翻译成汉字是 111 万多字，《道德经》只有 5000 字，两者文字比例是 111：0.5 万字。文字的字数悬殊虽如此之大，但是在道理的深刻性上，《道德经》并不输给甚至更胜于《圣经》。①

对于《道德经》的影响之深，鲁迅先生曾说，"中国根柢全在道教……以此读史，有多种问题可以迎刃而解"。② 其实，在笔者看来，鲁迅所说的中国之根其实是汉族的根，而且道家也只是部分汉族人不是全部汉族人的根，很多汉族人不靠道家，而靠佛家，抑或是儒家，有的则靠耶家（基督教）。

老子（公元前 571—前 471 年），字伯阳，谥号聃，又称李耳（古时"老"和"李"同音，"聃"和"耳"同义），他出生于楚国苦县厉乡曲仁里（今河南省鹿邑县太清宫镇），楚国文化滋养了他。老子是我国先秦时代的伟大哲学家和思想家、道家学派创始人、世界文化名人、世界百位历史名人之一，著名代表作是《道德经》（又称《老子》《五千言》）。在西方，《道德经》远比孔子或任何儒家的作品更为流行。该书至少出版过 40 种不同的英文译本，除了《圣经》之外，远远多于任何其他书籍的版本。

老聃的智慧极其高超。"柔弱胜刚强"是其最有见地的智慧之一。《老子》认为，"坚强处下，柔弱处上"，③ 因为"人生之柔弱，其死坚强。万物草木生之柔脆，其死枯槁"。由此可见，"坚强者死之徒，柔弱者生之徒"。④ 在老子看来，凡柔弱的皆为活生生之体，凡已死的，其体都呈坚强之状，固坚强与死相通，柔弱是有生命力的象征。柔弱胜刚强在于，柔弱具有强大的

---

① 这只代表本书著者的个人观点，并不是对《圣经》的贬低。
② 《鲁迅全集》第 11 卷，人民文学出版社 1981 年版，第 353 页。
③ 《道德经·七十六章》。
④ 《道德经·七十六章》。

耐力和韧劲，可以承担比自己重许多倍的压力，可以被超越自己力量的东西揉以成屈，而内部结构仍会保持原状。所以，老子主张："见小曰明，守柔曰强"，"柔胜刚，弱胜强"。① 他认为柔弱与刚强的关系并不像人们表面上所见到的那样，刚强比柔弱好，柔弱不如刚强。刚强虽然表面上一副至强、至硬、很难摧毁的样子，但是缺少韧性，一旦攻击它的力量比它强大或来势猛烈，或连绵不断，它就会轰然全毁，无法继续承受压力和重力。

基于"柔弱胜刚强"，《老子》非常推崇"水"，认为"水"有三种品质，使之能够安居尊位。其一，"水善利万物，又不争"；其二，水"善下之"；其三，天下柔弱莫过于水，而攻坚，为此他提出著名的"上善若水"② 思想。他还说，"江河……以其善下之，故能为百谷王"，"天下柔弱莫过于水，而攻坚，故强莫之能先"。③ 水以其不争、善下、柔弱智慧能最后战胜刚强，成为百谷之王，为人们所仿效。

"无为而无不为"④ 是《道德经》的主要政治主张。政治上，《老子》主张无为而治。他认为，圣人治即无为之治。如果以无为治理人民，"常使民无知无欲，使夫知者不敢为"，⑤ 那么国家"无不治"。相反，"民之难治，以其上有为，是以难治"。⑥ 这里包含了"愚民政策"，但不能归结于"愚民政策"。

人民治理难的原因就是其君主总想以有为治之。如果上贵贤，则民争；上贵难得之货，则民盗；上以礼教民，则民虚假伪装，上与民智慧，则民生计谋之心。故虽欲有为而实无为，欲治民而使民乱。因此，"圣人欲不欲，不贵难得之货；学不学，复众人之所过"。⑦ 以不欲为欲，以不学为学反而可以成为圣人。他认为，"不尚贤，使民不争。不贵难得之货，使民不为盗；不见可欲，使民心不乱。是以圣人之治，虚其心，实其腹，弱其志，强其骨。常使民无知无欲，使夫智者不敢为也。为无为，则无不治"。⑧ 他认为，"为者败之，执者失之"。⑨ 有为就会有失败，有得就必会有失。作为与失败、执著

---

① 《道德经·五十二章》。
② 《道德经·八章》。
③ 《道德经·五十二章》。
④ 《道德经·三十七章》。
⑤ 《道德经·三章》。
⑥ 《道德经·七十五章》。
⑦ 《道德经·三章》。
⑧ 《道德经·三章》。
⑨ 《道德经·二十九章》。

与损失是同时而来、不分先后的。只有"无为""无执",才能"无败""无失",这是不言而喻、天经地义的。

《道德经》把"不争而善胜,不言而善应,不召而自来,不然而善谋"①唤做"天之道",认为"道常无为而无不为,侯王若能守,万物将自化",②只有顺道而行,不自生、不自见、不自是、不自伐、不自矜,"为无为,事无事,味无味",③才能"终不为大"却"能成其大","以其无私"而"成其私",④能长胜久远。"是以圣人后其身而身先,外其身而身存。"⑤

《道德经》崇尚自然,反对人为的东西,提出:"生之畜畜,生而不有,为而不恃,长而不宰,是谓玄德",⑥认为追求天道,不能像追求学问一样日进不止,聪明才智越多越好,而应尽量减损那些人为的仁义礼智,要"损之而益,或益之而损"。⑦但是,崇尚自然无为的目的并非执意如此,而是认为只有这样,才能"无为而无不为"。

基于上述思想,最后老子提出小国寡民的思想:"小国寡民,使有什伯之器而不用;使民重死而不远徙。虽有舟舆,无所乘之;虽有甲兵,无所陈之。甘其食,美其服,安其居,乐其俗。邻国相望,鸡犬之声相闻,民至老死,不相往来。"⑧其大意是,国家要小,人民要少。这样的国家社会,有了效率高达十倍百倍的机械也不使用;人民爱惜生命,不向远方迁徙,虽然有船和车,人们却没有地方要乘坐它;虽然有武器装备,却没有地方去陈列它;人民对他们的吃食感到香甜,对他们的穿戴感到漂亮,对他们的住宅感到安适,对他们的习俗感到满意。其结果,相邻国家互相望得见,鸡鸣狗叫的声音互相听得见,而人民直到老死也不相往来。

可见,老子虽一再强调不争、无为,目的却并不是真的无为,而是为了更大更广地作为,为了包容万象地去作为。足见,他的"无为"不是目的,只是"无不为"的手段和途径。因此,在一点上可以肯定地说,老子并不主张出世,而主张更深、更广地入世。

老子的《道德经》远不止上述所论。正当全世界都在经济危机的威胁下

---

① 《道德经·七十三章》。
② 《道德经·三十七章》。
③ 《道德经·六十三章》。
④ 《道德经·七章》。
⑤ 《道德经·七章》。
⑥ 《道德经·五十一章》。
⑦ 《道德经·四十二章》。
⑧ 《道德经·八十章》。

瑟瑟发抖之际，一向热衷中国文化的俄罗斯（前）总统梅德韦杰夫把解决问题的目光投向了中国古代的伟大哲学家——老子的《道德经》。梅德韦杰夫在2010年6月出席圣彼得堡国际经济论坛时，向与会者建议，应当遵循中国古代伟大哲学家和思想家老子的教诲来应对世界金融危机，开了他国政要在世界性论坛中引用中国名言的先河。

梅德韦杰夫引述《道德经》第44章、第53章："得与亡孰病？甚爱必大费，多藏必厚亡，故知足不辱，知止不殆，可以长久。同声相应，同气相求。根深则叶茂。使我介然有知，行于大道，唯施是畏。"俄罗斯媒体如此评价本国总统的表现，"这是外国政要第一次在国际性论坛中引用中国思想家的名言，这意味着中国文化正在世界范围内发挥越来越大的影响力"。梅氏观点远非独家，西方学界早在金融危机之初就习惯性地开启了"东方视角"，将中国传统文化视为拯救西方世界的希望。后危机时代的国学似乎又一次开始了它"拯救"世界的梦想。

梅德韦杰夫推崇《道德经》并非偶然现象，它显示了中国文化再次受到世界范围关注的趋势。梅德韦杰夫的观点并非独家之言。北京师范大学历史系王子今教授表示，世界范围内金融危机影响的深度和广度，堪称19世纪20年代大萧条以来又一次西方世界的重大危机，更重要的是，再次反映出其资本与社会利益的根本矛盾，因此西方学界开始习惯性地向东方文化寻求补救之策。"21世纪是以中国文化为主体的东方文化走向灿烂辉煌的世纪，只有东方文化才能拯救人类。"已故的季羡林老人对中国传统文化的期望，在后危机时代开始获得世界范围的关注与认同。

问题是为什么老子的《道德经》能够拯救世界危机呢？按照梅德韦杰夫的说法，"如果我们遵循中国哲学家的遗训，我认为，我们能够找到平衡点，并成功走出这场巨大的考验。"梅德韦杰夫说，在网上翻阅时，看到了老子的《道德经》。他援引了文中的一段内容说："得与亡孰病？甚爱必大费，多藏必厚亡，故知足不辱，知止不殆，可以长久。"这段话的意思是，得与失哪一样更有害呢？愈是让人喜爱的东西，想获得它就必须付出很多；珍贵的东西收藏得越多，在失去的时候也会感到愈难过。所以，人能做到知足，就不会有屈辱，知道适可而止就不会有危险，这样才能长久。

不过，正如世上很少有人能够具有孔子《论语》里的君子风范，而能够做到老子《道德经》的人则更少。世界名著《红楼梦》的"好了歌"道出了中国多数人的伦理悖论，神仙虽好，世人皆知，但追求成为神仙的人绝大多数都只是嘴上说说，实际上追求的却是"功名""金钱""娇妻""儿孙"。所以曹雪芹借助一个疯癫落拓麻鞋鹑衣的跛足道人调侃世人："世人都晓神仙好，惟有功名忘不了！古今将相在何方？荒冢一堆草没了。世人都晓神仙好，只有金银忘不了！终朝只恨聚无多，及到多时眼闭了。世人都晓神仙好，只有娇妻忘不了！君生日日说恩情，君死又随人去了。世人都晓神仙好，只有儿孙忘不了！痴心父母古来多，孝顺儿孙谁见了？……。可知世上万般，好便是了，了便是好。若不了，便不好；若要好，须是了。我这歌儿便名《好了歌》。"

足见，无论是孔子《论语》的道德情操，还是老子《道德经》的深刻领悟，远不是普遍民众所能做到的，老百姓追求的依然是人生温饱小康的那点事。能够闯过"权力""金钱""美色"这三关的人是极少数的，说明"权力""金钱""美色"本就是多数人追求的对象。问题的关键是对"权力""金钱""美色"的追求如果是正当的，就是合乎伦理规范的，否则就是不符合伦理规范的。更重要的是，国家有义务建立一个奖励正当伦理行为、惩罚不正当伦理行为的社会制度。

五、墨家的兼爱、非攻、尚贤

战国时代，中国社会失去了周朝统一的政治管控，因此各种思想（包括政治法律思想）纷纷登上历史舞台，从而得到爆发性发展，前期墨家在战国初具有很大影响，与杨朱学派并称显学。墨家创始人墨翟的基本主张很多，主要有三方面："兼爱""非攻""尚贤"，与儒家观点尖锐对立，两者互为天敌。

墨家在诸子百家之中是比较靠前的主要哲学派别之一，大约产生于战国时期，创始人为墨翟，主要论著有《墨子》（原著七十一篇，只剩下五十三篇，墨翟所著）、《胡非子》（三篇，墨翟弟子所著）。墨家是一个有领袖、有学说、有组织的学派，墨者大多是有知识的劳动者，吃苦耐劳、严于律己，严格遵守"墨者之法，杀人者死，伤人者刑"，把维护公理与道义看做义不容辞的责任，具有强烈的社会实践精神。墨家是一个纪律严密的学术团体，要求其成员到各国为官时，必须推行墨家的政治主张，行不通时宁可辞职，所得俸禄也必须向团体奉献。按墨家的规定，被派往各国做官的墨者，墨家学派的发展经过了从前期到后期的过程，前期墨家思想重心在于开发社会政治、伦理、认识论，后期注重逻辑学。

墨子，姓墨，名翟（dí，历史学界至今无法确定墨子的真实姓名），生卒年不详，生活在公元前 479 年—前 381 年，是中国战国时代著名思想家、政治家、军事家、社会活动家和自然科学家。墨家生活清苦，墨者可以"赴汤蹈刃，死不旋踵"，①十分注重艰苦实践（"短褐之衣，藜藿之羹，朝得之，则夕弗得"②）。墨家成员多来自社会下层，目的是为了"兴天下之利，除天下之害"③（"摩顶放踵，利天下，为之"④）。墨者有两大能力，一是善辩，二是擅长武侠。

墨家的基本思想主要有十点：第一，"兼爱"，与儒家的"亲亲"相反，将父慈、子孝、兄友、弟悌等亲人对待方式扩展到其他陌生人身上。第二，"非攻"，反对侵略战争，因墨子认为，战争伤害生命和财产，是没有意义的破坏行动，即便对于胜方，仅仅是获得了数座城池与税收，但总的来说伤害与损失也是巨大的。第三，"尚贤"，不分贵贱，唯才是举。第四，"尚同"，上下一心为人民服务（很类似共产党的"全心全意为人民服务"），为社会兴利除弊。第五，"天志"，要人掌握自然规律，天子要代天行政。第六，"明鬼"，墨家认为，鬼并非迷信，而是希望以神鬼之说使人民警惕，不行邪恶。第七，"非命"，主张通过努力奋斗掌握自己的命运。第八，"非乐"，摆脱划分等级的礼乐的束缚，废除繁琐奢靡的编钟制造和演奏。第九，"节用"，主张节约，扩大生产，反对奢侈享乐生活。第十，"节葬"，绝不主张把社会财富浪费在死人身上。

战国时代，诸子百家各展风姿，相互批判。墨家与儒家在中国战国舞台上同台表现，唱的是对台戏。墨家对儒家也进行了深刻的批判，形成墨家与儒家针锋相对的局面。墨家与儒家争锋之一，儒、墨两家虽都提倡"仁爱"，然而儒家的"仁爱"是不平等的，墨家的"仁爱"是众生平等的。因为儒家的"仁"看起来主张"爱人"，似乎爱一切人，可事实上所"爱"之人是有等级次第的，讲求的是"亲亲、尊尊、长长"有序的爱。墨家主张的"仁爱"则是众生平等的"兼相爱"，因为墨家的"兼爱"是"纯笃无疵"的仁爱，要求"爱无差等"。⑤

墨家与儒家争锋之二，在于对"义"进行了不同角度的诠释。儒家将

---

① 《淮南子—泰族训》记载："墨子服役者百八十人，皆可使赴火蹈刃，死不旋踵。"
② 《尚贤下》说："为贤之道将奈何？曰：有力者疾以助人，有财者勉以分人，有道者劝以教人。若此，则饥者得食，寒者得衣，乱者得治。若饥则得食，寒则得衣，乱则得治。"
③ 《墨攻》。
④ 《孟子·尽心上》。
⑤ 《墨子》。

"义"与"利"对立起来,而墨家则把"义"与"利"结合起来,并从"兼相爱"推导出"交相利"。① 孔子不仅"罕言利",而且还认定:"君子喻于义,小人喻于利。"② 即把注重追求"利"贬低称为"小人"。

墨家与儒家争锋之三,是对鬼神的态度截然不同。儒家思想是远神论,对天地鬼神的信仰并不虔诚,孔子主张"敬鬼神而远之"③ 和"不语怪、力、乱、神",④ 提出"未能事人,焉能事鬼"。结果造成"天鬼不悦",不然降祸于人。墨家则相信鬼神,主张"明鬼"。

墨家与儒家争锋之四,是儒家的"厚葬"与墨家的"节葬"的对立。儒家从贵贱有别出发而重视礼仪。古代的葬礼,"天子棺椁七重,诸侯五重,大夫三重,士再重"。⑤ 对于父母去世,子女要守"三年之丧"。墨子认为,"久丧"会造成"国家必贫,人民必寡,刑政必乱"⑥ 的严重后果,因此主张"节葬"、短丧,节约社会财富。墨子制定的埋葬办法是仅用三寸厚的桐木棺材,穿两件衣服就可以了。儒家提倡葬礼,墨家反对葬礼。然而,墨家并不能阻碍中国主流上层社会"厚葬"的习俗。

墨家与儒家争锋之五,是儒家"天命"论与墨家"非命"论的对立。儒家认为人的贫穷与富贵、长寿与短命、国家的混乱与安危,以及谁为君谁为臣谁为民,都是由天命决定的,并且是不可改变的,所以有了"死生有命,富贵在天"的说法。⑦ 而墨家否定"天命论",主张"非命"论,提出"不敢怠倦"⑧ 的宝贵思想,重视发挥人的主观能动性,使人奋发图强。

墨家与儒家争锋之六,是儒家"重乐"与墨家"非乐"的对立。儒家重乐,成为孔子教授弟子的"六艺"之一。其实,孔子"重礼"必然"重乐","乐"与"礼"相辅相成。音乐是精神上抒发感情的活动与享受,但君王之乐决不与臣同乐,更不"与民同乐"。然而,墨家主张"非乐",反对音乐享受。墨子认为,享受音乐要花费大量人力、物力和财力,影响官员国家管理和人民参与生产劳动。为此,墨子庄严提出,要想"兴天下之利,除天下之

---

① 《墨子》。
② 《论语·里仁》。
③ 《论语·雍也第六》。
④ 《论语·述而第七》。
⑤ 《庄子·杂篇·天子》。
⑥ 《墨子·节葬下》。
⑦ 《论语·颜渊》。
⑧ 墨说:"今也农夫之所以早出暮入,强乎耕稼树艺,多聚菽粟,而不敢怠倦者,何也?曰'彼以为强必富,不强必贫;强必饱,不强必饥。故不敢怠倦。'"

害",就必须禁止音乐。儒家"盛为声乐,以淫愚民",① 因这成为少数贵族奢侈享受的特权。总之,孔子代表周礼文化贵族,企图通过改良恢复传统周礼文化对社会的统治地位,墨子则反映社会下层民众的心声。

此外,墨子还批判儒家的宿命论,造成民众怠惰顺命,失去积极进取的向上精神。

墨子关于国家起源的理论是非常特别的,与西方自然状态说和契约论有些相似。他认为,国家兴起之前,社会处在一个"自然状态"中,没有统一的是非标准,社会非常混乱。国家产生的原因就是为了制止人们各行其是造成的混乱,社会上需要国君顺应天意而产生。然而,国君不是依靠尚武的方法产生,而是靠选举产生,君子尚贤,要求国家与君主,"闻善而不善,皆以告其上。上之所是必皆是之,上之所非必皆非之",② "上同而不下比"。③ 由于古代中国社会的司法权和行政权是合一的,因此墨子也未能逃出"专制独裁"的思想。但是,墨子那个时代虽不可能提出西方近现代政治文明"三权分立"的思想,但却提出了民选君主的伟大思想。

战国年代是弱肉强食的时代,因此统治者只看中墨子的守城术。从根本上讲,由于墨家代表了贫苦阶级的利益,不为统治阶级所欢迎,因此战国以后,墨家已经衰微。由于墨家推崇的理想是并非人人可达的艰苦训练,另一方面汉武帝推崇"独尊儒术"的政策,因此墨家在西汉之后基本消失,墨家思想可谓中华民族的一种绝学遗产。从秦统一六国以后到清朝的两千年里,墨学进入最低潮的时期,基本上是处于停滞阶段,治墨者屈指可数。

虽然墨子兼爱平等、民选君主、给民正义的思想未能跻身于后来中国社会的主流,但我们没有理由认定中国没有产生民主及国家为民伸张正义的"火种"。只是这种"民主与正义的火种"被泯灭了,甚至被古中国的社会发展扼杀在萌芽状态中。相反,古希腊的"民主与正义之火种"却成为西方政治文明的主流。

---

① 《墨子·非儒下》。
② 《墨子》。
③ 《墨子》。

第二节
中国历史缘何无宗教战争

与现在的西亚北非、历史上的地中海沿岸等地区爆发的大规模、全面性的宗教战争相比,中国历史上从未发生过任何一次宗教原因导致的大规模、全面性的战争。虽然中国也曾产生过严重的"三武一宗"和"礼仪之争"等宗教受难的案例,但那时中国历史上的宗教冲突的原因在于官方伦理与宗教伦理的冲突,而不是不同国家宗教伦理之间的冲突。虽然历史上在新疆地区也发生过局部性的民族宗教冲突,[①] 但那不是全面性的战争,更多是民族冲突。

一、中国历史无宗教战争的原因

中国历史发展过程中,各种宗教间虽然有的也出现紧张关系,但很少出现大规模的宗教战争。儒佛关系、儒道关系、佛道关系、佛耶关系(佛教与基督新教)、道耶关系(道教与基督新教),更多地是各自为政、合纵连横,虽有一些摩擦紧张关系,但互相之间根本上没有爆发过战争。儒佛关系经过了两千年,佛道关系经过了几百年的磨合,终于化干戈为玉帛,放弃了宗教极端冲突;最严重的宗教紧张关系是儒耶关系和儒穆关系。历史上儒耶关系出现过"礼仪之争",儒穆冲突是发生在伊斯兰教传播到中国后不同宗教互相划界的时代。[②] 所有外来宗教在中国发展的出路都是外来宗教文化中国化的过程,否则外来宗教在中国就不能得到很好的发展。

[①] 作为古代东西方经济文化交流的主要通道和枢纽的新疆,自古以来就是一个多种宗教并存的地区。早在伊斯兰教传入前,祆教、佛教、道教、摩尼教、景教等,多种宗教就相继沿着丝绸之路传播到新疆,与当地原居民的原始宗教一起在各地流传。伊斯兰教传入后,新疆不仅继续维持了多种宗教并存的局面,而且又有基督教、天主教等宗教传入。伊斯兰教传入后,逐渐取代了佛教在西域的主导地位,但在蒙古族居住的地方,藏传佛教的影响依然很大。因此,在这个地区出现了藏传佛教与伊斯兰教的紧张关系,有时达到冲突的程度。

[②] 在伊斯兰教初传的过程中,伊斯兰教与各种宗教相遇时,一般都发生过大规模的冲突,有时表现为战争。这是伊斯兰教初传过程的规律,在中国也不例外。

中国历史上从来没有在中华文明中心区域发生过大规模宗教战争①的原因在于中国能够不断拓宽宗教宽容政策。而中国之所以能够不断拓宽宗教宽容政策，在于中国原始宗教的缺憾，为中国先哲留下了充分的想象空间，把宇宙本体论和生死论闲置起来，开发人文主义理论哲学，②而且宗教本体论和生死论的不足或宗教空白，正好为日后中国人谦虚地学习佛教、发展道教，即为吸收其他宗教提供了广阔的发展空间。

相反，一个民族的原始宗教如果很发达，就很难在日后吸收其他宗教的长处，因自恃过高，不太愿意吸收其他宗教的合理性。比如犹太教，犹太人创造的圣经《旧约》，不仅是犹太教的圣典，而且也是基督教和伊斯兰教圣典的源头。西方人和阿拉伯人承认犹太人创作《旧约》圣经的贡献，但犹太人从来不认可基督教和伊斯兰教的民族性和宗教真理性。③

尽管学界同仁看法不一，但有一点已经基本达成共识，那就是，一切宗教的共通原则就是对于皈依者的"劝人为善"、都尊重或珍惜人（主要是本教教徒）的生命。瑞士天主教神学家孔汉思，是近年来推动宗教对话和全球化伦理劲头最足的一位著名人物。他研究后得出结论，世界各大宗教在信仰问题上分歧放大，基督教徒信仰上帝，印度教徒信奉梵天，（原始或原教旨的）佛教不信神，但他们都劝人为善，有着基本相同的伦理规范；各大宗教传统都尊重、珍惜人的生命，提倡"己所不欲，勿施于人"等基本伦理，将其视为金规则。④

人类社会如果没有"劝人为善"或"叫人从善"等伦理金原则，恐怕单纯出于本宗教"自私"之本性，更多的人早已步入万劫不复的地狱，很难得以拯救。自从宗教产生以来，宗教劝人为善等道德伦理成为克服人性自私欲望的最大削减器，尤其是在资本主义社会极大地开发并满足了人的欲望的时代，宗教的作用更不可少。

一般抽象地讲，"叫人从善"是各种宗教的共同本质，无论是宗教信众，还是宗教学者，都认为宗教的本性是弃恶扬善的。但这种抽象的看法有很大的局限性，因为其不能解释为什么历史和现实中产生诸多宗教冲突甚至是宗

---

① 在中国的边疆地区，如新疆，历史上曾经发生过伊斯兰教与汉族儒家之间的冲突，但那并不是发生在中华文明的中心地区。这也说明当时正处在世界不同宗教划界的时代。

② 与古希腊神话、希伯莱原始神话相比，中国原始神话是不发达的、不成熟的，然而"塞翁失马，安知祸福"，也就是说，中国不成熟的原始神话，迎来了早熟的中国古典哲学。

③ 犹太人认为，只有犹太人是上帝的选民，上帝是犹太民族的信仰对象；上帝只拯救犹太人，而不光顾其他民族。

④ 转引自卓新平主编的《宗教比较与对话》第二辑，社会科学文献出版社2000年版，第13页。

教战争的现象，也不能解决为什么最初的宗教相遇往往导致的是宗教冲突而不是宗教和睦等问题。

其实，把问题由抽象研究深入到具体研究，许多不可解的问题就能迎刃而解了。在实际教际关系中，都面临着两种关系要处理，一种是内部成员关系，一种是不同民族宗教之间的关系问题。在处理这两种关系时的准则是不同的，一般来讲，对内追求的是叫人从善、平等互爱；对外则互相排斥或排他，犹太教、基督教、伊斯兰教等一神论宗教的排他性很强，以至于在其早期传播中追求消灭宗教异己，基督教和伊斯兰教初传发展历史中排斥宗教异端邪说就充分证明了这一点。这种排除异己的排他运动导致了宗教冲突，严重时导致宗教战争，最为著名的古代十字军东侵的历史事件就是最好的证明。总之，民族宗教的内部与外部关系的不同标准，使得两种宗教关系展示了不同的张力。随着民族关系、宗教关系的不断深入，相邻的民族关系和宗教关系经过长期的磨合，许多民族关系和宗教关系逐渐从冲突走向和睦，这是一个把"叫人从善"的内部标准放大到外部即处理不同民族宗教关系层面的过程。

中国历史上的各教从冲突走向和解，最后走向三教（儒释道）并奖、多教并存的历史事实就是最好证明。但有一种极其特殊的中国文化背景，那就是中华文化系统，这是中国各种宗教达成和解的文化背景，这种文化背景是非常重要的。尽管中国这个地方经历了多次建国、宗教众多的历史，但各种宗教有一种共同的宗教文化认同，即"敬天法祖"的传统宗教。如，第一个在北方建立后汉王朝的刘渊原本是匈奴人，但他却认为自己是汉朝公主的后代，汉朝的皇帝是他的舅舅。这种现象在中国比较普遍。中华各民族之所以能够凝聚在一起，各种宗教冲突较少，宗教和解比较顺利，这种传统宗教的融通性精神起到了至关重要的作用。

虽然中国历史上没有宗教战争，却也有宗教冲突，最著名的宗教冲突就是官方政治与佛道两家的"三武一宗"、官方与基督教之间的"礼仪之争"。

二、"三武一宗"

中国历史上之所以发生了"三武一宗"事件，是因为佛教开始只是外来的宗教文化，发展到一定程度必然与传统的官方宗法伦理观念发生严重冲突，隐含了主流政治儒家伦理与佛教伦理的冲突。儒佛冲突的表现在南北朝是不同的,"在南朝主要采取理论辩论的形式,学风较为开明自由。北朝斗争往往发展为行政干预,发生了两次大规模武力灭佛事件"。①

由于中国官方政治伦理主要是儒家与道家思想,所以"三武一宗"现象不仅在儒佛之间展开,而且在佛与道之间也有表现。无论官方重用儒家,还是道家,都对佛教产生了巨大的排斥。中国佛教史上经历了许多"毁灭佛法"的事件,佛教徒称之为"法难"。大的灭佛事件有四次,学者概括为"三武一宗"现象。"三武一宗"主要是中国官方与佛教的冲突现象,主要表现为官方对佛教传播的四次禁断命令。其中的"三武"指北魏太武帝、北周武帝宇文邕、唐武宗,"一宗"则指后周世宗。从第一次灭佛到第四次,前后至少经历晋朝、十六国、南北朝、隋、唐、五代六个朝代,长达近550年。这550年是佛教与中国文化最艰难的磨合期,主要表现为佛教与儒家、道家的文化冲突。

第一次灭佛是北魏太武帝的禁佛。禁佛的主要原因是皇帝信奉道教而排斥佛教,所以这次灭佛是佛教与道教之间的冲突。虽然太武帝即位之初信奉佛教,但后来受司徒崔浩的影响,转而笃信寇谦道教。皇帝为了确认其道教统治的合法性,有意排斥佛教,认为佛教是"西戎"的"虚诞"。其借口王公以下有私养沙门及佛寺私藏兵器等现象,在太平真君七年(即446年)诏禁佛教,于是开展诛沙门、毁寺庙、焚经像的运动。

第二次灭佛是北周武帝的禁佛。禁佛的原因不是佛道冲突而是儒佛冲突。武帝早年也曾奉佛,但即位后就改为重用儒术而压抑佛教和道教。他为了压抑佛道,维护自己至高无上的政治影响力,七次召集百官及沙门道士辩论儒释道三教。天和二年(567年)因应还俗道士卫元嵩之请而裁减寺庙僧尼。建德三年(574年),下诏禁佛道二教,罢黜沙门道士,捣毁佛道经像,把尊奉佛道二教视为"淫祀"。

第三次灭佛是唐武宗的禁佛,史称"会昌法难"。"会昌法难"是发生在道教与佛教之间的冲突。武宗在位期间喜好道术,故宣布"恶僧尼耗蠹天下,欲去之",加之道士赵归真劝谏,于是开始禁佛运动。会昌五年(845年)七月下诏,除京都和部分州治保留一或二寺外,其余寺庙全部毁撤,没收财产,僧尼还俗的还要交纳倍算税率。全国毁寺4600余所,还俗僧尼26万,没收田产数千万顷。

第四次灭佛是后周世宗的禁佛。五代时战乱再起,僧尼众多,国家对僧

---

① 牟钟鉴:《中国历史上的宗教》,城乡台湾,www.folkdoc.idv.tw。

尼无法控制，寺僧浮滥，极大地影响了国家的赋税兵役。为此，周世宗再度开始禁佛灭佛。显德二年（955年）诏禁私度僧人，废无敕寺院3336所，仅存2000余，合法僧尼6.12万人。

佛教在汉地经"三武一宗"，从鼎盛走向衰弱（但在少数民族地区却有了长足的发展），究其政治原因是佛教引起汉族统治阶级的恐惧和迫害。由于大乘佛教的发达，大量的佛教寺院得以兴建，僧人拥有了大量的土地和财富，可以脱离统治阶级，发展自己独特的经济，这对统治阶级无疑是一种最大的威胁，因此必然招致统治阶级的迫害。据记载，"841年至855年期间，有寺院4600余所和寺庙40000余个给拆毁，有僧尼26万余人被勒令还俗，和寺院奴隶约15万人一起，重新成为纳税户。佛教经过这次打击后，再也没有复兴过"。[①]

三、"礼仪之争"

中国官方不仅对外来佛教有过重大排斥，而且与外来的基督教也产生过重大的文化冲突。这种冲突与其说是宗教之间的冲突，不如说是官方借用本土宗教与外来宗教产生的冲突。中国历史上的政教关系不是政教合一，而是政主教从或政治为主宗教为辅的独特关系。这不仅与西方从政教合一走向政教分离的文化特色截然不同，而且与西亚、北非的伊斯兰教世界也不相同。

"礼仪之争"的伦理焦点是基督教"只拜耶稣，不拜其他人"的伦理，包括不拜父母、不拜皇帝。基督教这种伦理必然与中国官方和民间伦理发生冲突。

礼仪之争是一个过程，是贯穿于整个17世纪中国天主教发展史的一件十分重大的事件。礼仪之争在一开始仅仅发生在中国的外国天主教内部，主要是产生于耶稣会内部的争论。17世纪西方天主教各主要修会先后来到中国传教，他们面临的主要问题是如何认识中国传统文化的内核，即儒家文化的识别问题。在修会之间、甚至修会的内部，对儒家文化的宗教性认识由开始的分歧到后来的激烈争论，分歧与争论的焦点有两个。

其一，中国人的祭祖、祭孔活动的性质是宗教性的，还是礼俗性的。以利玛窦为首的一派把祭祖、祭孔理解为对祖先和圣人的崇敬之情，认为并不属于宗教，而属于民俗，因此认为"儒教"不是天主教应当排斥的异教。以

---

① 张英：《东南亚佛教与文化》，中央民族大学出版社1999年版，第196页。

龙华民为代表的人则相反，认为祭祖、祭孔就是宗教，是基督教历来反对的偶像崇拜。

其二，西方"造物主"翻译为中文时的译名之争，即译为"上帝"好，还是"天"和"天主"好。这不是简单的译名问题，而涉及到外国人对儒家文化宗教性的根本认识问题。上帝、天、天主这三个名词都是从中国典籍中翻捡出来的，它们究竟是指自然的天还是高高在上具有人格的神，还是有分歧的。

开始传教士把拉丁文中的上帝"Deus"的音译为中文"徒斯"，后来通晓汉文的罗明贤在《史记·封禅书》中发现了"天主"，利玛窦在《诗经·大雅·大明》中发现了"上帝"，在宋明理学发现了"天"。之后，"天主""上帝"和"天"被广泛运用。

当时有一个未能解决的问题是，中国教徒是否应一下子全盘接受欧洲的礼仪问题。利玛窦是温和派，主张渐进接受。但利玛窦去世后，继任耶稣会中国教区的区长龙华民是个极端派者，他反对使用"天"和"上帝"，为中国教民洗礼后，要求入教者捣毁祖先牌位，不得祭祖。但这种激进的做法冒犯了当地民众和士绅，最后被赶出了韶州。后来龙华民上奏罗马，交给著名神学家讨论，请求不再使用"天"或"上帝"，而使用拉丁文的音译"徒斯"。但其结果是，利玛窦一派的意见得到赞同。1628年，中国的耶稣会在嘉定召开会议，讨论礼仪之争中的核心问题即译名和礼仪问题，中国天主教徒徐光启、李之藻、杨廷筠等人列席会议。讨论结果是在礼仪问题上达成一致，不把祭祖祭孔视为偶像崇拜，而与圣经"十戒"中的"当孝敬父母"视为一回事；在译名上各退半步，禁止使用"上帝"和"天"，也不使用音译，只用"天主"一名。1633年，耶稣会士再度集会，决定恢复使用"上帝"和"天"之名。这样，发生在耶稣会内部的礼仪之争告一段落。这种耶稣会内部的礼仪之争对中国社会并没发生什么影响。

后来欧洲两个古老的修会多明我会和凡济各会挑起新的争端。1632年，这两个修会进入中国传教。它们在欧洲就一直在平民中间传教，到了中国也坚持在中国平民中间传教，并未走耶稣会的上层路线道路。他们看到耶稣会允许中国信徒走出教堂再入孔庙祭拜，感到大为震惊，于是整理成材料，先拿到菲律宾讨论。然而，菲律宾马尼拉大主教虽先是谴责耶稣会，但后又收回。于是，他们启程罗马，请求教廷仲裁，对耶稣会进行了17条指控，涉及到对造物主的称呼、祭祖、祭孔、事死如事生、祖宗牌位、叩拜皇帝、悬挂"敬天"匾额、放高利贷等。7位神学家经过讨论，教宗于1645年9月12日禁止使用"上帝"来称呼造物主，禁止中国教徒祭祖祭孔。由于当时清兵入关，战争频繁，社会动荡，这一禁令未能得到认真执行，对中国教会也没有产生多大影响，但却引起中国耶稣会的不安。从后来礼仪之争的预警角度看，当时的中国耶稣会可谓先知先觉者。

中国的耶稣会也禀告罗马教廷，详细报告了中国传统习俗，否认儒家礼仪是欧洲崇拜，祭祖祭孔并非迷信。于是，罗马教廷根据耶稣会的报告，在1656年3月23日，教宗亚历山大七世颁布命令提出，中国礼仪纯属文化活动，不是欧洲崇拜，只要不违背天主教的基本信仰，中国教徒只要声明自己的信仰，可以按照自己意愿决定是否参加非基督教的祭祀亡灵的活动。这一命令显然与1645年的命令相矛盾。

多明我会士鲍良高1669年跑到罗马质询教廷，问这两个通谕是否具有同等效力。答复是，应"根据具体问题、具体环境以及这些问题和环境所表明的各种情况遵守之"，① 并没有决定适用1645年还是1656年的命令。这样，他们只好等待时机。1664年，杨光先掀起历狱，21名耶稣会士、3名多明我会士、1名各方济各会士全部被软禁在广州。传教士为此召开会议，解决分歧。1667年12月18日之后开始了为期40天的会议，讨论中国教务中的42个问题，决定遵守1656年的命令。多明我会的会长闵明我先是跑到澳门，后在欧洲出版著作，指责中国礼仪为异端，攻击耶稣会士容忍中国礼仪的做法，为此再度点燃礼仪之争的火焰。阎当以宗座代牧的身份发表牧函，通令在其管辖的福建教区内所有教徒都须一致遵行下述禁令：②

（1）为统一称呼唯一真神的名词起见，用"天主"名称，而欧人的"徒斯"（Deus）或中文里的"天"和"上帝"则一概除去。

（2）在教堂内所悬挂"敬天"的匾额，在牧函公布日起两个月内取消，以后不准再用。

（3）教宗亚历山大七世时，卫匡国呈请圣职部批准的礼仪案，因许多不符事实的地方，所以信众们不能享用。

（4）须禁止每年两次祭孔祭祖的隆重典礼。

（5）废除为亡者所立的牌位，或至少除去牌位上的"神"或"灵"字。

---

① 赖德烈：《中国基督教传教史》，麦克米伦出版社1929年版，第138页。
② 转引自徐宗泽：《中国天主教传教史》，上海书店1990年版，第100—101页。

（6）有许多术语，如不谨慎，能使人误会而开异端之路，例如："若适当的领悟中国哲学和教规无异"；"古贤达们愿把'太极'为天主是万有的真原作定义"；"孔子用于衪明的敬礼是文化而非宗教性的"；"称作经的古籍是极好的物理和伦理的纲领"等等。

（7）关于学校教科书，不该混入无神思想和异端邪说的书籍，致使和教规抵触。

由于这一牧函没有超出罗马教廷赋予他的宗座代牧的权限，所以这一牧函是在执行罗马教廷赋予他禁止中国礼仪的使命，这一牧函的发表意味着罗马教廷直接干预中国礼仪的开始。这一严禁中国礼仪的做法一开始就在阎当管辖区内引起混乱。首先引起在中国的耶稣会与阎当的严重分歧和激烈争论。耶稣会士感到，这样争论下去对在中国的传教事业不利，于是1692年委派耶稣会士李明到罗马申述和辩解。李明于1696年出版《中华现势录》，书中赞誉中国人的道德纯美，批评欧洲人的腐化堕落。但这种批判遭到相反效果，结果在欧洲，反对中国礼仪的意见占了上风。1700年，巴黎大学的神学家为此召开30次会议，最后发表宣言支持阎当，反对中国礼仪。

在华的耶稣会士把发生在欧洲的礼仪之争提到康熙皇帝面前，康熙当然赞成耶稣会士的意见。然而，罗马教廷却赞成阎当的意见，教宗克雷芒第十一世发布禁止中国礼仪的禁令。因此，罗马教廷与清朝政府开始发生正面冲突。在此之前，本来康熙得病，被传教士治好，特别嘉奖在北京北海建立北堂（天主教堂），营造了天主教与中国官方的和谐气氛，但在此之后，中国官方与罗马教廷直接发生了礼仪之争的宗教冲突。

罗马教宗克雷芒第十一世发布禁令后，派遣谕多罗主教为首的使团携带通谕来到中国，1705年4月3日抵达广州。在中国的耶稣会士劝解下，多罗不敢坚持立场。1705年12月31日，多罗在觐见康熙时，为避免陷入僵局，闭口不谈禁令之事，只说代表罗马教廷向皇帝请安，所以多罗一行受到了康熙的欢迎。康熙听说阎当是中国主教，于是召见阎当，随手指着身后匾额问是否认得中国文字，但他只认得其中一个字。康熙不满，批道，"愚不识字，胆敢妄论中国之道"。后来阎当被赶出北京。康熙后又下了一道旨意，凡愿意在中国传教的，必须向内务府申请"印票"，凡拒绝领票者一律驱逐出境。多罗于1706年1月25日向全国发出牧函，宣布通谕禁止中国祭祖祭孔的礼仪命令。通谕中明确指出"不守此令者,将被革除教职"。① 中国耶稣会向罗马递交了一份由22名教士签名的请愿书,请多罗收回成命。康熙命令将多罗押解到澳门,交给耶稣会士软禁。罗马教宗得知多罗的处境后,派人送来一顶枢机主教的红色小帽,但多罗已经重病在身,半年后死于澳门。

1715年,罗马教廷发布《自登基之日》,通谕"自今以后凡西洋人传教或再有往中国去传教者,必然于未传教之先在天主台前发誓,谨守此禁止条约之礼"。康熙得知后大怒,命令不得在中国散发《自登基之日》的内容。后来,教宗第十四世通谕,严行禁止中国礼仪,违反者立即调回欧洲接受处罚。这种情况一直维持到鸦片战争才有所松动。1939年12月8日,教宗庇护十二世收回祭祖祭孔的禁令,在中国执行了250年的禁令终于解除。

中国礼仪之争不仅对中国天主教的历史发展,而且对西方汉学研究,以及对中国文化的自身认识都产生了极其深远的影响。② 当时的历史结果是基督教在中国无效和非法,影响了当时基督教在中国的传播:"中国礼仪之争是导致康熙晚年禁止天主教传播的直接原因。此后,雍正、乾隆、嘉庆和道光年间连续实行禁教政策,尽管罗马教廷以后继续派遣传教士到中国传教,中国朝廷中仍然活跃着一大批有特长的传教士,但是天主教在全国的传教活动环境大大恶化,基本上是处在非法和秘密状态。可以说,从此以后,中国天主教一蹶不振了。"③ 外国传教士耶稣会士宋君荣描写了这种衰败景象:"教堂已成废墟,教徒已鸟兽散,传教士被驱赶并集中到广州,中国唯一开放的口岸,不许进入内地,天主教本身几乎遭到禁绝。……是我所见的这个原以为比较容易接受福音的国家所呈现的可悲景象。"④

礼仪之争是儒耶两种文化中心论的焦点,是西方文明与中国传统文明的民族文化冲突,所以显得异常激烈。

---

① 李天刚:《"中国礼仪之争":历史、文献和意义》,上海古籍出版社1998年版,第67页。
② 晏可佳:《中国天主教史》,宗教文化出版社2001年版,第113—114页。
③ 晏可佳:《中国天主教史》,宗教文化出版社2001年版,第116页。
④ 江文汉:《明朝间在华的天主教耶稣会士》,知识出版社1989年版,第69页。

| 下篇 |

全球伦理（球族伦理）

继氏族伦理、王族贵族伦理、国族伦理之后，与之相匹配的是球族伦理，其实就是人们通常所说的全球伦理。国家伦理与国族伦理，以及全球伦理和球族伦理本质上是一回事，但也有微妙的差别。国家伦理和全球伦理强调的是适用空间范围的不同，国族伦理和球族伦理强调的则是社会伦理主体性的不同。

在人类伦理文明发展过程中，实现了从氏族伦理、王族贵族伦理、国家伦理、全球伦理的逐级提升。每一次提升都是一次质的飞跃，但最大的飞跃是从国家伦理到全球伦理的提升。每一次伦理的飞跃都把人类共同体提升到新的更大规模的水平，从类人猿无伦理状态发展到氏族伦理社会，再到王族和贵族轴心伦理社会，再到近现代意义上的国家时代的公民伦理社会，最后基于全球伦理，人类社会才能提升为人类命运共同体。在以往任何发展阶段都不可能实现人类共同体的理想，全球伦理的兴起正是这个大事变的根本枢纽。

第六章　全球伦理的兴起及其影响

如何理解全球时代呢？不同的学者闪烁着不同的智慧，进行了不同的表述。对于我们现在所处的新时代，人们常用"全球化的时代""知识经济时代""大科技时代""电子技术的时代""信息化时代"，国际关系学者则用"新中世纪时代""历史终结的时代""培植星球意识的时代""全球大市场开放社会的时代""公民权利的时代"等来揭示时代变迁的社会特质，以"伦理视野"来观照国际社会的发展将是21世纪国际关系理论研究进行价值提升的必然途径。[①] 笔者认为，如果从伦理学角度审视，实现人类共同体社会的提升是基于全球伦理才可能实现的，或者说只有人类文明进入到全球伦理时代，才会实现"人类（命运）共同体"的梦想。

第一节
全球伦理的兴起

现代人类经过了300多年的发展，终于意识到必须启用全球伦理、全球法治等全球治理的方法来解决全球问题。18世纪诞生了民族国家，西方国家率先发展了工业革命，就已经埋下了全球问题的种子。19—20世纪是人类普遍实现了国家化的时代，随着工业化发展模式的普及化，全球问题逐渐浮出水面并日益威胁到人类的生存与发展。20世纪，人类相继经历了三次新的技术革命，从而召唤了全球化时代。1942年的电脑革命把人类带入信息时代，1945年的核能革命把人类带入原子能时代，1957年的航天革命把人类带入太空时代。20世纪末21世纪初，民族国家的"主权"意义相对减弱，代之而起的是"贸易国家"、地区性的"合作国家"，目的不是扩张领土，而是发展

---

① 余潇枫：《国际关系伦理学》，长征出版社2002年版，第1页。

贸易，从而启动了全球伦理时代，虽然国家伦理在很大程度上依然是时代主流。余潇枫提出，这意味着启动了"类伦理"[1]的发展时代。虽然全球伦理的兴起是人类社会客观发展的过程，但是全球伦理范畴的提出却是发生在学界的事情。

一、全球伦理范畴的产生

众所周知，以前在人类生活中并没有全球伦理这个理念，在学界也没有全球伦理这个范畴，全球伦理只是20世纪90年代后才开始流行的一个崭新概念。有的学者认为，"迄今为止，人们对普世伦理或全球伦理的方法论思考，仍处于一个十分矛盾的初步探询阶段，没有取得哪怕是大致相似的学术共识。"[2] 全球伦理是一个非常复杂的全球性现象，"由于开创性，这一理论的深度与完备性都还有许多欠缺，概念还相当模糊。'全球伦理'理论提出以后，在国际上引起了颇大关注和反响"。[3] 所以，学界对全球伦理进行了较为广泛的探讨。目前学者对全球伦理在概念上有8种不同表述，包括普遍伦理、普世伦理、普适伦理、全球伦理、世界伦理、世界道德、底线伦理、全球意识伦理。可见，全球伦理只是其中的一种表述。即便是21世纪初，人们对全球伦理的认识也还处于初级探索的阶段。

其实，全球伦理是在全球问题严重到必须解决的时代才提出的。由于全球危机的不断扩大，现代性遭受了前所未有的质疑和批判。孔汉思将之归纳为四个方面，即空有科学，却无智慧来预防科学研究被误用；空有技术，却无宗教力量让高效能的大型科技不可预知的危险受控制；空有工业，却无环保来抵御持续扩张的经济；空有民主，却无道德来制衡有权势的个人和团体巨大的利益。[4] 这"四大空有"不单是对现代社会弊端的尖锐批判，而且是对现代病的如实写照，更是对全球问题的高度概括。

为此，1993年8月28日到9月4日，第二次世界宗教会议在美国芝加哥顺利召开，来自世界上120个宗教的代表参加了会议，通过了世界历史上第一份《全球伦理宣言》，提出世界历史上第一个全球伦理划时代的文件。这就是"全球伦理"产生的"宣言"。此后，全球伦理研究不断深入，1998年在

---

[1] 余潇枫：《国际关系伦理学》，长征出版社2002年版，第3页。
[2] 万俊人：《寻求普世伦理》，商务印书馆2001年版，第270页。
[3] 梁作甲、高兆明：《伦理学界对普遍伦理的讨论》，《学术月刊》2001年第3期。
[4] 孔汉思：《全球伦理与禅宗对话》，《禅宗文集》，http://blog.sina.com.cn/u。

北京召开"从中国传统伦理看普遍伦理",1999年在汉城召开亚洲地区的"普遍伦理和亚洲价值"国际研讨会。

不难发现,以往的学术研究比较侧重研究理想状态的伦理关怀,而《全球伦理宣言》更加关注现实存在的全球问题,主要是一种对人类生存危机的现实关怀。可以说,以往的普世伦理范畴侧重认定人类伦理的上限或高尚伦理,而全球伦理则注重发现人类伦理的下限或底线伦理。

《全球伦理宣言》认定,当前全球伦理基础已经存在,能够为一种更好的个人和更好的全球秩序提供可能。全球伦理的基础是各宗教的共同核心价值。孔汉思认为,全球伦理是一种全球价值,具有一定的整体性,而不是各大文明系统分散性的总和,所以全球伦理只能为单数表述即英文的"Global Ethic",不能表述为复数即"Global Ethics";全球伦理是一种态度而非理论。由于涉及全球伦理的一些基本理论问题很难统一,因此搁置基础理论问题,在态度上寻求沟通,这样才使得《宣言》得以顺利通过。最后,大会确定,全球伦理的核心价值是"己所不欲,勿施于人"或"己立立人,己达达人"的黄金规则,并以现代的方式重写了不杀、不盗、不淫、不妄的具体指令。

《全球伦理宣言》提出的基本精神是,全球伦理应包括"一个基本要求"和"四项不可取消的规则"两大结构。前者是指每个人都应该得到人道的对待,后者是坚持一种非暴力和尊重生命的文化;坚持一种团结的文化和一种公正的经济秩序;坚持一种宽容的文化和一种诚信的生活;坚持一种男女之间权利平等与伙伴关系的文化。简单概括为反对暴力、主张社会公正、强调宽容、提倡人人平等。《全球伦理宣言》明确指出,"没有全球伦理,便没有更好的全球秩序"。

《宣言》的影响是很大的,对于全球伦理的产生和发展具有划时代的意义,主要表现在以下几个方面:其一,《宣言》为人类社会的发展提供了新的思路,对解决现实的全球问题具有启示和借鉴意义;其二,《宣言》的提出为宗教界进行对话、沟通提供了平台,有利于世界各大宗教减少误会,和平相处,大大改善了宗教的负面形象;其三,《宣言》表达了对人类社会的终极关怀,有利于引起人们对全球问题的关注,启示主流社会力量关注人类的现实问题。

《全球伦理宣言》使全球伦理作为一种新的思想和理念引起了各国学界、政界领导人的广泛关注,之后,世界各国兴起了一股研究全球伦理的热潮。表6—1中的数字统计就是一个见证。

表 6—1 全球伦理历年出现频率

时间	全球伦理 主题	全文	篇名	关键词
1993 以前	0	0	0	0
1993—1999	28	104	9	24
1999—2004	286	1094	65	263
2004—2009	229	1675	55	182
2009—2010	53	544	7	43
1993—2010	500	2840	115	423

资料来源：中国学术期刊网络出版总库。

从表 6—1 中的数字不难看出，1993 年之前，学界不仅没有关于全球伦理的研究成果，而且没有以"全球伦理"为关键词的主题论文。1993 之后，不仅有了全球伦理的研究，而且呈现增长态势。以全球伦理为主题的研究，从 1993 年的 28 增长为 2010 年的 500，关键词则由 24 增长为 423，探讨全球伦理的论文从 9 篇增长为 115 篇。对此，我们不能不反思，全球伦理兴起的原因是什么。

作为完整意义上的全球伦理并非产生于古代社会，也不会产生于近代，而只能产生于现代。人类从远古发展到近代社会，只有全球伦理的萌芽。在后现代、后工业社会发展中，出现危及人类生存与发展的全球危机，因此全球伦理成为解决全球问题的时代选择，这才结束了全球伦理的萌芽状态。所以，全球伦理的兴起根源于解决全球问题的迫切性，或者说全球问题的出现及其解决的迫切性是催生全球伦理的现实基础。从这种意义上讲，没有全球问题，就不会有全球伦理。

先有全球问题，后产生全球伦理，这符合历史发展的逻辑。如果说全球问题产生于 20 世纪 50、60 年代，那么全球伦理产生的历史则更加短暂。20 世纪 60 年代后，在罗马俱乐部的提醒下，人类才意识到全球问题是人类必须解决的根本性问题。70、80 年代全球问题更加严重，从而导致后来的全球性道德危机。当全球性经济危机与全球问题威胁到全人类的生存时，全球伦理的价值才得以凸显。随着全球化的深入、工业文明的迅猛发展，全球问题对人类生存与发展的严重性和危险性已经接近一个临界点。因此，为解决全球问题而构建全球伦理已经成为刻不容缓的问题。如果以《全球伦理宣言》（1993 年）诞生为标志，全球伦理的"产生"只有二十多年的历史。

可以说，全球伦理的重要性、必要性随着全球问题的严重性、威胁性、危险性在不断提升和叠加。20世纪后半叶全球问题的不断升级基本上催生全球伦理意识的觉醒，如两次世界大战给人类带来了惊人的灾难。参见本书前面关于两次世界大战的分析。

二、全球化、全球伦理的发展

全球伦理将随着全球化的发展而发展，因此全球化和全球伦理都必然是一个动态发展的过程。基于赫尔德和蔡拓把全球化都概括为下述四个发展阶段，[①] 本书著者提出相应的四种伦理发展形态：

其一，全球化的渊源与萌芽期，指15世纪之前的全球化。政治上表现为帝国，环境上表现为跨地区扩散；跨国、扩地区的贸易也已存在，人口的迁移是种常态；文化上不仅有宗教的传播与影响，还出现了种种超国家、超地区的思想与学说，如中国的"天下观"，斯多葛派的"世界城市"与"世界公民"主张。这一切尽管在联系性、流动性、网络性的强度与影响方面都非常有限，但毕竟是我们今天思考和探讨全球化渊源与萌芽的基本依据。

本书著者认为，这是全球意识的潜在发展阶段，是对人类共同体本质的意识，是理论上的世界主义意识，属于前全球伦理发展阶段。然而，那个时代，无论是族群性，还是人类文化，都不具有整体性，因此相应的群体性伦理也不具有整体性，只能说是世界伦理的萌芽（还不能称做全球伦理，全球伦理是现代文明的意识形态），主流的伦理依然是王族意识、王族伦理，后来发展到近代才产生了国家意识、国家伦理，但还没有产生全球意识和全球伦理。

其二，全球化的成长期，是指15世纪至19世纪70年代。地理大发现拓展了人们的时空视野，新型资本主义生产方式要求并开辟着世界市场和世界性交往，19世纪70年代欧美工业革命的完成为世界经济的诞生夯实了基础。这三大要素把人类推进"世界历史"时代。其间，移民潮，疾病的传播，不

[①] 赫尔德在《全球大变革：全球化时代的政治、经济与文化》一书中提出，全球化经过前现代的全球化（9000年至1100年前）、现代早期全球化（1500年至1850年）、现代的全球化（1850年至1945年）、当代的全球化（1945年至今）。转引自蔡拓：《全球学导论》，北京大学出版社2015年版，第34页。蔡拓在此基础上，提出了新的全球化四分法，即全球化的渊源与萌芽期、全球化的成长期、全球化的成型与反复期、全球化的提升与变革期。转引自蔡拓：《全球学导论》，北京大学出版社2015年版，第37—39页。

同文化思想的碰撞与扩散，世俗的、宗教的帝国权力的更迭和演变，军事战争等，都从不同角度、不同领域展示着全球化，使人们对世界的整体性、联系性有了更多的认识。这种整体性和联系性又因世界经济与国际事务日益增多的管理的制度化，以及以铁路、机械化铁船为代表的技术支撑，得到持续性增强。总之，这个阶段的全球化在流动性、联系性、网络化、制度化方面都有了长足发展与进步，已成长为被人们感知到的而不是虚幻的全球化。当然，帝国霸权、欧洲中心、精英色彩以及制度远为不足等仍然是该阶段明显的特征。

本书著者认为，上述描写的只是全球西方化或者西方全球化时代，其政治使命是把基督教和自由、平等、民主、法治等西方价值观逐渐向全世界推行，不同文明之间主要是东西方文明价值观在激烈地碰撞；国家伦理不断增强，西方化的全球伦理也逐渐部分全球化，但还没产生真正的全球伦理。全球第一次通过军事瓜分世界，进行了一次全球化洗礼，确切地说是军事瓜分全球化时代，属于西方价值观强迫同化（包括西方人的推行和东方人的不得不崇尚或错误崇尚）和非西方被动接受的阶段。全球整体性仅仅在军事经济层面、部分政治层面肤浅地滋生并发展着，但还未能把全球整合为一个地球村。人类整体还没有从伦理实践上产生全球伦理的现实需要。

其三，全球化的成型与反复期，指19世纪70年代至20世纪70年代。这一百年既是全球化大发展，并最终成型的阶段，又是历经两次世界大战和经济大萧条的冲击与磨难，导致全球化大反复、大曲折的阶段。全球化的成型表现为世界的流动性、网络化、相互依存性已达到空前程度；在金本位制度基础上，全球生产、全球贸易、全球金融已是基本事实和常态，多边与多层次的管制与治理更加制度化、规范化。超国家、跨国家事务与现象明显增多，全球意识、全球价值、全球观念的影响与渗透显著提高。到了20世纪70年代，可以说人类已发展到一个新阶段，全球化进入"地球村"时代。但恰在这一百年间，全球化又经历了一次大反复。如果说第一次世界大战前是该阶段全球化的巅峰，那么经过两次世界大战的蹂躏和20世纪20—30年代世界经济大萧条的破坏，全球化的进程被严重阻塞。无论是政治、经济、社会，还是文化领域，均出现了以封闭、对抗为特征的逆全球化现象，倒退的景象处处可见，巨大而沉痛的血的教训足以让人类深刻反省。所以，二战后全球化的进程很快又被恢复，并在复兴中成型创新，显现出新的形态。

本书著者认为，在全世界资源的争夺中，全球化进入"地球村"时代，产生了联合国、非政府组织的连锁现象，有了全球军事安全意识，从而萌芽了全球安全伦理问题。全球安全成为时代主题，但全球整体性还不够深入；全球问题的严重性还没有引起人们的足够重视；全球伦理意识还没有产生。

其四，全球化的提升与变革期，指20世纪70年代至21世纪。近现代的全球化在走过500年的历程后，进入当代全球化时期。那么，为什么把这个时期称之为提升与变革期，为什么要以20世纪70年代划界呢？如前所述，全球化在第三个时期已经成型，尽管其间有大的反复，但无论是从地理空间、领域范围、制度化、组织化程度、物质技术基础，还是文化观念、伦理价值上讲，到20世纪70年代，全球化的清晰度、持续性、被感知度都达到了前所未有的高度。但是，近现代的全球化在70年代以前一直表现出明显的西方中心和国家中心的特点。西方中心毋庸置疑，因为资本主义生产方式的生成与向全球扩展，西方世界的崛起与称霸，的确是近现代全球化进程的伴生物，或称之为最主要的内容。国家中心既是体制安排与制度建设的轴心，又是政治文化观念、伦理价值的精髓。正是上述两个特征、弊端的存在，使我们有理由把全球化进程中的前三个阶段称之为历史上的全球化，从而与事实已经体现出新质与新特征的当代全球化区别开来。而要摆脱或超越西方中心、国家中心的全球化，就必须在观念和制度上进行提升和变革，这正是第四阶段的全球化需要正视和承担的历史任务，也是我们把该时期称做全球化的提升与变革时期的缘由。蔡拓先生给出的答案更加明确，"为什么以20世纪70年代划界，而不以1945年或1990年划界，是基于以下几点考虑。首先，20世纪60、70年代全球问题日益凸显，环境、人口、粮食、能源、南北差距开始成为国际社会的主要议题，并受到空前关注。其次，以罗马俱乐部为代表的贤人志士开创全球问题研究，倡导并传播全球意识。再次，布雷顿森林体系的解体宣告美国霸权的衰落，七国集团的建立意味着多边主义作用的提升。最后，约占世界人口1/5的中国开始了改革开放，苏东地区的改革也在艰难中向前推进。总之，正是从这时起，世界面临的共同问题更加突出，世界的相互依存性和整体性日益鲜明，反思和超越西方中心、国家中心已具有了更广泛、更现实的社会基础。而1990年两级格局的解体，不过是为这一趋向增加了新的砝码和证明"。[①]

本书著者认为，全球问题凸显时代才是全球伦理软着陆和诞生的时代。因为全球问题先行，政治经济军事先行，全球伦理滞后，全球伦理恰恰是以解决日益严重的全球问题为己任的伦理方案。

[①] 蔡拓：《全球学导论》，北京大学出版社2015年版，第38—39页。

韦正翔认为:"全球伦理的构想应该分为两个阶段:过渡阶段和完成阶段。在过渡阶段中,主权国家仍然发挥着很大的作用;而在完成阶段,全球已经一体化为一个全球社会。由于这个过渡阶段非常漫长,因此需要构想一种过渡时期的全球伦理体系。而完成阶段的全球伦理的构想是个长期的演变过程,最后由未来的学者根据未来的社会现实去构想。"① 本书著者赞同其中"未来一定要走向全球社会"的观点,这是由全球问题及人类的出路决定的;过渡阶段是非常漫长的,但并不认为未来全球社会并为一个一体化的世界,而认为是"和而不同"的大同世界,因此主张用"全球统一体"来代替"全球一体化"的理念。

教科书通常把伦理与道德相提并论、混为一谈,其实二者是不同的。道德是一种主体性自觉,伦理是一种社会关系的客体性的行为规范。韦正翔认为,在全球伦理体系中应该把伦理和道德区分开来,理由是:"伦理规范是道德规范的起点和终点。伦理规范指的是合理地组织社会的规范。伦理规范的对象是社会群体而不是个体。这种合理性建立在大众的共识的基础上。这种伦理规范主要包括对社会的各个领域的规范。……自由和平等主要是经济领域的伦理规范,人权和民主主要是政治领域的伦理规范,不能把这种伦理规范随意泛化。而对个体的行为的规范就是道德规范。道德规范的对象是个体的行为,而这种规范的必要性来自伦理规范的需求,它是伦理规范在个体行为规范上的表现,但角度是很不一样的。"② 本书著者非常赞同上述看法。但是绝不认为道德只是一个线性存在状态,其实道德的存在是个区间,是从道德底线到道德情操,是从下限到上限。伦理是底线道德,我们不能强迫所有人都高尚,也没有理由反对有的人追求高尚,不同层次的人的追求本来就不同。道德主要是一种主观的良知,伦理则是客观行为规范。伦理是一种"不得不"的"必须",而道德则是一种理应如此的"应该"或"应当"。

韦正翔在《国际政治的全球化与国际道德危机》一书中把西方的国际道德发展分为四个阶段。第一阶段是公元前500—100年的古希腊社会,叫做"海伦的国际社会",被罗马人所灭,直到中世纪;第二阶段是1300—1500年的近代国际道德,发端于意大利,叫做"意大利国际社会";第三阶段是1650—1950年的欧洲,叫做"近代欧洲国际社会";第四阶段是1950至今的国际社会,叫做"全球国际社会"。

---

① 韦正翔:《国际政治的全球化与国际道德危机》,中国社会科学出版社2006年版,第329页。
② 韦正翔:《国际政治的全球化与国际道德危机》,中国社会科学出版社2006年版,第331页。

本书著者认为，上述看法探索了国际社会国际伦理（包括全球伦理）的发展趋向，但还有很多尚待深入研究的问题。

首先，以往的理论并没有捕捉到国际伦理的核心即群体利益。其实，只有从社会核心群体利益的角度，才能真正找到决定国际社会伦理发展的规律。从宏观看人类伦理的发展史，人类伦理是从氏族伦理到王族伦理，再到民族国家伦理，最后到全球伦理；其伦理维护的利益发展规律是，氏族伦理取决于氏族利益，氏族社会向阶级社会转变取决于社会核心利益从氏族利益转变为统治阶级利益；从帝国社会转变为民族国家社会，决定了王族和贵族利益向国家利益的转变；20世纪末以后相当长的历史阶段，从国家利益提升为全球利益或提升为全球利益与国家利益并存，因此国际伦理也就从国家伦理提升为全球伦理或全球伦理与国家伦理并存的时代。也就是说，决定人类伦理发展规律的是其背后的利益发展规律，即人类利益从氏族利益到王族利益，再到民族国家利益，最后到全球利益。

国际伦理的本质是国际社会群体利益角力的结果。氏族社会只有边界纠纷，还远远没有形成国际社会。人类社会发展到帝国时代，只有边陲没有国界，国际伦理保护的核心利益是帝国的王族利益和贵族利益，产生地缘性的国际社会，还未能产生全球性的国际社会，因此也不会产生全球伦理。近代，帝国形式为民族国家形式所取代，因此在西方产生了以国家伦理治理国家社会、以"万国法"伦理治理西方社会、以战争列强方式瓜分世界的理念。所以，在民族国家时代，也没有真正的全球伦理。只有全球问题严重到必须建立全球伦理的时代，以及非西方社会逐渐强大起来，真正的全球性国际社会和全球伦理才会形成。因此，20世纪末只是全球伦理萌芽的时代。

其次，以往西方国际伦理的理论忽视了全球性社会伦理的构建，不仅忽视了国内伦理与国际伦理之分，而且错误地把国际社会区分为文明社会和非文明社会、文明国家和无赖国家，从而适用双重标准。本书著者首次提出国内伦理、文明社会的国际伦理与全球伦理的分界理论：国内伦理主要适用范围是国内社会的内部成员，人类社会发展到近代列强时代，在欧美价值观体系中，威斯特伐利亚国际体系只适用于欧美世界，并不适用于全世界，西方社会把非西方社会视为非文明社会甚至是野蛮社会，因此适用双重伦理标准。在全球伦理时代，人类才真正进入到扬弃西方双重标准的时代，进而提升为一个标准，即全球伦理标准。

再次，构建全球伦理到底是不是乌托邦，这在学界还是有争议的问题。基于构建全球伦理的种种障碍，有些学者认为，构建全球伦理说到底只是一个乌托邦。相反的观点则认为，构建全球伦理并不是乌托邦，而具有迫切的现实需要和现实依据。有的学者提出构建全球伦理的现实依据包括"生态上的相互依赖；经济上的相互依存性；政治上由对抗走向对话；网络社会初见端倪；全球意识的逐步形成"。① 它的提出，正如马克思在谈到社会形态演变时所指出的那样，"人类始终只提出自己能够解决的任务，因为只要仔细考察就可以发现，任务本身，只有在解决它的物质条件已经存在或者至少是在生成的时候，才会产生"。②

总之，全球伦理是全球化发展到当代全球范围内的伦理。20世纪末至21世纪初，全球伦理作为一种新生事物只是处于初级发展阶段，因此在很多方面还具有很多不成熟的征候。

三、现代人类伦理阶梯横剖面

人类伦理在人类历史发展长河中呈现从氏族伦理到古代国家伦理，到近代国家伦理，再到现代全球伦理的动态发展规律，在现代社会生活中则又呈现各种伦理交错存在的横剖面。前者是纵向发展，后者则是横向分析。或者说，横向静态不过是纵向动态的横剖面。对于这个横剖面，如果按照伦理主体的多少，人类伦理呈现一人伦理、二人伦理、家庭伦理、社区伦理、职业伦理、民族伦理、国家伦理和全球伦理逐级提升的全息伦理剖面谱系。

上述全息伦理剖面的每一层实现的伦理追求本质都不一样：一人伦理的本质是自爱；二人伦理的本质是仁爱；家庭伦理的本质是亲爱；邻居伦理和社区伦理的本质是邻爱；职业伦理的本质是责任；民族伦理的本质是族爱；国家伦理的本质是爱国；全球伦理的本质是爱人类。只有最后的爱，人类才实现了堪称为博爱的全球伦理。

一个人是否有伦理？这是一个仍在争议的话题。一人状态有很多不同境遇。孤岛上的鲁滨逊当然没有伦理问题，但在嘈杂社会追求"独处"则必定是一种美德。一个人独处时是不是能够爱自己？很多人不能独处，只有孤独，因此做不到爱自己，这对自己是不道德的。只有少数人能够独处而自爱。这都是伦理问题。

二人伦理和三人伦理、多人伦理有什么区别？人数由少到多，基本上可

---

① 卢云军、陈建东：《全球伦理的建构何以可能》，《江西社会科学》2003年第2期。
② 《马克思恩格斯选集》第二卷，人民出版社1995年版，第33页。

以认为二人伦理高于一人伦理，三人伦理高于二人伦理，民族伦理高于家庭伦理，国家伦理高于民族伦理，全球伦理高于国家伦理。

二人伦理的字诀是"仁爱"。二人伦理的表现形态是多种多样的，包括恋人、朋友、知音、同学、同事、夫妻、父子、母子等等。当然，二人伦理的正价值是"仁爱"。何谓"仁"，见仁见智，赋予仁爱内涵各不相同，因此很难统一，伦理也有个性的一面。此外，二人伦理还有负价值。

高于二人伦理的是家庭伦理。家庭伦理的根本是爱与亲，简称为"亲爱"。对家庭成员不爱、不亲，就是没有做到家庭伦理。子女对父母的孝顺、父母对子女的呵护和爱护都是家庭伦理的要求。

大于家庭伦理的是邻居社区伦理和职业伦理。邻居伦理追求的是和睦关系。社区伦理的本质是能够给予邻里以和睦、宁静、环境之爱。很多人养狗糟蹋电梯，狗尿遍地；在自己家里高声唱歌、蹦迪；纵容孩子大声喧哗等等，都是缺乏社区伦理的表现。

职业伦理的本质是"爱（负）责任"。不同职业有不同的伦理要求，职业伦理仅限于职场当中。保证自己经营的职业或商品的品质与数量，才是合乎职业伦理的。特殊的职业有特殊的伦理。泰坦尼克号的船长为什么最后一个下船？飞机驾驶员在飞机出事时第一个跳伞行吗？答案是"不能"，那正是职业伦理的要求。

高于家庭伦理、社区伦理和职业伦理的是民族伦理。民族伦理的要求是"爱族"。尊重民俗是民族伦理的基本要求。一个不爱自己民族的人是没有民族伦理的人。

高于民族伦理的是国家伦理，国家伦理追求"爱国"，几乎所有国家都提倡"爱国主义"，并将之提升到意识形态上。爱国的规范适用国家的所有公民。

民族伦理与国家伦理，在古代和近代往往交叉在一起。岳飞的《满江红》词句是否包含了尖锐的民族伦理问题？

怒发冲冠，凭栏处潇潇雨歇。
抬望眼，仰天长啸，壮怀激烈。
三十功名尘与土，
八千里路云和月。
莫等闲白了少年头，空悲切。

> 靖康耻，犹未雪；
> 臣子恨，何时灭！
> 驾长车踏破贺兰山缺。
> 壮志饥餐胡虏肉，
> 笑谈渴饮匈奴血。
> 待从头收拾旧山河，朝天阙。

诚然，岳飞所处的年代还不会有全球伦理。然而，岳飞的诗句是否存在严重问题：

第一个问题：如果以现在的中华民族伦理为标准，那么岳飞的"壮志饥餐胡虏肉，笑谈渴饮匈奴血"是符合中华民族的伦理，还是现在的中国伦理？这是一种国家伦理，还是大汉族伦理？这是不是连人道主义精神都丧失的狭隘民族意识？提出这些问题的是民族学研究专家郝时远。他提出的问题是合理的：如果在宋代岳飞的诗句是合理的，那么在现代中国的中学教科书中还在大力提倡岳飞的诗句，显然就不合理了，就存在上述所提系列问题。

这里需要澄清的问题是：上述反思显然不适用于岳飞。我们要历史地看待岳飞。当时的"胡虏"和"匈奴"不是中华人，而是外族人，现代的中华民族则包括"胡虏"和"匈奴"的后代，用现代时过境迁的民族状况去分析岳飞显然是愚蠢至极的。凡事要历史地看待，在岳飞时代，"壮志饥餐异族肉，笑谈渴饮异族血"在各民族是一个普遍存在的问题，宋代周边少数民族对中原民族的骚乱与屠杀的野蛮性远远甚于汉族对异族的处理方式。在那个时代，很多民族都很野蛮，而且汉族的野蛮性远远不如有的周边民族。

岳飞的《满江红》是否能上中学语文课本，的确成为现代中国人思考的问题之一。对于岳飞的《满江红》，不仅郝时远提出过合理质疑，也有其他少数民族提出过质疑。如当代爱情诗人席慕容（女，蒙古族）。她1943年生于四川重庆，祖籍察哈尔盟明安旗贵族。她在台湾地区曾多次给台湾教育部门写信，要求把岳飞的《满江红》从中学音乐课本中删除，把岳飞的民族称号从台湾历史课本里拿掉，均被台湾教育部门驳回。她在接受中央电视台采访时说，每次听到《满江红》，就会为被杀的少数民族同胞感到痛心。笔者认为，在现代中国，岳飞的《满江红》诗句的确不宜作为全国各民族的中学语文教科书范文了。因为现在的中华民族是56个民族的多元一体，不是汉族的标志，在现代我们要反对大汉族主义（但是在宋代则不同）。

第二个问题：岳飞的伦理精神是国家伦理吗？岳飞的伦理精神不过是对

昏君的一种愚忠而已，绝不可能是国家伦理。岳飞的国家意识，不过是一种假想的国家，实际上他保护的不过是一个愚蠢的皇帝罢了。在当时，与其说是国家伦理，不如说是忠诚于王族利益的王权伦理。对此，一方面，宋代中国之天下就是汉族的国家，因此这无疑既是一种民族伦理，也是一种国家伦理。另一方面，宋代的国家表现形式是王权主义的，"朕即国家，国家即朕"。岳飞不可能跳出那个时代的局限性。相反，岳飞保家卫国的民族精神是合理的。宋代的国家，不是当今中国之国家，不能相提并论。问题出在宋代中国民族文化认同，而不是岳飞。

高于国家伦理的当然是全球伦理，问题是"爱国"重要呢，还是"爱人类"重要？一个人连人类都不爱，爱国有什么意义？反过来说，一个人连祖国都不爱，怎么可能爱人类呢？何谓全球伦理？简单地说，全球伦理就是为了解决全球问题而形成的关怀整个人类命运的、基于全球利益而保护个人利益的社会伦理规范。只有我们这个时代，人类才发展到了人类命运和个人命运"一荣俱荣、一损俱损"的时代，才会出现全球伦理。全球伦理的适用范围是拥有世界公民意识及行动的人。可以肯定的是，一个人仅仅忠诚于国家，具有国家伦理，但实际上做着损害全球利益的事情，就不能说具有全球伦理，那么他的人格品味也是低的。不是所有人都有全球伦理，只有少数人才有全球伦理。全球伦理的要求是"爱人类"。爱全球人才是爱人类，远远超出爱自己、爱家人、爱民族、爱祖国的水平，即爱那些与自己毫不相干的人。

说到底，伦理的本质就是忠诚。伦理是多层面的，一个人有多少层忠诚，就会有多少层伦理，所以"是否忠诚"成为伦理的根本。任何一个人的每个层次的忠诚度是不同的。一个人会给予不同伦理层次多少忠诚度呢？这取决于一个人的能量、内涵、层次。

如果说古代氏族社会的伦理是一种自在状态，本质是为全体社会成员服务的，那么到王族社会或者贵族社会的伦理则是一种为官状态或者官主民从状态，近代国家社会的伦理则是一种民主状态，后两种都是社会自主状态；那么，全球社会的伦理则是一种社会自为状态，标志着人类伦理阶梯提升到最高境界。

在本书著者看来，无论是从宏观看人类伦理的发展高度，还是从微观看个人伦理的认同高度，全球伦理都是人类伦理链条的最高位阶。一般来讲，伦理发展的过程是从家庭伦理到民族伦理，再到国家理论，最后到全球伦理；这是人类伦理层次不断攀升或提升的链条过程。在这个伦理链条中，民族伦理高于家庭伦理，国家伦理高于家庭伦理、民族伦理，全球伦理高于国家伦理。

从微观看个人伦理认同的分布图，乃是一个饶有兴趣的交叉网络。从单向度视角看，即从个人伦理认同视角看，按照伦理认同强弱程度顺序看，个人的伦理认同阶梯依次是家庭伦理、民族伦理、国家理论和全球伦理。认同伦理层次人数最多或认可度最强的是家庭伦理，其次是民族伦理，再次是国家理论，最后才是全球伦理。

人因道德伦理修养层次的不同，导致了伦理层次和境界的不同。伦理层次最低的人，只有家庭伦理，连民族伦理都没有，更不可能有国家伦理和全球伦理。伦理境界更高的人，不仅遵守家庭伦理和民族伦理，而且能遵守国家理论，但并不能实现全球伦理。认同并遵循全球伦理是最高层次的人。不是所有的人都能拥有或达到全球伦理的素养，更高境界的人把伦理的适用范围仅仅锁定在具有同民族国家的人群之中。战争中杀死已经投降的敌人，在牢房中虐待战争俘虏，如阿富汗牢房美国大兵虐待囚犯的事件，显然挑战了全球伦理的底线，没有理由认定虐待囚犯的美国大兵具有全球伦理的素质。只有履行或实践全球伦理的人才是伦理最高境界者。

一个人在多大程度上恪守何种伦理层次，取决于其对家庭、民族、国家、人类的忠诚程度。或者说，一个人到底在多大程度上忠诚于不同层面的群体，如对家庭、对民族、对国家、对地球的忠诚各是多少，取决于个人对家庭利益、民族利益、国家利益、全球利益的取舍程度。实际上，每个人都是多重伦理认同者，不过对民族伦理、国家伦理和全球伦理的认同度是不尽相同的。其实，任何一个人都拥有多重伦理认同，只是认同程度不同而已，尤其取决于在其行动中对不同层次群体利益的捍卫的不同。有的人捍卫家庭利益恪守家庭伦理多些，有的人捍卫国家利益恪守国家伦理多些，有的则捍卫民族利益恪守民族伦理多些。无论如何，追求并捍卫全球利益、恪守全球伦理的人最少，但是追求并捍卫全球利益、恪守全球伦理的人会越来越多起来。

如果从阶级、职业的不同角度观察人的伦理，伦理则必然划分为不同阶级伦理、不同职业伦理。"朱门酒肉臭，路有冻死骨"是阶级伦理的写照。

第二节
全球伦理的贡献份额

从全球伦理的主体根源看，联合国和非政府组织对全球伦理的贡献份额是巨大的；从内容根源看，人权保护原则和环境保护等对全球伦理的贡献是不可或缺的。

当今世界，国家权力正在受到来自两方面的非国家行为体的"侵蚀"，一方面受到超国家行为体的"侵蚀"，另一方面受到非政府组织行为体的"侵蚀"。有学者总结道，"一部分新的行为体对国家形成挑战甚至构成威胁。一些行为体，如全球性组织（联合国、国际货币基金组织、世界银行、世界贸易组织）、地区性组织（北欧、欧盟、东盟），它们从'上层'限制和影响着国家；另一些行为体则从'下层'或'侧面'与国家进行竞争，这一类型的国际行为体包括非政府组织（大赦国际、绿党、无国界律师组织、犯罪团伙、贩毒集团、追求独立的种族团体、恐怖主义组织、宗教组织、媒体、宗教组织和跨国公司）"。[①]

人类历史发展过程中，只有发展到了全球伦理、全球利益、全球价值的时代，弱肉强食的森林法则才会受到严厉的挑战，人权原则才会登上人类国际社会的历史舞台，强弱法则才开始受到以人权原则为轴心的善恶法的制约。这是人类伦理发展史上的最大一次飞跃。所有这一切，都是以联合国的诞生为契机的。联合国对全球伦理的贡献份额最大。

一、联合国对全球伦理的贡献

经过两次世界大战后，战胜国组建了联合国，其成为国际社会制约国家利益、国家伦理的国际权威机构，扭转了人类历史发展中弱肉强食森林法则成为唯一支配国际事务规范的局面。联合国的诞生不仅意味着全球性事务的开始，而且意味着全球伦理、全球治理的萌芽，尽管当时还没有产生全球伦理、全球治理的理念。联合国的议事规则和提倡的伦理规则已经是潜在的全球伦理了。可以说，联合国的诞生叩开了全球伦理、全球治理、全球利益的大门。

联合国是第二次世界大战后成立的国际组织，是一个由主权国家组成的国际组织，但并不是全球政府。虽然联合国代表的意志不是全球利益，而是联合国会员国的利益，尤其是大国利益，但却开启了潜在性的全球利益。1945 年 10 月 24 日，在美国旧金山签订生效的《联合国宪章》，标志着联合国正式成立。联合国致力于促进各国在国际法、国际安全、经济发展、社会进

[①] 余潇枫：《国际关系伦理学》，长征出版社 2002 年版，第 26 页。

步、人权及实现世界和平方面的合作，已经具有了全球伦理的意义。

联合国的伦理规则是一个不断发展变化的过程。联合国追求的伦理目标是两方面的。一方面，联合国在其建立的前期，它的伦理价值取向重心不是全球利益、全球伦理，而是国家利益和国家伦理，主要是大国强国利益和大国伦理规则。另一方面，联合国的工作重点和宗旨是维护世界和平，发展国家之间的友好关系；帮助各国共同努力，改善贫困人民的生活，战胜饥饿、疾病和扫除文盲，并鼓励尊重彼此的权利和自由；协调各国行动；缓和国际紧张局势，解决地区冲突，协调国际经济关系，促进世界各国经济、科学、文化的合作与交流。说白了，联合国的工作重心是在全球伦理的"底线的底线"——追求和平、避免战争、减少冲突。这些伦理规范随着时代的变化而变化，直到罗马俱乐部诞生，开始萌生全球危机的全球意识。

总之，联合国遵循和提倡的伦理规则，最初只是如何避免战争与实现世界和平的问题，后来才得以不断丰富和发展，具体表现在如下一系列历史大事变中：1946年1月17日，联合国安理会成员国在伦敦第一次举行会议，通过了安理会议事规则，成为全世界第一个超国家行为规范的蓝本。1946年1月24日，联合国大会通过了第一个决议，主要关注点是和平使用原子能和消除原子能武器及其他大规模杀伤性武器，第一次对原子能武器及其他大规模杀伤性武器的使用有了有效的限制。1948年5月，成立联合国停战监督组织（UNTSO），该组织是联合国设立的第一个维和行动，产生了全球性的维和力量，并为其提供了法理依据。1948年12月10日，联合国大会在巴黎通过《世界人权宣言》。1949年1月7日，联合国特使拉尔夫本奇的努力使得新成立的以色列和阿拉伯国家实现了停战。1963年8月7日，安理会投票对南非实施志愿性武器禁运。1964年3月4日，安理会批准向塞浦路斯派遣维和部队。1966年10月27日，联合国大会剥夺了南非对西南非（纳米比亚）的统治权。1968年6月12日，联合国大会通过《核不扩散条约》，并且呼吁各国批准。1969年1月4日，通过《消除一切形式种族歧视国际公约》。1971年10月25日，联合国大会投票恢复中华人民共和国的合法席位。

可以说，1946年到1971年之间，联合国试图在实现世界和平与尽量消弭战争两个方面大有作为，环境问题、妇女问题、民族宗教问题、海洋问题、世界性饥荒问题、酷刑问题、臭氧层问题、儿童问题、残疾人问题、核不扩散问题等等的关注则是1972年以后的事情。为保护和改善环境，1972年6月5—16日在瑞典首都斯德哥尔摩召开讨论当代环境问题的第一次国际会议。1974年11月13日，联合国大会承认巴勒斯坦解放组织为"巴勒斯坦人民的唯一合法代表"。1979年12月18日，联合国大会通过了《消除对妇女一切形式歧视公约》，包括政治、经济、社会、文化和公民价值观。1981年11月25日，联合国大会通过了《消除基于宗教或信仰原因的一切形式的不容忍和歧视宣言》。1982年12月10日，117个国家和两个实体签署了新的《联合国海洋法公约》。公约以条例形式规定了海洋分区，国家海岸线的界定，在公海的航行权以及其他国家和海岸线的权利和义务，保护海洋环境的义务，海洋研究的合作以及可持续发展的利用海洋生物资源。1984年12月，联合国秘书长哈维尔·佩雷斯·德奎利亚尔建立了一个联合国非洲紧急行动处，来帮助协调缓解饥荒工作。1984年12月10日，联合国大会通过了《禁止酷刑和其他残忍、不人道或有辱人格的待遇或处罚公约》。1987年9月，在联合国环境署的努力下，《保护臭氧层公约》（也称为《蒙特利尔公约》）得以签署，这个公约被认为是1985年《保护臭氧层维也纳公约》的后续。1990年9月2日，《儿童权利公约》作为国际法于1990年生效。1992年6月，联合国环境与发展会议（地球问题首脑会议）在里约热内卢举行，通过了一项可持续发展行动纲领——《21世纪议程》。地球问题首脑会议的成功举行有利于提升公众对环境的认识，即经济发展政策要考虑环境和社会需求。1996年9月10日，大会通过了《全面禁止核试验条约》。在核裁军和防核扩散的历史上，这是一个转折点。9月24日，该条约开放供签署。2008年5月3日，《残疾人权利公约》生效，这是第一个由公民社会参与讨论的国际人权条约。

当然，尽管联合国做出了很多努力，但对全球伦理的贡献还是很有限的。首先，生态恶化问题、全球气候变暖问题、淡水石油等资源短缺问题、跨国犯罪问题、网络犯罪问题、贩毒吸毒问题、艾滋病传播问题、核武扩散问题、贫富两极分化问题、人口激增问题、难民问题、移民问题、国际人权问题、金融危机问题、恐怖活动问题、民族宗教问题、走私问题、海盗问题等等都是联合国无力完全解决的问题。这些问题的解决是全人类的事情。

其次，联合国存在严重的监督与腐败问题。作为当今世界最庞大的国际间政府组织，到底谁应该对其运转起到真正的监督作用？这是一个并未解决的问题。诚然，根据联合国宪章，成员国有义务对联合国机构和员工进行监督，但更多的是纸上谈兵，效果并不理想。由于人手和政治利益等原因，许多国家对于风平浪静的表面满意即可，而并不想让这个国际权威组织处于尴尬之下，这就为联合国的腐败提供了广阔天地。再次，联合国的利益重心还是国家利益，主要是强国利益，具体来讲是会费成员大国利益，还不是全球利益。由于美国是第一大会费成员国，因此对联合国的影响力必然是第一位的。足见，联合国还是一个有待完善的国际组织。全球伦理则是完善联合国行为规范的一个最好的尺度。

为了弥补联合国的种种不足，各式各样的非政府组织诞生了，它们也对全球伦理做出了卓越的贡献。

二、非政府组织对全球伦理的贡献

如果说联合国对全球伦理的影响力或贡献是有限的，那么相对而言，非政府组织对全球伦理的影响力或贡献则要大得多。因为联合国代表的是国家力量，非政府组织才代表民众或准世界公民的力量。

非政府组织是英文"Non-Governmental Organizations"的意译，英文缩写为NGO。现代意义上的非政府组织最早出现在17世纪各主要资本主义国家，主要涉及到的领域是人道主义和宗教。① 随后以1942年的英国OXFAM（牛津饥荒委员会，即施乐会）的诞生为标志。② "非政府组织"一词最早是1945年6月26日在美国旧金山签署的联合国宪章第71款中使用的。1952年联合国经社理事会在其决议中把非政府组织定义为"凡不是根据政府间协议建立的国际组织都可被看做非政府组织"。第二次世界大战后，非政府组织像雨后春笋般得以飞速发展。伴随着众多非政府组织对全球化议题的积极参与和诉求的逐渐扩大，非政府组织得以登上国际关系舞台，并成为国际社会中一支有重大影响的国际关系行为体。此后，国际组织这一术语逐渐被广泛应用。但是，受各种因素的影响，目前国内外学者对非政府组织这一基本社会学概念还没有一个公认的学理界定。

非政府组织是人类社会发展进程中出现的一种重要社会组织形式，是独立于国家和政府体系之外的民间组织。它的出现既是人类社会组织化的需要，也是现代公民社会和民主政治的有力推手。在全球化突飞猛进的今天，非政府组织在促进全球化朝着正确的方向发展，在全球治理中都扮演着重要角色。

非政府组织具有与跨国企业、主权国家、政府间国际组织不同的利益诉求。尽管目前学界关于非政府概念的界定以及在全球化进程中所扮演的"第三者"角色还没有一个共识，但非政府组织在促进国家经济和社会发展，孕育市民社会和在全球治理中所充当的积极角色却是学界没有争议的。非政府

---

① 闫文虎：《对冷战时期西方非政府组织在苏联东欧地区活动的历史考察——从非政府组织角度兼论苏联解体与东欧剧变的原因》，《俄罗斯中亚东欧研究》2011年第3期。
② 郭国庆：《现代非营利组织研究》，首都师范大学出版社2001年版，第10页。

组织进行阶段性的利益诉求既是为自身存在争取合法性基础,同时也是为了全人类的利益,这点在国际性非政府组织的利益诉求中最为明显。非政府组织利益诉求的必要性源于主权国家内政府和市场"双重失灵"和国际层面全球治理的需要,以及其他类型的社会组织在全球治理中的局限性和治理盲区。从人类社会发展的长远角度来看,非政府组织是最能够代表、反映全人类公共利益的社会组织形态之一。

非政府组织是现代社会对全球伦理影响最大的团体,是对人类历史影响最大的社会力量之一。哈佛大学著名历史学家江昭曾经指出:"忽略非政府组织,就是'错读了二十世纪的世界历史'。"[1] 米歇尔·波莱顿(Michael Bratton)最先提出非政府组织对政治发展的贡献可能比对经济发展的影响更大。[2] 全球非政府组织研究的权威学者莱斯特·M. 萨拉蒙教授认为,"我们是置身于一场全球性的社团革命之中,历史将证明这场革命对 20 世纪后期世界的重要性丝毫不亚于民族国家的兴起对于 19 世纪后期世界的重要性"。[3]

其实,本书著者认为,21 世纪以后,非政府组织对人类历史的影响会逐渐升级,并将成为赶超国家力量的一种有生力量。

全球伦理、非政府组织的发展取决于全球治理的需要。全球治理首先源于全球化发展的负作用。对全球化的极力吹捧和追逐起初只是为了极少一部分人的利益,而对于世界另外大多数人的利益则是一种极大的牺牲。资本国际对政府的强取豪夺本身就是对大众利益的严重侵蚀。站在政府的角度,其严重后果就是政府面对日益扩大的贫富鸿沟无能为力,长时间发展的结果就是社会的动荡和普通民众正当利益的荡然无存。

非政府组织是一种非官方的、非营利性的、缺少必要官僚机构的社会组织形态。非政府组织能够更好地接近普通民众,更全面了解全球化发展的利与弊、非官僚化的社会属性,更能在民众中,尤其是被全球化遗忘的角落,树立起其他社会组织所不具有的"民间威信"。这诸多特点使其具有一种独特优势。非政府组织能够促进公民(市民)社会的崛起,推动现代政治文明向前发展。非政府组织自诞生之日起,就把消除贫困和改善民生作为自己存在

---

[1] 转引自 [美] 埃里克·D. 沃克、费萨尔·Z. 艾哈迈德,刘铎、程宇编译:《非政府组织何为?》,《经济社会体制比较》(双月刊) 2009 年第 6 期。

[2] Michael Bratton. Beyond the Stare: Civil Society and Associational Life in Africa. World Politics, 1989, 41 (3).

[3] [美] 莱斯特·M. 萨拉蒙,贾西津、魏玉译,《全球公民社会——非营利世界》,社会科学文献出版社 2002 年版,第 12 页。

的合法性基础。非政府组织在健全社会保障方面做出的突出贡献，成为对政府在经济社会发展过程中失误的一种有效补充。非政府组织在促进国际贸易公平中也起到重要作用。国家贸易中的各种摩擦及贸易壁垒正逐渐引起世人的注意。此外，在全球经济低迷时刻，各种形式的贸易保护主义纷纷登场，因此诸如绿色壁垒等技术壁垒日益增多。截至 2004 年底，美国在 WTO 中起诉 81 次，被诉 88 次；欧共体起诉 68 次，被诉 51 次；加拿大起诉 26 次，被诉 13 次。① 作为主权国家政府，由于受到世界贸易组织规则的钳制，不方便进行干预，非政府组织恰恰能够弥补其中的不足。

非政府组织在国际层面的利益诉求对全球利益和全球伦理的推进产生了积极影响。

首先，非政府组织在加强国际人权保护上做出重要贡献。对于非政府组织对于人权机制的形成和发展所扮演的重要角色，一位著名学者总结道："现在越来越被广泛接受的是，如果没有非政府组织，联合国的人权机制就会失效。"② 那么，非政府组织在国际人权保护领域是怎样完成其人权保护利益诉求的呢？中国学者彭锡华教授对此进行了卓有成效的研究，大致概括为，非政府组织积极参与和促进国际人权公约和相关人权保护文件的制定；很多影响较大的非政府组织都积极参与人权监督的各个过程；非政府组织还从事人权教育，这对于提高公众的人权意识和公民观念都起着至关重要的作用。非政府组织在卢旺达、达尔富尔以及叙利亚人道主义危机过程中都扮演了重要的保护者角色，有效地促进了国际人权保护，不断丰富着国际人权保护的内容和实践。为此，有学者赞赏道，"非政府组织在国际人权保护方面所发挥的作用已经成为国际人权保护的重要组成部分"。③

其次，缓解地区冲突，维护世界和平。由于受传统历史、文化和现实经济发展水平、政治价值观和全球化发展带来的新挑战等诸多因素影响，在世界总体保持和平的同时，局部性的边界争端、民族冲突、非传统安全威胁等不安全因素依然存在，在特定的时空背景下，一些原本轻微的冲突正在愈演愈烈。20 世纪 70 年代后期逐步兴起的非政府组织则在维护世界和平、缓解地区冲突的过程中给人一种耳目一新的感觉，并逐步得到世人的重视。非政府组织在维护世界和平与缓解地区冲突方面发挥的作用在以下案例中得到很好

---

① 程永如：《以专业精神处理贸易摩擦》，http://www.mofcom.gov.cn。
② Rachel Brett, Roles of NGOs—An Overview, International Human Rights Monitoring Mechanisms, the Raoul Wallenberg Institute Human Rights Library 2001.
③ 彭锡华：《非政府组织对国际人权的保护》，《法学》2006 年第 6 期。

的验证：在军控方面，非政府组织业绩卓有成效；在消除民族隔阂、缓解民族冲突方面，非政府组织也做出了世人瞩目的成就。

再次，非政府组织积极参与全球治理。全球化的深度发展产生了诸如跨国污染、全球气候变暖、跨国犯罪、世界粮食安全、大规模杀伤性武器扩散等全球性新问题和新挑战，要有效治理这些国际性和全球性的传统安全问题和"非传统安全问题"，单靠哪个国家显然是不现实的。非政府组织有着广泛的全球资源和深刻的影响力，无疑是进行全球治理的重要行为体之一。有学者指出，"非政府组织广泛参与了全球治理过程，体现了全球治理的价值和发展趋势"。[1]

第四，非政府组织积极参与国际救援，治理地区贫困。国际红十字会和新月会在历次国际救援活动中都发挥了其他组织难以发挥的重要作用。在印度洋海啸、中国汶川大地震、伊朗大地震、日本福岛核电站泄露等一系列重大灾难面前，非政府组织都积极提供救援物资，向受灾地区派遣专业救援人员和积极参加灾后重建等工作，大大减轻了灾难带来的损失，使受灾地区民众在较短的时间内恢复了正常的生活，非政府组织出色的救援行动和不怕牺牲的精神获得受援国政府和人民的一致赞扬。

当然，非政府组织的能量也是很有限的。由于非政府组织并不享有主权国家和政府间国际组织所享有的"主体地位"，所以它们的活动受到很大的限制。当今依然是主权国家为主导的国际社会，没有了国际法所赋予的主体性资格，很多时候非政府组织只能是"心有余而力不足"。非政府组织的这种国际法主体资格的缺失，严重影响了它在全球治理过程的功能发挥，也是今后国际社会应该重视的一个问题。

三、人权原则对全球伦理的贡献

全球伦理的产生和发展对国家伦理的影响是双面的，全球伦理对国家伦理既是一种充实和发展，也是一种挑战。国家伦理以保护国家主权为己任，全球伦理以发展人权为目标。全球伦理对国家伦理的挑战在于用人权去完善主权。由于篇幅所限，这里仅以人权保护责任为例。人权原则对全球伦理的贡献主要体现在人权原则对不干涉内政的挑战。[2]

---

[1] 刘清才、张农寿：《非政府组织在全球治理中的角色分析》，《国际问题研究》2008年第1期。
[2] 笔者曾经指导自己的研究生王莹莹共同研究"保护责任对不干涉内政问题"，本书借鉴其毕业论文《全球化背景下不干涉内政原则面临的挑战》。

全球伦理的产生与发展,在国际政治上的突出表现就是以人权保护责任向国家不干涉内政等主权原则发出了挑战。在近代社会,不干涉内政原则不仅是国际法的基本原则,也是调整国际关系的基石,但在全球化时代,不干涉内政原则面临着诸多挑战。伴随着全球化的深度发展,国际社会出现了一些新现象,成为国际社会共同关注的问题。在不干涉内政原则的理论基石"国家主权原则"面临极大挑战的时代,国家主权不再是绝对的而是相对的;内政的范围不断缩小,许多国际社会共同关注的问题逐渐脱离内政的管辖范围。此外,人权是否也属于内政管辖范围,理论界对此也存在很大争议。其实,人权理论的模糊性与国际法文件规定的不确定性本身就是对不干涉内政原则的挑战。

不干涉内政原则经历了古代社会自然法学家的理论铺垫和近代社会国家主权原则的发展后,最终在现代社会的《国际联盟盟约》中被确立为国际关系和国际法的基本原则;后来,在一系列联合国的文件中得到了巩固。虽然不干涉内政原则是调整国家间关系的基石,但由于在国际法文件里对不干涉内政原则内涵进行模糊处理,这一原则始终处于争议之中。如内政的界限不明确,虽然《联合国宪章》将内政界定为"本质上属于一国国内管辖的事件",但对什么才是"本质上"的事务没有再做具体规定。再如对干涉的界定有争议,强制性干涉基本上被认定为违反了不干涉内政原则,但对非强制性干涉却没有明确解释。国际法规定上的不明确造成了不干涉内政原则的模糊性,更加使得该原则面临众多挑战。

不干涉内政原则源于国家主权原则,国家主权原则是各国在错综复杂的国际关系中逐渐形成的,是处理国家间事务的基本原则,是当代国际关系的基础,同时它又构成了现代国际法的基石。主权是国家最重要的属性,这种权利从自然法上来讲是固有的,是天赋的,也是不可侵犯的。国家主权通常是指国家独立自主地处理其对内对外事务的权力,包括对内最高统治权和对外独立自主权两个方面。"一个国家根据其主权,享有独立自主地处理其对内对外事务的权力,不受他国的干涉,这样,一国主权范围之内不受他国干涉的内部事务就是内政。"[1]

1919年4月28日,不干涉内政原则首先在《国际联盟盟约》第15条第8款之中被确立,规定:"如争执各方任何一方对于争议自行声明并为行政院所承认,按诸国际法纯属该方国内管辖之事件,则行政院应据情报告,而不作

---

[1] 刘蕊:《论国际法上的不干涉内政原则》,《法制与社会》2009年第1期,第345页。

解决该争端之建议。"① 不干涉内政原则正式被写入联合国章程中，标志着不干涉内政原则从最初的萌芽到国际关系的实践到最终被以条文形式确立，实现了历史性的跨越。

1945 年，二战结束后，成立了联合国组织，将不干涉内政原则写入《联合国宪章》第 2 条第 7 款，规定："本宪章不得认为授权联合国干涉在本质上属于任何国家国内管辖之事件，并且不要求会员国将该项事件依本宪章提请解决。"② 不干涉内政原则被确定为联合国组织的一项基本原则，不仅仅局限于和平解决国际争端，而且其适用范围在相应扩大，由不干涉其成员国内部事务变为不干涉任何国家的内部事务。

1954 年，中国、印度、缅甸总理共同创立包含"互不干涉内政原则"在内的和平共处五项原则，赋予了不干涉内政原则更加全面的内涵。将联合国不干涉其他国家内部事务发展为国家间不能相互干涉，强调了双边关系权利义务的一致性，促进了其在理论和实践上的发展。现在，和平共处五项原则在国际社会中仍然发挥着十分重要的作用。

1955 年，《华沙条约》承认了不干涉内政原则，以不干涉原则来指导社会主义国家间的关系。《华沙条约》规定："缔约国各方宣布，它们将本着友谊和合作的精神，恪守相互尊重它们的独立及主权和互不干涉内政的原则。"③

然而，不干涉内政原则后来受到人权保护责任原则的严重挑战。人权的保护最初只是一个国内问题，随着人类社会的发展及全球化的发展，人权问题不再仅仅是国内问题，逐渐变成国际关注的问题。基于人权国际保护的发展，一些国家以保护人权为理由，打着"人道主义干涉"的旗号对其他国家进行干涉，对不干涉内政原则构成了极大挑战。人权本质是属于国内管辖范围的，但如果一国发生了大规模人道主义灾难，当地政府无力或不愿救助，那么人权问题就自然超出内政范围，这就给一些大国提供了干涉他国内政的借口。20 世纪 90 年代以来，随着一系列侵犯人权事件的发生，"保护责任"的影响力不断扩大。

值得注意的是，保护责任同样提倡主权责任论。一些国家极有可能以当事国政府无力保护其国民为由干涉当事国内政，对不干涉内政原则构成挑战，

---

① 杨泽伟：《国际社会的民主和法治价值与保护性干预——不干涉内政原则面临的挑战与应对》，《西北政法大学学报》2012 年第 5 期，第 41 页。
② 详见联合国网站：http://www.un.org/zh/documents/charter/chapter1.shtml。
③ 陈一峰：《论当代国际法上的不干涉原则》，北京大学出版社 2013 年版，第 35 页。

于是乎,"干涉是国际政治的永恒现象"。① 其实,人类社会从一开始就存在着各种干涉与反干涉的斗争。伴随着民族国家的出现及国际法的发展,国家主权原则和不干涉内政原则作为国际法的基本原则被确立下来,并用于指导国际关系实践。

对不干涉内政原则的最大挑战就是"保护责任"。"保护责任"是近些年才出现的,有些学者已经开始对其进行研究。李斌的《保护的责任对"不干涉内政原则"的影响》梳理了"保护的责任"及不干涉内政原则的发展过程,重点是分别从宏观和微观的角度论述了"保护的责任"对不干涉内政原则的挑战。② 邱美荣、周清的《"保护的责任":冷战后西方人道主义介入的理论研究》,认为"保护的责任"是在人道主义介入的基础上发展的,在执行过程中易引起发展中国家的担忧,也并未形成新的国际规范。③ 高凛的《论保护责任对国家主权的影响》,认为国家主权不仅是国家对其公民的一种权力,更是一种保护其公民基本人权的义务与责任,这是对传统主权概念的新发展。赵洲的《履行保护责任:规范实施与观念塑造》,认为应相应地确立国际社会整体对主权国家及其人民所承担的法定的"保护责任"的观念与规范,使保护责任机制在国际社会的纵向一体化过程中获得实施动力。④ 还有刘遥乐的硕士论文《"保护的责任"适用问题研究——以利比亚情势为例》,许蓓蕾的硕士论文《从"失败国家"到"保护的责任":国际干预对主权规范的挑战》,周祯尧的论文《正义战争论视角下的保护的责任》等都有一定论述。国外学者斯莱特·杰若姆(Slater Jerome)的《不干涉内政与保护责任》(《Nonintervention and Human Rights》)一文对为保护人权而进行干预进行道德上的辩护,也讨论了不干涉内政原则,认为应对干涉的决定次序进行严格限制。⑤ 艾瑞克·赫兹(Eric A. Heinze)《人道主义干涉》(《Humanitarian Intervention: Morality and International Law on Intolerable Violations of Human Rights》)一文用"粗暴地侵害人权"为由作为人道主义干涉的指导原则,认为支持人权的层级划分不仅仅是因为道义上的原因,更是因为占压倒性地位的国际法和法律体系。文章认为普遍司法权原则提供了一个法律标准,即某些侵犯人权的行为

---

① R. J. Vincent, "Nonintervention and International Order", Princeton University Press, 1978, p. 8.
② 李斌:《保护的责任对不干涉内政原则的影响》,《西北政法大学学报》2007 年第 3 期。
③ 邱美荣、周清:《"保护的责任":冷战后西方人道主义介入的理论研究》,《欧洲研究》2012 年第 2 期。
④ 赵洲:《履行保护责任:规范实施与观念塑造》,《重庆大学学报》2011 年第 17 卷第 4 期。
⑤ Slater. Jerome, "Nonintervention and Human Rights", Journal of Politics. Feb. 86, Vol. 48 Issue 1.

在道义上是不能容忍的，因此才有了人道主义干涉。①

在对"内政"进行界限或者内政含义问题上，国际法和国际关系学界一直存有严重争议。1919 年的《国际联盟盟约》第 15 条第 8 款给"内政"下的定义是："按诸国际法纯属该国内管辖之事件"。② 1945 年的《联合国宪章》第 2 条第 7 款将"内政"定义为"本质上属于任何国家国内管辖之事件"。③ 1965 年联合国大会通过的《关于各国内政不容干涉及独立与主权之保护宣言》第 5 条将"内政"定义为"自择其政治、经济、社会文化制度"。④ 1970 年联合国大会通过的《关于各国依联合国宪章建立友好关系及合作之国际法原则之宣言》重申《联合国宪章》给"内政"下的定义，即把"内政"称做"任何国家国内管辖事件"。《牛津法律大辞典》中"内政"的含义是："对特定领土及其领土之上的居民行使管辖权，并且对领土有法律上独立的统治权、行政管理权和控制权"。⑤《中国大百科全书》给"内政"下的定义为"国家独立自主地处理自己对内对外事务的最高权利"。⑥

内政的界限问题一直是争议的焦点。由于单纯地从内容上界定内政的范围有一定的困难，因此可从国际法和国内法的角度来加以区分。一国在本国境内的行为如果符合国际法的要求，那么该行为就一直属于该国内政管辖范畴内；如果一国在本国境内的行为破坏了国际法，那么该行为就不能被认定为内政，如一国在国内实行种族隔离、种族歧视政策，或者一国没有能力保护本国国民免遭大规模屠杀等，这种行为已然破坏了国际法，那么在一定意义上便不属于内政的管辖范围。因此，如果以一国之行为是否同时符合国际法和国内法为衡量标准，那么内政的界限问题则变得相对简单了。需同时符合国内法和国际法，才算是本质上属于国内管辖事件。只符合国内法，却违背国际法条约的行为，不能认定为内政。因此，在现代社会，内政已经不再是单纯的国内事务。

"保护责任"对不干涉内政原则的挑战表现为宏观和微观两个方面。从宏观上看，随着主权的人本化学说的发展以及内政范围的不断缩小，人权问题成为全球问题。"保护责任"认为只是当一国不愿意保护或无力保护时，不干

---

① Eric A. Heinze, "Humanitarian Intervention: Morality and International Law on Intolerable Violations of Human Rights", International Journal of Human Rights. Winter 2004, Vol. 8 Issue 4.
② 王铁崖、田如萱：《国际法资料选编》，法律出版社 1982 年版，第 812 页。
③ 王铁崖、田如萱：《国际法资料选编》，法律出版社 1982 年版，第 820 页。
④ 王铁崖、田如萱：《国际法资料选编》，法律出版社 1982 年版，第 15 页。
⑤ 《牛津法律大辞典》，光明日报出版社 1988 年版，第 843 页。
⑥ 《中国大百科全书》，中国大百科全书出版社 1984 年版，第 814 页。

涉内政原则便要让位于国际保护，由更为广泛的国际社会来承担，这势必需要不干涉内政原则做出让步。从微观上看，干预中等级程度最高、也是最敏感的是武力干涉、军事干预。一国如爆发人道主义灾难而其政府却不愿意或没有能力保护国民免遭侵害时，国际社会的力量可以介入，此时国家不能以国家主权和不干涉内政原则为理由拒绝。

对于不干涉内政原则需要从国际法上来加以规范。第一，国际干涉应征得当事国同意或受当事国邀请。不干涉原则是国际社会中每个国家和国际组织都需要遵守的规范，而干涉行为，尤其是不法干涉、不法侵害行为在国际法上本质上是违法的，是应该承担相应责任的。然而，全球化催生出各种干涉现象和干涉借口，如人道主义干涉、保护人权的干涉等，使得国际法对干涉行为的规范作用减弱，也使得界定违反不干涉内政原则行为变得困难复杂。为了避免这种尴尬的局面，需要界定干涉行为何时是可以免于承担责任或者免于惩罚。1979年7月，联合国国际法委员会通过的《国家责任的条文草案》第20条就规定："一国以有效的方式表示同意另一国实施某项特定行为时，该特定行为的不法性在与该国家的关系上即告解除，但以该行为不可逾越该项同意的范围为限。"[1] 所以，应确保当事国对干涉行为的同意和邀请是自愿的，是根据国际法做出的合法意思表示，在外界胁迫、威胁的情况下做出的同意或邀请，其合法性是大打折扣的。第二，对国际关系中武力干涉要进行严格限定。美国著名学者路易斯·亨金教授曾将和平视为《联合国宪章》中的最高价值标准，"国际社会在实现其他价值时，国家间不能为实现它们而使用武力辩护，这些宗旨应该通过其他途径去实现"。[2]《宪章》的宗旨是要维护世界的和平与稳定，但如果以战争和武力的方式去维护和平，从本质上讲战争和武力行为本身就是与和平相悖的，会对一国的人权和该国的经济、政治、社会造成一定的侵害，因此涉及到武力干涉需要格外慎重。第三，对武力手段的实施也需要严格的程序来加以限定。国际法需对武力干预做出详细规定。首先需派出一支联合国调查人员对一国的人道主义灾难程度进行定级；其次根据人道主义灾难程度确定相应的救助措施。

完善国际人权保护制度，有利于防止人道主义干涉的滥用，有利于更好地发挥不干涉内政原则的作用。最根本的还是要从法律上完善人权保护制度，

---

[1] 李伯军：《不干涉内政原则研究——国际法与国际关系分析》，武汉大学2005年博士学位论文，第244页。

[2] Louis Henkin et al, "Right v might: International Law and the Use of Force, Council on Foreign Relations Press, 1991, pp. 38–39.

避免大国在国际实践中采用两种标准，处理好主权与人权的关系，避免国际人权保护实践中的双重标准。

人权保护责任对不干涉内政原则的挑战意味着全球伦理的产生或萌芽，但到目前为止的联合国的实践还不意味着完全的全球伦理，理由是联合国介入的人权保护责任的力度和立场都存在严重的局限性，这种人权保护是不充分的，有许多应该保护的没能保护。这种人权保护不仅有瑕疵，并且有重大缺陷，主要表现为这种人权干预在很多时候是出于保护大国利益，不全是出于保护全球利益，因此全球伦理的成分是不充分的。

尽管如此，人权保护责任的存在以及将来的发展意味着全球伦理的发展。那么，全球伦理的产生对人类文明的发展起到什么作用呢？

第三节
全球伦理的影响

全球伦理对当代人类发展产生深远的影响，至少包括以下几个方面：把人类文明引向良性发展的轨道，改变了人类伦理的核心价值；有助于解决威胁人类生存与发展的全球问题；把当代国际行为体的追求目标从单纯的利益驱动引导为在维护全球正义之伦理基础上追求合理利益的正确方向。

一、全球伦理改变了人类伦理的核心价值

随着人类面对的时代主题的不断变化与发展，人类伦理观和伦理政治也随之改变，其发展的重心从古代的神意伦理中心主义发展到近代人类伦理中心主义，再发展到现代地球生态伦理中心主义。

人类伦理的两次提升主要体现为三个方面，对本族人的伦理规范的提升、对异族人的伦理规范的提升、在解决人与自然关系方面的伦理规范的提升。

古代人类因为愚昧，宗教神话思想控制着人们的伦理行为，宗教成为古代人类伦理道德的唯一准则，认定神创造并主宰人类，因此人类必须听从神灵的神学伦理，这成为那个时代全部道德伦理的核心。古希腊神话认为宙斯是主宰人类的主神。中国"天罚有罪"成为夏商周的主导伦理基础。犹太人认定耶和华是创生人类并主宰人类命运的唯一圣灵。其他各民族也都有自己的神圣伦理。可以说，在古代伦理体系中，神居于伦理的中心或核心地位，

人为神服务，而不是神为人服务。

在古代，伦理规范体现为三个方面。一方面，用本族人的宗教神学理念规范本族人的伦理行为，本族人必须服从本社会的神学伦理道德。另一方面，社会之间的野蛮行为依然被视为是正当的、合乎本社会伦理规范的，战争中杀死俘虏被视为是合乎伦理规范的，对待本族人的所有伦理规范根本不适用于异族人。第三方面，在人与自然的关系上，服从自然、顺服自然才是合乎伦理的。因为那个时代，人还是自然的奴隶，还没有足够的能力从自然的束缚中挣脱出来。

在近代，科学取得了长足的发展，人类得以从以神为核心价值的束缚中解放出来，人类不再以神为中心，而以人为中心。首先，对于本国公民，要完全适用本国的国家伦理。这是近代伦理的第一种表现。其次，在国际关系中，西方社会自认为是文明社会的国家，因此相互之间确立了国家主权平等的威斯特伐利亚国际体系；而把非西方社会视为非文明的社会，完全可以不用文明的手段，即通过军事侵略、经济掠夺、侵吞领土、欺压异族等不道德的行为来征服。再次，在人与自然的关系上，近代伦理观引领人类完全走向征服自然、掠夺自然的地步，人类似乎就像一匹脱缰的野马，运用一切科技能力驾驭工业文明，对地球资源进行最大限度甚至是掠夺式的开采和消费。人们把为了满足人类欲望、最大限度运用高科技发展工业文明的行为认定为天然合乎伦理道德的行为。

但是，这种导致地球资源迅速趋于枯竭的行为，使得人们越来越清楚地看到以往的财富观念、伦理观念是错误的——地球资源不是取之不尽、用之不竭的，而是非常有限的，尤其是非再生性资源，用完就没了；人们最大限度地满足（哪怕是"正当性"，何况有很多是不正当性的）自己欲望的伦理行为不再被看成是当然合理、合乎现代人类的伦理规范。于是，人类中心主义的伦理体系开始瓦解了，人类伦理行为正在从人类中心主义伦理走向新的伦理。这个新的伦理就是地球生态伦理，其成为全球伦理必须包含的内容。当然，全球伦理不仅包括解决人与自然关系的地球生态伦理，还包括解决人与人关系的人际伦理。

全球伦理的诞生提升了人类伦理追求的核心价值，它不再是人类中心主义的，而是生态中心主义的。生态伦理追求人类与自然的和谐，从而改变了人与自然关系的传统理念，也改变了征服自然的野蛮行为。自然不是征服的对象，而是用来保护和维护的对象。

二、全球伦理有助于全球问题的解决

随着全球化的深度发展，全球问题日益严重，已经达到现代人类如果不能有效地解决就将毁灭人类的程度。这绝不是危言耸听。为了有效解决全球问题，全球伦理、全球法治、全球治理、全球正义等全球善治的行为应运而生。如果没有全球伦理、全球法治、全球治理、全球正义等善治因素，全球问题将无法得到根本解决。很显然，构建现代人类的全球伦理，是有效解决全球问题的手段之一，主要体现在如下几个方面：

第一，全球问题是导致和加速代际利益冲突的重要根源，全球伦理是解决代际利益冲突的重要手段。代际利益冲突是全球问题之一。所谓代际利益冲突，是指现代人为了最大限度地满足本代人的利益，过度开发资源，侵犯和剥夺了子孙后代的利益，从而形成的利益冲突。现代人类不像中国古代人那样，忧虑着子孙万代的幸福，现代人的亲缘触及的利益关怀只有三代人的幸福，即爷爷一般只关怀到孙子辈的利益，很少有人会关怀三代以后的后代利益。由于这种代际关怀范围的极大萎缩或缩小，有些人只追求自己的最大利益，而不是三代人以后的利益。现在依然有很多人怀有这样一种不健康的心态，认为"尽管水污染问题严重，但起码从自己到孙子还有较为干净的水喝，节水和保护水资源还是很遥远的事情，不必从我做起……"代际利益冲突极大地破坏了全球利益的健康发展。全球伦理关怀的是人类整体利益，包括追求如何惠及后代的利益。

第二，全球问题是导致和加速国家利益冲突的重要根源，全球伦理是解决国家利益冲突的重要手段。有些国家为了自己的国家利益，在一定程度上损害了别国的利益，从而损害了全球利益。如美国尽量不开采自己国家的资源，而尽量榨取别国的资源，享受一定要在美国，而污染却放到别国。相反，全球伦理追求的利益目标是全球利益，而不是单纯的本国利益，各国追求不损害别国利益的全球整体利益，从而能够有效地解决国家利益冲突。

第三，全球伦理是把经济发展模式从不可持续发展提升为可持续发展的主要动能之一。众所周知，当今世界越来越多的不可持续发展产业受到了种种限制，可持续发展的产业受到了极大鼓励，具有无可限量的前途。从伦理学的视角，这正是全球伦理在起作用的重要表现。

第四，全球伦理是构建全球政治体系的根本动能之一。在全球伦理的感召和推动下，全球政治的发展方向是从恶治走向善治。近代殖民主义时代，帝国主义把亚非拉等地作为殖民征服、盘剥的对象，用以成全本国的利益需要。甚至在现代，有些国家执政者的执政理念依然是关怀如何保护本国的利益而不惜损害他国利益。这种行为是违背全球伦理的。全球伦理要求各国执政者从"只为本国牺牲他国"的恶治走向"互利共赢"的善治，把国家政治提升为全球政治。全球伦理已经成为各国构建合理政府的政治行动准则。所谓"构建合理政府"就是要构建合乎全球伦理要求的政府。

第五，全球伦理是全球法治的基础，把国内法、往日以国家利益为基础的国际法提升为追求全球正义、全球秩序的全球法治。正如国家伦理是国家法制的基础一样，全球伦理成为构建全球法治的基石，全球伦理为全球法治提供了基本的法律底线。国家法律追求国家社会的公平正义，全球伦理和全球法治追求的是全球社会的公平正义。当然，全球法治还处于初始阶段，在这个初始阶段，全球伦理成为构建全球法治的重要行为准则。全球伦理不仅是伦理要求，更是全球法治必须遵循的法律原则。[①]

第五，构建全球伦理是合理发展文化全球化的主要有效手段之一。全球问题如网络问题、网络辱骂、不文明的人肉搜索，不仅玷污了本国网站，而且污染了全球网络。网络是不分国界的，网络辱骂现象所污染的世界是全球网络社会。全球伦理包括网络文明行为规范，因此全球伦理是净化网络野蛮状态，走向网络文明的重要手段。

诚然，全球伦理有助于解决全球问题的范围远远不止上述所列情形。由于全球问题的复杂性，对解决全球问题而构建的全球伦理要求也是多方面的，在此不能一一列举。

三、全球伦理提升了当代国际关系伦理

在没有构建全球伦理以前，国际关系行为体主要追求的目标是利益的元素，较少考量伦理的元素。全球伦理诞生后，国际关系伦理得到大幅度提升。构建全球伦理之前的国际关系行为体的活动是在"你死我活"零和博弈思维驱动下展开的利益纷争。全球伦理诞生之后，国际关系行为体把"你死我活"的零和博弈提升为"互利共赢"的合作博弈。从这种意义上讲，全球伦理是国际关系行为规范从野蛮状态提升为文明状态的关节点，主要体现为三个方面。

---

① 本书将在第九章详细研究全球伦理与全球法治的关系。

一方面，全球伦理规范把国家行为体的行为规范从局限于国家伦理提升到全球伦理的高度，这是国家行为体伦理素质的一次大的飞跃。国际关系行为体的主体素质逐渐从国家主义的窠臼中挣脱出来，不断增加了全球伦理元素。以往的国家行为体局限于国界之内，把社会公务局限于国家社会而不是全球社会，追求的是国家利益而不是全球利益；规范国家行为的伦理尺度是国家伦理而不是全球伦理，暴露了国家行为的不足。在全球伦理尺度的指引下，社会的视野从国家社会扩大到全球社会，追求的利益驱动是在全球利益关照下的国家利益，全球伦理成为规范国家行为的重要伦理尺度。一个越是缺乏全球伦理考量的政府，就越将失去在国际舞台上的影响力，相反越是更多地接受全球伦理规范的政府，在国际舞台上越能增大自己的国际影响力。

另一方面，全球伦理提升了从个人到国家的价值层次和高度。从个人视角看，凡是只考虑个人利益、国家利益而忽视全球利益，只遵从国家伦理而忽视全球伦理的人们，是与全球社会价值取向相违背的人们。凡是在全球伦理规范下的人们，才更有益于构建全球和谐社会。从国家视角看，凡是只考虑本国利益而忽视全球利益，只遵从国家伦理而忽视全球伦理的国家，是与全球社会价值取向相违背的国家，将在国际社会中失去"朋友"（别国），必将失道寡助。凡是在全球伦理规范下的国家，才是有益于构建全球和谐社会的国家，才会在国际舞台上赢得更多"朋友"的信任，从而得道多助。

第三方面，非政府组织的发展彰显了全球伦理的重要性及其深远影响。不同社会组织对全球人权发展的影响和贡献是不同的，其中非政府组织是对全球伦理诉求最为积极的国际关系行为体之一。非政府组织追求的既定目标有多种，其中最重要的一种就是全球利益和全球伦理。非政府组织最早诞生于17世纪各资本主义国家，二战后非政府组织借助全球化得以飞速发展。截至2002年底，各种国际组织多达55282个，其中约87.2%是国际非政府组织。[1] 非政府组织逐步登上国际关系舞台，成为国际社会中一支有重大影响的国际关系行为体。非政府组织是人类社会发展进程中继民族国家、市场经济后的第三次社会革命，它伴随着生产力的提高和公民社会的形成而诞生。20世纪90年代以来"存在着一个日益发展的全球非政府组织社会"。[2]

---

[1] Union of International Associations, Year Book of International Organization 2002 – 2003: Guide to global and civil society network, 39th edition. p. 1853.

[2] Ann Marie Clark, Elisabeth J. Friedman, and Kathryn Hoehstetler, The Sovereign Limits of Global Civil Society: A Comparison of NGO Participation on UN World Conferences on the Environment, Human Rights, and Women, World Polities 51.1 (1990). p. 34.

非政府组织对全球化的影响是积极的，概括起来，其积极影响主要有以下几个方面：

首先，非政府组织对于解决全球问题发挥重要作用。二战以来，"非政府组织广泛活跃于诸如全球环境保护、国际社会救济、促进国际合作、裁军与安全、人道主义救助等多个领域的舞台上，彼此协调、沟通和达成共识，通过集体行动在国际事务中发挥着越来越重要的作用"。[1] 对全球问题的解决，关系到人类的未来，而在全球化历史进程中，非政府组织成为全球治理的重要参与者。我们知道"全球治理的主要宗旨是实现世界的均衡发展，解决世界范围的贫富差距问题一直是全球治理的基本目标"。[2] 非政府组织在不同的国际场合不止一次地倡导建立国际经济新秩序，它们超越国家与民族的界限，为了实现全人类共同利益而四处奔走。它们的意见和主张已经或者正在被一些国家和政府间国际组织所采纳。不仅如此，"非政府组织积极参加全球治理，对于诸如体现全球治理体系中的多重治理价值、推动全球治理的民主化进程、形成普遍的价值体系都有非常重要的意义"。[3] 正是基于此，有的学者甚至断言19世纪是市场，20世纪是政府，21世纪则是非政府组织。

其次，非政府组织的价值理念是非营利性的，这使得它能把更多的精力和时间放到为全球利益服务上去，它把实现全球利益作为自己行动的出发点和最终归宿，在此理念的主导下，它的活动更能代表全人类的利益。非政府组织有效地防止了国家政府对公民生活的过度干预，从而维护了普通民众的合法权利；其次是对政府职能空白的一种有效补充，对于那些政府不愿意管、也管不好的领域进行有效管理，从而维护了整个社会机制的有效运转。非政府组织弥补了跨国公司片面追逐利润、各国政府一味追求本国国家利益的局限，对全球化的弊端起到了一定程度的修正作用。[4]

再次，非政府组织在一国内部主要从事着诸如唤醒民众的世界公民意识，帮助国家为解决全球问题制定相关政策，维护被现代民主所忽视的弱势群体的利益，通过集体的力量对公权力进行有效的制衡等职责。正如有的学者概括的那样，非政府组织通过"唤起公众的环境意识，对国家决策者进行游说，以影响与环境有关的国内和对外政策；协调抵制活动以改变对自然有害的公

---

[1] 丁宏：《全球化、全球治理与国际非政府组织》，《世界经济与政治论坛》2006 第 6 期。
[2] 陶涛：《全球治理中的非政府组织》，《当代世界》2007 年第 4 期。
[3] 陶涛：《全球治理中的非政府组织》，《当代世界》2007 年第 4 期。
[4] 丁宏：《全球化、全球治理与国际非政府组织》，《世界经济与政治论坛》2006 第 6 期。

司行为；参与到国际环境谈判之中；以及监督各国执行相关的国际协议等"。①一些重要的国际人权保护机构如大赦国际等几个非政府人权组织是联合国人权委员会人权信息的主要来源，特别是联合国反酷刑委员会。可以说"没有这些非政府人权组织所提供的信息、资料，联合国人权保护机制和联合国人权特别会议的报告起草工作将无法进行"。② 这些活动对于推动一个国家的民主化进程，维护社会机制的正常运行具有其他社会组织所无法替代的作用和价值。正如有的学者所说："公民社会中积极性最高、活动性最强和社会效益最好的组织形式就是非政府组织。"③

最后，由于非政府的价值追求和组织特征，它成为全球化背景下进行有效的全球治理的最佳社会组织形式。全球化综合征的治疗首先具有跨国性的特征，那么当前相当一部分国际非政府组织（INGO）在诸如国际人权保护问题、全球气候问题、生态失衡问题、世界粮食安全等问题上的积极活动以及所取得的可喜成果足以说明非政府组织进行全球治理的巨大作用。所有这些，为解决全球问题而构建全球伦理做出了巨大的贡献。有的学者甚至认为，在当前的全球治理中，NGO所推行的治理模式可以被视为新的主权形式。在国际上，非政府组织为了实现全球利益，更好地推进全球化进程，与联合国和其他非政府组织密切配合，共同维护和发展着全人类的共同利益，在必要时不惜与一些主权国家相对抗。在全球治理的历史进程中非政府组织的表现更为抢眼，正如有的学者所总结的那样："非政府组织都是应对全球环境问题与气候变化以及全球气候谈判中独立的和有价值的行为体，并且与国际政府间组织以及国家之间形成了密切的互动关系，而这种互动关系又影响和改变着全球气候谈判的进程，推动着以国家为中心的环境治理模式向多元中心的全球环境治理模式的转变。"④

当然非政府组织也有其缺陷和狭隘性，当前的许多非政府组织还有很多不尽如人意之处，有的非政府组织在激烈的内部竞争的大潮中迷失了自己，成了专为自己谋利的赚钱工具，有的抵挡不住当权者的恩威并施，成了一些

---

① Michele. M. Betsill and Elisabeth Corell, NGO Influence in International Environmental Negotiations: A Framework for Analysis, Global Environmental Politics 1: 4 (November 2001). p. 67.

② Claudee. Welch, NGOs and Human Rights Promise and Performance University of Pennsylvania Press, Philadelphia, 2001. p. 5.

③ Michele. M. Betsill and Elisabeth Corell, NGO Influence in International Environmental Negotiations: A Framework for Analysis, Global Environmental Politics 1: 4 (November 2001). p. 114.

④ 徐步华、叶江：《浅析非政府组织在应对全球环境和气候变化问题中的作用》，《上海行政学院学报》2011年第1期。

超级大国打击对手、分化异己的奴仆和婢女。冷战期间西方的一些非政府组织扮演了"和平演变"的急行军角色,进入新世纪以来又在中东欧爆发的"颜色革命"中充当了西方某些国家的政治工具。这些不光彩角色的扮演极大地损坏了非政府组织应有的声誉,也使得当前非政府组织的发展面临着很大的合法性危机。

四、全球伦理对森林法则的挑战

全球伦理对国际社会传统伦理的最大挑战是向国际社会存在的类似自然界中弱肉强食的森林法则进行的挑战。

森林法则(The Law of the Jungle)原来是指森林中大自然世界运行着的"弱肉强食"的一种法则,如小动物、年老、体弱、受伤、残废的被猛兽吃掉或病死、饿死,余下强壮、聪明的则可以进化,继续繁殖生存至今。后来国际关系学者把自然的森林法则引进国际社会,成为对国际社会无政府主义的某种表达。森林法则最初由18世纪英国作家约瑟夫·鲁德亚德·吉卜林(Joseph Rudyard Kipling)提及过。1894年的儿童故事《丛林之书》(The Jungle Book)描写印度的森林故事。森林法则包含几个元素:耐心等待时机出现;专挑弱者攻击;进攻时须狠,而且须全力而为;若事情不如意料时,保命是第一考虑。

从利益和伦理基础上看国际社会传统伦理,"森林法则"是基于"国家至上",保护国家利益的国际关系伦理规则。那个时代,国家利益至上、国家伦理为大,故还没产生全球利益和全球伦理。当全球伦理产生后,"森林法则"必然受到严厉的挑战。

保护全球利益的全球伦理与其说是对"森林法则"的挑战,不如说是对国家利益和国家伦理的挑战。这表现为两个方面。一方面,全球伦理是向旧时代官员利益的挑战。另一方面,全球伦理是向国家利益中的国家私利的挑战。

世界发展史无数次显现出国际无政府主义"森林法则"的怪诞事情,令人百思不得其解。其实,在此类事件中,列强(如西方殖民主义者)不仅强取弱国的利益,而且强奸本国人民利益,不仅屠杀外国人民,还屠杀本国人民;他们(如晚清官宦集团等)甚至不惜出卖本国人民利益(如割地赔款)赠送给列强,换取自己在本国的统治地位,换取那个官宦集团在国际舞台上的地位,其出发点不是本国人民的意志,而是偷运本国国家利益的某些官员集团的私利；其伦理规则不是国家伦理，而是偷运国家伦理的官宦伦理。官宦伦理就是强盗伦理，就是要欺压本国人民利益以实现自己官宦集团的利益最大化。只有从这种理论视角上看，无数次显现出来的国际无政府主义"森林法则"之怪诞就一清二楚了。简言之，这是由旧时代官宦伦理规则所致。

克服这种弊端的路径有两层。第一层，用真正的国家利益代替官宦利益，用真正的国家伦理替代官宦伦理。这一层需要用真正的国家利益挑战官宦利益，用真正的国家伦理挑战官宦伦理。第二层，用全球利益升华国家利益，用全球伦理升华国家伦理，克服与全球利益和全球伦理相冲突的那部分国家利益。因为即便是真正的国家利益和国家伦理，也有与全球利益与全球伦理相冲突的部分（不是全部）。美国就是用牺牲其他国家利益来确保本国利益的典型。

第四节
全球共同体及其全球伦理

诚然，从理论上讲，完全意义上的全球伦理是在建构世界政府之后的普世伦理。但是，人类至今还未能建立世界政府，却纷纷开启了种种全球伦理行动，故只能将之定性为"不完全意义上的全球伦理"。

以往人们把"全球共同体"理解为世界政府或世界国家的同义范畴？我认为这是错误的。因为全球共同体的表现形态是多种多样的，世界政府不过是其中的一种表现形态而已。众所周知，迄今为止仍然没有诞生世界政府或世界国家，联合国并不是世界政府。当今世界，全球共同体表现为种种松散的类型，如实现世界政府部分职能的形态（如联合国）、地区性国际联盟（如欧盟、东盟等）、非政府组织等国际行为体。

建构全球共同体至今仍然是个梦。其实，关于这个梦，近代初的13世纪的但丁，甚至是古希腊的斯多葛学派就已经梦想了。确切地说，构建世界国家或世界政府一直是理想主义者的梦想。古希腊的世界主义只是朦朦胧胧地提出了世界公民的萌芽思想。

一、但丁的世界帝国之梦

最初提出建立世界政府的是但丁。但是，从公元4世纪奥古斯丁提出的

"上帝之城"① 到 13 世纪启蒙者但丁构想的 "世界帝国"，到处都充斥着基督教神学的虚构与幻想。

但丁（Dante Alighieri, 1265 – 1321）不仅是一个伟大的诗人，而且是活跃在 13 世纪意大利文化舞台上的政治家，担任过佛罗伦萨最高行政会议的行政官；不仅是中世纪晚期的思想活跃者，而且成为后来文艺复兴运动的先驱，是封建社会中世纪的掘墓者和后来资本主义开端的标志性历史人物之一。他出生于当时意大利手工业和文化中心的佛罗伦萨的没落贵族家庭。当时的意大利处于分裂割据状态，教权和王权的斗争使城市分为教权派和王权派。但丁拥护王权，想借德意志神圣罗马帝国的强大力量实现意大利的统一。他激烈批判教会的黑暗和腐败，认为教会把善良和邪恶完全颠倒了。于是，他一方面在《神曲》中把还在位的教皇安排到地狱中，倒插在石缝里，受着永恒的火刑；另一方面给德意志皇帝亨利七世在天堂中预留了一个宝座。虽然他的文学名著《神曲》是人文主义思想的开山之作，但他的思想还基本上属于中世纪的范畴。

但丁坚持教权与王权分工的理论，坚决反对君主权力源自教皇的看法。他提出，国王的权力并不是来自教皇，而是直接来自上帝，没有任何中介。他还提出，教皇虽然是天国的守门人，握有天国的钥匙，但是无权统治世俗国家。他认为，一方面上帝直接授权给国王，让他统治国家，使尘世成为 "人间乐园"；另一方面，上帝授权给教皇，是让他引导人们遵守神的教导，以便死后的灵魂进入 "天上乐园"。

但丁是一位民族沙文主义者，主张最优秀的民族统治全世界。因为他认为，真理就是上帝的意志，最大的和平来自最大的统一，所以他主张建立统一的 "世界帝国"。建立一个一元化的世界帝国符合上帝的意志。他认为，罗马人正直诚实，英勇善战，因此是最高贵的民族。所以，罗马人应该征服并统治全世界。

但丁的政治著作《论世界帝国》（1311?）系统地阐述了他的政治理想，

---

① 圣·奥勒留·奥古斯丁（Saint Aurelius Augustinus，公元 354 年 11 月 13 日—430 年 8 月 28 日），古罗马帝国时期天主教思想家，欧洲中世纪基督教神学、教父哲学的重要代表人物。奥古斯丁在与基督教各种异端和异教的斗争中，写下了他的传世之作《上帝之城》。其主要批驳异教徒对基督的责难，重评罗马史，认为罗马的毁灭是咎由自取，与基督教无关。该书在神学的框架内阐述了一整套政治哲学，从理论上总结了基督教政治价值观。奥古斯丁政治哲学最突出的一点，是他区分了所谓 "上帝之城" 和 "世人之城"。根据他的解释，两个城的分野源于天使的反叛，直接起因则是亚当的堕落。当把双城论的理论运用到现实生活时，奥古斯丁指出，两个城在现实社会是混合在一起的。不过在他看来，上帝之城至少可以由教会来代表，世人之城可以由异教国家来代表。

表达了希望建立统一的君主国家，发展城市工商业的要求，从而建立一统天下的世界帝国，维护国家之间的世界和平，不干涉国家内部的自主性。此书被罗马教皇列为禁书。《论世界帝国》在西方政治思想史上占有重要的地位。《论世界帝国》主要阐述了三个论题，即为了世界的福祉有必要建立一统天下的世界帝国；罗马人有资格掌握这一尘世帝国的权力；世界帝国的权力直接来自上帝，而不是受自上帝的代理人教皇。按照但丁的逻辑，建立世界统一帝国是为了避免国家间的战争，让人民得到自由和幸福。他继承了古希腊的自由思想，认为人是自由的，只有按着自己的意志判断是非，控制感情，才能获得尘世和天国的幸福。但在现实中，各国的国王为了私欲而扩张领土，战争不断，生灵涂炭，人民的财产没有保障，丧失了自由和幸福。因此，只要建立统一的世界帝国，让天下属于君主一人，战争自然就会停止，人民也就得以永享和平。在但丁的世界帝国，应实现公民权利的平等，给予公民真正的公平、公正或正义的政治目标。这是权利正义论的一种启蒙或者萌芽。

但丁借助基督教上帝的力量构建世界帝国，看似很荒谬，但却包含了一定的合理思想。但丁认为，要想获得良好的世界秩序，就必须建立世界政体，即世界帝国。① 最值得称赞的是，在《论世界帝国》卷2中提出，良好世界秩序根源于"正义"，"罗马凭正义一统天下"，即罗马人称雄世界、所向无敌的业绩，并非仅仅依仗武功，而是凭借正义而来。也就是说，世界帝国的政治伦理规范是"正义"精神。他说，"罗马人建立帝国，对世上一切人加以一元化的统治是合乎正义的，而不是篡权行为"。"罗马人征服全世界，是凭借正义而取得世界统治权的。"罗马帝国陨落了，但罗马的正义精神却成为流转世界各国的普适伦理规范。

二、康德的全球秩序和世界永久和平

继但丁的《世界帝国》之后，康德在《永久和平论》中设想在地球上建立一个所有民族的世界联盟或世界联邦，但反对建立一个多民族的世界政府或世界国家。因为他害怕世界政府的中央一旦腐败，将无法克制。绝对的权力将导致绝对的腐败。绝对的腐败将无法想象、无法克服。他提出了必要原则，以克服在实现和平过程中所出现的各种困境与解决方法。在这个联盟中，每一个国家，甚至最小的国家，都可以不仅依靠自己的力量或者自己的法律

---

① [意] 但丁著，朱虹译：《论世界帝国》，商务印书馆1985年版，第13页。

裁决，而且依靠这个各民族的大联盟提供一个联合起来的力量，依靠以联合起来的意志为根据制定的法律做出决定，获得自己的安全和权利。康德主张共和制国家，但他又认为共和国是一个社会理想目标，因此是一个"彼岸世界"。他还把在世界范围内实现永久的和平作为政治的最高目标。

康德的世界永久和平论是人类思想史上的一份珍贵遗产，是为保证整个人类的自由、安全和权利而设计的。他认为，国家共同体目的是自由，人类作为整体所具有理性及政治上的自由；他承认战争的合理性，认为战争是建立新的国家间关系的一种尝试，并形成新的共同体。国家的动荡变化都会对其余国家造成影响。与战争无法共处的商业精神迟早会支配每一个民族。

康德从理性的角度推论，人类社会的最终目的是建立永久和平。他在其《永久和平论》中，采用国际条约的文件形式，分先决条款、正式条款和秘密条款展开了论述。① 这只是一种理论假设。

"先决条款"是康德认为必须坚持的国际法基本原则，是如何获得和平的条款，包括六条：一、任何和平条约如果在缔结时秘密留有导致未来战争的材料，就不应该认为是真正有效的和平条约；二、任何一个独立国家都不得为他国用继承、交换、购买和赠送等手段加以侵吞；三、常备军应该逐渐地全部加以废除；四、国债不能用于对外争端；五、任何国家不得以武力干涉他国体制和政权；六、任何国家在与别国交战时都不得采用会使在未来的和平条件下建立互信成为不可能的敌对行动。

"正式条款"是关于如何保障已经获得的和平的问题。康德提出三个相关的约束性条款：一、每个国家的公民体制都应该是共和制。康德认识到国际制度取决于国内制度，他认为君主专制尤其容易导致战争，唯有共和制才是永久和平的先决条件；二、各国自愿结成联盟，其成员国的权利都得到保障。康德认为这不是消灭主权、国家合并和建立世界国家，而是扼杀战争的消极代替品，正如当初人们订立契约建立国家，放弃一小部分权利而使独立获得更坚实的捍卫；三、要把"世界公民权利"限定于以普遍的友好为条件。每个人应当有可能访问世界上的任何地方，而不受侵犯和歧视，每个民族都享有对他所拥有的领土的权利，不受外来威胁。

"秘密条款"提出，只有在法的基础上使政治和道德相结合，才能实现合理的政治制度与世界永久和平。康德尖锐地反对马基雅维利主义，指责了马基雅维利主义的信奉者们的信条是：一、行动之后加以谅解，为私利作恶，

---

① 参见康德的《永久和平论》一书。

而后百般掩饰；二、做过之后不承认自己所犯下的罪行；三、分而治之，挑拨离间。康德最后指出，侵略者的这些政治信条众人皆知，使这些野心家名誉扫地、彻底失败，世界方能永享和平。后者是与世界永久和平精神相违背的。

康德的"永久和平论"有其合理性，也存在不足。其合理性在于，国际权利应该以自由国家联盟制度为基础，康德设想地球上的所有民族联合形成各民族联盟，不必是一个多民族的国家即世界政府。他担心世界国家会变成一种专制而压制自由，从而陷入无政府状态。联盟必须出于一种法律秩序之中，各国才能按照法则和平共处。世界政府与陷入世界无政府状态是矛盾的，但世界国家可能会变成压制自由的世界性专制是合理的。康德认为，人类从非社会性的武力战争状态发展为道德普遍法则决定政治的社会状态。只要政治按照道德法则行事，就会消除对立状态而达到永久和平。其不足在于，它是一种理论假设，是理想的社会状态。永久和平可能是一个假言范畴或假命题。本书著者认为，不同阶级、不同层次（个人与国家等）利益的制衡才是人类政治发展的出路。符合正义和秩序的国际法和国内法之间的制衡是对各种利益的整合。

总之，康德的理想社会包括世界永久和平是一个"彼岸世界"。一方面，它是距离我们很远的一个世界。另一方面，它是拥有最大合理性的社会。康德的永久和平论虽然包含了很大的合理性，远远超过英国和法国的思想家追求的国家正义，扩大到国际正义，但也包含了很大的乌托邦幻想成分。

三、国际组织的实践

如果说但丁对世界政府的构想和康德对世界永久和平的设想都只不过是停留在思想层面和空想阶段，那么19世纪初欧洲地区性国际组织到20世纪中叶联合国的建立则是人类构建国际组织进入实践层面和行动阶段。当国际条件成熟后，国际组织才应运而生，先是地区性国际组织，后是全球性国际组织，这才使得全球伦理开始从思想领域走向实践领域。只有出现了三次世界性战争之后，人类才开始通过国际组织逐渐把全球（政治）伦理落实到实践当中。国际组织最初只是诞生在欧洲地区，后来才诞生了全球性国际组织。

19世纪初至20世纪中叶的约150年时间里，先后爆发了三次世界性的战争，每一次战争过后都产生一次相应建立国际组织的努力，其目标是维持国际和平与秩序。拿破仑战争之后诞生了"神圣同盟"。第一次世界大战后诞生了"国际联盟"。第二次世界大战后诞生了"联合国"。摩根索总结道,"对于每一次建立国际政府的努力,都必须问三个问题:(1)统治权的归属何在,即谁来统治?(2)指导这个政府的正义原则是什么,即这个政府要实现何种意义上的共同利益?(3)这个政府在何种程度能维持和平与秩序?"①

"神圣同盟"是建立在三个国际条约基础上的,包括1814年3月9日的《肖蒙条约》、1815年11月20日在巴黎签订的《四国同盟条约》和1815年9月26日的《神圣同盟条约》。《肖蒙条约》构建了奥地利、英国、普鲁士和俄国等四国订立的为期20年的同盟,旨在阻止拿破仑王朝重返法国,并保障拿破仑战争结束后的领土安排。

《神圣同盟条约》具有浓厚的基督教成分。因为"该条约宣布,所有的统治者均应信奉基督教原则,把上帝作为世界的主宰者。条约中充满着诸如'互惠服务''永不改变的善意''相互友爱''基督仁慈''密不可分的手足之情'之类的辞藻。神圣同盟的创始人是奥地利普鲁士和俄国的统治者,随后欧洲各国所有的统治者都加入了,只有教皇和土耳其例外。"②

建立地区性国际伦理规范的道路是曲折的,必然受到大国的国家利益的挑战。由于英国背弃,1825年神圣同盟土崩瓦解了。瓦解的深层原因是抽象的基督教条和实际的国家利益的冲突。神圣同盟的宗教原则"各国为自己,上帝为大家"破灭了。这说明,"各国为自己,上帝为大家"的信条是根本不成立的。神圣同盟破产的原因还在于大国操纵,牺牲小国利益。这说明,神圣同盟不能保证其成员国之间的公平。这成为后来组建欧盟时吸取的重要经验教训。

不难看出,19世纪初欧洲神圣同盟签订的国际条约局限于欧洲地区,而且信条是建立在基督教基础上的,根本不具有全球性。而且,这个同盟根本没能阻止欧洲人再次发动更大的战争。因此,百年后爆发了两次世界大战。不过这两个条约的性质标志着欧洲人避免战争的觉醒,以及建立欧洲联盟性的国际组织的需要。

国际伦理行为规范是在"正义原则"不断受到挑战和检验中得到完善的。19世纪初神圣同盟签订的国际条约虽然破产了,但却留下了丰富的文化遗产。一方面,检验或验证了伦理的核心规范,即"正义精神",只能驻留在最简单

---

① [美]汉斯·摩根索,徐昕、郝望、李保平译:《国家间政治:权力斗争与和平》,北京大学出版社2006年版,第486页。

② [美]汉斯·摩根索,徐昕、郝望、李保平译:《国家间政治:权力斗争与和平》,北京大学出版社2006年版,第487页。

的"在现状的基础上维护和平"的水平上:"对于任何正义原则指导着神圣同盟这一问题,答案似乎是清楚无误的:在现状的基础上维护和平。"① 另一方面,检验了这种"现状"出了大问题:"现状的含义是什么,那么上述回答就很模糊了。英国所指的现状,一开始就不同于俄国所指的现状。"②

建立国际伦理规则的最大障碍是抽象的正义原则(追求和平与秩序)和具体的国家利益的冲突。"每当具体的国家利益与神圣同盟的抽象原则发生冲突时,前者总是战胜后者。这种冲突在1820年和1822年分别出现过一次。"③这是一种绝妙的论述,完全能够证明抽象的全球利益与具体的国家利益发生冲突时,具体的国家利益总是会战胜空洞的全球利益。笔者觉得,克服这种窘境需要满足三个条件:第一,要把全球利益具体化,而不能抽象和空洞;第二,那种具体的必须是全球利益,尤其是涉及到威胁到人类生死存亡的全球问题,这种具体的全球利益远远超过了每个国家利益;第三,人类找到最为基本的全球利益并能战胜国家利益的时候,才算找到了战胜国家利益而构建全球伦理的能力和办法。目前,人类还没有能力满足这三个条件中的任何一条。

继"神圣同盟"之后的国际组织是"国际联盟",简称国联,是第一次世界大战后《凡尔赛条约》签订后组成的国际组织。该组织于1934年9月28日至1935年2月23日处于高峰时期,曾拥有58个成员国。"与神圣联盟相比,国际联盟是一个实际存在的组织,有自己的法人资格、代表和机构。它的政治机构有:大会、行政院和常设秘书处。"④ 足见,国际组织的发展水平有了巨大提高。"国际联盟"促成的国际伦理成果是,其宗旨是要减少武器数量、平息国际纠纷、提高民众的生活水平以及促进国际合作和国际贸易。在其存在的26年中,国联曾协助调解某些国际争端和处理某些国际问题。

"国际联盟"的巨大缺陷使它很快就成为历史。首先是它的章程缺陷:"《国际联盟盟约》并未宣布战争为非法。它只不过允许会员国在某些情况下

---

① [美]汉斯·摩根索,徐昕、郝望、李保平译:《国家间政治:权力斗争与和平》,北京大学出版社2006年版,第489页。
② [美]汉斯·摩根索,徐昕、郝望、李保平译:《国家间政治:权力斗争与和平》,北京大学出版社2006年版,第489页。
③ [美]汉斯·摩根索,徐昕、郝望、李保平译:《国家间政治:权力斗争与和平》,北京大学出版社2006年版,第490—491页。
④ [美]汉斯·摩根索,徐昕、郝望、李保平译:《国家间政治:权力斗争与和平》,北京大学出版社2006年版,第494页。

进行战争。据此推断，只要这些情况不存在，会员国仍可进行战争。"① 其次是它的结构缺陷："国际联盟内的权力分配不能准确反映世界范围的权力分配状况。在国际联盟所处的时代，国际政治的主要因素已不再是欧洲所能支配的了，而国联的结构仍以欧洲为主导。"② 再次是它的政治缺陷："假定当国际联盟面临大规模战争威胁时，能够像一个整体一样采取行动，也无法弥补其政治缺陷，更何况这一假定从未成为事实。大国各自追求的国家利益，压倒了国联用现状定义的正义原则。……1925 年德国加入国联之后，推行破坏凡尔赛体系的政策。德国主要是利用民族自决原则这一炸弹，摧毁领土现状的基础。……苏联以前在国联之外是孤立的，进入国联后依然孤立。苏联作为一个国家所拥有的潜力和它鼓动世界革命的政策，对西方大国具有双重威胁。事实证明，法国、英国和苏联不可能在 1934 年到 1939 年的任何重大危机中合作，无法采取共同的行动，只有对意大利的制裁是一例外。"③ 总之，由于国联缺乏共同的军队武力，所以要依赖大国援助；国联缺乏执行决议的强制力，未能发挥其应有作用。

国际联盟的设计仍不完善，比如曾规定全面裁减军备但却未能付诸实现；采取制裁侵略者的行动之前，须先经理事会全体投票。此外，由于美国没有加入国际联盟，国联丧失了坚实的支持力量，最终不能阻止国际纠纷、法西斯的侵略行为和第二次世界大战的爆发。1945 年在二战废墟上成立联合国，其取代国际联盟成为当代主权国家组成的最大国际组织，原来的国际联盟档案全部移交给联合国。

顺便需要说明的是，地区性国际组织为什么会诞生在欧洲而不是其他地方？答案很简单，在欧洲发生的世界性的战争是最多的，也是最惨烈的，迫使欧洲人走出和摆脱被战争毁灭的迫切性也最大。

如果说"神圣同盟"和"国际联盟"是地区性的国际组织，那么联合国则是走向世界的全球性国际组织。

全球治理和全球伦理一开始并不是也不可能是世界各国的共治，而是大国主宰下的全球治理，其实就是"大国共治"。"大国共治"经历了从"国际

---

① [美] 汉斯·摩根索，徐昕、郝望、李保平译：《国家间政治：权力斗争与和平》，北京大学出版社 2006 年版，第 500 页。
② [美] 汉斯·摩根索，徐昕、郝望、李保平译：《国家间政治：权力斗争与和平》，北京大学出版社 2006 年版，第 501 页。
③ [美] 汉斯·摩根索，徐昕、郝望、李保平译：《国家间政治：权力斗争与和平》，北京大学出版社 2006 年版，第 503 页。

联盟"到联合国的发展。"大国共治的趋势在国际联盟中就已很明显了,在联合国中大国则完全控制了职权的分配。这一趋势在《宪章》的三项章程设计中体现出来:联大不能就政治事项做出决定,全体一致的要求限于安理会的常任理事国;争执各方有权否决任何针对本国的强制措施。"① 联合国表面上看是全球治理的全球性国际组织,其实是大国共治的国际组织。从"神圣同盟"和"国际联盟"发展到联合国的行动纲领的发展路径是从地区性国际组织发展为全球性大国共治的道路。

联合国中真正享有权力的机构是安理会,而不是联合国大会。联合国大会并不是真正的权力机构,它只有政治提议权或建议权,没有行动决策权。② 如果安理会处理问题时,联大连建议权都将丧失。因为联合国的"这种设计使安理会在重大的政治问题上能够间接地控制联大的功能"。③

正义原则是伦理的轴心。全球正义则是全球伦理的核心。联合国宪章虽然提出了正义原则,但是"在《宪章》的主体部分中,没有任何地方解释或提到具有实质意义的正义原则,也没有任何其他的来源可以给予这些抽象的概念以明确的内容"。④ 联合国没有能力阻止世界性的战争,为了阻止战争的爆发,"我们还必须在联合国之外寻找办法"。⑤

可以说,人类追求正义的脚步,不会在联合国门前止步。全球伦理的发展有必要从联合国时代走向后联合国时代。何日发展到联合国后时代,不得而知,现在只能拭目以待。

四、摩根索对联合国的质疑

在现代国际关系学界,出现一个近似规律性的现象,即主张建立世界政府的往往是一些(不是全部)自由主义学者,而反对和否定的却往往是现实主义学者。其中最著名的代表人物就是摩根索。

---

① [美]汉斯·摩根索,徐昕、郝望、李保平译:《国家间政治:权力斗争与和平》,北京大学出版社2006年版,第505页。
② 《联合国宪章》第十条至第十四条。
③ [美]汉斯·摩根索,徐昕、郝望、李保平译:《国家间政治:权力斗争与和平》,北京大学出版社2006年版,第506页。
④ [美]汉斯·摩根索,徐昕、郝望、李保平译:《国家间政治:权力斗争与和平》,北京大学出版社2006年版,第508—509页。
⑤ [美]汉斯·摩根索,徐昕、郝望、李保平译:《国家间政治:权力斗争与和平》,北京大学出版社2006年版,第523页。

汉斯·摩根索（Hans J. Morgenthau，1904—1980），犹太人，美国政治学家，古典现实主义大师，国际法学中"权力政治学派"缔造者。他1904年生于德国，他的国际关系研究出自哲学和政治的双重重视。平生所著甚多，但最著名的传世之作则是1948年的《国家间政治——权力斗争与和平》，该书在学术界素享盛誉，已经成为美国使用最广、影响最大的教科书之一。在该著作中，摩根索以抽象的人性论作为世界观的理论基础，演绎出权力政治学派的国际法观。摩根索是现实主义伦理流派的重要奠基人之一，对现实主义的发展产生了不可或缺的影响。任何人都无法忽视他在现实主义中的重要性，无论是批评者还是支持者，都需要研究摩根索的思想。

其实，摩根索并不反对建构世界国家的美好愿望，但却认为建立世界国家是不可能的事情。"世界国家的拥护者的论点是无可辩驳的：没有一个与政治世界的范围相对应的国家，就不会有永久的国际和平。现在我们必须注意的问题是，世界国家怎样才能产生。"[1] 首先，摩根索认为世界国家并不存在，"与想象中的世界国家的相对应的范围广大的社会并不存在。目前存在的是一个由各主权国家组成的国际社会。一个包括了所有国家的所有个别公民因而等同于在政治上组织起来的全人类的超国家社会，亦不存在"[2]。其次，他认为，"国家是人们最高的世俗忠诚的接受者"[3]。再次，他提出，为实现世界和平而建立世界国家是无法得到保证的："（1）它必须给人类一个法人资格，使人类在它面前保持团结统一；（2）它必须创立许多机构并使之持续运转，以完成世界范围的社会变革，这种变革可能使人类的所有集团期望它们提出的相互冲突的要求至少得到某些满足；（3）它必须建立执法机构，以压倒优势的力量对付任何对和平的威胁。"[4] 此外，他根据国家体系来推测世界国家体系是错误的："移民和贸易。关于这两个问题，不同国家的要求历来是相冲突的。像任何联邦国家一样，世界国家将反对把国家间的移民和国家间的贸

---

[1] ［美］汉斯·摩根索，徐昕、郝望、李保平译：《国家间政治：权力斗争与和平》，北京大学出版社2006年版，第535页。
[2] ［美］汉斯·摩根索，徐昕、郝望、李保平译：《国家间政治：权力斗争与和平》，北京大学出版社2006年版，第536页。
[3] ［美］汉斯·摩根索，徐昕、郝望、李保平译：《国家间政治：权力斗争与和平》，北京大学出版社2006年版，第537页。
[4] ［美］汉斯·摩根索，徐昕、郝望、李保平译：《国家间政治：权力斗争与和平》，北京大学出版社2006年版，第537—538页。

易交给它的组成部分自由处理。它必须自己处理这些问题。"① 最后，他得出人类无法建立世界国家的结论，"没有一个世界国家，国际和平就不会长久，而在目前世界的道德、社会和政治条件下，世界国家是无法建立的"。②

诚然，摩根索是在20世纪40年代写下的这部著作，当时学界还没有注意到全球问题、全球治理、全球伦理的问题。他提出了一系列从国家政治看世界政治的看法，因此他的历史局限性很大。但他基于现实主义提出的建立世界政府的三个基本条件（上述提到的三个"必须"）等等看法，至今还未过时。

更难能可贵的是，摩根索不仅对世界国家的建构提出质疑，而且对联合国宗旨也提出了质疑。他提出建立联合国教科文组织的两个原则是错误的，一个是"文化一致导致和平"，另一个是"因相互了解不够而战争"。他说，"联合国教科文组织的哲学认为，教育、文化交流和一般而言可能增加不同国家人民之间的接触并促进他们相互理解的一切活动，必然会对国际共同体的创建及和平的维护做出贡献。这个假设暗含的论断是，国家之所以民族主义化并相互进行战争，是因为它们彼此了解不够，也因为它们在不同的教育和文化层次上运作。这两个假定都是错误的。"③

首先，摩根索认为文化一致性也未必能够导致和平："跨越国界的知识和艺术联系的存在不能给世界共同体带来任何好处。具有政治潜力的世界共同体是一个得到标准和政治行动的共同体，而不是知识和感情的共同体。美国的知识界精英欣赏俄国的音乐和文学，苏联的舞台也没有禁止莎士比亚剧目的演出，但这和我们所关心的问题毫无关系。不同国家的成员对同样的知识和艺术经验的分享并没有创造一个社会，因为这种分享没有创造出那种不同国家的成员相互之间的道德上的和政治上的相互行动，那种他们没有分享这些经验时就不会采取的行动。"④

其次，摩根索提出，提高民众的知识水平、增强国际理解未必会导致世界和平："联合国教科文组织的第三个目标，及国际理解，充分暴露了该组织

---

① [美]汉斯·摩根索，徐昕、郝望、李保平译：《国家间政治：权力斗争与和平》，北京大学出版社2006年版，第538页。
② [美]汉斯·摩根索，徐昕、郝望、李保平译：《国家间政治：权力斗争与和平》，北京大学出版社2006年版，第538页。
③ [美]汉斯·摩根索，徐昕、郝望、李保平译：《国家间政治：权力斗争与和平》，北京大学出版社2006年版，第545页。
④ [美]汉斯·摩根索，徐昕、郝望、李保平译：《国家间政治：权力斗争与和平》，北京大学出版社2006年版，第546页。

关于国际事务的认识的根本谬误。国际冲突被认为是知识贫乏的结果,是对于其他民族的品质无知和缺乏判断的结果。……这一说法犯了两方面的错误。"[1] 一方面的错误,理解不能导致友谊,"友谊和理解并不是同步增长的"。[2] 另一方面的错误是,"认为国际冲突可以通过国际理解而解决的观点是基于这样一个隐含的假设:造成国际冲突的问题实际上产生于误解,冲突的问题是想象出来的,国与国之间实际上没有真正值得大动干戈的问题存在"。[3] "一方越是理解对方的立场、性质和意图,冲突就显得越是不可避免。"[4]

足见,摩根索对联合国宗旨或使命的质疑以及提出的一些看法隐含了很大的真理含量。

第五节
世界无政府的三种形态

随着全球化向纵深发展,世界各国被整合为人类命运共同体。此前世界无政府状态发生了两次大的转变,即国际关系由敌对关系转变为竞争关系再提升为合作关系。当今世界即便已经进入到人类命运共同体时代,依然有很多国家之间还停留在敌对关系层面。研究不同国际关系模式及其转向,如何规避敌对关系、转向善意的竞争关系与合作关系,成为各国外交、国际关系领域的重要行动纲领。迄今为止,对不同类型无政府状态研究最好的当属建构主义者温特三种文化的理论。但温特未能深入挖掘三种文化的根源,笔者从伦理视阈分析了国际政治三种无政府状态的伦理根源,是对世界无政府文化一种新的尝试。这种研究对于国际关系学研究具有重要伦理价值。朝鲜半岛问题、中东问题、克什米尔问题、中国的南海问题和钓鱼岛问题,同时使得这种研究具有重要的现实意义。

---

[1] [美]汉斯·摩根索,徐昕、郝望、李保平译:《国家间政治:权力斗争与和平》,北京大学出版社2006年版,第547页。
[2] [美]汉斯·摩根索,徐昕、郝望、李保平译:《国家间政治:权力斗争与和平》,北京大学出版社2006年版,第547页。
[3] [美]汉斯·摩根索,徐昕、郝望、李保平译:《国家间政治:权力斗争与和平》,北京大学出版社2006年版,第548页。
[4] [美]汉斯·摩根索,徐昕、郝望、李保平译:《国家间政治:权力斗争与和平》,北京大学出版社2006年版,第549页。

国际关系错综复杂，即便到了全球化深度发展时代，学者对世界无政府状态的理解仍没有得到根本性改观。对此，理解最深入的是建构主义者温特三种文化的理论，即将无政府状态划分为霍布斯文化、洛克文化和康德文化，相应地把国际关系大致分为敌对关系、竞争关系和朋友关系三种类型。很可惜，温特未能进一步挖掘三种文化的根源，也未能分析三种文化的时代主题。笔者沿着温特的社会理论研究方向继续往下研究，从伦理视阈分析国际关系的三种类型，可谓是一种国际关系伦理透析的研究文本，属于沿着学术前沿"继续说"①的文本。沿着温特的研究思路，以伦理透析为方法论，从文化进化的角度，笔者发现从霍布斯战争伦理转向洛克竞争伦理再转向康德合作伦理成为国际关系的发展规律。这只是国际政治发展的一种可能进化的路径，不是必然的过程，因为还有由康德文化倒退为洛克文化，再倒退为霍布斯战争伦理的危险可能性。

一、温特三种无政府文化理论精华

为遏制国际上的国家权力斗争发展为战争，必须限制国家权力的增长。为此，国际道义、世界公众舆论和国际法都对国家权力进行了限制。但在现实主义理论那里看不到政治文明的曙光，它对于世界无政府状态只能持有悲观态度。如现实主义代表人物摩根索的结论是："由于不存在一个世界性的社会，也缺乏用以判断国家行为是否道德的普遍接受的国际标准，所以无法形成能够制止国家推行某项国际政策的世界公众舆论。至于国际法，它的实质性缺陷是分散化，而且没有国内法那样有权威的立法和执法机构。"②

国际关系学诸多学者对世界无政府状态做了大量的研究，但是如何解释国际无政府状态，国际社会无政府状态到底有多少种逻辑结构，仍然是尚未完成的课题。温特在纠正国际关系学界对无政府状态的种种错误的基础上，建立了一种比较令人信服的三种无政府状态的学说。

首先，温特把人们带出了森林法则的世界，引领我们走出了战争的悲观论调。温特把人带出了自助为特征的世界无政府状态。现实主义理论把世界无政府状态视为一种自助体系。温特鲜明反对这种观点。现实主义提出"无

---

① 冯友兰把自己的学问称为对中国贤哲思想的继续研究，称之为"继续说"的治学态度。本书借用这种研究风尚。所有学界大师都必须站在学术前沿上"继续说"。

② [美] 汉斯·摩根索，徐昕、郝望、李保平译：《国家间政治：权力斗争与和平》，北京大学出版社2006年版，译序，第9页。

政府状态是本质上自助的体系，会产生军事竞争、势力均衡和战争。我反对这种观点"。①

简单把世界无政府状态付诸于森林法则，不仅无助于诸多国际关系复杂性的理解，而且还用森林法则来诉说当前国际关系状态，显然大错特错。因为在温特看来，战争状态、敌对关系属于霍布斯文化，威斯特伐利亚体系之后，国际社会的发展主流已经进入到竞争与合作的时代，即进入洛克文化②和康德文化。最可贵的是，在温特看来，近现代世界无政府状态并不必然导致战争，战争是由某种特殊的共同观念建构的。对此，温特说，"我提出的与传统理论相违背的观点是：战争状态不是由无政府状态或人的本性建构的，而是由共有观念建构的"。③

温特深刻指出了霍布斯文化转向洛克文化模式的原因是威斯特伐利亚国家体系的建立，使人类走出了霍布斯文化，进入到洛克文化："威斯特伐利亚国家体系才更加令人感到惊讶，因为这一体系显然不是霍布斯体系。国家的死亡率几近于零，弱小国家蓬勃发展，国家战争不是经常现象，并且往往受到限制。领土疆界已经'固定'下来。……现实主义者往往对这样的变化不加重视，而是强调历史的延续性，战争仍然发生，权力仍然重要。但是，我认为，事实显然表明，在过去几百年里，国际政治发生了质的结构变化。霍布斯自然状态中不是杀人就是被杀的逻辑已经被洛克无政府社会的生存和允许生存逻辑所替代。"④

沿着温特研究的思路继续往前走，不难看到，正是因为洛克文化，国家的数量才不是由多变少，而是由少变多。霍布斯文化是强国吞并弱国的走势，因此国家的数量不是由少变多，而是由多变少。古代社会只有少数几个大帝国登上世界争宠的国际舞台，如中华帝国、罗马帝国、埃及帝国、巴比伦帝国、印度帝国等。古代向近代转折的过程中，威斯特伐利亚国家体系造就的洛克文化，改变了原来的世界无政府状态，最大的特征就是强国允许弱国存在，而不像古代那样强国灭弱国，从而使得国家数量不断增多。两次世界大

---

① [美] 亚历山大·温特，秦亚青译：《国际政治的社会理论》，上海世纪出版社 2014 年版，第 245 页。

② 温特提出，"威斯特伐利亚是洛克文化"。参见 [美] 亚历山大·温特，秦亚青译：《国际政治的社会理论》，上海世纪出版社 2014 年版，第 265 页。

③ [美] 亚历山大·温特，秦亚青译：《国际政治的社会理论》，上海世纪出版社 2014 年版，第 256 页。

④ [美] 亚历山大·温特，秦亚青译：《国际政治的社会理论》，上海世纪出版社 2014 年版，第 272—273 页。

战和冷战，每一次都产生很多新的国家。第一、二次世界大战期间，在世界范围内建立超过 120 个独立民族国家。冷战后，苏东解体，中亚和东欧涌现出 20 多个新的民族国家。可以说，威斯特伐利亚体系的建立标志着人类从霍布斯文化转化为洛克文化，国际社会的法则从适者生存的森林自然法则转化为强国容忍甚至保护弱国的社会法则，是从物质性法则转化为社会性法则。社会性法则的第一原理不是物质性的强弱关系，而首先是承认主权的平等关系。

其次，温特理论的闪光点包括指明了无政府状态只是隐含了某种逻辑，但逻辑形式本身并没有意义，赋予逻辑的文化内容才使逻辑具有了意义。或者说，"意义"不是由逻辑的形式赋予的，而是由逻辑内容赋予的。对此，温特认为，"无政府程序本身是空洞的概念，没有内在逻辑。诸多无政府之所以产生了逻辑内容，是因为我们赋予这些逻辑的意义的结构所导致的"。[①] 笔者赞同温特提出的多种逻辑结构的观点，"具有不止一种'逻辑'"。[②]

在温特看来，共有观念是建构国际社会形态的决定性要素，它不仅决定战争，还决定能否合作。固然，利益是建构社会的核心要素，但问题是利益是由什么建构的。建构的文化具有深沉的力量，往往演变为常量。国际关系交往方式（战争与合作等）取决于何种文化"意义"的建构："任何可能因素实现的概率取决于观念和观念建构的利益。500 件英国核武器对美国的威胁还不如 5 件朝鲜核武器的威胁大，因为使这些武器产生意义的是共同的理解。"[③]

再次，人们很容易把霍布斯文化无政府状态与现实主义直接联系起来，认为二者之间具有必然关系。温特纠正了这种隐性的错误。霍布斯文化无政府状态与现实主义之间没有必然联系。"霍布斯无政府状态与现实主义之间没有必然的联系，但是人们很自然地假定有这样的联系存在，因为这种无政府状态是建构主义必须正视的'难题'。霍布斯无政府状态中包含的国家高死亡率使得共有观念难以形成，即便形成，也很难说明国家为什么会关心这样的

[①] ［美］亚历山大·温特，秦亚青译：《国际政治的社会理论》，上海世纪出版社 2014 年版，第 246 页。
[②] ［美］亚历山大·温特，秦亚青译：《国际政治的社会理论》，上海世纪出版社 2014 年版，第 245 页。
[③] ［美］亚历山大·温特，秦亚青译：《国际政治的社会理论》，上海世纪出版社 2014 年版，第 252 页。

共有观念,而建构主义认为内化的观念建构了身份和利益。"①

基于上述纠偏,温特在宏观层次上把无政府状态解析为霍布斯文化、洛克文化、康德文化三种结构,而不是简单归结为某一种结构。霍布斯文化是"一切人反对一切人",充满"敌意"和"武力"的敌对关系模式。洛克文化是讲究"代价",充满竞争关系的对手模式。康德文化是基于"合法性""友谊"而建立的朋友关系的模式。这三种世界无政府文化是有大量事实根据的。他说,"这三种文化在国际关系史的不同时期、不同地点都有实例,我还是把这些文化当做理想类型模式对待的。"②

温特提出,这三种无政府文化状态也派生了遵循文化的三个理由,即被迫遵守、利益驱使、承认规范的合法性。"三个理由更应该被看做反映规范得以内化的三种等级,因此也应该被看做开辟了同一结构得以建构的三种不同途径,即'武力''代价'和'合法性'。"③ 只有达到合法化的等级的"行为体才真正被文化所'建构'"。④ 霍布斯文化的核心属性是敌意角色。敌人关系、敌意的本质就是要通过侵略或使用暴力改变现状、不承认他者的生命和自由可以任意侵犯。虽然对手也有可能使用暴力,但远远没有敌人使用暴力的可能性大。敌人之间使用暴力是没有限制的,而对手则是有限制的。⑤

从霍布斯文化提升到洛克文化,国家主权原则得到了普遍的认可。温特道出了国家主权伦理规范的相对权威性,"虽然没有集中的执法机构,现在几乎所有国家几乎在所有时候都遵守国际法。国家越来越承认国际法具有约束力(因之可以得到执行),即使是不同意其规定的国家也是如此"。⑥

真正克服敌对关系的不是霍布斯文化,也不是洛克文化,而是康德文化。康德文化出现于类似于北大西洋相同文明系统中的国家体系中,以"不使用暴力"为特征。温特提出,"一个新的政治文化已经在西方兴起,在这种文化

---

① [美]亚历山大·温特,秦亚青译:《国际政治的社会理论》,上海世纪出版社2014年版,第255—256页。
② [美]亚历山大·温特,秦亚青译:《国际政治的社会理论》,上海世纪出版社2014年版,第253页。
③ [美]亚历山大·温特,秦亚青译:《国际政治的社会理论》,上海世纪出版社2014年版,第247页。
④ [美]亚历山大·温特,秦亚青译:《国际政治的社会理论》,上海世纪出版社2014年版,第247页。
⑤ [美]亚历山大·温特,秦亚青译:《国际政治的社会理论》,上海世纪出版社2014年版,第256页。
⑥ [美]亚历山大·温特,秦亚青译:《国际政治的社会理论》,上海世纪出版社2014年版,第274页。

中，非暴力和团队行动已经成为规范。如果是这样，那我们就不会倒退到过去。我称这种文化为'康德'文化，因为康德的《论永久和平》是对这种文化最著名的论述。"① 在康德文化体系中，国家间的友谊是互利共赢的："康德文化的基础是友谊的角色结构"。② 康德文化还创造了集体利益。"这种认同创造了集体利益，即不仅行为体的选择也是相互关联的。这样，国际利益就成为国家利益的一部分，而不仅仅是国家为实现单独的自我利益而力图实现的那种利益。……康德文化情境中一个含蓄的条件是，国家必须是真正的朋友，而不是仅仅好像朋友一样行事。"③ 因为在国际关系中，利己的国家很难成为朋友，即便成为朋友，也是口头上的，挂在嘴上说说而已，一到关键时刻，一定会出卖朋友。因为它们对朋友的友谊理解是外在的、贫乏的。当受益大于代价时，友谊还算比较重要，即便在形式上不是朋友，实际上已经成为朋友。当国家利益和国际利益交叉在一起的时候，那么交叉部分成为国际友谊的试金石。但当交叉很大部分甚至完全吻合的时候，友谊使得国际成员关系达到一体，用老百姓的话说就是，他们好得像一个人似的。

在温特那里，三种无政府状态不是静态的，而是动态的。"自从第二次世界大战以来，北大西洋地区产生并日益巩固了从洛克无政府文化向康德无政府文化的结构性变化。在几个世纪的互补信任和战争之后，这一地区的国家之间使用有组织暴力残杀（即战争）的方式解决争端的行为在今天已经几乎是不可想象的事情了。国际体系目前面临的挑战是在全球范围内造就这样的结构转化。在全球范围内，文化、经济和政治的多样性当然远远超出了北大西洋地区。"④ 如美国和中国、俄罗斯的国际角色是在变化的。冷战期间，美国与苏联、中国是敌对关系，属于霍布斯文化。冷战后，它们之间的关系转变为竞争对手甚至是朋友合作关系抑或两者兼备，不过也有少量时期还保留着霍布斯文化的痕迹。

温特深信，国际政治是一个进化的过程。温特的三种文化从敌人模式走向对手模式，再走向朋友模式。但这不是一种发展的必然，只是一种可能。

---

① ［美］亚历山大·温特，秦亚青译：《国际政治的社会理论》，上海世纪出版社2014年版，第288—289页。

② ［美］亚历山大·温特，秦亚青译：《国际政治的社会理论》，上海世纪出版社2014年版，第289页。

③ ［美］亚历山大·温特，秦亚青译：《国际政治的社会理论》，上海世纪出版社2014年版，第295—296页。

④ ［美］亚历山大·温特，秦亚青译：《国际政治的社会理论》，上海世纪出版社2014年版，中文版前言。

"无政府体系是否必然从霍布斯结构发展到洛克结构,再发展到康德结构?这是一个完全不同于现实主义观点的'无政府逻辑',至少在一种定义上,这个问题类似于关于'进步'的必然性问题。对此,我的直觉是,回答必然是否定的,当然也有一点保留。"① 只要条件成立了,向上的进化就是必然的。同样,向下的条件具备了,倒退也成为必然。历史至少具有双向发展的可能,关键是人们创造了向上还是向下的条件。正如温特所说,"进步的确存在,但是我的观点是,进步是有条件的,不是必然的"。②

不过,温特注意到,国际政治文化的发展很难往后退。"一旦洛克文化得以内化,就很难再退回到霍布斯文化之中。康德文化之于洛克文化也是一样。……一旦选举权被给予民众之后,几乎没有再度(有选择地)收回的例子。原因是,一旦人们内化了选举的权利,他们就会为捍卫这种权利而努力奋斗,这就是倒退的代价极高。……'倒退'的选择也被封死了。……在洛克文化中国家获得了主权,在康德文化中国家获得了免于暴力和得到安全援助的权利,这些权利国家是不愿放弃的。"③

二、温特三种无政府文化的理论缺陷

尽管温特的三种无政府状态的研究是国际关系学史上的一大发现,但它还是暴露出许多理论缺陷。弥补这些缺陷,把世界无政府状态研究引向深入,是深入发展国际关系学的必经之路。

其一,温特理论的根本缺陷在于只把三种世界无政府状态归结为文化,但未能归结为伦理。文化是抽象的,而伦理才是具体的。从本质上看,三种世界无政府文化状态隐含着三种国际关系伦理规范。把不同国际关系类型从规范论深入到伦理论,无疑是从抽象研究到具体研究,从表象研究到本质研究。因为人的所有行为包括国际关系行为规范,说到底不过是伦理的表象,反之伦理是行为规范的本质。

温特认为,霍布斯文化表示为敌对关系的规范,以充满敌意为相互认同,

---

① [美] 亚历山大·温特,秦亚青译:《国际政治的社会理论》,上海世纪出版社2014年版,第300页。
② [美] 亚历山大·温特,秦亚青译:《国际政治的社会理论》,上海世纪出版社2014年版,第300页。
③ [美] 亚历山大·温特,秦亚青译:《国际政治的社会理论》,上海世纪出版社2014年版,第301页。

达到不可调和时爆发战争。笔者赞同温特的如下两种看法，但这两种看法都有待深入研究。第一种看法，战争和物质力量没有必然关系。"在没有共有知识、只有物质力量的世界上，也不是必然产生每个人反对每个人的战争。"[①]可惜的是，温特没有说明霍布斯文化是一种什么文化。笔者认为，霍布斯文化是一种敌对伦理文化。温特所说的"共有知识""规范"都是对伦理的一种阐述。同类文明造就同类伦理行为模式，"共有知识"只能局限于同类伦理文化之内。如近代殖民主义时代，西方列强把战争的矛头一致对外，对东方进行侵略与掠夺的战争。把视野放大，不难发现，只有列强之间才具有"共有知识"（确切地说是共同伦理），列强与殖民地之间并没有"共有知识"或共同伦理。

第二种看法，在霍布斯文化状态，国家间爆发战争是可能的，但不是必然的，但是国家间的敌意是必然的，因为"国家必然是利己的，但并不是用邪恶的、天生富有侵略的方式来实现自我利益"[②]。其实，霍布斯文化的本质就是一种敌对伦理关系的体现。笔者称之为霍布斯伦理。这是一种战争伦理。但战争伦理无所谓好坏，关键是行为体赋予其什么含义。温特注意到了这一点，"规范可以是'好'的，也可以是'坏'的；规范可以告诉国家发动战争是邪恶的，也可以告诉国家发动战争是光荣的"[③]。但他没能分析规范的适用范围。霍布斯伦理是对内（包括国内社会和相同文明系统的不同国家之间组成的国际社会）不适用战争，对外才适用战争。

同样，温特对洛克文化的竞争对手理论和康德文化的朋友友谊的所有论述，也都在其深层中隐含了伦理本质。竞争讲究的是代价，朋友关系追求的是友谊而把合作合法化。代价、友谊与合作都是伦理的不同表现形式。康德文化使得朋友关系的国家之间增大了合作的可能。合作在霍布斯伦理文化中是不可能的。以此类推，不再详细分析。

可以说，把无政府状态归结为三种文化是不确切的，而归结为三种伦理规范才更为确切。细思量，温特所说的三种文化不是物质文化，也不是一般性的精神文化，而是三种伦理文化。因此，笔者把温特的三种文化局限于霍

---

① ［美］亚历山大·温特，秦亚青译：《国际政治的社会理论》，上海世纪出版社2014年版，第250页。
② ［美］亚历山大·温特，秦亚青译：《国际政治的社会理论》，上海世纪出版社2014年版，第298页。
③ ［美］亚历山大·温特，秦亚青译：《国际政治的社会理论》，上海世纪出版社2014年版，第250页。

布斯伦理模式、洛克伦理模式、康德伦理模式。这无疑是对温特理论的深入研究和精确定位。

其二，温特只是说明了敌人、对手、朋友三种无政府状态的存在及其特征，但并没有研究三种无政府模式产生的原因以及产生于的国际范围。这为笔者继续研究留下了巨大的空间。笔者认为，从更深层次分析，不同类型的世界无政府状态是由不同伦理模式建构的，由于时代不同、国际背景不同、所属的文明系统不同，不同国家间形成了不同的伦理关系，从而建构了不同的国际关系文化模式。

自古以来都是先战争后和平。古代国际社会，无论是西方社会还是中国古代，邻国之间总是不断发动战争，久战才使得它们（指国家）学会聪明，要么建立统一的国家（如中国）；要么在国家间取得较为永久性的和平协议，如近代欧洲，经过英法战争、普法战争的洗礼，终于在1648年形成威斯特伐利亚国际体系，换得了欧洲的和平，但在当时仅限于欧洲，决不包括其他地区，因此欧洲列强对远方的国家进行盘剥。

人类政治文明的发展，无论表现为战争，还是和平，都是由近及远的。古希腊古罗马时代，相同的伦理模式缔造了同一文明国际体系的国际伦理关系，但只适用于本文明体系，并不适用于其他文明体系。古希腊并不把其他文化系统的人们如波斯人视为文明人，而是视为野蛮人。反之亦然。同样在中国，华夏人把四周民族视为"蛮族"。这种霍布斯文化不仅存在于古代，同样存在于近代国际社会。从希波战争到殖民列强用战争征服世界，都属于这种伦理类型。当然，同一类的伦理模式也是一种动态的发展过程。但是，这只是一种发展模式。欧洲已经从敌对关系的霍布斯伦理文化发展到洛克和康德伦理文化，其标志是从欧共体发展到欧盟。但并不是所有相邻地缘都能完全超越霍布斯文化，如当代中东以色列与周边阿拉伯国家之间的关系依然是紧张的，巴以冲突至今还适用着战争伦理。再如，东北亚各国关系，至多发展到洛克文化而充满竞争，距离充满友谊成为朋友的康德文化境界还相差甚远。

其三，温特把世界无政府三种文化类型简单地归于抽象的"共有观念"还是远远不够的。

温特非常自鸣得意地认为他的理论贡献在于把三种文化的本质归结为观念性的"共有知识"。"共有知识"决定了国家的角色结构，实际上就是共有观念在行为规范中的主体定位。文化形式的一个关键方面是角色结构，"即共有观念使持这些观念的行为体所具有的主体位置格局。主体位置是由自我和他者的再现建构的。"① "任何一种无政府状态的核心不过是一种主体位置：霍布斯文化的主体位置是'敌人'，洛克文化的主体位置是'对手'，康德文化的主体位置是'朋友'。每一个主体位置都在使用暴力方面设计一种独特的自我对他者的姿态或取向。……敌人的姿态是威胁，它们在相互使用暴力方面没有任何限制；对手的姿态是相互竞争，他们可以使用暴力实现自我利益，但是不会相互杀戮；朋友的姿态是相互结盟，他们之间不使用暴力解决争端，并协力抗击对他们的安全构成的威胁。"②

笔者认为，对温特理论必须进行两种改造。第一，共有观念不是文化意义的根本，具体伦理意向才是文化模式背后的决定性力量；角色不单是共有观念在实际行为规范中的主体定位，而是共有观念塑造的伦理规范对行为规范的主体定位；其核心元素不是国际关系的主体定位，而是主体行为规范的定位。第二，仅仅把国际关系及其国家角色的本质归结为"共有观念"还是不够的，而应该进一步挖掘共有观念塑造的、决定主体行为的伦理规范，而伦理规范并非全都是必然如此的伦理规范，还包括可能如此和偶然如此的伦理规范。③ 只要有行为，就有行为规范。只要知道了伦理行为规范的具体内容，就有可能知道其行为过程及其行为后果。只要知道伦理分为必然规范、可能规范和偶然规范，就不会天真地认定国际关系是确定的、一定如此地发展下去，而会多几分警觉和复杂心态，从而走向成熟的外交。

到底霍布斯文化、洛克文化和康德文化是共有知识呢，还是私有知识？这个问题温特也说不清楚。"理论上，霍布斯结构、洛克结构和康德结构可能完全是由私有观念建构的，但实际上，这些结构通常是由共有观念建构的。"④ 他提出，"表明了无政府结构是文化，并不能说明无政府结构建构了国家"。⑤

为了摆脱温特的上述困境，笔者提出两个观点，第一，这三种文化对相同文化范围内的成员国相互之间（如欧盟）是共有观念，对不同文化类型的国家则是私有文化。共有文化与私有文化是相对的。即便在相同文化圈内

---

① ［美］亚历山大·温特，秦亚青译：《国际政治的社会理论》，上海世纪出版社2014年版，第253页。
② ［美］亚历山大·温特，秦亚青译：《国际政治的社会理论》，上海世纪出版社2014年版，第254页。
③ 参见后面"伦理类型论：一种新的国际关系理论"中的分析。
④ ［美］亚历山大·温特，秦亚青译：《国际政治的社会理论》，上海世纪出版社2014年版，第247页。
⑤ ［美］亚历山大·温特，秦亚青译：《国际政治的社会理论》，上海世纪出版社2014年版，第247页。

（如欧盟），不同成员国之间也还存在不同亚文化（如英国文化），因此也存在文化差异甚至冲突的危险（如英国脱欧）。第二，不是无政府结构建构了国家，而是无政府伦理文化类型建构了国家及其外交关系。因为无政府结构是抽象的，而无政府伦理文化类型才是具体的。只有具体的才是科学的研究对象。

其四，用本书作者提出的伦理类型的理论能够揭示温特三种文化核心内涵的根本区别之所在，即敌意、竞争、合作友谊是如何形成的。答案是，它们实际上是基于不同文明伦理体系而发生的。这里仅以分析"敌意"为例，类推竞争与合作友谊。

温特在对霍布斯文化的分析中提出不同文明系统的国家容易产生敌意。他说，"敌人形象已有长久的历史，有些国家至今仍然以这样的方式看待对方。希腊人把波斯人再现为'野蛮人'，基督教圣战者把土耳其人再现为'异教徒'，中世纪欧洲人害怕他们在利格尼茨被蒙古人打败就宣称那是一场善与恶的交战。后来，欧洲人把美洲人当做奴隶对待，保守党人认为法国大革命威胁了文明，在我们这个世纪，我们也经历了亚美尼亚的种族灭绝、残杀犹太人的暴行、早期冷战、北爱尔兰恐怖活动、波尔布特政权、巴勒斯坦和以色列原教旨主义、波斯尼亚内战、胡图人之争等等。所有这些都是以把他者再现为具有毁灭和奴役自我的意图为基础的。"① 虽然他把敌意的共性概括为"都是把他者再现为具有毁灭和奴役自我的意图为基础的"。但是，他没能解释究竟哪些国家之间容易产生敌意的问题，即在什么不同类别的国家行为体之间容易产生敌意。其实，问题很简单，就是在不同文明之间，由于伦理文化的不同，容易产生包括敌意的文化差异。最明显的国际案例就是基督教国家和伊斯兰国家之间存在巨大的张力。这种国际张力使得文明的冲突可能是真实的，也可能是虚假的。如美国政治当局出于基督教文明把中国当做竞争对手，甚至是敌人，而中国出于儒家文明却更容易把美国当做朋友、合作伙伴。其实，美国是中国真实的"敌人"或"对手"，中国实际上却只是美国假象的敌人。这是基于不同的国际伦理观念造成的。不然，很难理解中美关系理念的巨大剪刀差。

其实，温特也精明地看到敌人有真实与虚构之分："有些敌人是'真实的'，即他者对自我构成了生存上的真实威胁，例如纳粹之于犹太人；但有些

---

① ［美］亚历山大·温特，秦亚青译：《国际政治的社会理论》，上海世纪出版社2014年版，第257页。

敌人是'虚构'的,例如犹太人之于纳粹。这种区别可能会影响到敌意的动因以及敌意是否可以克服,但是不会影响霍布斯文化的事实。无论是真实还是虚构的,如果行为体认为敌人是真实的,那么从结果方面来看,敌人就是真实的。"① 同样,温特也未能看出敌人之真实与虚构区分的关键。笔者认为,区分敌人之真实与虚构,在于各自伦理规范的不同。纳粹出于意识到的伦理模式,认定犹太人对自己的威胁是真实的,而实际上犹太人对纳粹的威胁是虚构的;因此把犹太人当做真实的敌人,对犹太人构成真实的威胁,因此出现了纳粹屠杀犹太人的历史惨剧。②

三、伦理类型论:一种新的国际关系理论

温特从建构主义对世界无政府状态进行深入研究,提出充满敌意的霍布斯文化、充满竞争的洛克文化和充满友谊的康德文化等三种文化,把国际关系概括为敌人、对手和朋友三种关系。这无疑是一种巨大的学术进步。然而,这种研究仍然有待完善和发展。笔者提出如下对国际关系不同文化类型的伦理解析,是对温特三种国际关系文化的深入和完善。

首先,凡是人或其他群体的行为皆受伦理的规范,没有例外,即伦理规范人的行为乃是社会的普遍规律。国际行为体的行为规范也都不能例外。国际行为体包括国家、地区性国际组织、跨国公司、非政府组织、其他社会团体等,其中只有国家才是最稳定、最完整的国际行为体。国家不仅是基于武装发动战争的国际行为体,而且也是基于人道实现世界和平的国际行为体;国家虽然是利己的国际行为体,但并不是邪恶的、天生用侵略方式来实现自我利益。国家间的关系表现多种多样,主要表现为冲突、竞争、合作三种形式,并不完全取决于国家的武装和科技等物质力量,更重要的取决于国家对外伦理规范,取决于权力的意义和内容,取决于国家实现其利益的国际战略,也取决于国家利益本身。地区国际组织,如欧盟、东盟等,主要是为了地区安全、经济利益和文化利益结成的地区性合作共同体。基于政治伦理或宗教伦理形态冲突也会导致相关国家间的紧张关系,如以色列与巴勒斯坦的关系、印度和巴基斯坦的关系。

---

① [美]亚历山大·温特,秦亚青译:《国际政治的社会理论》,上海世纪出版社2014年版,第257页。
② 犹太人大屠杀是指纳粹德国在第二次世界大战中的种族清洗,是二战中最著名的暴行之一。德国在这场种族清洗活动中屠杀了近600万犹太人。

可以说，温特的理论稍加转换，即把文化模式转换为伦理模式，就会发生奇妙的解读效果。文化是抽象的，抽象地解读文化是说不清的，只有伦理规范才会更加具体。这样，以文化透视国际关系，远远不如用民族（主体民族或主导民族）的不同伦理方式透视国际关系和世界无政府状态。

其次，伦理规范决定国际行为体的行为走向和具体内容。一方面，伦理规范决定国际行为体的行为走向，可以具体到某个国家和他国或某些国家关系，在什么时期，针对什么国际事务，是战是和，是竞争还是合作的方向。美国与朝鲜、伊朗等国的关系主要表现为敌对关系，是因为"双方"的伦理规范充满冲突。欧盟的建立，使其成员国之间成为（相对）永久性合作伙伴，在该地区实现了（相对）永久和平。其他国际关系则介于前两者之间。另一方面，同类伦理规范着同类国际行为体。同类伦理关系的国家更容易进入相同的国际伦理系统，同类伦理国家之间更容易预测相互对策，而不同伦理类型的国家之间很难预测相互对策。一般而言，政治伦理类型大于国家的存在方式。同类国家受到相同伦理文化的规范。不同类别的国家则受不同伦理文化的规范。如西方国家生活在基督教文化伦理类型之中，穆斯林国家生活在伊斯兰教文化类型之中。再进一层，不同的伦理类型还被进一步分割成更细小的派系，如基督教分为东正教、天主教和新教，伊斯兰教被分为逊尼派和什叶派。这种相同的政治、宗教等文化表现形态造就了一种共同的伦理知识或理论观念，还造就了相同的伦理规范。一般而言，不同伦理类型之间更容易形成霍布斯文化，相同的文明更容易形成洛克文化或康德文化。

再次，在国际关系历史发展中，不同类型的伦理规范因时代背景、国际关系、交往条件等发生了改变，其敌对、对手、朋友的关系也可能随之改变。改变的核心元素是伦理规范条件的改变。在国际政治舞台上，没有永久的敌人，也没有永久的竞争对手，更没有永久的朋友。为什么会是这样的呢？仅用一句"只有永久的利益"来说明是远远不够的。因为"没有永久的敌人，也没有永久的朋友，只有永久的利益"的观念是物质主义的。但是，物质主义不能完全说明国际关系的本质，还必须从伦理文化视角，才能更好地解析错综复杂的国际关系。冷战时期，美苏和中美都是敌对关系，属于霍布斯伦理文化关系。冷战后，美俄成为竞争对手关系，虽然也有合作，但还未转变为朋友关系；属于洛克伦理文化，还没有发展为朋友式的康德伦理文化。如今的美俄关系一般情况下不再是敌对关系，但仍是竞争对手的关系，还不是朋友关系。冷战后，中美关系逐渐过渡到竞争关系与合作关系，但也未转变为朋友关系。用温特三种文化的理论不能解释风云多变的国际关系现象，但是用三种伦理规范的理论则能够很好地解释复杂的国际现象。

　　人们比较关心的是，在国际关系中，国家间如何由敌人转化为竞争对手，怎样才能成为朋友？其背后的关键是国家间的伦理结构是如何变化的。其实，国际伦理结构的变化是非常艰难的，但条件成熟后却是完全可能的。按照温特理论，根本条件是新的共有观念的形成，而且共有观念一旦形成就很难改变。"共有观念的结构越是深入行为体的身份和利益，对变化产生的阻力就越大。没有一种结构的变化是容易的，但是与现实主义所说的那种共有观念几乎不起作用的文化相比，把国家建构为敌人的霍布斯文化所具有的生命力要强得多。"①笔者认为，共同伦理规范是在很长时期内面对共同的伦理问题形成的，一旦形成就会深入人心，就会演变为相关的国家集体无意识，其所形成的伦理规范就会成为主宰国家之间的行为准则。

　　三种国际无政府文化是如何发展演变的呢？西方社会是从敌人式的霍布斯文化过渡到对手式的洛克文化，再提升为朋友式的康德文化，同时西方国家在本文化体系（如基督教文明）内达到了朋友等级（如欧盟），但对不同的文明体系采取的依然是霍布斯敌人文化模式（如基督教世界和伊斯兰世界的文化冲突）。其实，在国际舞台上，同样一个国家对待不同文明体系的国家，往往采取不同的国家行为。美国对待英国的不仅是朋友模式，而且是兄弟模式；对待朝鲜和伊朗是敌对模式，正如前面引述的"500件英国核武器对美国的威胁还不如5件朝鲜核武器的威胁大"②那样。美国对待中国主要是对手模式（抗美援朝时代是敌对模式，有时但很少是合作伙伴模式）。因此，中国对待美国，应当是"以其人之道还治其人之身"，至少要有三手准备，即最好成为朋友，那是中国人的美好希望；敢于成为对手，敢于竞争才能成为赢家；不怕成为敌人，才能自强，否则畏首畏尾，很难成为赢家。

　　从世界无政府状态不同时代的本质的角度分析，霍布斯文化属于古代自助形态；洛克属于近代竞争互助形态，其以威斯特伐利亚国际体系为标志；康德文化才真正属于合作共助类型，是真正意义上的现代国际关系形态，其以全球化深度发展为标志。因此，国际政治从古代发展到近代再发展到现代的规律就是从敌对自助的国际形态发展到竞争互助的国际形态，再发展到合作共助的国际体系。但历史的发展不是简单的替代关系演变，而是不断加厚

---

① ［美］亚历山大·温特，秦亚青译：《国际政治的社会理论》，上海世纪出版社2014年版，第272页。

② ［美］亚历山大·温特，秦亚青译：《国际政治的社会理论》，上海世纪出版社2014年版，第252页。

地向前发展着，近代无政府状态仍然存在霍布斯文化的自助和敌对状态，但以竞争互助为主流。同样，现代无政府状态仍然包括霍布斯文化之敌对关系和洛克文化之竞争关系，不过却以康德文化之共助合作为主流。从这个意义上讲，现代国际政治主题是超越自助的国际体系，从互助竞争的国际体系走向共助合作的国际体系。因此，合作共助、和平发展成为 21 世纪以后的时代精神。

第七章　全球伦理的内涵及结构

全球伦理的内涵和结构都是非常复杂的。首先，不能把全球伦理简单地等同于普适伦理。① 其次，更不能认为只要产生全球伦理意识就意味着产生了完全的全球伦理。其实，真正的全球伦理不仅仅是一种意识，更重要的是一种行动（行为规范）。伦理的本质是对行为进行规范，只有把全球伦理意识付诸于行动，而且行得通，才意味着真正产生了全球伦理。全球伦理的内涵是非常丰富的，有多少种全球问题就会产生多少种全球伦理，因此本章开篇首先需要厘清全球伦理和普适伦理的关系。

第一节
从普适伦理到全球伦理

无论是在学界还是日常生活中，人们还没有清晰地把普适伦理和全球伦理区分开来。其中的难度是，二者具有很多相通之处，甚至是相同的内容。然而，在本书著者看来，二者并不属于完全相同的范畴。从人类伦理的发展规律看，伦理从普适伦理发展到全球伦理。人类文明觉醒之际就诞生了普适伦理，如中国春秋战国时代的"天下主义"和西方斯多葛学派的"世界主义"都属于普适伦理萌芽时代的体现，摩西十诫的后六条（不杀生等）、佛教的慈悲及其戒条、基督教的博爱及其戒律等都属于普适伦理的范畴。可以说，从普适伦理理念的产生到现代的发展至少已经历了两三千年的历史，然而全球伦理的觉醒不过只有20多年的历史。可以说，人类伦理的发展规律是从普适伦理到全球伦理的提升过程，因此普适伦理和全球伦理的内涵必然有所交叉或者相互包含，但也必然有所区别。

---

① 普适伦理也叫普世伦理、普遍伦理，本章使用普适伦理，强调其适用的时空范围。

一、全球伦理与普适伦理的区别

在学界，多数学者把全球伦理等同于普适伦理或普遍伦理，但也有个别学者注意到了两者的区别。如中山大学逻辑与认知研究所、哲学系的翟振明在其《为何全球伦理不是普遍伦理》（原文为英文，冯平译，作者校对增补）一文中，对二者进行了较为严格的区分。他认为，"全球"概念没有在逻辑上包含哲学意义上的"普遍"概念，用各宗教间的"共识"来置换伦理学中的哲学推理更是一个错误，这个错误的误导作用不可低估。该文还阐明，如若试图以宗教来确立伦理学的基础，要么会导致教条主义，要么会走向相对主义，而这恰是违背《全球宗教伦理宣言》倡导者之初衷的。

对此，翟振明提出了三个有力的理由：其一，哲学产生时，哲学家们追寻能够作为道德准则之演绎前提、能区分行为对错的普遍标准。[1] 这是哲学追求蕴涵着的信念，即那些被人们持有的被称为"道德的"律令，不管在历史上的什么文化传统中有多少人持有它们，都有可能是不正确的。其二，普遍伦理不是伴随偶然事件而偶然发生的一种公众舆论，而是一种逻辑自明的必然性。其三，普遍伦理是可普遍性、可普遍化、普遍有效的伦理。"我们所说的普遍伦理，不是从道德主张的可普遍化的意义上说的，而是在道德原则的普遍有效、可以被理性地辨明的意义上说的。所以我们不能说，凡是其中的道德规条以可普遍化的形式出现的伦理，就是普遍伦理。普遍伦理不是别的，而是能被理性证明具有普遍有效性的伦理。"[2] 其四，由理性而建立普遍伦理是根本不可能的。其五，一种普遍伦理是一种证明为具有普遍正确性的伦理，而规则本身单单以规则的身份也许是可普遍化的，但并不存在是否普遍有效的问题。其六，孔汉思的合理性在于，以各大宗教间的最小限度的基本一致为基础而建立全球伦理的努力也应受到鼓舞。[3] 其实，伦理的真正价值在于引领大众遵循的行为规范，而不是学术的猜谜。当然，学术探讨有利于研究伦理的理想状态。

在普适伦理是否可以普适上，不同学者产生了不同看法。翟振明对万俊人的看法进行了较为深入的思考。他说，"这个区分，在中国的很多学者那里并没有被明确地意识到。在万俊人先生的《寻求普适伦理》一书中，作者虽

---

[1] 翟振明把普适伦理称为普遍伦理。
[2] 翟振明：《为何全球伦理不是普遍伦理》，《世界哲学》2003 年第 3 期。
[3] 翟振明：《为何全球伦理不是普遍伦理》，《世界哲学》2003 年第 3 期。

对这个区分有所注意，但却把'可普遍化'当做普遍伦理之'普遍'的含义之一，造成不必要的混乱。应该说，所有以哲学形式出现的规范伦理学，都要试图对其中的论题给出普遍有效的论证。为什么需要这种论证呢？这是因为哲学伦理学的主要任务之一是对文化道德习惯中的不合理成分进行批判性考察。因此，万俊人先生在同一书中主张的'自下而上'的以现存的'文化道德事实出发'的所谓证明方式'，违背了哲学伦理学的基本精神，与伦理学的普遍性论证背道而驰"。①

值此，本书著者认为，全球伦理是个地域概念、文化概念，从属于伦理学范畴；普遍伦理是个哲学所说的普遍性概念，属于哲学范畴。从动态发展角度看，普遍伦理是从潜在的普适伦理逐渐发展演变为现实的全球伦理，可谓是星星之火，可以燎原。从根本上看，普适伦理是一种可以普遍化或可普适的伦理，凡是不能普适的都不能成为普适伦理。因此，普适伦理不仅是一个学术范畴，而是一个大众能否遵行的现实范畴。所以，普适伦理和全球伦理的实现将面临着诸多重大挑战。因此，辨析普适伦理和全球伦理的关系，不仅具有纵深理论研究的意义，还有避免误入歧途的重大现实意义。全球伦理与普适伦理的区别主要表现在以下几个方面：

首先，两者产生的时间不同，解决问题的实质也不尽相同。

普适伦理的追求中心偏向较为理想的、指向高尚的道德情操，而全球伦理则偏重于现实的、意在解决全球问题的底线伦理。因此，两者的区别首先体现于，普适伦理理念并没有刻不容缓的现实意义，而全球伦理才具有严峻的现实性。

本书著者提出，在产生的时间顺序上，普适伦理要远远早于全球伦理，没有普适伦理就没有全球伦理。两者在人类伦理发展史上存在的时间重心并不相同，相比之下，普适伦理有着更为悠久的历史，早在古典文明时代就提出了人类普适伦理的理念。在西方，古希腊时代的斯多葛学派就已经提出"世界主义"，古罗马时代的基督教伦理提出了"千年理想世界"，近代空想社会主义者们设想"道德乌托邦"，马克思主义提倡共产主义理想；在中国古代，思想家们论及的"大同"世界的理念也都包含着一种普适伦理的期待。②对此，中国学者万俊人指出，所谓的普适伦理是"一种以人类公共理性和共享的价值秩序为基础，以人类基本道德生活、特别是有关人类基本生存和发

---

① 翟振明：《为何全球伦理不是普遍伦理》，《世界哲学》2003年第3期。
② 王文斌：《关于普适伦理的若干思考》，《中国矿业大学学报》2006年第2期。

展的普适道德问题为基本主题的整合性伦理理念"。① 普适伦理所强调的是，作为同一个"类"，我们都是具有某些普遍性的东西，如我们不仅要寻求人类精神的具有终极关怀意义的美好家园，而且要建设一个能够使所有人都全面、健康发展的社会，如果不具备这些普遍性东西的话，那就不是人类而是它类了。② "尽管人们对普遍性的追求不断地改变着提问的方式，但这种追求本身却变得更加执着。"③ 李德顺认为，"人们作为同一'类'的自然和社会生命体，其生存发展实践的基本方式是相同的，有共同的基本结构和生活方式，就意味着有共同的基本需要、共同的基本价值和人性"。④

由此我们可以看出，与全球伦理相比，普适伦理更多地来源于较为理想的伦理意识，强调的是一种人之所以为人的内在的伦理规定性，也就是说它是为了寻求一种作为生物界进化最为彻底的"人"的一种追根溯源的共性，其所表达的一种理念性而非行为取向性是显而易见的。不难看出，作为理想性的普适伦理带有十分浓厚的理想性色彩。但是，普适伦理从来就没有成为人类多数社会成员的行为规范。当然，普适伦理也不只是学术上的一种理性思考和行为感召，早在古代，一部分道德情操很高的人就已经转化为自己的行动，但普适伦理至今尚未普适为大众的伦理规范。

与普适伦理不同的是，全球伦理的提出是为了适应全球化可持续发展的需要。在产生的时间上，它是在全球问题浮出水面后才出现的。究其本质而言，全球伦理是为了解决在全球化过程中所出现的种种全球问题，为了治理全球化而率先在宗教领域所倡导的地球人应当遵循的伦理，从某种意义上讲是一种最低限度的底线伦理。为此，1993年在芝加哥召开的世界宗教议会大会上通过的《走向全球伦理宣言》指出，我们所倡导的全球伦理："并不是指一种全球的意识形态，也不是指超越一切现存宗教的一种单一的统一的宗教，而是对一些有约束性的价值观、一些不可取消的标准和人格态度的一种基本认识。是所有宗教所肯定的、得到信徒和非信徒支持的、一种最低限度的共同的价值、标准和态度。"⑤ 全球伦理的现实价值在于，正如《走向全球伦理

---

① 万俊人：《寻求普适伦理》，商务印书馆2001年版，第29页。
② 万俊人：《现代性的伦理话语》，黑龙江人民出版社2002年版，第18页。
③ 冯合国：《论构建"普适伦理"的有利因素及障碍》，《重庆科技学院学报》2008年第4期。
④ 李德顺：《普遍价值及其客观基础》，《中国社会科学》1998年第6期。
⑤ [德]孔汉思、库舍尔著，何光沪译：《全球伦理——世界宗教议会宣言》，四川人民出版社1997年版，第171页。

宣言》中所指出的那样，"如果没有一种全球伦理，便不可能有更好的全球秩序"。① 全球伦理对于建立国际新秩序具有非常重要的意义。有的学者认为："在全球化问题日益严重的情况下，建立国际新秩序的严峻事实让我们意识到，全球伦理对于国际新秩序来说是极其重要、不可或缺的，国际新秩序的建立必须以全球伦理作为其依托。"②

其次，全球伦理和普适伦理产生的历史条件是不同的。

普适伦理产生的历史时期是理想形态的早期人类。在古代历史发展条件下，之所以产生普适伦理，是因为人类在古代散居在世界各个角落，由于生产力低下和人类与自然相互的能量非常之小，某个社会（如村落或氏族等）的行为不可能对其他地方的社会发生极大的影响。然而，当今社会，人类各个民族国家已经被整合为"一荣俱荣、一损俱损"的地球村。全球伦理源于全球化以及随之而来的全球问题的出现。有的学者认为，现代化就其本质上而言包含以下四个内在矛盾性："科学理性主义的普遍精神与现代科技的无限追求；商品化价值观念的凸显与市场经济的无限扩张运动；民主政治的社会理想与民族—国家的社会政治实践；以及文化道德的普适主义信念与文化多元论的'诸神竞争'。"③ 这些矛盾性的存在使得现代化发展过程中出现了人类当初所不曾预料的道德结果，无论是西方的现代化还是东方的现代化，其终极关怀都是求得人类自身的解放与自由，也就是马克思所说的从"必然王国"走向"自由王国"。但是人类在进行现代化的过程中盲目崇拜科学技术与理性，从而走向了科学主义与工具理性的深渊而难以自拔，在沉重的全球化灾难面前诞生了像罗马俱乐部那样的人类未来的终极关怀者与反思主义者。

从历史的逻辑上看，是先有普适伦理，后有全球伦理。当人类还未曾整合为一个全球村整体时，人类伦理表现为普适伦理。当人类文明发展到全球化时代时，人类面临着严峻的全球问题，从而不得不把普适伦理提升为全球伦理。因此，全球问题的产生是普适伦理与全球伦理的分界线。

再次，普适伦理的重心是伦理的上限，而全球伦理的重心侧重于底线伦理或者伦理下限。

有很多学者认定，全球伦理究其本质而言是一种底线伦理。孔汉思认为，全球伦理应当是"一种最低限度的共同的价值、标准和态度"，或者有如罗尔

---

① [德]孔汉思、库舍尔著，何光沪译：《全球伦理——世界宗教议会宣言》，四川人民出版社1997年版，第171页。
② 汤剑波、陈建东：《全球伦理与国际新秩序的建立》，《国际关系学院学报》2000第3期。
③ 康庆武：《体育现代性的批判与重构》，《体育文化导刊》2007第7期，第34—35页。

斯和哈贝马斯所说的可以追求并重建"最低限度"的伦理。把全球伦理作为底线伦理是指在一个多元的世界，要寻求最高限度的伦理共识是很困难的，如果可能的话。当今世界是一个多元的世界，各民族国家之间无论在经济政治上，还是历史文化传统方面都存在着巨大的差异，有时甚至是分歧与冲突。我们所倡导的普适伦理正是看到了这一最基本的现实，才坚持"求同存异"和"和而不同"的务实原则，提倡世界上的各个国家和民族共同协商、平等对话，从而更好地解决业已存在的各类矛盾与分歧。我们并不寻求建立一种独断的一元价值观，但是这并不是否定普适价值的存在，人类需要一种普遍性的文明立场作为其精神归属的前提，因为"文化或文明的特殊性正是相对于哪怕是秘而不宣的普遍性前提才得以显示的，没有这种普遍性的前提预制，所谓普遍性就无法言说，也毫无意义"。①

全球伦理是在坚持世界多元的基础上寻求一种基本的共识，如果说普适伦理更强调一种同一的话，那么全球伦理更为关注的则是"差别"，也就是说，全球化过程既然是一个宏观上统一与微观上分化的过程，那么全球伦理就是要在这种全球差别的基础之上得到发展，这种差别存在于国家和国家之间、民族和民族之间、不同文明中心之间。建立全球伦理的目的和最终归宿还是为了人类能有一个更好的未来，从而引导大众寻求对一些有约束性的价值观、一些不可取消的标准和人格态度上的共识。如果没有这些基本伦理上的共识，人类迟早会受到混乱或独裁的威胁，而作为微观的个体也迟早会感到绝望。这种区间伦理也可称之为区域伦理，也就是说这种伦理是建立在差别各异的地域之上的，强调的是地区间的一种文化价值观上的差异。这样的论证似乎是有矛盾的，既然是全球伦理，为何又出现了区域伦理？其实不然，区域伦理正是全球伦理的基本要义，全球伦理并不是寻求世界铁板一块，而是在承认区域文化价值多元基础上的一种全球伦理，从某种意义上而言，全球伦理也可以称之为"软伦理"。

虽然普适伦理是一个古老的范畴，但古老的理念将会在现代化或全球化中得以焕发青春，因此普适伦理将被提升为一个区间伦理，决不会永远止步于底线伦理。但全球伦理的软着陆则必须从解决严峻的全球问题开始，普适伦理必须通过全球伦理为自己开辟道路。

最后，普适伦理的诸多内容是可选择的，而全球伦理内容则具有不可选择性。

---

① 万俊人：《寻求普适伦理》，商务印书馆2001年版，第37页。

既然全球伦理是一种最低限度的伦理，是人之所以为人，保证人类不致走向混乱甚至是全体毁灭而绝望的基本伦理，那么全球伦理就是一种人类继续发展下去的不得不选择的伦理。全球问题如果继续恶化下去，将面临着整体灭亡的危险，因此人类构建并遵循全球伦理是没有选择余地的。如果有些人对这些最基本的伦理进行舍弃，那就意味着他对自身价值的一种否定。

二、从普适伦理发展到全球伦理的必然

为什么有些学者时常把普适伦理与全球伦理混为一谈？这不仅意味着全球伦理研究还停留在模糊研究阶段，更重要的是这两个概念本身具有某种程度上的交叉、粘合和歧义。当全球问题发展到威胁人类生存的程度，学者才发现普适伦理与全球伦理并不是同一个概念。

在内容上，普适伦理是全球伦理的思想准备，全球伦理是普适伦理的纵深发展。人类伦理是一个从普适伦理走向全球伦理的必然的历史过程。

全球伦理与普适伦理两个范畴之间具有密切的联系，离开普适伦理来规定全球伦理的内涵是不可能的。首先，从内容上看，全球伦理的内容是从普适伦理发展而来的。全球伦理也是普适的。其次，全球伦理和普适伦理都具有超阶级、超民族、超国家的伦理属性。再次，从人类伦理动态发展角度看，普适伦理是全球伦理的思想先行者，全球伦理是普适伦理的现代实现者。可以说，从普适伦理到全球伦理是人类伦理的发展必然。这里所说的"全球伦理是普适伦理的实现者"是指两方面的内容。一方面，没有全球伦理的产生，普适伦理不会付诸于多数人类成员的实践，全球伦理实现了普适伦理的软着陆。在全球伦理还未产生之前，普适伦理只是少数人实践的对象，并不是多数人能够实践的内容，更多的是感召人们学习的伦理目标。另一方面，如果没有普适伦理，全球伦理也将失去发展的方向。

在古代和近代社会并不存在"全球毁灭"的危险性问题，普适伦理只是人类对理想性伦理的一种思考，也是少数人的一种道德实践，但绝不可能成为多数人的行为规范。因此，从某种意义上讲，普适伦理主要是一种伦理理想，而不是对每个社会成员的基本要求。当全球化发展到全球毁灭的危险时代，人类选择作为人类行为底线的全球伦理，成为人类继续发展的必需。在新的历史条件下，我们要实现从以往抽象的普适伦理向解决全球问题为己任的全球伦理的转变，这将成为指导人类行为的必需。这种伦理选择的必需不仅是延续人类发展的一种必要性，而是不选择就有全体灭亡的可能性，因此

是没有退路的。也就是说，人类已经到了从抽象的普适伦理向现实的全球伦理转变的关口，这种转变是人类历史发展的潮流，是一次必然的跨越。

全球伦理是全球化深度发展的伦理需要。当麦哲伦的船队起航的那一刻，人类的近代化也就开始起航了。地理大发现为人类的活动开辟了新的场所，随之而来的是生产力史无前例的飞跃式发展，而"大工业建立了由美洲的发现所准备的世界市场"，① 世界市场的形成"使一切国家的生产和消费成为世界性的"。② 人类历史由此进入了一个新的时代，以往那种地方性的、民族的自给自足或闭关自守的状态完全被打破，为全世界各个民族各方面相互往来和各方面相互依赖所取代，历史也就在越来越大的程度上成为全世界的历史。而"每一个单独的个人的解放的程度是与历史完全转变为世界历史的程度一致的"。③ 伴随着这种近代化的浪潮席卷世界的每一个角落，世界的面目也发生了巨大的变化。毋庸置疑，全球化给人类带来了物质生活上的巨大提高，科学技术推动了生产力的极大提高，新的发明和创造增强了人们改造自然的能力，通信技术的发明更是使巨大的地球变成一个"地区村"，正如一句经典的广告词所说的那样，"世界触手可及"。

无论是在古代还是近代，人类都没有像在现代这样经受如此深重的危机和灾难。在现代，全球问题以空前的速度向前拓展，使得现代社会危机的深度、广度和难度达到前所未有的程度。现代人虽然经历了四五百年的历史，但只有到了20世纪五六十年代后的半个多世纪中，才意识到现代人类正面临着全球问题的考验，全球危机才把现代人类推向生死存亡的边缘，因此构建全球伦理更显得必要和重要。

三、全球伦理的可行性、阻力与界限

既然全球伦理是解救人类从毁灭性灾难中走出来的必要手段，那么全球伦理是否能够胜任这一艰巨任务呢？用学术术语来说，全球伦理是否具有可行性？全球伦理的可行性问题就是全球伦理何以成为可能的问题，通俗地说就是全球伦理是否行得通的问题。

实际上，全球伦理可行性的问题就是构建全球伦理的困难与障碍的问题。不像国家社会，其可以依靠国家伦理和国家法律的强有力保护伞，全球伦理

---

① 《马克思恩格斯选集》，第1卷，人民出版社1995年版，第252页。
② 《马克思恩格斯选集》，第1卷，人民出版社1995年版，第254页。
③ 《马克思恩格斯选集》，第1卷，人民出版社1995年版，第42页。

缺乏世界政府和全球法治的保障，全球伦理和全球法治只能依靠准人类共同体即联合国、地区性组织、非政府组织的自由奉献和义务行动。因此，全球伦理实践将面临着种种障碍，所以全球伦理的发展道路布满了荆棘。

对此，学者们进行了较为广泛的研究。构建全球伦理有着重重障碍，以至于构建全球伦理到底是不是乌托邦的问题成为学界颇有争议的问题。基于构建全球伦理的种种障碍，有些学者认为，构建全球伦理说到底只是一个乌托邦；持相反观点的学者则认为，构建全球伦理并不是乌托邦，而具有迫切的现实需要和现实依据。有的学者提出构建全球伦理的现实依据包括"生态上的相互依赖；经济上的相互依存性；政治上由对抗走向对话；网络社会初见端倪；全球意识的逐步形成"。[1] 正如马克思在谈到社会形态演变时所指出的那样，"人类始终只提出自己能够解决的任务，因为只要仔细考察就可以发现，任务本身，只有在解决它的物质条件已经存在或者至少是在生成的时候，才会产生"。[2]

漆玲、赵欣认为，建立全球伦理的障碍表现在现实和观念两方面。就现实障碍来看，主要表现为利益障碍、生产和生活方式的障碍与制度障碍。全球伦理的利益障碍在于，"在当前条件下，人类在利益上的对立和冲突使得全球伦理的建立遇到来自个人、国家、联合体等方面的抵制。这里且不说个人行为的急功近利不利于全球伦理的建立，就是作为一定整体利益代表的国家也会为了自身的利益不遵守甚至破坏全球伦理规范。……国家与国家之间在利益上的对立是建立全球伦理的主要障碍"。[3] 生产和生活方式对全球伦理的障碍是指，"由于人们的生产方式和生活方式的现代化是一个不断克服传统的生产方式和生活方式的过程，由于传统的生产方式和生活方式不会一下自动地退出历史舞台，它们总会影响人们的行为及其方式，当然也会影响全球伦理的建立"。[4] 至于制度障碍主要是指，"当前条件下，世界上不仅并存着社会主义与资本主义两种不同的社会制度，每种制度都有其特殊的形式，而且还有一些国际性的、团体或集体的制度，它们都代表着一定人群的利益。利益上的冲突必然导致制度上的对立，对立的制度在对人们提出强制性的要求时，也就成为建立全球伦理的障碍"。[5] 在观念上，构建全球伦理的障碍主要包括

---

[1] 卢云军、陈建东：《全球伦理的建构何以可能》，《江西社会科学》2003年第21期。
[2] 马克思、恩格斯：《马克思恩格斯选集》，第2卷，人民出版社1995年版，第33页。
[3] 漆玲、赵欣：《建立全球伦理的可能性》，《道德与文明》2000年第6期。
[4] 漆玲、赵欣：《建立全球伦理的可能性》，《道德与文明》2000年第6期。
[5] 漆玲、赵欣：《建立全球伦理的可能性》，《道德与文明》2000年第6期。

个人主义或利己主义、霸权主义和狭隘的民族主义以及极端的"人类中心主义"。漆玲、赵欣特别指出,"人类中心主义"作为主体性原则的强调和体现恰恰是现代哲学的一个显著特色,它意味着人对自身的自觉。尽管学界一些人因生态环境的严重恶化而大力鞭打"人类中心主义",但是人类不可能超出人的立场去看待事物,因而我们反对的只是极端的"人类中心主义"。这种思想把人的作用和地位绝对化,怂恿人对自然无度地索取和破坏,当然不可能把人类代际之间的平等纳入视野,因而也就不懂得如何建立全球伦理。① 对此,卢风也持有同样的看法,认为构建全球伦理存在利己主义、狭隘的民族主义和人类中心主义的三大障碍。②

基于构建全球伦理存在着重重障碍,崔建霞、孙美堂提出全球伦理的两难问题,即"全球化和相对主义的两难、'应然'与'实然'的两难、鼓吹和实践的两难……我们需要在全世界范围内呼吁全球伦理,但从现实的普遍性上说,全球伦理只是善良的愿望和美好的乌托邦。全球伦理的鼓吹和实践必然是悲剧性的"。③ 孙美堂还提出全球一体化趋势与多元化趋势的矛盾,作为普遍价值的主体与作为特定群体成员之角色的分裂,伦理价值与实际利益的冲突等一系列两难问题。④

我们认为,由于全球伦理尚处于"新生儿"发展阶段,基于全球利益与国家利益、民族利益、公司利益等各种群体利益的冲突,全球利益的发展必然形成种种障碍,相应地全球伦理也会受到来自民族伦理、国家伦理、公司伦理的重重制约。这些制约主要包括:营利性公司利益及公司职业道德伦理对实现全球伦理的影响;民族利益及民族伦理对全球利益及全球伦理的影响;国家利益及国家伦理对实现全球伦理的影响。此外,代际冲突及个人利益对实现全球伦理的障碍也是不可低估的。

在全球化背景下,提出和倡导全球伦理无疑具有重大的划时代意义,人类对全球伦理也给予了很大的希望,但是理论要想变成现实总是面临着这样或那样的挑战。就全球伦理的实现方面,主要面临主观和客观两个方面的障碍。

主观方面的障碍也就是观念上的冲突与对立。唯物主义哲学告诉我们,意识是行动的先导,行动上的不协调首先是源于观念上的对立与冲突。首先

---

① 漆玲、赵欣:《建立全球伦理的可能性》,《道德与文明》2000 年第 6 期。
② 卢风:《普遍伦理的三重障碍》,《求索》1999 年第 6 期,第 69—71 页。
③ 崔建霞、孙美堂:《"全球伦理"的两难》,《宗教学研究》2007 年第 1 期。
④ 孙美堂:《超越全球伦理的两难》,《中共济南市委党校学报》2002 年第 1 期。

是不同文明之间关于全球伦理的理解上的冲突。关于这一点，亨廷顿在《文明的冲突与世界秩序的重建》一书中有过精辟的论述："在这个新的世界里，最普遍的、最重要的和危险的冲突不是社会阶级之间、富人和穷人之间，或其他以经济来划分的集团之间的冲突，而是属于不同文化实体的人民之间的冲突。"[1] 笔者并不完全赞同亨廷顿的文明冲突论，但是文明之间确实存在着理解上的差异，有时甚至是冲突。我们知道，全球伦理是建立在当今世界文化多元的现实之上的，那么要跨越民族的、宗教的差异与隔阂是何等的不容易。国际关系的社会理论认为，文化建构身份，身份建构利益，不同的文明塑造了不同的文化身份认同，在此基础上要想打破这些文化的藩篱，需要付出许多艰辛的努力。全球伦理从本质上看是试图调整全人类的各种人际关系，包括单个人与整个人类的道德规范，这个过程需要努力建构全世界都能接受并必须遵守的伦理道德准则，然而这种跨越性质的伦理建构，在现实面前往往是力不从心的。

客观方面，现实生活中，人们更多地关注生存，关注各自民族与国家的生存与发展，尤其是经济利益的获取，而这种选择又是无可厚非的。因为毕竟这个世界上的资源是有限的，发展又是极不均衡的；对于民族国家，尤其是广大的发展中国家而言，发展经济、提高人民生活水平似乎"永远"是第一位的；在稳定国内秩序、发展民族经济和承担国际义务方面，他们的选择倾向是显而易见的。正如罗蒂所认为的那样："道德普遍论是富人们的发明"，"那些不得不为生存而挣扎的人民不会产生这样的想法"，"提出这样的方案要么是伪君子之为，要么是自欺欺人"。[2] 这种客观现实也使得他们观念上更倾向于民族主义而不是全球主义。不可否认的是，当今的全球化依然是西方发达国家主导的，由于他们在综合国力上占据巨大的优势，所以他们往往掌握着全球伦理的话语权和全球化规则的制定权，而广大发展中国家由于在全球化中处于边缘和半边缘的位置，所以对西方的一些普适价值具有很大的被动的抵触情绪，正如赵汀阳所说："全球伦理的基本精神表达的是西方文化的主流观念。"[3]

当今国际社会基本上依然还处于无政府状态，国家与国家之间的较量依旧是时代的主旋律。不可否认，在全球化背景下的合作逐渐进入人民的视线，但归根结底合作的目的还是为了实现国家的发展与壮大，还是为了能在激烈

---

[1] [美]塞缪尔·亨廷顿著：《文明的冲突与世界秩序的重建》，新华出版社2010年版，第6页。
[2] [英]理查德·罗帝著，萧俊明译：《我们是谁》，第欧根尼，1997年第1期，第7页。
[3] 赵汀阳：《我们和你们》，《哲学研究》2000年第2期。

的国际竞争中占有有利的位置,并不是为了合作而进行合作。严峻的现实告诉我们,一个国家为了追逐经济上的高速度,往往不顾国际社会最起码的伦理准则,在没有更好的选择的情况下,"先污染,后治理"依旧在许多发展中国家"大行其道"。

总之,构建全球伦理是人类有史以来最美好的一种愿望和萌芽,但其未来成长的过程中充满的障碍及坎坷是难以想象的。然而,尽管全球伦理的发展充满了荆棘,但它毕竟已经产生了,任何人都无法躲避它。

那么,全球伦理的内涵到底是什么?

第二节
全球伦理的内涵

任何一种理论都是为了解决重大现实问题而产生的。全球问题的严重性已经极大地危及到人类的生存与发展,为了解决全球问题而避免人类危机,全球治理产生了,全球伦理也随之产生,有关全球治理和全球伦理的相关理论研究自然就跟进了。全球治理和全球伦理不单纯是一种理论发展的需要,更是一种克服全球问题的现实需要。

迄今为止,学界对全球伦理的探讨产生了种种困惑,如果这些困惑不能解决,全球问题的解决将成为问题。自1993年《全球伦理宣言》问世以来,学界对有关全球伦理的诸多问题展开了激烈的争论,产生了种种困惑,如普适伦理与全球伦理有何区别、全球伦理是不是乌托邦、构建全球伦理的障碍及其可行性、全球伦理是不是底线伦理等等。为了解决这些重大问题,本节在这里提出"全球伦理二象性结构"理论,不仅有利于这些困惑问题的解决,而且对通过全球伦理解决全球问题的内在机理进行了深入解析,为人类因全球问题面临的危机以及如何走出危机,提出了一套切实可行的理论性方案。

一、全球伦理内涵的争议

全球伦理是一个非常复杂的全球性现象,因此学界对全球伦理内涵的争议很大。首先,对"是否存在全球伦理"问题已经展开激烈的争论。其次,即便在肯定全球伦理的学者那里,对于"全球伦理何时产生"的问题也还没有形成共识;再次,对于全球伦理未来发展的研究也是一筹莫展。足见,全球伦理还是个全新的难题。

最早在世界范围内明确提出全球伦理范畴的是1993年"世界宗教大会"上发表的《全球伦理宣言》（也翻译为《走向全球伦理宣言》）。后来，全球伦理问题受到越来越多学者的关注，并成为20世纪90年代后伦理学领域的一个热点问题。

至今为止，对于"全球伦理"的表述不尽相同。据不完全概括，学者对全球伦理在概念上至少有8种表述，即普遍伦理、普适伦理、普世伦理、全球伦理、世界伦理、世界道德、底线伦理、全球意识伦理。"由于开创性，这一理论的深度与完备性还有许多欠缺，概念还相当模糊。'全球伦理'理论提出以后，在国际上引起了颇大关注和反响。"① 可见，全球伦理只是其中的一种表述。

对于全球伦理内涵的探讨，总的来讲主要分为两个层次，一是以孔汉思为代表的宗教（伦理）学界的探讨，二是哲学界、伦理学界、国际关系学等非宗教性学术界的探讨。

毋庸置疑，最先表述全球伦理理念的是宗教学界。宗教学者呼唤的《全球伦理宣言》成为全球伦理内涵阐释最早、影响最大的流行观点。《全球伦理宣言》对全球伦理的内涵做了如下表述："我们所说的全球伦理，指的是对一些有约束性的价值观、一些不可取消的标准和人格态度的一种基本共识。没有这样一种在伦理上的基本共识，社会或迟或早都会受到混乱或独裁的威胁，而个人或迟或早也会感到绝望。"从宗教视角看，全球伦理是"由所有宗教所肯定的，得到信徒和非信徒支持的，一种最低限度的共同的价值、标准和态度"。② 当然，《全球伦理宣言》也在试图超越对全球伦理的宗教关怀，"我们所说的全球伦理，并不是指一种全球的意识形态，也不是指超越一切现存宗教的一种单一的统一的宗教，更不是指用一种超越来支配所有别的宗教。我们所说的全球伦理，指的是对一些有约束性的价值观，一些不可取消的标准和人格态度的一种基本共识"。③ 虽然孔汉思全球伦理的概念很模糊，但提出全球伦理理论以后，在国际上引起了很大的反响和关注。④

---

① 梁作甲、高兆明：《伦理学界对普遍伦理的讨论》，《学术月刊》2001年第3期。
② ［德］孔汉思、库舍尔编：《全球伦理——世界宗教议会宣言》，四川人民出版社1997年版，第12、171页。
③ ［德］孔汉思、库舍尔编：《全球伦理——世界宗教议会宣言》，四川人民出版社1997年版，第12、171页。
④ 梁作甲、高兆明：《伦理学界对普遍伦理的讨论》，《学术月刊》2001年第3期。

试图超越全球伦理宗教观模糊看法的历史重任落在非宗教学的学者身上。全球伦理逐渐引起了哲学、伦理学、社会学、国际关系[①]的关注，这些来自非宗教学界的不同学科的学者的研究远比宗教学者对全球伦理内涵的阐释要全面得多、深刻得多、严谨得多，这些学术研究极大地推动了全球伦理的研究。

中国学者早在20世纪末就已经关注到全球伦理问题，并进行了较有深度的研究。万俊人主张普适伦理具有重要的存在价值，虽然有时把普适伦理与全球伦理并列在一起。他认为，现代社会和现代人已经陷入深刻的道德危机，极大地制约了人类未来生活的前景，而各种伦理体制无法单独满足现代人类道德文化的需要，因此普适伦理成为可能。[②] 在此基础上，万俊人这样解释了普适伦理的内涵，"普适伦理所承诺的主要是人类社会的基本道德问题或日常生活世界的普适伦理问题。因而它是最基本最起码的，而不是最优化最理想化的。就此而言，它的确是'一种普遍主义的底线伦理学'或'低限度的普遍主义伦理学'，然而又是一种具有普遍约束力的世俗生活伦理"。[③] 他基本上倾向于底线伦理的看法，"普适伦理的建构所遵循的是一种'最起码的最大普遍化'原则，这一理论建构的方法论原则实际上也预定了普适伦理的理论承诺限度。它表明，普适伦理并不奢求一种'高级的'、无所不包的、意识形态化的世界伦理体系，而毋宁是寻求一种最基本的人类道德共识"。[④]

何怀宏把全球伦理理解为底线伦理，主要内容是"己所不欲，勿施于人"，这种底线伦理是一种普遍主义的伦理，面向的是社会上的所有人，不仅仅适用于部分人，希望得到各种社会合理价值体系的合力支持，不是某种价值体系所能独立承担的。这种普遍伦理需要现代人形成共识，是现代平等多元化的社会应当趋向的最小共识。[⑤]

李宇遐、刘永君把全球伦理视为全人类的公序良约、普遍性价值，"全球伦理道德是指维护全人类共同利益以及各种不同伦理之间共性意义上普遍价值的伦理道德规范，是世界各国人民对一些有约束性的价值观、一些不可取

[①] 相比较而言，哲学和伦理学等学界对全球伦理学界的关注远比国际关系学更加热切，国际关系学对全球伦理的研究热情比较淡薄。
[②] 万俊人：《普适伦理及其方法问题》，《哲学研究》1998年第10期。
[③] 万俊人：《寻求普适伦理》，商务印书馆2001年版，第28、52页。
[④] 万俊人：《寻求普适伦理》，商务印书馆2001年版，第52页。
[⑤] 何怀宏：《全球伦理与道德常识》，《中国合作新报》1999年9月9日。

消的标准和人格态度的一种基本共识,是全人类的公序良约"。①

李德顺提出,全球伦理价值体系的确定必须以人类最高主体的客观形成为前提;人类共同利益认识标志着人类共同体的现实形态与具有普遍性的价值正在形成,成为普遍伦理的真实基础或根据。②

韦正翔提出,"全球伦理的构想应该分为两个阶段:过渡阶段和完成阶段。在过渡阶段中,主权国家仍然发挥着很大的作用;而在完成阶段,全球已经一体化为一个全球社会。由于这个过渡阶段非常漫长,因此需要构想一种过渡时期的全球伦理体系。而完成阶段的全球伦理的构想,是个长期的演变过程,最后由未来的学者根据未来的社会现实去构想"。③

此外,马佩英对"构建全球伦理的诸多因素"和对构建全球伦理的局限性问题进行了思考。④ 汤剑波、陈建东对全球伦理与全球政治的先后关系进行了分析。⑤

在上述争论的基础上,本书著者聚焦下述几个相关性问题。

第一,人类构建全球伦理的目的是解决全球问题和全球危机,这是人类必须面对和解决的底线生存问题。对此,学界已经达成较高的共识。这种历史的逻辑提炼到理论上就意味着,全球问题和全球危机是全球伦理的现实前提,全球伦理是解决全球问题的结果。如果没有全球问题和全球危机,全球伦理就失去了现实存在的基础,依然还酝酿在普适伦理"情操"思想库中。

第二,人类不仅需要构建解决人类生存的底线伦理(即下限),还需要构建更高水平的全球伦理(即上限)。全球伦理的产生乃是人类为了避免日益严重的全球问题毁灭人类的生存与发展,因此全球伦理的现实出发点是客观上的"不得不"和主观上的"必须"。

第三,全球伦理并非只是底线伦理。多数学者混淆了全球伦理与普适伦理的界限,甚至把全球伦理等同于普适伦理。宗教学界、伦理学界甚至是哲学界,很多学者把全球伦理理解为一种底线伦理,孔汉思在起草《全球伦理宣言》时把全球伦理理解为底线伦理,认为"全球伦理不是要把各种宗教简化为最低限度的道德,而是要展示世界诸宗教在伦理方面现在已有的最低限

---

① 李宇遐、刘永君:《以全球伦理道德为依托建立国际社会新秩序》,《玉溪师范学院学报》2005年第4期。
② 李德顺:《普遍伦理及其客观基础》,《求索》1998年第5期。
③ 韦正翔:《国际政治的全球化与国际道德危机》,中国社会科学出版社2006年版,第329页。
④ 马佩英:《构建"全球伦理"之我见》,《首都师范大学学报》2009年第5期。
⑤ 汤剑波、陈建东:《全球伦理与国际新秩序的建立》,《国际关系学院学报》2000年第3期。

度的共同之处。它不是要反对任何人,而是要邀请所有人,信教者和不信教者一起来把这种伦理化为自己的道德,并且按照这种伦理去行动"。① 孔汉思基本上是个底线伦理倾向者,但也包含了较高追求者,万俊人认为孔汉思属于介于"最多主义"与"最少主义"之间的人。②

很多学者也把"全球伦理"理解为底线伦理。中国学者何怀宏提出,"'全球伦理'的内容与我欲阐明的'底线伦理'的内容在很大程度上是相合的,两者的紧密关联不言自明:'全球伦理'同时也是一种'最大限度'的底线伦理,而底线伦理也是在它同时应是一种普遍伦理的意义上阐述的"。③万俊人也认为,"普适伦理所承诺的主要是人类社会的基本道德问题或日常生活世界的普适伦理问题,因而它是最基本最起码的,而不是最优化最理想化的。就此而言,它的确是'一种普遍主义的底线伦理学'或'低限度的普遍主义伦理学',然而又是一种具有普遍约束力的世俗生活伦理"。④ 王文科也持这种看法,"在不同的民族文化传统中吸取资源,寻找大家都能接受的最低限度的共同认可的伦理边界,通过国际间的共同协调和联合行动,或许是在全球问题面前一种富有操作性意义的选择"。⑤

有的学者反对把全球伦理归结于底线伦理,余晓菊特别强调人类终极关怀的维度,得出了全球伦理包括底线伦理但不能归结为底线伦理的结论。因此他提出,把全球伦理等同于底线伦理是一种思维错误,其思维错误包括:首先,这种观点与伦理道德的一般定义及其内容规定不相符合;其次,这种观点实际上把伦理道德体系中的最低限度原则误当成决定性或核心观念;再次,这种观点曲解了哲学关于普遍性和特殊性辩证关系的原理。为此,余晓菊提出,全球伦理是一个具体的、包含多层次内容的综合性系统,不妨称其为"全球伦理层次论"。它包括底线伦理但不能归结为底线伦理。承认全球伦理在内容上的多层次性,没有必要,也不可能导致抹杀伦理体系个性化、多样化模式的道德价值一元论或文化霸权主义。⑥

基于上述分析,本书著者把全球伦理定义为:全球伦理是以解决全球问题、化解全球危机为己任的伦理;是以解决人类基本生存发展问题为底线或

---

① [德]孔汉思、库舍尔编,何光沪译:《走向全球伦理宣言》,四川人民出版社1997年版,第3页。
② 参见万俊人:《寻求普适伦理》,商务印书馆2001年版,第295页。
③ 何怀宏:《底线伦理》,辽宁人民出版社1998年版,第319—320页。
④ 万俊人:《寻求普适伦理》,商务印书馆2001年版,第52页。
⑤ 王文科:《经济全球化、全球问题与全球伦理》,《安徽师范大学学报》2004年第1期。
⑥ 余晓菊:《全球伦理不等同于底线伦理》,《道德与文明》2003年第3期。

下限，以建立更高级和谐社会（包括国内社会和全球社会）、更好地生存与发展平衡等为上限，从伦理最低主义形态发展为最高主义形态，从全球伦理意识发展为全球伦理行为的总和。全球伦理是高于国家伦理的伦理形态，即人类最高级伦理形态，需要从追求国家秩序、国家正义和国家利益提升为追求全球秩序、全球正义、全球利益，从着眼于短期利益到长远利益，从不可持续发展类型到可持续发展类型，从零和博弈方式到互利共赢方式，从国家公民提升为世界公民的伦理提升。

至于全球伦理的外延到底包括哪些具体内容，这是一个更加复杂的问题。可以说，有多少种全球问题，就有多少种相应解决全球问题的全球伦理规范。全球伦理的诸多内涵构筑着一个以解决全球问题为使命的伦理网络。这个伦理网络是从无到有、从小到大、从弱到强的发展过程。具体来讲，全球问题包括生态恶化问题、全球气候变暖问题、淡水石油等资源短缺问题、跨国犯罪问题、网络犯罪问题、贩毒吸毒问题、艾滋病传播问题、核武扩散问题、贫富两极分化问题、人口激增问题、难民问题、移民问题、国际人权问题、金融危机问题、恐怖活动问题、跨界民族宗教问题、走私问题、海盗问题等等，由此形成生态政治、气候政治、毒品政治、核武政治、民族政治、宗教政治、资源政治、地缘政治、跨国政治、人口政治、人道主义政治等[1]全球政治问题。由此产生的相应全球伦理是全球生态伦理、全球气候伦理、全球安全伦理、全球核武伦理、全球反恐伦理、全球资源伦理、全球人口伦理、全球人道主义伦理等等。这些全球性伦理有的处在萌芽状态，有的还处于潜在状态。

二、全球伦理的下限与上限

从全球伦理的存在形态上看，全球伦理是从全球伦理的潜伏阶段演变到全球伦理的萌芽阶段，再到全球伦理的不断充实阶段。20世纪六七十年代以前是全球伦理潜伏于普适伦理的发展阶段。20世纪六七十年代之后，随着全球问题日益严重，人类迫切需要一种解决全球问题的超国界的伦理规范，人类不再满足于以往普适伦理的理论规范，不再把自己的伦理仅仅锁定在国家伦理和国际伦理范围，迫切需要关怀全人类命运，规范全人类的行为规范，

---

[1] 李东燕在《全球政治与全球问题研究的兴起》（载于《教学与研究》2001年第9期）中已经提出相关问题，但忽视了民族宗教问题。

于是 20 世纪末成为全球伦理的萌芽阶段。从内容发展逻辑看，全球伦理的发展是从底线伦理开始的，但并不止步于底线伦理。

用哲学思维看，全球伦理是一种人类伦理普世主义与特殊主义的自下而上的现实伦理运动，其发展过程是从伦理下限向伦理上限的发展过程，在其初期发展阶段只是一种不断开发下限伦理运动或底线伦理运动。相反，普适伦理则是一种人类伦理普世主义与特殊主义自上而下的人类一般伦理思想运动，从一开始就不仅包括下限伦理内涵，而且主要是一种上限伦理建构的思想过程，普适伦理是用上限伦理感召下限伦理的过程。

从权利或利益视角或范围看，普适伦理的上限是实现人类利益的最大主义、最多主义、最高主义，下限是实现人类利益的最小主义、最少主义、最底主义的底线。全球利益是最小主义与最大主义、最低主义与最高主义、最少主义和最多主义的统筹兼顾。

所谓全球伦理的"最少主义"也可称为"最小主义""最低主义"，是指维持全人类生存第一需要的"最起码的"或不如此人类就有可能毁灭的伦理规范。最少主义者认为，"应该采取一种较为保守谨慎的理论策略，将基本的理论建构目标定位在一种最基本可行的普遍伦理规范的层次，而不应奢求某种既难以达成、也难以付诸实施的理想价值或目的论伦理。因此，也有学者将之称为'普遍主义的底线伦理'"。[①] 大学伦理学教授图沃特·翰普歇尔（Stuart Hampshire）、美国普林斯顿大学社会高等研究所的著名教授迈克·沃兹尔（Micheal Walzer）等伦理学家属于这类范畴。[②] 最少主义也就是一种最低主义，与具有理想主义色彩的最高主义相比，它显然追求全球伦理的基本义务，属于现实主义范畴。凡是现实主义者大多属于这个范畴。现代人类的多数是现实主义者，而不是理想主义者。

其实，从理论上分析，全球伦理的最多主义和最少主义是一个关于全球伦理的可普世性的限度或可能性限度究竟如何的问题。所谓全球伦理"最多主义"也可称为"最大主义""最高主义"，是指一种寻求全球伦理最高限度的主张，[③] 有的学者将之称为深厚的"普遍伦理"。[④] 美国罗尔斯的普遍正义

[①] 何怀宏：《一种普遍主义的底线伦理》，《读书》1997 年第 4 期。转引自万俊人：《寻求普适伦理》，商务印书馆 2001 年版，第 293 页。

[②] 参见万俊人：《寻求普适伦理》，商务印书馆 2001 年版，第 294 页。

[③] 万俊人将其称为"普遍伦理的最多主义"，他基本上不承认全球伦理，仅仅主张普适伦理。参见万俊人：《寻求普适伦理》，商务印书馆 2001 年版，第 292 页。

[④] 参见万俊人：《寻求普适伦理》，商务印书馆 2001 年版，第 293 页。

论和哈贝马斯的普遍主义"商谈伦理"属于最高主义范畴。全球伦理的最高主义主张追求崇高的理想，因此必然具有浓厚的理想主义色彩，属于理想主义范畴。但我们没有理由简单称之为一种"乌托邦"，如果追求全球伦理最高主义的人越多，人类就必然越美好；相反追求全球伦理最高主义的人越少，人类也就越糟糕、越不美好，有时甚至会越加危险。因为由"各自只扫门前雪，莫管他人瓦上霜"的底线主义者组成的社会毕竟是缺少温暖的冰冷世界。全球伦理的最高主义者不仅能够给予社会更多的温暖，而且将不断感召着低层次的人向上攀登，追求更为美好的社会，以不断提升人们的素质。

全球伦理的最高主义固然是应该提倡的范畴，但现代人类必须脚踏实地解决压在人类身上的所有严重的全球问题。有学者提出，现代人类不能好高骛远，应当从现实出发，"在现阶段，普适伦理的探询只可能采取保守的或低限度的理论姿态，不能好高骛远，且实施上也不可能如此"。①

我们有充分的理由相信，随着全球治理的深入发展，随着人们全球意识的增强，全球伦理的发展水平一定会不断提升。在全球化背景下探讨全球伦理本身就是一种进步，虽然建立"最高主义"的全球伦理的现实条件还不是那么完备，但是不同的文明中都存在一些相通的东西，只要我们在平等和相互尊重的友好气氛下进行对话和协商，消除文化价值上的沙文主义色彩，还是能够实现"最低主义"水准的全球伦理的。

总之，最高主义的全球伦理是全人类应当追求的理想目标，而最低主义的全球伦理已经成为人类"不得不"的"必须"，尽管这个"必须"落实和实施起来依然充满了种种艰难困苦。人类若想从根本上克服全球危机，解决全球问题，实现全球利益，完成全球治理和全球法治，就必须启动从最低主义的全球伦理向最高主义的全球伦理的发展过程，舍此别无他求。

第三节
全球伦理的结构

所谓全球伦理的结构就是指全球伦理并不是单纯由全球伦理意识构成的，必须是全球伦理意识和全球伦理实践或行为规范共同组成的整体结构。为此，本书著者提出全球伦理二象性结构的理论。

---

① 万俊人：《寻求普适伦理》，商务印书馆 2001 年版，第 294 页。

一、全球伦理二象性结构

构建全球伦理二象性结构理论的前提是全球伦理研究的理论共识。为了提炼全球伦理二象性结构理论，有必要先确定全球伦理研究中的几个共识性问题。

首先，人类构建全球伦理的目的是解决全球问题和全球危机，这是人类必须面对和解决的底线生存问题。学界在这个问题上已经达到高度的认同，勿需赘述。

其次，人类不仅需要构建解决人类生存问题的底线伦理（即下限），还需要构建更高水平的全球伦理（即上限）。全球伦理的产生和发展，乃是因为日益严重的全球问题已经危及到人类的生存与发展，因此全球底线伦理凸显出来。

从全球伦理的下限看，它是底线伦理。作为下限的全球伦理并不是个"应当"或"应该"的范畴，而是"必须"的范畴。应当或应该的范畴不单纯是底线伦理或下限伦理，而是从下限伦理到上限伦理的广大区间。或者说，作为解决危及人类生存问题的全球伦理是下限、底线，是客观上的"不得不"、甚至是主观上的"必须"，是人类所有人都应该普及的（但现在还远未普及）。

从全球伦理的上限看，那些道德情操极高的品质，那些愿意为全球事业奉献自己一切（包括生命）的伦理行为，是值得提倡的，绝不应是我们所反对的，恰恰是值得提倡的，但却是难以普及的。所以，全球伦理的上限是上不封顶的。上限不是行为规范的"必须"范畴，而是行为规范的"应当"范畴，即更好更高加以提倡的范畴。虽然"应当"范畴包括"必须"范畴，但仅仅是底线或下限的"应当"，上限的"应当"必然高于"必须"范畴。总之，全球伦理的要求不仅是"下不露底"的，还应是"上不封顶"的。

总之，全球伦理的下限是人们不如此就会毁灭人类的"必须"范畴。当然，广义的"应当"范畴包括"必须"范畴，但"必须"的范畴仅仅是底线或下限的"应当"，上限的"应当"必然高于"必须"范畴。

再次，不能从静态视角看全球伦理，而必须用动态的眼光去看全球伦理的发展。自从人类全球伦理产生之后，它就具有了十分广阔的发展空间，其具体发展的路径或发展路线图，从性质上看是从最低主义走向最高主义，从量上看是从最小主义走向最大主义或从最少主义走向最多主义。其中最低主义、最小主义、最少主义的内涵构成了全球伦理的底线或下限，最高主义、最大主义、最多主义的内涵则构成了全球伦理的上限。只有人类努力营造更好的生态平衡、更为和谐的国际关系，组建更高级的社会形态，人类才可能更美好。因此，全球伦理必将从下限向上限发展，全球伦理是从不得不的"必须范畴"向追求更好的"应当范畴"的动态发展过程，全球伦理的提升过程是从最低主义的"必须"的全球伦理发展为最高主义的"应当"全球伦理。

鉴于上述分析，本书著者提出"全球伦理二象性结构"的理论。这个理论是指"全球伦理是全球伦理意识和全球伦理实践行动或行为规范的整体结构"。全球伦理意识是全球伦理的真知，全球伦理实践或行为规范则是全球伦理意识的检验和真行。只有解决全球问题的真知和真行的知行合一，其才能变成拯救社会、解决全球问题的社会力量，可谓二者缺一不可。仅有全球伦理意识，却不付诸于行动规范，充其量是一种伦理道德意识而已。伦理的真正目的是规范人的行为，而不会滞留"只是意识而不行动"的层面。"心动不如行动"，只有行动才能改变世界，只是心动绝不会改变世界的任何东西。

从动态发展角度看，全球伦理是一个从全球伦理意识向全球伦理行动发展的过程，全球伦理已经开始从全球问题意识向解决全球问题的伦理实践发展。如果说在近代以前，全球伦理还是一种伦理"乌托邦"，只是一些道德情操很高的人的修养，那么随着现代化的开启和全球化的深度发展，全球伦理已日渐从一种伦理意识发展为伦理实践。

有的学者已经关注到这种实践，并提出，从当今世界文明对话和全球化的境域看，全球伦理的实践特征体现如下：[1] 第一，全球伦理是一种对话伦理或交流伦理。各种宗教面对共同挑战，不同宗教面临共同问题，例如环境污染、资源枯竭、都市拥挤、犯罪猖獗等等。这些弊病的减轻或消除，需要包括各种传统宗教在内的传统文化发挥作用。通过宗教对话发现价值共识，通过价值观上的共识促进了解、理解和谅解。宗教之间没有对话就没有沟通和理解，相互误解和排斥就会随之而来。《全球伦理宣言》强调必须承认并尊重各个民族和各个地域的不同宗教传统、价值观念的存在，承认世界文化存在的多样性。要在全球伦理情境中实现各个宗教的平等相待，之间不再是单向的排斥关系，而是平等的对话和交流实践关系。第二，全球伦理作为一种

---

[1] 贺金瑞、吴燕：《从全球伦理运动看世界宗教对话趋势》，《中央民族大学学报》2005年第5期。

"底线伦理",构成共同的道德实践要求。全球伦理不是要把各种宗教简化为最低限度的道德,而是要展示世界诸宗教在伦理方面已有的最低限度的共同之处。要求所有信教者和不信教者,一起来把这种伦理化为自己的道德,并且按照这种伦理去行动。全球伦理"最低限度"道德实践目标的设定,是要使其保持一种现实合理性的文化姿态,同时也保持文化价值和思想观念的开放性,避免为寻求某种"统一性"而产生思想自封性。第三,全球伦理达成伦理共识是一种付之行动的伦理。全球伦理是具有唤起全人类采取共同伦理行动、担负起共同责任的伦理,它具有鲜明的伦理实践的特征。它所要完成的只是在承认各宗教、文化存在差异的前提下,把世界各种以宗教为核心的文化传统抽出共同价值原则,达成在世界范围内的共识,来应对当今全人类所面临的道德危机。它相信在每一个古老的文化价值传统中都会存在相通的东西,而有价值的东西在所有价值传统中也都能找到类似的表达,并能得到一致认同。

二、全球伦理二象性结构的价值

全球伦理二象性结构理论的提出,不仅部分解决了全球伦理探讨中存在的种种分歧或争议的问题,而且彰显了其重要的现实价值,人类对全球问题的解决是从全球意识到全球实践的发展过程。

全球伦理二象性结构理论具有双重现实价值:一方面,它有益于深入或解构前述提出的有关全球伦理的争议;另一方面,它为解决全球问题提供了全球伦理的瓶颈。对于学界前述所说的理论困境,全球伦理二象性结构理论至少具有下述价值:

首先,全球伦理二象性结构理论厘清了全球伦理与普适伦理之间的界限。其一,当人类发展到只有全球伦理意识,还未转变为全球伦理行为规范的时候,这样的全球伦理充其量不过是一种普适伦理意识或者全球伦理意识,这是一种不完全或不完整意义上的"全球伦理"。在这个"意识"层面,全球伦理和普适伦理是没有什么本质区别的。当由全球伦理意识指引,转变为全球伦理行为规范的时候,完整意义上的全球伦理才会产生。仅有思想,没有实践行动,从来就不能改变世界,因此仅有全球伦理意识,没有付诸全球伦理的行为,全球问题是不能得到解决的。其二,全球伦理行为规范需要全人类的实践行动,仅仅是少数人的行动不足以改变整个世界,全球问题根本无法得以解决。

其次，全球伦理二象性结构理论阐释了全球伦理是否是乌托邦的困惑，在一定程度上解决了构建全球伦理的难度，揭示了构建全球伦理实践中存在障碍的根源所在，并对克服构建全球伦理障碍提出了唯一可能的出路。由于全球伦理二象性结构需要全球伦理意识和全球伦理行为规范两个条件，因此全球伦理的构建就注定存在很大的难度和障碍。全球伦理二象性结构理论还告诉我们，产生全球伦理意识容易，而转化为全球伦理行为规范是很难的，需要很多条件。对此，如果完全站在现实主义立场上，就必然认定构建全球伦理是一种乌托邦。这都是情理之中的事情。其实，现实主义从来只是指导人类的一个原则，还有相反的一大原则即理想主义。人们大都是在意识层面向往美好的（包括正义、真理、自由、平等），而在行动上主要追求利益，因此未来构建全球伦理，必须依靠全球伦理行为规范的制度保障。然而，人类要想克服全球危机，解决全球问题，构建全球伦理则是必须的选择。

再次，全球伦理二象性结构理论有利于拨开"全球伦理到底是不是底线伦理"的迷雾。说到底，全球伦理有个"可普适性"的问题，即如果全球伦理只是道德情操高尚的少数人的实践，根本不能成为多数人的行为规范，那么这样就不能成为全球伦理。考虑到全球伦理的普适性问题，全球伦理首先是一种底线伦理。这种底线伦理是现代人类的生存伦理，不如此，人类将无法生存下去，甚至将灭亡。作为底线的全球伦理是当今多数人的必须，放弃全球伦理是错误的。"如果我们这一代人做出错误的选择，我们的下一代就将是历史上的最后一代人。……摆在我们面前的选择是一种决定命运的选择：是进化和灭亡之间的选择。"① 当全球伦理越来越多地变成人类多数人的选择时，人类才有继续发展下去的希望。其实，社会各界已经行动起来了。有关世界绿色组织、世界和平组织等各种非政府组织为保护地球生态、消弭战争等等的努力，以及各国政府逐渐鼓励发展可持续发展经济，显然都是全球伦理意识向全球伦理行为规范转变的种种标志。

全球伦理发展必然要进行两次提升。全球伦理从全球伦理意识发展为全球伦理行为，完成第一次提升；全球伦理行为总是从底线伦理为下限开始的，然后不断向"最高主义"提升，从而完成第二次提升。根据全球伦理二象性结构理论，全球伦理决不能仅仅止步于底线伦理。如果把全球伦理仅仅理解为底线伦理，那么人类伦理的发展必将有一个终结的历史阶段。然而，人类

---

① ［匈牙利］拉兹洛著，李吟波等译：《决定命运的选择》，生活·读书·新知三联书店1997年版，第158—159页。

历史的发展是个永无止境的过程，因此应当把全球伦理理解为一个从下限到上限的区间，这将满足不同层次的人对全球伦理追求的高度或限度。不同水准的人的全球伦理层次和档次本就是不同的。当然，更多的人是从底线伦理开始的，但是我们没有理由反对、阻止，甚至是嘲笑追求全球伦理上限的人们。我们有充分理由相信，随着全球治理的深入发展，随着人们全球意识的增强，全球伦理一定有一个好的前途和归宿。在全球化背景下探讨全球伦理本身就是一种进步，虽然建立"最高主义"的全球伦理的现实条件还不是那么完备，但是不同的文明中都存在一些相通的东西，只要我们在平等和相互尊重的友好气氛下进行对话和协商，消除文化价值上的沙文主义色彩，人类就有希望。

最后，全球伦理二象性结构理论将把全球伦理发展视为一个巨大的开放系统。不可忽视的是，全球伦理不是从来就有的、与人类历史一样久远的东西，全球伦理是从无到有、从小到大、从弱到强的发展过程。因为人类经历了几百万年的历史，文明的历史也至少有几千年（各民族不等），人类在大多数时间内是没有全球伦理的历史的。因为全球伦理（意识）是 20 世纪最后 10 年①才产生的，是为了解决全球问题应运而生的新生事物，是人类发展的希望。如果不能很好地构建全球伦理，全球问题是根本得不到解决的，那样人类就是毫无希望的。

---

① 如果以 1993 年《全球伦理大会》为标志，全球伦理只有 20 多年的历史。

第八章　全球伦理与全球利益的共振

　　全球伦理是为保证实现全球利益和全球正义而萌生的一种必需的伦理手段。一方面，全球伦理和全球法治是保证实现全球利益和全球正义的左右手，也是全球治理必须采用的两种强有力的手段，两者缺一不可。另一方面，全球利益、全球正义与全球伦理、全球法治组成共振的全球同态文明系统。从这种意义上讲，全球伦理与全球利益的共振是实现全球治理美好目标的必经之路。全球伦理、全球法治都是基于全球利益、全球正义产生的两种必要的手段，全球利益和全球正义则是全球伦理、全球法治要实现的目的。为此，需要对全球利益进行详细的研究。

第一节
基于全球利益的全球伦理

　　人类不是单纯个人的发展过程，而是群体性不断提升与发展的过程。人类的群体性发展决定了人类利益的不断提升。在这个提升过程中，人类经济类型、政治类型和群体利益是一致的。从经济类型上看，人类社会从采集狩猎经济社会发展到农牧商业经济社会，再发展到重工业经济社会，最后发展到后工业信息经济社会。因此，人类政治群体也相应地经历了采集狩猎群体、王族政治群体（东方某些古老民族）和贵族政治群体（如古希腊古罗马）、近现代民族国家政治群体、后现代网络政治群体等发展阶段。其背后隐含的利益机制是用来保护不同群体利益的。采集狩猎经济和政治保护的是氏族利益，农牧商业经济和政治保护的是王族利益和贵族利益，重工业经济和政治保护的是民族国家利益，只有后现代网络经济和后工业政治才诞生了全球利益。因此，全球利益是人类政治经济发展到最高位阶的群体利益。

　　人类利益是一个从群体利益的低级阶段到高级阶段不断提升的动态发展

过程，在这个提升过程中，社会发展的轴心是经济发展类型的不断提升。

一、经济形态的发展决定了利益形态的提升

人类文明经历了一次又一次的飞跃，导致了人类群体利益形态的不断提升。第一次飞跃把类人猿群落提升为氏族社会，完成了从半人半兽向人类或从野人向文明人的提升。这次提升，由于氏族利益把社会成员紧密维系在一起，氏族利益把社会成员紧紧捆绑在一起，没有办法实现个人利益的独立。氏族成员不仅必须共同劳动，还必须有共同信仰。早期人类还没有产生宗教信仰，有了宗教信仰以后，氏族社会便要求社会成员必须全体信奉属于自己氏族的宗教信仰。可以说，共同的劳动、共同的语言和共同的宗教信仰把社会成员维系为氏族共同体。氏族利益表现为物质利益和精神利益两个方面。氏族精神利益主要表现为氏族宗教文化。氏族宗教不仅成为对内维系社会群体的纽带，而且也成为对外识别不同社会的主要标志。

人类最早的经济模式是采集狩猎经济，大约是在前氏族社会和氏族社会时代。氏族社会至今有1万年左右。在采集狩猎经济时代，人类社会的特点是人数少、画地为牢、各自为政。据人类学家考证，当时人类单元只有30人至100人。[①] 由于氏族社会是人类社会初具规模的社会，因此最初的社会群体规模都是很小的。吕大吉看到的一些人类学资料显示，"一个氏族集团的成员不会很大，据一些人类学资料，一般不超过一百余人"。[②] 那时人类的食物是从自然界中现成得来的，而不是生产创造出来的，因为那个时代还没有生产能力。

氏族社会规模特别小，决定了氏族利益的狭小与单薄，从而决定了氏族社会只能散落在世界各个角落，各自为政地发展，没有能力整合为更大的社会系统。它们基于不同地理环境形成了不同的社会经济模式。在氏族社会时代，不仅各自的经济发展模式不同，而且氏族信仰的神灵各不相同。不同的语言、不同的宗教信仰，以及不同的生活方式把人类分成不同的社会。因此，氏族时代不仅不可能把地球人凝聚为一个文明中心，甚至还未能形成较大的帝国文明中心，因为那本就是一个无中心的社会。那个时代，没有语言文字，在氏族社会晚期又诞生了宗教文化。族体之间的利害关系流转于画地为牢与

[①] Christopher R. Decorse, Anthropology: a Global Perspective, Third Edition, Printed in the United States of American, 1998. p. 118.

[②] 吕大吉：《宗教学通论新编》，中国社会科学出版社1998年版，第768页。

战争之间。所以，在氏族社会发展的时代，不可能产生国家利益和全球利益。因此，"国际社会"承袭的是从自然兽界演变为世界无政府状态。

人类第二次飞跃实现了从氏族利益向古代国家利益的转变，由此人类社会从氏族社会发展到古代国家社会。古代文明社会的重心是农业文明，基于此，人类群体利益不仅放大了，包容了更多人数，而且更加深入地凝聚为古老民族。抽象思维取得了长足的发展，几个发达的古老中心民族创造了璀璨的古代文明，因此形成了四大文明古国和古希腊古罗马文明，培育出华夏人、古巴比伦人、古埃及人、古印度人、古希腊人和古罗马人，人类文明呈现百花争艳的局面。各族体之间的关系使得世界呈现多极王族贵族文明系统、以强势文明为中心向外扩展的时代。国际社会依然是无政府状态，但混乱程度有所降低，有了正义与非正义战争的理念。但那个时代只有古老民族利益掩盖下的王族利益和贵族利益，没有国家利益，更没有全球利益。

农牧商业经济包括农业经济、放牧经济和商业经济三种类型。古代中国是农业经济的代表，从匈奴人到蒙古人则是草原放牧经济的代表，古希腊是简单商业经济的代表。那个时代经济的最大飞跃就是人类由从自然界摄取现成果实提升到生产食物，从而首次实现了从自然到社会的实质性飞跃。人类不仅发现了火，而且发明了青铜铁器，甚至是铁器，极大地提高了生产能力。人类不仅发明了语言文字，而且还把自然宗教提升为古老的民族宗教。

人类从食物采集者演变为食物生产者，极大地扩大了人的活动范围。"食物采集者的活动范围仅限于他们的狩猎场地，新石器时代农人们的活动范围仅限于他们的村落附近，而文明人的活动范围则必须扩大到远离家乡的地方……古代文明与史前时期原始公社的情况不同，其活动范围并不限于发源地附近，而是不断地向外扩展，直到最后把整片的大河流域，甚至流域周围出产种种原料的地区，也都包括进去。"[1] 从食物采集者演变为食物生产者，导致了人类人口的暴增。据史学家考证，从旧石器时代约 12.5 万人发展到距今 1 万年旧石器末期即农业革命前夕的 532 万人，人口增长了 42 倍以上。[2]

饶有趣味的是，当氏族社会发展为农业社会时，氏族社会便已开始转变为古代国家社会，因此作为人类主体的氏族也就发展为古代民族。由于不同

---

[1] ［美］斯塔夫里阿诺斯著，梁赤民译：《全球通史：1500 年以前的世界》，上海社会科学出版社 1999 年版，第 103 页。

[2] 参见［美］斯塔夫里阿诺斯著，梁赤民译：《全球通史：1500 年以前的世界》，上海社会科学出版社 1999 年版，第 76 页。

民族占据着不同的地理环境，适合于农业发展的河流领域形成了文明的各自中心，四大文明古国无一例外地都是"大河文明"，在它们的周边则止步于狩猎采集或游牧生活。古希腊文明承继了古埃及文明和古巴比伦文明，受到了这两大辉煌文明的滋养，又得天独厚地享受着地中海中爱琴海的特殊环境，因而创造了更加光辉灿烂的古希腊文明。

从氏族社会发展为国家社会，氏族利益被古代国家利益所代替。由于受到河流地理环境的限制，加之农业地区和周边游牧地区的交替分布，那个时代的国家是"有边陲而无国界"。在农业文明发展时代，祖国利益或国家利益往往被帝王利益和统治阶级利益所垄断。只有发展到工业文明和民族国家时代，民族利益才真正提升为国家利益。

第三次飞跃是从农业文明向工业文明的转变。近代西方社会率先进入重工业文明，形成了民族国家，把人类利益从贵族利益（古希腊古罗马）提升为国家利益（西方近代民族国家），从而第一次产生了国家利益。那时，虽然开启了全球化的发展历程，但当时全球问题还没有凸显出来，因此还没有全球利益。不同文明系统之间展开血与火的利益纷争，出现了西方列强征服、掠夺东方社会的殖民主义运动，西方获得的国家利益是在践踏和牺牲东方利益的基础之上实现的。工业文明对人类产生深远影响。著名哲学家、全球问题研究专家拉兹洛提出，"工业革命由于受到两次世界大战的震撼，难以稳固下来。这些翻天覆地的事变加上原有秩序和制度的分崩离析促进了几项新技术的开发和应用，而这些新技术又很快从军事部门转移到民用领域。信息、自动化和通讯的新技术预告了另一次转变的到来：'第二次工业革命'。它对社会的冲击有如新石器革命那样深远，但速度无可比拟地加快了。由于信息能够很方便地取得和迅速交流，各个领域的复杂性都增长了。在传统的农业部门和工业部门之外出现了服务性的第三产业。公共宣传工具的影响力达到了史无前例的强度。不管这种宣传深入到什么地方，信息、自动化和通讯技术就使那里社会生活的各个方面发生革命性的变化。……'第一次工业革命'创立了人与人之间以及人与自然之间的新关系，动摇了旧的社会制度，革新了传统的价值体系和信仰体系。它用新开辟的职业取代了某些传统职业。富有进取心的年轻人和贫困的农民离开农村，进入了新兴城市和工业中心；在那里，前者或许能有机会登上重要地位和财富的阶梯，而后者则不得不进入血汗工厂和新型企业家的'阴暗的魔鬼的磨房'。逐渐地，通过缓慢的并且常常是痛苦的调整，出现了比较好的制度——有些基于资本主义形式，另一些基于社会主义形式。它们使中世纪的公国、王国和沙皇的国家作为现代工业社会重新获得了稳定"。①

后现代文明或信息文明，以及全球化的深度发展，不仅迅速凸显了全球问题，而且全球问题的迅猛势态对人类的生存与发展构成了严重威胁，由此才产生了确保人类生存与发展的整体性全球利益。但是，人类文明发展到21世纪，全球利益只是新生事物，还未能提升至主流利益的地位，因为国家利益依然占据着当代人类利益的主流地位。

学界已有很多学科成果充分证明，人类社会的发展经历了从氏族社会到国家社会，再到全球社会的三个历史发展阶段。② 这里将挖掘其背后更为深入的道理，探寻与三层社会相适应的人类利益的发展规律。从纵向历时态看，人类群体展现出从民族利益发展到国家利益再发展到全球利益的规律；从横向现时态看，多民族国家把本国的多民族利益提升为国家利益，再把各国的国家利益提升为全球利益，符合人类利益现时代的发展要求。

民族国家的兴起宣告了昔日帝国时代的消亡，其根本原因是人类从农业文明时代提升为工业文明的发展时代。工业文明向全世界的扩展，开启了全球化的时代。西方国家率先发展工业文明，因此西方国家最先跻身于世界强国之列。欧洲列强第一次借用工业文明的强大力量，用殖民主义方式，第一次征服或瓜分了全世界，也第一次把全世界逐渐整合为貌似一体实际还够不上一体化的世界整体。因为只有产生了全球利益，人类才可能被整合为一个人类共同体。当时，强国格局的变迁带来的是对全世界的新的瓜分，而瓜分世界的利益轴心是国家利益，不可能是全球利益。因此，在当时还未提升为全球利益。

第四次飞跃把人类从工业文明推向后工业文明和信息文明的时代。如果以对国际社会影响核心是国家利益还是全球利益为标志，全球化发展经过两大阶段，即以国家利益为核心动能的工业文明发展时代和以全球利益为动能的后工业文明发展时代。殖民主义时代，世界列强追求的是自己的国家利益，绝不是全人类的利益，而且把实现自己国家利益建立在牺牲其他国家利益的前提下。如日本现代化的一部分就是用《辛丑条约》等不平等赔款的中国白银建立起来的。

---

① ［匈牙利］拉兹洛，闵家胤译：《进化：广义综合理论》，社科文献出版社1988年版，第97—98页

② 人类学、民族学、文化学、社会学、考古学、史学等许多学科的大量研究成果都已经证实了人类社会发展是从原始社会的氏族发展为国家社会再发展为全球社会的，因此本书不再重新论证，而是重点借用这种科研成果证明本书三重利益提升的观点。

后工业文明时代，因全球问题的解决而产生了全球利益，为全人类利益而服务的全球意识不再止步于学者的理想国，开始降落人世。

用国际关系学原理分析，以国家利益为追求的工业文明时代所产生的国际关系取得了一个伟大的成就，那就是威斯特伐利亚体系发展成为世界民族国家体系。1648年《威斯特伐利亚和约》的成果在于，法国和瑞典联军阻止了哈布斯堡帝国（奥地利）称霸世界的野心，从而宣布了帝国称霸的失败。后来这种阻止称霸的历史典故还有很多：法国国王路易十四（1661—1714年）企图称霸，但被英国、荷兰联军阻止；拿破仑（1795—1815年）企图称霸，被英国、俄国、普鲁士和奥地利四国阻止；希特勒（1939—1945年）企图称霸，被美国、苏联与英国阻止。《威斯特伐利亚和约》主张用"国家主权"的合法性来构建世界国家体制，标志着国家掌控内部事务及对外独立的胜利，圈定了新的国家社会的政治准则，为全欧洲提供了一部根本性与全面性的宪章。总之，威斯特伐利亚体系就是反霸权，并主张把国家主权、国家利益提升到国际体制的最高原则。

威斯特伐利亚体系经历了欧洲确立阶段、亚非拉放大阶段和受到全球问题和全球政治挑战的阶段。正是因为这第三个阶段，人类社会追求的利益核心才开始从国家利益发展到全球利益，才把不同的民族国家社会整合为荣辱与共的"地球村"社会，从而逐渐把散落在世界各地的人们真正地整合为地球人。当然，这仅仅是一个开端，以后的路途还很遥远。

二、全球利益的诞生

全球利益一旦产生，将具有与国家利益、以往国际主义时代的国际利益明显不同的特征。学界对全球利益内涵的研究还处在萌芽状态，而对全球利益特征的探索更是有待深入。

不过，虽然学界对全球利益的研究还有待深入，但对人类共同利益及其某些特征已有初步的研究，使之成为研究全球利益特征的前沿成果。如朱颖俊在《浅论人类共同利益原则》一文中提出，在现阶段，作为人类共同利益应具以下几个特征：第一，超国家性。已明显超越了地域、社会制度、单个国家利益而关系到整个人类的利益。如深海海底的资源及其利益、外层空间的开发与利用、两极地区的利用等。第二，各国社会的公约性。在全球化进程中，各国彼此需要合作、帮助甚至让步，且这种合作、互助和让步是为使整个人类的发展有一个更大的公约数。如环境保护、贸易自由化、金融风险的防范等。第三，解决全球问题的共同需要性。针对某些活动及疾病，且它所侵害的客体已明显超越一国的界限，针对的是整个人类，如国际恐怖主义、AIDS、SARS、疯牛病、禽流感等。这就需要全人类来共同解决，单凭一国或几国之力显然是不可能做到的。[1] 其实，这里所说的人类共同利益的三个特征，实际上指的就是全球利益的特征。然而，朱颖俊对全球利益特征的这种提炼还有很大的局限性，即仅仅把全球利益的特征概括为超国家性、各国公约性、解决全球问题的共同需要，还是远远不够的。

基于前述研究，本书著者提炼出如下全球利益的特征：

第一，全球利益具有超阶级、超民族和超国家的三超属性。全球利益不仅具有超国家性，而且还具有超阶级性、超民族性。如果说马克思时代的国际利益视野还停留在阶级属性上，那么多次民族主义浪潮或民族主义运动则从民族角度对国际利益产生巨大影响。民族主义是历史的范畴。在人类从古代向近代发展的十字路口上，人类历史诞生了民族国家，以平民利益反对王族利益和贵族利益，民族主义发挥了推动历史的积极作用。当人类群体性发展到民族与国家分立的时代，人类政治的合理性从民族主义发展到国家主义，过分强调民族主义，有害于国家的发展。当今世界，人类政治的合理性从国家主义发展到全球主义，过分强调国家主义，有害于人类整体的发展；偏执于国家利益伤害全球利益，不利于人类社会的合理发展。因此，当代全球利益不仅具有超阶级性，而且还超越民族国家的范围，既克服了民族主义的不足，又克服了国家主义的缺陷；既克服了国家主义对民族利益的压制，而且克服了民族主义对人类利益的负面影响甚至是伤害。于是，一些全球问题的研究学者开始从人类群体的"类本质"[2]角度对全球利益进行思考。无论从阶级斗争视角，还是从民族主义、国家主义视角，都不能阐释全球利益的本质。全球利益追求的是超阶级、超民族、超国家的全人类的共同利益，阶级斗争和民族国家的眼光都不能提升到全人类的立场。地球是属于所有阶级、所有国家的，属于全人类。人类要想实现全球利益，必须摈弃阶级、民族、国家的局限，必须实现各阶级的合作、各民族国家的合作。全球利益是超越阶级利益、民族国家利益的最高人类利益。

第二，全球利益看做人类群体利益的最高位阶性。人类历史在氏族社会追求的群体利益是氏族利益，中国古代社会在王族时代追求的是王族利益，

---

[1] 朱颖俊：《浅论人类共同利益原则》，《哈尔滨学院学报》2007年第6期。
[2] 参见余潇枫：《国际关系伦理学》，长征出版社2002年版，第3页。

西方古希腊古罗马时代追求的是贵族利益,在民族国家时代追求的是国家利益。当意识到全球利益存在的时候,地球人才从地球村的整体角度开始思考如何解决全球问题,从而才开始追求全球利益。阶级利益大于个人利益,民族利益高于家庭利益,国家利益高于阶级利益和民族利益,而全球利益则高于国家利益,因为全球利益是人类群体利益的最高位阶。

第三,全球利益是人类整体利益的体现,不仅仅是现在所有国家共同利益的体现,而且也包括未来所有的国家利益。这有两个方面的问题需要解决。

一方面,全球利益具有人类利益的整体性。早在学者组建罗马俱乐部时代时,就已经提出把人类发展观从无差异增长发展到有机增长,从简单的发展观提升为可持续发展观,其中的关键就是看到现代人类必须从整体上解决问题:"孤立地解决任何一种危机的企图已经证明不仅是短命的,而且会损害其他方面:为了减缓能源或原来的短缺而采用破坏环境的手段,实际上等于没有解决任何问题。真正解决问题的各种措施之间显然是互为依赖的;所有各种危机集合起来似乎构成了一种世界发展的全球危机症。"① 因为在现代,"国与国之间的联系已经变得多么紧密。某一地区的某一个官僚机构的决定,也许只是一个人的决定……引起了世界其他某个地区的家庭主妇出来抗议食品价格飞涨……难道各个地区或者国家还可孤立地做出决定,完全无视这些决定对世界系统其他部分的影响吗?"② 对于全球问题,迄今还没有找到真正有效的、可以付诸实践的解决办法,还没有实现在这种情况下极端需要的共同行动。各种努力,有时还是由个别的或某些国家所做的重大努力,并不总能获得预期的结果,至多只是使那些成为人类共同灾难的问题得到缓和,而不是真正解决。运用整体性方法论来研究全球利益的关键在于,不能肢解有生命力的现象,而必须还原生命力本来的属性。

另一方面,由于人性自私在国家利益方面的体现,当今所谓的"全球利益"还具有新生性、稚嫩性等不足。全球利益的整体性不仅是以往人类和现代人类利益的整体,还包括未来人类利益的整体。那种基于"我们"现代人类的整体幸福,而不管甚至以牺牲未来人类利益为代价的代际狭隘眼光,无疑是一种鼠目寸光的代际短见。只有解决和化解现代人和未来人的代际冲突,实现代际利益的和谐一致,才能真正实现全球利益的整体性。从这种意义上,

---

① Mihajlo Mesarovic and Eduard Pestel, Mankind at the turning point: the second report to the Club of Rome, New York: Dutton, 1974. p. 1.

② Mihajlo Mesarovic and Eduard Pestel, Mankind at the turning point: the second report to the Club of Rome, New York: Dutton, 1974. p. 19.

全球利益的整体具有代际整体性，或者从动态纵向发展看，全球利益是现代人类的整体利益与未来后代人类的整体利益的有机统一。

第四，全球利益是全球公民利益的体现。全球利益具有超越国家公民利益的属性，不再停留在简单保护国家公民利益上，而是已经提升为世界公民利益或者全球公民利益的维护，这就意味着国家公民利益向全球公民利益的提升。国家公民主要忠诚的对象是国家，而不是人类；所追求的利益是国家利益，而不是全球利益。只有在把当今世界的国家公民提升到未来世界的全球公民高度的时候，真正的全球利益才能够实现。虽然随着全球化的深度发展，当今世界高层次的人已经多少具有了世界公民的意识，但是更多的人依然停留在国家公民的发展水平上，因此忠诚于国家利益的国家公民意识依然是当今世界的主流，追求全球利益的全球公民意识则是下一个时代，即未来人类意识发展的主流。

第五，全球利益具有人类群体利益的最大开放性。由于当今时代只是全球利益意识的崛起或启蒙时代，以后未来人类对全球利益的追求，无论是全球利益包容的广度，还是超阶级、超民族国家、超代际冲突的深度，都是我们今天人类无法想象的。其中无法想象的更加丰富的全球利益内涵，只能留给未来人去开发。

三、全球利益的内涵

在给全球利益下定义之前，还必须在前面研究的基础上，对全球利益的本质内涵进行深度的聚焦。前面在"全球利益特征"中得出结论，"全球利益不仅具有超国家性，而且还具有超阶级性、超民族性"，"全球利益是超越阶级利益、民族国家利益的最高人类利益"，那么如何理解全球利益的"超国家性、超阶级性、超民族性"呢？这是一个不能不研究的大问题。正如前面所分析的那样，在民族国家没有消失之前，全球利益的"超国家性、超阶级性、超民族性"是不是在阶级、民族、国家之外去寻求全球利益？是不是意味着全球利益就具有反阶级性、反民族性和反国家性？同样的道理，既然全球利益不是个人利益，那么能否在个人利益之外去追求全球利益？追求全球利益是否就意味着反对个人利益？

想要搞清上述问题，必须借鉴哲学关于个性与共性关系的研究方法来研究全球公利与各种私利（包括个人利益、民族利益、阶级利益、国家利益等）的关系问题，简单说就是研究公利与私利的关系问题。这一系列问题十分复杂，但哲学道理是一致的，因此后面就聚焦分析全球利益与个人利益或公民利益的关系问题。

既然全球利益看做人类群体利益最高位阶的利益诉求，那么就可以把全球利益理解为人类社会最大的公共利益。如果把全球利益看做人类社会最大公共利益或人类公益的最大化，那么全球利益与公民利益的关系将是最重要的研究问题。如果把公民利益置于全球利益之外，认为全球利益只是人类各种集体性的公共利益的最高提成，而这种提成与公民的私利是毫无关系的，那么全球利益不仅成为对个人毫无用处的虚幻的公益，也变成虚假的范畴，正如把完全排斥私利的公利作为正义、公益的基础是虚幻和虚假的一样。

前面所述"全球利益具有超越国家公民利益的属性"，也并不意味着全球利益要排斥公民利益，也并不意味着要用全球利益消灭、吞噬个人利益，而恰恰相反，应当最大限度地包容公民利益。这一点与前述所论的全球利益的第四个特征，即"全球利益具有超越国家公民的属性"是相通的。所谓"全球利益具有超越国家公民利益的属性"，是指在人类社会发展的最高级阶段，全球利益要求个人从国家公民提升到世界公民的高度；更是指全球利益最终应当源于并满足世界公民权利的需要。只有把国家公民提升到世界公民，才能消解国家利益与全球利益的冲突。只有把公民从国家公民提升到世界公民的高度，才能最大限度地实现全球利益，从而实现全球利益与（世界）公民利益的一致性。

诚然，公民利益与全球利益之间除了一致性的方面，还有冲突的方面。有一种错误观念认为国家利益、企业利益与全球利益基本上是冲突的，而（世界）公民利益与全球利益则不是相冲突的。其实，人性自私，这是自古以来永恒不变的硬道理，只是不同发展阶段对人性自私的限制或许可程度是不尽相同的。个人利益不仅时常与家庭利益、民族利益、国家利益相冲突，也必然与全球利益相冲突。个人利益不仅与种种群体公共利益相冲突，甚至相互之间也时常冲突。当然，这不是这里所说的重点。

这里将要说明的重点是，我们这一代的个人利益将与未来后代的个人利益相冲突。可以说，全球利益与整个人类的所有公民的整体利益是一致的，但却往往与某个时代的公民利益也有冲突性，因此产生了代际利益冲突，即现代人类利益与子孙后代利益的冲突。现代人不像古代中国人为自己的"万代"子嗣考虑，王族为了实现自己利益的最大化，不惜牺牲后代利益。很显然，消弭代际利益冲突将是全球利益的应有内容和人类文明发展的必经之路。因此，从全球利益必须解决代际利益的矛盾问题的角度看，全球利益要想实现世界公民利益的最大化，就必须克服人类代际利益冲突，实现代际利益的和谐。

全球利益是分层次的。最低层次是底线层次，主要是全球安全，包括全球环境安全、全球经济安全；较高层次包括全球政治安全、全球文化安全等。全球利益层次呈现梯形分布，底线安全分布范围最大，较高层次的全球安全主要分布在发达国家地区，然后向发展中国家地区扩散。

综上所述，全球利益是人类整体利益的体现。全球利益的整体性不是抽象的和虚无的，而是具体的和实在的。全球利益的整体性至少包括以下五个层次。其一，我们不能把全球利益与个人利益、阶级利益、民族利益、国家利益完全对立起来，必须承认全球利益所包容的个人利益、阶级利益、民族利益、国家利益等利益的合理性成分，才能构成全球整体利益的合理要素。其二，全球利益的整体性还必须克服代际利益的冲突，实现代际利益的统一和不同代际利益的和谐与共赢。总之，人类要想实现全球利益，必须摒弃个人利益、阶级利益、民族利益、国家利益的非理性（不合理性）局限，实现每一个公民个人、各阶级、各民族、各国家之间互利共赢的合作，消弭各利益层次之间的冲突。其三，全球利益是分层次的，不仅包括个人利益、阶级利益、民族利益、国家利益等最低层次的利益（下限），也包括世界公民利益、阶级利益、民族利益、国家利益等的最大化（上限）发展，还包括从全球安全的最低层次（下限，主要是全球安全）向最高层次发展（上限，主要是实现人的利益的全面发展、自由与平等的最大化等）。其四，从全球利益的最大功能和终极关怀角度看，全球利益是全球秩序的保证、全球正义的利益基础、全球治理的动力源泉、解决全球问题的根本动能。其五，全球利益是一个从以追求人类生存为底线或下限向人类各群体（包括个人）合理性全面发展的动态过程，这是一个从不成熟走向成熟、从简单到复杂、从冲突为主到统一、从民族国家分治到全球共治、从竞争到合作的过程，很显然，在人类各种利益群落中，唯有全球利益才具有人类群体利益的最大开放性。

基于上述对全球利益的认识，下面可以对全球利益进行界定或定义。所谓全球利益是超阶级利益、超民族利益、超国家利益、超代际利益的人类整体利益；全球利益是以解决全球问题为宗旨的，克服单纯追求国家利益的不足以追求全人类的最高级利益；从人类各种主体利益网中，全球利益是摒弃、消弭个人利益、民族利益、阶级利益和国家利益之间的冲突方面的不合理元素，从而实现个人利益、民族利益、阶级利益和国家利益的和谐统一、互利共赢等合理性元素；从代际关系上，全球利益是克服代际利益的冲突，以实现代际利益的统一和不同代际利益的和谐与共赢元素；从利益的多少上看，全球利益是人类利益从最低主义、最小主义、最少主义的利益下限发展最高主义、最大主义、最多主义的利益上限；从人类终极关怀角度看，全球利益是全球秩序的保证、全球正义的利益基础、全球治理的动力源泉、解决全球问题的根本动能。

那么，全球利益的出现对人类产生了怎样深远的影响呢？

四、全球利益的产生及其深远影响

全球利益是解决全球问题的必然产物，是解决全球问题的利益基础。如果人类不把全球利益作为人类的最高追求，全球问题将不可能得到解决。

全球利益是全球化深度发展的必然结果。自由资本主义阶段，全球化处于浅层即外在殖民主义阶段。当西方资本主义发展到帝国主义时代或后殖民主义阶段结束后，全球化则进入深度发展阶段。全球化使得国际政治规则与经济规则紧密联系在一起，资本主义重新诠释了国际政治中零和博弈这个旧概念。它证明，有一只看不见的手（即全球市场），人们自私的目的如果受到公平竞争的控制和约束，则能扩大为社会效益。因此，在全球化时代的世界市场贸易发展中，一个国家的"政治扩张"无需直接转化为打压他国利益和福利，主要依靠经济市场就足以实现本国的政治目的。近年来的全球经济危机并不单纯是资本主义社会的危机，而是全球性经济不和谐的危机。甚至可以断定，近年来的全球经济危机可能主要不是资本主义制度的危机，也许在经历了全球经济危机之后，资本主义很可能会比以前更强大，这次全球经济危机远远超过1929世界经济危机对资本主义修复的程度。

全球化的深度发展催生了全球利益的出现，在全球化深度发展中受益的所有国家的共同利益远远大于单个国家的利益。假如一个国家试图将自己的利益置于全球利益之上，甚至不惜建立在牺牲他国利益的基础上，那么全球化的经济平衡法则将会发生根本性的动摇，因此这对各国尤其是曾试图获得过多好处的那个国家首先造成损害。超越零和博弈，进入互利共赢博弈已经成为当今全球新法则。支撑全球法治，能够成功超越以往的零和博弈，构建各国互利共赢博弈规则的利益基础正是全球利益。

全球利益是全球文明发展中的"核心的核心"，因为全球利益是全球政治的核心，而全球政治又是全球文化发展的核心。然而，全球利益的产生需要一种历史条件，全球问题的解决恰恰成为提升出全球利益的重要条件，全球问题是把国家利益提升到全球利益的根本转折点。有的学者提出,"所谓全球问题,就是指当代国际社会面临的一系列超越国家和地区界限,关系到整个人类生存与发展的严峻问题"。[1] 全球问题的外延十分广阔,包括生态恶化问题、全球气候变暖问题、淡水石油等资源短缺问题、跨国犯罪问题、网络犯罪问题、贩毒吸毒问题、艾滋病传播问题、核武扩散问题、贫富两极分化问题、人口激增问题、难民问题、移民问题、国际人权问题、金融危机问题、恐怖活动问题、民族宗教问题、走私问题、海盗问题等,由此形成生态政治、气候政治、毒品政治、核武政治、民族政治、宗教政治、资源政治、地缘政治、跨国政治、人口政治、人道主义政治等[2]全球政治问题。这些问题主要反映了人与自然的关系问题、人与人的关系问题,以及人的自身精神信仰价值问题。全球问题对国际政治产生深远影响,将"掀起21世纪人类社会的一场大变革"。[3] 在当今世界,"不管哪个国家、哪个民族,都不能摆脱全球问题的影响和制约,任何国家和民族若无视全球问题中所内含的人类共同利益的存在,不仅会损害自身,而且要殃及整个人类"。[4]

全球政治的兴起正是人类共同面对的问题以空前的广度和深度向前发展的必然产物。全球政治的产生具有非常重大的意义——在全球政治发展中,开启了人类国际关系历史进程从主权至上、国家中心向人权至上、人类中心发展的新阶段,进而才开启了解决全球问题从国家治理平台向全球治理平台的转变。

以前"从国际关系的角度上看,政治的领土化、主权的至上性和国家中心主义,成为支撑近现代国际关系的三大支柱"。[5] 第二次世界大战以后,尤其是20世纪六七十年代之后,随着国际组织、跨国公司以及非政府组织等国际行为的不断活跃,国际关系内容和国际议题日益丰富并多样化,人类开始进入到多元政治议题和多种国际机制并存互动的政治发展阶段。因此,解决全球问题的主体、范围及全球理念和全球价值重点锁定在"全球性"上面,超越了国家中心,从而"在理论上完成了从国家政治、国际政治、世界政治

---

[1] 蔡拓:《全球化与政治的转型》,北京大学出版社2007年版,第105页。
[2] 李东燕在《全球政治与全球问题研究的兴起》(载《教学与研究》2001年第9期)中已经提出相关问题,但忽视了民族宗教问题。
[3] 俞正樑:《国际关系与全球政治:21世纪国际关系学导论》,复旦大学出版社2007年版,第145页。
[4] 蔡拓:《全球化与政治的转型》,北京大学出版社2007年版,第136页。《全球问题的哲学思考》,《马克思主义与现实》1997年第5期。
[5] 蔡拓:《全球化与政治的转型》,北京大学出版社2007年版,第250页。

向全球政治的跃升，真正实现了政治向全球的扩展"。①

传统政治的利益驱动是国家中心主义的，而全球政治所追求的利益价值导向则不再是以国家为中心而是以人类为中心。全球政治追求的是全球利益而不是国家利益，遵循的是全球伦理价值，②而不是国家伦理价值。当然，这种转变绝不是单纯停留在理论上的转变，现实已经显现出政治发展的某些趋向。虽然从国家政治向全球政治发展的这种"趋向还远未发展为主流，甚至以若隐若现的形式存在，但它们反映着全球政治的新质"。③总之，只有全球政治的兴起才促使全球利益浮出水面，而全球利益对全球的影响必然是根本性的。从国家政治发展到全球政治，实质上就是从国家利益发展到全球利益。

全球利益需要发现的眼光。全球利益不仅是当今世界国际公共权力的利益基础之一，而且也是全球政治的利益基础。离开全球政治，很难发现全球利益。然而，对全球利益的发现或意识，对于学者则是姗姗来迟的事情。学者较早地意识到全球政治的存在，而对全球利益的"自觉意识"则是后来的事情。国际关系学者早在上个世纪就意识到全球政治现象，当今世界已经发展到从原有的国际政治向全球政治提升的阶段。有的学者把这种现象称为"从国际政治向全球政治的嬗变"。④

何谓全球政治？这个问题学界还未能形成共识，可谓见仁见智，观点精彩纷呈。对于全球政治，西方学者主要有政治延伸论、跨国价值论、边界模糊论和全球价值论四种，中国学者主要有政治复合论和共同利益论两种。

西方第一种全球政治论就是政治延伸论。戴维·赫尔德认为，"'全球政治'作为一个术语，非常形象地描绘了政治关系在空间和时间上的扩展与延伸，以及政治权力和政治活动跨越现代民族国家的界限，无处不在的这样一种现象。在世界某个角落所做的政治决定和发生的政治行为会迅速地传遍世界，并获得世界性的影响"。⑤不仅看出，持有延伸论观点的人认为，全球政治无非就是国内政治对外延伸到超越民族国家界限的一种政治。这种观点没有找到全球政治的利益基础，把全球政治建立在国家利益的基础上的看法，显然是不全面的。

---

① 蔡拓：《全球化与政治的转型》，北京大学出版社2007年版，第251页。
② 参见蔡拓：《全球政治的要义及其研究》，《世界经济与政治》2005年第4期。
③ 参见蔡拓：《全球政治的要义及其研究》，《世界经济与政治》2005年第4期。
④ 俞正樑：《21世纪全球政治范式：国际政治与国际关系系列》，复旦大学出版社2005年版，第145页。
⑤ [英]戴维·赫尔德等著，杨雪冬等译：《全球大变革》，社会科学文献出版社2001年版，第69页。

其实，在笔者看来，国内政治的利益基础主要是国家利益，而不是全球利益。国家利益与全球利益是完全不同的两个范畴，因此国际政治是国内政治向外延伸的自然产物这一看法是有很大局限性的。为此，有的学者反对这种简单的延伸论，提出跨国价值论和边界模糊论。

乌·贝尔明确提出，"全球政治……不能被理解为民族国家政治的延长，因为它在内容上扭转了民族国家的利己主义和地方主义，坚持自己独特的跨国立场、价值和决定，反对各种民族偏见"。① 这种观点的合理性显然高于政治延伸论，因为注意克服了民族国家的利己主义和地方主义因素。

吉登斯从国家领土政治向全球政治的转换角度提出了边界模糊论，"民族国家的形成始于它们发展出明确的'边界'，以便取代更传统的国家所特有的那种模糊的'边疆'。边界是在地图上画出的精确界限，而且任何侵犯边界的行为都堪称是对国家主权完整性的一种损害。现在，国家再一次拥有边疆而不是边界，但其中的原因却与过去不同。早期的国家'有边疆无国界'是因为它们缺乏足够的政治机器，它们无法使国家的权威直抵远离政治中心的边缘地区。当代国家的边界之所以逐渐又演变为边疆，乃是因为它们与其他地区的联系越来越紧密，而且它们越来越多地参与到各种跨国集团的交往之中"。② 这种观点的不足也在于没有找到全球政治的利益基础。

西方最合理的全球政治论是全球价值论，其代表人物是马丁·阿尔布劳。他认为全球政治是在全球问题普遍化的基点上，地球本身变成了对各种机构和个人活动最远的实践范围和参照点，世界公民"利用全球性社会公共事业机构的开放性，表达新发现的全球主义，并从某个共同体和民族国家既无法控制又无法限定的共同感受中吸取力量"，③ 从而形成地球政治。这种观点较前两种观点的高明之处在于把全球政治的眼光放到全球价值、全球问题、全球共同事业的高度上，但也没有找到支撑全球政治的利益基础。

国内对于全球政治的观点主要有政治复合论和共同利益论两种。前者的主要代表是俞正樑和王逸舟，后者的主要代表是蔡拓。

俞正樑认为，"全球政治非常形象地描绘了政治关系在全球范围内的扩展与延伸，形成复杂而依存的政治决策和政治互动全球网络。全球政治网络具

---

① [德]乌·贝尔著，王学东等译：《全球化与政治》，中央编译出版社 2000 年版，第 38 页。
② [英]安东尼·吉登斯著，郑戈、渠敬东、黄平译：《第三条道路》，北京大学出版社、三联书店 2000 年版，第 134 页。
③ [英]马丁·阿尔布劳著，冯玲、高湘泽译：《全球时代》，商务印书馆 2001 年版，第 192 页。

有多层结构,是一种全球政治、区域政治、国际政治、国内政治组成的复合体,也是一种由国家、非国家和次国家行为者共同参与的多头政治的混合体"。[1] 他还提出,全球政治"是全球化,特别是经济全球化以及全球问题在政治层面的集中反映和体现"。[2] 王逸舟的观点也是一种复合论,认为全球政治是"一种同时涵盖了传统的国际政治和国内政治、低级政治和高级政治、国家间政治和非国家行为体政治等多个'对子'的大政治范畴"。[3] 这种观点的不足有两个,其一是把全球政治等同于世界政治、人类政治,即把全球政治当做世界政治的代名词。其实,世界政治包括地方政治、民族政治、国内政治、国际政治和全球政治,全球政治只是世界政治的一个层面。其二,没有找到全球政治的利益基础。如果找到全球(共同)利益,也就自然找到了全球政治的利益基础。

在政治学界,更多地从国家利益及其国际关系层面阐释国际政治和全球问题,而个别有预见性的学者则以全球利益为轴心审视国际政治。提出以全球利益来解释全球政治高见的是蔡拓先生,他给全球政治下了如下定义:"全球政治是以人类整体论和共同利益论为轴心,以全球为舞台,以全球价值为依归,体现全球维度的新质与特点的政治活动与政治现象。"[4] 这个定义的最大合理性在于阐释了人类整体利益或共同利益是全球政治的利益基础。这种观点也深刻展示了,人类发展只有产生全球利益,才能超越民族利益和国家利益,实现人类主体利益的最大合理化。

只有发现了全球利益,并追溯其发展根源,我们才终于发现人类群体利益的根本性发展规律是从民族(初级形态是氏族)利益发展到国家利益,然后再发展为全球利益。全球政治超越了国家中心主义,超越了国家领土政治的利益诉求,进入人类共同利益的范畴。在这里,"政治的整体性是指政治主体不再是一个国家,而是人类整体",从而开启了"从国家政治向非国家政治转型"[5] 的时代。

人类发展现阶段是后现代、后工业社会时代,而后现代、后工业社会时代则是全球利益刚刚起步的时代,因此全球利益并不会止步于后现代、后工业社会。相反,21 世纪之后,随着全球化的深度发展和全球问题的日益严重,

---

[1] 转引自蔡拓:《全球化与政治的转型》,北京大学出版社 2007 年版,第 249 页。
[2] 俞正樑:《二十一世纪全球政治范式》,复旦大学出版社 2005 年版,第 159 页。
[3] 王逸舟:《全球政治和中国外交》,世界知识出版社 2003 年版,自序,第 8—9 页。
[4] 蔡拓:《全球政治的要义及其研究》,《世界经济与政治》2005 年第 4 期。
[5] 蔡拓:《全球化与政治的转型》,北京大学出版社 2007 年版,第 251 页。

全球利益快速发展的时代必将到来。全球利益的发展绝不是一帆风顺的，与国家利益、民族利益相互之间必然既有合作共赢的方面，也有充满冲突的方面，那是一个三大利益对立统一的过程。在全球利益快速及全面发展的过程中，必然展开全球利益与国家利益、民族利益、企业利益从冲突到磨合、走向统一的过程。在这个过程中，企业利益、民族利益和国家利益成为全球利益发展的障碍，同时也是全球利益的发展动力。由于国家利益有国家伦理、国家政法制度的有效保证，全球问题的严重性非但不会有效减轻或缓解，而且有加重的趋势，因此对全球利益的损害程度也不断加深。总之，全球利益的发展路途充满荆棘，也充满希望。

五、全球伦理是全球利益的伦理保障

如果说全球伦理还是一个新生事物，因而对于全球伦理的研究尚处于初级阶段，那么对全球伦理与全球利益关系问题的研究则还是一个前人从未开发的处女地。所以，本书在这里探讨全球伦理是全球利益的伦理保障，自然属于一种新的尝试。

全球平等、全球正义是全球利益和全球伦理的联结点和中轴线。一方面，全球平等、全球正义是全球利益的中轴线。没有全球平等、全球正义的全球利益是虚假的利益，全球利益是人类的整体利益，要想实现人类的整体利益，就必须有全球正义、全球公平的保证。全球伦理追求的价值目标有两个，一个是全球利益，不是各个国家利益简单相加的总和，而是人类整体利益的内在统一。这种统一不允许以国家利益偷运国家官员利益，而牺牲公民个人利益；不允许过分透支世界资源，以现代人的利益侵吞和牺牲子孙后代的利益。[①]

另一方面，全球平等、全球正义是全球伦理的价值中枢和目标。在古代社会是没有平等和正义可言的。中国古代伦理追求的是对家国的忠孝，是对王权利益的最大保护，并不追求正义。古希腊古罗马伦理追求的是贵族之间的民主，是对贵族利益的最大保护。古希腊古罗马虽然追求正义，但仅限于贵族范围，不包括平民，而奴隶则是任凭贵族宰割的对象。近代西方国家伦理开启对资本主义和官员利益的保护，形式上实现了公民政治权利的平等。只有在现代社会，随着全球化的深度发展，全球伦理、全球治理也浮出水面，

---

① 参见后面"代际利益与代际伦理"的分析。

把社会平等和社会正义推向全球平等和全球正义的高度，平等、正义和人权的实现和保护才达到前所未有的高度。全球问题带来全球灾难，全球伦理、全球利益、全球治理都是以解决全球问题为使命的。然而，当今世界，各种形态的资本主义甚嚣尘上，无论是西方的资本主义，还是东方的权贵主义，都仍然对全球平等、全球正义进行最大限度的破坏，因此以全球平等和全球正义为价值中枢的全球伦理也受到极大的践踏。

此外，全球正义，包括全球公正、全球公平、全球平等，不是强国之间的平等，而是不论强国还是弱国，无论富国还是穷国，在全球伦理面前一律平等。因此，全球公平、全球正义的精髓是全球平等。归根结底，全球伦理是合理实现全球利益的伦理保障。

虽然在21世纪，作为新生事物的全球伦理的力量还很薄弱，还不足以与国家利益和国家伦理相抗衡，还会遭到各国的私利的重重阻挠，更会遇到偷运国家利益而保护各国统治阶级利益和企业私利的破坏，但是它将以一种最旺盛的生命力出现在国际舞台，避免因私利而毁灭人类整体的危险。一个没有全球伦理的全球社会是危险的，全球伦理是拯救当代人类，避免整体灭亡的最有效手段。

诚然，全球伦理不会自动出现在全球社会中，需要发现、发展并践行全球伦理的现代人的觉醒和自觉。全球伦理要求全球公民付诸于实际行动，而不是停留在口头上。然而，在人类生死存亡的历史关头，唯有建立并发展全球伦理才是唯一的出路。

基于"法律之外，全归伦理管理"的原理，与全球法治相比，全球伦理对全球利益的保护范围更加广泛。全球法治远远没有全球伦理对全球利益、全球公正的保障作用那么广泛。全球法治只能管理极其严重的违反国际法的行为，而且它受到各国的国家法律与国家保护主义的抵制。如欧盟判决书需要欧盟成员国的执行，才能得到最后的落实。再如，充满全球正义追求的联合国文件也必须得到相关国家的执行，才能得以实现。这些都不能与全球伦理相提并论。因此，从这种意义上讲，全球伦理对全球利益的保障更有意义，或者更有力量。

第二节
非传统代际伦理问题

非传统代际伦理问题是全球伦理和全球利益共振的一个重要"音符"，它所解决的是本代人利益与后代人利益之间的矛盾问题。目前学界虽然不乏对代际伦理问题的研究，但大多是从传统的家庭代际伦理来研究的，这种研究的视野是非常古老的[①]和极其狭隘的，忽视了现代社会中由全球问题引发的代际伦理问题。由于非传统代际伦理问题意味着本代人过度开采并透支性地使用地球资源，严重污染自然环境，从而严重威胁子孙后代的生存与发展，这成为关乎到人类能否可持续发展的根本性问题，因此寻找解决非传统代际伦理问题的出路自然成为现代人必须解决的问题。以解决全球问题为己任的全球伦理提升了代际伦理的文化价值诉求，以至于全球性的代际伦理已经成为全球伦理庞大系统的有机组成部分之一。本书侧重研究的正是非传统代际伦理问题的内涵、原因及其出路等相关问题。

代际伦理的范畴并非静态的，而是一个动态发展的问题；是一个从传统的家庭代际伦理发展到现代社会的代际伦理的过程。现代人的代际伦理和古代人的代际伦理概念并不完全相同，现代人的代际伦理意识已经远远超出了古代"父慈子孝"家庭伦理的范畴，它是在全球问题已经严重威胁到后代人类生存与发展的时代才产生的。

一、全球问题引发的代际伦理问题

代际伦理经历了一个漫长的发展过程，主要是从古代家庭伦理中的孝道关系发展到现代社会解决现代人与后代人的利益冲突的伦理关系。现代社会的代际伦理是由全球问题引发的，已经演化为或者融为全球伦理包容的重要内容。

早在中国古代，儒家就已经比较深入地关注了家庭关系的代际伦理问题。孔子以"仁"作为"父慈子孝"家庭伦理的核心理念，明确提出"孝慈则忠，举善而教不能则劝"，[②] 主要表现为"孝""慈""爱"三个家庭伦理纬度。"慈"是对长辈提出的关爱晚辈的伦理要求，"孝"是对晚辈提出的关爱长辈的伦理要求，"爱"是对家庭所有成员互相之间提出的伦理要求。后来，孟子进而提出"君臣、父子、夫妇、长幼、朋友。君臣有义，父子有亲，夫妇有别，长幼有序，朋友有信"[③] 的"五伦"的伦理体系。可以说，儒家以

[①] 早在两千多年以前，儒家创始人孔子就已经高度关注了长辈与晚辈之间的孝悌代际关系问题。很显然，家庭代际伦理是一个非常古老的主题。

[②] 孔子：《论语·为政第二》。

[③] 《孟子·滕文公》。

"推己及人"的逻辑，进而提出"齐家、治国、平天下"①的道德伦理价值体系。然而，儒家在古代就已经提出的"平天下"绝不是以解决全球问题为己任的全球伦理，只是一种抽象的中国古典"天下伦理"。

全球性的代际伦理是解决"在场"的现代人与"未出场"的后代人之间基于资源、环境等利益冲突关系的伦理问题，从而给代际伦理提出了新的时代要求，因此代际伦理是从家庭伦理发展到为解决现代人与后代人的全球性问题的伦理关系。为了后面论述方便，把前者简称为家庭代际伦理或传统代际伦理，把后者简称为全球代际伦理或非传统代际伦理。

非传统代际伦理是随着现代代际伦理问题的产生而产生的，代际伦理问题是现代社会发展中暴露出来的一个严重的现代病态现象。

那么，非传统代际伦理问题是如何产生的？对此，学界已有一定的研究，但还有待于深入。较为普遍性的看法是，非传统代际伦理问题的起因是现代社会经济的市场化和全球化、社会变革和文化变迁的速度加快，社会代际伦理关系也发生着重大变化，新的社会代际伦理问题涌现出来。② 本书著者认为，代际伦理的起因主要不是外在的，而是内在的，经济市场和文化市场的全球化只是造成代际伦理问题的外在原因，重要的内因是人的自私本心在全球化时代的一种本能反映。全球化必然从人性自私的本能放纵阶段发展到人性自私的合理管制阶段。

全球代际伦理问题的表现是什么呢？王倩提炼出代际伦理问题的四个主要表现：③

第一，"道德价值观的代沟与沟通问题。现代社会的显著特征之一，就是现代与传统、国内与国外等各种道德价值观被浓缩到同一时空并在同一个平台上相互激荡，它们的相互作用不仅表现在同代的各共同体之间，而且越来越表现在代与代之间。因此，必须分析产生代与代之间道德价值观差异的社会、政治、经济、文化等原因，创造道德价值观代际沟通的条件，建立道德价值观代际沟通的机制，探寻道德价值观代际沟通的规律"。

第二，"现代家庭代际伦理问题。家庭代际伦理是联结亲子关系的伦理纽

---

① 出自《大学》，全句是"格物致知诚意正心修身齐家治国平天下"，其间的逻辑关系是"物格而后知至，知至而后意诚，意诚而后心正，心正而后身修，身修而后家齐，家齐而后国治，国治而后天下平"。

② 王倩：《代际伦理：一个现代性的问题研究》，《辽宁行政学院学报》2009年第12期，第152—153页。

③ 王倩：《代际伦理：一个现代性的问题研究》，《辽宁行政学院学报》2009年第12期，第152—153页。

带，实现亲子沟通的伦理渠道，进行道德教育的伦理规约。现代社会和家庭结构的变迁，使传统家庭代际伦理发生了很大的变化。市场经济对原本温情脉脉的家庭代际伦理产生着双重的影响，现代家庭模式的变迁使传统家庭代际伦理规范必须实现现代转换。现代家庭代际伦理应以民主、平等、责任、和谐等为基本原则"。

第三，"可持续发展的代际伦理支持和代际公平问题。可持续发展内在地要求建立与其相适应的代际伦理并以代际伦理作为自身的伦理基础。代际延续性是可持续发展的一个基本特征，不可持续性是导致代际冲突的根源之一，因此发展的可持续性是人类处理代际关系的重要伦理准则。代际伦理从人类代际关系的角度为可持续发展提供强有力的伦理论证和道德辩护，从而成为可持续发展的坚实的伦理基础。代际公平是代际伦理的重要研究对象。随着现代社会公平问题的凸显，公平问题向纵横两个方向展开，横向公平主要指代内公平（横断面和共时态中的不同群体、阶层、民族、国家之间的公平），纵向公平主要指代际公平（纵截面和历时态中的代与代之间的公平）。代内公平和代际公平是相互影响、相互制约、相互作用的。对代际公平问题，一是要立足于代内解决，更重要的是要尊重后代的权利，对后代有强烈的道德关怀意识和公平对待意识"。

第四，"全球化背景下的代际伦理。在全球化背景下，代际伦理就像其他文化形式一样，都有一个全球化和民族化的关系问题。对每一种伦理文化（如异域伦理文化、传统伦理文化）的价值取向和评价标准，代与代之间因社会经济文化条件、生存时空和生活经历等等的不同，必然会或多或少表现出代际差异。因此，应该通过文化交流，实现传统伦理文化的代际传承和异域伦理文化的代际整合"。[①]

上述四种表现中的前两种是传统家庭代际伦理问题，后两种才是非传统的全球性的代际伦理问题。其实，造成最为严重的非传统代际伦理问题的焦点是全球问题。全球代际伦理问题的焦点就是现代人出于现代本位主义的自私立场，极大地透支地球资源，严重地侵犯了后代人的利益。究其根本，是经济发展的过度开发以满足于现代人的自私自利的问题。人类在经济发展过程中，过度的开发不仅导致了代际利益的冲突，而且导致了自然界对人类的报复和惩罚。

[①] 王倩：《代际伦理：一个现代性的问题研究》，《辽宁行政学院学报》2009 年第 12 期，第 152—153 页。

笔者看来，非传统代际伦理问题只是全球问题的一种特殊表现类型，即只是本代人与后代人的利益冲突问题。全球问题覆盖的范围及其种类十分广泛。所谓全球问题，是指当代国际社会所面临的一系列超越国家和地区界限，关系到整个人类生存与发展的严峻问题。①"各种类型的全球问题，已经远超以国家为中心的政治社会空间，在全球广度上渗透、影响整个人类的日常生活，同时，由此而形成的全球范围内的调整和变化也不容忽视与回避。"② 所以，非传统代际伦理问题只是全球问题中的一种类型。其产生之晚，以至于非传统代际伦理问题意识是最近几十年才被注意到的问题。

二、非传统代际伦理意识及其内涵

代际利益冲突问题是导致代际伦理规范产生的前提。现代人类利益的冲突是普遍的，不仅存在个人利益之间的冲突、公司利益之间的冲突、不同地区利益之间的冲突、不同国家利益之间的冲突，而且存在本代人利益与子孙后代利益之间的冲突。因此，全球性的代际伦理已经不再简单是家庭代际伦理问题，而是为了解决代际利益冲突问题而产生的伦理规范。

然而，就目前而言，"代际伦理"还不是一个内涵十分明确的概念。③ 有人注意到，国际国内的伦理学家"大多从家庭伦理界的角度对代际伦理进行界定和阐释，以期说明世代之间（尤其是亲代和子代之间乃至老一代与第三代、第四代、第五代之间）的伦理关系及其在家庭结构中的内在调节作用"。④ 这是旧时代的痕迹。全球代际伦理解决的是一种纵向的人际伦理关系，是传统代际伦理从未遇到过的现代问题。有学者提出，传统伦理往往过分注重代内伦理而忽视代际伦理。⑤ "传统伦理是一种横向的人际伦理，它无法解决资源稀缺、生态平衡、环境污染所带来的人与自然的关系问题。"⑥

其实，全球代际伦理是基于现代病或全球问题而产生的一种新型伦理。20世纪80年代末以来，部分学者就已经提出并研究了"代共同体""代际关系""代际利益"，于是"代际伦理"问题开始引起人们的关注。

---

① 蔡拓等：《全球问题与当代国际关系》，天津人民出版社2002年版，第2页。
② 蔡拓等：《全球学导论》，北京大学出版社2015年版，第105页。
③ 汪堂家：《代际伦理的两个维度》，《中州学刊》2006年第3期，第123—139页。
④ 汪堂家：《代际伦理的两个维度》，《中州学刊》2006年第3期，第123—139页。
⑤ [美]罗尔斯，何怀宏译：《正义论》，中国社会科学出版社1988年版，第44页。
⑥ 乌晓晔：《代际伦理：可持续发展伦理的新维度》，《内蒙古社会科学》2008年第1期，第87—90页。

目前，一些学者对代际伦理做出了不尽相同的表述，但对其含义的诠释却是大致一致的。有的学者提出，"所谓代际伦理，就是人类代与代之间伦理关系和伦理规范的总称，是社会伦理关系和伦理形态的重要组成部分"。① 有的学者认为，"代际伦理是既区别于人际伦理和生态伦理，又与它们有着各种各样的联系，并在人际伦理和生态伦理的结合部和交叉点上产生的一种崭新的伦理形态"。② 有的学者明确提出，非传统代际伦理还未得到伦理学学界的足够重视，"尽管代际伦理是客观存在的，但过去的伦理学并没有把这一范畴摆在显要的位置加以研究"。③ "代际伦理是内在于社会结构中代与代之间的纵向伦理关系及结构，是各种社会伦理关系和伦理形态的重要组成部分。"④

基于上述学者的种种看法，本书著者认为，所谓非传统代际伦理是指"在场"的当代人与"不在场"或"尚未出场"的后代人之间的伦理关系，是为了解决基于"在场"的当代人与"不在场"的后代人之间的利益冲突的伦理问题；由于全球问题已经严重到（多数的）现代人用牺牲后代人利益的方式满足于本代人的利益需求，由此派生出解决此类问题的代际伦理要求；这种新型的代际伦理是基于代际公平原则，用以实现当代人与后代人的利益公平的伦理规范。代际伦理体现了当代人和未来人的一种单向度的义务关系，并不包含后代人对前代人的社会义务。正如父母可以选择子女的出生一样，现代人可以选择留给后代人怎样的资源环境，但子孙后代无法选择前辈如何对自己负责和履行义务的行为。

总之，代际伦理问题的根本性问题就是如何解决日益严重的新型代际伦理问题，其出路何在，成为摆在人类面前必须解决的问题。

三、解决非传统代际伦理问题的出路

对于如何解决全球代际伦理问题，不同的学者提出了不同的解决方案，对于人类解决代际伦理问题提出了一些重要参考。

廖小平提出了解决代际伦理问题的几点理论上的参考建议：首先，"代内

---

① 王倩：《代际伦理：一个现代性的问题研究》，《辽宁行政学院学报》2009 年第 12 期，第 152—153 页。
② 廖小平：《代际伦理：一个新的伦理维度》，《伦理学研究》2003 年第 3 期，第 97—103 页。
③ 龚天平、伊伟中：《代际关系的伦理建构——"伦理的待机之维"评价》，《伦理学研究》2004 年第 1 期，第 111—112 页。
④ 乌晓晔：《代际伦理：可持续发展伦理的新维度》，《内蒙古社会科学》2008 年第 1 期，第 87—90 页。

公平是解决代际公平的前提。如果现在代内不公平得不到消除,代内公平的历史债务就会通过一定的渠道转嫁给后代人。……如果代内公平不能实现,那么代际公平的实现将更加艰难。……现阶段,代内公平仍然是一个尚未解决的问题"。① 其次,"破除本代利己主义,建立公平储存原则。近代以来的人类中心主义价值观及本代利益主义使当代人无视后代人的权利和利益,对自然的掠夺达到了无以复加的地步,不顾一切地透支后代人赖以生存和发展的资源和环境,造成严重的代际不公。因此,若实现代际公平的代际伦理,必须首先破除本代利己主义,对自然资源实行公平储存原则"。② 最后,"确立代际伦理规范,提高人的道德素养"。③

对此,廖小平从可持续发展角度,提出了解决代际伦理的几个思路:首先,"将伦理关怀的对象由人与人的伦理关系延伸至人与动物、生物和整个自然界,从而扩大了伦理关怀和伦理思考的范围"。④ 其次,"打破了唯人独尊的'人类中心主义'价值观,反对人类利己主义,力图调整和摆正人与自然界的关系"。⑤ 再次,"明确肯定动物、生物和整个自然界具有内在的价值"。⑥ 第四,"提出'生态文明观',并将'生态文明'作为现代文明的一种崭新文明形态"。⑦ 廖小平还相对应提出解决代际冲突问题的伦理方案。首先,"应将伦理关怀的对象由本代人扩展到后代人,将本代人之间的内部伦理关系延伸至本代与后代人的伦理关系,从而进一步扩大伦理关怀和伦理思考范围"。其次,"要打破唯本代独尊的'本代中心主义'价值观,反对本代利己主义,建构一种和谐的代际伦理关系和合理的代际道德规范"。再次,"本代人要尊

---

① 廖小平:《生态伦理、代际伦理与可持续发展》,《道德与文明》2002 年第 3 期,第 28—31 页。

② 廖小平:《生态伦理、代际伦理与可持续发展》,《道德与文明》2002 年第 3 期,第 28—31 页。

③ 廖小平:《生态伦理、代际伦理与可持续发展》,《道德与文明》2002 年第 3 期,第 28—31 页。

④ 廖小平:《生态伦理、代际伦理与可持续发展》,《道德与文明》2002 年第 3 期,第 28—31 页。

⑤ 廖小平:《生态伦理、代际伦理与可持续发展》,《道德与文明》2002 年第 3 期,第 28—31 页。

⑥ 廖小平:《生态伦理、代际伦理与可持续发展》,《道德与文明》2002 年第 3 期,第 28—31 页。

⑦ 廖小平:《生态伦理、代际伦理与可持续发展》,《道德与文明》2002 年第 3 期,第 28—31 页。

重后代人的基本权利和需要，并自觉地充当后代人的代言人"。①

王倩提出了处理代际伦理问题的基本原则：首先，"道义与功利相统一的原则"，即"道义原则的最基本旨趣就是对人的需要、权利等的尊重和捍卫，它以道德具有内在价值或内在善为前提，主张道德目的论，体现'人是目的'的终极关怀的价值核心范畴就是公正、平等、权利、人道等体现正当和义务要求的范畴，认为正当独立于并支配善，正义的价值高于并优先于善的价值。功利原则把人的现实世界视为伦理的基点，强调人在道德面前的主体地位，把个人的幸福、快乐和功利提到十分重要的高度来认识，并赋予功利、幸福、效用以美德和善的意义。功利原则的另一表现是最大多数人的幸福原则，即最大利益原则"。其次，"和谐与整体相一致的原则"，即"和谐是当今人类社会所追求的重要目标，并日益凸显了现代伦理学理论的一个重要原则。……由于代际关系在现代社会发生了前所未有的新变化，代际关系已经成为现代社会的一个重要社会关系，很多学科已经自觉或不自觉地越来越关注社会的代际关系，在实际的社会生活中，代际关系的话题也逐渐成为人们经常谈论的话题。在现代社会，代际关系问题日益凸显，代际不和谐已成为现代社会的一个鲜明事实。比如，现代社会价值观的代际断裂，市场经济和现代科学技术对传统代际伦理的冲突在可持续发展问题上的代际矛盾和冲突等等，可以说都是现代社会代际关系不和谐的重要表现。正因为代际不和谐的存在，代际和谐也就应该成为代际伦理的一个基本原则"。在此，"代际伦理的和谐原则，是与对'人类整体'概念的全新理解紧密联系在一起的。从这个特殊的视角出发，人类整体就不仅包括当代人之间的关系，也包括作为整体而存在的人与一切万物的关系，而且也包括作为整体而存在的当代人与后代人的关系。只有在这种人类整体意识下才能实现和谐的代际伦理。代际伦理的和谐原则与整体原则是高度一致和相互建构的。如人类整体意识不关照人类后代，不把人类后代纳入'人类整体'的范畴，要实现人类的和谐是不可能的；同样，如人类在处理代际关系时忽视代际和谐，要树立完全意义上的人类整体意识也是不可能的"。再次，生存与发展相协调的原则。"作为代际伦理的一个基本原则，生存与发展的相互协调是至关重要的。我们之所以将生存与发展的协调作为代际伦理的一个基本原则，首先是由生存与发展的

---

① 廖小平：《生态伦理、代际伦理与可持续发展》，《道德与文明》2002年第3期，第28—31页。

相互关系决定的。"① 他还提出，要实现生存与发展相协调的原则，应实现与代际伦理有关的几个转变："（1）从个人本位向类本位的转变。这种从个人本位向类本位的转变，体现在代际伦理上，就有一个如何处理"个人之代"与"类之代"的关系问题。（2）从享乐意识向生存意识的转变。从生存论来看，消费本来是对人的健康生存需要的满足，可是现代社会人的消费却"欲求"挥霍，这无疑将使人类陷入生存和发展的困境。因此，必须提倡适当的、节约型的消费，以提高健康的生存质量为终极目标。（3）从现世主义意识向未来意识的转变。现世主义意识导致了人们向自然的贪婪索取和及时行乐的生活态度，而对人类后代则漠不关心。由此导致的现代社会的种种困境，要求人类树立关注'人类未来'和'未来人类'的未来意识以救偏补弊，并根据人类生存和发展的未来需要规范现在的发展。"②

对于如何解决代际伦理问题，一些学者提出代际伦理的价值目标是代际公平或代际正义。美国伦理学家罗尔斯提出，"代与代之间的正义问题"是"使各种伦理学理论受到了即使不是不可忍受也是很严厉的考验"。③ 乌晓晔认为，"代际伦理就是要追求代际公平"。④ 王倩提出，"代际公平是解决代际矛盾和代际问题的基本依据。"⑤ 刘喜珍从关怀老年伦理问题的角度提出，"以代际平等、代际补偿、代际互惠为理念，实现代际公正，是促进老年伦理关怀、建构和谐代际伦理关系的内在需要，也是改善老年民生、破解当前我国老年社会伦理问题的关键"。⑥

不难看出，上述学者的种种建议与方案都存在一定的合理性，但同时也暴露出很大的缺陷。前述学者的探讨，就其合理性而言，必须通过伦理的方式去解决日益严重的全球问题，否则以往的发展态势不仅严重侵害了后代人的正当利益，而且把人类发展推向步入绝境甚至死亡的境地。但是，这些解决全球问题的伦理方案带有很大成分乌托邦的元素，虽然是可贵的美好愿望，

---

① 王倩：《代际伦理：一个现代性的问题研究》，《辽宁行政学院学报》2009年第12期，第152—153页。
② 王倩：《代际伦理：一个现代性的问题研究》，《辽宁行政学院学报》2009年第12期，第152—153页。
③ [美]罗尔斯著，何怀宏译：《正义论》，中国社会科学出版社1988年版，第275页。
④ 乌晓晔：《代际伦理：可持续发展伦理的新维度》，《内蒙古社会科学》2008年第1期，第87—90页。
⑤ 王倩：《代际伦理：一个现代性的问题研究》，《辽宁行政学院学报》2009年第12期，第152—153页。
⑥ 刘喜珍：《论代际公正的基本理念》，《湖南社会科学》2010年第1期，第31—33页。

但对实现这些方案的可行性缺乏深入的研究。廖小平的上述看法不无道理，但是缺乏现实主义基础。其间隐含的合理性在于，代内公平是代际公平的前提；破除本代利己主义，建立公平储存原则；确立代际伦理规范，提高人的道德素养；打破唯人独尊的"人类中心主义"价值观，反对人类利己主义，力图调整和摆正人与自然界的关系；打破唯本代独尊的"本代中心主义"价值观，反对本代利己主义，建构一种和谐的代际伦理关系和合理的代际道德规范；等等。然而，这些合理化构想仅仅停留在"应当"层面的美好愿望上面，缺乏"实然性"或者切实可行的可操作方案，解决代际伦理问题需要"实然性"的行动方案。

其实，代际伦理不仅仅是一种美好愿望，而是一种切实行动。如果仅停留在美好愿望阶段，人类将毫无希望，只有用切实可行的代际伦理行为去解救代际伦理问题，人类才有希望。为此，笔者提出"全球伦理二象性结构"的理论。"全球伦理二象性结构理论具有双重现实价值。一方面，它有益于深入解构前述提出的有关全球伦理的争议。另一方面，它为解决全球问题提供了全球伦理的瓶颈"。[①]

每一代人的心里都有其时代的缺陷，人们关心的代际伦理的利益范围一般在三四代之内，三代同堂的比较多，四世同堂的已经很少，能够活到五世同堂的则少之又少。可以说，很少有人用实际行动去关爱五世之后的后代利益。这显然是一种全球伦理素质，是出于人类的大爱。诚然，并非所有人都有这种具备全球伦理的大爱，甚至只有少数人才会产生这种具备全球伦理的大爱，但毕竟有些人已经有了这种素质并且已经付诸行动。人类的希望在于这少数人的比例不断扩大，只有这类人越来越多，后代人获得正当利益的希望才会越大。

最后，真正解决代际伦理问题的是全球利益体制的建构和实施。全球利益的产生和发展是解决非传统代际伦理问题的利益基础，非传统代际伦理的关键问题最后将归结于全球利益与全球公正。代际伦理对利益诉求的目标是全球利益，代际公平和代际正义是实现全球利益的手段。从根本上说，解决代际伦理问题的根本出路是实现全球利益。

总之，解决代际伦理问题的关键是确立全球利益和全球伦理的价值目标。一个现代世界公民不仅要遵循保障实现国家利益而履行国家伦理的义务，更重要的是要遵循保障实现全球利益而履行全球伦理的义务。全球利益是超阶

[①] 曹兴：《全球伦理二象性结构理论》，《扬州大学学报》2015年第3期，第30—36页。

级利益、超民族利益、超国家利益、超代际利益的人类整体利益；全球利益是以解决全球问题为宗旨的，克服单纯追求国家利益的不足以追求全人类的最高级利益；在人类各种群体利益网中，全球利益是摒弃、消弭个人利益、民族利益、阶级利益和国家利益之间的冲突方面的不合理元素，从而实现个人利益、民族利益、阶级利益和国家利益的和谐统一、互利共赢的合理性元素；从代际关系上，全球利益是克服代际利益的冲突，以实现代际利益的统一和不同代际利益的和谐与共赢元素；从人类终极关怀角度看，全球利益是全球秩序的保证、全球正义的利益基础、全球治理的动力源泉、解决全球问题的根本动能。当然，确立全球利益和全球伦理的价值目标仍是一个漫长的动态发展的过程，能够做到的毕竟是少数人，但可喜的是呈现从少数人向多数人扩展的过程。因此，代际伦理问题的解决虽然是一个"路漫漫其修远兮"的问题，但毕竟希望还是存在的。

第九章　全球伦理与全球公民社会的匹配

全球伦理是构建全球公民社会必须具备的条件和全球公民必备的素质，未来真正的全球社会是由具有全球伦理素质、遵守全球法治的社会成员组成的。全球伦理和全球法治是全球治理的两种重要手段，如果说全球法治是全球治理的硬件，那么全球伦理就是全球治理的软件；如果说全球法治是全球公民不得不遵守的行为规范，那么全球伦理则是全球公民自觉遵守的行为规范。一个不能用全球伦理和全球法治规范的社会配不上是全球公民社会，从这个角度看，全球伦理、全球法治与全球公民社会是配套的或匹配的。本章只研究全球伦理与"全球公民社会"的匹配问题，下一章研究全球法治与"全球公民社会"的匹配问题。

"全球公民社会缘何成为可能"的问题其实就是一个构建"全球公民社会"必备何种条件的问题。现代社会只是萌生"全球公民社会"的时代，是人类社会发展过程中启动"全球公民社会"的初始阶段，可以叫做"全球公民社会"的"星星之火"时代。只有到了"星星之火蔚然燎原"的时代，"全球公民社会"发展完整的时代才到来了。诚然，从"全球公民社会"的萌芽"火种"发展到完整的"全球公民社会"可能还要经过很漫长的过程，然而"全球公民社会"已经悄然来临，而且以一种锐不可当的势头演变为现代人类社会发展的大趋势。但是，我们不可以把这种趋势简单地理解为一种"必然"和"线性"的发展趋势，因为它本身就是人类历史发展过程的一种"或然性"或"可能性"的选择。如果国际性宗教极端活动、国际恐怖主义活动、民族分裂主义、国际金融跨国诈骗活动、全球性贩毒、艾滋病传播等人类恶势力占据上风，人类将面临（其实现在人类已经正在面临）严峻的考验和灭顶之灾。

第一节
"全球公民社会"缘何成为可能

　　这里的"全球社会"是一个极其复杂的概念，不能想当然地认为"全球社会"就是"全球公民社会"。因为当今世界的"全球社会"不是"全球公民社会"的简称，不仅包括全球化时代塑造出来的少部分人（非政府组织成员和具有全球伦理素质的人们）在某种意义上成为"全球公民"，而多数人还停滞在国家时代仅仅是"国家公民"；不仅包括善良的人们尤其是非政府组织的多数成员形成善良的社会氛围，而且还包括国际性宗教极端活动、国际恐怖主义活动、国际金融跨国诈骗活动、全球性贩毒、艾滋病传播等人类恶势力的方面；更多的人们介于两者之间。总之，现代的所谓全球社会是良莠不齐、鱼目混杂的社会。人类社会的全球公民社会阶段意味着全球公民队伍从少数人发展为多数人的阶段。很显然，当今的全球社会只是极少数人成为全球公民社会的发展阶段。可以说，全球公民社会的前提是全球公民的产生，而绝不是仅仅由国家公民组成的社会。一个社会成员并不具备全球公民素质的社会并不会是全球公民社会，或者说，一个没有全球伦理素养的公民构成的社会也不配成为全球公民社会，全球公民需要全球伦理的素养来充实。从这种意义上讲，全球伦理是全球公民社会之所以成为可能的一个先决条件。

　　人类社会从氏族社会发展到王族社会和贵族社会，再发展到国家社会，最后发展到全球社会。现代全球社会是一个善恶两重社会，所以全球社会包含着广义和狭义两种内涵。广义的全球社会就是全球化时代的人类社会，不管社会成员是否具备全球公民素质。狭义的全球公民社会则要求人类社会成员的素质必须达到全球公民的水平，超越民族的界限，也超越国家的局限性，真正成为人类成员，因此狭义的全球公民社会是由合格的全球公民组成的社会。现代"全球公民社会"的内涵是丰富的，其基本内涵仍是个悬而未决的问题。一方面，全球公民社会是已经成为人类社会发展的一种现实，还是一种理想的乌托邦？能否成为人类社会发展的一个阶段？如果全球公民社会终究会成为人类历史发展的高级阶段的话，那么全球公民社会本身是不是也将经历一个初级阶段、中级阶段和高级阶段呢？

一、全球公民社会：学界争议很大的"社会存在"

全球公民社会到底是怎样的一种存在？目前在学界还是一个有争议的问题。有的认为，全球公民社会已经产生，并且是一种新生事物，代表着人类主体发展的方向，因此是一种实实在在的"社会存在"。有的则认为，全球公民社会只是美好的愿望、人间的天堂，甚至是一种不可能实现的理想的乌托邦。

其实，全球公民社会是全球化深度发展的产物。全球公民社会一旦开始萌芽，就呈现出迅猛发展的态势。实际上，全球公民社会的产生受益于"全球社团革命"，而"全球社团革命"的主体部分是非政府组织，所以学界普遍认为，"20 世纪 60—70 年代以来，随着大量的非政府组织以及各种新社会运动的迅速发展，一场席卷全球的所谓'全球社团革命'蓬勃兴起"。[①]

全球公民社会的概念产生于席卷全球的"全球社团革命"兴起后 30 年，在 20 世纪 90 年代，国际社会就诞生了"全球公民社会"的话语。1992 年，让尼·利普舒兹（Ronnie D. Lipsehutz）把前人关于全球公民社会的研究成果和相同名称进行综合，得出了自己的理解："全球公民社会……是聚焦于那些行为者自觉进行的跨越边界空间的知识和行为网络建构，尽管他们（当地行为者）并不在场（指跨越边界的空间）。"[②] "自此之后，全球公民社会这一概念在国际政治的理论分析中得到越来越广泛的运用。"[③] 有的学者认为，20 世纪 90 年代末以来，在欧洲和北美的政治哲学领域，掀起了"世界公民主义"的研究热潮。[④] 自此，"全球公民社会"很快就成为学界的一个重要研究范畴，因为全球公民社会产生不久就在学界产生了激烈的回荡。

对"全球公民社会"率先进行研究的是西方学术界，并且提出了两种截然不同的观点。国内有的学者概括出这种现象："全球公民社会概念的产生无论是作为一种政治话语，还是作为一种社会现实的存在，都立刻在理论界产

[①] 蔡拓等著：《全球学导论》，北京大学出版社 2015 年版，第 363 页。
[②] See: Elise Boulding, Building a Global Culture: Education for an Interdependent World, N.Y.: Syrancuse University Press 1988. pp. 33 – 45; Stephen Gill, "Reflection on Global Order and Sociohistorical Time", Alternativex 1991, 16 (3); Ronnie D. Lipsehutz, "Reconstructing World Politics: The Emergence of Global Civil Society", Millenium 1992, 7 (6), p. 390.
[③] 蔡拓等著：《全球学导论》，北京大学出版社 2015 年版，第 365 页。
[④] 参见曲红梅、高伟茹：《康德世界公民思想的四个焦点问题》，《吉林大学社会科学学报》2012 年第 1 期，第 32—37 页。

生了激烈回应。西方学术界围绕着全球公民社会的概念、全球公民社会的产生与发展，以及全球公民社会对现实政治影响等纷纷提出了不同的理论观点和主张。一种观点认为，全球公民社会的概念是一种已经成为现实的"社会存在"。在全球问题和人类所面临的各种危机日趋发展的形势下，全球范围内兴起了一场'全球社团革命'，各种非政府组织和公民团体纷纷跨越国界表达诉求和开展活动，甚至一些超国家机构也加入了这一行列。另一种观点认为，全球公民社会的概念几乎是一种幻想或者至多是一种理念的想象，国际上的非政府行为体鱼龙混杂，既有建设意义的也有极具破坏性的组织，很难说其具有典型的'公民性'，再加上这些非政府行为体的地域分布极不均衡，其也很难代表'全球性'，它们至多可被看做是对国际决策的民主化与合法性诉求的一种话语想象"。① 哈佛大学国际政治经济学家丹尼·罗德里克干脆把"全球公民"称做一种比喻。

笔者认为，上述两种观点虽然都有一定道理，但不免流于极端，双方都过分强调了两个极端的状态。可以说，从某种意义上讲，两者并不矛盾。其实，全球公民社会还处在萌芽状态，发展还很不成熟。从其萌芽角度看，全球公民社会虽然已经是一种"社会存在"，但这种新产生的"社会存在"却是十分复杂的，有的非政府组织可以归属于"全球公民社会"，有的国际行为还可归属于反全球公民社会的甚至是邪恶的"社会存在"，如国际性宗教极端活动、国际恐怖主义活动、国际金融跨国诈骗活动、全球性贩毒、艾滋病传播等。

西方学术界关于全球公民社会具有划时代意义的研究成果是伦敦经济学院连续十年多出版的权威成果《全球公民社会年鉴》，还有约翰·基恩、玛丽·卡尔多等人的学术著作的相继问世，极大地拓宽了全球公民社会的研究。② 英国著名左派学者约翰·基恩主编的《全球公民社会?》一书的主要内容包括鲜为人知的话语、催化剂、世界民主、人间天堂、超越国界的伦理五个部分。该书从不同的角度对"全球公民社会"这一主流的政治理念进行了详细架构和解读，堪称当代政治思想学科的前沿性代表作。英国学者约翰·基恩和加拿大多伦多大学的巴蒂·豪对"全球公民社会"一词在国际政治中

---

① 蔡拓等著：《全球学导论》，北京大学出版社 2015 年版，第 364 页。
② 蔡拓等著：《全球学导论》，北京大学出版社 2015 年版，第 363 页。

的引用，进行过系统的回顾和总结。①

此外，莱斯特·M.萨拉蒙、S.沃加斯·索科洛斯基的《全球公民社会：非营利部门国际指数》调查和整理了公民社会部门范围、结构、组成、资金状况以及影响等方面的情况。该项目的成果包括 52 本著作、250 多篇论文以及数以百计的工作文件、国家报告和宣讲活动。其中，非营利部门研究是"公民社会"研究的重要组成部分，旨在考察这"市场和政府"之外的第三部门在社会生活中所起的作用。非营利部门在世界各国有不同的称谓，比如"非营利组织""第三部门""独立部门""慈善组织""志愿者组织""公民社会组织""民间组织"等等。②

中国的学者也不甘示弱，产生了一些较有深度的研究成果。其中，赵可金的《全球公民社会与民族国家》一书，研究了全球公民社会的起源与发展、全球公民社会的结构与潜能、全球公民社会与全球治理秩序的变迁等。③ 此书是中国国际关系学界对全球公民社会研究很有力度、较为全面的成果，但主要是介绍性的著作。

袁祖社的《"全球公民社会"的生成及文化意义——兼论"世界公民人格"与全球"公共价值""识的内蕴》一文，研究了全球公民社会的根源，提出了"'全球公民社会'秉持'世界公民'的生存理念观，着眼于'世界公民人格'的养成与全球'公共价值'意识的化育，表现为一种普世但非同质的价值理想，同时更是一种必要的制度安排和实践规范——宪章、规则、目标、机制等"。④ 此文的研究价值在于彰显了全球公民社会的"公共价值"的重要性。

曲红梅的《古代世界公民主义与现代世界公民主义》研究了古代世界公民主义和现代世界公民主义的区别与联系。⑤ 笔者认为，其间惯用的"现代世界公民主义"理念显然是哲学方法论和哲学范畴，而在国际关系学界、全球

---

① John Kean,"Global Civil Society?" in Helmut Anheier, et al, Global Civil Society 2001, New York: Oxford University Press 2001, p. 23; Budd L Hall,"Global Civil Society: Theorizing Changing World", Convergence 2000, Vol. 33, Issue 1/2, pp. 10 – 21.
② [美]莱斯特·M.萨拉蒙、S.沃加斯·索科洛斯基：《全球公民社会：非营利部门国际指数》，北京大学出版社 2007 年版；贾西津、魏玉等译本，社会科学文献出版社 2002 年版。
③ 赵可金：《全球公民社会与民族国家》，上海三联书店 2008 年版。
④ 袁祖社：《"全球公民社会"的生成及文化意义——兼论"世界公民人格"与全球"公共价值"识的内蕴》，《北京大学学报（哲学社会科学版）》2004 年第 4 期，第 12—19 页。
⑤ 曲红梅：《古代世界公民主义与现代世界公民主义》，《哲学研究》2014 年第 1 期，第 84—89 页。

学视角用的却是"全球公民社会"的范畴。这里透过"世界"和"全球"的区别，不难辨别出其中隐藏了古典哲学"世界主义"，如斯多葛学派和康德的身影。现代社会"地球意识""全球意识"的"全球主义"意识是对古典"世界主义"意识形态的提升。

何增科在《全球公民社会引论》一文中，考察了全球公民社会的兴起及其原因，全球公民社会的主要活动、资金来源、组织结构和治理方式及其在促进治理、善治和全球民主治理中的作用，分析了全球公民社会的局限性和制约因素。[1] 此文侧重从全球治理的角度研究全球公民社会的善治意义。

郁建兴、周俊在《全球发展社会：一个概念性考察》一文中，概括了全球公民社会的复杂性，阐述了全球公民社会对国家主义的挑战，对全球治理的推动，以及对组建全球民主秩序具有的正能量。他们提出，"全球公民社会是新形势下全球化与公民社会的结合，是区别于公民社会的全新概念，同时又与公民社会有着密切的关联性，它并不必然为特定、单一的政治理想服务，更多的是一种影响价值分配、争取权利和利益的手段；它既可以为西方利用，也能够成为非西方社会的斗争工具。全球公民社会在某种程度上依存于主权国家，另一方面它又不断地挑战主权国家的概念；它既是全球治理的重要推动力，也是全球治理的重要主体之一；它蕴含着建立超越主权国家的全球民主秩序的希望，也存在着强化全球不平等的可能性"。[2]

郭道晖研究了公民权与全球公民社会的构建，"公民社会是与作为自然人的私人社会相区别，而直接同政治国家相对应的组织化和政治化的民间社会。其核心的要素是以私人社会的共同利益为纽带而形成的政治共同体（各种非政府组织），来集中和表达社会的共同意志和利益，使私域中的诉求扩展为公共诉求，以利于开展社会运动或社会斗争，促成对国家的民主转型和改造。在当今全球化时代，一国之内的国家公民延伸为世界公民，公民社会也越过国界，在全球范围内进行跨国结社和社会活动，形成全球公民社会，并在全球发挥其影响力"。[3] 其实，站在国家立场，过多关注国家的公共权力，疏于国家权力之外对非国家公民（如无国籍的人和外国人）的保护，而具有正能量的各种非政府组织把私域的诉求扩展为公共诉求，是实现全球公民权利的重要路径，成为拓展全球公民权利的重要全球性舞台。

中国学界关于全球公民社会研究的最高水平是蔡拓等著的《全球学导

---

[1] 何增科：《全球公民社会引论》，《马克思主义与现实》2002年第3期，第31—40页。
[2] 郁建兴、周俊：《全球公民社会：一个概念性考察》，《文史哲》2005年第5期，第5—14页。
[3] 郭道晖：《公民权与全球公民社会的构建》，《社会科学》2006年第6期，第112—119页。

论》。其中，刘贞晔写的"第十章 全球公民社会"，对国内外尤其是西方学界对全球公民社会的研究成果进行了高度的总结和概括，并提炼出一个比较全面而有独到见解的全球公民社会的定义，参见后面"全球公民社会研究的盲点与困惑"部分的引用。足见，中国学者对全球公民社会的研究并没有止步于单纯对国外学术成果的简单介绍，其中不乏很有深度的研究，也提出了一些自己的独到见解。

总之，无论是中国学者，还是外国学者，对全球公民社会的研究都尚处于初级阶段，其中最有意义的研究成果是从"世界公民"到"全球公民"的研究。

二、从哲学的"世界公民"到全球学的"全球公民"

人类社会成员的身份是不断发展变化的，总的来讲是从氏族社会的"氏族成员"身份发展到国家社会的"国家公民"身份，再发展到全球社会的"全球公民"身份。

对"世界/全球公民"的研究，西方学术史大致经历了一个从古代斯多葛学派到近代康德，再到现代学者研究的历程。从古代斯多葛学派到近代康德惯用的概念是"世界公民"，现代学者则更多地使用"全球公民"，其中的研究进路是从古代的"世界主义"的"世界公民"发展到现代的"全球社会"的"全球公民社会"。这虽然是一个曲折的发展过程，但思想发展的主流却是不断走强的，其中一条学术发展主线就是从哲学的"世界主义""世界公民"发展到全球学的"全球主义""全球公民"的过程，也是从哲学的世界主义发展到全球学的全球主义的提升过程。

全球公民的古代学术表达的概念是"世界公民"。"世界公民"这个范畴起源于古希腊时代的斯多葛学派，斯多葛学派提出了世界主义的立场。康德是从古代世界公民主义发展到现代全球公民主义的一个重要枢纽。康德晚年写了一系列论文，其中最著名的是《永久和平论》，阐述了他的世界公民思想，成为当代西方主张全球公民主义学者继承和改造的蓝本。他在"永久和评论"第二个正式条款中提出："国际权力应该以自由国家的联盟为基础。"[1]康德的理论假设是合理的，每个国家必须靠国家联盟的力量，不同的国家必须服从共同的约定和立法，在共同的权威领导下执行这些立法，因此才会产

---

[1] [德]康德著，何兆武译：《历史理性批判文集》，商务印书馆1996年版，第110页。

生"世界公民状态"的"公民共同体"。康德希望以"一种防止战争的、持久的并且不断扩大的联盟"代替"世界共和国"的观念,这是一种"国家自愿联盟"。① 康德的影响主要是对哲学的影响,那个时代以及后来很长的时期内并未产生全球学,因此康德的世界公民思想只是对新近诞生的全球学产生间接的影响。

在哲学界,斯多葛学派和康德关于"世界公民"的思想对现代哲学产生了极大的影响。对于"世界公民"的理解,在"哲学界产生了极为对立的两种观点:大部分学者认为,康德的世界公民思想是在启蒙哲学影响下的产物,有着鲜明的时代特征,完全不同于古希腊的哲学传统;有一些人则认为,康德的世界公民思想虽然从18世纪的传统中生成,但这种思想甚至其所产生的传统本身都深受古希腊古罗马的斯多葛主义影响"。② 有学者把斯多葛与康德理解为古代和现代的区别,"斯多葛的世界公民主义是古代世界公民主义的代表,康德的世界公民主义是现代世界公民主义的代表"。③ 其实,康德的世界公民主义思想当属近代,而非现代,因为现代的表述是"全球主义""全球公民""全球公民社会"等具有"全球"意识的范畴,全球意识也就是"地球意识"。从斯多葛学派到康德学派都属于古典学派,都还没有产生全球意识或地球意识。

笔者认为,古代"世界公民社会"与现代"全球公民社会"的思想存在表面上的文化差异。一方面,两者对"世界国家"的理解是不同的。古希腊哲学家在开创"世界公民"范畴时,并未同时产生或创立"世界共和国"的思想。斯多葛学派第欧根尼只是抽象地把社会成员直接表达为"我是一个世界公民",但在哲学史的文献中并未发现"世界共和国"的范畴。

另一方面,从康德的世界公民到现代全球公民,关于世界国家的观点表述为"地球人类共同体"或"地球人政治联盟"。古代没有"(地球)世界政府"的概念,虽然斯多葛学派克利西波斯的思想中已经产生了"世界城邦"的概念,但确切地说是"国际城邦",不是地球城邦或全球联邦,因为其原词表述是"cosmopolis",准确的翻译是"国际城邦"。在古代,"国际城邦"是地区性的,而不是全球性的,比如古希腊帝国只适用于地中海沿岸的世界。此外,古希腊时代,还没有"地球"和"全球"的概念,秉承的是"地心

---

① [德]康德著,何兆武译:《历史理性批判文集》,商务印书馆1996年版,第114页。
② [德]康德著,何兆武译:《历史理性批判文集》,商务印书馆1996年版,第114页。
③ 曲红梅:《古代世界公民主义与现代世界公民主义》,《哲学研究》2014年第1期,第84—89页。

说",那个时代并没有提升为"日心说",为此把人类成员理解为世界中心或宇宙中心;认定世界的财富是无限的,而不像现代人意识到地球的财富(资源)是很有限的。古代人的这些观念和现代人的观念相比,是多么的狭隘。只有到了全球化深度发展的时代,人们才意识到地球的财富是有限的,而不是无限的;人类不能无限度地开发地球资源,破坏地球生态平衡是要受到自然的惩罚的。①

康德反对建立世界政府。他不赞成建立一个强制性的世界政府,主张自然形成国家间自愿的、非强制性的世界联盟。② 其实,康德的"世界公民社会"隐含了一个巨大的"陷阱":一方面,要避免强制性的世界政府的诞生,另一方面,还要实现一种世界共和社会。

超越康德思想的是哈贝马斯。"哈贝马斯把康德的政治理想改写成一个强制性的世界联邦,认为康德成功地提醒世人要创立一个全球性的共同体。"③ 进一步超越康德和哈贝马斯的是美国哲学家罗尔斯,他把康德世界联盟的思想发展为"现实的乌托邦"的"万民法"和"正义论",这是一种较为理想的、自由的民族联合体。④ 然而,罗尔斯的万民法、正义论理论模式同样也包含了很浓的乌托邦理想,⑤ 因此需要后来全球公民主义学者的进一步超越。

在现代,研究全球公民主义的学者认为,人类共同体是"培育"出来的,或是人为创造的结果,不是自然形成的。"所有的人类,无论其政治关系如何,都至少属于一个人类共同体,而这一共同体是可以培育的。"⑥ 有的学者主张,如果建立全球公民社会,必须建立一个世界国家,或者说,世界国家是缔造全球公民社会的重要政治条件。对此,当代德国最有影响的哲学家蒂宾根大学教授奥特弗利德·赫费以政治正义为基础,对全球化时代面临的全

---

① 罗马俱乐部的多项研究成果都为结束古典主义财富有限论做出了重要贡献,其中包括杰里米·里夫金、特德·霍华德的《熵:一种新的世界观》这类著作(吕明、袁舟译,上海译文出版社1987年版)。

② 参见[德]康德著,何兆武译:《历史理性批判文集》,商务印书馆1996年版,第97—144页。

③ 参见曲红梅:《古代世界公民主义与现代世界公民主义》,《哲学研究》2014年第1期,第84—89页。

④ 康德反对组建世界政府的理由是,如果成立世界政府,那么世界政府的腐败将成为绝对的腐败,那是不可想象的。参见其《永久的和平》。

⑤ 康德反对组建世界政府的理由是,如果成立世界政府,那么世界政府的腐败将成为绝对的腐败,那是不可想象的。罗尔斯继承了这一文化传统,但主要秉承"正义论",用自下而上的"万民法"管理世界,从而克服了康德的不足。

⑥ Kleingeld and Brown, 2002, "Cosmopolitanism", in Stanford Encyclopedia of Philosophy, viewed 21 Sep. 2013, http://plato Stanford. Edu/entries/cosmopolitanism.

球问题进行了深层思考，认为如果要建立一种多层次的世界秩序是实现全球安全问题、人权的理解和贯彻问题，必须组建"世界共和国"的全球政治目标。①

超越罗尔斯理论困惑的是博格（T. Pogge）和博曼（J. Bohman）。博格把罗尔斯"万民法世界"的观点发展为"平等主义的万民法"，主张消解政府垂直权威的扩散，尽量减少贫困、战争和不平等，主张决策去中心化，排斥决策人的集中化，以人类理性保证前两者的均衡；② 博曼则干脆以"世界公民主义的共和主义"克服罗尔斯乌托邦的理想正义模型。③

当然，无论是古代的世界公民主义者，还是现代的全球公民主义者，都存在一些共同的思想。有学者总结道，"他们的共同之处在于将人类共同体中的每一个成员看做是平等的、有理性的公民，一个世界公民对于其他人的帮助并非为了显示自己在德性上的完善，或者将自己的秩序和理念推广到他人那里，而是为了对自己和他人人性的尊重"。④ 然而，仅仅依靠人的"平等精神""理性""德性"来构建美好的全球公民社会还是远远不够的。

其实，在笔者看来，解决日益深刻的全球问题引发的全球危机，最根本的不在于组建一个强制性的抑或是非强制性的世界联盟或世界政府，而在于提升和提高全球公民的伦理素质，从自下而上和自上而下两个进路组建全球法治系统，即全球伦理和全球法治是解决全球问题最有效的两种手段和方式。全球公民、全球法治与世界联盟是全球公民社会的三个缺一不可的必要元素，其中全球公民社会的关键是培育享有全球权利的同时能够负起全球责任、履行全球义务的全球公民。

全球公民社会还包括一个人权问题。对此，曲相霏从法哲学的视角研究了世界公民和人权主体的关系："近代欧洲主权国家的确立在人权理论与实践上的表现，是把受保障的人权主体从人转化为了公民。公民身份与人权的国家保障的关联，一方面是近现代政治现实中人权保障的历史选择，另一方面这种保障方式也表现出其有害性和有限性。其有害性表现为两个方面：一是使普遍人权具有了极大的排外性，只对自己公民的人权负责的主权国家甚至

---

① 参见奥特弗利德·赫费，庞学铨等译：《全球化时代的民主》，上海世纪出版集团2007年版。
② T. Pogge, 1994, "An Egalitarian Law of Peoples", in Philosophy and Public Affairs 23 (3), pp. 195 - 224.
③ J. Bohman, 2004, "Republican Cosmopolitanism", in The Journal of Political Philosophy 12 (3) . pp. 336 - 352.
④ 曲红梅：《古代世界公民主义与现代世界公民主义》，《哲学研究》2014年第1期，第84—89页。

会毫不犹豫地侵犯他国公民的人权；二是制造了人对国家和政府的从属和依赖关系，使国家这个人权需要防范的对象摇身一变，反而成了人权的来源。其有限性也表现为两个方面：个人无法超越对自身眼前利益的关注，而采取一种世界公民或地球公民的普遍立场，同时个人也无法超越国界真正充分考虑和保障自己的切实利益。公民身份遮盖了人和封闭了人，使个人采取全球性视角的条件受到限制，也分化了个人之间有可能达成的世界性的保障人权的智识和力量联合，最后的结果是不仅使人权的实现不充分，甚至给人权带来了重重威胁，成为近现代人权灾难的重要原因之一。而公民与世界公民的双重身份将可期待于在主权国家和超越主权国家的世界公民社会两个层面上推动人权保障，从而有效地缓解上述人权困境。"国家主权尽管已经不再被视为绝对和至上的，但可预知的主权国家的反对仍然会对世界公民社会的形成构成不小的障碍。非政府组织如大赦国际、人权观察、国际法学家委员会虽然在促进人权保障方面做出了极有价值的努力，但却没有一个组织或组织联合能够取代国家成为人权的主要保障者，在推动世界公民社会的形成上着实力量不足。"①

在笔者看来，人权问题实际上就是全球公民的权利义务责任问题，我们没有理由抽象地研究人权问题。人权问题包括权利、义务和责任三个方面，不能把人权片面地理解为单纯地"享有权利"，它还包括履行义务和承担责任。把人权理解为享有权利不承担责任、不履行义务的理念是错误的，一个合格的公民既要享有权利，还要承担责任、履行义务。

从学科的发展规律来看，人类学科从哲学到实证科学发展的趋向是从抽象到具体的社会需要。以往哲学"世界公民（社会）"的表述远不如全球学"全球公民（社会）"的表述更加准确和具体。"世界公民（社会）"是哲学的范畴，"全球公民（社会）"则是国际关系学和全球学的范畴，相比较而言，"全球公民（社会）"的表述比"世界公民（社会）"的表述更为具体、更加深入。"世界公民社会"是古代和近代的哲学表述。众所周知，在那个时代，人类还没有产生全球问题，也没有产生相应的全球治理、全球伦理问题，即根本没有"全球性"的一些相关理念，因此没有"全球公民社会"的表述。无疑，后来"全球公民社会"的表述才是现代思想家表达或研究全球社会的

---

① 曲相霏：《人·公民·世界公民：人权主体的流变与人权的制度保障》，《政法论坛：中国政法大学学报》2008年第4期。［德］康德著，何兆武译：《历史理性批判文集》，商务印书馆1996年版，第18—30页。

一个现代范畴和全球性理念。自从 1543 年发表自然科学独立宣言①以来，便开始了自然科学和社会科学纷纷从哲学母体中独立出来的科学发展运动。政治学是 20 世纪才独立的学科，而全球学是新近几年的事情。在中国，蔡拓等一批研究全球问题的专家学者，研究并完成一部《全球学导论》，标志着全球学的问世或诞生。在该书第十章，刘贞晔执笔综合、概括了"全球公民社会"的研究成果，代表着全球学中关于"全球公民社会"研究的最高水平。

三、全球公民社会研究的困惑与盲点

全球公民社会的最大困惑就是如何界定全球公民社会概念的内涵。迄今为止，全球公民社会还是一个争议颇多、模糊不清的概念，依旧存在如下几个困惑。

第一个困惑是，能否将经济纳入全球公民社会之中。约翰·基恩和维普纳坚持肯定的立场，把经济领域纳入全球公民社会之中，反对那种把商业功能剥离全球公民社会的做法。另一些学者则反对把经济领域纳入全球公民社会。哈贝马斯认定，凡是公共领域都应纳入全球公民社会，全球经济应该纳入全球公民社会。理由是他认为，"世界公民社会……是一个全球性的公共交往与行动领域"。②修尔特也反对将经济领域纳入全球公民社会的范畴，"认为全球公民社会是不以夺取政权为目的、力求影响现存政治秩序的志愿性结合，它包括除正当之外的所有非政府非营利组织"。③

笔者认为，上述观点，无论是肯定的还是否定的，都存在着严重的缺陷。众所周知，相对于政治全球化、文化全球化而言，全球经济一体化是全球化最成功的部分。因此，持否定的观点是站不住脚的。但是，我们也没有理由把全球经济一体化的内涵全部纳入全球公民社会的领域，其中至少有两个理由。其一，几乎一切跨国公司，在本公司利益、本国的国家利益、世界的全球利益三者之间，首先选择的都是本公司利益。很多跨国公司为了本公司利益，出于本公司利益的最大化，规避本国严厉的法律，把投资地点转移到有

---

① 哥白尼的《天体运行说》出版于 1543 年，被科学发展史成为自然科学独立宣言。社会科学的独立运动远远滞后于自然科学。
② 转引自蔡拓等著：《全球学导论》，北京大学出版社 2015 年版，第 373 页。
③ See: Jan Aart Scholter, "Global Civil Society", in Ngaire Woods, ed., The Political Economy of Globalization, Macmollan, 2000, pp. 174–175. 转引自蔡拓等著：《全球学导论》，北京大学出版社 2015 年版，第 373 页。

利于本公司利益的国家和地区。有的甚至不惜牺牲所在国的利益，它们绝大多数根本不考虑全球利益。其二，很多国家，甚至是可以说是多数国家，在本国的国家利益和全球利益之间选择，同样本国利益是首选利益。

其实，支撑全球公民社会的利益基础不是公司利益，甚至也不是（与全球利益相冲突的）国家利益（部分），而是全球利益。全球利益是超阶级、超国家、超民族的，全球利益是人类群体利益的最高位阶的利益，"全球利益是人类整体利益的体现，不仅仅是现在所有国家共同利益的体现，而且包括代际利益的一致性"。① 最后，"所谓全球利益是超阶级利益、超民族利益、超国家利益、超代际利益的人类整体利益；全球利益是以解决全球问题为宗旨的，克服单纯追求国家利益的不足，以追求全人类的最高级利益；在人类各种主体利益网中，全球利益是摈弃、消弭个人利益、民族利益、阶级利益和国家利益之间的冲突方面的不合理元素，从而实现个人利益、民族利益、阶级利益和国家利益的和谐统一、互利共赢等合理性元素；从代际关系上，全球利益是克服代际利益的冲突，以实现代际利益的统一和不同代际利益的和谐与共赢元素；从利益的多少量能上看，全球利益是人类利益从最低主义、最小主义、最少主义的利益下限发展最高主义、最大主义、最多主义的利益上限；从人类终极关怀角度看，全球利益是全球秩序的保证、全球正义的利益基础、全球治理的动力源泉、解决全球问题的根本动能"。②

第二个困惑是"全球公民社会"的实际内涵能否依靠学界达到的共识来确定？答案应当是必须的，但还远远不够。

目前学者对全球公民社会的共识是"全球性背景""以跨国结社、交流和网络连接为手段建立起全球公共意识和跨国团结，以影响公共决策和实施问题领域的治理为目的，在地方、国家、地区和全球层次上开展着他们的活动，并日益对国际和国内政治、经济和社会领域施加着他们的影响，创造着新的治理模式，拓展着新的政治空间"。③ "全球公民社会不论是用跨国的、国际的还是世界的等用语来描述，它都日益摆脱了国家重心的色彩，具有了'全球的'整体性视角和'全球意识'之类的全球价值取向。"④

为此，国内全球政治学学者刘贞晔给全球公民社会下了一个较有创见的定义："全球公民社会是指存在于国家和市场之间，在国家之上和之外运作但

---

① 蔡拓等著：《全球学导论》，北京大学出版社2015年版，第442页。
② 蔡拓等著：《全球学导论》，北京大学出版社2015年版，第444页。
③ 蔡拓等著：《全球学导论》，北京大学出版社2015年版，第373页。
④ 蔡拓等著：《全球学导论》，北京大学出版社2015年版，第375页。

又与国家互动的非政府的网络和领域,其中追求公共目标的各种非政府组织和社会运动及其所表达的全球意识和全球价值取向是全球公民社会的核心内容和思想灵魂。"①

然而,被纳入这个共识的空间范围到底有多大?能够在全社会占有多大比例?如果仅仅占到目前全社会的很少部分,甚至是极少部分,这样的社会还能够成为"全球公民社会"吗?

事实恰恰证明,"全球公民社会"仅仅是一种"星星之火"的"火种"状态,所以学者共识到的"全球公民社会空间"现在只是占据这"火种"的空间,更广大的社会领域还不是全球公民社会空间,而是国家社会空间。

正是因为现在的全球公民社会只是"星星之火",因此在现在人类的发展阶段,"全球公民社会"还"不是全球各民族国家内公民社会的总和,它所要突出强调的是它在'国家之上'和'之外'运作的跨国性和全球性特征"。②这种"之上"和"之外"的表述是一种无奈之举。从全球社会与国家社会的内在联系能够获得某种统一的角度看,国家社会怎能在全球社会之外呢?国家社会就在全球社会之中,但不能在"全球公民社会"之中,因为"全球社会"与"全球公民社会"是两个完全不同的范畴。很多学者认定非政府组织是全球公民社会的主要行为体,但是非政府组织成员却无时无刻不生活在国家社会之中。这显然是在国家之内寻找"国家之外"。

笔者认为,上述难题或困惑从逻辑上看可能存在某种矛盾的地方,但用"萌芽""火种"论就能很清楚地解释其中的矛盾。既然是全球公民社会的萌芽,那么一方面,这火种就必然活动于国家社会之中,而不是之外,另一方面这萌芽由于与传统国家理念格格不入,它便要求引领国家理念脱离那些有悖于全球性的公共方面而反对国家自私性的方面。未来人类社会发展到高级阶段,"萌芽"演变成全社会的常态,多数人变成全球公民,实现国家社会与全球社会的高度统一,就能实现了国家社会与全球社会的互为内在,而不是在"之上"或"之外"寻找对方。

除了上述困惑之外,全球公民社会的研究还存在一些盲点和空场。全球公民社会的研究虽然已经有些年头了,研究成果也逐渐增多,但还不够深入,尤其是对支撑"全球公民社会"的"全球公民素质"的研究还是一片空场。实际上,"全球公民素质"是学界关于全球问题研究的一个盲点,对其的研究

---

① 蔡拓等著:《全球学导论》,北京大学出版社 2015 年版,第 375 页。
② 蔡拓等著:《全球学导论》,北京大学出版社 2015 年版,第 375 页。

往往滞后于"全球公民社会"的研究。

不过,也有一些学者开始关注从国家公民到全球公民的责任问题。南京大学霍普金斯大学中美文化研究中心教授任东来在《从负责人的公民到负责人的全球公民》一文中提出了这个任务。他认为,只有美国拥有人类历史上任何一个国家不曾享有的综合实力,因此美国人应该认真考虑"负责任的公民的义务"。[①] 这种研究不能不说是比较片面的。因为虽然美国公民的素质比较高,但距离完全的全球公民素质也还相差甚远。"应该"或"应然"的范畴与实际发生的"已经""实然"的情况往往是相反的,因此任东来在分析美国人成为负责人的全球公民时,不得不使用"应该"的范畴。其实,无论是美国公民,还是日本公民,虽然其国民素质很高,但依然是国家公民,还不是全球公民。因为美国人和日本人首先考量的是自己基于国家保护的权利,很少考虑作为全球公民应当承担的全球义务。美国人消耗的世界资源是世界第一,因此侵犯别国的利益,甚至透支后代利益的程度也是世界第一。[②] 因此,从消耗资源和人性自私的角度看,美国人是享受全球权利最多、承担全球义务和全球责任相对最少的(美国)国家公民。

从全球公民素质角度看,笔者认为,学界提出"全球公民社会是非政府的、非市场的领域"的观点只能适用于现在的社会,绝不会适用于未来全球公民社会发展的高级阶段。因为完全的全球公民社会的适用范围不能仅仅适用于"非政府组织和非市场的领域",而适用于全社会,但现在的"全球公民社会"只适用于"非政府组织和非市场的领域"。因此,可以说现在的"全球公民社会"只是处于一种萌芽的状态,只占全球社会的很少一部分。当未来人类社会已经发展到较高层次的全球公民社会,远远超出"萌芽与火种"的时候,全球公民社会就不能再是非政府的和非市场的。到那个时候,国家政府、世界市场与全球公民社会将达到三位一体的合流。总之,必须用动态发展的眼光去分析全球公民社会从萌芽状态发展到完整状态,这样,一切前述有关"全球公民社会"的逻辑问题也就自然消失了。

---

① 任东来:《从负责人的公民到负责人的全球公民》,《美国研究》2003 年第 3 期,第 121—128 页。

② 美国人口只占全世界人口的 6%,但却消耗了地球上远远超过 1/3 将近一半的资源,水、电、石油、纸张、塑料……每一项消耗均居世界第一。

四、全球公民素质问题

全球公民社会研究还有一个关键性的问题，那就是全球公民社会与全球公民素质的关联问题。由于全球公民社会是由全球公民组成的社会，因此如果多数社会成员的素质还未能达到应有的水平或还不具备全球公民应有的素质，就不能说已经到了完整的"全球公民社会"的时代。现代人类社会充其量是全球社会，而不是全球公民社会。

全球公民的素质是能够享有全球权利并承担全球责任、履行全球义务的社会成员，它由两个方面构成：一方面，能够享有全球权利的是多数社会成员而不再是少数人，因此才够得上是"全球公民"；另一方面，多数社会成员在享受全球权利的同时都能够自愿承担并履行全球义务。只贪图享受全球权利而不愿意承担并履行全球义务的人，不够资格成为全球公民。显然，我们现在的时代还远远没有达到那么高的水平。袁祖社认为全球公民社会"自身禀赋着多方面独特的功能性特质：一是谋求多极主体实践行为的统一性，建构全球性的协同与合作伦理；二是化解全球自由市场无限扩张与民族国家有限生存之冲突，探寻两者间必要张力生成的可能性空间；三是致力于全球公共事务的有效治理，谋求全球公共秩序与集体行动的实践逻辑"。[①] 很显然，这三方面的内容是现在社会远远没有达到的一种发展水平。

笔者认为，全球公民的素质至少包括如下几个方面：首先，全球公民是能够积极参与全球治理的社会成员。但如今一些人，包括官员、百姓，不顾子孙后代的利益。这种状态任其发展下去，就会像公益广告所说的那样，"将来地球剩下的最后一滴水就是人类的眼泪"。其次，全球公民是具有全球伦理道德修养的人。现在社会存在很多不文明现象，如随地吐痰，在汽车里往外随手扔垃圾，很多人认为自己有钱就肆意任性地挥霍水资源、电力资源等，还心安理得地认为"这水是我用钱买的，我想用多少，就用多少"。这样的社会状态根本称不上是"全球公民社会"。再次，全球公民是能够积极遵守全球法治的人。当今时代，全球法治还处在萌芽发展阶段。未来社会一定会对全球法治进行完善，只有全球公民自愿和主动遵守善治的全球法治，才会迎来完整的全球公民社会。

[①] 袁祖社：《"全球公民社会"的生成及文化意义——兼论"世界公民人格"与全球"公共价值"识的内蕴》，《北京大学学报（哲学社会科学版）》2004年第4期，第12—19页。

那些只知道甚至是尽量享受全球权利，而不承担全球责任和不履行全球义务的社会成员绝不是全球公民。诚然，我们不能否认，在我们生活的时代，依然有勇于承担全球责任、履行全球义务的个人。但这种状况只占少数，多数情况是相反的状态。我们这个时代确实有一些很富有从而获得世界自由的公民，但他们中的多数只顾享有世界公民的权利而不承担全球公民应当承担的责任，不履行全球公民应当履行的义务，甚至以逃避、规避一些全球义务为荣而不是为耻。可以说，这些人不是合格的全球公民，倒可以说是全球社会的人渣。

然而，我们没有理由悲观。因为勇于承担全球责任、履行全球义务的人越来越多，呈现从少数发展到多数的态势。一旦发展到了多数人都能够勇于承担全球责任、履行全球义务的时代，就意味着人类社会进入到完整的全球公民社会，或进入到全球公民社会发展的高级阶段。到那时，多数社会成员便不再是单纯忠诚于国家的"国家公民"，而是成为能够忠诚于整个人类，因而具有"全球公民"素质的社会成员。这才是全球公民社会决定性的主体性因素。

第二节
当今全球公民社会发展到什么阶段

全球公民社会已经成为学界研究的重要范畴，但多数学者陷入现代社会是不是全球公民社会时代的困惑和陷阱。如何走出这种困境，成为全球公民社会研究的一个重要问题。其实，全球公民社会是一个动态的发展过程，经过萌芽阶段、初级发展、中级发展和高级发展等发展阶段，当今人类社会只是全球公民社会发展的萌芽阶段，是连初级阶段都够不上的社会。迄今为止，这还是一个从未研究过的重要课题。笔者下述的研究，意在对学界关于从"世界主义"到"全球公民社会"的研究成果进行总结、概括、提炼，并以此为基础，进一步深入研究"人民"的社会主体身份地位的演变规律："人民"从中国古代的"庶民"、古希腊古罗马的"奴隶"提升为近现代社会的"国家公民"，再把"人民"从"国家公民"提升为"全球公民"。当然，这只是一个初步的探索。

一、全球公民社会的前提

正如马克思所言"无产阶级,只有解放全人类,才能最后解放自己"①一样,只有人民变成全球公民的时候,真正的社会主义发展时代才会实现。然而,"人民"的身份和社会地位是随着时代的变迁而得到不断提高的,只有发展到马克思的共产主义社会和中国贤哲的大同社会,才会迎来全面的全球公民社会。在古代,人民的社会地位是很低的,并未获得"公民"的身份,"人民"获得"国家公民"身份是近现代的产物。"民"从古代王族贵族社会的"平民"身份发展到国家时代的"国家公民",再发展到全球时代的"全球公民",标志着"人民"得到不断提升的文明过程。在古代,人民是受统治阶级奴役的对象,只有发展到近代,人民才成为国家保护的对象,获得了国家公民的身份。但最初的"国家公民"仅仅停留在忠诚于国家的范围,并未能提升到忠诚于全球、人类整体的高度,或者说还未能提升到忠诚于人类和地球生态的高度。一个合格的"国家公民"只要忠诚于自己的国家就够了,但对于全球公民社会则是远远不够的。只有到了全球时代,"公民"才从"国家公民"提升为"全球公民",不仅要确保对自己国家的忠诚,还要争取对整个人类和地球生态的忠诚。

学界对"世界公民社会"问题已经进行了很多研究,也提出了种种解决方案,然而这些理论模式的发展还不能代替历史实际发生的"公民"走向。笔者经过研究发现,历史上存在或实际发生的"人们"经历着从确保王族贵族利益为核心的古代社会走向确保国家利益为核心的近代国家社会,再走向确保全球公民利益为核心的全球公民社会的发展过程。从人民社会地位的提高角度看,人民经历了从古代的"庶民""奴隶"提升为民族国家时代的"国家公民",再提升为全球化时代的"全球公民"的过程。这个结论是笔者花费八年时间进行研究的结果。

---

① 这是《共产党宣言》的基本原理之一。原文见恩格斯在马克思去世后所写的《1888年英文版序言》:"被剥削被压迫的阶级(无产阶级),如果不同时使整个社会一劳永逸地摆脱任何剥削、压迫以及阶级差别和阶级斗争,就不能使自己从进行剥削和统治的那个阶级(资产阶级)的控制下解放出来。"

二、从"庶民""奴隶"提升为"公民"

从古代学者提出的"世界公民"向现代学者的"全球公民"范畴的发展并不是一个自然发生的过程,而是一个人类社会成员自觉自为的主体意识和主体提升的过程。这个自觉自为的提升至少经过了两次大的飞跃。第一次飞跃是人类社会从王族贵族社会提升为国家社会,"人民"从中国古代的"庶民"、古希腊古罗马的"奴隶"等提升为近现代社会的"国家公民"。第二次飞跃再把人民从"国家公民"提升为"全球公民"。

人民在古代社会只是受帝王、贵族统治和奴役的人们,在中国古代社会称之为"庶民",在古希腊古罗马社会则沦落为受奴隶主任意宰割的"奴隶",从未获得"公民"身份。[1] 也就是说,在古代中国,从未产生过"公民"的范畴。诚然,在古希腊,虽然已经产生了"公民"的范畴,但仅限于贵族的范围,人民获得的只是一个"奴隶"身份,奴隶是奴隶主任意宰割、奴役和买卖,甚至是杀戮的对象。

古代中国是一个捍卫和维护王族利益而构建的王权主义和王法主义的社会。社会上最好的东西都是献给帝王的,然后才是官府,百姓是没有份的。因为人民从来就没有获得可以享有公共权力的"公民"地位,只是帝王、官府任意宰割的对象,所以被称为"庶民""百姓"。在官府,把听话的"庶民"称为"良民",不听话的称为"刁民"。如果从社会身份的称谓上来考察,那么不难看出,"在中国的王族时代,只有'草民''庶民''刁民''黎民'等诸多概念,就是没有'公民'的范畴,似乎只有'私民',而决不把公共权力下降给人民"。[2]

孙中山领导的辛亥革命推翻了帝制,结束了王权统治的时代,把人民提升为应当享有公共权力的"国民"。[3] 因此,"在王族利益为大的时代(夏商周至明清的历史长河中),忠孝的主体是王族利益为最高利益的金字塔。辛亥革命结束帝制以后,忠孝的主体从王族转化为国家,即忠孝的重心从效忠于王族利益提升为效忠于国家利益"。[4]

---

[1] 古希腊古罗马虽然也有"公民"的范畴,但仅仅局限于贵族范围,却把"人民"排除在"公民"的范畴之外。
[2] 曹兴:《中西元点政法比较》,中国政法大学出版社2015年版,第33页。
[3] 参见王立民主编:《中国法制史》,北京大学出版社2008年版,第306、309、328页。
[4] 曹兴:《中西元点政法比较》,中国政法大学出版社2015年版,第76页。

但是，中国在中华民国时代，还没有通用"公民"的概念。无论是1913年10月国民党参与公布的《中华民国宪法草案》，还是1923年10月10日由曹锟公布的《中华民国宪法》，以及1947年1月1日国民党政府公布的《中华民国宪法》，都没有"公民"的概念，只有"国民"和"人民"的概念。其实，"公民"不仅和"人民"的概念不同，而且和"国民"的概念也不同，在此不做分析。因此，中国历史上出现"公民"范畴并把公民演变为社会存在的时代是中华人民共和国时代。① 为此，中国从古代的"庶民"提升为"国民"再提升为"公民"经历了血与火的历程，人民终于获得了可以享有公共权力的"公民"身份和地位。

与中国古代王族社会不同的是，古希腊古罗马社会是一个维护和捍卫贵族利益的社会体系。人民沦落为奴隶，奴隶没有人格，并不拥有法律关系的主体身份，只是法律关系的客体。因为奴隶是奴隶主拥有的物件和特殊的财富，就像处理财富一样，奴隶主可以任意处分奴隶（杀死、买卖、赠送、抵押）而不负任何法律责任。奴隶不能拥有财产，甚至不能拥有家庭。为此，"一个健壮的奴隶，不过七八年就会死去，能活到30岁的几乎很少。因此，奴隶起义此起彼伏……奴隶的大规模起义是罗马共和国转向罗马帝国和罗马帝国最终灭亡的主要原因"。②

总之，人类社会的发展从古代到近代的历史进步就是"人民"从古代的"庶民"或"奴隶"发展到近代国家社会的"公民"。但是，人类群体文明或主体文明发展的脚步不会停留在国家社会的发展时代，继国家社会之后的发展时代是全球公民社会的发展时代。

三、从"准/少数全球公民"走向"完全/多数全球公民"

人类社会从国家社会发展到全球公民社会，实现了一场主体性革命或群体性革命，其意义在于社会群体实现了从"国家公民"向"全球公民"的转变。但是，这种转变是一个漫长的过程，这个漫长过程还有一个从"国家公民与全球公民"交叉向完全的"全球公民"过渡的发展时期，这个时期就是全球化发展的初级阶段。

在全球化发展的初级阶段，社会成员的"全球公民"身份经历了一个从

---

① 《中华人民共和国宪法》明确规定了公民的基本权利和义务，而不再停留在"国民"的概念上面。

② 马啸原：《西方政治制度史》，高等教育出版社2006年版，第35页。

"准全球公民"身份到"完全全球公民"身份，也是从"少数全球公民"走向"多数全球公民"的发展过程。当人类进入国家发展时代，人民只获得了"国家公民"身份，并不意味着获得了"全球公民"身份。当人类进入全球化时代，人们开始产生全球公民的意识，并（部分但不是全部）践行着全球公民应有的全球行为。全球行为至少包括全球伦理和全球法治两种行为。然而，当今社会，全球伦理和全球法治的文明体系还很不发达，还处于初步发展阶段或者萌芽发展状态，因此人们还未能获得完全的全球公民身份，因此不妨称之为"准全球公民"身份。

这种"准全球公民"身份也是基于经济革命的一次主体性革命。如果说近代工业革命把人类从农业社会解放出来，发展为工业社会，实现了人民从被奴役的对象到国家公民的提升的话，那么就可以说，人类从工业文明发展到后工业文明，人类社会进入到信息社会，从而把人类提升为全球社会，把"国家公民"提升为"全球公民"。不难看出，其间实现了两次主体革命。全球化时代已经开启了把不同国家社会整合为荣辱与共的"地球村"的时代，从而第一次把散落在世界各地的人们整合为地球人，人们才第一次用"地球人"的称谓来诉说"人类"共同体的故事，[1] 因此才开启了全球公民社会的发展历史。

从政治本质的角度来看，后一次飞跃也是从"国家政治"向"全球政治"，或从"国家社会"向"全球社会"的飞跃。这个飞跃的时间很漫长，21世纪只是这个飞跃的一个开端，以后发展的路途还很长。诚然，当今社会已经开启了从主权至上、国家中心向人权至上、人类中心发展的新阶段，进而才开启了解决全球问题从"国家治理"平台向"全球治理"平台的转变。以前"从国际关系的角度上看，政治的领土化、主权的至上性和国家中心主义，成为支撑近现代国际关系的三大支柱"。[2]

这一次飞跃的时间拐点应当追溯到"世界大战"。第二次世界大战以后，人类开始反思世界性问题，但还没有提高到"全球性"问题。20世纪六七十年代之后，随着国际组织、跨国公司以及非政府组织等国际行为的不断活跃，国际关系内容和国际议题日益丰富并多样化，人类开始进入到多元政治议题和多种国际机制并存互动的政治发展阶段，因此人们开始反思"全球性"的问题，而不再停留在"世界性"的问题低点上。因为这个年代的人们思考问

---

[1] "地球人"的范畴远远超过了以往抽象"人类"的概念，是人类的最高表现形态。
[2] 蔡拓：《全球化与政治的转型》，北京大学出版社2007年版，第250页。

题的高度是如何解决"全球问题";在社会主体上把解决全球问题的主体、范围及全球理念和全球价值的重点锁定在"全球性"上面,超越了以国家为中心的旧时代痕迹,从而"在理论上完成了从国家政治、国际政治、世界政治向全球政治的跃升,真正实现了政治向全球的扩展"。①

传统政治的利益驱动是国家中心主义的,而全球政治所追求的利益价值导向则是以人类甚至以人类与自然生态为中心,而不再是仅仅以国家为中心。全球政治关注和追求的是人类共同利益,而不是国家利益;遵循的是全球伦理价值,② 而不是国家伦理价值。当然,这种转变不单纯停留在理论上的转变,已经演变为现实政治发展的某种趋向。虽然从国家政治向全球政治发展的这种"趋向还远未发展为主流,甚至以若隐若现的形式存在,但它们全部反映着全球政治的新质"。③

人类社会的发展水平取决于社会成员的素质。全球化深度发展最先招致了严重的全球问题,把人类引向灾难深重的边缘。走出灾难至少要有两方面的保证:一方面,从国际社会实体制度方面看,现在的联合国、地区性国际组织、国家等不足以胜任解决全球问题,需要提升为更有效的全球政治和全球法治的体制;另一方面,从全球公民社会角度看,全球公民社会的建立需要拥有全球伦理素养的世界公民。全球公民的伦理素质是实现人类整体利益、践行全球伦理规范、把人类社会发展推向"人类共同体"的重要环节。

为此,第二次飞跃把人民从"国家公民"提升到"全球公民"的地位。全球公民社会是在全球化深度发展的时代,国家与社会关系转型的产物,全球伦理是世界公民必备的基本素质之一。合格的世界公民不应只享受全球利益的好处或恩惠,而不能履行全球公民必备的全球义务和全球责任。全球义务和全球责任的重要内容是具备全球伦理修养。但是,这种完全的全球公民素质是未来全球化时代才能达到的水平。到了那个时代,人们才能够完全以全球利益为终极关怀而不单纯是以国家利益为目标,以全球法治、全球伦理而不单纯是以国家法治、国家伦理作为管理社会的手段,从而真正实现全球正义、全球公正。很显然,我们现在还没有发展到那个成熟的时代,还只是"准全球公民"时代,或者从"准全球公民"发展为"完全全球公民"的过渡时代。

可以说,我们现在的社会是一个民族社会、国家社会与全球社会交织在

---

① 蔡拓:《全球化与政治的转型》,北京大学出版社 2007 年版,第 251 页。
② 蔡拓:《全球政治的要义及其研究》,《世界经济与政治》2005 年第 4 期。
③ 蔡拓:《全球政治的要义及其研究》,《世界经济与政治》2005 年第 4 期。

一起的多重社会，因此每个人被卷入民族身份、国家公民身份和全球公民身份三合一的时代。现代社会，古代王族政治和贵族政治已成历史；现代国家公民仍然是现实社会主体的主流，民族成员隐含在国家公民之中；全球公民正在诞生，并以新生事物的身份对全球社会产生深远影响。

全球公民社会的产生和发展，与国家社会的产生和发展的方向是不同的，甚至是相反的。国家社会产生和发展的方向是"自上而下"的，是从国家政府到市民社会；而全球公民社会产生和发展的方向是"自下而上"的，是从市民社会到国家社会，再到全球联盟。作为全球公民社会主要行为体之一的非政府组织主要是一种自组织系统，是民众自我组织和自我行动的结果。

全球公民意识掀起了全球公民教育的思潮，全球公民教育培育并提高了全球公民的素质。20世纪90年代以来，"随着全球化趋势的增强以及全球相互依存理论的兴起，原有的以民族国家为背景的现代公民教育理论不断受到挑战。全球公民教育思想在这样的背景下受到了广泛的关注。这一思想在发达国家的教育实践中已经有所体现，……世界公民教育的思想因子逐渐地萌发和成长，经历了萌芽、确立和发展三个时期"。[1]

如果说康德时代是全球公民社会在学术领域的萌芽期，那么两次世界大战以后，尤其是为解决日益严重的全球问题而诞生的全球公民意识和发达国家初步实践，则是全球公民社会的初步确定期或者作为社会主体"全球公民"身份的萌芽期。全球公民教育的内容包括知识教育、能力教育、态度和价值教育及行动教育。知识教育包括世界文明的知识、国际法和国际组织、全球系统全球化等。能力教育包括理解全球社会、了解并接收跨文化交流的能力、分析全球问题的能力等。态度和价值教育包括学会从全球视野看人类，学会尊重不同于自己的种族、阶层、性别与文化，学会反省个人与全球社会的关系，个人保护全球生态的责任。重要的是把全球意识变成一种参与和体验不同文化和民族生活、身体力行地采取全球关怀的行动。[2]

笔者认为，未来全球公民社会发展到高级阶段，需要两个根本性的保障。其一，产生了比较完整或完善的全球社会组织，而且这些（不会是一个，故应称为"这些"）全球社会组织"已经"建立了比较完善的全球政治和全球法治系统，能够足够保护全球公民享有全球权利，监督全球公民履行全球义务、承担全球责任。其二，全球公民的道德伦理素质达到了一个极高的水平，

---

[1] 陈以藏：《全球公民教育思潮的兴起与发展》，《外国教育研究》2010年第3期，第65—69页。

[2] 张鲁宁：《世界公民观念与世界公民教育》，《思想理论教育》2009年第20期，第25—28页。

即拥有了极高的全球伦理素质。只有具备了这两个条件,全球公民社会才会发展到高级阶段。一个合格的全球公民必须具备全球伦理、全球法治的素养和能力,必须是积极参与全球治理的人。可以说,具备全球伦理修养是全球公民必需的素质或品格,因此践行全球伦理成为全球公民必备的伦理素质,遵守全球法治成为全球公民必备的法律素质。显然,我们现在的社会还远远没有达到那么高的发展水平。

那么,我们现在的社会是否已经到了"全球公民社会"发展阶段,或者退一步说已经进入到"全球公民社会"的门槛?这是一个很复杂的问题。

对此,学界上有三种观点:一种是乐观派的观点,一种是谨慎派的观点,一种是极端否定派的观点。

乐观派认为,全球公民社会的时代已经到来。因为,众所周知,自下而上地改造社会、惠及全球社会的非政府组织如雨后春笋般产生了,它们正是全球公民社会产生的象征。有的学者把这种社会现象概括为"跨国市民社会"的大爆发。

不过,伦敦经济政治学院市民社会研究中心现任主任安海尔等人认为,"跨国市民社会"远远不如用"全球公民社会"表达全球社会更为准确,它应当是用来比较全球公民社会的一个参照范畴。他认为,"跨国市民社会"的表述在下述三个方面不如"全球公民社会"的表述。第一方面,"跨国市民社会"[①]一词仅指市民社会的"边界跨越",这一特点早在200年前就已经产生了。第二方面,"只有全球公民社会能够被准确形象地描述为'全球化'的共生性和对抗性力量。……全球化推动了全球公民社会的兴起,而全球公民社会反过来反抗和否定全球化的'恶'的一面。从这一意义上来说,全球公民社会是使全球化变得更加'温驯化''人道化'和'文明化'的一种途径和方式"。[②] 第三方面,"全球公民社会"饱含了"人类规范价值的渴求","跨国市民社会"则没有这种高尚的内涵。[③]

与乐观派的观点不同,谨慎派认为,现在宣布"全球公民社会的时代已

[①] 其实,安海尔所说的"跨国市民社会"指的就是民族学界的跨境民族、跨国民族,但不是跨界民族,因为跨界民族是国家社会的边缘问题。跨过市民社会是指跨境民族和跨国民族现象,打破了国家的边界。

[②] 参见刘贞晔的概括,出自蔡拓等著:《全球学导论》,北京大学出版社2015年版,第366页。

[③] Helmut Anheier, et al., Global Civil Society 2001, New York: Oxford University Press 2001, pp. 16 – 17.

经到来为时尚早"。① 因为谨慎派认为，"所谓市民社会跨越国界的现象目前还比较稀疏和零星，人们能够看到和感觉到的都是一些个别组织的活动，而远未达到国内市民社会的'社会'状态"。② 美国著名学者佛罗里达大学政治学教授戈兰·海登认为，所谓的"跨国市民社会"不过是"跨越国界"的非政府组织"建立了跨越国界的联盟"，"它们正在通过长距离的关系建立社会资本，从而帮助促进一个全球公民社会"。③ 克拉克干脆认为，"全球公民社会"不过是地理上的"全球"分布、非政府组织参与的和非政府组织之间以及与其他参与者之间相互理解的"社会"，因此现在宣布"全球公民社会"时代已经来临为时尚早。④

除了上述乐观派和谨慎派之外，还有一种极端否定派，干脆从根本上否定"全球公民社会"存在的可能性。美国著名政治学和社会学家罗伯特·帕特南认为，"根本不可能产生一个全球公民社会"。⑤ 理由何在？他认为，把"全球社会"现象仅仅归结于超越国家的跨国现象，不会形成全球层面的普遍交往和社会信任，"很难产生形成全球公民社会的社会资本"。⑥ 英国著名政治学者认为，"全球人民"根本就"没有全球共同的记忆库，没有全球共同的思想方式，没有共同普遍的历史，从而使全球人们能够在其中通过这些共同拥有的东西联合起来。⑦

其实，上述三种看法都有一定的道理，但也都不很准确。于是，笔者提出第四种观点，即"萌芽（阶段）论"或者"初始论"。因为目前的全球社会只能叫做"全球社会"，还不能叫做"全球公民社会"。理由如下：

首先，目前人类社会发展的"主体性"主流依然是"国家"占主导的社会，与其说叫做"全球公民社会"，倒不如叫做由"国家公民"组成的全球

---

① Ann Marie Clark, "The Soverein Limits of Global Civil Society: A Comparison of NGO Participation in UN World Conferences on the Environment, Human Right, and Woman", World Politics, Vol. 51, October 1998, p. 34.

② 蔡拓等著：《全球学导论》，北京大学出版社 2015 年版，第 366 页。

③ Groan Hyde, "Civil Society, Social Capital and Development: Dissection of a Complex Discourse", Studies in Comparative International Development, Spring 1997, Vol. 32 (1).

④ Ann Marie Clark, "The Soverein Limits of Global Civil Society: A Comparison of NGO Participation in UN World Conferences on the Environment, Human Right, and Woman", World Politics, Vol. 51, October 1998, p. 34.

⑤ See: Robert D. Putnum, "Bowling alone: America's Decling Social Capital", Journal of Democracy 1995, 6 (1), 65 – 78.

⑥ 转引自蔡拓等著：《全球学导论》，北京大学出版社 2015 年版，第 366—367 页。

⑦ David Held, Democracy and Global Order: From the Modern State to Cosmopolitan Governance, Stanford: Stanford University Press 1995.

化初级发展时代的社会。将来在比较完整的全球公民社会发展阶段，一方面，社会成员具有全球伦理素质，并自觉遵守保护全球生态环境的行为规范。另一方面，全球社会已经构建了行之有效的全球政治和全球法治体系。很显然，那样的全球公民社会的时代还远远没有到来。但是，非政府组织及其成员，以及具有部分全球意识而且具备一定全球伦理素养的人，虽然还是少数，但毕竟是全球公民社会的"萌芽"人士。

其次，就其"存在状态"而言，现在的全球公民社会只是一种"星星之火"的存在状态。在现在的社会，达到全球公民素质的社会成员只是局部的和少数的；倘若够得上成为"全球公民社会"，至少应当是"星星之火已经燎原"的全球社会，具有全球公民素质的不可能只是少数人而是多数人，绝不会仅仅局限于像学者们意识到的"非政府组织"成员。

再次，退一步看，现在即便是非政府组织成员，其素质也仅仅在某些方面具有全球性的社会诉求，而在很多方面（如个人生存、就业、居住等等），他们依然是国家公民，而不是全球公民。可以判定，现在的非政府组织成员只是非完全的全球公民，而不是完全的全球公民。

基于上述理由，笔者认为现在的"全球公民社会"虽然只是一种"星星之火"的萌芽火种，但这"火种"的力量是强劲的，正是人类社会发展最有生命力的一种新生事物。

人类未来的发展希望正隐藏在"全球公民社会"这"火种"力量中。正是因为我们这个时代少数人的"全球公民"成为人类发展下去的"萌芽火种"，全球公民社会的启蒙时代或萌芽时代才得以开启。这种启蒙的力量是一种新生的力量。

四、全球公民社会"火种"的启蒙力量

有的学者认为，全球公民社会是跨国活动或者"边界跨越"的产物。① 甚至有的学者大胆地提出下述结论，"可以不夸张地说，凡是有跨国活动的领域几乎都有全球公民社会的治理参与"。② 笔者不能赞同这个结论，理由有三。其一，跨国活动虽然有可能产生全球性活动，但并不意味着都是全球性活动，有的只是地区性活动。跨国活动或者"边界跨越"并不都会导致"全球公民

---

① 因为有的跨国活动只是一种跨国界的活动，而很多跨界活动只是一种地区性的国际活动，还称不上是全球活动。

② 蔡拓等著：《全球学导论》，北京大学出版社2015年版，第387页。

社会"的活动。例如，很多国家之间的双边外交活动和经济合作，甚至是地区性多边外交活动和经济合作，都是意在营造地区性安全稳定和发展的活动。欧盟和东盟都属于此类性质。其二，如果从"跨界民族问题"或"跨境民族问题"来看，"跨界民族问题"往往是危害国家主权的活动，[1] 有的跨界民族问题导致民族分裂主义运动。这种跨界民族问题根本无益于全球公民社会的建设。其三，国际性宗教极端活动、国际恐怖主义活动、国际金融跨国诈骗活动、全球性贩毒、艾滋病传播等都是跨国活动和全球性活动，但绝不是推动和组建全球公民社会的活动，而是破坏全球公民社会的活动。跨国活动分为善恶、正能量和负能量两个方面，只是学者更多关注的是具有善的正能量的跨国活动，因此我们没有理由说"只要是全球性活动就是建设全球公民社会的活动"。基于上述三点理由，我们可以排除"所有跨国活动的领域都有全球公民社会的治理参与"的观点。

既然认定我们现在的社会还远远没有发展到完成全球公民社会的历史阶段，只是处在全球公民社会的萌芽阶段或"火种"时代，那么这种"火种"是会越烧越旺，还是有可能会熄灭？如果说人类社会必然会发展到发达的全球公民社会，那么这种说法一定是一种武断。因为我们也没有理由认定，"凡是新生事物，就一定走强，就注定会发展强大，就一定不会夭折！"因为目前已经显见的全球气候变暖问题、臭氧层破坏和损耗问题、生物多样性减少问题、土地荒漠化问题、森林植被破坏问题、水资源危机和海洋资源破坏、酸雨污染问题、全球性贫穷问题、国际霸权主义和强权问题、全球性恐怖主义问题、难民问题、毒品问题等各种全球问题，有很多已呈现越演越烈的态势。因为随着全球化的深度发展，全球问题日益严重，已经达到现代人类如果不能有效地解决全球问题就将毁灭人类的程度。因为地球只有一个，地球资源是有限的，但人们享受地球资源的快乐欲望却是无限的。

全球公民社会的萌芽或"火种"力量是不可忽视的。笔者赞成并欣赏刘贞晔这样的观点，他认为，"全球公民社会领域的治理参与既弥补了国家和国际治理机构的不足，又在很多领域发挥了不可或缺的独立治理功能，从而推动了世界政治的变革和转型"。[2] 刘贞晔从安全、人权和环境三个方面论证了他的观点。[3] 他提出，这种积极的全球活动包括科学家团体和专业研究人员依靠独立的研究工作向社会提供有关军备控制、武器交易、冲突爆发的原因，

---

[1] 曹兴：《跨界民族问题及其对地缘政治的影响》，《民族研究》1999年第6期，第6—13页。
[2] 蔡拓等著：《全球学导论》，北京大学出版社2015年版，第387—388页。
[3] 参见蔡拓等著：《全球学导论》，北京大学出版社2015年版，第388—397页。

包括对核武器的危害、战争带来的灾祸、武器交易和走私的泛滥进行研究,从而向各国政府提供咨询,向民众传播和平,起到了全球公民社会启蒙的作用;包括政府官员、专业人士和社会名流等组成的组织和网络,通过各种努力试图解决各种全球问题;包括世界具有正能量的各宗教团体、宗教人士积极倡导和平、反对战争,尽管还存在一些宗教极端组织对世界和平的破坏;包括世界各类人权和人道主义组织,如国际红十字会、红新月联盟、大赦国际、人权观察、乐施会和国际救援委员会,积极参与冲突中的人道主义救援和人权保护,在冲突后进行和平建设过程中协助国家政府进行社会重建工作(当然这种工作不单纯是一种全球社会的重建,而是国家社会的重建)。最为值得提倡的是,各种正能量的全球性跨国活动参与了全球环境的保护工作,"在全球环境生态问题的治理中发挥着独特的作用"。[①]

全球公民社会的萌芽或"火种"的力量营造了当代人类社会的发展趋势。"从目前来看,全球公民社会对世界政治发展的影响还主要是一种趋势。从作用的成效上看,绝大多数全球公民社会能够取得明显效果的活动都是个案型的。"[②] 既然"都是个案型的",就充分证明了全球公民社会在当下的社会发展阶段只是属于萌芽或"火种"发展阶段。

如果说全球公民社会的萌芽或"火种"的力量营造了一种当代人类社会的发展趋势,那么全球公民社会就不是一种虚无缥缈的乌托邦,也不是业已完成的社会形态,而是需要善良的人们加倍努力而去营造美好社会的过程,这种努力包括与全球恶势力进行对抗的种种努力。所有的全球性恶势力,如全球性的贩毒、艾滋病的传播、民族分裂主义、国际恐怖主义活动、国际性的宗教极端活动、国际金融跨国界的诈骗活动等跨国活动,都是人性恶的现实表现。它们有的是出于人性的弱点,如全球性的贩毒、艾滋病的传播;或者是出于狭隘的和野蛮的人性,如民族分裂主义、国际恐怖主义活动、国际性的宗教极端活动;抑或出于不劳而获的自私人性,如国际金融跨国界的诈骗活动。

最后,我们还不能断言,全球性的善良势力并不必然战胜全球性的邪恶势力,因为全球性的善良势力和邪恶势力,何者成为最后的胜利方,取决于双方力量的强弱对比,而不是取决于人们善恶的价值判断和美好愿望。如果说"邪不压正"是一种美好愿望,那么"弱不胜强"才是现实和未来的

[①] 蔡拓等著:《全球学导论》,北京大学出版社2015年版,第394页。
[②] 蔡拓等著:《全球学导论》,北京大学出版社2015年版,第403页。

真理。

总之，对于 21 世纪的人类社会来讲，"全球公民社会"不是子虚乌有的乌托邦，也不是业已完成的完整的全球社会。我们不必过分乐观，也不必过于悲观，而应把"全球公民社会"当做现代人类逐渐实现大同社会的一种现实运动，而这种运动本身就是现代人类社会发展过程中具有强劲势头的"客观实在"，这种具有正能量的动态发展趋势使得人类的未来充满希望。

第十章　全球伦理与全球法治的共治

全球治理的主要方式是全球法治和全球伦理。全球伦理是全球治理的必需。全球伦理和全球法治是全球治理的两种重要手段,① 这两种手段遥相呼应、一软一硬、相互弥补，共同维护着全球社会的基本安全、世界和平、社会稳定、生存与发展的需要。如果说全球法治是全球治理的硬件，那么全球伦理就是全球治理的软件。如果说全球伦理涉及到关乎解决一切全球问题的行为规范，那么全球法治则是关乎到解决比较严重的全球问题的行为规范。因此，全球伦理适用的范围远远大于和宽于全球法治的能力范围。当伦理问题严重到必须用法律来解决时，才会进入到法治的范畴，也就意味着进入到伦理与法律共治或共管的范围。

本章第一节研究法律全球化、全球法治的内涵及其发展变化；第二节研究法律全球化与全球法治的关系等几个焦点问题；第三节研究全球法治与全球伦理的关系构成与共建问题，以及全球伦理与全球法治的界限、障碍与前景。

第一节
全球法治何以成为可能

全球法治何以成为可能的问题，投射的是全球社会的法律窘境。一方面，全球问题的泛滥越来越威胁到人类的生存与发展，已经临近人类生死存亡的边缘，迫切需要产生一种全球法治来严惩全球问题的制造者或责任人。可以说，人类要想脱离生死存亡的困境，"全球法治"势在必行。另一方面，迄今

---

① 当然，全球治理远不止全球法治和全球伦理两种手段，还包括国家治理、非政府组织等全球性手段。

为止，法律的有效执行都是依靠国家的力量来进行。凡无国家，法律不能生效。即便是国际法的适用，也必须依靠国家的力量来实现。因此，脱离开国家的力量来奢谈全球性法治，无异于一种美好的乌托邦幻想。如何走出这种困境，有必要反思法学、政治学在全球法治、全球法、法律全球化等根本范畴上的争论、质疑、探讨。笔者认为，走出理论上的困境，需要认识到全球法治的层次性。全球化时代的国际法问题是个非常复杂的问题，无论是人类意志，还是法律，都是分层次的，至少有双边周边、区域性、全球性三个层次的问题。

全球法治、全球法、法律全球化是相互关联且含义大致相同的概念，它们所指向的对象或社会现象非常复杂，都是以若隐若现的表现形态显示给人们的。它们在不同学科呈现出来，因此呈现出不同学科的立场。在全球学产生之前，法学已经很发达，它是比较古老的学科，在古代就已经很发达。全球学则是一个极其年轻的学科，是一个萌芽或者说刚产生的学科。法律全球化是法学界的一个概念，是先于国际关系学、全球学的概念。全球法治是国际关系学、全球学的一个概念。国际关系学、政治学的全球法治与法学界的法律全球化两个概念的内涵基本一致，学界对这方面的研究尚处于初步探索中。

一、法学界有关"法律全球化"争论反思

法律全球化是法学界的专有范畴，并逐渐向政治学、社会学等领域扩展。法学界对法律全球化问题提出了种种争论，既彰显了各派观点的合理性，同时也暴露了各自的不足。

学界对"法律全球化"看法不一，见仁见智，争论激烈，主要有三派，即激进主义的肯定派观点、怀疑主义的否定派观点和折中主义观点，[①] 其争论的焦点主要有以下两个方面：

第一个焦点问题是"法律全球化"与"法治全球化"的关联性问题。"第一种观点认为'法律全球化'就是指'法治全球化'，即世界各国纷纷以法律手段作为行为结构、关系网络的替代来调整社会关系，推行法治，使得法律乃至律师、法官及诉讼等活动在社会生活中的地位和作用越来越突出。持这种观点的学者认为，这种全球性的法律来自'不受任何国家控制的经济

---

① 参见关今华、陈诚：《法律全球化与世界人权保护》，《东南学术》2004 年增刊（S1）。

或政治势力'。它是'独立于国家之外的立法过程',是由'私政府'制定的。持这种观点的学者旨在强调法律的平等性是不因国家和社会制度的不同而有所偏差的,但在理论界赞成这种观点的学者较少,反对者较多。"[①] 第二种观点不赞同并否定"法律全球化"等同于"法治全球化"的观点。因为"将'法律全球化'简单地等同于'法治全球化'……是太过于'牵强'的,它脱离了法治的原本涵义。持这种观点的学者认为'法律全球化'只是人们在受到'全球化'舆论'惯性'的冲击下产生的一种'缺乏冷静考虑'的'新鲜词语',最多不过是二战后出现的'世界法'(World Law)、'超国法'(Supranational Law)、'跨国法'(Transnational Law)的翻版。有学者将'所谓的法律全球化解释为国际法效力的增强和国际法调整范围的扩大',并指出,根本没有必要提出用'非国家化'的'法律全球化'理论来解释经济全球化给法律带来的影响"[②]。

第二个焦点问题是能否把法律全球化内涵归结为超越国家、全球适用的共同法。肯定派提出:"'法律全球化'认为法律应当超越国家的限制,在全球范围内形成共同法。……'法律全球化'强调国内法律的趋同,即各国国内法在原则、制度等方面的一致,而法律全球化的进程必然给特定国家相对稳定的法律体系带来松动甚至混乱。"[③] 反对派提出,这种看法有其合理的方面,也有过于理想化、过于抽象的方面。一方面,很难"在全球范围内形成共同法",迄今为止,国家是法律适用的最重要的主体,国际法的适用必须得到国家的认可后方可有效。另一方面,不能否认"各国国内法在原则、制度等方面的一致",但这只是各国法律的共性,绝不是法律全球化。各国法律共性和法律全球化是两个完全不同的范畴,各国法律共性指的是法律的相通性,解决的问题是国内问题,不是全球问题,法律全球化解决的问题则是全球问题,不是国内问题。

第三个争论的焦点问题是法律全球化是个空洞的学术概念,还是一种真实的存在?法学研究人士对"法律全球化"概念的真实性或存在性提出了种种思考甚至是质疑。首先,有的学者发现法律全球化的复杂性和混乱性,提出"对于法律全球化,目前我国的学者很难说有一个准确而又公认的定义。

---

① 宋歌:《当前国内关于"法律全球化"问题研究述评》,《社会科学》2004年第3期,第69—72页。
② 宋歌:《当前国内关于"法律全球化"问题研究述评》,《社会科学》2004年第3期,第69—72页。
③ 吴汶燕:《全球法律》,载蔡拓等著:《全球学导论》,北京大学出版社2015年版,第212页。

因此，对于法律全球化这一术语的用法比较混乱，学者们在谈及法律全球化问题的时候，往往是在不同的意义上使用，导致无法展开真正意义上的学术对话"。① 其次，有的学者进一步提出"法律全球化"是个模糊性或隐藏性的概念，甚至是"一种不可能实现的幻想"；"'法律全球化'理论的提出具有模糊性或隐藏性，是一种不可能实现的幻想"。② 这就从根本上否定了"法律全球化"存在的真实性。再次，有的学者干脆认为它是一个经不起法学原理推敲的概念，是以往"世界法"的复制："法律全球化的提法使人模糊了'法律'的概念，混淆了传统的法的分科，是一个经不起法学原理推敲的提法，是先前'世界法'的翻版。"③

本书著者对上述三个焦点问题提出如下几点反思：

首先，第一个焦点问题是对法律全球化的复杂性和学术研究的困难性进行一种事实层次的概括和陈述。凡是不能透过表面看本质的，就不会看到"法律全球化"与"法治全球化"的关联性。虽然不能简单地把"法律全球化"等同于"法治全球化"，但是诸如联合国等全球性法律文件在全球范围内的适用是不能否定的。

其次，因为"法律全球化"理论的"模糊性或隐藏性"，就推理它是一种"不可能实现的幻想"，这种推理是荒谬的，结论是错误的。因为世界上一切深层的本质都隐藏在现象背后，具有不同程度上的模糊性。法律全球化的模糊性、隐含性，说明法律的全球化是隐藏在全球化的深度发展进程中的，不是能够轻易看得见的，具有巨大的宏观整体性，是只有具备大思维才能把握的对象。

在此，笔者认为，法律全球化的提法使人模糊了"法律"的概念，混淆了传统的法的分科。这是一件大好事，正说明了法学处于发展之中，根本不能证明法律全球化"是一个经不起法学原理推敲的提法"。认定法律全球化是先前"世界法"的翻版，这说明了从以往的"世界法"理念发展到现代社会"法律全球化"理念的必然联系，同样见证了法学的健康发展。原来的法理学的发展水平不能理解全球化、法律全球化的范畴，说明法理学需要提高自己的学科容量和逻辑能力。更重要的是，从客观存在的角度看，"世界法"在古代和近代是无法实现的理想，在全球化时代则在一定程度上具备了实现的

---

① 李连华、颜吾佴：《浅论法律全球化》，《理论月刊》2003年第12期，第105—106页。
② 姚天冲、毛牧然：《"法律全球化"理论刍议》，《东北大学学报》2001年第1期，第45—47页。
③ 慕亚平：《对"法律全球化"的理论剖析》，《广东大学学报》2002年第3期，第97—103页。

条件。

其实,"法律全球化"是不是"法治全球化""全球法治"的问题,这不是一个概念游戏的问题,而是一个能否承认"法治全球化"真实存在的问题。诚然,在古代根本不存在"世界法"的客观真实性,只存在一些思想家对世界法的思考、向往和追求,如古代中国思想家的"天下主义",[①] 古希腊思想家的自然法思想、斯多葛学派的世界主义。[②] 人类社会发展到现代,随着全球化的深度发展,人类真正整合为一个"一荣俱荣、一损俱损"的"地球村","法治全球化"从思想上的构思到实际上的构建,成为人类发展的客观需要,因而也成为从古代"世界法"的理念演变为"全球法"或"法律全球化"的现实追求,具有很大的合理性。当然,人类现在还不能完全做到全球法治,全球法治尚处在萌芽状态,只在很有限的范围内发挥作用。因此,在很多场合,全球法治还不是一种"实有""实然"状态,而是以一种"应有""应然"状态存在着。但是,全球法治是一种新生事物,因解决全球问题的客观需要,其必将以一种锐不可当的态势向前挺进。

二、法律全球化范畴的深入

用历史唯物辩证法分析,法律全球化是以往国际法发展的必然。首先,不同学科对"法律全球化"进行了不同视角的分析。

法学史学界对"法律全球化"在理论上已经进行了高度提炼。法史(包括法律制度史和法律思想史)学家从法律发展史的视角验证了法律全球化的真实存在——法律从国际化到全球化的一种发展趋势。吴汶燕高度概括了法律全球化的发展历程,是从古希腊古罗马时代的世界主义、自然法时代发展到法国和德国的两个"民法典"时代,现代人类社会从美国引领法律全球化的时代发展到联合国介入的时代。[③] 西塞罗继承斯多葛学派的自然法和"人类普遍理性"观点,提出了"世界天国政府"存在普遍的自然法则。18 世纪下

[①] 中国的天下主义思想自古就很发达。"天下主义"是中华民族的政治理想,是中国人对人类普世价值的一种伟大的贡献。赵汀阳对中国的天下主义体系进行了深入研究,发表了一系列文章,并出版了一部题为《天下体系》的专著(中国人民大学出版社2011年版)。

[②] 自然法是古希腊绝大多数思想家的共同追求,从第一个哲学家泰勒斯一直到亚里士多德,自然法思想成为古希腊思想发展史的主线。古希腊晚期,斯多葛学派把自然法提升为世界主义。足见,世界主义是自然法思想发展的必然。

[③] 吴汶燕:《全球法律》,蔡拓等著:《全球学导论》,北京大学出版社2015年版,第211—212页。

半叶至19世纪初，法德两国在全面吸收罗马法原则和精神的基础上，先后制定和颁布了《法国民法典》（1804年）和《德国民法典》（1900年），扩展为世界范围的法典编纂运动，从而形成了以法德两国法典为主干，遍及欧洲、亚洲和美洲的主要国家的民法法系。这是"法律全球化"的第一个阶段。"法律全球化"的第二个阶段是源自美国1787年宪法创立的分权政府体制以及其后美国联邦最高法院创立的违宪审查制度等，成为美洲、欧洲主要资本主义国家及亚洲的日本、韩国等国家的制宪蓝本。二战后，1945年10月生效的《联合国宪章》成为一部世界公认的世界性法律，掀起了"法律全球化"的第三次浪潮。此后，联合国先后颁布了《世界人权宣言》《公民权利和政治权利国际公约》《经济、社会、文化权利国际公约》等，建立了其人权保障的国际法体系。1947年通过的《关贸总协定》和1995年建立的世界贸易组织，被认为是"法律全球化"过程中影响范围最广的国际法律框架和体制。

国际关系学者从国际关系发展史反思了"全球法"的发展趋势，"'跨国法'不断反作用于国际政治与国际关系，使后者在义务性、精确性与授权性三个维度体现出了不断法律化的特征与趋势。……国际关系的法律化并非是书斋中学者对世界和平天真而不切实际的幻想，而是正在发生的现实趋势。对整个西方现代国际法体系的简要回顾，可以帮助我们更加清晰地看到此种发展趋势。现代国际法体系起源于17世纪上半叶三十年战争结束时缔结的《威斯特伐利亚和约》，作为欧洲大陆新兴民族国家之间的战争与和平法"。① 有的学者发现，调整国际关系是经济、法律和伦理等社会规范共同来完成的使命，"对于国际关系的理解通常要从贸易活动及其结构的政治、法律、伦理蕴含这种层面来展开，这种知识应当是理解国际问题的基础知识。其中，贸易与秩序的关系是最重要的内容"。②

此外，有的法学学者从"国际法的国内化"和"国内法的国际化"的互动上为"法律全球化"的产生和发展提出合理的根据，"法律全球化是近年来法律领域内的一种明显的客观发展趋势，它表现为国内层面的各国国内法不断互相协调、互相融合、逐步趋同，国际层面的统一立法所涉领域的宽度不断拓展、深度不断加强、影响面不断扩大的演进过程或发展趋势。这种趋势在运动形式上表现为'国际法的国内化'和'国内法的国际化'，我国要以

---

① 泮伟江：《法律全球化的政治效应：国际关系的法律化》，《求是学刊》2014年第3期，第94—101页。

② 于向东、施展：《全球贸易双循环结构与世界秩序》，《文化纵横》2013年第5期，第46—55页。

入世为契机，通过修订国内法律法规活动，经历法律全球化过程"。① 有的学者认为，"法律全球化"是国内法律的趋同，② 有的认为还包括国际法，是指"'法律全球化'即是法律的非国家化进程，服务于建构无国界的全球统一大市场的需要。'非国家化'意味着国家主权在该领域不断削弱"。③

"法律全球化"理论主要源于美国麦迪逊大学特鲁伯克等四位学者联合撰写的研究报告。特鲁伯克等四位学者认为，"法律全球化"理论是随着经济全球化趋势而出现的。④ 据沈宗灵概括，"'法律全球化'主要表现在 8 个方面。1. 变化中的生产方式：新的专业化分工的形成和'全球工厂'的出现，使生产和其他经济活动可能并易于分散于世界各地，从而有助于新的国际分工的出现。2. 金融市场的链接：链接全球的资本市场促进了跨越国境的资金（投资）的自由流动。3. 跨国公司地位的日益提高：大型跨国公司现已在全世界范围内开展其生产、经营和其他活动，从而加强了它们的交易权力，提高了它们在世界经济中的重要地位。4. 国际贸易重要性的日益提高和地区贸易集团的增加，使自由贸易的国际规则对国内法的许多方面都产生了很大影响。5. 经济结构改革和私有化：苏联和大部分发展中国家都在减少国家在其经济中的直接参与作用，强调发展市场经济，包括调整法律结构。6. 经济关系中新自由主义概念的主导地位。7. 民主化、人权保护以及'法治'的复兴：国际上更加关注政治自由、控制专横政府、维护个人权利以及加强司法。8. 推动人权和民主的超国家、泛国家人物的出现"。⑤

由于西方发达国家对全球化包括法律全球化的影响，尤其是美国将自己的政治法律制度强行推行到全世界范围，强迫发展中国家特别是弱小国家接受自己的标准，因此中国有的学者认为，法律全球化成为全球市场经济前提下法律规则的趋同性；法律全球化只是西方学者鼓吹的一种"超国家"的全世界性质的私法，即"没有国家的世界法"。⑥

西方人推行西方法律全球化理念的原因是西方资本主义殖民扩张的必然，在这个过程中充满了血腥与杀戮、征服与压迫。有的学者注意到，"资本主义

---

① 邹健、胡丽君：《法律全球化与入世变法》，《社会学家》2003 年第 11 期，第 70—73 页。
② 吴汶燕：《全球法律》，蔡拓等著：《全球学导论》，北京大学出版社 2015 年版，第 212 页。
③ 姚天冲、毛牧然：《"法律全球化"理论刍议》，《东北大学学报》2001 年第 1 期，第 45—47 页。
④ 转引自姚天冲、毛牧然：《"法律全球化"理论刍议》，《东北大学学报》2001 年第 1 期，第 45—47 页。
⑤ 参见沈宗灵：《评"法律全球化"理论》，《人民日报》1999 年 12 月 16 日。
⑥ 李连华、颜吾佴：《浅论法律全球化》，《理论月刊》2003 年第 12 期，第 105—106 页。

发达国家把自己的价值观、文化意识、制度伴随着商品的输出疯狂地涌入欠发达的国家和地区,对当地的社会政治文化生态造成了巨大的冲击,作为一种强势文化,完全改变了当地社会发展的既有模式。……全球化反映的是当前世界生产力发展的客观状况,作为人类现代社会生产力发展的一个必然阶段,它直接推动了包括国际贸易、跨国投资、国际金融和高新科技的迅猛发展以及人类生产力的显著进步,从一定意义上来说,它造福全人类。为此,人们生动地把全球化这一进程形容成一把'双刃剑'"。①

深入分析上述研究成果后发现,无论是简单肯定派、简单否定派,还是折中主义,都是一种定性分析或者是模糊分析,这种分析是有局限的。这三种观点无法回答的根本性问题是,法律全球化是否已经达到很普遍的程度?它在我们生活的这个时代到底具有多大的普适性?

要回答这类问题,需要引进一种新的研究方法。比定性分析法更高级、更先进的是"程度分析法"和"定量分析法"。由于定量分析法需要对各类法律情形进行研究,需要大量的数据分析,这显然是笔者无能为力的,但可以启用程度分析法,对前三种观点进行提升,提出一种新观点,即"分类模型论",意在对法律的国家化、全球化的复杂情形进行分类。如果不分类,必然引起混乱。

实际情况异常复杂,存在不同类型,因此理论分析要跟上客观发展的复杂性。总的来讲,国内法具有特殊性和普遍性两个方面,国内法的普遍性就是由国家法层次逐级提升为地缘国际化、全球化的层次。国内法的特殊性就是法律的民族国家化。国内法的普适化和特殊化是对立统一的过程。普适化的法律永远不能完全替代特殊化的法律。国内法的普适化和特殊化是一个不断咬合、相互磨合的过程。此其一。其二,法律的全球化不是国内法普适化的简单总和,而是一种内在统一的过程;而且越是合理的法律全球化,就越能够最大限度地包容国内法的特殊性。正如黑格尔所说的那样,普遍性是不断容纳特殊性的发展过程。

我们这个时代尽管出现了法律全球化的现象,但国家法治依然是时代的主流。在法律效力方面,法律国家化大于法律全球化,但无论是在国内法律领域还是国际法领域,法律全球化都是一种法律新质或者新生事物。随着全球化的深入发展,法律全球化成为新时代法律发展的趋向,并具有无可限度的发展前景。

---

① 李连华、颜吾佴:《浅论法律全球化》,《理论月刊》2003年第12期,第105—106页。

与法学界提出"法律全球化"不同的是,社会学界、经济学界、政治学界提出了"全球法""全球法治"的概念。

三、全球法及全球法治的提出

法律全球化与全球法、全球法治是不同学科的称谓,法律全球化是法学界的概念,全球法、全球法治则是社会学、经济学、国际关系学、全球学的概念。

全球法是相对于国家法而言的。传统理论认为,法律是"国家意志""统治阶级的意志"的集中表现,是由"国家强制力"决定的。奥地利社会学家埃里希打破这种国家法的霸权地位,首次用社会生活中普遍存在的超越国家意志的"活法"作为法律灵魂或法律精神。他认为法的本质不在法律,而在于社会秩序本身,法律是社会的内在秩序。他提出,"法发展的重心不在立法,不在法学,也不在司法判决,而在社会本身"。①

有的经济学家、政治学家从政治经济现象看到一种看不见但确实客观存在的东西,为此提出了"没有国家的全球法",而全球法不同于传统意义上的民族国家的法和国际法。"它不是以民族国家为基础,而是超越领土的边境,通过'看不见的团体','看不见的市场和分支','看不见的职业组织','看不见的社会网络',建立在行业、团体、部门、职业的基础上。"②

那么,全球法的内涵是什么呢?这是一个尚未定论的范畴,不过,很多学者已经开始分析全球法的一些特征。有人概括:"全球法是当前时代特征最为普适性的概括,全球法是在全球范围内法律规范的互相连接,这是一个过程,一种趋势。……也有人提出,'全球化'就是'去国家化',那么'全球法'就是对以往几乎全部集中在以国家法律为中心层次的法律理论的颠覆。"③

吴汶燕并不赞同全球法要"去国家化"的观点,认为"这一误解正在不断地被全球化的实践所纠正。特别是在全球化研究的过程中出现了全球治理的概念并日渐丰富和完善,即强调对某一全球问题通过不同层次的共同努力和不同方法所进行的综合治理;强调治理主体的多层次性和治理方法的多样

---

① 转引自蔡拓等著:《全球学导论》,北京大学出版社2015年版,第215页。
② 参见蔡拓等著:《全球学导论》,北京大学出版社2015年版,第216页。
③ 蔡拓等著:《全球学导论》,北京大学出版社2015年版,第216页。

性都是对片面强调去国家化的全球化概念的纠偏和深化"。①

　　笔者并不完全赞同吴汶燕的上述看法。一方面，国家是全球法治的主要力量，不能在国家之外去实现全球法治。在这种意义上认可吴汶燕的合理性，即认为全球法不能完全排除国家的力量，国家是构建全球法的最重要的力量，非政府组织虽然对全球法具有重要贡献，但还不足以成为主要力量，远远不能与国家力量相抗衡。构建全球法的社会力量是多方面的，国家是主力军，非政府组织是有生力量，有远见的政治家、学术家、社会活动家等个人也是不可忽视的重要力量。笔者还赞同吴汶燕反对全球法是在国家之外的"世外桃源"建立一种"不受任何国家控制"的大一统的法律世界。② 另一方面，全球法也要去掉违背全球利益、全球正义的国家化的元素。总之，国家利益和全球利益是一种相互交叉的关系，一致的部分是指国家所完成的正是全球法所要完成的任务。越是好的国家的法律，越是能够更多地实现全球法治的使命，反之，越是自私的国家，越是违背全球法治的国家。前者的国家类型使得国家利益与全球利益更多地一致起来，后者的国家利益与全球利益更多的是冲突而不是一致。

　　这里有个重要的理论问题需要深入思考，即全球法是在国家法律之内，还是在国家法律之外，抑或是在国家法律之上？全球法至上论或全球法高于国家法的理念是否合理？

　　上述对全球法的看法可以提炼为两个命题。第一个命题就是，全球法是在全球范围内普适的、为了适应全球化深度发展需要的一种发展趋势和过程。笔者认为，这种发展趋势在 20 世纪到 21 世纪的近百年历史中只是一种萌芽性的存在，即以社会发展趋势而存在的，还尚未占据人类社会发展的主导地位。第二个命题，基于全球化不能完全去国家化，因此全球法也不能"去国家法化"，即不能在国家法律之外构建一个与国家法律完全抗衡的法律体系。

　　诚然，上述两个命题并没有揭示全球法的内涵，充其量只是分析了全球法的外延。如果作为全球法的定义，仅仅把认识的水平停留在这两个外延上是远远不够的，用逻辑话语说则是"外延不周全"。"外延不周全"恰恰是内涵未能充分揭秘的结果。或者说，上述对全球法的认识还不足以成为全球法的内涵概括或提炼，而充其量是对全球法特点（外延）的解析。那么，全球法的内涵是什么呢？

---

① 蔡拓等著：《全球学导论》，北京大学出版社 2015 年版，第 217 页。
② 蔡拓等著：《全球学导论》，北京大学出版社 2015 年版，第 28 页。

对于如何理解全球法治的本质性内涵，笔者认为，只有以全球正义而不是国家正义为法律目标，为解决全球问题而不是国内问题，使用全球治理而不是国内治理，实现全球利益而不单纯是国家利益，全球公民意志的体现而不单纯是国家意志的体现，所创建的法律及其实践，才能够称得上是全球法治。不是所有字面上的全球性法律都是全球法或全球法治。很多具有国际效率或效用的法律文件并都不是人类整体意志的代表，有很多法律文件是国家意志的集合，而并不代表人类整体的意志。基于上述理解，可以把全球法及全球法治的内涵理解为展示其适用的范围、解决问题的一种法的体制，最后落实在"法"的行为规范上面。为此，笔者认为，全球法的内涵是在全球范围内处理全球公共事务的法律行为规范的整合，是全球性法治文明的体现；其法律内在价值追求的是全球利益、全球正义，是全球治理最有效的方式之一。从全球法发展的时间窗口看，全球法是一个从萌芽到强大、从产生到发展壮大、从创建到实施的动态过程，全球法治强调的是全球法的这个动态过程。一方面包括动态的过程，另一方面还承载了全球事务不断法律化、法典化的过程，如联合国的政治法律文件、各种各样的国际条约等。全球法是在全球范围内普适的、为了适应全球化深度发展需要的一种发展趋势和过程，尚未发展成为一种充分的存在，更多还处于一种萌芽状态存在着。从全球化与国家化的关系视角看，全球法不能是国家法的总称，也不能"去国家法化"，不能在国家法律之外构建一个与国家法律完全抗衡的法律体系。

全球法并不等于全球法律。全球法律是全球性法律文件的体系，但迄今为止的国际法还没有形成较为成熟的全球法律体系，更多地散落在国际条约、国际惯例之中。因此，笔者赞同"全球法"的理念，但并不认为21世纪"全球法律"已经形成气候。因为全球法律是法律全球化的成果，而人类发展到21世纪，还没有形成完整的法律体系，尚处在萌芽发展状态。

那么，全球法和全球法治是什么关系呢？两者是一个概念的两种表达，还是两个概念呢？笔者认为，究其实质而言，全球法和全球法治是同一范畴的两种表述。如果一定要寻找两者的微妙差别，那么全球法是一种静态的表达，类似法学界的"法律全球化"，而全球法治则是一种动态表达。全球法治是一个过程，包括殊途同归的两个方面：一方面是从联合国到各国的法律适用，这是一个自上而下的过程；另一方面是自上而下的过程，即非政府组织对全球法治的贡献。

无论表述为动态中的全球法治，还是静态或成果中的全球法治，真正的转折点是以联合国相关法律为标志的。

为了解决上述全球法治的诸多问题，笔者提出全球法治的层次性。

四、全球法治的层次性

全球化时代的国际法问题、全球法治问题是个非常复杂的问题。无论是人类意志，还是法律，都是分层次的，至少有双边周边、区域性、全球性三个层次的问题。

在这个层次体系中，如果按照空间适用范围的大小排列，范围最小的首先是双边国际条约、周边国际法问题，其适用范围仅限于双边和周边国际关系，具体体现于国家间双边和周边协定的国际条约。

双边国际条约只是两个当事国意志的集中表现，实际上是签订条约时两国主权者或统治集团意志的表现，不能简单视为代表了两国人民的意志。不过，人类文明越是不断进步，双边或周边国际协定、国际条约就会越来越符合人民的意志；反之，则越是代表两国的统治集团的官方意志和官方利益。双边和周边国际协定、国际条约，无论是代表其统治阶级的国家意志、国家利益，还是更多代表当事国的人民意志，都并不等于代表全球意志、全球利益。在一个以国家利益为重心的时代，追求的利益是国家利益，而不是全球利益。相对于地区性、全球性法律，双边和周边的法律的全球法治层次最低，更多考虑的是双边问题和周边问题，而不是全球性问题。不过，全球化发展越是深入，双边和周边国际法治的全球性也就越大。

其次是区域性国际组织的国际法。其适用范围仅限于本区域或地区之内。由于区域性国际组织是按地区组成的国际组织，因此其成员是特定地区内的若干国家。它们在历史、文化、语言等方面往往具有一定的联系，甚至具有共同关心的问题或共同利益，因此它们在和平解决争端、维持本区域和平与安全、保障共同利益及发展经济文化关系等方面，有进行协调、广泛合作并结成永久组织的需要。在区域组织中，有些是政治性的，有些是专门性的，但是一般区域组织从其基本活动来看，不仅具有政治方面的职能，也具有调整和促进本区域内社会、经济和其他有关专业方面的作用。

这种区域性国际组织不仅具有国际组织的一般特点，还具有自身的独有特点。首先是地理性，因为其成员国基本上是特定区域内的国家。其次是其成员国具有共同的利益和政治背景，因为它们在民族、历史、文化、语言、宗教等方面有着密切的联系，在政治、军事、经济和社会上有共同关心的问题，形成一种相互依存的关系。再次是区域性组织不仅具有维持和平与解决争端的职能，还具有促进和调整区域内社会、经济及其他领域的关系的职能。

区域性国际组织是独立于联合国之外的国际组织，不是联合国的组成部分，它具有独立的组织约章、成员国、组织机构和活动程序，有独立的国际法律人格，只是在维持和平与安全方面和联合国保持合作而已。

在亚洲、欧洲、美洲、非洲等都有区域性国际组织，主要有下述区域性国际组织：

美洲国家组织是"美洲共和国国际联盟"，是现存区域性组织中历史最久的，起源可追溯到19世纪初期的中南美独立解放战争。1826—1889年间，美洲国家举行过11次国际会议，带来"美洲共和国国际联盟"的成立。在此后将近60年中，美洲国家会议先后通过了一系列条约和宣言，并使该组织的职能从偏重商务逐渐扩大到政治、司法、经济、社会、文化等方面。1948年，在波哥大召开的第9届泛美会议通过了《美洲国家组织宪章》（《波哥大宪章》），将该组织确定为当下的名称，即"美洲国家组织"。其总部设在华盛顿，截至1982年7月，有成员国31个。

西亚北非的"阿拉伯国家联盟"成立于联合国建立之前。1944年9月，阿拉伯各国外长在亚历山大举行会议，决定成立阿拉伯国家联盟。1945年3月，叙利亚、约旦、伊拉克、沙特阿拉伯、黎巴嫩、埃及、也门（现阿拉伯也门共和国）等7国代表在开罗举行会议，签订《阿拉伯国家联盟公约》，阿拉伯国家联盟正式成立。其总部原在开罗，1979年3月巴格达会议后迁往突尼斯。截至1983年，有成员国22个。

欧洲的区域性国际组织是欧洲联盟（1993年以前叫做欧洲共同体），是欧洲经济、政治共同体，是西欧各主要国家组成的国际联盟，包括欧洲煤钢联营、欧洲经济共同体和欧洲原子能联营。1951年4月，法国、联邦德国、意大利、荷兰、比利时、卢森堡等6国在巴黎签订《欧洲煤钢联营条约》，建立煤钢共同市场。1957年3月，6国外长在罗马签订《欧洲经济共同体条约》，丹麦和爱尔兰等3国加入，使共同体扩大到9国。1981年希腊加入，使这个西欧的组织扩展到了东南欧。欧洲联盟的条约经过多次修订，截至2014年，欧洲联盟的运作方式是依照《里斯本条约》，政治上所有成员国均为民主国家（2008年《经济学人》民主状态调查），经济上为世界上第一大经济实体（其中德国、法国、意大利、英国为八大工业国成员），军事上绝大多数欧洲联盟成员国为北大西洋公约组织成员。欧盟现有28个成员国（最后加入的国家是克罗地亚，时间是2013年7月1日），正式官方语言有24种，人口约5亿，GDP为16.106万亿美元。欧盟的宗旨是"通过建立无内部边界的空间，加强经济、社会的协调发展和建立最终实行统一货币的经济货币联盟，促进成员国经济和社会的均衡发展","通过实行共同外交和安全政策，在国际舞台上弘扬联盟的个性"。

非洲的区域性国际组织是"非洲统一组织"，是目前区域组织成员国最多的组织。1963年5月，非洲31个国家元首、政府首脑和代表，在埃塞俄比亚举行会议，通过了《非洲统一组织宪章》，宣告非洲统一组织成立。1983年，该组织成员国已超过50个，总部设在亚的斯亚贝巴。非洲统一组织成立以来，已开过19次首脑会议，通过了一系列捍卫各成员国国家主权和维护民族经济的重要决议。

东南亚国际组织是东南亚国家联盟，简称东盟。成员国有马来西亚、印度尼西亚、泰国、菲律宾、新加坡、文莱、越南、老挝、缅甸和柬埔寨。其前身是马来亚（现马来西亚）、菲律宾和泰国于1961年7月31日在曼谷成立的东南亚联盟。1967年8月7—8日，印度尼西亚、泰国、新加坡、菲律宾四国外长和马来西亚副总理在曼谷举行会议，发表了《曼谷宣言》（《东南亚国家联盟成立宣言》），正式宣告东南亚国家联盟成立。

此外，还有上海合作组织，简称上合组织，其前身是"上海五国"会晤机制。1996年4月26日，中国、俄罗斯、哈萨克斯坦、吉尔吉斯斯坦、塔吉克斯坦五国元首在上海举行会晤，自此，"上海五国"会晤机制正式建立。后来成员国不断扩大，主要包括6个成员国、5个观察员国和3个对话伙伴，成员国有中国、俄罗斯、哈萨克斯坦、吉尔吉斯斯坦、塔吉克斯坦和乌兹别克斯坦；观察员国有伊朗、阿富汗、蒙古、巴基斯坦、印度；对话伙伴包括斯里兰卡、白俄罗斯和土耳其；工作语言为汉语和俄语。成员国总面积为3018.9万平方公里，即欧亚大陆总面积的3/5，人口约16亿，为世界总人口的1/4。上合组织是中国首次在其境内成立的国际性组织，并以其城市命名，宣称以"上海精神"解决各成员国间的边境问题。主要城市包括：上海、北京、塔什干、阿拉木图、莫斯科、圣彼得堡。其有两个常设机构，分别是设于北京的秘书处，以及设于乌兹别克斯坦首都塔什干的反恐中心。自2001年宣告建立以来，上合组织已从旨在加强边境地区信任和裁军谈判进程的"上海五国"会晤机制，成为本地区乃至国际舞台上推动和平、建设与发展的一支重要力量，发展成就举世瞩目，建立了多领域、多层次的合作机制，设立并启动了秘书处和地区反恐怖机构两个常设机构；建立了元首理事会、政府首脑（总理）理事会、外长理事会、国家协调员理事会及多个部门领导人会议机制，合作范围涵盖安全、经济、文化、教育、科技、紧急救灾和农业等多个领域；推动了成员国间的政治互信和睦邻友好，各成员国在国际事务中密切配合，在涉及彼此主权、领土和安全等重大核心问题上相互支持，有效维护了共同利益。

超国家法律是区域性法律和全球性法律。区域性国际组织通过颁布相关的区域性法律，主要解决区域性问题，全球性法律包括《关贸总协定》和联合国通过的法律文件，是为了解决全球问题，实现全球利益，具有全球治理性质的法律文件。

全球性的法律多数是联合国相关法律文件，包括《联合国宪章》《世界人权宣言》《公民权利和政治权利国际公约》《经济、社会、文化权利国际公约》以及《关贸总协定》等。这些法律是高于国家间的双边、多边的国际条约、协定的。因为国家间双边、多边的国际条约、协定只是地区性的国际法，不是全球性的，而联合国制定和颁布的法律文件多数是全球性的法律，它们既是人类法律文明发展过程中法律成果的一个标志，也是指导人类以后进行全球治理的法律规定。当然，由于全球问题的治理需要落到实处，联合国最开始制定的相关法律文件只是一种法律意向，很多条款都是一种笼统的、模糊的、抽象的原则，还远远未能落到"法律规范"的实处。所以，与其说它们是一种法律，倒不如说是一种指导性的、原则性的行为规范。把以往原则性的全球法律文件落到实处，还有很长的路要走。

第二节
全球法治的焦点问题

无论表述为全球法，还是全球法治，抑或是法律全球化，都不能逃避如下一些焦点问题：全球性的法治代表的是国家意志，还是人类意志？法律全球化与经济全球化的关系是必然的还是或然的？欧盟法律是地区性的还是全球性的，其能否代表全球法的发展方向？全球法如何解决发展中国家的发展权问题？法律如何解决跨国人权的保护问题和侵权问题？

一、国家意志还是人类意志

国际性的条约或协定等国际法是代表人类整体的意志，还是国家意志？学界对这个问题还没有进行深入探讨，有的学者只是提出了问题。如吴汉燕女士赞成邓正来的观点，认为《世界人权宣言》《公民权利和政治权利国际公约》《经济、社会、文化权利国际公约》，以及人权保障的国际法体系、1947年通过的《关贸总协定》和1995年建立的世界贸易组织规范，"其本身就是国际法的重要渊源。国际法产生于国际关系的发展中，国家受国际法的约束，同时也是国际法的制定者。因此，国际法的效力来自于国家的意志。这里的国家意志并非某个国家的意志，而是各国的意志；同时，这一各国意志并非各国的共同同意，而是各国间的协议"。①

笔者对邓正来和吴文燕的上述观点，既有赞同甚至欣赏的方面，也有不同看法、值得商榷之处。

首先，比较欣赏的是，所有国际性甚至是全球性的法律文件都包含源自国家意志的部分；国际性法律源于国家法律；离开国家法，国际法就失去了实施的基础和落脚点。但这种观点是片面的，有些国际性法律文件所代表的意志不全是国家的意志，还有世界人民的意志，包括非政府组织的意志。全球法治，如解决气候问题、环境保护问题、公海资源问题、毒品问题、国际恐怖主义等问题的一些国际法，代表的是人类整体意志，不再是单纯的国家意志。因此，"国际法的效力来自于国家的意志"的观点是半对半错的。解决全球问题的主体意志不是简单的国家意志，而是人类意志。此外，还有一些普适性的法律虽然都是国内法，但也属于全球法治的内涵。如正当防卫以外的杀人、放火、投毒、强奸、偷盗等恶性行为是各国法律所禁止的。这些法律是国家法治和全球法治共通的。

其次，比较赞赏的看法是，全球法治和全球法律文件是国家意志的集合或总和，但是同样不能把全球法治或者全球性法律文件简单归结于所有国家意志的总和。"国家意志总和论"是一种机械的形而上学的看法，不是辩证的观点。辩证法认为，一方面要全面看问题，另一方面要注重高于集合或总和的"统一"。"统一论"高于"集合论"，"集合论"是形而上学的看法，"统一论"才是辩证法的看法，只有"统一论"才能看到全球法治是人类整体意志。人类整体意志是以全球利益为追求目标，以全球正义、全球伦理作为价值趋向和法治基准线。

国际法是世界各国意志的合力，但不是简单的集合或总和。简单的集合或总和是一种简单相加或简单减法。简单相加意味着人类进步就是各国力量

---

① 吴汶燕：《全球法律》，蔡拓等著：《全球学导论》，北京大学出版社2015年版，第213页；邓正来编：《王铁崖文选》，中国政法大学出版社2007年版，第6页。

的相加,如果世界有 194 个国家,那么国际法似乎就是 194 个国家法的总和。这是十分幼稚的看法。其实,全球法治不是简单的算数级别的发展,而是复杂的不止于几何级的主要是社会性的发展级别。世界有 200 多个国家和地区,有的国家力量是相互消耗的,有的国家力量是相互制约的,人类发展的未来走向就像恩格斯所说的,是众多平行四边形的合力,而不是总和。

二、法律全球化与经济全球化的关系问题

全球法治的第二个焦点问题是法律全球化与经济全球化的关系问题。是经济全球化决定法律全球化,还是法律全球化决定经济全球化?这个问题似乎很简单,无外乎经济决定法律、法律反作用于经济两个方面。其实,这个问题很复杂。

一方面,法律全球化属于上层建筑,经济全球化属于经济基础,经济基础决定上层建筑。基于这个方向,可以认为经济全球化决定法律全球化。有的学者提出,"经济全球化要求与之相适应的国际规范,这些国际规范对列国的立法、行政和司法行为具有直接作用,其进入国内法具有高层次、具体化、强制性的特点。这从世贸组织的实践可窥一斑。国际规范以强制性的拘束力进入国内法,从而导致列国的法律规范、执法原则和标准以及法律价值等不断向趋同的方向发展。这一趋势的持续发展又势必导致国际社会成员的法律和制度逐步达到法治社会的要求,即全球法治化"。[①]

另一方面,法律全球化具有自己的相对独立性,并不是经济全球化的简单反映。有的学者注意到了这个问题:"法律全球化在推进世界经济一体化的同时,也加剧了发达国家与发展中国家间利益不平衡的矛盾,并对国家主权观念以及各民族传统法律文化提出了挑战。而不论是把法律全球化当做一种当然的前提予以单纯地接受,还是站在狭隘的民族国家立场上不承认甚或抵制法律全球化,都是不恰当的。"[②]

学者也注意到了经济全球化与法律全球化关注的重心并不相同。"经济的全球化关注的是国家利益,在这里效率是基本的思考;而法律的全球化关注的是国家主权,在这里国家主权是价值判断的唯一依据。经济的全球化发展并不必然带来法律的全球化发展,但经济的全球化必然对国内法律的发展提

---

① 王贵国:《经济全球化与全球法治化》,《中国法学》2008 年第 1 期,第 12—23 页。
② 胡平仁、梁晨:《法律全球化与世界和谐》,《湖南行政学院学报》2010 年第 3 期,第 82—89 页。

出新的挑战，国内法对经济全球化的回应也在所难免，这种回应注定是局部的，而不是整体的。"①

笔者认为，"经济的全球化关注的是国家利益"和"法律的全球化关注的是国家主权"的观点都是片面的。经济全球化既追求国家利益，也追求全球利益；法律全球化关注的不仅是国家主权，更关注全球安全、全球正义。

三、法律全球化的东西方合力

法律全球化的东西方理念是不同的，发达国家与发展中国家的法律全球化理念也不相同。法律全球化的发展是曲折向前的过程，免不了从列强的全球化理念走向公正的全球化理念。因此，有的学者提出，"从应然的角度看，法律全球化是法制现代化的路径之一，同时也是构建世界和谐的路径之一。但是当下的法律全球化或多或少偏离了这种理论上的应然状态，而呈现出一种西方中心主义的倾向。法律全球化的现实进程在维护西方发达国家利益的同时，不同程度地损害了发展中国家的利益。具体来说，法律的全球化发展表现出与国家主权的冲突、与法律的地方性的冲突以及发展中国家在全球性法律规范的制定过程中被边缘化的冲突"。②

在西方社会，从百姓到官员再到学者，多数人认为，西方走过的全球化过程也必定是东方人的全球化过程。基于这样的共识，他们向东方社会强国推行的法律全球化，对发展中国家产生两方面的作用。有学者认识到，"经济全球化对发展中国家的法治建设……有积极的有利的一面，但经济全球化对法治建设也有不利的一面"。③ 其有利的方面表现为，经济全球化有利于发展中国家民法制度的完善；有利于促进各国的司法公正；有利于各国尊重和保障人权。经济全球化对发展中国家法治不利的一面表现为，经济全球化容易使发展中国家的法治现代化变成"早产儿"，而这种"早产儿"容易发生夭折或畸形；经济全球化对国家主权的弱化，使发展中国家法律创新、建立具有本国特色法律的自主空间受到极大挤压，使发展中国家的主权独立受到较大威胁；西方国家利用经济优势，逼迫许多发达国家接受西方国家的政治制

---

① 李清伟：《经济全球化与法律全球化辨析》，《贵州社会科学》2009年第11期，第78—82页。
② 胡平仁、梁晨：《法律全球化与世界和谐》，《湖南行政学院学报》2010年第3期，第82—89页。
③ 郝铁川、徐静：《经济全球化对法治是一把双刃剑》，《政治与法律》2004年第6期，第21—23页。

度；经济全球化带来的贫富差距的悬殊损害了发展中国家法治赖以生存的物质基础，加剧了世界各国法治的不平衡性。①

其实，东方的法律全球化的过程具有东方特色，开辟东方法律全球化的道路。如果简单从东西方社会的合力视角看，法律全球化至少是西方法律全球化和东方法律全球化的合力，不可能是单方面的西方法律全球化的普世过程。

四、欧盟法律不可能是全球法治的唯一路径

还有一个焦点问题，就是欧盟法律区域化与法律全球化的关系，或者欧盟法律区域化对法律全球化的启示作用问题。有些学者认为欧盟法律区域化是法律全球化的一种大趋势。

中国有的学者提出，"欧盟法的出现在理论上给我们提出了挑战。究竟如何看待欧盟成员国把属于自己主权范围的权力转移给共同体现象，即欧盟法是超国家法，还是国家间的法，还是其他什么？文章认为，对欧盟法究竟属政府间的法，还是超国家的法，应采用动态的、发展的、辨证的观点来看待。不能做绝对的回答，而应依时间、领域不同而不同对待，不顾发展不平衡而用一个框架、一种模式、一种普适主义的公式笼而统之是不切合实际的"。②

本书著者认为，欧盟法律区域化的全球化趋向只是法律全球化的欧洲模式，不能确定为法律全球化的唯一路径模式。笔者赞成朱景文的下述看法，"世界的发展是不平衡的，用一个框架、一种模式、一种普适主义的公式笼而统之，是不切合实际的，也是危险的"。③

东盟为人类文明的发展开辟了一种新的模式，即东盟模式。东盟的建立是基于东南亚独特的多元文化整合的社会发展模式。东南亚是世界上人口比较稠密的地区之一，民族宗教的分布特点是民族分布比较复杂而主干宗教分布相对简单。一方面，东南亚各国都是多民族的国家，民族关系异常复杂；另一方面，虽然宗教信仰繁多，但按人口数量排列主要宗教有伊斯兰教、佛教、基督教，亚洲只有三个基督教国家，两个就在东南亚。

东南亚有11国家（原来只有10国家），由于东帝汶独立（2002年）得

---

① 郝铁川、徐静：《经济全球化对法治是一把双刃剑》，《政治与法律》2004年第6期，第21—23页。
② 朱景文：《欧盟法劝法律全球化的意义》，《法学》2001年第12期，第57—61页。
③ 朱景文：《欧盟法对法律全球化的意义》，《法学》2001年第12期，第57—61页。

比较晚，因此除了东帝汶，东南亚区域内十国组成了东南亚国家联盟组织（1967年8月8日成立于曼谷）。东盟的最大特点就是追求文化多元一体。由于东南亚民族宗教的多元鼎立，东盟只好把本共同体的发展定格为多元一体、组建开放式社会、分块建设、扎实推进的文化共同体，不可能像欧洲那样有共同宗教文化、组建为有共同宪法和共同货币的政治经济共同体，东盟只能确定为促进东南亚各国政治、经济合作的文化共同体。东盟虽然对东南亚经济文化发展也起到了重要作用，但还无力组建像欧盟那样的政治经济共同体。因此，东盟社会文化共同体只能把重点放在关注人的发展与安全、环境和自然资源的可持续性，以及在保护多元文化的基础上培养地区认同。

根据2004年第十次东盟首脑会议上通过的东盟社会文化共同体行为计划，该共同体应具有如下特征：第一，超越宗教、种族、语言、性别和社会文化背景障碍，每个人都平等地享有各种发展机会；第二，充分培养人的潜能，使每个人都能参与世界竞争；第三，通过处理贫困和平等问题，以及给予那些可能会受到凌辱、忽视和歧视的脆弱群体，如儿童、青年、妇女、老人、残疾人以特别关爱，来坚持社会和分配的公正原则；第四，保护环境和自然资源，使其可持续发展，为后代留下遗产；第五，公民社会为政策选择提供依据；第六，人民身心健康，生活在和谐和安全的环境中；第七，东盟公民通过历史联系和文化遗产的共同体意识相互交往，通过共同的地区认同结合在一起。由此可见，东盟的组建不仅关注人的发展和安全，而且还注重文化交流、保护多元文化遗产、有着共同地区认同，更关注环境、保护资源的可持续发展，这标志着东盟地区主义在社会文化方面向前迈了一大步。但是，东盟距离欧盟的一体化还有很大差距。

虽然从东盟社会结构看，东盟不可能发展成为欧盟那样的共同体，但东盟也有自己的整体发展目标，即把东盟组建为具有经济共同体、安全共同体属性的社会文化共同体，促进东盟社会的经济、安全和文化三大支柱相互支撑的共同体。在2004年制定的万象行动计划中，东盟被描绘为一个商品、服务、资本完全自由流通的单一市场和生产基地，共同体中成员国内部和成员国之间，经济公平发展，减少贫困和社会经济不平衡。东盟的较高目标是以多元一体化的新思路来推动东盟社会文化共同体的建设。虽然形成东盟意识和地区认同是东盟社会文化共同体建设的终极目标，但在一个具有多元宗教、多元文化和多元意识形态的地区形成一种认同并非易事。所以，东盟选择了多元一体化道路，为的是不强求宗教、文化和意识形态的统一，相反却强调在充分尊重多元宗教、文化和政治制度的基础上通过交流和对话来塑造一种地区认同和东盟意识，这就开辟了欧盟之外的文化多元共同体的发展模式。

正是东盟这种多元一体模式才决定了它是个开放的国际组织，因此有了后来的10＋3，吸收中日韩的加盟，这是东南亚和东北亚走向联盟的萌芽。东盟的10＋3也许有更大的扩大发展，也许未来东盟和"上合组织"会联合起来，也许将来会把南亚诸国争取为东盟会员国，但要把西亚也网罗进来的可能性是几乎不存在的。或者说，在亚洲形成东南亚与东北亚的联盟比较容易，而进一步与南亚的联盟很难，与西亚联盟形成全亚洲的"亚盟"则难上加难。原因有很多，其中一个重要原因是，西亚与北非自古以来就是国际政治冲突的多发地和火药桶。

东南亚多元文化的分布，产生了东南亚独特的民族文化结构，为东南亚发展提供了独特的人文地理。这主要有两个方面的原因。一方面，东南亚的佛教地区与伊斯兰教地区这两个文明板块的连接点多半不是陆地，而是海洋。唯一与陆地接壤的就是泰国和马来西亚，因此蕴含了泰国的佛穆冲突。众所周知，世界上较为严重的民族宗教冲突大都是与陆地接壤的，如亚洲的巴以冲突、印巴冲突、僧泰冲突以及库尔德人问题，欧洲的英国北爱尔兰问题、西班牙的巴斯克人问题，美国的墨西哥裔问题。另一方面，东南亚民族宗教分布的特点是民族众多但主流宗教较少。东南亚的大陆板块主流是佛教，佛教具有崇文不尚武、内敛不扩张的文明精神，有利于营造邻国之间并存和睦、合作共赢的局面。

第三节
全球法治与全球伦理关系

全球伦理与全球法治的关系结构有如两个交叉的圆，是由三个部分组成的：前两个部分分别是全球伦理与全球法治各司其职的部分，在一定的时代和一定的范围内，这两个部分互不干涉、相对稳定。当然，随着时代的发展和变换，以及适用范围的改变，两者各司其职的部分会发生变化。第三个部分就是全球伦理与全球法治交叉、共治和共管的部分，这个共管的范围也随着时代和具体情况的变化而变化。因此，两者的界限也是相对静态、随着时代和具体情形而发生变化的。

全球法治与全球伦理的关系问题不能孤立地看，必须找到二者的共同目标，这个共同目标就是解决全球问题，从属于全球治理的范畴，是全球治理的两个主要手段。全球治理包括很多方面，主要包括全球法治与全球伦理。全球法治与全球伦理的双治包括两个方面，一方面是一个各司其职的问题，另一方面是全球法治与全球伦理的共治问题。这是一个全新的现实问题和理论问题，学界根本还没有进行丝毫探讨。这本是一个未来解决全球问题的关键问题，这里也只能进行初步的探讨。

一、全球伦理与全球法治的界限

全球法治与全球伦理关系问题中各司其职的问题指的是两者的职能范围、分工和界限问题。这个问题存在复杂的两个方面：一方面，我们不能以全球问题的种类、对象来划分全球法治与全球伦理的分工问题，因为不难确定，所有的全球问题都是全球法治与全球伦理共管的对象和范围；另一方面，全球法治与全球伦理的分界线不在于所要解决的问题，而在于二者解决问题的程度或者严重性。

其实，全球法治与全球伦理的界限问题，和法律与伦理的界限问题是一个道理，二者共同掌管着共同的社会问题，二者的区别或分界线在于，伦理比法律管得更宽，比如情感问题、爱情问题、私生活问题，只要不伤害到他人，法律就不能介入，但都存在伦理道德问题，都受到伦理道德规范的管束。法律或法治只处理那些严重违反伦理的事情，如果尚未达到严重违反的程度，就只能留给伦理规范来管束。

相比较而言，全球法治远比国家法治更加软弱无力，全球伦理也远比国家伦理更加软弱无力。国家法治和国家伦理可以借助于强大的国家机器，通过国家军队、司法机关（检察院、法院，公安机关只是司法行政机关）及其严密的法律体系、庞大的行政机关及其更严密的行政行为，还有本国的伦理习惯、习俗，为自身提供强有力的保障。如果说，国家法律不能管束所有问题，那么国家伦理则事无巨细地管束着国家社会成员的一切行为。全球法治和全球伦理的世界则是完全不同的天地，联合国、国际法院、维和部队只在很有限的范围内起作用，国际法，无论是国际经济法、国际公法和国际私法根本不能与国家法律相抗衡。只要国家法律通过各种各样的"保留条款"，就足够抵制或阻止国际经济法、国际公法和国际私法的管辖。

全球问题种类繁多，日益严重，包括全球气候变暖问题、臭氧层破坏和损耗问题、生物多样性减少问题、土地荒漠化问题、森林植被破坏问题、水资源危机和海洋资源破坏、酸雨污染问题、艾滋病问题、全球性贫穷问题、国际霸权主义和强权问题、全球性恐怖主义问题、难民问题、毒品问题等。

谁来为全球问题买单？谁来为解决全球问题负责？是国家？是全人类？其实，这不是一个二选一的问题，而是个复合问题。全球问题危害国家，危害人类，因此国家必须买单，人类也当然必须买单，都必须为全球问题负责。因为是全球问题，因此必须是全人类买单，包括国家、企业、个人。受害者是全人类，每个人都不能逃避全球问题的侵害。这还不是问题的关键，问题的症结在于，谁能为全球问题来负责？负多大责任？是口头上负责，还是用行动解决问题？很多国家、很多人明知自己应该负责，口头上也声明要负责，但为了自己的私利，就是不肯在行动上负责，而且为了自己的利益还在继续加重全球问题恶性发展的趋势。

解决全球问题属于全球法治的范畴，还是全球伦理的范畴？这个问题是非常复杂的，很难简单地予以回答，不妨仅以全球气候变暖问题为例。

二、谁为全球气候变暖买单

全球气候变暖是一种自然现象。全球气候变暖对人类生存与发展产生了严重的威胁，它会使全球降水量重新分配、冰川和冻土消融、海平面上升等，不仅危害自然生态系统的平衡，还威胁人类的生存。由于陆地温室气体排放造成大陆气温升高，与海洋温差变小，空气流动减慢，因而雾霾无法短时间被吹散，致使很多城市雾霾天气增多，影响人类健康。变暖的危害从自然灾害到生物链断裂，涉及人类生存的各个方面。全球气候变暖的原因有自然的，也有人为的。人类的工业和人类生活向大气排放有毒气体和液体，无疑担负着一定的责任。发展低碳经济、汽车限行、暂停生产等措施只有短期和局部效果，并不能从根本上改变气候变暖和雾霾污染。

人们意识到全球气候变暖问题严重危害人类生活，并开始付诸行动以改善问题。全球气候变暖问题是一种自然和人为合力造成的结果，人类只能改善人为加重的部分，不能改变自然变暖的部分。因此，为阻止全球变暖趋势，1992年联合国专门制定了《联合国气候变化框架公约》，其目标是"将大气中的温室气体含量稳定在一个适当的水平，进而防止剧烈的气候改变对人类造成伤害"。该公约于同年在巴西城市里约热内卢签署生效。依据该公约，发达国家同意在2000年之前将其释放到大气层的二氧化碳及其他"温室气体"的排放量降至1990年时的水平。另外，这些每年二氧化碳合计排放量占到全球二氧化碳总排放量60%的国家还同意将相关技术和信息转让给发展中国家。

发达国家转让给发展中国家的这些技术和信息有助于后者积极应对气候变化带来的各种挑战。1997年12月在日本京都通过《联合国气候变化框架公约京都议定书》，并于1998年3月16日至1999年3月15日间开放签字，共有84国签署。截至2004年5月，已有189个国家正式批准了上述公约。该公约于2005年2月16日开始强制生效，到2009年2月，共有183个国家通过了该公约（超过全球排放量的61%）。

《京都议定书》之后，联合国还努力通过了《哥本哈根会议》（2009）、《巴黎协定》（2015）等全球性文件。哥本哈根世界气候大会全称《联合国气候变化框架公约》第15次缔约方会议暨《京都议定书》第5次缔约方会议，于2009年12月7—18日在丹麦首都哥本哈根召开。来自192个国家的谈判代表参加峰会，商讨《京都议定书》一期承诺到期后的后续方案，即2012年至2020年的全球减排协议。"哥本哈根会议"时代，人们已经认识到解决全球气候变暖问题，人类可以努力的方面包括用受限的生活方式减少热量排放：工业服务于生活，生活用品受限，工业自然减少。减少热量排放应放在每个人的日常生活习惯上，用固定的生活用品限制生活用品的滥用，用有限度的使用生活用品，达到限量生产，限量加工，从而抑制工业泛滥，减少热量排放。但是这仅仅停留在意识层面，很少落实到行动上。

2015年12月12日，《联合国气候变化框架公约》200个缔约方会议第二十一次大会在法国巴黎布尔歇会场圆满闭幕，全球195个缔约方国家通过了具有历史意义的全球气候变化新协议。这一《巴黎协定》也成为历史上首个关于气候变化的全球性协定。大会谈判一波三折，历经13天马拉松式的艰苦谈判，最终达成历史性协定。协定在总体目标、责任区分、资金技术等多个核心问题上取得了进展，被认为是气候谈判过程中历史性的转折点。本次达成的《巴黎协定》英文版31页、法文版39页、中文版32页，共有29项具体条款，包含减缓、适应、损失和损害、资金、能力建设和透明度等要素。分析普遍认为，《巴黎协定》是一份全面、平衡、有力度、有法律效力的协议，在照顾各方核心关切的基础上实现了现阶段最大可能的力度，体现了减缓和适应相平衡，行动和支持相匹配，责任和义务相符合，力度雄心和发展空间相协调，2020年前提高力度与2020年后加强行动相衔接等特征。根据协定，各方同意结合可持续发展的要求和消除贫困的努力，加强对气候变化威胁的全球应对，将全球平均气温升幅与前工业化时期相比控制在2℃以内，并继续努力，争取把温度升幅限定在1.5℃之内，以大幅减少气候变化的风险和影响。此外，协定指出发达国家应继续带头，努力实现减排目标；发展中国家则应依据不同的国情继续强化减排努力，并逐渐实现减排或限排目标。资金方面，协定规定发达国家应协助发展中国家，在减缓和适应两方面提供资金资源。同时，将"2020年后每年提供1000亿美元帮助发展中国家应对气候变化"作为底线，提出各方最迟应在2025年前提出新的资金资助目标。在大会的闭幕全会上，各缔约方对刚刚出炉的《巴黎协定》表示积极支持并给予高度评价，其中"历史性意义"成为关键词。尽管《巴黎协定》为今后全球应对气候变化明确了程序与方向，但其本身并不完美，各国仍需在新的起点上继续努力。

有的学者在研究全球变暖与国家伦理的关系时提出，"国家伦理是国际社会达成共识的根基"，"国家伦理是实现国际共同合作的保障"。[①] 其实，这种把解决全球变暖问题的责任简单归属于国家伦理的看法虽然也有一定的合理性，但却隐藏着极大的荒谬性。

其中的合理性在于，解决全球问题的主要责任当属国家。实际上，国家是担负解决全球问题的主力军，国家是承担解决全球问题责任的主体力量。有的学者已经认识到，"国家伦理是国家作为一个主体对其全体国民及其他国家、整个国际社会所承担的道德责任和伦理关怀，具有国际国内两个维度。我们需要在全球变暖背景下建构国家伦理，为国家间实现责任共担奠定共同道德根基"。[②] 然而，"全球变暖是人类有史以来面临的最大挑战，各个国家在全球变暖责任的承担上始终无法达成共识，这是国家伦理的缺失"。[③] 为什么会这样呢？理由很简单，主要原因是国家利益与全球利益在某些方面发生了冲突，也就表明国家伦理和全球伦理发生了冲突。

上述看法的荒谬性在于其隐含了巨大漏洞，主要有两个漏洞。解决全球问题只有或唯有国家承担责任和履行义务，或者说国家承担所有全球问题的责任，这种说法肯定是错误的。因为解决全球问题是全人类的事情，从社会行为体视角看，除了国家，还有个人、非政府组织、各种国际组织，它们都应对解决全球问题承担一定的责任。因此，不能把本属于全人类的任务全归结为国家（伦理）的责任。此外还有一个漏洞，即上述观点没有看到国家利

---

① 李颖超：《从国家伦理角度反思全球变暖及其应对措施》，《陕西行政管理学院》2014年2月第28卷第1期。

② 李颖超：《从国家伦理角度反思全球变暖及其应对措施》，《陕西行政管理学院》2014年2月第28卷第1期。

③ 李颖超：《从国家伦理角度反思全球变暖及其应对措施》，《陕西行政管理学院》2014年2月第28卷第1期。

益与全球利益、国家伦理与全球伦理之间的矛盾，或许把全球利益及全球伦理简化为国家利益及国家伦理，或者误认为国家伦理与全球伦理是完全一致的。

从实际情况看，当今世界绝大多数国家对于全球问题并未担负完全的责任。诚然，对此也不能简单看问题。有些国家对于有些全球问题的某些方面担负了相当部分的责任，但并未担负全部责任。很多国家在不断努力实现着低碳经济，就是要对全球变暖担负责任。问题的关键是，实现低碳经济的国家为什么不彻底放弃排放污染？当与自己国家利益发生矛盾或冲突的时候，多数国家会选择以国家利益为重，而把担负解决相应全球问题的国家责任或应履行的国家伦理放在一边。正像有的学者看到的那样，对于全球变暖问题，表现出大量的国家伦理缺失，"现实生活当中国家伦理缺失的表现随处可见。如上世纪 40 年代初期发生在美国洛杉矶的光化学烟雾事件，造成数以百计的人死亡，很多受到轻微污染的人都出现了眼睛肿痛、呼吸困难等不适状况。……排出 1000 多吨碳氢化合物，300 多吨氮氧化物，700 多吨一氧化碳。而大量炼油厂和三高型企业的正常运转加重了污染的程度，加速了全球范围气温的升高。与洛杉矶光化学烟雾事件齐名的还有 1952 年英国伦敦烟雾事件"。[1] 其实，这种对全球问题不负完全责任的国家绝不限于英国和美国。

值得注意的是，按理说，排放二氧化碳越多的国家，所应担负的责任就应当越大，但实际上，美国是排放二氧化碳最多的国家，但也是最不负责的国家。全世界拿美国却毫无办法，美国在解决全球气候变暖问题上为全人类带了一个很坏的头。美国人口仅占全球人口的 3% 至 4%，而排放的二氧化碳却占全球排放量的 25% 以上，为全球温室气体排放量最大的国家。美国曾于 1998 年签署了《京都议定书》，但 2001 年 3 月，布什政府以"减少温室气体排放将会影响美国经济发展"和"发展中国家也应该承担减排和限排温室气体的义务"为借口，宣布拒绝批准《京都议定书》。2011 年 12 月，加拿大宣布退出《京都议定书》，成为继美国之后第二个签署但后又退出的国家。

三、全球法治和全球伦理的共管部分

全球伦理与全球法治的交叉部分就是全球伦理与全球法治共治和共管的

---

[1] 李颖超：《从国家伦理角度反思全球变暖及其应对措施》，《陕西行政管理学院》2014 年 2 月第 28 卷第 1 期。

范围，反过来说，全球伦理与全球法治共治和共管的范围就是全球伦理与全球法治的交叉部分。全球伦理与全球法治的共治包括很多方面。

首先，它们的共同目标都是全球治理，共同任务都是解决全球问题。这一点在前面已经点明，无需多论。

其次，它们在共同解决全球问题和参与全球治理中，不是泾渭分明的，往往具有一个极其广大的交叉空间，这个空间就是全球伦理进入全球法治的那部分。正如国内法律那样，先有道德伦理，进而把道德伦理的底线输送到法律，成为制定和实施法律的原则和最基本的规范。在这个范围内，伦理和法律重合了。全球伦理与全球法治的发展也有这样一个相似的过程。

全球伦理与全球法治有很多共同的问题，主要有两个问题：一个是社会关系问题，聚焦的首要问题就是人权问题。另一个是人与自然的关系问题，集中在气候、森林等自然环境问题上。关于人权问题和自然环境问题，属于全球伦理的重要内容，本书在第六章最后两节进行解析。这里侧重研究人权、自然环境在全球法治和全球伦理治理中的分工与合作。

人类文明是个别先知带领少数人开辟出一条道路，吸引更多人走上构建更加美好之路的过程。走的人越多，全球性道路就越宽。建构全球伦理和全球法治的过程正是这样的过程。

本书著者认为，法律全球化是一个过程，是从联合国到各国的自上而下的过程，还包括非政府组织自下而上的过程，这两个过程是同时向前发展的。此其一。其二，全球法治和法律全球化是全球化在法律上静态和动态的两个方面。全球法治是一种动态过程，法律全球化是全球法治成果的静态表达。为此，本书著者比较赞同清华大学法学院高鸿钧教授的下述观点，"法律全球化表现在不同维度，既有自上而下的法律全球化，也有自下而上的法律全球化，还有新商人法那样特定领域'横行'的法律全球化。法律全球化对民族国家政治秩序和法律体制提出了挑战。当代关于法律全球化的主要理论范式对于思考如何应对这种挑战，具有重要启示，但它们也存在某些缺陷"。[①]

如果说全球法治既包括自上而下的法律全球化，也有自下而上的法律全球化的话，那么全球伦理主要是自下而上的社会运动。

---

① 高鸿钧：《法律全球化的理论与实践：挑战与机会》，《求实学刊》2014 年第期，第 84—93 页。

结语：全球伦理引导人类文明良性发展

全球伦理对现代人类文明发展进程具有决定性影响，虽然不能完全主宰现代人类文明的发展状态，但最起码为人类文明沿着良性方向发展提供了一种现实的可能。因为人类文明并不必然沿着良性方向发展，人类社会存在向多种方向发展的可能，因而完全存在向下发展即向恶性发展的可能性。随着全球化的深度发展，严重的全球问题威胁着人类的生存与发展，因此当代人类文明的发展面临重大分叉问题。其中，只有追求全球利益、构建全球伦理、进行全球治理等一系列全球良性行为，人类文明才能确保向良性方向发展。拉兹洛为我们勾画了人类经济模式发展的进化蓝图，"这幅进化的全景显现出沿着一条中轴线飞行的历史的时间之矢：狩猎采集的——放牧的——农业的——前工业的——工业的——后工业的社会。历史时间之矢的飞行可以在任何一点上跨越一个阶段。但是，它不会全面地和稳固地逆转，除非受到异常强大的外部因素的冲压（长期遭受异族统治，长期气候变迁带来不利后果，以及类似情况。）"[①]

据拉兹洛分析，人类文明已经历了三次重大分叉，第一次是5000年前的古代人，第二次是1000年前的中古人，现代人不过才400年。这三代人类文明在分叉中，"每一种都产生了一种不同的文化，一种不同的社会，从而产生了一个不同的时代"。[②] 人类文明发展的每次分叉都遇到相应的危机，只有克服了所面对的危机，人类才能走出时代的困惑，把原来的文明层次提升为更高的文明层次。第三次即当代人类文明发展的分叉是历史上最严重、最危险的一次，也是最重要的一次。

人类文明发展正在朝向或经历着文明发展的分叉，要么无力解决全球问

[①] ［匈牙利］E. 拉兹洛，闵家胤译：《进化：广义综合理论》，社会科学文献出版社1988年版，第99页。

[②] ［匈牙利］E. 拉兹洛，闵家胤译：《世界系统面临的分叉和对策》，社会科学文献出版社1989年版，第5、56页。

题而导致人类文明的大灾难而走向毁灭道路，要么在有效解决全球问题之后把文明推向一个新的发展阶段。建立全球伦理是解决全球问题的重要途径，也是避免人类文明毁灭、推动人类文明再造辉煌的必要手段。可以说，全球伦理是确保当代人类文明沿着良性分叉向前发展的最主要手段之一。

不难断定，全球伦理在现代文明分叉中将会起到非常重要的作用。人类文明的分叉至少是双向的，一是向下的恶性分叉，使人类走向毁灭的道路。一旦选择只顾享受自己既得利益，而任凭全球问题日益严重下去，人类的末日就已经不远了。二是向上的良性分叉，使人类文明走向向上提升的道路。避免向下的恶性分叉，走上向上的良性分叉，构建全球伦理系统与全球法治体制，成为人类文明提升的必需。一旦选择了通过全球伦理、全球法治等手段救治全球问题的道路，人类文明的发展将提升到一个新的高度。

当然，选择向上的道路是很艰难的，起点只能选择全球伦理的"必须"即全球伦理的底线（最低主义），目标是奔向全球伦理"应当"的"最高主义"。这种过程不是一种"必然"，只是一种"可能"。因为人类未来的发展是人类选择的结果，而人类选择是多维的，不是一维的，或者说是多种可能的，而不是一种可能的。

从二元思维角度看，人类选择至少有两种可能性。一种可能性是放弃恶性发展而选择可持续发展的良性道路，在危害地球环境的恶性发展道路上悬崖勒马，建立并遵循全球伦理。伦理的本质是正义或正当得利，因此选择向上的发展道路就是选择一条发展正义的道路。另外一条道路则是以片面地追求"我们这一代人的利益""自己的既得利益"为铁律，不惜牺牲后代人和他人的利益，损害人类整体利益，造成人类的提前灭亡，陷入人类夭折的陷阱。

就目前存在的状况看，这两种选择都已经启动了。一方面，各国为追求国家利益而牺牲全球利益，不管后代人和人类整体利益，只管追求"我们这一代人的利益"，此类行为比比皆是。另一方面，不仅人类的一些先知，还包括一些非政府组织（如绿色和平组织等）和明智的国家，选择全球伦理等全球治理的方式，坚持可持续发展道路，放弃恶性发展道路。人类未来的发展走向，将取决于人类这两种选择的比值。

无论如何，构建全球伦理是解决全球问题、医治现代病的必需，但构建全球伦理的道路充满荆棘。因为即便构建最低值的全球伦理的底线已经极为艰难，更不用说构建最高值的全球伦理。不过，虽然构建全球伦理极其艰难、任重道远，但如果能够悬崖勒马、竭尽全力，人类还有希望；如果现代人太过现实，甘愿放弃所有理想，那么人类将无法避免灭顶之灾。因为现代人类危机的深度、广度和难度都是空前的,现代文明发展使得人类正面临生死攸关的三叉路口!

以往有两种错误观念,一种认为人是生物圈中最复杂的系统,因此人注定要长期生存下去、经久不灭。另一种则认为,"现在人注定要灭亡"。[1] 拉兹洛认为这两种注定的观点都是错误的,当代人的命运不是"注定",而是"可能"。他说,"人类能不被技术社会毁灭吗?一个有能力释放原子中的能量的物种,一个有能力掌握复杂而精细的稀有物种,也有能力长期生存下去吗?答案决不是确定无疑的。很遗憾,我们至今未能成功地取得与外星人的联系,尽管我们有充分的理由相信在通讯所及的范围内存在智能物种。我们这样说是担心人类无法控制军备竞赛,无法清除危险技术,也无法遏制住环境的衰败"。[2] 拉兹洛认为,无论是历史决定论,还是相反的非决定论,都含有一定的合理性,但也都不完全正确。他提出,"从进化的观点来看历史,决定论和非决定论、秩序和混沌是相互交替的。在决定秩序期间,至少在原则上社会是可预见的:就如我们对组成这个社会的元素,制约着它的那些力量,以及从外部环境作用于它的那些力量,都有足够的了解的话,那么我们就能在某种有限精确度的范围内预言社会未来的行为,即它未来的近似状态,或大概会出现什么样的局面。可是,在此期间,决定论消逝了,凭对这个系统的元素以及从内部和外部作用于它的那些力量的了解不足以预言它未来的行为。原因是出现了多条可供选择的轨线,因而观察者注定不可能说出系统准会选择哪一条"。[3]

全球问题来势如此凶猛,以至于人类若不很好地解决全球危机,人类完全有可能衰败下去。全球问题把现代人推向后现代人的地步,如果后现代人更多的是自私的和不正直的,那么人类文明面临的将不仅是倒退或停滞发展的问题,而是已经到了生死存亡的拐点。"如果后现代人是正直的,那么随之而来的时代将会是光明的。"[4]

由于全球伦理仍然处于萌芽或初生阶段,可能需要未来几百年甚至更长的时间来完善,但是全球问题已经严重到刻不容缓的地步,恐怕等不了那么

---

[1] [匈牙利] E. 拉兹洛,闵家胤译:《进化:广义综合理论》,社会科学文献出版社1988年版,第127页。
[2] [匈牙利] E. 拉兹洛,闵家胤译:《进化:广义综合理论》,社会科学文献出版社1988年版,第128页。
[3] [匈牙利] E. 拉兹洛,闵家胤译:《进化:广义综合理论》,社会科学文献出版社1988年版,第128—129页。
[4] [匈牙利] E. 拉兹洛,闵家胤译:《世界系统面临的分叉和对策》,社会科学文献出版社1988年版,第5、56页。

长时间。

解决当代人类困境的方法不是现代人的生物变异，而是文化变异。避免人类文明坠入恶性发展道路而保证人类文明向良性的可持续发展，用拉兹洛的理念就是，"需要的不是一个生物学上有变异的人，而是在文化上有变异的人。进一步观察证明，决定我们可预见的未来的因素是社会文化。……决定我们未来的是社会的文化演变，而不是人的生物学进化"。[①]

人类未来的文化演变是个复杂的问题。对人类未来的预期有多种，最主要的有以下几种。其一，末日审判论是一神教，即犹太教、基督教和伊斯兰教的共同看法。还有很多宗教历史观大多认为未来是"神"预先设定好的。

其二，机械唯物主义的决定论是单向、线性发展的，这种观点认为，"历史的规律在很大程度上决定社会的演变过程"。[②] 前两种观点都是宿命论，要么有如宗教历史观是由"神"决定的，要么有如机械唯物主义历史观是由"规律"决定的。尽管这两种观念"可能"具有某种合理成分，但并不一定是完全正确的，有可能是错误的。还存在一种不同的历史观、未来观，即"未来绝不是决定了的"。[③]

其三，是马克思、恩格斯创造的历史唯物主义的观点。他们"不同意认为历史规律起着决定性的作用这种机械的看法"。[④]

当然，还有一些别的历史观，如主观唯心主义、儒家历史观等，认为人的能动性是很大的，甚至可以达到近乎神的境界。主观唯心主义认为，"天地万物皆在吾心中"，[⑤] 儒家认为至人至圣的人们"可以赞天地之化育，则可以与天地参矣"。[⑥] 然而，人类的圣人是极少数的，况且即便是圣人，也同样会经常犯错误。

我们认为马克思主义的历史唯物主义的合理性成分很大。历史唯物主义的最大贡献在于揭示了人的主观能动性与客观条件的互动，推动了历史的发

---

① ［匈牙利］E. 拉兹洛，闵家胤译：《世界系统面临的分叉和对策》，社会科学文献出版社 1988 年版，第 5、56—57 页。

② ［匈牙利］E. 拉兹洛，闵家胤译：《世界系统面临的分叉和对策》，社会科学文献出版社 1988 年版，第 5、58 页。

③ ［匈牙利］E. 拉兹洛，闵家胤译：《世界系统面临的分叉和对策》，社会科学文献出版社 1988 年版，第 5、59 页。

④ ［匈牙利］E. 拉兹洛，闵家胤译：《世界系统面临的分叉和对策》，社会科学文献出版社 1988 年版，第 5、58 页。

⑤ 王阳明：《大学问》。

⑥ 《中庸·尽性章》。后来，朱子又发扬其说："此儒者之学，必至参天地，赞化育，然后为功用之全也。"其实，这只有人类极少数的圣人才能完成的。

展；认为历史是人创造的，是人的主观能动性在客观条件允许的情况下创造的。历史唯物主义显然不是神学天命论或机械决定论，坚决反对宿命论。

在未来构建全球伦理的过程中，人类还需要克服两大难关。首先需要克服个人主义、公司主义、国家主义的自私性。很多富人无端浪费财富，认为反正是花自己的钱，哪管地球资源的有限性。很多跨国公司为了本公司的利益，不惜逃避发达国家的法律而把公司污染环境的生产线转移到不发达的国家地区。很多国家（尤其是美国）为了本国利益，不惜牺牲他国利益，包括子孙后代的利益。国家伦理的诉求目标是国家利益。全球伦理属于全球主义范畴，维护的群体利益是全球利益，而不是国家利益。由于全球伦理是20世纪90年代后才开始兴起的新兴伦理，当今时代主宰人类伦理的主流还是维护国家利益的国家伦理，而不是追求全球利益的全球伦理。国家伦理经历了与国家一样长的历史哺育，因此国家伦理远远强于全球伦理。其次，必须克服西方中心主义，因为西方中心主义对当今国际社会的影响还是很大的。

构建全球伦理，走出当代人类发展危机，需要实现价值观的转变，而且这种转变已经悄然向我们走来：① 首先，在"人与自然的关系"上，旧观念认为人定胜天，自然是人征服的对象。新观念则认为，人类是地球上生物圈中自我维持和自我进化的自然系统中的一个有机组成部分。其次，在竞争与合作问题上，传统观念认为，经济是一种斗争与生存的场所，无论是个人利益还是公共利益，都托付于"无形之手"，新观念则强调合作的价值高于竞争。再次，在积累与持续问题上，旧传统认为物质财富的积累是成功的标志，很少关注能源、原材料和有关资源的成本。新观念则开始认识到价值创造过程的持续性所受到的威胁，开始关注人与人之间的关系，以及人和自然之间关系中的灵活性和适应性。

许多传统观念已经被认为是一种偏见，并为新观念所取代，成为构建全球伦理的观念基础：能够生存下去的未必都是最强者，而是最能与他们的同胞和自然系统共存的人；真正的效率不单是最大数量的生产，而是创造对社会有益的和必需的商品和服务；思想、价值观念和信念并非无用的玩物，而是在世界上起着重要作用的催化剂，当前在一个全球相互影响的信息社会转变的过程中，社会和文化的发展是进步的基本的先决条件；② 1988 年以前，

---

① ［匈牙利］E. 拉兹洛，李吟波等译：《决定命运的选择》，生活·读书·新知三联书店1997年版，第77—84页。

② ［匈牙利］E. 拉兹洛，李吟波等译：《决定命运的选择》，生活·读书·新知三联书店1997年版，第78页。

生态政治在政界不被人们接受,"在社会主义制度下不可能有环境恶化!第三世界各国的政府则声称,环境问题归因于工业化国家,因此这些国家应该承担解决环境问题的责任"。[1]

唤醒全人类的人们都来参与构建全球伦理,一方面需要克服西方中心主义偏见,克服西方人对待非西方社会的野蛮性,另一方面还需要东方社会的强大。在全球伦理兴起时代,需要中国传统伦理的贡献。由于西方社会危机的不断深入和东方文明的走强,西方强权伦理主宰人类发展的历史也就终结了,从而开启了东方伦理加盟国际事务的时代。可以说,仅有西方文明的单面走强,缺少东方文明的加盟,全球伦理是无法构建起来的。其中,中国崛起将对全球伦理发展发挥重要作用。随着中国成为世界第二大经济行为体,并在不久的将来成为世界第一大经济行为体,中国经济对世界经济的作用不断提升,中国文化(包括中国传统伦理观念)对世界产生不可或缺的影响,中国传统儒家伦理"己所不欲,勿施于人""和而不同"以及崇文不尚武的伦理风范将对全球伦理做出巨大贡献。如果中国片面发展物质文明,只顾发展经济,而忽视了政治文明和精神文明的完善、改革和建设,那么这不仅对中国是个大灾难,对世界也将是个大灾难。

从文明发展应当避免冲突、崇尚和谐的角度看,西方强权伦理追求的是一种"唯我独尊"的文明立场,不仅排斥本是同源的伊斯兰世界,基穆世界构筑了"同而不和"的紧张和冲突关系,形成"本是同根生,相煎何太急"的悲惨局面;而且排斥中华文明,构筑了假想的中西文明冲突。中华文明儒家伦理追求的是"和而不同"。孔子早已有言,"君子和而不同,小人同而不和"。[2] 唯有"和而不同"的伦理精神才能引领人类构建全球伦理。

诚然,如今国际社会处在国家伦理和全球伦理共同主宰现代人类发展的时代。虽然国家伦理依然是当今人类伦理发展的主流,但全球伦理一经产生,就成为人类伦理发展最具生命力的新生事物,"反映着全球政治的新质。"[3] 因此不难断定,以维护全球利益为诉求的全球伦理不仅是下一个时代发展的主流,而且是现代人必须付诸行动的主要责任。

构建全球伦理虽然美好,但却任重道远!

---

[1] [匈牙利] E. 拉兹洛,李吟波等译:《决定命运的选择》,生活·读书·新知三联书店1997年版,第79页。

[2] 《论语·子路第十三》。

[3] 蔡拓:《全球政治的要义及其研究》,《世界经济与政治》2005年第4期。

参考文献

(中文以汉语拼音为序,外文以英文字母为序)

一、中国古文文献

- 《楚辞·离骚》。
- 《道德经·一章》。
- 《道德经·三章》。
- 《道德经·七章》。
- 《道德经·二十九章》。
- 《道德经·三十七章》。
- 《道德经·四十二章》。
- 《道德经·五十一章》。
- 《道德经·五十二章》。
- 《道德经·六十三章》。
- 《道德经·七十三章》。
- 《道德经·八十章》。
- 《管子·国蓄》。
- 《管子·牧民·国颂》。
- 《管子·形势解》。
- 《国语·楚语下》。
- 《国语·鲁语》。
- 《国语·周语》。
- 《汉书·艺文志》。
- 《韩非子·五蠹》。
- 《韩非子·外储说左上》。
- 《韩非子·六反》。

- 《淮南子·礼运》。
- 《淮南子·览冥训》。
- 《淮南子·时则训》。
- 《礼记·郊特性》。
- 《礼记·曲礼上》。
- 《礼记·王制》。
- 《论语·为政》。
- 《论语·先进》。
- 《论语·八佾》。
- 《伦语·雍也第六》。
- 《伦语·先进》。
- 《论语·颜渊》。
- 《论语·泰伯》。
- 《论语·子罕》。
- 《论语·宪问》。
- 《论语·述而》。
- 《论语·子路》。
- 《孟子·滕文公》。
- 《孟子·尽心上》。
- 《孟子·梁惠王下》。
- 《孟子·万章上》。
- 《孟子译注》。
- 《孟子·告子上》。
- 《明史·外国传》。
- 《墨子·非儒下》。
- 《墨子·节葬下》。
- 《七略》。
- 《三王历记》。
- 《书·泰誓》。
- 《山海经·大荒西经》。
- 《山海经·海外西经》。
- 《山海经·大荒南经》。
- 《山海经·海内经》。

参考文献 | 455

- 《尚书·召诰》。
- 《尚书·蔡仲之命》。
- 《尚书·蔡仲之命》。
- 《尚书·西伯戡黎》。
- 《尚书·尧典》。
- 《尚书·吕刑》。
- 《尚书·序》。
- 《尚书·汤誓》。
- 《尚书·皋陶谟》。
- 《商君书·画策》。
- 《商君书·更法》。
- 《商君书·去强》。
- 《申子》。
- 《史记·五帝本纪》。
- 《诗经·大雅·文王》。
- 《诗经·雏》。
- 《诗经·文王》。
- 《诗经·召曼》。
- 《诗经·雨无正》。
- 《诗经·巷伯》。
- 《诗经·北山》。
- 《诗经·商颂·玄鸟》。
- 《诗经·小雅·雨无正》。
- 《诗经·小雅·节南山之什》。
- 《史记·补三皇本纪》。
- 《史记·秦始皇本纪》。
- 《太平御览》。
- 《问天》（屈原）。
- 《荀子·性恶篇》。
- 《荀子·天论》。
- 《易传·序卦》。
- 《艺又类聚》卷一。
- 《庄子·杂篇·天子》。

- 《庄子·天下篇》。
- 《中庸·尽性章》。
- 《竹书纪年》。
- 《左传·成公四年》。

二、马克思主义经典文献

- 毛泽东：《论十大关系》，《毛泽东著作选读下册》，人民出版社 1986 年版，《毛泽东选集》第五卷，人民出版社 1977 年版。
- 列宁：《社会主义与宗教》，《列宁全集》第 10 卷，人民出版社 1988 年版。
- 马克思：《不列颠在印度的统治》，《马克思恩格斯选集》第 4 卷，人民出版社 1995 年版。
- 马克思：《黑格尔法哲学批判》，《马克思恩格斯选集》第 1 卷，人民出版社 1972、1995 年版。
- 《马克思恩格斯全集》第 2、3、27、42 卷，人民出版社 1995 年版。
- 《马克思恩格斯选集》第 1 卷，人民出版社 1995 年版。
- 《马克思恩格斯选集》第 2 卷，人民出版社 1995 年版。
- 《马克思恩格斯选集》第 4 卷，人民出版社 1995 年版。
- 恩格斯：《家庭、私有制和国家的起源》，《马克思恩格斯选集》第 4 卷，人民出版社 1995 年版。
- 恩格斯：《自然辩证法》，人民出版社 1971 年版。

三、中文著作文献

- 白云真、李开盛：《国际关系理论流派概论》，浙江人民出版社 2009 年版。
- 北京大学哲学系外国哲学史教研室编译：《西方哲学原著选读》（上卷），商务印书馆 1982 年版。
- 北京大学哲学系外国哲学教研室编译：《古希腊罗马哲学》，商务印书馆 1982 年版。
- 曹兴：《中西元点政法比较》，中国政法大学出版社 2015 年版。
- 蔡元培：《中国伦理学史》，东方出版社 2012 年版。

·蔡拓：《全球化与政治的转型》，北京大学出版社 2007 年版。

·蔡拓等著：《全球学导论》，北京大学出版社 2015 年版。

·陈一峰:《论当代国际法上的不干涉原则》，北京大学出版社 2013 年版。

·陈麟书、陈霞主编：《宗教学原理》，宗教文化出版社 1999 年版。

·陈瑛主编：《中国伦理思想史》，湖南教育出版社 2004 年版。

·陈建民编著：《当代中东》，北京大学出版社 2002 年版。

·邓晓芒、赵林：《西方哲学史》，高等教育出版社 2005 年版。

·邓正来编：《王铁崖文选》，中国政法大学出版社 2007 年版。

·董进泉：《黑暗与愚昧的守护神》，浙江人民出版社 1988 年版。

·杜继文主编：《佛教史》，中国社会科学院出版社。

·范文澜：《中国通史（第一册）》，人民出版社 2008 年版。

·范文澜：《中国通史简编》，人民出版社 1985 年版。

·冯友兰著：《中国哲学简史》，北京大学出版社 1985 年版。

·郭国庆：《现代非营利组织研究》，首都师范大学出版社 2001 年版。

·龚学增、曹兴：《世界民族（第三卷）宗教信仰》，中国社会科学出版社 2013 年版。

·何怀宏：《底线伦理》，辽宁人民出版社 1998 年版。

·黄陵渝：《当代犹太教》，东方出版社 2004 年版。

·江文汉：《明朝间在华的天主教耶稣会士》，知识出版社 1989 年版。

·李亦园：《宗教与神话》，广西师范大学出版社 2004 年版。

·李默主编：《话说中华文明》，广东旅行出版社 2006 年版。

·李天刚：《"中国礼仪之争"：历史、文献和意义》，上海古籍出版社 1998 年版。

·林耀华主编：《原始社会史》，中华书局 1984 年版。

·刘泽华：《王权思想论》，天津人民出版社 2006 年版。

·刘清平：《忠孝与仁义》，复旦大学出版社 2012 年版。

·刘尧汉：《中国文明源头新探》，云南人民出版社 1985 年版。

·鲁迅：《鲁迅全集》第 11 卷，人民文学出版社 1981 年版。

·彭定光：《政治伦理的现代建构》，山东人民出版社 2007 年版。

·吕大吉：《宗教学通论新编》，中国社会科学出版社 1998 年版

·吕大吉、牟种鉴：《概说中国传统与传统宗教》，中国社会科学出版社 2005 年版

·牟钟鉴、张践著：《中国宗教通史》上卷，中国社会科学出版社 2007

年版。
- 牟钟鉴主编：《民族宗教学导论》，宗教文化出版社2009年版。
- 牟钟鉴：《儒学价值的新探索》，齐鲁书社2001年版。
- 罗国杰主编：《伦理学》，人民出版社1989年版。
- 罗国杰主编：《中国伦理思想史》上、下卷，中国人民大学出版社2008年版。
- 马啸原：《西方政治制度史》，高等教育出版社2006年版。
- 钱乘旦：《欧洲文明：民族的融合与冲突》，贵州人民出版社1999年版。
- 沈宗灵主编：《法理学》，北京大学出版社2001年版。
- 万俊人：《现代性的伦理话语》，黑龙江人民出版社2002年版。
- 万俊人：《寻求普适伦理》，商务印书馆2001年版。
- 王希恩：《民族过程与国家》，甘肃人民出版社1998年版。
- 王铁崖、田如萱：《国际法资料选编》，法律出版社1982年版。
- 王逸舟：《全球政治和中国外交》，世界知识出版社2003年版。
- 王立民：《中国法制史》，北京大学出版社2008年版。
- 韦正翔：《国际政治的全球化与国际道德危机》，中国社会科学出版社2006年版。
- 沈宗灵主编：《法理学》，北京大学出版社1999年版。
- 沈善洪、王凤贤：《中国伦理思想史》（上），人民出版社2005年版。
- 谢选骏：《神话与民族精神》，山东文艺出版社1986年版。
- 徐大同主编：《西方政治思想史》，天津教育出版社2000年版。
- 徐宗泽《中国天主教传教史》，上海书店1990年版。
- 晏可佳：《中国天主教史》，宗教文化出版社2001年版。
- 杨鸿烈：《中国法律发达史》，中国政法大学出版社2009年版。
- 杨共乐、彭小瑜主编：《世界史·古代卷》，高等教育出版社2012年版。
- 叶孝信主编：《中国法制史》，北京大学出版社2000年版。
- 俞正樑：《国际关系与全球政治》，复旦大学出版社2007年版。
- 俞正樑：《二十一世纪全球政治范式》，复旦大学出版社2005年版。
- 余潇枫：《国际关系伦理学》，长征出版社2002年版。
- 余潇枫、张彦：《人格之境：类伦理学引论》，浙江大学出版社2006年版。
- 肖佳灵：《国家主权论》，时事出版社2003年版。
- 张践：《民族宗教关系的社会理论考察》，宗教文化出版社2009年版。

- 张英：《东南亚佛教与文化》，中央民族大学出版社1999年版。
- 赵庆杰：《中国伦理精神的探源》，中国政法大学出版社2015年版。
- 赵可金：《全球公民社会与民族国家》，上海三联书店2008年版。
- 赵匡为主编：《世界宗教总揽》，东方出版社1993年版。
- 郑成良主编：《法理学》，高等教育出版社2009年版。
- 钟毓龙（民国）:《上古神话演义》第1卷，浙江人民出版社1985年版。
- 周国文：《公民伦理观的历史源流》，中央编译出版社2008年版。
- 周一良等主编：《世界通史·上古部分》，人民出版社1962年版。
- 周一良等主编：《世界通史·中古部分》，人民出版社1962年版。
- 周平：《民族政治学导论》，中国社会科学出版社2001年版。
- 周旺生主编：《法理学》，北京大学出版社2007年版。
- 《中国大百科全书》，中国大百科全书出版社1984年版。
- 卓新平主编：《宗教比较与对话》，第二辑，社会科学文献出版社2000年版。

四、中文论文文献

- 布鲁克、李毅夫、金天明：《当代世界上究竟有多少民族》，《世界民族》1979年第3期。
- 白芳辰：《世界上有多少民族》，《四川统一战线》2003年第2期。
- 曹兴：《从民族冲突类型看巴以冲突的根源与走向》，《西亚非洲》2008年第1期。
- 曹兴：《全球伦理二象性结构理论》，《扬州大学学报》2015年第3期。
- 曹兴：《浅谈宗教对人类伦理的贡献》，《中国宗教》2013年第7期。
- 蔡拓：《全球政治的要义及其研究》，《世界经济与政治》2005年第4期。
- 蔡拓：《21世纪的政治学呼唤新的思维》，《政治学研究》1998年第1期。
- 蔡拓：《全球政治的要义及其研究》，《世界经济与政治》2005年第4期。
- 崔建霞、孙美堂：《"全球伦理"的两难》，《宗教学研究》2007年第1期。
- 陈以藏：《全球公民教育思潮的兴起与发展》，《外国教育研究》2010

年第 3 期。

·丁宏：《全球化、全球治理与国际非政府组织》，《世界经济与政治论坛》2006 第 6 期。

·董漫远：《叙利亚危机及前景》，《国际观察》2012 年第 6 期。

·费孝通：《文化论中人与自然关系的再认识》，出自费孝通、德里达等著：《中国文化与全球化》，江苏教育出版社 2003 年版。

·冯合国：《论构建"普适伦理"的有利因素及障碍》，《重庆科技学院学报》2008 年第 4 期。

·高进福：《试论第一次十字军东征的宗教原因》，《世界历史》1994 年 2 期。

·高鸿钧：《法律全球化的理论与实践：挑战与机会》，《求实学刊》2014 年第 3 期。

·郝时远：《20 世纪三次民族主义浪潮评析》，《世界民族》1996 年第 3 期。

·郝铁川、徐静：《经济全球化对法治是一把双刃剑》，《政治与法律》2004 年第 6 期。

·葛荃、鲁锦寰：《论王权主义是一种极权主义——对中国传统政治文化的一种解读》，《山东大学学报》2006 年第 4 期。

·关今华、陈诚：《法律全球化与世界人权保护》，《东南学术》2004 年增刊（S1）。

·郭道晖：《公民权与全球公民社会的构建》，《社会科学》2006 年第 6 期。

·贺金瑞、吴燕：《从全球伦理运动看世界宗教对话趋势》，《中央民族大学学报》2005 年第 5 期。

·何发甦：《尚书·西伯戡黎"我生不有命在天"说辨析》，《史学史研究》2008 年第 2 期。

·何增科：《全球公民社会引论》，《马克思主义与现实》2002 年第 3 期。

·何怀宏：《一种普遍主义的底线伦理》，《读书》1997 年第 4 期。

·何怀宏：《全球伦理与道德常识》，《中国合作新报》1999 年 9 月 9 日。

·龚天平、伊伟中：《代际关系的伦理建构——"伦理的待机之维"评价》，《伦理学研究》2004 年第 1 期。

·李宇遐、刘永君：《以全球伦理道德为依托建立国际社会新秩序》，《玉溪师范学院学报》2005 年第 4 期。

·胡平仁、梁晨：《法律全球化与世界和谐》，《湖南行政学院学报》2010 年第 3 期。

·化涛：《权力宰制与社会运行——基于刘泽华先生"王权主义"的思考》，《理学导刊》2012 年第 3 期。

·李德顺：《普遍伦理及其客观基础》，《求索》1998 年第 5 期。

·李东燕：《全球政治与全球问题研究的兴起》，《教学与研究》2001 年第 9 期。

·李德顺：《普遍价值及其客观基础》，《中国社会科学》1998 年第 6 期。

·李斌：《保护的责任对不干涉内政原则的影响》，《西北政法大学学报》2007 年第 3 期。

·李伯军：《不干涉内政原则研究：国际法与国际关系分析》，武汉大学 2005 年博士学位论文。

·李颖超：《从国家伦理角度反思全球变暖及其应对措施》，《陕西行政管理学院》2014 年 2 月第 28 卷第 1 期。

·李玉静：《浅析国家伦理》，《长春理工大学学报（社会科学版）》2012 年第 12 期。

·李连华、颜吾佴：《浅论法律全球化》，《理论月刊》2003 年第 12 期。

·李清伟：《经济全球化与法律全球化辨析》，《贵州社会科学》2009 年第 11 期。

·李国富：《大国博弈下的叙利亚局势》，《求是杂志》2012 年第 15 期。

·李绍先、陈双庆：《大国实力博弈叙利亚》，《当代世界》2012 年第 3 期。

·梁振冲：《论十字军东侵前后基督教的权势扩张》，《科技信息》2012 年第 8 期。

·刘宝莱：《当前叙利亚局势及其发展前景》，《亚非纵横》2012 年第 3 期。

·刘爽：《巴以冲突的症结及由来》，《理论研究》2002 年第 14 期。

·刘喜珍：《论代际公正的基本理念》，《湖南社会科学》2010 年第 1 期。

·刘蕊：《论国际法上的不干涉内政原则》，《法制与社会》2009 年第 1 期。

·梁作甲、高兆明：《伦理学界对普遍伦理的讨论》，《学术月刊》2001 年第 3 期。

·廖小平：《生态伦理、代际伦理与可持续发展》，《道德与文明》2002

年第 3 期。

·廖小平：《代际伦理：一个新的伦理维度》，《伦理学研究》2003 年第 3 期。

·陆华：《国家伦理的内涵解读》，《东南大学学报》2009 年第 1 期。

·卢云军、陈建东：《全球伦理的建构何以可能》，《江西社会科学》2003 年第 2 期。

·卢风：《普遍伦理的三重障碍》，《求索》1999 年第 6 期。

·刘清才、张农寿：《非政府组织在全球治理中的角色分析》，《国际问题研究》2008 年第 1 期。

·吕大吉：《试论宗教在历史上的作用》，《世界宗教研究》1982 年第 4 期。

·明理：《市民社会伦理与国家伦理何以分离》，《西南民族大学学报》2005 年第 4 期。

·马佩英：《构建"全球伦理"之我见》，《首都师范大学学报》2009 年第 5 期。

·慕亚平：《对"法律全球化"的理论剖析》，《广东大学学报》2002 年第 3 期。

·彭锡华：《非政府组织对国际人权的保护》，《法学》2006 年第 6 期。

·邱美荣、周清：《"保护的责任"：冷战后西方人道主义介入的理论研究》，《欧洲研究》2012 年第 2 期。

·漆玲、赵欣：《建立全球伦理的可能性》，《道德与文明》2000 年第 6 期。

·曲红梅、高伟茹：《康德世界公民思想的四个焦点问题》，《吉林大学（社会科学）学报》2012 年第 1 期。

·曲红梅：《儒家的世界主义与斯多葛学派的世界公民主义》，《吉林大学（社会科学）学报》2014 年第 3 期。

·曲红梅：《古代世界公民主义与现代世界公民主义》，《哲学研究》2014 年第 1 期。

·曲相霏：《人·公民·世界公民：人权主体的流变与人权的制度保障》，《政法论坛：中国政法大学学报》2008 年第 4 期。

·任东来：《从负责人的公民到负责人的全球公民》，《美国研究》2003 年第 3 期。

·单纯：《略论中国人的"天下民族主义"》，《世界民族》2001 年第

2 期。

·宋歌：《当前国内关于"法律全球化"问题研究述评》，《社会科学》2004 年第 3 期。

·孙美堂：《超越全球伦理的两难》，《中共济南市委党校学报》2002 年第 1 期。

·汤剑波、陈建东：《全球伦理与国际新秩序的建立》，《国际关系学院学报》2000 第 3 期。

·田文林：《伊朗革命主义外交——理解第三世界政治的一种路径》，《现代国际关系》2006 年第 11 期。

·田文利、聂振华：《论国家伦理是警察伦理存在的正当性基础》，《中国人民公安大学学报》2008 年第 4 期。

·田文利、李颖超：《全球变暖中的国家伦理》，《中国工人》2011 年第 2 期。

·田文利、李颖超、王鑫：《国家伦理的概念、分类及其意义研究》，《陕西行政学院学报》2011 年第 4 期。

·陶涛：《全球治理中的非政府组织》，《当代世界》2007 年第 4 期。

·万俊人：《普适伦理及其方法问题》，《哲学研究》1998 年第 10 期。

·王京烈：《阿以冲突的历史根源、演变与发展趋势》，《中国社会科学院研究生院学报》1994 年第 3 期。

·王缉思：《民族与民族主义》，《欧洲》1993 年第 5 期。

·王文科：《经济全球化、全球问题与全球伦理》，《安徽师范大学学报》2004 年第 1 期。

·王忠春、张分田：《无讼思想与王权主义秩序情结》，《江西社会科学》2006 年第 5 期。

·王倩：《代际伦理：一个现代性的问题研究》，《辽宁行政学院学报》2009 年第 12 期。

·王建娥：《现代世界体系中的族际政治》，王建娥、陈建樾著：《族际政治与现代民族国家》，社会科学文献出版社 2004 年版。

·王文斌：《关于普适伦理的若干思考》，《中国矿业大学学报》2006 年第 2 期。

·王贵国：《经济全球化与全球法治化》，《中国法学》2008 年第 1 期。

·王雅轩：《中国历史上的无神论是马克思主义在中国传播的思想基础》，《辽宁大学学报（哲学社会科学版）》2000 年第 1 期。

・汪堂家：《代际伦理的两个维度》，《中州学刊》2006 年第 3 期。
・吴长春：《十字军东侵对东西方经济、文化交流的影响》，《西亚非洲（双月刊）》1988 年第 4 期。
・乌晓晔：《代际伦理：可持续发展伦理的新维度》，《内蒙古社会科学》2008 年第 1 期。
・徐步华、叶江：《浅析非政府组织在应对全球环境和气候变化问题中的作用》，《上海行政学院学报》2011 年第 1 期。
・闫文虎：《对冷战时期西方非政府组织在苏联东欧地区活动的历史考察——从非政府组织角度兼论苏联解体与东欧剧变的原因》，《俄罗斯中亚东欧研究》2011 年第 3 期。
・杨泽伟：《国际社会的民主和法治价值与保护性干预——不干涉内政原则面临的挑战与应对》，《西北政法大学学报》2012 年第 5 期。
・姚天冲、毛牧然：《"法律全球化"理论刍议》，《东北大学学报》2001 年第 1 期。
・郁建兴、周俊：《全球公民社会：一个概念性考察》，《文史哲》2005 年第 5 期。
・于向东、施展：《全球贸易双循环结构与世界秩序》，《文化纵横》2013 年第 5 期。
・余晓菊：《全球伦理不等同于底线伦理》，《道德与文明》2003 年第 3 期。
・袁祖社：《""全球公民社会"的生成及文化意义——兼论"世界公民人格"与全球"公共价值"识的内蕴》，《北京大学学报：哲学社会科学版》2004 年第 4 期。
・张鲁宁：《世界公民观念与世界公民教育》，《思想理论教育》2009 年 20 期。
・张博颖：《"市民社会"视域中的公民道德建设》，《道德与文明》2004 年第 2 期。
・赵洲：《履行保护责任：规范实施与观念塑造》，《重庆大学学报》2011 年第 17 卷第 4 期。
・庄国土：《亨庭顿的族群的文化观及其对国际关系的解读》，《世界民族》2004 年第 2 期。
・翟振明：《为何全球伦理不是普遍伦理》，《世界哲学》2003 年第 3 期。
・赵汀阳：《我们和你们》，《哲学研究》2000 年第 2 期。

· 赵洲：《履行保护责任：规范实施与观念塑造》，《重庆大学学报》2011 年第 17 卷第 4 期。
· 赵晨：《"干涉的义务"与利比亚危机》，《欧洲研究》2011 年第 3 期。
· 朱景文：《欧盟法劝法律全球化的意义》，《法学》2001 年第 12 期。
· 邹健、胡丽君：《法律全球化与入世变法》，《社会学家》2003 年第 11 期。

五、译著文献（以作者名字首字母为序）

· ［以色列］阿·埃班著，阎瑞松译：《犹太历史》，中国社会科学出版社 1986 年版。
· ［英］爱德华·卡尔著，秦亚青译：《二十年危机 1919—1939：国际关系研究导论》，世界知识出版社 2005 年版。
· ［英］埃里克·霍布斯鲍姆著，李金梅译：《民族与民族主义》，上海人民出版社 2000 年版。
· ［奥］埃利希，袁震译：《法律社会学基本原理》，九州出版社 2007 年版。
· ［英］安东尼·D. 史密斯著，龚维斌、良警宇译：《全球化时代的民族与民族主义》，中央编译出版社 2002 年版。
· ［英］安东尼·吉登斯著，郑戈、渠敬东、黄平译：《第三条道路》，北京大学出版社、三联书店 2000 年版。
· ［美］本尼迪克特·安德森著，吴睿人译：《想象的共同体：民族主义的起源与散布》，上海世纪出版集团、上海人民出版社 2005 年版。
· ［英］边沁著，沈叔平等译：《政府片论》，商务印书馆 1994 年版，第 116 页。
· ［日］池田大作著，王健译：《佛法·西与东》，四川人民出版社 1996 年版。
· ［英］戴维·赫尔德等著，杨雪冬等译：《全球大变革》，社会科学文献出版社 2001 年版。
· ［美］大卫·A. 鲍德温主编，肖欢容译：《新现实主义和新自由主义》，浙江人民出版社 2001 年版。
· ［荷］格老秀斯著，何勤华等译：《战争与和平法》，上海人民出版社 2005 年版。

- ［德］哈贝马斯著，曹卫东译：《后民族结构》，上海人民出版社 2002 年版。
- ［美］塞缪尔·亨廷顿著，程克雄译：《我们是谁——美国国家特性面临的挑战》，新华出版社 2005 年版。
- ［英］赫德利·布尔，张小明译：《无政府社会：世界政治秩序研究》，世界知识出版社 2003 年版。
- ［英］保罗·赫斯特等，张文成译：《质疑全球化》，社会科学文献出版社 2002 年版。
- ［德］黑格尔著，范扬、张企泰译：《法哲学原理》，商务印书馆 1982 年版。
- ［英］霍布豪斯著，朱曾汶译：《自由主义》，商务印书馆 1996 年版。
- ［英］霍布斯著，黎思复、黎廷弼译：《利维坦》，商务印书馆 1985 年版。
- ［美］肯尼思·沃尔兹，信强译：《国际政治理论》，中国人民公安大学出版社 1992 年版。
- ［英］安东尼·吉登斯，郑戈译：《第三条道路》，北京大学出版社、三联书店 2000 年版。
- ［德］孔汉思、库舍尔编，何光沪译：《走向全球伦理宣言》，四川人民出版社，1997 年版。
- ［德］孔汉斯，周艺译：《世界伦理构想》，生活·读书·新知三联书店 2002 年版。
- ［德］康德著，何兆武译：《历史理性批判文集》，商务印书馆 1996 年版。
- ［苏］科雷维列夫著，乐峰等译：《宗教史》（下卷），中国社会科学出版社 1984 年版。
- ［匈牙利］E. 拉兹洛著，李吟波等译：《决定命运的选择》，生活·读书·新知三联书店 1997 年版。
- ［匈牙利］E. 拉兹洛著，闵家胤译：《进化：广义综合理论》，社科文献出版社 1988 年版。
- ［匈牙利］E. 拉兹洛著，李朝增等译：《世界系统面临的分叉和对策》，社会科学文献出版社 1989 年版。
- ［法］拉伯雷著，成钰亭译：《巨人传》，人民文学出版社 2007 年版。
- ［美］莱斯特·M. 萨拉蒙、S. 沃加斯·索科洛斯基著，贾西津、魏玉等译:《全球公民社会:非营利部门国际指数》,北京大学出版社 2007 年版。

·[美]理查德·N. 哈斯著,陈谣谣、荣凌译:《"规制主义"冷战后的美国全球新战略》,新华出版社 1999 年版。

·[法]卢梭著,高煜译:《论人类不平等的起源和基础》,广西师范大学出版社 2009 年版。

·[美]罗伯特·基欧汉,苏长河译:《霸权之后》,上海人民出版社 2001 年版。

·[美]罗伯特·基欧汉,郭树勇译:《新现实主义及其批判》,北京大学出版社 2002 年版。

·[美]罗伯特·基欧汉等,门洪华译:《权力与相互依赖》,中国人民公安大学出版社 1992 年版。

·[美]罗尔斯著,何怀宏译:《正义论》,中国社会科学出版社 1988 年版。

·[加]罗伯特·杰克逊、[丹]乔格·索伦森著,吴勇、宋德星译:《国际关系理论与方法》,天津人民出版社 2008 年版。

·[美]罗伯特·M. 赛尔茨著,赵立行、冯玮译:《犹太的思想》,三联书店上海分店 1994 年版。

·[美]罗德尼·斯达克、罗杰尔·芬克著,杨凤岗译:《信仰的法则》,中国人民大学出版社 2004 年版。

·[英]马丁·阿尔布劳著,冯玲、高湘泽译:《全球时代》,商务印书馆 2001 年版。

·[德]马克斯·韦伯著,洪天富译:《儒教与道教》,江苏人民出版社 1995 年版。

·[美]玛莎·费丽莫著,袁正清译:《国际社会中的国家利益》,浙江人民出版社 2001 年版。

·[英]尼尔·福克纳著,张勇译:《世界简史:从人类起源到 21 世纪》,新华出版社 2014 年版。

·[美]汉斯·摩根索,徐昕等译:《国家间政治》,中国人民公安大学出版社 1991 年版。

·[美]塞缪尔·亨廷顿著,周琪译:《文明的冲突与世界秩序的重建》,新华出版社 2010 年版。

·[美]斯塔夫里阿诺斯著,梁赤民等译:《全球通史:1500 年以前的世界》(上、下),上海社会科学出版社 1999 年版。

- ［美］亚历山大·温特，秦亚青译：《国际政治的社会理论》，上海人民出版社 2000 年版。
- ［挪威］托布约尔·克努成著，余万里等译：《国际关系理论史导论》，天津人民出版社 2004 年版。
- ［德］乌·贝尔著，王学东等译：《全球化与政治》，中央编译出版社 2000 年版。
- ［日］星野昭吉著，刘小林、王乐理译：《变动中的世界政治》，新华出版社 1999 年版。
- ［古希腊］修昔底德著，谢德风译：《伯罗奔尼撒战争史》，商务印书馆 1960 年版。
- ［古希腊］亚里斯多德著，贺麟、王太庆译：《形而上学》，商务印书馆 1959 年版。
- ［美］亚历山大·温特著，秦亚青译：《国际政治的社会理论》，上海世纪出版社 2001 年版。
- ［美］伊曼纽尔·沃勒斯坦著，郭方译：《现代世界体系》（第一卷），高等教育出版社 1998 年版。
- ［英］约翰·雷格著，曹海军等译：《自由主义》，吉林人民出版社 2005 年版。
- ［美］约翰·纳斯比特著，朱先鉴等译：《大挑战：21 世纪的指南针》，上海远东出版社 1999 年版。
- ［美］约翰.A. 霍尔、G. 约翰·艾坎伯雷，施雪华译：《国家》，吉林人民出版社 2007 年版。
- ［美］詹姆斯·罗西瑙主编，张胜军等译：《没有政府的治理》，江西人民出版社 2001 年版。

六、英文文献

- Ann Marie Clark, " The Soverein Limits of Global Civil Society：A Comparison of NGO Participation in UN World Conferences on the Environment，Human Right，and Woman，World Politics，Vol. 51，October 1998.
- Ann Marie Clark, ElisabethJ. Friedman, and Kathryn Hoehstetler, The Sovereign Limits of Global Civil Society：A Comparison of NGO Participation on UN World Conferences on the Environment，Human Rights，and Women，World Poli-

tles 51. 1 (1990).

· A. F. Bollad, Factor in Moderden History, Lodon, 1907.

· Budd L Hall, "Global Civil Society: Theorizing Changing World", Convergence 2000, Vol. 33, Issue 1/2.

· Carlton Hayyes, Essays on Nationalism, New York, The Macmillan Company, 1928.

· Christopher R. Decorse, Anthropology: a Global Perspective, Third Edition, Printed in the United States of American, 1998.

· Claudee. Welch, NGOs and Human Rights Promise and Performance University of Pennsylvania Press, Philadelphia, 2001.

· David Held, Democracy and Global Order: From the Modern State to Cosmopolitan Governance, Stanford: Stanford University Press 1995.

· David Boucher, Political Theories of International Relations: From Thucydides to the Present, Oxford: Oxford University Press, 1998.

· Daniel Druckman, Nationalism, Patriotism and Group Loyalty: A Social Psychological Perspective, Mershon International Studies Review, Supplement to International Studiers Quarterly.

· Ernest Gellner, Nations and Nationalism, Basil Blackwell Publisher Limited, 1923.

· Elie Kedouri, Nationalism, London, Huchinson and Co. Publishers Ltd. ,1960.

· Louis Snyder, The Dynamics of Nationalism, Readings in its Meaning and Development, New York, D. Van Nostrand Company, Inc. , 1964.

· Eric A. Heinze, "Humanitarian Intervention: Morality and International Law on Intolerable Violations of Human Rights", International Journal of Human Rights. Winter 2004, Vol. 8 Issue 4.

· Elise Boulding, Building a Global Culture: Education for an Interdependent World, N. Y. : Syrancuse University Press 1988.

· Gerard Elfstrom, International ethnics: A Reference Handbook, Santa Barbara: ABC-CLIO, Inc. , 1998.

· Groan Hyde, "Civil Society, Social Capital and Development: Dissection of a Complex Discourse ", Studies in Comparative International Development, Spring 1997, Vol. 32 (1).

· Hans Khon, The Idea of Nationalism, A Study of its Origins and Background, New York, The Macmillan Company, 1946.

· Helmut Anheier, et al. , Global Civil Society 2001, New York: Oxford University Press 2001.

· Hoogensen Gunhidd, International Relations, Security and Jeremy Bentham, London and New York: routledge, 2005.

· Jack Donnely, Realism and International Relations, Cambridge: Cambridge University Press, 2000.

· John Plamenatz, Two Types of Nationalism, In E Kamenka (ed.), Nationalism: The Nature and Evolution of an Idea, 1976.

· John Kean, "Global Civil Society?" in Helmut Anheier, et al, Global Civil Society 2001, New York: Oxford University Press 2001.

· Kalevi J Holsti, Peace and War, Armed Conflict and International Order 1648 - 1989, Cambridge University. Press, 1966.

· Louis Henkin et al, "Right v might: International Law and the Use of Force, Council on Foreign Relations Press, 1991.

· Midhael Howard, War and the Liberal Conscience, London: Temple Smith, 1978.

· Michael Bratton. Beyond the Stare: Civil Society and Associational Life in Africa. World Politics, 1989, 41 (3).

· Mihajlo Mesarovic and Eduard Pestel, Mankind at the turning point: the second report to the Club of Rome, New York: Dutton, 1974.

· Michele. M. Betsill and Elisabeth Corell, NGO Influence in International Environmental Negotiations: A Framework for Analysis, Global Environmental Politics 1: 4 (November 2001).

· Rachel Brett, Roles of NGOs—An Overview, International Human Rights Monitoring Mechanisms, the Raoul Wallenberg Institute Human Rights Library 2001.

· Robert D. Putnum, "Bowling alone: America's Decling Social Capital", Journal of Democracy 1995, 6 (1).

· R. J. Vincent, "Nonintervention and International Order", Princeton University Press, 1978.

Slater. Jerome, "Nonintervention and Human Rights", Journal of Politics. Feb. 86, Vol. 48 Issue 1.

· Stephen Gill, "Reflection on Global Order and Sociohistorical Time", Alternativex 1991, 16 (3); Ronnie D. Lipsehutz, "Reconstructing World Politics: The Emergence of Global Civil Society", Millenium 1992, 7 (6).

· Scott Burchill, The National Interest in International Religions Theory, New York: Palgrave Macmillan, 2005.

· Union of International Associations, Year Book of International Organization 2002 - 2003: Guide to global and civil society network, 39th edition.

· Fred W Riggs: The Modernity of Ethnic Identity and Conflict, International Political Science Review, 1998, Vol. 19., No. 3.

· Walker Bagehot, Physics and Politics, London 1887.

后记：本书研究全球伦理的几个时间窗

2007年我从中国社会科学院调到中国政法大学，次年就开启了全球伦理问题研究的历史。历经八年"抗战"，2015年圣诞节的那一天，我被掩埋在北京的重度雾霾中，躲在家里练功（自幼习武，多年修炼武术和气功已成习惯）。我在练功时无意中对多年研究的全球伦理进入气功态的"下意识"，马上在脑海中一闪念涌出《全球伦理学导论》后记的元点性灵感，能用这个"点"把此书的整个大厦一气呵成，捻成一个思绪团，然后放射或展开连接到整个大厦的所有部分。思绪团的核心是"塑造写此书艰难历程的时间窗口"。哦，原来我对《全球伦理学导论》研究和写作已近尾声（已经写到最后一章），尽管还有很多漏洞需要补白。真的是"别有一番滋味在心头！"当天练完功，我在手机上发了一条微信"北京雾霾横行之际，随手记录一页《全球伦理学导论》的后记灵感：练功思绪，未开电脑，随手拈来，心绪在此！"一旦把那个思绪团展开，就清晰展现了下述几个研究全球伦理的时间窗口，承载了我研究《全球伦理学导论》的艰辛历程。

第一个时间窗口是2007年到2009年的三年里。我从中国社会科学院调往中国政法大学之后的三年里，对全球伦理的感受从毫无所知到下定决心作为一个"建学"研究的突破过程。研究生时代，德国哲学文化熏陶了我，我动不动就想要构建一个思想大厦，于是整体观陪伴了我的一生。我最讨厌后现代主义的那种碎片文化，反观到现代人的文化窘境，人们已经无法鸟瞰世界整体而躲在狭窄的角落里无病呻吟着，病态的社会，病态的人！可笑的人，单面的人！这样的社会和人们，令我恶心。因为我是个整体主义者，反对碎片化的后现代主义。所以，我在这个时间窗里找到了能够支撑起全球伦理学大厦的逻辑起点，那就是"全球问题"。找到它，就等于找到了构建全球伦理学的理论轴心。我深知，全球问题不仅是全球伦理学理论上的逻辑起点，更是现代人走向全球化困惑的逻辑起点。所有现代病都聚集于全球问题，全球问题已经成为危害现代人生死存亡的轴心问题。我认识到，没有全球问题，就不会产生全球伦理，充其量只是原来人类的普适伦理。其实，这两者并不是一回事，为此我写了一篇题为《全球伦理与普适伦理的区别》的文章。这是我研究全球伦理学的第一个理论突破口和时间窗。

打开第二个时间窗的是 2010 年到 2012 年的三年。这三年里，我用业余时间继续搜集资料，并开始寻找理论研究的下一个突破点。结果，我找到并确定了全球伦理在整个人类伦理体系中的定位，从而有了"全球伦理是人类伦理的最高位阶"的想法，并在硕士研究生和博士研究生中多次开设名叫《全球伦理》的讲座，极大地增强了我研究全球伦理学的信心。

第三个时间窗口是 2013 年至 2014 年。在这个时间窗，我找到了一个全球伦理学的理论支点，从而写了《全球伦理二象性性结构理论》，2014 年投稿，2015 年在《扬州大学学报》上予以发表。也就是说，在我研究全球伦理的第 6 个年头，我才开始试图投稿发表文章。

第四个时间节点是 2014 年到 2015 年。在那个年月，我在积极寻找最适合研究《全球伦理学》的人类学和哲学的研究方法论，于是人类学的族体方法论和哲学历史方法论，成就了我构建全球伦理学的核心观点：人类伦理发展变化的根本原因和动能是人类群体或族体（人类主体）的不断提升，伦理提升的根本是人类群体的提升。基于人类群体提升的路径是从氏族到王族贵族，再到国家，最后到全球共同体或人类共同体。因此，人类伦理也就从氏族伦理到王族伦理、贵族伦理，再到国家伦理，最后到全球伦理。这使我的全球伦理研究产生了质的飞跃，我已经掌握了人类伦理发展的规律性东西，写作不过是把整体观落实到细节研究上面。

后来的几个研究时间窗发生在 2015 之后，因为 2015 年的 6 月我开启了《全球伦理学》全面写作的阶段。好在 2015 年下半年我没有教学任务，能够全身心投入《全球伦理学》的写作中。第五个研究时间窗口的初始时间是 2015 年 6—8 月。一方面，我确定了全球伦理产生的时间节点，对《全球伦理学》进行断代分析，把全球伦理的产生与发展分为两个阶段，所以全书分为两篇，即"上篇 前全球伦理"和"下篇 全球伦理"（后来由于宗教伦理的特殊作用，又增设了一篇）。我把 20 世纪 60 年代产生全球问题意识之前作为"前全球伦理"和"全球伦理"的转折点。另一方面，我写好了上篇四章的绝大部分初稿，从而掀起了第一个写作高峰阶段，完成了上篇的四章，即氏族伦理、王贵族伦理、国家伦理（由于庞大，原来分为两章，后来又合为一章）。当然，也留下了十几个悬而未决的"漏洞"，等待以后再做充实。

第六个时间窗口是 2015 年 9—12 月。在这 4 个月的时间里，在参加蔡拓主编的《全球学导论》中执笔"全球伦理"那一章的基础上，我写好了第五章至第八章的初稿，也留下了许多"漏洞"。我重点研究了全球伦理的产生、全球伦理的内涵结构、全球伦理与全球利益的共振。之后，我关注了全球伦理与全球公民社会的关系、全球伦理与全球法治的共治、全球伦理与宗教的关联性。

2015年年底到2016年是我研究全球伦理学的最后阶段，我不仅完成了最后几章的写作，而且进入到全面修改和补充漏洞的阶段，这成为此书的第二个写作高峰。在写作本书过程中，我常发一些微信标识性记录《全球伦理学导论》的写作过程，同时也无意中得到了微信好友的大力支持和期盼，从而也极大地鼓励了我。下面的微信记录了我写作《全球伦理学导论》的点点滴滴。如"我的写作惊魂与忠魂：2015年12月6日，对于我，这是一个特殊的日子。生活故事不说，写作再起涟漪：我的《全球伦理学导论》研究挺进到了全球伦理与全球法治的共治的研究。经过半个多月的资料搜集和研读（八年积累和前几章的铺垫并不算在内），今天进入到写作的环节。通过此章研究，我励志成为法学界、伦理学界研究全球伦理与全球法治的第一人，所以我的研究速度必须慢下来，必须精雕细琢，写成精品。这要求我必须提炼出自己的独到观点、经世致用的观点，而不是粗制滥造、堆砌资料的废品。"再如，2015年12月26日确立了研究宗教伦理的写作规则："必须回归到伦理轴心上，厘清宗教正负能量的不同根源，不能像往日那样满足以往知识的汇总。本书不是知识汇总，而是在知识汇总的基础上，尝试新的理论类型的创新。"

那个思绪团灵感已经过去了半年多，研究的时间窗口还在继续着。2016年我用了多半年的时间继续书稿的完善。从2015年6月开始到2016年4月底将近一年时间里，我的写作重心始终都不曾离开过此书。因为我的坚持，此书才有了初稿。同年5月因忙于工作，赶写了几篇文稿。2016年6月7日开启了另外一本书的写作。曾写有一篇微信日记，"写书的生涯是艰辛的，旧的一页总算翻过去了，《全球伦理学导论》暂告一段落。新的一页历史也开始了，《三王主义与三民主义》（原名为《中西政法流向及出路》）又开始续写了。新旧交替在同一天，也很有意义。是为记！"这是已经出版的《中西元点政法比较》之后的中卷（原计划要写上中下三卷本），原来已经有23万字的底稿碎片。从6月7日开始，我集中写作，一直到7月23日，近一个月写了15万字，写到约38万字，就又把《三王主义与三民主义》放到一边，回头继续写《全球伦理学导论》。其中的原因有两个，一是因为2016年下半年秋季我就要开这门新课，还因为出版补贴和生活曲折的原因（中间隐含了三年出版阻隔的离奇故事，也包含了我晋升博导的辛酸故事，在此不说，是为隐私）。这两个因素成全了《全球伦理学导论》的早日问世。至于《三王主义与三民主义》那本书，再用一年的时间足够得以完善。

2016年7月29日到8月26日，我用了大约一个月的时间，将《全球伦理学导论》重新改写了一遍，是此书写作的第三个高峰。当我回头修改时，发现了严重的问题性，随手写下如此感受，"2016年七八月后，我进入到《全球伦理导论》的艰难修改中，不仅发现了很多错别字和别扭的语法表述，而且发现了思想及逻辑上的不顺和材料上的缺乏，甚至是观点上的错误，真的很可怕。这与其说是修改，不如说有些部分是在重写，有的部分是在颠覆往日里的自我。然而，唯有这样修改，才能拿出精品。出书的数量，不是我这个时代所追求的目标，展示思想上的精致，发现研究对象上的真理，写成学术的精品，才是我的壮年追求"。有重复嫌疑的，全部删除（大约有几万字）。

写着写着，兴趣盎然，对全书的提纲真的经过了千锤百炼的推敲，具体内容自然越改越好、越写越好。

2016年底至2017年初，我写好了《全球伦理学导论》的初稿，电脑统计大约55万字。由于出版补贴的限度，以及宗教内容出版检查的限制，2017年6月间，我只好忍痛割爱地删掉8万字的宗教内容，主要删除了三大世界宗教在全世界的具体分布状况。

本书的问世得到过许多贵人的恩惠与支持，不是一个"感谢"所能表达得了的。首先要感谢的是蔡拓和刘贞晔先生，与他们讨论全球问题对全球伦理研究的启迪。其次要感谢的是我的研究生，王丹、樊沛、马倩、张敏、桑艳平、张宪峰、姜懂懂、马志强、李璐、刘杨青、王莹莹、王宏岳、黄李莉等同学，从查资料到一起讨论问题，对我研究全球伦理很有帮助。全球伦理研究得益于中国政法大学校级课题项目的资助，自然在我感谢的范围。本书在出版方面要感谢的是伯乐编辑谢琳，感谢她对本书出版付出的热情与汗水。这些我要感谢的人，都是对《全球伦理学导论》做出贡献的人。

曹　兴
2017年6月16日于西山枫林